德国社会法典

(选译)

中国医疗保险研究会　组织编译

熊先军　娄宇　主编

图书在版编目(CIP)数据

德国社会法典：选译／中国医疗保险研究会组织编译． — 北京：知识产权出版社，2025.3.
ISBN 978-7-5130-9759-8

Ⅰ．D951.622.8

中国国家版本馆CIP数据核字第2025EC3748号

内容提要

本书全面展示了德国社会保障法律体系，对德国的社会保险、社会赔偿和社会促进政策进行了系统的梳理，填补了德国社会保障立法研究的空白。在社会保障立法和社会保障制度的研究过程中，语言障碍成为进一步深入分析德国社会保障制度的"拦路虎"，因此，本书将是进一步深化社会保障制度和社会保险立法研究的基础。

本书适合社会保障法领域研究者及相关从业者阅读。

责任编辑：高　源　吴　烁　　　　　　　　　　　责任印制：刘译文

德国社会法典（选译）
DEGUO SHEHUI FADIAN（XUANYI）

中国医疗保险研究会　组织编译
熊先军　娄　宇　主　编

出版发行：知识产权出版社有限责任公司	网　　址：http://www.ipph.cn
电　　话：010—82004826	http://www.laichushu.com
社　　址：北京市海淀区气象路50号院	邮　　编：100081
责编电话：010—82000860转8701	责编邮箱：laichushu@cnipr.com
发行电话：010—82000860转8101	发行传真：010—82000893
印　　刷：三河市国英印务有限公司	经　　销：新华书店、各大网上书店及相关专业书店
开　　本：787mm×1092mm　1/16	印　　张：48
版　　次：2025年3月第1版	印　　次：2025年3月第1次印刷
字　　数：860千字	定　　价：188.00元

ISBN 978-7-5130-9759-8

出版权专有　侵权必究
如有印装质量问题，本社负责调换。

项目分工名单

主　编	熊先军　中国医疗保险研究会原副会长、秘书长 娄　宇　中国政法大学民商经济法学院教授、社会法研究所所长	
总校对	熊先军　中国医疗保险研究会原副会长、秘书长	
分　册	译　者	校　者
德国社会保障总则——《社会法典第一册》	高　媛 商务印书馆学术中心编辑	娄　宇 中国政法大学民商经济法学院教授、社会法研究所所长
社会保险总则——《社会法典第四册》	刘冬梅 中南大学法学院副教授 金昱茜 湖南大学法学院副教授	赵　进 首都经济贸易大学法学院讲师
德国法定医疗保险法——《社会法典第五册》	朱镜宇 德意志交易所集团北京代表处首席代表	娄　宇 中国政法大学民商经济法学院教授、社会法研究所所长
德国社会行政程序与社会数据保护法——《社会法典第十册》	曾文远 中国人民公安大学食品药品与环境犯罪研究中心副研究员	金　健 南京大学法学院特聘研究员

德国照护保险法——《社会法典第十一册》	张小丹 德国法兰克福大学法学博士	金昱茜 湖南大学法学院副教授
医院费用结算条例	娄 宇 中国政法大学民商经济法学院教授、社会法研究所所长	李 微 北京科技大学外国语学院副教授
医院经济保障及医疗费用规制法（医院筹资法）	朱镜宇 德意志交易所集团北京代表处首席代表	娄 宇 中国政法大学民商经济法学院教授、社会法研究所所长
全住院和半住院医疗服务报酬法（医院报酬法）	金昱茜 湖南大学法学院副教授	娄 宇 中国政法大学民商经济法学院教授、社会法研究所所长
农民保险法第二部	张福广 天津金诺律师事务所律师	金 健 南京大学法学院特聘研究员

前　言

社会保障制度是社会经济发展和进步的产物,依法建立社会保障制度成为各国政治生活的重要组成部分,是社会制度建设的基本内容。改革开放后,我国探索中国特色社会保障制度发展道路,迄今形成了以养老、医疗、工伤、失业、生育、长护为主体的社会保险制度体系,社会救助体系和面向老年人、儿童、残疾人、军人的社会福利体系。同时,我国陆续出台《失业保险条例》《工伤保险条例》《社会保障费征缴暂行条例》等法规,社会保障立法初显成效。

随着社会保障制度改革不断深化,社会保障法律体系不完善、立法滞后于实践、权利救济机制不健全等问题愈加突出。例如,目前医疗保障领域法律法规依据仅有2010年出台的《中华人民共和国社会保险法》(以下简称《社会保险法》)和2021年出台的《医疗保障基金使用监督管理条例》,导致实践中面临地方政策不统一、权威性不足、不同层级规范相互冲突、法律依据不充足等窘境。为推动社会保障制度更加成熟定型,我国需要总结国内社会保障实践经验,借鉴国际社会保障立法经验,实现社会保障制度法治化发展。

德国不仅是现代社会保险制度的发源地,而且是最早开始社会保险立法的国家。19世纪末,伴随着资本主义经济迅猛发展,德国社会主义运动空前高涨。为缓和劳资矛盾,以19世纪80年代《法定医疗保险法》《法定事故保险法》和《老年与伤残保险法》的颁布为标志,俾斯麦建立了世界上最早的社会保险制度,形成了著名的"俾斯麦模式"(Bismarck Model),成为社会保险型社会保障模式的典型代表,是社会保障模式国际比较研究重要案例之一,为各国社会保障制度发展提供了经验。20世纪70年代,经历"二战"步入和平民主的德国开始社会法典编纂工作。经过半个世纪的"边纳编边实施",《德国社会法典》越来越体系化、系统化,是制度完善、体系清晰之典范。目前,《德国社会法典》(SGB)分为社会保险、社会救济、社会福利和社会补偿四个部分十二册,其中第四册至第七册和第十一册都与社会保险相关。

德国社会保险法是大陆法系国家社会保险法中的楷模,具有系统性、范围广、责任分担的特征。一是法律建设系统性。德国先后颁布了一系列的社会保障法规,形成了完整的社会保障法规体系,既包括《社会保险法》这一"根本大法",也包括养老、工伤、医疗、护理等专门法；既规定制度政策，也明确管理和监督措施，让社会保障制度运行发展有章可循、有法可依，减少人为理解差异，保障政策执行。二是使用人群范围广。德国社会保险立法适用人群广，社会养老保险覆盖全体就业人员，强制性社会健康保险允许配偶及子女作为连带参保人纳入家庭联保，覆盖近90%的人口。三是保障责任分担。德国社会保险事务由政府直接管理，保险费用由政府、雇主和个人三方共担。劳动者履行缴费责任才能享受保险待遇，且待遇水平与缴费水平挂钩，充分体现责任分担、权利与义务相统一。

德国社会保障法在稳定社会秩序、促进工业社会发展中发挥重要作用。一是增加工业生产劳动力供给。社会保险制度对工业生产者的生老病死、衣食住行等予以保障，人员规模迅速增加，因生活困顿移民他国的人员也大量减少，为工业生产提供劳动力。二是缓和劳资矛盾维护社会稳定。社会保险立法维护就业人群的利益，保障人民的基本生活，调和了劳资双方间的矛盾，为经济发展创造了稳定、和平的环境。三是提高保障能力，降低财政压力。德国社会保障资金主要来源于雇主和雇员共同缴费，充分发挥社会力量，极大地降低了财政负担，不仅避免过度依赖政府导致筹资能力受限，也避免过度依赖市场导致覆盖面窄、待遇低的问题。四是提高劳动力素质。德国政府通过社会保险、社会救济和社会福利等一系列措施，为就业人员提供坚实的物质基础，促进劳动力健康水平和工作能力提升，为经济发展提供了重要保证。

翻译德国社会保障法律体系文件具有重要的学术价值。这是国内首次出版的对德国社会保障立法的译著，全面展示了德国社会保障法律体系，对德国的社会保险、社会赔偿和社会促进政策进行了系统的梳理，填补了德国社会保障立法研究的空白。翻译德国社会保障法律体系文件具有重要的应用价值。在社会保障立法和社会保障制度的研究过程中，语言障碍成为进一步深入分析德国社会保障制度的"拦路虎"，因此，本书将是进一步深化社会保障制度和社会保险立法研究的基础。

中国医疗保险研究会委托中国政法大学社会法研究所所长娄宇教授及其团队，翻译了《德国社会法典》(SGB)12册及《医院费用结算条例》《医院经济保障及医疗费用规制法》《全住院和半住院医疗服务报酬法》《德国农民医疗保险法》等法律文件，该团队成员具有在德国学习社会保障法和社会政策的经历，精通语言和专业知识。

翻译过程中，我们总结了德国社会保障立法对我国社会保障法治建设提供的经验借鉴。一是坚持社会保障政策制度化、系统化发展。社会和经济发展形势处于动态变化中，社会保障制度的建设和完善永远在路上。我国于2010年正式颁布《社会保险法》，需要不断丰富发展，既要有根本原则指引，也要有各项专门法律制度；既要有宏观政策规定，也要有操作细节指导。让社会保障制度实践为社会保障立法提供经验基础，让社会保障法律为制度持续稳定运行提供保障。二是统筹经济效率与社会公平。社会保障制度是社会再分配机制，在初次分配的基础上缩小分配差异，以社会经济发展和社会财富创造力为基础，因此需要审慎推进社会保障政策，减轻人民对社会保障的依赖思想，避免损害经济社会发展，形成经济发展和社会保障制度运行之间的良性互动，让经济发展为社会保障制度提供物质保障，让社会保障制度促进社会经济发展。三是坚持政府、企业与个人责任分担。社会保障事业规模大、影响广，过于强调政府责任将造成严重的财政负担；过于强调个人责任将造成因病、因年老等因素致贫，影响社会良性运行，影响政府、企业和个人稳定与发展。要坚持权利和义务相统一，合理分担三方责任，既要避免强调国家责任的福利化倾向，也要避免强调个人和市场责任的市场化倾向。四是将坚持基本原则与放活基层实践相结合。政策不能"上下一般粗"，要明确制度定位，把稳政策方向，避免地方实施时难以把握界限分寸使配套政策成为"歪政策"。同时，也要为地方服务创新留出空间，鼓励并允许不同地方进行差别化探索，促进服务能力提升。

本书法律条文体例格式遵照《德国社会法典》原文格式。最后，对参与编辑、审校、设计等出版工作的团队成员表示感谢！同时，也期待读者们能从这些篇章中获得知识和启发，进一步探索和学习。

总目录

德国社会保障总则——《社会法典第一册》 …………………………001
社会保险总则——《社会法典第四册》 ………………………………031
德国法定医疗保险法——《社会法典第五册》 ………………………139
德国社会行政程序与社会数据保护法——《社会法典第十册》 ……437
德国照护保险法——《社会法典第十一册》 …………………………505
医院费用结算条例 ………………………………………………………631
医院经济保障及医疗费用规制法（医院筹资法）
全住院和半住院医疗服务报酬法（医院报酬法） ……………………653
农民保险法第二部 ………………………………………………………723

德国社会保障总则——《社会法典第一册》

分册目录

第一章 《社会法典》的任务和社会权利 …………………………………… 007
第二章 指导性规定 ………………………………………………………… 010
　　第一节 对于社会保障待遇和经办机构的一般规定 ………………… 010
　　第二节 各类社会保障待遇和主管经办机构 ………………………… 011
第三章 本法典所有社会保障待遇支付范围的共同规定 ………………… 018
　　第一节 基本原则 ……………………………………………………… 018
　　第二节 待遇支付法的基本原则 ……………………………………… 021
　　第三节 待遇受领人的配合 …………………………………………… 027
　　第四节 过渡性和废止性规定 ………………………………………… 029

导　　读

　　《社会法典第一册》颁布于1975年,系最早颁布的《社会法典》分册。虽然德国之后又相继颁布了第五册《法定医疗保险》(1988年)、第十一册《社会照护保险》(1994年)、第七册《法定事故保险》(1996年)、第三册《就业促进法》(1997年)等分册,但第一册包含的基本原则和一般规定仍然是各分册的统领,是各类社会保障待遇支付的统一适用法则。

　　本分册共三章,主要包括:第一章《社会法典》的任务和社会权利;第二章指导性规定;第三章本法典所有社会保障待遇支付范围的共同规定。在《社会法典第一册》中基本上不存在待遇申领人义务的规定,这是因为《社会法典》专设了独立的第四册——"社会保险总则"(2006年)来处理这些问题。由于第四册的存在,很多德国学者也认为,所谓的第一册"总则"实质上是非缴费类社会保障项目,如社会补偿、社会救助等项目的总则。

　　《社会法典第一册》(该法于1975年12月11日颁布,见《联邦法律公报》第一卷,第3015页)于1975年12月11日签发(该分册依据2016年12月31日修订版本翻译),最近一次修订为2016年12月23日对该法第3条所作的修改(见《联邦法律公报》第一卷,第2334页)。

　　该法由联邦议院会同联邦参议院共同制定,依据1975年12月11日颁布的该法第二部分第23条第1款(《社会法典第一册》第3015页),于1976年1月1日起适用。

第一章 《社会法典》的任务和社会权利

第1条 《社会法典》的任务

(1)《社会法典》中的法律是以实现社会公正与社会安全为目的,规定了包括社会和教育资助在内的社会保障待遇。它必须致力于:确保人有尊严地生存;为人格的自由发展,特别是为年轻人,创造相同的前提条件;保护和促进家庭;使人能够通过自由选择的活动来维持生计;并通过帮助或自助的方式,来避免或平衡特殊的生活负担。

(2)《社会法典》中的法律还必须致力于,及时并充足地提供为实现第1款规定之任务所必需的社会服务与设施。

第2条 社会权利

(1)为实现第1条规定之任务,公民具有以下社会权利:当这些社会权利的前提和内容单独规定在法典的特别部分时,根据这些权利所提出的请求权只能在这个范围内有效,或者从这些特别规定中产生。

(2)在解释本法典之规定以及行使裁量权时,必须注意确保尽可能在最大范围内实现下列社会权利。

第3条 教育和就业促进

希望获得与其爱好、能力和成绩相符之教育者,在无法从其他方面获得为此必要的资金时,有权申请对其教育进行个人的资助。

已就业或希望就业者,有权要求:

1. 在选择教育方式和职业规划时获得指导,
2. 为职业继续教育获得资助,
3. 为得到或保留一个合适的工作职位获得帮助,
4. 在失业以及雇主无力支付工作报酬时获得经济保障。

第4条 社会保险

(1)在《社会法典》的框架内,所有人都有权加入社会保险。

(2)社会保险之参保人,在法定医疗、护理、事故和养老保险以及农民养老保险的框架内,有权获得:

1. 为保护、维持、改善和恢复健康和工作能力所需要的必要措施,
2. 在疾病、生育、劳动能力减弱、年老情形下的经济保障。

参保人的遗属也有权获得经济保障。

第5条 健康受损情况下的社会补偿

遭受健康损害之人,如果其后果是因须由公立组织所补偿的特殊牺牲造成的,或者出于依据供养法之基本原则而产生的其他原因,有权获得:

1. 为保护、维持、改善和恢复健康和工作能力所需要的必要措施,
2. 适当的经济供养。

被损害者的遗属也有权获得适当的经济供养。

第6条 减少家庭开销

曾有或者正在有养育子女之开销者,有权要求减轻因之产生的经济负担。

第7条 适当居住条件的补贴

为获得适当住房而产生其不能负担之开销者,有权获得房租或相当于房租之开销的补贴。

第8条 儿童和青少年救助

青少年和确需他人照顾者,有权在《社会法典》的框架下,获得公共青少年救助金。该救助金必须促进青少年之发展,并支持和补充家庭教育。

第9条 社会救助

没有能力依靠自己的力量承担生活开销,或者处于特殊的生活境况中不能自助,并从其他方面不能获得充足帮助者,有权获得满足其特殊需求的人身和经济救助,使其获得自助能力,能够参与社会集体生活,并保障其人格尊严。在这种情况下,待遇受领人也要靠自己的力量进行合作。

第10条 残障者的社会参与

身体、智力或精神有残障或者有残障之虞者,无论其残障是何种原因导致的,都有权获得帮助,促进其自我决定和平等社会参与,有必要开展以下措施:

1. 防止、消除、减轻残障,防止其恶化或减轻其不良后果,
2. 避免、克服、减轻对劳动能力或者护理需求的限制,或者防止其恶化,并避免对社会保障待遇进行提前支取,或者减少正在进行的社会保障待遇,
3. 确保残障者获得与其爱好和能力相适应的职位,

4. 促进残障者的发展和社会参与,使其能够或者更加容易过上尽可能独立和自我决定的生活,

5. 抵制残障歧视。

第二章 指导性规定

第一节 对于社会保障待遇和经办机构的一般规定

第11条 待遇形式

社会权利的客体是本法典中规定的服务、实物和金钱待遇（社会保障待遇）。人身和教育的救助属于服务待遇。

第12条 经办机构

第18条至第29条所规定的组织、机构和政府主管部门（经办机构）负责社会保障待遇支付。其各自的职权分工由本法典的特别部分规定。

第13条 解释

经办机构的组织和本法典所规定的其他公法组织，有义务在其职权范围内向公民解释本法典所规定的权利义务。

第14条 指导

任何人有权获得关于本法典所规定的权利义务的指导。负责实现权利或者履行义务的经办机构有义务提供指导。

第15条 告知

（1）依据州法负有职责的机构，法定医疗保险和社会照护保险的保险人有义务将本法典规定的所有社会事务告知被保险人。

（2）告知义务扩展到指定社会保障待遇支付的主管经办机构，以及对告知对象可能具有重大影响且告知机构有义务回答的事实问题和法律问题。

（3）所有的告知机构有义务开展合作，并且与其他经办机构之间开展合作，确保一个机构尽可能全面答复。

（4）法定养老保险的保险人可以在职责范围之内答复，有关《所得税法》第10a条或者第四章中规定的补充养老金的各类信息。

第16条 提交申请

（1）社会保障待遇申请须向主管经办机构提出。其他任何经办机构、乡镇都可接受申请，当公民在国外时，由德意志联邦共和国的官方代表机关接受申请。

（2）当申请被提交至非主管经办机构、对社会保障待遇支付不负有责任的乡镇或者德意志联邦共和国在海外的官方代表机关时，这些机构要毫不迟延地将申请移交至主管经办机构。若社会保障待遇须依申请获得，则申请时间应从被提交至有权接受申请的机构时起算。

（3）经办机构有义务毫不迟延地提交清晰、有助于查明事实的申请，并将不完全的申请补充完整。

第17条 社会保障待遇支付的实施

（1）经办机构有义务：

1. 在合理的时间内，让每一个权利人都全面、顺利地获得其应得的社会保障待遇，

2. 及时、充分地提供为执行社会保障待遇支付所必需的社会服务和设施，

3. 尽可能简化获得社会保障待遇的渠道，特别是普遍使用便于理解的申请表，

4. 消除权利人进入其行政和服务场所以及进行交流时的障碍，社会保障待遇支付的执行要在设有无障碍的房间和设施内进行。

（2）听障者有权在接受社会保障待遇时，特别是在接受医疗检查和治疗时使用手语。主管社会保障待遇支付的经办机构有责任承担使用手语和其他的交流辅助措施产生的费用；第19条第2款第4句也相应有效。

（3）在与公益机构和其他组织的合作中，经办机构要致力于，使其工作和上述机构和组织的工作对待遇受领人的福利起到有效的补充作用。上述机构和组织在设定目标和执行任务时，要注意保持自身的独立性。对公共资源使用的合目的性事后审查不受影响。此外，经办机构与上述机构之间的关系参照本法典的特别规定部分；本法典第十编第97条第1款的第1句至第4句，以及第2款不适用于本条。

第二节 各类社会保障待遇和主管经办机构

第18条 教育促进待遇

（1）依据与教育促进有关的法律，可以要求对生活和教育进行补贴和贷款。

（2）依据《联邦教育促进法》第39条、第40条、第40a条和第45条规定，主管机关是联邦教育促进局和州教育促进局。

第19条 工作促进待遇

（1）依据与工作促进有关的法律，可以要求：

1. 职业指导和就业市场指导,

2. 培训介绍和职业介绍,

3. 下列待遇:

a)进入和适应职业的待遇,

b)职业选择和职业培训的待遇,

c)职业继续教育的待遇,

d)获得就业的待遇,

e)保持就业的待遇,

f)残障者开展职业生活的待遇,

4. 失业金、部分失业金、继续教育时的失业金和破产金。

(2)主管机关是各地区劳动局和联邦劳动局的其他办事处。

第19a条　求职者基本保障的待遇

(1)依据有关保障求职者权利的法律,可以要求:

1. 适应职业的待遇,

2. 保障生活费的待遇。

(2)主管机关是各地区劳动局和联邦劳动局的其他办事处,以及不设区的市和区,在这个范围内,州法不能另外设定其他的经办机构。在《社会法典第二册》第6a条的情况下,可以与第1句的规定不一致,其主管机关是被批准的乡镇机构。

第19b条　对已退休的老年雇员在过渡期的待遇

(1)依据有关已退休老年雇员过渡期促进方面的法律,可以要求:

1. 报销法定养老保险的高额保费以及缩短了劳动时间的年长雇员的劳动报酬中没有计算在内的法定养老保险保费,

2. 报销因退休后工作获得报酬而增加的保费。

(2)主管机关是各地区劳动局和联邦劳动局的其他办事处。

第20条　(废除)

第21条　法定医疗保险待遇

(1)依据有关法定医疗保险的法律,可以要求:

1. 促进健康、预防或者对疾病进行早期诊断的待遇,

2. 治疗疾病的待遇,特别是:

a)医疗或牙医治疗,

b)药品、包扎、医疗器材和辅助器材的供应,

c)家庭疾病护理和生活费救助,

d)疾病的家中治疗,

e)对恢复健康的医药和补充性待遇,

f)对农民的辅助,

g)病假津贴,

3. 在怀孕或生产时医疗照护、接生救助、住院分娩、家庭护理、生活费救助、对农民的农活辅助、育儿金,

4. 计划生育方面的帮助以及在因疾病而有必要进行绝育和不违反法律的终止妊娠情形下的待遇。

5.(废除)

(2)主管机关是地方、企业和行业医疗保险基金会,经办农业医疗保险的农业、林业和园艺社会保险基金会,以及德国矿工—铁路—海员养老保险基金会和补充保险基金会。

第21a条 社会照护保险待遇

(1)依据有关社会照护保险的法律,可以要求:

1. 家庭护理的待遇:

a)护理实物待遇,

b)对自己完成的护理辅助的护理费,

c)替代专业护理服务的家庭护理,

d)护理辅助工具和技术辅助,

2. 半住院的护理和短期护理,

3. 针对护理人员的待遇,特别是:

a)社会保障待遇以及

b)护理课程,

4. 完全住院的护理。

(2)主管机关是在医疗保险基金会中设立的护理保险基金会。

第21b条 对妊娠终止的待遇

(1)依据《妊娠冲突法》的第五部分,在不违反法律或者在《刑法典》第218a条第1款所规定的前提下的妊娠终止,可以要求待遇支付。

(2)主管机关是地方、企业和行业的医疗保险基金会,经办农业医疗保险的农

业、林业和园艺社会保险基金会,以及德国矿工—铁路—海员养老保险基金会和补充保险基金会。

第22条 法定事故保险待遇

(1)依据有关法定事故保险的法律,可以要求:

1. 采取措施预防工伤事故、职业病、职业健康风险,以及采取急救措施,并对职业病和职业健康风险进行早期诊断,

2. 治疗和就业的待遇及包括经济援助在内的对维持、改善和恢复劳动能力及为减轻事故伤害后果的其他待遇,

3. 因劳动能力的减弱而退休,

4. 对遗属支付退休金、丧葬费和补助,

5. 退休金补偿,

6. 生活费救助,

7. 对农民的农活辅助。

(2)主管机关是工商业同业工伤事故保险联合会、农业、林业和园艺社会保险之农业工伤事故保险联合会、乡镇事故保险协会、火灾事故保险基金会、邮政与电信工伤事故保险基金会、州和乡镇工伤保险基金会、州和市政部门共同事故保险基金会,以及联邦和铁路工伤事故保险基金会。

第23条 法定养老保险及农民养老保险待遇

(1)依据《法定养老保险法》及《农民养老保险法》,可以要求:

1. 在法定养老保险内,

a)预防和医疗康复的待遇,以及包括经济救助在内的对维持、改善和恢复劳动能力的其他待遇,

b)年老、劳动能力减弱的养老金及矿工补偿待遇,

c)死亡养老金,

d)鳏寡养老金补偿金及费用报销,

e)补贴医疗保险的费用,

f)子女教育待遇,

2. 在农民养老保险待遇中,

a)预防和医疗康复的待遇,以及包括农活辅助或生活费救助在内的对维持、改善和恢复劳动能力的其他待遇,

b)年老、劳动能力减弱的养老金,

c)死亡养老金,

d)保险费补贴,

e)农活辅助和生活费救助,以及维持农业企业的其他待遇。

(2)主管机关是:

1. 在普通养老保险中是地区性的保险机构、德国养老保险协会和德国矿工—铁路—海员养老保险机构,

2. 在矿工养老保险中是德国矿工—铁路—海员养老保险机构,

3. 在农民养老保险中作为农业养老保险的农业、林业和园艺社会保险。

第24条 健康受损情况下的供养待遇

(1)依据有关健康受损下社会补偿的法律,可以要求:

1. 治疗的待遇,以及包括经济援助在内的对维持、改善和恢复劳动能力的其他待遇,

2. 在个别情况下的特别援助,包括对就业的待遇,

3. 因被认可的损害后果而产生的养老金,

4. 遗属养老金、丧葬补助金和死亡补助金,

5. 一次性经济补偿,特别是住房补贴。

(2)主管机关是战争抚恤金局,州战争抚恤金局和骨科护理机构。个别情况之下的特殊救助由各区或不设区的市及主要的福利局负责。在治疗和住院治疗时,法定医疗保险机构要起到协助作用。《士兵供养法》第80条、第81a条至第83a条规定的待遇,只要不是在《联邦供养法》的第25条至第27j条所规定的战争受害者供养的待遇范围之内,都由联邦国防管理部门负责。

第25条 子女补贴、儿童津贴、教育和社会参与待遇、生育津贴和照顾补贴

(1)依据《联邦子女补贴法》,如果不能依据《所得税法》第31条获得家庭补助时,可以要求子女补贴。依据《联邦子女补贴法》,还可申请儿童津贴、教育和社会参与待遇。

(2)依据有关联邦父母津贴和育儿假的法律,可以要求父母津贴和照顾津贴。

(3)上述第1款的执行主管机构由《联邦子女补贴法》第7条规定,上述第2款的主管机构由《联邦父母和育儿假法》第12条规定。

第26条 住房补贴

(1)依据有关住房补贴的法律,为获得租金补贴或者对自住房屋支出的补贴,可以要求住房补贴。

（2）主管机关是州法规定的机关。

第27条　儿童和青少年救助待遇

（1）依据有关家庭和青少年救助的法律，可以要求：

1. 提供青少年工作、青少年社会工作和教育上的青少年保护，

2. 促进家庭教育，

3. 培养在日托机构或日托中的儿童，

4. 教育资助、对于智障儿童融入社会的救助，以及对于年轻的成年人的救助。

（2）主管机关是各区和不设区的市，依据州法还有区下设的乡镇，它们与独立的青少年救助机构开展合作。

第28条　社会救助待遇

（1）依据有关社会救助的法律，可以要求：

1. 生活费救助，

1a. 年老和工作能力减弱情况下的基本保障，

2. 健康救助，

3. 对残障者融入社会的救助，

4. 护理救助，

5. 克服特殊社会困难的救助，

6. 其他生活境况的救助，以及在各个情况下所分别提供的指导和支持。

（2）主管机关是各区和不设区的市、跨区域的社会救助机构，以及执行特殊任务的卫生行政部门；它们与独立的救助机构开展合作。

第28a条　（废除）

第29条　对残障者康复和社会参与的待遇

（1）依据有关残障者康复和社会参与的法律，可以要求：

1. 对医疗康复的待遇，特别是

a）对残障儿童或者有残障之虞儿童的早期促进，

b）医疗和牙科治疗，

c）药品、包扎用具和包括生理、语言和职业治疗在内的治疗，

d）假肢、矫形和其他辅助工具，

e）压力测试和工作疗法，

2. 针对就业的待遇，特别是

a)帮助保留或获得一个职位,

b)职业准备、职业适应、培训和继续教育,

c)对促进就业的其他帮助,

3. 对参与社会集体生活的待遇,特别是帮助

a)在学前发展精神和身体能力,

b)适当的学校教育,

c)特殊教育经费,

d)获得实践认识和能力,

e)如果不能获得就业待遇,那么就开展适当的活动,

f)促进认识环境,

g)休闲活动或者其他社会生活参与,

4. 确保生活费和其他补充性待遇,特别是

a)疾病津贴、保健疾病津贴、工伤补助、过渡性补贴、培训补贴或抚养费,

b)法定医疗保险、事故保险、养老保险和护理保险费用,以及联邦就业局的费用,

c)旅行费用,

d)生活费或者业务援助和儿童保育费用,

e)运动康复和功能训练,

5. 特殊待遇和对严重残障者社会参与的其他救助,特别是就业救助。

(2)主管机关是上述第19条至第24条、第27条、第28条中所提到的经办机构及整合办公室。

第三章　本法典所有社会保障待遇支付范围的共同规定

第一节　基本原则

第30条　适用范围

(1)本法典的规定适用于所有住所或经常居住地在法典效力范围的人。

(2)超国家或者跨国家的法律不受影响。

(3)住所是指一个人能够排他地占有、使用的住房。经常居住地是指一个人在一个地点或区域内居留，可以认定他在此地不仅仅是短暂停留。

第31条　法律保留

本法典所规定的社会保障待遇支付领域的权利和义务，只能在法律事先规定或允许的范围内成立、确定、更改和废除。

第32条　对不利约定的禁止

私法上的约定，若与本法典规定相违背，对社会保障待遇受领人不利的无效。

第33条　对权利义务的安排

权利和义务的内容、种类和范围不能单独决定，其构成要在法律允许的范围内，考虑到受领人或义务人的私人关系，其需求和待遇支付能力及地区关系要符合受领人或者义务人的合理愿望。

第33a条　与年龄相关的权利义务

(1)如果达到或者不超过特定的年龄限制能够决定权利和义务，则出生日期是起决定性作用的，必须在受领人、义务者或者其亲属对社会保障经办机构的第一次陈述中申明。涉及本法典第四册的第三章和第六章的部分，则须向雇主陈述。

(2)不能违背上述第1款中所提到的出生日期，除非经办机构

1. 存在笔误或者

2. 在一个证明文书中记载了另一个出生日期，其原件制作时间早于第1款中所提到的陈述时间。

(3)第1款和第2款中的出生日期，是社会保障号的组成部分或者与本法典规

定的其他在社会保障待遇支付领域中所使用的标志相符。

第33b条 生活伴侣关系

本法典意义上的生活伴侣关系参照《生活伴侣法》中对生活伴侣关系的定义。

第33c条 禁止歧视

在提出社会权利请求权时,任何人都不应因种族、民族出身或者残障而遭受歧视。仅在其前提和内容由本法典特别部分单独规定时,才能推导出请求权,或使其生效。

第34条 权利义务界定

(1)若依据本法典权利和义务的设定以家庭法律关系为前提,依据国际私法受他国法律管辖并且依据该法产生的法律关系,仅在该法律关系与本法典的效力范围相符合时才能适用。

(2)多个配偶对于鳏寡养老金的要求将最终按比例分配。

第35条 社会保障数据保密

(1)所有人都有权要求,与其相关的社会保障数据(社会法典第十册》第67条第1款)不被经办机构在未授权情况下提取、处理和使用(社会秘密)。经办机构之间也须保守社会秘密,只有获得授权者才能获得社会数据,或只对他们传播。雇员及其家属的社会数据不能被作出人事决定者或社会参与作出者获得,或由有权获得数据者转交。该要求也针对经办机构的组织、经办机构的工作联合会及其组织、养老保险机构的数据部门、在本法典中被称为公法组织的机构、共同服务机构、一体化专业服务机构、艺术家社会保险、受托结算社会保障待遇支付的德国邮政股份公司、按照《打击违法工作法》的第2条和本法典第十册第66条履行职责的海关管理机关、依据本法典履行职责的保险机构和被认可的收养中介机构(《收养中介法》第2条第2款),以及依据《社会法典第十册》第67c条第3款履行职责的机构。雇员在上述机构完成其活动后也须保守社会秘密。

(2)对于社会数据的调取、处理和使用只有在符合《社会法典第十册》第二章的规定时才能进行。

(3)不能够传输的书面文件、未自动化和自动化提取、加工或使用的社会数据不存在答复义务和证明义务,也不存在提供或传递义务。

(4)贸易和商业秘密等同于社会数据。

(5)死者的社会数据须依据《社会法典第十册》第二章的规定处理和使用。此外,数据的处理和使用只有在不损害死者或其遗属利益受到保护的情况下才能进行。

第36条 行为能力

(1)超过15岁的人可以申请、履行并受领社会保障待遇。经办机构要将待遇申请和已提供的待遇通知法定代理人。

(2)第1款第1句所规定的行为能力,法定代理人可以通过向经办机构作出书面声明的方式加以限制。撤回申请、放弃社会保障待遇及接受贷款需要法定代理人的同意。

第36a条 电子通信

(1)当接受者有途径接收电子文件时,可以传递电子文件。

(2)如果法律没有另外规定,法律所规定的文书形式可以用电子形式代替。满足电子形式要求的电子文件须有符合《签名法》的电子签名。不允许署以不能被行政机关识别签名人身份的假名。文书的形式也可以被下列形式所替代:

1. 在电子表格中直接提交的声明,该表格是用输入设备或者通过公共网络从行政机关那里获得的,

2. 通过发送电子文件向行政机关申请和报告,其传送形式依据《电子邮件法》第5条第5款的规定,

3. 电子行政行为或者行政机关的类似电子文件,通过发送《电子邮件法》第5条第5款规定的电子邮件信息,被认证的服务提供者证明公布机关是电子邮件账户的使用者,

4. 通过其他更安全的程序,该程序由联邦政府经联邦参议院同意后颁布的行政法规所规定,而该法规对数据发送者进行授权,并确保电子发送数据的完整性及无障碍性;IT规划委员会可以对程序提出适当的建议。

在第4句第一种的情形下,在通过公开访问的网络提交文件时,要确保有一个依据《身份证法》第18条或者《居留法》第78条第5款所确定的身份证明;在被保险人及其保险机构的交流中,也可以依据本法典第五册第291条第2a款的第4句,以电子健康卡片的形式进行电子化的身份证明。

(2a)若法律预先规定了必须使用特定的表格,该表格预留了签名的位置,书面形式的规定不起作用。在用电子方式提交给行政机关的表格的特定文本中,签名位置可以省略。

(3)若行政机关所传送的电子文档对收件人来说不适合编辑,收件人要毫不迟

延地通知发件人,并说明对其来说适合的技术框架条件。若收件人通知了行政机关,他不能直接编辑行政机关所发送的电子文件,行政机关要重新发送适当的电子文件或者书面文件。

(4)包括联邦劳动局在内的社会保险经办机构,其组织和协会在各自的社会保障待遇支付领域使用《签名法》上所规定的符合效率和经济的认证服务,应当长期确保一个共同和统一的联邦内的通信和数据的传输,并保证合格的电子签名能够经得起检验。这些机构应该在其各自的领域使用第1句中所规定的认证服务。第1句和第2句同时适用于《社会法典第五册》和《社会法典第十一册》中所规定的待遇提供机构及由其所建立的组织。

第37条 对偏离性规定的保留

第一册和第十册适用于本法典规定的所有社会保障待遇支付领域,只要在其他册中没有不一致的规定,第68条是不受影响的。保留规定不适用于第1条至第17条以及第31条至第36条。在涉及对社会数据进行事实调查的情况下,《社会法典第十册》的第二章优先于第一章适用。

第二节 待遇支付法的基本原则

第38条 请求权

在经办机构未获得本法典特别部分授权的情况下,权利人有权要求行政机关行使自由裁量权决定社会保障待遇。

第39条 待遇的裁量

(1)经办机构有权根据自由裁量决定社会保障待遇,其应根据授权的目的进行裁量,并遵守法律的限制。裁量的行使应与其义务相一致。

(2)对社会保障待遇的规定对裁量待遇同样适用,对此相应地存在一个请求权,只要其与法典中的规定不相违背。

第40条 请求权的产生

(1)社会保障待遇请求权的产生,需要有法律的规定或者以法律规定的前提为基础。

(2)在裁量待遇中,公布待遇支付决定的时间点由待遇支付机关确定,除非在决定中确定了另外一个时间点。

第41条 请求权的生效

只要本法典的特别部分未作规定,社会保障待遇请求权一经成立即生效。

第42条 预付

(1)若存在金钱待遇请求权,但可以预见确定待遇支付额度需要较长的时间,主管经办机构可支付预付金,其额度经办机构可根据其与义务相符的裁量权来决定。若权利人申请预付金,经办机构须根据第1句的规定支付预付金,提供预付金最迟不超过申请开始后的1个日历月。

(2)预付金应按照权利人应得的待遇支付金额计算。若预付金超过待遇支付金额,则受领人应该归还。此处适用《社会法典第十册》第50条第4款的规定。

(3)对预付的延期、撤销和发放适用于《社会法典第四册》第76条第2款的规定。

第43条 临时待遇

(1)若社会保障待遇请求权在若干个经办机构之间存在争议,其中第一个受理的社会经办机构可以暂时支付待遇金,经办机构可依据与其义务相符的裁量权来确定额度。若权利人提出申请,则该经办机构应按照第1句的规定提供待遇;提供临时待遇金最迟不超过申请开始后的1个日历月。

(2)第1款中所规定的待遇可适用第42条第2款和第3款的规定。只有有义务提供待遇支付的经办机构有权向受领人提出归还要求。

第44条 付息

(1)金钱待遇请求权在其生效后的1个日历月满后到支付前的日历月结束,这段时间须支付4%的利息。

(2)最早在负责的经办机构收到完整的待遇申请之后的6个日历月后开始计息,在未申请的情况下,在告知待遇支付决定的1个日历月后开始。

(3)付息必须使用欧元。日历月以30天为基础计算。

第45条 诉讼时效

(1)社会保障待遇请求权的诉讼时效是4个日历年。

(2)诉讼时效的中止、中断、重新起算和效力适用于《德国民法典》的规定。

(3)诉讼时效会因对社会保障待遇的书面申请或提起复议而中断。在公布申请或做出复议之后的6个日历月后,诉讼时效重新起算。

第46条 放弃

(1)社会保障待遇请求权可以通过向经办机构作出书面声明而放弃,放弃可以在任何时候基于对未来的影响而撤回。

(2)若该放弃给其他人或经办机构增加负担或违反了法律规定,则放弃无效。

第47条 金钱待遇的支付

(1)若本法典的特别部分没有规定,金钱待遇应免费存入受领者在金融机构的账户中,对此适用《关于汇款和计入对方金额的技术规则和营业要求的规定》[欧洲议会和理事会2012年3月14日(欧盟)Nr.260/2012]以及《对欧共体条例的修订》(Nr.924/2009,2012年3月30日《欧盟官方公报》L94,第22页)。受领人可以要求待遇金免费送达在该规定管辖区域内的住址。

(2)如果在第1款所规定的管辖区域之外支付,由经办机构承担受委托金融机构的费用。

第48条 未尽抚养义务的支付

(1)如果受领人未能履行法定抚养义务,正在进行中用于生活保障的金钱待遇可以适度支付给受领人的配偶或子女。子女补贴、儿童津贴及与之对应的部分养老金(给儿童的金钱待遇)应支付给儿童,在确定金钱待遇额度时要考虑到他们,其额度比照第54条第5款第2句确定。这也适用于子女补贴受领人缺乏抚养能力而无抚养义务,或者只需在比子女补贴金额低的范围内抚养。金钱待遇也可支付给供养其配偶和子女的个人或者机构。

(2)待遇受领人没有抚养无法定抚养义务的儿童,但是却获得了金钱待遇,此情况下应当适用第1款第1句、第2句和第4句。

第49条 在临时住宿时的支付

(1)待遇受领人基于司法指令在一个机构或场所内住宿超过1个日历月的,只要待遇受领人有法定抚养义务,并且他或被抚养人提出了申请,正在进行的、用于生活保障的金钱待遇应支付给被抚养人。

(2)如果待遇受领人依据法律对子女无抚养义务但获得了金钱待遇,第1款应比照适用。

(3)第48条第1款第4句不受影响。

第50条 在住宿时的转移

(1)若待遇受领人在外住宿(第49条第1款),负担住宿费用的机构可以通过向主管经办机构提出书面报告的方式，将其对用于生活保障的正在进行的金钱待遇转移给自己。

（2）该报告只有当金钱待遇不支付给抚养权人或者第49条第2款所规定的子女，待遇受领人需要报销住宿费用，并且将待遇分摊到对报销有决定性意义的时间段内，该报告才能实现请求权的转移。

（3）当提供住宿的机构（第49条第1款）或抚养的子女（第56条第1款第1句第2项，第2款）存在对于正在进行的金钱待遇的请求权时，第1款和第2款可以适用。

第51条　冲抵

（1）主管经办机构可以将金钱待遇的请求权与针对待遇受领人的请求权相冲抵，只要金钱待遇依据第54条第2款和第4款能够抵押。

（2）若待遇受领人未能证明其可以依据《社会法典第十二册》关于社会救助的规定或者《社会法典第二册》关于求职者的基本保障的规定可获得救助，则归还没有法律依据的社会保障待遇的请求权及本法典所规定的缴费要求可以与正在进行的现金待遇请求权相冲抵，前二者的金额最多可至后者的一半。

第52条　结算

在第51条允许冲抵的情况下，金钱待遇支付的主管经办机关能够经其他对受领人有请求权的经办机构的授权，结算其应得的金钱待遇。

第53条　转让和出质

（1）服务和实物待遇请求权既不能被转让也不能被出质。

（2）金钱待遇请求权在以下情况下可以被转让和出质：

1. 为了满足或者确保归还贷款和报销费用的要求，能够预估到期后的社会保障待遇可以创造合理的生活方式，

2. 如果主管经办机构确定，转让和出质能够实现受领人的最大利益。

（3）正在进行的生活保障的金钱待遇请求权可以在其他情况下转让和出质，只要其不超过工作收入不可出质的限额。

（4）经办机构有义务在获悉转让或出质之月的下个月月底之前支付给新的债权人。

（5）当经办机构知悉转让或出质时，对于金钱待遇请求权的转让或出质与抵销和结算并不相矛盾。

（6）若被转让或出质的金钱待遇是由于错误原因获得的，那么待遇受领人和新的债权人对经办机构来说是偿还相应款项的共同债务人。经办机构通过行政文件

使归还请求权生效。

第54条 抵押

（1）服务和实物待遇请求权不可抵押。

（2）一次性金钱待遇请求权只能在以下情况被抵押：根据情况，特别是根据待遇受领人的收入和财产状况，被征收的请求权的形式及金钱待遇的额度和目的规定，抵押是合理的。

（3）以下待遇不能设立抵押：

1. 不超过《联邦生育津贴和育儿假法》第10条所规定无须抵销的金额的生育津贴和照顾补贴及与教育补贴相当的州待遇，

2.《母亲保护法》第13条第1款的生育津贴不能来自育儿假中的兼职。只要不超过《联邦生育津贴和育儿假法》第10条所规定无须抵销的金额，该数额可以达到《联邦生育津贴和育儿假法》第2条中所规定的生育津贴的金额，

2a. 住房补贴是《住房补贴法》第9条和第10条所规定的对象，只要未因存在请求权而被出质，

3. 金钱待遇旨在补偿因身体和健康损害而产生的额外花销。

（4）此外对正在进行中的金钱待遇，如工作收入的请求权可以出质。

（5）待遇受领人对子女金钱待遇（第48条第1款第2句）的请求权，只能因为拥有子女的法定抚养请求权而出质。在子女补贴中可出质的金额是：

1. 有权被抚养的子女，须为待遇受领人因其受领了子女补贴中的子女之一，所以如果平分子女补贴，扣押的金额不超过该子女所能得到的份额。子女补贴因为存在多个子女而提高，那么第三人有权获得该子女补贴，或者待遇受领人有权获得其他子女的金钱待遇，所以提高的部分在确定可出质的子女补贴金额时可以偏离第1句的规定。

2. 提高的金额（本条第5款第1项第2句）要有利于每一个在确定子女补贴时考虑到的有权被抚养的子女，平分到每个子女的部分是可出质的，均分子女津贴的方案要有利于待遇请求权人。

（6）第2款、第4款和第5款的情况比照第53条第6款适用。

第55条 （废除）

第56条 特别权利继承人

（1）在待遇受领人死亡之后，正在进行的金钱待遇请求权依次归于：

1. 配偶，

1a. 生活伴侣,

2. 子女,

3. 父母,

4. 户主代理人,

如果其在待遇受领人死亡时与之共同生活或者其在实质上是家庭的供养人。一个层次上若有多人,则有权进行平分。

(2)在第1款第1句第2项中的"子女"是指:

1. 与待遇受领人共同生活的继子女和孙子女,

2. 养子女(指与待遇受领人存在长期照顾关系并共同生活,形成类似子女与父母的关系),

3. 与待遇受领人共同生活的兄弟姐妹。

(3)在第1款第1句第3项中的"父母"是指:

1. 其他直系高辈分亲属,

2. 继父母,

3. 养父母(将待遇受领人作为养子女收养者)。

(4)在第1款第1句第4项中的"户主代理人"是指:亲戚或姻亲,其取代死亡或离异或在出于健康原因持续存在障碍的配偶或生活伴侣料理家务,在待遇受领人去世至少1年之前料理家务,并成为家庭主要的供养人。

第57条 特别权利继承人的放弃和责任

(1)依据第56条的规定,特别权利继承人的地位可以在其知悉后的6周之内通过向经办机构提供书面说明的方式放弃,若他在这个时间内申请放弃,请求权就不会转移给他。请求权将转移给没有放弃权利的特别权利继承人。

(2)若请求权已经转移给特别权利继承人,则他须对请求权的主管经办机构为本法典中规定的死者义务负责。就这点而言,这是取消了继承的责任。依据第51条和第52条的冲抵和结算不受规定的额度限制。

第58条 继承

只要届期的金钱待遇请求权不符合第56条、第57条的情况,将依据《德国民法典》总则的规定开始继承。财政机关作为法定继承人不能提出请求权。

第59条 权利继受的排除

对服务和实物待遇的请求权随受领人的死亡而消灭。只有在申请人死亡之时待遇尚未确定又没有进入行政程序的情况下,对金钱待遇的请求权才消灭。

第三节　待遇受领人的配合

第60条　陈述事实

（1）申请或者获得社会保障待遇者，需要：

1. 陈述所有对于待遇重要的事实，并且应主管经办机构的要求，向获得批准授权的第三方陈述，

2. 毫不迟延地告知对待遇而言重大的情势变更或已提交的与待遇相关的情况说明中发生的变化，

3. 提供证据，或者按照主管经办机构的要求，出示或同意出示原始证明文件。

需要偿还待遇的权利人比照第1句适用。

（2）如果在第1款中提到的陈述备有专用的表格，应该适用该表格。

第61条　亲自到场

申请或获得社会保障待遇者，须依照主管经办机构的要求亲自到场，对其申请做口头阐述，或者亲自实施其他对待遇支付决定而言必要的措施。

第62条　检查

若生理和心理检查对于待遇支付决定是必要的，申请或获得社会保障待遇者应按照主管经办机构的要求进行检查。

第63条　康复治疗

若康复治疗能使健康状况得到改善或者能够防止其恶化，因疾病或残障申请或获得社会保障待遇者应按照主管经办机构的要求接受康复治疗。

第64条　职业生活分享的待遇

因谋生能力减弱、健康受损或者因失业而申请或获得社会保障待遇者，如果主管经办机构在对其职业倾向和工作能力进行了审查之后，认为可以通过持续促进措施使其具备谋生或再就业能力时，其应按照相关的要求参加职业生活分享的待遇。

第65条　配合的界限

（1）第60条至第64条所规定的配合义务不存在，只要：

1. 其实现与社会保障待遇的要求不成比例，或者

2. 其实现出于重要的原因对其相对人来说不合适，

3. 与要求申请人或者待遇受领人提供信息的成本相比，经办机构可以用更低

的费用了解必要的情况。

(2)以下情形可以排除治疗和检查:

1.在个别情况下,对生命或健康损害的概率很高,

2.有明显的疼痛,

3.对身体的完整性有明显的侵害。

(3)陈述由于被追究犯罪行为或违法行为可能对申请人、待遇受领人或其近亲属(依据《民事诉讼法》第383条第1款第1项至第3项)造成危险时,可以拒绝作出。

第65a条　费用报销

(1)依据第61条或第62条,满足主管经办机构要求者,可以申请在合理范围内报销其必要开销和收入损失。依据第61条在主管经办机构要求下,费用只有在困难情形下才可报销。

(2)若主管经办机构认为有必要亲自到场或者调查事后,则比照第1款适用。

第66条　缺乏配合的后果

(1)如果申请或获得社会保障待遇者没有履行第60条至第62条,以及第65条所规定的配合义务,并因此而明显加大了澄清事实情况的难度,经办机构可以不经进一步调查,在配合被弥补之前全部或部分取消或收回社会保障待遇,只要待遇支付的前提未能被证明。在申请人或待遇受领人以其他方式故意明显加大澄清事实情况的难度时也同样适用。

(2)若有人因为护理需求、丧失劳动能力、危及或减弱谋生能力,被认定的损害后果或者因为失业申请或获得社会保障待遇,未能履行其依据第62条至第65条规定的配合义务或者没有接受对所有可能情况的评估措施,因此而损害或未能改善其独立生活的能力,工作、谋生和交往能力,经办机构可以在作出配合措施之前全部或部分取消或收回社会保障待遇。

(3)在待遇受领人被书面告知其未能履行配合义务,且未在法律规定的合理期限内弥补其配合义务之后,社会保障待遇可以因为义务的缺失而被取消或收回。

第67条　配合的弥补

如果配合得到弥补并且存在待遇支付的前提,经办机构可以将依据第66条取消或者收回的社会保障待遇事后全部或部分发放。

第四节　过渡性和废止性规定

第68条　法典的分论部分

下列法律在被编入本法典之前,与对其补充和修改的法律共同构成本法典的分论部分:

1.《联邦教育促进法》,

2.（废除）

3.《帝国社会保险条例》,

4.《农民养老保险法》,

5.（废除）

6.《农民医疗保险的第二部法律》,

7.《联邦供养法》以及其他相关法律,特别是:

a)《士兵供养法》第80条至第83a条,

b)《联邦边境保护法》第59条第1款,

c)《民事服役法》第47条,

d)《传染病防治法》第60条,

e)《被拘禁者救助法》第4条和第5条,

f)《受害者补偿法》第1条,

g)《刑事受害者恢复法》第21条和第22条,

h)《行政受害者恢复法》第3条和第4条,

预先规定了要相应适用《联邦供养法》的待遇支付规定,

8.《战争受害者供养行政程序法》,

9.《联邦儿童补贴法》,

10.《住房补贴法》,

11.（废除）,

12.《收养介绍法》,

13.（废除）,

14.《生活费预付法》,

15.《联邦生育津贴和育儿假法》的第一章、第二章、第三章,

16.《年老雇员部分时间工作法》,

17.《怀孕冲突法》第五章,

18.（废除）。

第69条　市州条款

柏林、不来梅和汉堡州的州政府委员会被授权，可修改本编关于行政机关职权的规定，使其与本州特别的行政结构相适应。

第70条　消灭时效权利的过渡性规定

2002年1月1日生效的《〈民法典〉施行法》第229条第6款第1项和第2项的规定对第45条第2款和第3款的规定适用。

第71条　转让、质押和扣押的过渡性规定

只要第53条第6款和第54条第6款在2005年3月30日之后全部或部分被认为是不合法的，那么就只能适用于金钱待遇。

社会保险总则——《社会法典第四册》

分册目录

第一章　基本原则与概念定义 ···037
　　第一节　适用范围与保险范畴 ···037
　　第二节　从属就业与自主从业 ···038
　　第三节　劳动薪酬与其他收入 ···046
　　第四节　收入与遗属养老金的竞合 ···048
　　第五节　保险号的收集、处理与使用 ···053
　　第六节　社会保险证件 ···054

第二章　待遇与保费缴纳 ···056
　　第一节　待遇 ···056
　　第二节　保费缴纳 ···056

第三章　雇主的报告义务，社会保险保费的总缴纳 ·································066
　　第一节　雇主的报告义务及其转达 ···066
　　第二节　保费缴纳的程序和责任 ···073
　　第三节　告知义务和提交义务、审核、损害赔偿义务和付息 ···········080

第四章　社会保险承保主体（社会保险基金会） ··086
　　第一节　基本构成 ···086
　　第二节　自治机构的组成、选举和程序，资深被保险人和信赖代理 ·······093
　　第三节　财政预算与会计 ···110
　　第四节　财产 ···120
　　第五节　监督 ···122

第五章　保险机关 ···125

第六章　社会保险中电子数据的传输与处理 ··127
　　第一节　向社会保险以及在社会保险中传输数据 ···························127
　　第二节　社会保险承保主体接收、转发和处理雇主的数据 ···········127

第七章　文件的保管 …………………………………………………130
第八章　罚款规定 ……………………………………………………132
第九章　过渡条款 ……………………………………………………135

导 读

《德国社会法典第四册》是社会保险法律制度的总则，该分册确定的基本原则和基本制度适用于法定医疗保险、法定养老保险、事故保险、照护保险的全部内容，以及就业促进和失业保险的绝大部分内容。当然，有鉴于欧盟法的效力高于成员国国内法，该分册的规定如果与欧盟法相冲突，优先适用后者。

该分册的第7条及以下条款规定了"就业"的概念，被视为社会法典中最重要的制度，其原因在于符合此概念特征的雇员系社会保险各个险种的强制参保人，雇主有义务为劳动者参保并代缴代扣保费。根据《德国民法典》和相关司法判决确立的基本制度，"就业"与劳动关系基本同义，即"受到雇主指令约束"和"纳入雇主组织接受管理"。在特殊情形下，即使雇员从事不具备这些特征的灵活就业工作时，如自愿提前退休之后又受聘于某一雇主，也要履行参保义务。

该分册依次规定了各险种的缴费工资基数、参保信息处理、待遇给付、参保和缴费程序、雇主申报义务、经办机构的信息提供义务和行政程序、经办机构的法人资格和组成方式、决议程序、社会保险基金的预算和审计、社会保险监管机构、电子信息传输方式等等。

该分册由联邦议院会同联邦参议院共同制定，于1976年12月23日颁布，生效日期为1977年7月1日（《联邦法律公报》Ⅰ第3845页），最后修改日期为2015年11月20日。

第一章　基本原则与概念定义

第一节　适用范围与保险范畴

第1条　内容的适用范围

（1）本册中的规定适用于法定医疗保险、事故保险、养老保险（包括农民养老保障）和社会护理保险（保险种类）。除第四章第一节、第二节及第五章的规定外，本册亦适用于就业促进。本册中的保险承保主体指的是德国联邦劳动局。

（2）第18h条亦适用于社会救助和失业者基本保障；此外第18f条、第18g条、第19a条也适用于失业者基本保障。

（3）本法典中涉及第1款与第2款社会福利待遇领域的规定与本册规范不一致时，适用前者。

（4）（废除）

第2条　被保险人的范围

（1）社会保险所覆盖的人群，是根据法律或规章（保险义务），或基于自愿参加、自愿延保（保险权利）的被保险人。

（1a）社会保险和就业促进规范中所指的德国人，是指《德国基本法》第116条中所定义的德国人。

（2）在社会保险所有险种中，根据各个险种的特别规范，被保险人是

1. 为获取劳动报酬而从事工作或接受职业教育的人，

2. 在受保护的机构中工作的残疾人，

3. 农民。

（3）在未被授权悬挂联邦德国旗帜的海船上工作的德国船员，可由船主申请，

1. 参加法定医疗、养老和护理保险，并根据《社会法典第三册》的规定承担保险义务，

2. 参加法定事故保险，如果船主已加入交通与运输同业公会的事故预防和海船安全监查，且船旗国的规定与此并无冲突。

居所或常住地在国内的海员，如其所工作海船的所有权主要归属于某个住所地在国内的船主，则船主有义务根据上述第1项并在第2项的前提条件下提出申

请。船主基于提出的申请而向保险承保主体承担雇主义务。住所地在国外的船主，应通过国内的委托人向保险承保主体履行义务。船主与委托人作为共同债务人向保险承保主体承担责任；他们必须根据要求提供相应担保。

(4)各险种的其他被保险人群由特别法予以规定。

第3条 人员与地区的适用范围

有关保险义务和保险权利的规定，

1. 如其以从属就业和自主从业为前提条件，则适用于所有在本法典适用范围内就业的人群，

2. 如其不以从属就业和自主从业为前提条件，则适用于所有住所或常住地在本法典适用范围内的人群。

第4条 外延的扩张

(1)如有关保险义务和保险权利的规范以就业为前提条件，则这些规范同样适用于那些在本法典适用范围内产生的就业关系框架内被派往适用范围之外的地区的人群，前提是派遣是基于职业特征或以合同形式预先规定了期限。

(2)对于自主从业的人群参照适用本条第1款的规定。

第5条 内部限制

(1)如有关保险义务和保险权利的规定以从业为前提条件，则这些规定不适用于那些在本法典适用范围之外产生的就业关系框架内被派往适用范围之内地区的人群，前提是派遣是基于职业特征或以合同的形式预先规定了期限。

(2)从事自主劳动的人群相应适用本条第1款的规定。

第6条 保留

国际法律规定与国家间的法律规定不受本法影响。

第二节 从属就业与自主从业

第7条 从属就业

(1)从属就业指自主劳动之外的劳动，尤其是在劳动关系之内的就业。判断从属就业的依据是指令行动和被纳入指令人的劳动组织。

(1a)以下情形中，免除劳动义务1个月以上仍认为存在从属就业：

1. 免除劳动期间，劳动薪酬由第7b条中的某个社会保险基金账户支付，且

2. 在免除劳动期间按月给付的劳动薪酬与过去12个月中支付的劳动薪酬差别合理,

在1个月至3个月的免除劳动期间,若根据关于以日或周工作时间为标准的灵活工作时间的约定,或者根据企业生产与工作时间周期,应支付的劳动报酬已到期,则参照适用第1句的规定。如果劳动关系开始之时包含一段免除劳动的时间,则第1句第2项结合以下条件适用:在免除劳动期间按月支付的劳动报酬,与之后为劳动而支付的薪酬的差别不应是不合理的。在免除劳动期间,由于某种约定时无法预料的提前解除劳动关系情形而导致无法再提供劳动,则仍视为存在需付薪的从属就业。合同双方在缔结合同时可以仅就以下情形约定社保基金账户的其他使用目的:由于劳动能力减损而导致的就业终止;达到领取养老金年龄;职工死亡,以致不能再为免除劳动的期间使用社会保险基金账户。第1句至第4句不适用于已接受社会保险基金账户转账的职工。统一的工资关系在国内建立之前,参加地区由劳动给付带来的基金积累各自分开管理;如果某参加地区和其他地区在缴费与待遇计算上存在不同计值标准,则以该基金积累地区适用的标准为准。

(1b)雇员与雇主约定灵活工作时间,不属于《解雇保护法》第1条第1款第2句所称的由雇主原因造成的劳动关系解除的情形。

(2)就业也包括在企业职业培训中获得职业知识、技能和经验。

(3)劳动关系不具备劳动报酬请求权的情形持续时间不超过1个月的,视为仍然存在以获取劳动报酬为目的的就业。劳动报酬是由某笔德国养老保险联会转账的基金支付时,也视为就业仍然存续。病假津贴、病假工资补贴、伤害津贴、疾病照护津贴、过渡津贴、护理补贴或母亲津贴、法定抚养津贴和法定产育假,以及兵役津贴或民役津贴不适用于第1句的规定。

(4)如雇主在不具备《社会法典第三册》第284条第1款所要求的批准的情形下,或者在不具备居留法第4条第3款要求的就业资格情形下雇用外国人,则认为已存在为期3个月的付薪劳动关系。

第7a条 询问程序

(1)就业关系参与方可以书面形式申请裁定是否存在就业关系,除非征缴机构或其他保险承保主体在提出申请之时已经启动了确定就业关系的程序。如果在雇主的登记中(第28a条)显示雇员是雇主的配偶、生活伴侣或后代,或是企业具有限责任的主管人员,则征缴机构应根据第1句的规定进行询问。与第28h条第2款的规定不同,由德国养老保险联会就申请作出裁定。

(2)德国养老保险联会应根据对某一事实所有情况的整体评判做出是否存在就业关系的裁定。

(3)德国养老保险联会应以书面形式告知就业关系参与方,裁定所需的陈述报告和文件,并为陈述报告和文件的准备设定适当的期限。

(4)德国养老保险联会应告知参与方打算做出怎样的裁定,指出裁定所依据的客观事实,并允许参与方就此裁定倾向发表意见。

(5)如参与方对此裁定倾向提出异议,德国养老保险联会应要求参与方在适当期限内提交支持此异议的证据。

(6)如开始工作后提出第1款中的申请,且德国养老保险联会裁决存在具有保险义务的就业关系,则裁定发布后,在下述情况下,保险义务发生:

1. 雇员对此予以认可;

2. 且他在开始就业和裁定之前的期间已参加某种针对疾病经济风险的保障和养老保障,其待遇形式与法定医疗保险和法定养老保险相符。

关于就业关系存在的裁定不可撤销的日期,为应支付全部社会保险缴费的期限。

(7)对关于就业关系存在的裁定的异议和诉讼,具有推迟其效力作用。与《社会法院法》第88条第1款的规定不同,撤销裁定的诉讼应在3个月内提出。

第7b条 社会保险基金账户协议

当符合以下条件时,视为存在社会保险基金账户协议:

1. 社会保险基金账户基于书面协议而建立,

2. 协议的目的不是为了形成灵活的日或周工作时间,或是为了平衡企业生产与劳动时间周期,

3. 劳动薪酬存入基金账户的目的为:在劳动义务免除期间或者合同约定的劳动时间减少期间从中支取薪酬,

4. 由基金账户到期支付的劳动薪酬与在免除劳动义务或减少劳动时间之前或之后支付的劳动薪酬保持一致,且

5. 到期支付的月劳动薪酬总计超过450欧元;但在劳动义务免除前劳动用工形式为非全日制就业的情形除外。

第7c条 社会保险基金账户的使用

(1)根据第7b条协议建立的社会保险基金账户可在以下情形下使用:

1. 在法律规定的完全或部分免除劳动义务或减少劳动时间的期间,尤其是以

下期间：

a)《护理时期法》(2008.5.28,BGBl.I S.847,896)第3条或《家庭护理时期法》第2条规定的职工有权免除劳动义务的期间，

b)《联邦生育津贴和育儿假法》第15条规定的职工独自抚育子女的期间，

c)职工可根据《非全日制用工和有期限用工法》第8条的规定,要求减少合同约定的劳动时间。该条规定在此适用的条件为：劳动时间减少的期间以社会保险待遇支付的时间为限。

2.合同约定的完全或部分免除劳动义务或合同约定的减少劳动时间期间,尤其是以下期间：

a)临近职工可根据《社会法典第六册》的规定领取养老金或可以领取养老金的时间点的期间，

b)职工参加职业培训期间。

（2）协议双方可偏离第1款的规定,通过根据第7b条达成的协议对该基金账户的使用目的进行一定限制。

第7d条　基金账户的构成和管理

（1）基金账户由劳动薪酬累计和雇主承担的缴费部分构成的总社会保险缴费构成。劳动时间的累计折算入劳动薪酬中。

（2）雇主必须每年至少一次以书面形式告知雇员基金账户中包含的劳动薪酬累计金额。

（3）基金账户的投资参照适用第四章第四节关于社会保险承保主体资金投资的规定,适用条件为在股票或股票基金上的投资比例不超过20%,且必须保证在提出待遇支付要求时至少投入的资金总数回流。允许在以下情形下在股票或股票基金上有更高的投资比例：

1.在团体协议或基于团体协议的工厂协议中予以约定,或者

2.根据社会保险基金账户协议,仅在第7c条第1款第2项第a项规定的免除劳动义务的情形下请求支付待遇。

第7e条　破产保护

（1）协议双方应在根据第7b条规定签订的协议中约定雇主应履行的预防措施,以在下列情况下充分保障雇主遭遇破产风险时基金账户及其中包含的总社会保险费的安全：

1.不存在破产欠薪补贴请求权,且

2. 包含总社会保险费的雇员基金账户累计,超出了每月基数的上限。

在团体协议或基于团体协议的工厂协议中可约定与第1款第2项不同的基数。

(2)为了完成第1款规定的义务,基金账户必须单向交由第三方进行管理,在雇主破产时为各种从基金账户支出的费用为雇主提供担保,尤其是在某种信托关系中,其能够保证基金账户直接转移到第三方资产并在一个公开信托账户或其他适当形式中进行基金运营。协议双方可在根据第7b条签订的协议中约定其他与上述信托关系相似的保证方式,如某种附有充分解雇保护的保险形式或债法性质的抵押或担保形式。

(3)资产负债表上的准备金、集团公司(证券法第18条)之间的损害赔偿义务,尤其是担保、保证声明或债务加入不属于适当的防护措施。

(4)基金账户满足第1款第1句第2项的条件时,雇主必须立即以书面形式告知职工所采取的适当的破产保护措施。

(5)如职工书面要求雇主履行第1款至第3款规定的义务,而雇主没有在2个月内向职工给出其已根据要求履行了破产保护义务的证明,则雇员可以立即提出解除根据第7b条形成的协议,根据第23b条第2款的规定解散基金账户。

(6)如果养老保险承保主体根据第28p条规定对雇主进行检查时,确认存在以下情形:

1. 对某个基金账户缺乏破产保护规定,
2. 所选择的保证金不是第3款规定的适当措施,
3. 保证金的规模未达到基金账户的30%,或者
4. 保证金未包括基金账户中的总社会保险缴费,

则应通过作出本法典第28p条第1款第5句的规定的行政行为,出具基金账户中雇主的总社会保险缴费部分的证明。如雇主在2个月以内向养老保险承保主体证明其已根据第1款的规定履行了义务,则其立即付清缴费义务取消。如果雇主没有在规定期限内提供第2句要求的证明,则根据第7b条形成的协议视为自始无效,基金账户解散。

(7)如因不适当的或不充分的破产保护而导致基金账户积累的减少或丧失,由雇主承担已产生损害的责任。如雇主是法人或者不具备权利能力的合伙,则其机构代理人也要承担连带损害责任。如损害没有发生,则雇主和机构代理人不承担责任。

(8)在符合规定的基金账户解散之前,禁止终止、废除或解除关于破产保护措

施的约定,除非是在雇员的同意下由一个至少与破产保护等值的预防措施替代破产保护。

(9)第1款至第8款不适用于不允许对其财产采取破产措施的联邦、州、地区、团体、基金会及公法机构,以及某些根据法律由联邦、州或者地区保障其支付能力的公法法人。

第7f条 基金账户的转移

(1)就业关系终止时,职工可以书面形式要求当时的雇主将根据第7b条建立的基金账户

1. 转移到新的雇主处,如该雇主已与职工根据第7b条签订基金账户协议并同意转移,

2. 转移到德国联邦养老保险协会,如包含了总社会保险缴费的基金账户累计已经超出缴费基数的6倍。已转移的基金账户不可返还。

转移之后,与基金账户相关的雇主义务由新的雇主或德国联邦养老保险协会承担。

(2)在转移到德国养老保险联合会的情形下,雇员可以根据第7c条第1款的规定,在免除劳动期间和缩短合同约定的劳动时间时,以及第7c条第1款第1项所称的不存在劳动关系的期间提出基金账户使用要求。申请须最迟于请求免除劳动之前1个月向德国养老保险联会书面提出;申请中须写明从基金积累中支出的劳动报酬的数额;为此须遵守第7条第1a款第1句第1项的规定。

(3)德国养老保险联合会把向其转移的基金账户及其中包含的总社会保险缴费作为委托任务,与其他资产分开进行信托管理,直至基金账户的最终解散。基金账户须根据本法典第四章第四节中有关社会保险承保主体基金投资的规定投入运营。德国养老保险联会因基金账户的转移、管理和运行而产生的费用完全从基金账户中扣除,并根据第7d条第2款的规定分别告知职工。

第8条 小微工作与小微自主从业

(1)以下情况视为不充分从属就业:

1. 从该就业中获得的劳动薪酬通常每月不超过450欧元,

2. 在1个日历年中,通常根据就业性质或事先由合同规定,就业限制在最长2个月或者50个工作日。除非该就业的从事是专业性的,且其月劳动薪酬超过450欧元。

(2)适用第1款时,必须将根据第1项或第2项认定的多个小微工作和其他非小

微工作合并计算,但只有一个根据第1项认定的小微工作则不与其他非小微工作合并计算。如不能满足第1款的要求,则不视为存在小微工作。如果根据第1句合并计算后确定不再能满足小微工作的条件,则从第28i条第5句规定的收缴机构或其他养老保险承保主体根据《社会法典第十册》第27条作出存在保险义务决定之日起,发生保险义务。如雇主因故意或者重大过失耽搁了就业保险义务决定的事实调查,则不适用上述规定。

(3)第1款和第2款参照适用于小微工作的情形,但不适用于劳动促进法。

第8a条 私人家庭中的小微工作

如果小微工作就业仅发生在私人家庭中,则适用第8条。私人家庭中的小微工作是指,该就业产生于某种私人家政且其工作通常由私人家庭中的成员予以完成。

第9条 就业地点

(1)就业地点是指实际从事工作的地点。

(2)以下情形中,就业地点是指在建有固定的劳动场所的地点,

1. 人们从其出发到该固定劳动场所之外从事某些劳动,或者

2. 人们到固定劳动场所之外工作,且该劳动场所及实际从事就业的场所处于保险管理机构的管辖范围之内。

(3)如果某人在多个固定劳动场所为其雇主工作,则其最常工作的场所为其就业地点。

(4)如果某个固定劳动场所的范围超出了多个乡镇或社区,则作为经营中心的劳动场所为其就业地点。

(5)如不具备固定劳动场所且在各种不同地点从事工作,则企业所在地为其劳动场所。如企业某个外派机构直接管理劳动,则该外派机构所在地为其就业地点。如果根据第1句和第2句的规定,不存在一个本法典适用范围内的就业地点,则第一次在本法典适用范围内从事工作的地点为其就业地点。

(6)在职工外派期间,迄今的就业地点被认为仍然存续。如果不存在这样的就业地点,则外派劳动者的企业所在地为其就业地点。

(7)如根据国际法或双边条约,德国的社会保障法规定适用于某个雇用劳动者,且该劳动者从事就业的地点不在本法典的适用范围之内,则适用第6项的规定。如果根据第6项仍不具有本法典适用范围之内的就业点,则该劳动者被视为在柏林(东部)就业。

第10条 特殊人群的就业地点

（1）正处于青年志愿者服务法规定的社会工作志愿年或环境工作志愿年的人，社会工作志愿年或环境工作志愿年管理机构所在地为其就业地点。

（2）发展援助人员的就业地点为发展援助服务管理机构的所在地。根据申请被派往国外的人员，提出申请机构的所在地为其就业地点。

（3）海员的就业地点为海船的船籍港。如船籍港不在此法典的适用范围，则汉堡为其就业地点。

第11条 从业地点

（1）除了本条第2款规定的特殊情况，关于就业地点的规定参照适用于自主从业。

（2）如不具备固定的工作场所，且在各种不同地点进行自主从业，则以住所地或常居地为从业地点。

第12条 家庭作坊主、在家劳动者和劳动转包者

（1）家庭作坊主是指在自有的劳动场所内，接受委托为工商业、公益企业或公法组织进行经营性劳动的自主从业者，亦可自备原材料或辅助性材料，或短期为自己进行生产。

（2）在家劳动者是指在自有的劳动场所内，接受委托为工商业、公益企业或公法组织进行职业性劳动的人，亦可自备原材料或辅助性材料。其被视为从属就业者。

（3）家庭作坊主和在家劳动者的雇主是指直接向其分派劳动的人，客户是指在其委托范围内为其工作的人。

（4）转包者是指不具雇主身份，而是将交给他的工作转移给家庭作坊主或在家劳动者的人。

（5）《家庭劳动法》第1条第2款第1项第a项、c项和d项中提及的人同样被视为家庭作坊主、在家劳动者或劳动转包者。

第13条 海船主、海船船员与德国海船

（1）海船主是指海船的所有人。海船船员是指海船上所有从属性就业的海船人员；北海—波罗的海运河上的船工等同视为海船船员。

（2）德国海船指的是所有允许悬挂德国旗帜的航海船只。

第三节　劳动薪酬与其他收入

第14条　劳动薪酬

（1）劳动薪酬指所有因就业而获得的持续性或一次性收入，无关乎是否存在收入请求权、以何种名义或者何种形式支付、是直接从就业获得或是与就业相关。劳动薪酬还包括《企业养老金法》第1条第2款第3项规定的那些收入，即被通过直接承诺书或公积金形式用作企业年金的递延薪酬，前提是其超出了整个养老保险年缴费起始线的4%。免税的职务津贴和《所得税法》第3条第26项和第26a项所规定的免税收入不视为劳动薪酬。

（2）如已商定净劳动薪酬，则劳动薪酬是指包括了收入税和社会保险与劳动促进法定缴费的就业收入。如果在非法就业关系中没有缴纳税款和社会保险与劳动促进缴费，则视其收入为净劳动薪酬。

（3）如使用财务支票（本法典第28a条第7款），则不以现金形式提供的捐赠不考虑在收入之内。

第15条　劳动收入

（1）劳动收入是指根据所得税法之利润确定的一般规定计算得出的自主从业的收入。计入劳动收入的收入由所得税法规定。

（2）收入来自《所得税法》第13a条规定的农业和林业的农民，由《农民老年保障法》第32条第6款得出的收入视为劳动收入。

第16条　总收入

总收入是指《所得税法》中所称的收入的总和，尤其是劳动薪酬和劳动收入。

第17条　行政法规授权

（1）授权联邦劳动与社会事务部，在联邦参议院的同意下，为保护社会保险和劳动促进、促进企业养老年金或简化缴费手续，以行政法规规定：

1. 完全或者部分不视为劳动薪酬的在工资或薪酬之外发放的一次性收入或持续性津贴、加班费、补助或其他类似收入及免除缴税的收入，

2. 完全或者部分不视为劳动薪酬的直接保险缴费和向养老基金会的捐款，

3. 如何确定并按时间计算劳动薪酬、劳动收入和总收入，

4. 为每年预先根据实际交易价值确定实物工资的价值，应确保与税法中的规定尽量一致。

（2）联邦劳动与社会事务部在联邦参议院的同意下，通过行政法规为每年确定

缴费基数(第18条)。授权联邦劳动与社会事务部,在联邦参议院的同意下,通过行政法规确定其他由缴费基数派生出的数额。

第17a条 国外收入的换算

(1)如果所得收入是外国货币,则应根据欧洲中央银行公布的汇率换算成欧元。如果欧洲中央银行没有对该外国货币公布汇率,则根据德国联邦银行为该国货币确定的中间汇率进行收入换算;对具有不同汇率系统的国家,则以非商业性领域的汇率为准。

(2)计入收入时,在给付或新计入的给付开始于过去的情况下,依收入计算开始之月的汇率换算。给付或新计入的给付不是开始于过去的情况下,依考察收入之前的季度的第1个月的汇率换算。国际条约不适用于此种情况。

(3)所适用的换算汇率使用直至

1. 社会福利待遇发生变化,

2. 被计入的收入发生变化,

3. 汇率在3个月内比最后一次换算时变化了10%以上。

第3条所称的汇率变化及新的换算汇率应根据第2款的规定相应适用。

(4)第1款至第3款参照适用于

1. 生活费用,

2. 医疗保险费。

第1款至第3款不适用于社会福利待遇计发的计算基准。

(5)1985年7月1日前发生的保险同样适用第1款至第4款的规定。

第18条 缴费基数

(1)除了针对个别保险种类的特别规定中的一些特殊情形外,社会保险法规中的缴费基数,指的是过去两年法定养老保险的平均薪酬,并往上凑成可以被420除尽的整数。

(2)新入地区的缴费基数(东部缴费基数)于每年1月1日进行调整,即《社会法典第六册》附件1标明的前两年的数值除以第六册附件10中为调整年规定的临时数值,并往上凑成可以被420除尽的整数。

(3)新入地区指的是《统一条约》第3条所称的地区。

第四节　收入与遗属养老金的竞合

第18a条　应计入的收入种类

(1)计算遗属养老金时应计入的收入有：

1. 职业收入，

2. 职业替代收入（所提供的收入替代待遇），

3. 财产收入，以及

4. 儿童抚育津贴。

不予计入的有：

1. 根据《所得税法》第3条规定的免税收入，例外是该条第28项规定的老年非全职工资收入❶、第40项规定的收入及该条第3款第1句第1项和第8项规定的职业收入的替代收入，以及

2. 来自受《所得税法》第10a条或第十二章保障的退休金合同的收入。

第1句和第2句同样适用于与之类似的国外收入。

(2)第1款第1句第1项所称职业收入是指劳动薪酬、劳动收入和其他类似收入。不被视为第1款第1句第1项所称职业收入的，包括达到一般养老保险缴费起征点的4%而通过收入转换转入企业年金的收入部分，以及护理工作者从被护理者处得到的劳动薪酬，前提是该收入没有超出《社会法典第十一册》第37条规定的因日常护理工作而产生的护理费用的范围。

(2a)第2款第1句所称劳动收入是指从以下劳动收入类型中产生的收益或亏损的正和：

1. 从《所得税法》第13条、第13a条、第14条及第15条第2款所称的农业与林业中获得的收益，

2. 从《所得税法》第15条、第16条及第17条所称的营利企业获得的收益，以及

3. 从《所得税法》第18条所称的自主劳动获得的收益。

(3)第1款第1句第2项所称职业替代收入是指

1. 疾病津贴、伤残津贴、疾病照护津贴、生育津贴、过渡津贴、短工津贴、失业金、破产欠薪津贴、病假工资补贴及其他类似待遇，

2. 退休养老金和伤残养老金、儿童抚养津贴、矿工联会补偿待遇、矿工遣散补偿金及根据《萨尔社会保险调整法》第27条、第28条规定的待遇，

---

❶ 译者注：为保证年轻人的就业率，德国法律规定，对于临近退休年龄的职工，可以安排减少工作时间或暂时停止工作，以把职位空缺让给年轻人。该职工在此期间的工资收入可以免税并免缴社会保险。

3. 农民养老保险向退休农民及其在农村的家属发放的退休养老金和因劳动能力减损而向其发放的养老金，

4. 超出《联邦照护法》规定的基本养老金数额的法定事故保险之伤残津贴；因机构护理或入住养老院或护理院而导致的伤残津贴的减少或取消不予考虑；劳动能力减损20%时发放的数额为最低基础养老金的2/3，劳动能力减损10%时发放的数额为最低基础养老金的1/3，

5. 由公法性质的工作或公务关系产生的养老金和其他类似收入；由免除了保险义务，但根据公务员法的规定和原则具有保障请求权的劳动关系产生的养老金和其他类似收入；议会议员保障中的养老金或其他类似养老保障待遇及其他类似收入，

6. 由公法性质的工作或公务关系产生的及由具备公务员法规定的保障请求权的免除保险义务劳动关系产生的事故养老金及其他类似收入，议员保障中的类似收入。如果除此之外没有支付法定事故赔偿，则适用第4项的规定，

7. 特定职业群体的公法性质的保险或保障机构的因劳动能力减损或年老而产生的养老金，

8.《联邦照护法》第30条第3款至第11款的职业伤害赔偿；其他关于适用联邦照护法待遇规定法律中的职业伤害赔偿，

9. 因劳动关系而承诺的老年养老金或劳动能力减损养老金，

10. 由商业性的人寿和养老保险、一般事故保险产生的老年养老金或劳动能力降低养老金，及其他商业性质的养老金。

儿童抚养津贴、生育补助和其他与抚养儿童有关的待遇不在计算之列。如支付的是某种现金待遇或替代某种经常性待遇的一次性补偿，则退休时的现金待遇或作为不具有一次性补偿的退休金而支付的数目应视为收入。

（4）第1款第1句第3项所称财产收入是指由以下财产收入种类中产生的正或负的盈余、收益或亏损的正和：

1. a)《所得税法》第20条所称的资本财产收入；自2005年1月1日生效版本《所得税法》第20条第1款第6项所称的收入同样包括当仅存在部分缴费义务的情况下社会保险待遇和基于该收入而缴纳的社会保险缴费或免费领取保险待遇的领取成本之间的完整差额。

b) 2004年1月1日有效版本《所得税法》第10条第1款第2项第b项下的bb与cc项规定的来自人寿保险或死亡保险的收入，前提是上述保险始于2005年1月1日之

前,且至2004年12月31日的保险缴费已付,除非其是用于支付死亡保险金;根据2002年9月21日有效版本《所得税法》第20条第1款第6项的规定,收入包括保险缴费中包含的储蓄份额的账目上的或非账目上的利息。

确定收入时应将储蓄免税份额作为为获得收入而支出的费用予以扣除。

2.《所得税法》第21条规定的出租收入和收益出租收入,扣除为获得收入而支出的费用,以及

3.《所得税法》第23条规定的由民事让与行为产生的收益,前提是每年所得最低不少于600欧元。

第18b条 应计收入的数额

(1)计算依据为该时间段的月收入。多个应计收入应合并计算。如养老金仅为每月的某段时间发放,则计算依据为相应减少的月收入。一次性获得的财产收入视为支付当月后12个月的收入。一次性获得的财产收入是指无法归入某个特定时间段的收入或未超过12个月所支付的款项。

(2)在第18a条第3款第1句规定的职业替代收入中,第1款第1句所称的月收入视为上一年由这些收入类型中所获得的收入除以获得收入的月份。如除了第18a条第3款第1句第1项所指的职业替代收入之外还获得职业收入,则这些收入应合并计算;如这些收入按时间顺序连续获得,则应以职业收入为计算依据。第23a条规定的一次性支付的劳动收入所涉及的时间划分参照适用。领取短工津贴期间,向保险承保主体申报的劳动收入为计算依据。对于财产收入,以上年获得收入的1/12作为第1款第1句规定的月收入;对于一次性支付的财产收入,以总数的1/12作为第1款第1句规定的月收入。

(3)如在上一年未取得第2款所称收入或者仅取得第18a条第3款第1句第1项所称收入,则持续性收入视为第1款第1句规定的月收入。如持续性收入平均预计最高不超过根据第2款计入的收入的10%,则第1句同样适用于养老金数额的首次确定;持续性收入中的年特殊津贴以其1/12计算。如持续性收入包含第18a条第3款第1句第1项所称的替代收入,则仅在该待遇发放时才予计入。

(4)第18a条第3款第1句第2项至第10项的职业替代收入中,持续性收入视为第1款第1句规定的月收入。持续性收入中的年特殊津贴以其1/12计入。

(5)月收入应按以下规则削减:

1.劳动薪酬削减40%,例外情形是:

a)在公法性质的服务关系或公务关系或者免除保险义务并根据公务员法的相

关规定或原则享有养老保障的劳动关系中产生的收入及与之类似的收入削减7.5%，

b）满足《社会法典第六册》第172条第1款中条件的职工的劳动薪酬削减30.5%；

符合《社会法典第六册》第172条第1款规定的前提条件的职工劳动收入和《老年非全日工法》第3条第1款第1句第1项规定的老年非全职工资收入不削减；《联邦薪酬法》第6条第2款中的补贴应削减7.65%，

2. 劳动收入削减39.8%，减半征收程序或部分征收程序范围内的免税收入削减24.8%，

3. 第18a条第3款第1句第7项规定的待遇，2010年之前开始领取的削减23.7%，2011年之后开始领取的削减25%，

4. 第18a条第3款第1句第5项和第6项规定的待遇，领取时间开始于2011年之前的削减23.7%，开始于2010年之后的削减25%，

5. 第18a条第3款第1句第9项规定的待遇削减17.5%；如涉及的是递延税项下的待遇，则月收入开始于2011年之前的削减21.2%，开始于2010年之后的削减23%，

6. 第18a条第3款第1句第10项规定的待遇削减12.7%，

7. 财产收入削减25%；收入减半征收程序中免税收入削减5%；根据资本财产收入的特殊税率的缴税削减30%；第18a条第4款第1项规定的保险收入仅在资产收益有缴税义务的情况下方可削减，

8. 第18a条第3款第1句第2项和第3项的待遇，2010年之前开始领取的削减23.7%，2011年之后开始领取的削减25%。

第18a条第3款第1句第1项和第4项的待遇减去领取人承担的向联邦劳动局的缴费部分后，如果该缴费亦包含向社会保险或医疗保险企业的缴费，再削减10%。

（5a）养育津贴按《联邦养育津贴和育儿假法》第10条规定的免计入数额进行减免。

（6）如某个保险承保主体确定了应计收入的数额，则这一决定同样适用于其他保险承保主体。

第18c 收入的首次确定

（1）权利人必须申报应计收入。

(2)劳动薪酬和类似收入的获得者可以要求雇主出具上一年从其处获得的劳动收入和相似收入及其时间段的证明。如雇主已经根据信息采集和传递的统计规定向社会保险机构申报了劳动薪酬的情况,则不再负出具证明的义务。如实际薪酬已超出缴费基数线或已提交的申报不是为养老保险而设,则以上第2句不适用。

(3)职业替代收入的获得者可以要求支付机构出具其某一时期内所支付的职业替代收入及支付时期的证明。

(4)《所得税法》第20条规定的财产收入的获得者可以要求向其支付其财产收益的机构出具上一年支付数额的证明。

第18d条　收入变化

(1)收入的变化应自下一年的7月1日起开始计入;一次性支付的财产收入自获得收入的该月初开始计入。

(2)如持续性收入预计平均少于应计收入的10%以上,则应自收入减少的时间开始计算应计收入的减少;第18a条第3款第1句第1项规定的职业替代收入,应自待遇给付之时开始计入。每年的特殊津贴应以其1/12计入。

第18e条　收入变化的确定

(1)保险承保主体可以要求雇主向劳动薪酬和类似收入的获得者公布上一年的劳动薪酬和类似收入以及其获得的时间段。如雇主已经根据信息采集和传递的统计规定向社会保险机构申报了劳动薪酬的情况,则不再负出具证明的义务。如实际薪酬超出缴费基数线,则以上第2句不适用。

(2)保险承保主体可以要求劳动收入的获得者最迟在每年的3月31日前申报其上一年获得的劳动收入及其时间段。

(3)保险承保主体可以要求支付机构向职业替代收入的获得者公布其某一时期内所支付的职业替代收入及支付时期。

(3a)保险承保主体可以要求财产收入的获得者申报上一年获得的收入。支付机构必须向《所得税法》第20条规定的资本收益的获得者出具其所支付的收益的证明。

(4)保险承保主体在未获知第2款与第3款规定的收入信息的情况下,如没有证据表明权利人的状况发生改变或保持不变,则自下一年的7月1日起,根据养老保险中养老金的变化的百分比,对当前应计收入进行调整。《社会法典第一册》第66条和第67条的适用不受影响。如雇主未及时根据信息采集和传递的规定向保险承保主体申报雇员的劳动薪酬,或者实际收入已超出缴费基数线,则保险承保主体在获知劳动薪酬后,该行政行为自下一年的7月1日起撤销;最迟为告知权利人养老金调整的时间。如根据第1句计入的收入是不正确的,则该行政行为自下一年7月1日起撤销。

(5)第18d条第2款的情形下,第18c条参照适用于收入减少的必要证明。

(6)在计入收入的减少时,无须事先听取权利人的意见。

(7)如死亡津贴由于其应计收入的数额在每年的7月1日后始终都没有全额支付,则无须作出新的行政行为。

第五节 保险号的收集、处理与使用

第18f条 收集、处理与使用的许可

(1)接受委托从事社会福利待遇的计算和发放的社会保险承保主体、其联合体、其劳动共同体、联邦劳动局、德国邮政公司,以及《新入地区额外保障和特殊保障系统候补资格及权利变更法》第8条第4款规定的社会保障承保主体和艺术家社会基金,只可在根据本法典,个人信息的规范对完成法律任务是必要时,方被允许收集、处理与使用保险号;德国养老保险联合会为了完成其在《所得税法》第91条规定的促进补充性基金积累制老年保障的框架内的任务,亦允许收集、处理与使用保险号。社会保障领域中基于国际法和国家间公约产生的任务,也是本法典要求的任务。在以预防和康复为目的的调查中和以预防和补救健康损害为目的的研究工作中,如制定一个统一的个人数据分类标准对长期观察是必要的,且若无统一的个人数据分类标准,则建立特殊的分类标准需耗费大量人力物力或需要第1句中多个机构参与,则允许收集、处理与使用保险号。为了相关数据亦允许收集、处理与使用保险号。允许《社会法典第七册》第24条中的,且只要适用《劳动安全法》相应规定的跨企业的劳动医学服务机构根据第3句的内容,进行保险号的收集、处理与使用。

(2)仅在某些情况下或固定程序中,向第1款提到的机构及其监管部门传送信息对于完成本法典规定的法律任务是必要,且有中介机构介入的情况下,其他在《社会法典第一册》第35条中提到的机构方允许进行保险号的收集、处理和使用。

(2a)联邦与州的统计部门仅当在某些情况下为实现法律任务所必须时候,方允许对保险号进行收集、处理和使用。

(3)仅为第1款提到的机构履行法律任务所必须时,其他行政部门、法院、雇主或第三方可允许保险号的收集、处理和使用:

1. 在履行告知义务时,为此法律已预先规定了保险号的处理或使用

2. 在缴费范围内,或

3. 在待遇提供(包括结算与报销)时,

如其他行政部门、法院、雇主或第三方是通过被保险人或其遗属或根据《社会法典第十册》第二章合法获得保险号,只要向第1款和《社会法典第十册》第69条第2款中所称机构传递信息是必要的,则允许上述部门对保险号进行处理或使用。

(3a)(废除)

(4)允许在根据《社会法典第十册》第80条的规定整理社会信息时对保险号进行处理或使用。

(5)第2款或第3款中提到的机构不允许为了据此整理其所存信息或连接访问通道的目的而处理或使用保险号。

第18g条　保险号的提供

要求个人为第18f条规定的合法收集、处理和使用之外的目的而提供保险号的合同约定无效。保险号的合法传递并不形成在第18f条所称情形以外的情况下保存保险号的权利。

第六节　社会保险证件

第18h条　签发与出示社会保险证件的义务

(1)养老保险承保主体的信息部门为其已分发保险号的个人开具社会保险证件。

(2)社会保险证件中含有证件所有者的下述信息:

1. 保险号,

2. 姓与出生姓氏,

3. 名。

证件中不允许包含其他个人信息。社会保险证件的形式原则上由德国养老保险联合会确定,由联邦劳动与社会福利事务部批准并在联邦公报上予以公布。

(3)企业职工有义务在入职时向雇主出示其社会保险证件。如企业职工无法在入职时履行,则随后必须立即补上。

(4)证件所有者有义务及时向主管收集机构(第28i条)报告社会保险证件的挂失以及复得的状态。创建新的社会保险证件

1. 在社会保险证件损坏、丢失或不可用的情形下,需向主管机关提出申请,

2. 如属保险号码、姓或名改变的情形，由主管机关进行。

一个人只允许有一个基于其姓名的社会保险证件；不可使用的和其他社会保险证件须交还主管收集机构。

第二章 待遇与保费缴纳

第一节 待遇

第19条 基于申请或者依职权支付的待遇

关于个别社会保险险种的法律规定无另行规定时,法定医疗保险、法定养老保险、根据就业促进法律,以及社会照护保险中的待遇依申请支付。法定事故保险的相关法规无另行规定时,法定事故保险中的待遇依职权而支付。

第19a条 禁止歧视

在请求获得涉及任何形式、各个级别的职业指导、职业培训、职业继续教育,包括实际工作经验的转岗培训相关的待遇时,任何人不应基于种族原因,或者因为人种出身、性别、宗教信仰、残疾、年龄或者性别认同而受到歧视。只有当其前提条件和内容能够根据本法典专项部分的法律规定被详细确定时,相应的待遇请求才能在此范围内被主张或被推导出。

第二节 保费缴纳

第20条 资金筹措,浮动区域

(1)社会保险包括就业促进领域的资金,应按照各保险种类的专项规定,通过被保险人、雇主或者第三方的保费缴纳,通过政府补贴及通过其他收入方式予以筹集。

(2)本法典中所称的浮动区域,存在于从中所得的月劳动收入在450.01~850.00欧元且月收入经常低于850欧元(含)上限的雇用关系中;在存在多个雇用关系的情形下,以获得的劳动收入总额为准。

(3)在以下情形中,不按照各保险部门中有关(从属就业的)雇员的专项规定,应由雇主独立承担社会保险的全部保费,

1. 处于职业培训期间、其劳动收入每月所得不超过325欧元的被保险人,或者
2. 参与《青年志愿服务法》意义上的自愿社会服务年或自愿生态服务年,或者履行《联邦志愿服务法》规定的联邦志愿服务期间的被保险人。

如果由于一次性支付的劳动收入,第 1 句中所规定的上限被超过,则超出限额部分的收入所对应的全部社会保险保费由被保险人和雇主平均分担;在法定医疗保险中,在适用本款的规定前,相应保费还应先行扣除需由雇员独自承担的份额。

第 21 条　保费测定

各保险承保主体对于由其确定的保费额度,应按照以下方式测定,即该项保费收入结合其他收入应该足以

1. 覆盖该保险承保主体项下由法律规定或者允许的各项支出,以及

2. 确保法律规定或者授权的运营资本及储备资金准备充足。

第 22 条　保费请求权的成立,同时存在多个保险关系

(1)一旦出现法律规定的或者基于法律而确定的前提条件,则保险承保主体的保费请求权成立。对于一次性支付的劳动薪酬,或者对于由劳动时间累积所得的薪酬累积中折算出的劳动报酬,保费请求权随该类报酬的支付而成立。如果该一次性的劳动报酬仅由于《社会法典第三册》第 165 条意义上的破产事件而未被雇主支付,或者由劳动时间累积所得的薪酬累积已经通过现行的工资被支付的,则第 2 句的规定不适用。

(2)如果基于多个保险关系而负保费缴纳义务的收入同时存在,且其已超出个别保险关系相应的保费测定限额,则出于保费计算的目的,各收入额应根据彼此间数额的比例关系做相应减少,以使得其总额最高以该保费测定限额为准。在进行第 1 句规定的按比例折算前,基于任一保险关系而负保费缴纳义务的收入应按照各自相应的保费测定限额进行扣除。对于矿工养老保险和一般养老保险的计算方式,参照本款第 1 句的规定。

第 23 条　期限

(1)未缴纳的现行保费,需按照医疗保险基金会章程的规定及医疗保险基金会最高联合会的决定到期相应支付。根据基于一项工作或职业所获得的劳动报酬或者劳动收入而测定的保费,其预期的应缴数额最迟应在从事或者视为从事该项工作或职业的月份当月的倒数第 3 个银行工作日到期支付;余下的保费金额应至次月倒数第 3 个银行工作日到期支付。当保费核算的变动要求定期人员变动或者其薪酬组成变化时,雇主可以不按照本款第 2 句的规定,而依照前 1 月的保费数额缴纳保费;对于余下的金额,保留至次月倒数第 3 个银行工作日到期支付。其他类型的保费应最迟在其应缴月份的下月 15 日到期支付。对于根据《社会法典第六册》第 3 条第 1 款第 1a 项的规定参加保险的护理人员,其保费的到期缴纳时间,取决于照护

保险基金会、私立保险公司、援助提供固定机构或者医疗照顾权利人的主管机构确认该护理人员的强制保险义务，或者在无过错的情况下本应确认该保险义务的时间点。当前项保险义务确认在该月1～15日进行的，则对应保费最迟至下月15日第一次到期；当前项保险义务确认在该月16日至月底进行的，则对应保费最迟至下下月15日第一次到期；相关参与的各社会保险机构的最高联合会、注册私立医疗保险协会及援助提供固定机构应对此作进一步规定。

（2）对于《社会法典第六册》第3条第1句第3项意义上的社会福利服务，包括对于比照适用《社会法典第五册》和《社会法典第六册》中关于失业救济金领取者的医疗和养老保险，或者关于失业救济金II领取者的医疗保险的规定时的社会福利服务，其对应的保费缴纳于该项社会福利支付之月起，至次月8日到期。在不损及第1句规定的前提下，对于基于联邦劳动局社会福利服务的养老保险，养老保险承保主体和联邦劳动局可以约定，其保费于联邦保险办公室针对境内养老金支付所确定的到期日进行支付。在不损及第1句规定的前提下，除了作为矿工养老保险承保主体的德国矿工—铁路—海员养老保险外，其他养老保险承保主体、联邦劳动局和社会补偿法相关行政机关可以约定，对于基于社会补偿法规项下社会福利服务的养老保险所对应的保费，以及基于前者由就业促进法规所规定的保费，其预期应缴数额应最迟于当年6月30日前，剩余金额应最迟于下一个到期日前进行支付。

（2a）在适用家政服务凭证（第28a条第7款）时，对于在1月至6月间获得的工作报酬的保费应在当年7月31日支付，对于在7月至12月获得的工作报酬的保费应在次年1月31日到期支付。

（3）法定事故保险中的未缴保费，应在向缴纳义务人公布保费通知当月起，于次月15日到期；在相关通知未确定其他到期日期的情况下，本句同样适用于预付保费的情形。农业行业协会可以在其章程中规定与第1句内容相异的到期日期。对于支付日期及允许的支付方式，参照适用总社会保险缴费缴纳所适用的规则。对于已根据第28a条第7款向代收部门作出报告、私人家庭中的非充分就业者，其保费缴纳期限按照第2a款而非第1句的规定行事。

（4）个别保险种类中，与本条第1款至第3款内容相异或者允许作出相异规定的特别条款，不受影响。

第23a条 作为负缴费义务的收入的一次性支付劳动报酬[1]

(1)属于劳动报酬且非为单个工资结算周期中的工作而支付的资助,是一次性支付的劳动报酬。下列情形中,第1句中的资助不视为一次性支付的劳动报酬,当其由雇主提供:

1. 通常用以补偿(从属就业)雇员与其工作相关的特定开销,

2. 作为由雇主非主要基于其(从属就业)雇员的需求所制备、出售或者提供的、可以每月主张的实物或者服务给付,

3. 作为按月发放的其他实物福利,或者

4. 作为资本实现补助(养老或住房储蓄津贴等)。

只要第2款和第4款未作其他规定,则负强制保险义务雇员的一次性支付劳动报酬应归入其支付当时所处的工资结算周期之中。

(2)在雇用关系终止或中止后支付的一次性支付劳动报酬,应归入该日历年度最后一次工资结算周期之中,即使该结算周期与劳动报酬并不相关联。

(3)对负有保险义务的(从属就业)雇员,在确定其负保费缴纳义务的劳动报酬时,只要迄今已支付的、负保费缴纳义务的劳动报酬尚未达到分配的保费测定限额,则一次性支付的劳动报酬应被考虑。分配的保费测定限额指的是与当前日历年度内,直至包含该一次性支付劳动报酬的工资结算周期结束为止的、受雇于同一雇主的所有雇用关系时间相对应的保费测定限额的份额;与基于现行(非一次性支付的)劳动报酬的保费不相关联的时间段,应从中予以扣除。

(4)在1月1日至3月31日之间获得的一次性支付劳动报酬,应归入上个日历年度最后一次工资结算周期中,如果其系由该工资结算周期内的雇主所支付,并且与其他为当前日历年度所确定的负保费缴纳义务的劳动报酬的总和,不超过根据第3款第2句确定的分配的保费测定限额。第1句的规定不适用于在3月31日后获得的、根据第2款应归入处于1月1日至3月31日之间的工资结算周期的一次性支付劳动报酬。

(5)如果(从属就业)雇员在法定医疗保险中负保险义务,则对于根据第4款第1句的一次性支付劳动报酬的归入问题,只以法定医疗保险的保费测定限额为标准。

---

[1] 根据联邦宪法法院判决(判例编号 BVerfGE v. 24.5.2000I1082-1BvL 1/98,1BvL 4/98und 1BvL 15/99-),与《德国基本法》不符。

第23b条　弹性工作时间制度下的负缴费义务的收入

（1）在根据第7b条进行约定时，对于实际履行工作期间及根据第7c条主张使用社会保险基金账户的期间，本册第23条第1款中的劳动报酬应以各自期间段内到期应支付的劳动报酬为准。在第23a条第3款和第4款规定的情形下，在各关键期间段内获得的劳动报酬，其在保费测定限额范围内（含）的对应金额视为迄今已支付的、负保费缴纳义务的劳动报酬金额；在免除履行工作的期间，应以到期应支付的劳动报酬替代已支付的劳动报酬。

（2）只要社会保险基金账户未按照第7c条的规定使用，尤其是其

1. 对于免除工作执行的期间或者经合同约定的工作时间被缩减的期间，没有被经常性主张使用，或者

2. 由于雇用关系的提前终止而无法在上述期间内支付，

则作为不考虑保费测定限额时第23条第1款意义上的劳动报酬，应以在不考虑根据第7b条的协定的前提下、在实际履行工作的时间点负有保费缴纳义务的劳动报酬的总和为准。但在非符合目的使用劳动报酬的时间点，基于此项劳动报酬的社会保险基金账户的最高金额也应作为重要考量标准。此时应以保险基金账户进行首次存储记录的结算月份至非符合目的使用劳动报酬的时间点之间的时间周期为基础。第1句至第3句的规定，参照适用于根据第7f条第1款第1句第2项向德国养老保险联合会转移保险基金账户的情形，只要该基金账户由于一项基于劳动力减损的养老金或者老龄养老金的履行需求，或者由于被保险人的死亡而无法再行主张。如果该基金账户按约定受特定的价值标准所约束，则作为结算的最高额度的基准为在非符合目的使用劳动报酬的时间点调整的额度。在雇主破产的情况下，作为负有保费义务的劳动报酬的最高额度为已支付保费计算基准的劳动报酬相应额度的金额。对于保费的计算，应以在根据第8句和第9句的工资结算周期对各自保险部门适用的缴费比例，以及在此周期主管负责收缴全部社会保险保费的征缴机关为基准；对于未在任何医疗保险基金会参加保险的（从属就业）雇员，第28i条第2句的规定相应适用。该保费与工资核算的保险费用应于下述日历月的次月到期缴纳，即

1. 在破产情形下，资金可被提供用于保费缴纳的日历月，

2. 劳动报酬没有符合目的的被使用的日历月。

如果劳动能力减损的事实通过养老保险承保主体的通知获得确认，则出现劳动能力减损事实的时间点视为非符合目的使用至此取得的基金账户价值的时间

点;在此情形下,保费与该雇用关系终止后进行的工资结算的保险费用应到期支付。如果基于劳动力减损有权领取养老金请求,并且根据第7f条第1款第1句第2项应向德国养老保险联合会转移保险账户基金,则被保险人可以反对注销该保险账户。在雇主破产的情形下,如果存在作为劳动报酬债务人的第三方,则其须在此范围内履行相应的雇主义务。

(2a)在第2款规定的情形中,通过以下方式得到的正数金额,也作第23条第1款意义上的劳动报酬适用,即从保险基金账户进行首次存储记录的结算月份开始,以执行工作期间重要的各保费测定限额的金额总和,减去在此工作执行期间结算的负保费缴纳义务的劳动报酬的总和,最高不超过在非符合目的使用劳动报酬的时间点保险基金账户中的金额。第2款第5句至第11句的规定在此适用,第1款第2句在此不适用。

(3)如果该保险基金账户由于雇用关系的结束而无法按照第7c条或者第7f条第2款第1句的规定使用,并且被保险人随后立即基于失业在任一德国劳动机构登记为求职者且领取公法性待遇,或者仅因为应被考虑的收入或财产而未能领取该待遇时,除非一项符合目的的使用得以被约定,否则保费最迟应在劳动报酬没有符合目的的被使用的日历月之后的第7个日历月缴纳;接受新雇用时,在此期间内开始该项新雇用工作的时间点为缴纳期限;如果在此期间开始领取基于年老或死亡的养老(抚恤)金,或者在此期间发生劳动能力减损,则此类时间点视为非符合目的使用的时间点。

(3a)在订立第7b条的协议时即出现以下情形且因以下情形为企业年金的目的而使用的账户(金额)不视为负保费缴纳义务的劳动报酬,情形包括:因劳动能力减损或达到一项老龄养老金的申请年限导致雇用关系终止,基于此有权使用保险基金账户;或因企业职工死亡保险基金账户因此无法再在劳动义务执行免除期间或者合同约定的劳动时间减少的期间被使用。以下例外情形不适用前句规定,

1. 当该协议在关于企业养老保障方面规定了或者允许一次性补偿,或者无法保证在死亡、伤残,以及达到一项老龄养老金的申请年限的情形下应领取的待遇时,或者

2. 累积保险基金账户之时已经可以预见,其不能为第7c条或第7f条第2款第1句规定的目的而使用。

对于2008年11月13日以后签订的协议,本款规定不适用。

(4)如果社会保险基金账户被转让给第三方,则第2款至第3a款的规定仅适用

于实际履行工作的转让人。

第23c条 其他不负保费缴纳义务的收入；以电子方式提交凭证

（1）在领取病假津贴、患病日补偿金、疾病照护津贴、工伤伤害津贴、过渡津贴、照护支持补助、患病日补偿金的补助、母亲津贴、抚育津贴或父母津贴期间，基于该项工作而在雇主处额外领取的病假津贴、工伤伤害津贴、过渡津贴和其他收入，当该收入与上述社会服务给付的金额总和与其净劳动报酬（《社会法典第五册》第47条）相比，超过额度每月小于或等于50欧元的，则其不被视为负保费缴纳义务的劳动报酬。在计算法定医疗保险的自愿参保成员的净劳动报酬时，应减去被保险人已扣除职工保费补助的、医疗保险及照护保险的保费；该句也比照适用于在私立医疗保险公司投保的个人及其非独立保险的家庭成员，这也包括对于患病日补偿金的保险类型。对于根据《社会法典第六册》第6条第1款第1句第1项的规定免除强制保险义务并且向职业年金机构缴纳义务性费用的（从属就业）职工，在计算其净劳动报酬时，应相应减去该职工已扣除根据《社会法典第六册》第172a条规定的雇主补助金的义务性费用。

（2）如果领取病假津贴、工伤伤害津贴、过渡津贴、照护支持补助或者生育津贴有必要提供雇用关系的说明，并且上述待遇的给付机构对此基于其他原因无法知晓，则其应通过雇主提供的凭据来证明。在个案中，待遇支付机构可以从雇主处通过数据传输索取电子凭证。在具体执行时，雇主应基于系统审核的程序经由安全加密数据传输方式，或者通过机械填写辅助设备向待遇支付机构报送该凭据。当在个案中执行电子通知程序并非经济时，第3句的规定不适用。相关数据记录组节、必要的关键数据和细节，以及第4句规定的例外情形应由医疗保险基金会最高联合会、德国养老保险联合会、联邦劳动局和德国法定事故保险联合协会，以及农业、林业和园艺社会保险（机构）在共同准则中予以确定。该共同准则需在与联邦卫生部和联邦粮食和农业部取得一致的情况下，经联邦劳动与社会保障部批准；德国雇主协会联邦联合会此前应参加听证。对于在根据《社会法典第五册》第44a条捐献器官或组织情形下病假津贴的提供，以及对于根据《社会法典第十一册》第44a条第3款照护支持补助的提供，第2句至第4句的规定不适用。

（2a）根据《社会法典第三册》第312条、第312a条和第313条的凭证，根据第3卷第313a条以电子方式传输的，雇主应将上述信息基于系统审核的程序经由安全加密数据传输方式，或者通过机械填写辅助设备以eXTra-标准进行报送。在此类情形下，联邦劳动局亦应通过数据传输方式将反馈信息向雇主传送。联邦劳动局在基本准则中详细规定在信息通知和反馈及相关过程中的有关数据记录组节、必要的关键数据和细节,应由联邦劳动局进一步在基本准则中规定全联邦范围内一致的内容。该准则需经联邦劳动与社会保障部批准,此前德国雇主协会联邦联合会应参加听证。

(2b)基于法定养老保险的目的而将第18c条和第18e条中的,以及《社会法典第十册》第98条中的相关凭证以电子方式传输时(《社会法典第六册》第196a条),须将上述报告基于系统审核的程序经由安全加密数据传输方式,或者通过机械填写辅助设备报送。养老保险承保主体的数据部门须将对雇主的请求和反馈通过安全加密的数据传输方式进行传送。德国养老保险联合会在基本准则中确定联邦范围内统一的关于数据记录组节、对报告和反馈所必要的关键数据和细节,以及对程序和例外规则的详细规定。该基本准则需要联邦劳动与社会保障部的批准,在此之前德国雇主协会联邦联合会应参加听证。

(3)待遇支付机构应通过数据传输向雇主传递为计算根据第1款的负保费缴纳义务的劳动报酬所需要的,特别是已支付待遇的持续时间和额度等所有必要信息,以及可能的对雇主的反馈。待遇支付机构可以通过电子数据传输的形式索取根据第2款第1句的凭证。经雇主申请,待遇支付机构应通过数据传输的形式,传送有关基于企业职工之请求可归于工资照常付期间的,以及根据第2款第1句规定传送的保险待遇保险号码的通知。第3句的雇主的申请应通过数据传输的形式传达。有关依照第1句至第3句的详情和程序,以及有关例外规则的详细规定,应由第2款第5句中所称的社会保险承保主体在共同基本准则中规定;第2款第6句参照适用。在支付病假津贴的情形中,私立医疗保险公司可以根据第1句至第3句的规定向雇主传递信息报告。

第24条 延迟附加费(滞纳金)

(1)对于直至到期日(缴费期间届满)债务人仍未支付的保费及保费预付款,则在延迟发生的每个初始月份,收取以50欧元为单位、去零留整的拖欠金额的1%作为延迟附加费。在欠缴数额小于100欧元时,若其被要求单独以书面形式做出,则不收取该延迟附加费。

(2)(废除)

(3)如果一项保费缴纳的请求通过具有溯及力的答复通知被确定,只要保费债务人合理证明,其对于付款义务的不知情并不存在过错,则因此产生的延迟滞纳金不应被收取。

第25条 时效

(1)对于保费的请求权,其时效届至保费缴纳到期日所在日历年后又4年。对于故意隐瞒的保费的请求权,其时效至保费缴纳到期日所在日历年后又30年。

(2)对于时效的中断、中止、重新起算及其法律效果,参照适用《德国民法典》相应规定。在雇主的审核期间,时效中断;该项因审核而时效中止(停止)的规定,对于基于承揽合同而为雇主工作的承包商及其分包商亦得适用。若该审核在其开始后,立即基于审核机构方的原因中断而使审核持续6个月以上的,则第2句的规定不适用。该项时效中断自对雇主审核或者自对由雇主授权进行工资及收入核算的机构的审核开始之日起开始,自保费缴纳通知公布时结束,并最迟不超过该审核完成后的第6个日历月。如果该审核非基于审核机构方的原因而被延迟开始,则该项时效仍自保险承保主体在其审核通知书中原定的日期起中断。第2句至第5句的规定适用于对其他被保险人保费缴纳的审核,如相关追加保险的情形及对于负强制保险义务的自营职业者。

第26条 对错缴保费的申诉和退还

(1)如果对于1972年12月31日以后的时期,尽管不存在强制保险义务,但针对养老保险中义务性保费的申诉最迟至对雇主的下次审核时,仍未被提出的,则参照适用《社会法典第十册》第45条第2款的规定。不再被允许提出申诉的已缴纳保费,视为理应缴纳的义务保费。以上规定同样适用于在第27条第2款第1句中确定的期限已届满后对错缴保费的处置。

(2)错缴的保费应予以退还,除非直至该项返还请求权被主张时,保险承保主体基于该错缴保费,或者在该不合理保费的缴纳期间已经或应当支付待遇;但若领取待遇期间为保费免除期间的,在此期间缴纳的保费仍应予以退还。

(3)保费承担者相应享有其返还请求权。对于由其承担的保费,如果雇主已从第三方处获得补偿,则其返还请求权相应灭失。

(4)在存在多个就业事实,且不能排除存在第22条第2款规定的前提条件的情况下,征缴机构在薪金报告送达后,应依职权对是否存在保费错缴的情况进行调查。为确定作为基础的薪金,征缴机构可以向报告义务人要求进一步的资料说明。该项内容的电子文本应通过安全和加密的数据传输进行。这也同样适用于将所确定的总薪金信息向报告义务人进行反馈传达的情形。征缴机构应当在获得当下所必需的所有报告信息后的2个月内,结束该项调查程序。自2015年1月1日起,该程序可适用于会计结算期间。关于该程序、需被传输的数据,以及数据记录的详细内容,可根据第28b条第1款的共同准则作进一步规定。

第27条　返还请求权的利息与时效

(1)在完整的返还申请被送达的日历月结束后,或者在缺少返还申请的情况下,在关于保费返还的决定被宣布后,直至该费用被支付的前1个日历月结束,返还请求权(的金额)应按4%的利率计算利息。应根据全部欧元数额计息。此时,1个日历月应以30天为基础计算。

(2)对于保费的返还请求权,其时效届至该笔保费被缴纳所在日历年后又4年。保险承保主体就该笔保费的有效性提出申诉的,则时效期间自该申诉所在日历年结束后开始计算。

(3)对于时效的中断、中止、重新起算及其法律效果,参照适用《德国民法典》相应规定。时效亦经由保费返还的书面请求或者经由异议的提出而中断,该中断效果自关于上述申请或异议的决定被公布后又6个月结束。

第28条　返还请求权的结算和抵销

附有保费返还责任的给付(服务)承保主体可以

1. 基于其他待遇支付机构的授权,将前者对于返还请求权人有权征缴的费用与其所负担的返还款项进行结算,

2. 在返还请求权人同意的情况下,将错缴的保费与将来的应缴的保费进行抵销。

第三章 雇主的报告义务，社会保险保费的总缴纳

第一节 雇主的报告义务及其转达

第28a条 报告义务

（1）在下述事项中，雇主或者其他具有报告义务的人员应为每一名在医疗、照护、养老保险中参保的，或者根据就业促进法规而依法参保的被保险人，向征缴机构提交报告：

1. 在负保险义务的从属就业开始时，
2. 在负保险义务的从属就业结束时，
3. 在破产事件发生时，
4. （废除）
5. 保费缴纳义务发生变化时，
6. 更换征缴机构时，
7. 在为老龄养老金的申请时，或者在供养保障补偿程序中向家庭法院为信息提供请求（Auskunftsersuchen）的申请时，
8. 在中断支付劳动报酬时，
9. 在劳动关系被解除时，
10. 征缴机构根据第26条第4款第2句提出要求时，
11. 小微工作人员根据《社会法典第六册》第6条第1b款提出请求解除强制保险义务的申请时，
12. 获得一次性支付的劳动报酬，
13. 一项职业培训开始时，
14. 一项职业培训结束时，
15. 当从参保地区的一个就业（经营）场所转移至位于其他联邦区域的另一个就业（经营）场所时，反之亦然，
16. 一项老龄兼职工作开始时，
17. 一项老龄兼职工作结束时，
18. 在超过或者低于第8条第1款第1项规定的限额的情况下，对劳动报酬进行

调整时，

19. 根据第23条第2款至第3款的规定而支付的劳动报酬，或者

20. 当变更在参保地区内获得的以及在其他联邦区域获得的社会保险基金账户时。

每份报告及其中包含的数据记录组节应配备一个唯一的标识符以供识别。除非另有规定，否则本法中的报告数据应通过电子数据传输的形式进行（数据传输）；此时，应按照各个现有技术领域的状况保证数据保护和数据安全，并且在使用可公开访问的网络时应采取加密的方法。雇主或者其他报告义务人应通过基于系统审核程序的数据传输形式或者通过机械填写辅助设备提交报告。

（2）雇主应为每一名在上年度12月31日仍雇用的企业职工按照第1款的规定进行报告（年度报告）。

（2a）对于每一名在日历年内参保法定事故保险的企业职工，雇主应至次年的2月16日为其作出一项工伤保险的特别年度报告。除根据第3款第1句第1项至第3项、第6项和第9项的内容外，该报告还应包含以下信息：

1. 企业主的成员编号；

2. 其主管法定事故保险承保主体的机构编号；

3. 以欧元计算的、在法定事故保险中负保费缴纳义务的劳动报酬的金额，以及其相应的危险等级表适用归属。

（3）上述报告尤其应包含每个被保险人的以下信息：

1. 在已知的前提下，其保险号码，

2. 其姓和名，

3. 其出生日期，

4. 其国籍，

5. 按照联邦劳动局的编码索引制作的关于其工作职业的信息说明，

6. 其雇用机构（企业、工厂等）的经营（操作）编号，

7. 保费缴纳组别，

8. 主管的征缴机构，

9. 雇主的信息。

还应额外提供的内容包括：

1. 在登记报告中，

a) 通信地址，

b)雇用工作的开始,

c)其他为分配保险号码所需要的信息说明,

d)关于与雇主是否存在诸如婚姻、生活伴侣关系或者为其后代的说明,

e)关于是否涉及诸如有限责任公司任职股东的职业活动的说明,

f)关于国籍的说明,

2. 在所有的报酬支付报告中,

a)关于姓名、通信地址或者国籍变动的信息,只要上述变更尚未经其他途径被报告的,

b)在养老保险中,或者根据就业促进法规应负保费缴纳义务的劳动报酬(以欧元计),

c)(废除)

d)获得规定的劳动报酬标准的期间,

e)分配给发生劳动能力减损后的时间段的社保基金账户额度,

f)(废除)

g)(废除)

h)(废除)

3.(废除)

4. 在第1款第1句第19项的报告中,

a)对应被缴纳费用的劳动报酬(以欧元计),

b)在第23b条第2款的情形下,非符合目的使用劳动报酬的日历月份和年份,在雇主无支付能力的情形下,仍为保费缴纳的日历月份和年份。

(3a)当在一次报告中,企业职工或者照护接受人不存在保险号码时,雇主或者《社会法典第五册》第202条第2款中的发放机构在此情形下可以在根据第1款的程序中为查询保险号码而向养老保险承保主体的数据中心送交一份报告,其他的报告义务不应受此影响。养老保险承保主体的数据中心应毫不迟延地通过数据传输向雇主或者发放机构传送该保险号码,或者指明该保险号码应随登记报告分配。

(4)只要雇主在以下经济相关领域或者行业内雇用工作人员,则其最迟应在养老保险承保主体的数据中心根据第2句的规定进行相关录入登记时,将该雇用关系开始的日期进行报告:

1. 建筑行业,

2. 餐饮及旅馆行业,

3. 客运交通服务行业,

4. 交通、运输业及其相关的物流行业,

5. 流动性演艺行业(如马戏团、杂耍游艺演出等),

6. 林业公司类别,

7. 建筑保洁业务,

8. 负责交易会及展览会布置及其拆卸工作的公司类别,

9. 肉类加工行业。

上文中的报告应包含有职工的以下信息:

1. 其姓和名,

2. 在已知情形下,其保险号码,或者为分配该类保险号码所必要的信息(出生地与出生日期,通信地址),

3. 雇主的企业经营编号,以及

4. 接受雇用的日期。

该报告信息应被储存在根据《社会法典第六册》第150条第1款和第2款规定的主数据资料库中。该报告不被视为根据第1款第1句第1项所作的报告。

(4a)报告义务人应向主管的征缴机构提交根据第1款第1句第10项作出的报告。在该报告中应特别包括:

1. 企业职工的保险号码,

2. 就业企业的经营编号,

3. 现行每月发放的及一次性支付的,并据此计算第26条第4款规定的所据日历年当年的养老、失业、医疗和照护保险保费的劳动报酬,

(5)报告义务人应以书面文本形式将报告的内容通知被报告人;当该报告仅由于法定事故保险的数据变更而作出时,不适用上半句的规定。

(6)只要一个家庭作坊经营者的雇主满足雇主的义务,则该家庭作坊经营者视为企业职工。

(6a)如果雇主为谋求

1. 私人领域的非商业性目的,或者

2.《所得税法》第10b条规定中的慈善、教会、宗教、学术或者公益目的,

雇用第8条中的不充分就业且无强制保险义务的人员,则其基于申请可以不按照第1款的规定而提交事先印制的报告,只要其能确实证明,其无法使用机器数据载体制作或者通过数据传输该报告。

(7)对于从事私人家政工作的雇员,当此项从属就业的劳动报酬(第14条第3款)单月通常不超过450欧元时,雇主可以毫不迟疑地用包含第8款第1句规定的信息的简化报告(家政服务凭证)代替第1款规定的报告,向征缴机构提交。雇主应授权征缴机构直接从其借记账户划款收取所有社会保险保费。家政服务凭证须经雇主和雇员签字。第2款至第5款的规定在此不适用。

(8)家政服务凭证应包括:

1. 雇主的姓氏、名字、通信地址及其经营编号,

2. 雇员的姓氏、名字、通信地址及其保险号码;在无法给出保险号码的情况下,应登记雇员的出生日期,

3. 关于该雇员在此雇用关系延续期间,是否还被其他雇主雇用的说明,

4. 以及

a)在关于每次工资或收入支付的报告中,应包括雇用期间、在该期间的劳动报酬(第14条第3款)以及在结束雇用时的终止时间点,

b)在关于雇用开始的报告中,应包括其已开始的说明以及月劳动报酬(第14条第3款),

c)在基于劳动报酬(第14条第3款)变更的报告中,应包括新的薪金数额及其变更时间点,

d)在关于结束雇用的报告中,因包括其结束时间点,

e)在关于放弃根据《社会法典第六册》第230条第8款第2句的保险自由的声明中,应包括放弃的时间点,

f)在关于根据《社会法典第六册》第1b款提出的免除强制保险义务的申请中,应包括该申请送达雇主的日期。

在后续的报告中可以不含关于雇主和雇员通信地址的说明。

(9)第1款至第8款的规定参照适用于无强制保险义务的小微工作职工。

(10)对于根据《社会法典第六册》第6条第1款第1句第1项被免除了强制保险义务,并且为职业性养老机构成员的企业职工,雇主应额外向职业性养老机构的受领备案处提交第1款、第2款和第9款规定的报告;前半句不适用于第1款第1句第10项的报告。上述信息数据的传输应基于系统审核的程序经由安全加密数据传输方式,或者通过机械填写辅助设备来完成。除根据第3款的说明外,该报告还应包含该雇员在该养老机构中的会员号码。第5款和第6a款的规定参照适用。

(11)对于根据《社会法典第六册》第6条第1款第1句第1项被免除了强制保险

义务,并且身为职业性养老机构成员的企业职工,雇主应向职业性养老机构的受领备案处提交涉及保费收缴的月度报告。第10款第2句应相应适用。该类报告中应包含与该雇员相关的

1. 在该养老机构的会员号码,或者在不知此号码的情形下,应告知其在雇主处的员工号码、姓氏和名字、性别及出生日期,

2. 被支付的劳动报酬所对应的期间,

3. 对于支付期间,负保费缴纳义务且未被扣除的现行劳动报酬,

4. 在结算的月份中,负保费缴纳义务且未被扣除的一次性支付的劳动报酬,

5. 在支付期间内属于社会保险计费日的天数,

6. 为第3项和第4项的劳动报酬而在企业支付者处产生的保费,

7. 职业性养老机构的经营编号,

8. 雇用方(企业、公司等)的经营编号,

9. 雇主信息,

10. 就业场所的位置,

11. 结算的月份。

只要无法从雇员的薪酬支付证明中得知该项报告已经作出及其所包含的内容,则应适用第5款的规定。

(12)对于仅基于《社会法典第七册》第2条第1款第1项的规定参加保险的企业职工及其负保费缴纳义务的薪酬,雇主亦应根据第1款和第3款第2句第2项提交报告。

(13)对于根据《艺术工作者社会保险法》负有医疗保险参保义务的成员,艺术工作者社会保障基金会应每月通过数据传输向其主管的医疗保险基金会(第28i条)送交包含有为证明保费缴纳义务而必要的信息说明的报告,尤其是该成员的保险号码、姓氏与名字、负缴费义务的期间、作为保费缴纳义务基础的劳动收入的额度、《艺术工作者社会保险法》第16条第2款的(给付)停止指示的标志,以及对被保险人养老保险中保险义务的参考。传输途径及相关程序细节,如建立数据记录等,应由艺术工作者社会保障基金会和医疗保险基金会最高联合会参照第28b条第1款在共同准则中规定。在使用可公开访问的网络时,应采取与当前的技术水平相应的加密技术。

第28b条 关于共同基本原则及数据域描述的内容和程序

(1)德国联邦医疗保险基金会最高联合会、德国养老保险联合会、德国矿工—

铁路—海员养老保险局、联邦劳动局,以及德国法定事故保险机构依照共同基本原则在联邦范围内确定以下事项:

1. 人员(身份)组别,保险组别及申报事由编码,

2. 关于雇主向社会保险承保主体传达的报告和缴费缴纳证明的单独数据记录的设立、内容及验证,本法另有规定的除外,

3. 关于社会保险承保主体及参与登记程序的其他部门向本款第2项程序中所指雇主传达录入确认、错误申报及其他回复的单独数据组的设立和内容,

4. 关于通信数据的数据记录的单独设立和内容,前述通信数据是在指本款第2项的各数据组之前或之后,各次数据传输过程中由雇主向社会保险组织传送的统一数据,以及在回复过程中由后者向前者传送的统一数据,

5. 在电子程序中与雇主相关的所有现存数据审核的单独设立和内容。

共同基本原则须经联邦劳动和社会事务部批准,并经德国雇主协会联邦联合会事先参与听证。

(2)德国联邦医疗保险基金会最高联合会、德国养老保险联合会、德国矿工—铁路—海员养老保险局、联邦劳动局,以及德国法定事故保险联合会在联邦范围内统一确定第28a条第7款所指家政服务凭证的构成,并通过共同基本原则确定保费征缴机构在此程序中被授予的直接划款权。基本原则须经联邦劳动和社会事务部批准,并经联邦财政部依照税法规定事先参与听证。

(3)若涉及第28a条第10款或第11款规定的报告事务,则在注册职业保障机构工作组参与的条件下,参照适用第1款的规定。

(4)所有数据域应清楚描述并在所有程序中参照各自现有描述进行使用,前述所有程序是指适用本法基本原则或共同基本原则及适用《支出补偿法》的程序。为确保统一使用,德国联邦医疗保险基金会最高联合会应提供数据库应用程序,在此数据库应用程序中对所有数据域进行描述,并将所有数据域以历史格式和当前格式在数据记录和数据块的运用进行存储,从2017年6月1日起,所有数据域应得以被本法报告程序中的参与者自动检索调阅。关于数据说明、更新和检索程序的进一步规定,由第1款第1句中所提及的社会保险组织依照共同基本原则制定;第3款规定在此同等适用。基本原则须经联邦劳动和社会事务部批准。

第28c条 法规授权

联邦劳动和社会事务部有权通过经由联邦参议会同意的行政法规进一步确定登记报告和保费缴纳证明程序的相关规定,特别是指

1. 登记报告和保费缴纳证明的期限，

2.（废除）

3. 对于登记报告和保费缴纳证明的处理或对于保险实施有必要的额外说明，

4. 数据审核、数据安全及数据转移的相关程序，

5. 系统审核实施的前提条件，以及通过数据传输对登记报告和保费缴纳证明进行报告的前提条件，

6. 个别登记或陈述的撤销情形，

7. 雇主向雇员就登记报告进行告知的方式和期限。

第二节 保费缴纳的程序和责任

第28d条 总社会保险费

总社会保险费由依法参保的企业职工或家庭作坊经营者的医疗或养老保险费用，以及来自依据就业促进法律规定的负有保险义务的劳动报酬中的保险费用组成。第1句规定同样适用依法参保的企业职工医疗保险中的照护保险费用。在农业医疗保险中依法参保的从业人员不依据劳动报酬计算的保险费用，与第1句中的养老保险费用及就业促进保费同属于总社会保险费范畴。

第28e条 缴纳义务，预付

（1）总社会保险费由雇主和在第7f条第1款第1句第2项规定的情形中，由德国养老保险联合会利用交托给其的社会保险基金账户进行缴纳。企业职工应承担的总社会保险费份额的缴纳视为该职员的财产。当医疗保险或养老保险承保主体或者联邦劳动局是雇主时，对于上述保险待遇支付者的总社会保险费的确定份额，或者当医疗保险基金会是雇主时，也包括对于照护保险基金会的确定份额，视为已缴纳；养老保险费用和对应的养老保险承保主体之间也适用此项规定。

（2）为确保雇主的缴纳义务，劳务派遣中只要雇员以劳动换取报酬（的形式）被派遣至用工单位，则用工单位在有效合同中视为自己债务保证人。如果保费征缴机构还未向雇主进行催告，或催告期限还未届满，用工单位可以拒绝缴纳。如果派遣单位支付了约定薪酬或派遣雇员的部分薪酬，即使劳务派遣合同依据《劳务派遣法》第9条第1项无效，派遣单位仍须向保费征缴机构缴纳其被分配的总社会保险费。关于第3款的缴纳义务，用工单位与派遣单位同视为负有第3款中缴纳义务的雇主；双方在此范围内承担连带债务人的责任。

（2a）为确保《社会法典第六册》第134条第4款所规定的矿工劳动中雇主的缴

纳义务,与矿工劳动在空间上和业务上相关的矿产企业的雇主视为自己债务保证人。如果保费征缴机构还未向矿工劳动的雇主进行催告,或催告期限还未届满,矿产企业的雇主可以拒绝清偿。

(3)为确保第13条第1款第2句所规定的海员雇主的缴纳义务,雇主和船主承担连带责任。

(3a)建筑业企业主在委托其他企业主提供《社会法典第三册》第101条第2款所指的建筑工作时,为确保本人或受其委托的派遣单位的缴纳义务,该企业主视为自己债务保证人。第1句的规定同样适用于承包商向国外社会保险承保主体所缴纳的费用。第2款第2句在此参照适用。

(3b)如果企业主能够证明,在无自我过错的情况下,已经可以认定承包商或受其委托的派遣单位履行了缴纳义务,则可免除第3a款的连带责任。企业主的过错得以排除,只要企业主通过行业资格证书证明承包商或受其委托的派遣单位的专业能力、可靠性及经济能力,该行业资格证书符合2006年3月20日公布的(联邦公报2006年5月18日第94a期)《建筑发包和合同规定》第A部分第8条规定的资格条件。

(3c)建筑承揽公司企业主有义务应保费征缴机构要求,告知其商号和企业地址。当第1句所规定之告知义务履行未成功时,建筑承揽总公司企业主应向保费征缴机构告知其所要求的所有建筑承揽公司企业主的商号和企业主地址。

(3d)第3a款规定适用于估算总价值为275000欧元以上的建筑工程。估算方法适用2001年1月9日(联邦公报第1期第110页)公布的《承揽规章》第3条,该规章通过2001年5月16日(联邦公报第1期第876页)公布的本册第3条第1款获得最新修订。

(3e)与所涉规定不同,若经理性评估全部情形可断定直接承包商的委托行为是旨在消除第3a款之义务的法律行为,则第3a款所规定的企业主责任扩展至受承包商委托的下一个公司。评估以建筑行业的交易规则为准。本条中被视为规避事实要件的法律行为一般是指,

a)当直接承包商既不自己承揽自有的建筑工程,也不承揽规划事务或销售事务,或者

b)当直接承包商在需申报的业务范畴中,既不是规划专业人员,也不是销售专业人员,或者

c)当直接承包商与主公司存在公司法上的依附关系。

特殊审核应注意个案情况,特别是当直接承包商的商事法律意义上的住所地在欧洲经济区之外时。

(3f)企业主可以通过提交由负责承包商或承包商所委托的派遣单位的保费征缴机构所出具的清缴证明替代第3b条第2款所要求的行业资格证书。清缴证明中应说明社会保险费已按规定缴纳和已登记职工数量。在法规审查委员会的共同参与下,联邦政府应在2012年向立法部门就建筑业企业主社会保险费用一般责任的效力和范围,特别是有关第1句和第3b款中的义务免除进行报告。

(4)缴纳义务包含保险费用和因违反义务所缴纳的滞留金及延期缴纳保费的利息(保费缴纳请求权)。

(5)保费征缴机构的行业章程可以规定,在何种前提条件下雇主可以提前支付总社会保险缴费。

第28f条 记录义务,费用结算证明及缴费证明

(1)雇主应以日历年为界,将每位企业职工在本法适用范围内的工资档案用德语记录在案,并在前次审核(第28p条)之后的下一日历年期限届满前妥善保存。第1句规定不适用于私人雇用的家政人员。农业医疗保险基金会可以基于共同工作的家庭成员情况作出例外许可。费用结算及缴费证明的保存适用第1句的规定。

(1a)在建筑雇用或建筑承揽合同实施过程中,企业主应将工资档案和费用结算,按照雇员、工作薪酬及每份雇用或承揽合同应承担的总社会保险缴费进行归类整理。

(2)当雇主未正确履行记录义务,导致不能确定保险或缴费义务或者缴费额度时,负责审核的养老保险承保主体可以从雇主所付薪酬总额中,强制征收医疗、照护和养老保险费用及就业促进费用。如果无须耗费不合比例的巨额行政费用,即可确认费用未缴纳或劳动报酬已分配给某一特定职员,则不适用第1句规定。如果负责审核的养老保险承保主体不能确认劳动报酬额度或需要耗费不合比例的巨额行政费用才能确认时,该养老保险承保主体应对此进行估算。有关从业人员每月劳动报酬的估算应参考从业当地的薪酬习惯。当保险或缴费义务或者保险自由事后得到确认,且工作薪酬额度得以证明时,负责审核的养老保险承保主体应撤销基于第1句、第3句和第4句作出的决定。雇主因上述决定所支付的费用应从保费应付款项中扣除。

(3)雇主应在缴费到期的2个工作日前,通过数据传输向保费征缴机构递交缴费证明;此项规定不适用于针对私人家政人员的家政服务凭证的使用。如果雇主

在缴费到期2个工作日前未递交缴费证明,保费征缴机构可以就对保费结算有决定性意义的劳动报酬进行估算,直到雇主顺利递交所需证明。缴费证明在执行(程序)中视为保费征缴机构的支付通知,并在破产程序中视为保费征缴机构索款的证明文件。当缴费证明包含小微工作人员的一次性税款时,缴费证明上也应注明雇主的税号。

(4)须向多个地方或行业医疗保险基金会缴纳总社会保险费的雇主,可以向

1. 有管辖权的联邦协会,或者

2. 其中之一的地方或行业医疗保险基金会,

(受其委托的机构)各自提出申请,向各个(前述)受委托机构均提交缴费证明。须向多个企业医疗保险基金会缴纳总社会保险费的雇主也可依前句规定向联邦协会提出申请。如果受委托机构接受申请,则应告知主管的保费征缴机构。在第1句所述情形中,受委托机构也应收取其在工作日通过转账直接向下述机构转交的总社会保险费:

1. 向主管的保费征缴机构转交的医疗和照护保险费用,

2. 依据第28k条规定转交的养老保险费用,

3. 向联邦劳动局转交的就业促进费用。

受委托机构应向有管辖权的保费征缴机构转交特定的缴费证明。照护保险、养老保险承保主体和联邦劳动局可以就缴费证明及费用的收取、管理和转交,对受委托机构进行审核。第28q条第2款和第3款,以及第28r条第1款和第2款规定比照适用。

(5)1991年12月31日加入区(Beitrittsgebiet)❶内的工资档案不依照第1款第1句规定,而应由雇主至少保存至2011年12月31日。如果雇主向相关人士就工资档案进行了通告或者就养老保险所需数据出具了书面证明,此项保管义务最早在养老保险承保主体对雇主的最后一次审核(第28p条)之后的下一日历年届满之时得以解除,以及当企业已解散时,该义务亦得解除。

第28g条 费用扣除

雇主及在涉及依据第7f条第1款第1句第2项委托于德国养老保险联合会的保险基金账户情形下的德国养老保险联合会,可要求企业职工承担其应承担的总社会保险缴费份额。该请求权仅能通过扣除劳动报酬的方式行使。未扣除的金额只

---

❶ 加入区:特指在统一协议签订后,依照《基本法》第23条规定,在1990年10月3日并入德意志联邦共和国的德意志民主共和国区域。——译者注

能在其后3次支付工资或报酬时补扣,之后只有当雇主在扣除失败事由中无过错时方可补扣。当职工因故意或重大过失未履行其第28o条第1款的义务,或职工独自承担总社会保险费或只获得实物收益时,第2句和第3句规定不适用。

第28h条 保费征缴机构

(1)医疗保险基金会(保费征缴机构)负责征收总社会保险缴费。保费征缴机构负责监督保费缴纳证明的提交及总社会保险缴费的缴纳。对逾期未实现的保费缴纳请求权,保费征缴机构有权进行强制征缴。

(2)保费征缴机构决定医疗、照护和养老保险中及依据《就业促进法》产生的保险义务和保费额度;保费征缴机构也有权作出行政复议决定。当保费征缴机构无法查明或需耗费不合比例的巨额行政支出才能查明劳动报酬额度时,保费征缴机构有权对劳动报酬的额度进行估算。对于从业雇员每月劳动报酬的估算,应参考从业当地的地方薪酬习惯。第28i条第5款所规定的保费主管征缴机构应审核小微工作的薪酬界限是否遵守第8条和第8a条规定,并在此薪酬界限被超越时,就从业人员应承担的医疗、照护和养老保险义务及根据《就业促进法》产生的保险义务作出决定;保费征缴机构也有权作出行政复议决定。

(2a)(废除)

(3)在家政服务凭证使用过程中,保费征缴机构受托于联邦劳动局对企业经营(操作)号进行分配,核算总社会保险缴费和依据《支出补偿法》的分摊款项,并以直接划款方式向雇主征收上述费用。保费征缴机构在就业开始和结束之际以及年末,向养老保险承保主体信息数据部报告养老保险机构和联邦劳动局所需的每位从业雇员的数据。保费征缴机构以书面形式向从业雇员告知已递交的报告内容。

(4)在家政服务凭证使用过程中,保费征缴机构在每年年末向雇主就以下事务出具书面证明:

1. 养老保险费用已缴纳的时间段,以及

2. 劳动报酬的额度(第14条第3款),雇主应承担的总社会保险缴费及分摊款项的额度。

第28i条 主管征缴机构

实施医疗保险的医疗保险基金会负责征收总社会保险缴费。对于未参与医疗保险的企业职工,养老保险费用和就业促进费用应向由雇主依据《社会法典第五册》第175条第3款第2句选定的保费征缴机构缴纳。第28f条第2款情形中的主管征缴机构是指依据《社会法典第五册》第175条第3款第3句所确定的医疗保险基金会。第 2 条第 3 款情形中的保费主管征缴机构是指德国矿工—铁路—海员养老保险机构。小微工作人员的保费主管征缴机构是指作为养老保险承保主体的德国矿工—铁路—海员养老保险基金会。

第 28k 条 费用转交

（1）保费征缴机构在工作日中向照护保险、养老保险和联邦劳动局的承保管辖机构转交已缴纳的保险费用及其利息和滞纳金；此项规定同样适用于向健康基金会转交的法定医疗保险保费。德国养老保险联合会应最迟至每年 10 月 31 日，告知保费征缴机构下一日历年中主管的养老保险承保主体及其保费份额。德国养老保险联合会结合考虑以下因素，确定将一般养老保险保费收入分配至单个承保主体的分配方案：

1. 对于德国养老保险联合会和地区承保主体之间的分配：

a）对于 2005 年，依照 2003 年工人养老保险和职员养老保险之间缴纳义务保费的分配百分比，

b）后续年份的份额变更应考虑各地区法定参保人较上上个日历年的份额变化。

2. 对于地区承保主体之间的保费分配：此类机构彼此间法定参保人数的比例。

3. 对于德国养老保险联合会和德国矿工—铁路—海员养老保险局之间的分配：此二者（类）承保机构之间一般养老保险法定参保人数的比例。

（2）小微工作人员的医疗保险保费应转交至健康基金会，农业医疗保险参保人员的医疗保险保费应转交至农业、林业及园艺社会保险机构。关于农业、林业及园艺社会保险份额的确定，特别是关于一次性结算和分配的详细规定，应由农业、林业及园艺社会保险机构和参与的社会保险承保主体最高联合会协商决定。

第 28l 条 费用补偿

（1）保费征缴机构，养老保险承保主体和联邦劳动局在

1. 强制执行保费缴纳请求权时，

2. 对保费进行收取、管理、转交、决算及调整时，

3. 对雇主进行审核时，

4. 执行报告登记程序时，

5. 发放社会保险证件时，以及

6. 在该项事务超出了第 1 项至第 5 项的程序范围并与社会保险任务相关的范围内，执行家政服务凭证程序（Haushaltsscheckverfahren）时，

可获得一次性费用补偿,此费用用于支付以上工作产生的所有花费,此项规定同样适用于艺术工作者社会保障基金会。补偿额度及其分配由联邦医疗保险基金会最高联合会、德国养老保险联合会、联邦劳动局,以及艺术工作者社会保障基金会协商规定;协议的订立和更改应由农业、林业及园艺社会保险机构事先参与听证。协议还应明确,若出现因保费征缴机构未顺利履行其义务而导致大量保费拖欠之情形,应在此期间适当削减其费用补偿。德国矿工—铁路—海员养老保险局有权将其依据本条第1句规定、从医疗保险机构处获得的费用补偿用于抵消依据第28k条第2款第1句应向健康基金会转交的小微工作人员的医疗保险保费。

(1a)(废除)

(2)若保费征缴机构或受委托机构(第28f条第4款)在管理非本机构保费时有所收益,收益的分配应由医疗保险基金会或其协会与德国养老保险联合会及联邦劳动局协商规定。

第28m条　针对特定人员组别的特别规定

(1)当职工的雇主是外国政府、多国或跨国组织,或者是处于国内司法管辖权之外且不承担第28e条第1款第1句规定的缴纳义务的个人时,职工应缴纳总社会保险缴费。

(2)若雇主至截止日未履行第28e条之义务,家庭作坊经营者和在家劳动者可以自行缴纳总社会保险缴费。一旦上述人员自行缴纳总社会保险缴费,雇主义务免除;第28f条第1款规定不受影响。

(3)如果职工或家庭作坊经营者缴纳总社会保险缴费,其也应依据第28a条的规定进行报告;保费征缴机构应协助其进行报告登记。

(4)已缴纳总社会保险缴费的职工或家庭作坊经营者有权要求雇主偿还其应承担的总社会保险缴费份额。

第28n条　法规授权

联邦劳动和社会事务部有权通过经由联邦参议会同意的行政法规确定,

1. 对于短于1个日历年时间段内的总社会保险费和保费计算收入限额的结算,

2. 保费缴纳时间点,债务清偿顺序及支付方式,

3. 有关保费征缴机构如何向照护保险承保主体、养老保险承保主体、健康基金会,以及联邦劳动局就保费及其利息以及滞纳金进行转交和决算的细则,尤其是关于其支付方式和第28f条第4款规定中的转交程序,在此,对低于2500欧元的保费的日常工作转交可不予考虑,

4. 有关工资档案管理,保费决算以及保费证明使用的实施细则。

第三节 告知义务和提交义务、审核、损害赔偿义务和付息

第28o条 雇员的告知义务和提交义务

(1)职工应向雇主说明为确保报告程序和保费缴纳所需的信息,如有必要,雇员应提交相关材料;此条规定亦适用于从事的多个工作和涉及其他针对所有参与雇主的、有法定医疗保险缴纳义务的收入。

(2)职工应依照主管的保险承保主体的要求,及时告知其从业形式和从业时间、据此所得劳动报酬、其雇主信息,以及对于保费缴纳所需的其他事实,并提交报告审核和费用缴纳审核所需的所有材料。第1句的规定同样适用于缴纳总社会保险保费的家庭作坊经营者。

第28p条 雇主审核

(1)养老保险承保主体应审核雇主是否依照本法规定正常履行其报告义务和与总社会保险保费相关的其他义务;尤其是针对费用缴纳和报告(第28a条)的真实性,养老保险承保主体应至少每4年核实一次。审核可基于雇主要求,在更短的时间内进行。若保费征缴机构认为有必要对雇主进行即刻审核,应通知雇主的主管养老保险承保主体。审核也应涵盖未缴纳保费的从业雇员的工资档案。养老保险承保主体在审核范围内,就医疗、照护和养老保险,以及依据《就业促进法》的保险义务和保费额度向雇主作出行政行为和与此相关的行政复议决定;在此不适用第28h条第2款及第93条和《社会法典第十册》第89条第5款规定。与第1句规定不同的是,农业医疗保险机构对在该机构参保的共同工作的家庭成员进行审核。

(1a)第1款规定的审核包含雇主根据《艺术工作者社会保险法》的报告义务的正常履行,以及对艺术工作者社保费用的及时和全部缴纳。该审核应

1. 至少每4年进行一次,如果雇主是《艺术工作者社会保险法》第24条中在艺术工作者社会保障基金会具有缴费义务的企业主,

2. 至少每4年进行一次,如果雇主雇用的职工多于19名,并且

3. 在第1款规定的雇主审核日历年中,至少40%的被审核雇主所雇用的职工少于20名。

雇主组织结构分为主经营机构和从经营机构,且各机构均有独立的经营编号时,所有经营机构应作为一个雇主进行合并审核。审核程序可以结合报告的要求进行。德国养老保险承保主体就艺术工作者社保费用的缴纳义务、保费额度及《艺

术工作者社会保险法》所规定的预付费用额度作出必要的行政行为和相应的行政复议决定。养老保险承保主体向艺术工作者社会保障基金会告知与雇主在《艺术工作者社会保险法》中的报告和缴纳义务相关的事实情况。艺术工作者社会保障基金会实施的雇主审核适用《艺术工作者社会保险法》第35条的规定。

（1b）养老保险承保主体与艺术家社会保障基金会共同制定第1a款第2句第3项中被审核雇主的选取标准。选取目的在于获悉掌握所有应承担缴纳义务的雇主。雇用低于20名从业人员，未根据第1a款第2句第3项被审核的雇主由养老保险承保主体在第1款的审核范围内，就艺术工作者社会保险费用缴纳进行指导。雇主通过审核通知获悉有关艺术工作者社会保险费用缴纳的指示。在第1款审核范围内，雇主通过书面或电子形式向主管的养老保险承保主体确认，其已被告知有关艺术工作者社会保险费用缴纳的事项，并将对与缴纳义务相关的事实进行报告。如果雇主未进行确认，第1a款第1句所规定的审核程序立即执行。如果养老保险承保主体在第1款规定的审核范围内，在少于20名雇用职工且未被依据第1a款第2句第3项被审核的雇主处获悉了有关艺术工作者社会保险费用缴纳义务的事实线索，养老保险承保主体必须就此进行调查。

（1c）对于根据《社会法典第七册》第166条第2款的雇主审核程序中确认的事实情况，社会养老保险承保主体应向工伤保险承保主体告知。法定事故保险承保主体应据此作出必要决定。

（2）雇主工资和薪酬结算机构所在地的地区承保主体在其辖区内行使当地审核管辖权。养老保险承保主体协商决定各自应审核的雇主；一名雇主只能由一个养老保险承保主体进行审核。

（3）如果雇主的缴纳义务或报告义务涉及保费征缴机构，养老保险承保主体应就此事宜通告保费征缴机构。

（4）（废除）

（5）雇主有义务承担相应的审核协助工作。借助自动化设备实施的结算程序也应纳入审核。

（6）受雇主或受雇主委托人委托，对工资和薪酬进行结算或呈报的税务咨询机构、计算中心和类似机构也应纳入审核。各机构所在地的地区承保主体在其辖区内行使当地审核管辖权。第5条规定在此同等适用。

（6a）对于第1款所规定的审核程序，《德国税收规定》第147条第6款第1句和第2句的相关准则同样适用，即养老保险承保主体可以基于雇主同意要求转交数据。德国养老保险联合会依照基本原则，在联邦范围内制定有关数据转交程序和所需数据组及数据块建构程序的相关细则。基本原则须经联邦劳动和社会事务部批准，并由德国雇主协会联邦联合会事先参与听证。

（7）养老保险承保主体应就审核结果进行综述，并在每年3月31日之前，向监管机关提交上个日历年的审核综述。综述的具体内容和形式由对此有制定权的养老保险承保主体的各监管机关协商决定。

（8）德国养老保险联合会建立相关数据库，储存每位雇主的姓名、签名、企业经营号、对其有管辖权的工伤保险承保主体和雇主的其他身份验证特征，以及雇主审核规划和第7款中综述所需的数据；德国养老保险联合会仅能在审核雇主时和对根据《艺术工作者社会保险法》负缴费义务的企业主进行调查时，对该数据库中的储存数据进行编辑和使用。当根据《社会法典第七册》第166条第2款第2句规定的、工伤保险相关的雇主审核不是由养老保险承保主体执行时，数据库应就此作出标注；工伤保险承保主体应转交所需说明。养老保险承保主体信息数据部就雇主审核建立数据库，该数据库除了储存每一位雇主企业经营编号外，还应储存负责雇主工伤保险的承保主体的经营编号，雇主的工伤保险成员号，负工伤保险缴纳义务的、以欧元计算的受其雇用职工薪酬，受其雇用职工所适用的危险等级，受其雇用的职工的社保号及从业开始和从业结束时间，每位从业人员的保费征缴管辖机构的名称及有关小微工作人员的标注。在雇主审核程序中，养老保险承保主体信息数据部仅能依据《社会法典第六册》第150条第1款和第2款规定对核心数据库的数据、依据《社会法典第六册》第150条第3款规定对数据库的数据，以及依据本册第101条规定对核心数据库的数据进行编辑和使用；养老保险承保主体信息数据部也能在《社会法典第六册》第212a条所规定的审核中对核心数据库数据进行编辑和使用。基于养老保险审核机构的要求，养老保险承保主体信息数据部有义务对

1. 第1句和第3句中储存在数据库里的数据，

2. 在养老保险承保主体保险账号中所储存的、在审核期间从被审核雇主处得到的其职工的数据，

3. 对雇主有管辖权的保费征缴机构依据缴费证明（第28f条第3款）所储存的、自上次雇主审核之后的时间段内的数据，

4. 艺术工作者社会保障基金会所储存的、自上次审核之后的时间段内的关于雇主报告和缴费义务的数据，

5. 法定事故保险承保主体所储存的、自上一次审核之后的时间段内关于报告

和缴费义务以及危险序列等级的数据,

进行收集、处理和使用,只要上述数据系为审核雇主是否依照本法规定正常履行其报告义务和其他与总社会保险保费相关的义务,以及《艺术工作者社会保险法》中所规定的缴费义务和《社会法典第七册》中所规定的报告和保费缴纳义务时所必需的数据。向负责审核的养老保险承保主体所转交的数据应在审核结束之后,由信息数据部和养老保险承保主体立即删除。养老保险承保主体、保费征缴机构、艺术家社会保障基金会和联邦劳动局有义务,向德国养老保险联合会和信息数据部转交雇主审核所必需的数据。如果为了雇主审核要转移数据,数据也可以通过检索调阅的形式在自动程序中进行转移,无需获得《社会法典第十册》第79条第1款规定的许可批准。

(9)联邦劳动与社会事务部与联邦卫生部协商一致,通过经由联邦参议院批准的法规对下列事项进行详细规定:

1. 雇主的义务范围和第6款提及的机构在借助自动程序实施的结算程序中的义务范围,

2. 审核的执行及如何消除在审核中被确认的瑕疵,

3. 有关雇主审核计划和保费征缴机构审核所需的数据中,根据第8款第1句的数据库的内容,关于该数据库的设立和更新,以及在根据第8款第1句的数据库中,可由保费征缴机构和联邦劳动局依据第28q条第5款规定进行检索的数据范围。

(10)雇用私人家政人员的雇主不受审核。

(11)审核雇主时在由医疗保险基金会向养老保险承保主体过渡过程中职员被接收的,且此职员在1995年1月1日完全或主要从事雇主审核工作的,在新的劳资合同或者其他集体协议生效之前,以到接收时间点为止仍对该雇员有效的劳资合同或者其他集体协议为准。当第1句中的被接收的雇员为应遵守公务职责❶时,只要雇员在被接收时间点已超过45岁,则在照顾保障情形发生时,接收的养老保险承保主体和退出的医疗保险基金会应分担相应的保障金。《公务员保障法》(*Beamtenversorgungsgesetz*)第107b条第2款至第5款的规定应参照适用。

第28q条 保费征缴机构审核和养老保险承保主体审核

(1)养老保险承保主体和联邦劳动局应至少每4年审核一次保费征缴机构的任务完成情况,保费征缴机构因此获得根据第28l条规定的费用补偿。第1句的规定

---

❶ 简称DO-Angestellter,特指在职业协会或是医疗保险机构中,虽然签订了私法雇用合同,但基于合同内容同时适用《联邦公务员法》基本原则的雇员。

同样适用于德国养老保险联合会对艺术工作者社会保障基金会的审核。德国养老保险联合会将养老保险承保主体根据第28p条第1款第5句规定告知的数据储存在第28p条第8款第1句所指数据库中,只要该数据是第1句所指保费征缴机构审核时所必需的数据。德国养老保险联合会仅可在审核保费征缴机构时处理和使用这些数据。德国养老保险承保主体信息数据部有权基于进行审核的养老保险承保主体的要求,处理、使用和转移储存在第28p条第8款第3句所指数据库中的数据,只要该数据是第1句所指审核所必需的数据。数据转移仅可在自动程序中通过检索调阅形式进行,除此之外的数据转移须根据《社会法典第十册》第79条第1款获得批准。

（1a）在作为健康基金会管理者的联邦保险局的征缴机构处,养老保险承保主体和联邦劳动局根据第28d条第1款第1句所指医疗保险费用,审核保费请求权的行使和保费的征收、管理、转交和结算是否符合第28l条第1款第1句第1项和第2项的规定。第1款第3句和第4句在此同等适用。依照第1句规定,从事审核工作的部门应向作为健康基金会管理者的联邦保险局转达第28r条第1款和第2款所指权利行使时所需的审核结果。因任务委托和任务履行而产生的费用,由养老保险承保主体和联邦劳动局从健康基金会所收款项中进行补偿。程序和费用补偿细则由养老保险承保主体和联邦劳动局与作为健康基金会管理者的联邦保险局协商决定。

（2）保费征缴机构应在下一次审核之前保存审核所需材料,并在审核时备齐所需材料。

（3）保费征缴机构有义务参与对财务会计和结算管理说明的澄清,并在借助自动化设备实施的程序中提供适当的审查辅助。医疗保险基金会联邦最高联合会、德国养老保险联合会和联邦劳动局协商确定相应规定。德国矿工—铁路—海员养老保险局及农业医疗保险机构可不参与协商。

（4）审核可扩展至所有承担保费征缴机构具有第1款中的性质任务的机构。第2款和第3款规定参照适用于上述机构。

（5）保费征缴机构和联邦劳动局应至少每4年一次对养老保险承保主体第28p条的工作任务进行共同审核。该审核可通过对在自动程序中雇主数据（第28p条第8款）的检索、调阅进行。对于小微工作人员,第1款和第2款的规定不适用作为其保费征缴机构的德国矿工—铁路—海员养老保险机构。

第28r条 损害赔偿义务,利息

(1)当行政机构或保费征缴机构工作人员因其过错而违反本节所规定之义务时,保费征缴机构应向照护保险承保主体、养老保险承保主体和联邦劳动局,以及健康基金会赔偿相应损失。基于利息损失的损害赔偿义务应限制在第2款规定的范围内。

(2)如果保费征缴机构因其过错而未及时转交保费、保费利息或者滞留金,应支付额度为高于根据《德国民法典》第247条的各基准利率2%的利息。

(3)当行政机构或保费征缴机构工作人员因其过错而违反第28p条所规定之义务时,养老保险承保主体应向健康基金会、医疗保险基金会、照护保险基金会和联邦劳动局赔偿相应损失;前项规定也适用于对法定事故保险承保主体的根据《社会法典第七册》第166条第2款的审核。对于损失的保费,应支付额度比《德国民法典》第247条的各基准利率高2%的利息。

第四章 社会保险承保主体(社会保险基金会)

第一节 基本构成

第29条 法律地位

(1)社会保险的承保主体(社会保险基金会)是具有完全权利能力的自治性公法社团。

(2)在第44条没有另行规定的情形下,自治性应由被保险人与雇主共同行使实现。

(3)社会保险基金会在本册及其他与其相关的法律规定的范围内,履行职责并自行承担相应责任。

第30条 自有职责与委派职责

(1)社会保险基金会只允许为履行其法律规定的或批准的职责而从事经营活动,其资金仅能为履行上述职责或行政费用而被使用。

(2)社会保险基金会只能基于法律的规定,接受其他社会保险基金会或者公共行政承担者委托的任务;由此产生的费用应由委托方偿还。社会保险基金会为履行其职责而订立的行政协议不受影响。

(3)社会保险基金会可以向其最高的联邦及州级别的主管部门,特别是在立法事项中,提供短期的人才支持。由此产生的费用应由相应部门予以偿还;例外情形应在确定联邦和州政府财政预算的相关法律中予以确定。

第31条 组织机构

(1)每个社会保险基金会都应设立一个代表大会和一个董事会作为其自治机构。每个社会保险基金会应有一个在董事会中有意见咨询权的成员作为总经理。在德国养老保险联合会中,该总经理的职责由其理事会承担。

(2)代表大会、董事会和总经理在其管辖权限内承担社会保险基金会的职责。

(3)社会保险基金会的授权代表机构(代表大会、董事会、总经理等)具有行政机关的性质,掌管使用社会保险基金会的公章。

(3a)对于第35a条第1款中所称的医疗保险基金会,应有别于第1款的规定而建立一个管理委员会和一个全职董事会作为其自治机构。第31条第1款第2句不适用于该类医疗保险基金会。

(3b)在德国养老保险联合会中,应设立联邦代表大会和联邦董事会。在第64条第4款适用的前提下,由上述机构代替代表大会和董事会作出决定。

(4)社会保险基金会的分部门、区行政部门及州级别办事处可以设立自治机构。上述机构相对于总部的对应机构,其各自的职责与权限应由章程进行界定。

第32条 （废除）

第33条 代表大会、管理委员会

(1)代表大会决议确定章程和保险承保主体(社会保险基金会)的其他自治规则,以及其他通过法律或者其他对社会保险基金会有决定作用的法规规定的事项。对于德国养老保险联合会,关于章程的决议应根据第31条第3b款由联邦代表大会作出;若该章程包含关于德国养老保险的根本任务和联合任务,或者关于养老保险承保主体(基金会)的共同事务的规则,则其决议应根据第64条第4款作出。在其他情形下,采用通过德国养老保险联合会的被保险人和雇主选举确定的成员所投票数的多数方式决定。

(2)在面对董事会及其成员时,应由代表大会代表保险承保主体(保险基金会)。代表大会可以在章程中或者在个案中决定,该项代表权由代表大会主席团共同行使。

(3)第1款和第2款的规定适用于根据第31条第3a款设立的管理委员会。只要《社会法典》的其他册、编对于代表大会或其主席(团)作出了规定,则上述规定应参照适用于管理委员会及其主席(团)。该管理委员会或者其主席(团)亦应承担董事会或者其主席(团)根据第37条第2款、第38条,以及本章第二节的职责。

(4)只要《社会法典》的其他册、编对于代表大会或其主席(团)作出了规定,则上述规定应参照适用于联邦代表大会或其主席。第1款第2句和第3句适用于对章程的决定。

第34条 章程

(1)每个保险承保主体(社会保险基金会)均应制定章程。该章程需经根据特别条款而具体主管单个保险类别的行政机关批准。

(2)章程及其他自治规则应向社会公布。在没有确定其他日期的前提下,其自公布之日起生效。公布的形式由章程规定。

第35条 董事会

(1)在本册或者其他对保险承保主体(社会保险基金会)有决定作用的法规没有另行规定的情况下,应由其董事会管理该保险基金会,并在诉讼或非诉讼事务中代表其行事。在章程中或者董事会在个案中可以决定,董事会的个别成员亦可以代表该保险基金会行事。

(2)只要经理对此负有职责,则董事会应公布处理行政事务的准则。

(3)在德国养老保险联合会中,只要涉及其根本任务和联合任务,或者关于养老保险承保主体(基金会)的共同事务,并且本法或者其他对德国养老保险联合会有决定作用的法规未作另行规定的,则应由第31条第3b款的联邦董事会负责承担第1款和第2款的职责。《社会法典》单册编中涉及董事会及其主席(团)的规定,亦比照适用于联邦董事会及其主席(团)。

第35a条 地方、企业、行业医疗保险基金会及医疗互助基金会的董事会

(1)在本册或者其他对医疗保险基金会有决定作用的法规没有另行规定的情况下,应由地方、企业、行业医疗保险基金会及医疗互助基金会的董事会经营管理该保险基金会,并在诉讼或非诉讼事务中代表其行事。在章程中或者董事会在个案中可以决定,董事会的个别成员亦可以代表该医疗保险基金会行事。在由董事会公布的准则范围内,各董事会成员自行负责、管理经营其业务领域。当意见不一致时,应由董事会共同决定;在意见票数相当时,由主席决定。

(2)对于下列事项,董事会须向管理委员会进行报告:

1. 具有原则性重要意义的决定的执行情况,
2. 财务状况及预期发展。

此外,其他重要事项应向管理委员会主席报告。

(3)董事会成员应专职履行其职务工作。任职期至6年时,可再次当选。

(4)对于包含成员人数为50万(含)以下的医疗保险基金会,其董事会最多由2人组成,对于成员超过50万人的,组成人数最多不超过3人。董事会成员间彼此互为代理。第37条第2款应参照适用。如果董事会仅由1人组成,则管理委员会(理事会)须委派一名医疗保险基金会的高级工作人员为其代理人(副手)。

(5)董事会成员、在其中产生的董事会主席及其代理人均由管理委员会选出。对于企业医疗保险基金会,《社会法典第五册》第147条第2款的规定不受影响;若雇主自费委任为业务执行所需的人员,则对董事会成员的委任需有管理委员会中被保险人代表的过半数同意。若前者未获管理委员会同意,且雇主未委任其他满

足同意要求的董事会成员的,则该董事会成员的职责由监管机构或者由监管机构委托的专员履行,相关费用由企业医疗保险基金会承担。

(6)管理委员会在选举董事会成员时应注意,其成员应基于在医疗保险基金会工作服务中的继续教育和在职培训,或者基于高等专业教育或大学教育,以及之外还基于多年担任高层管理职务的工作经验而具备管理行政业务的专业能力。单个董事会成员包括附加福利的年度薪酬以及基本保障(养恤金等)规定,应在每年3月1日的概览中、首次为2004年3月1日的联邦公报中公布,同时应根据各医疗保险基金会及其协会的区分,在相关医疗保险基金会的成员杂志上公布。由第三方提供的、与其董事会事务相关的财政捐助,董事会成员应将其类型和金额告知管理委员会(理事会)主席和副主席。

(6a)关于延长或者变更董事会聘用合同的决议,须事先经监管机构同意方可生效。董事会成员的薪酬应当与其职责范围、与社团的规模和重要性成比例。应特别将其中社团的成员总数考虑在内。

(7)通过管理委员会对董事会成员的职务罢免和解聘参照适用第59条第2款和第3款。职务罢免和解聘的原因可以是不具备相应的管理能力,也可以是管理委员会对其丧失信任,但该信任丧失仅基于明显的非客观性原因产生的情形除外。若董事会成员严重违反其职责义务,且管理委员会并未在一个合理的期限内作出第59条第3款第1句的决定的,则须由监管机构罢免该成员的职务;对职务罢免的法律救济不产生中断执行(罢免)效力。

第36条 经理

(1)在本册或者其他对保险承保主体有决定作用的法规没有另行规定的情况下,由经理全职管控日常行政事务,并在诉讼或诉讼外事务中代表保险承保主体行事。

(2)经理及其代理人(副手)应基于董事会提名经代表大会选举确定;第59条第2款至第4款参照适用。

(2a)联邦和铁路工伤保险(基金会)的经理及其代理人(副手)应由联邦劳动和社会事务部任命;该任命需经董事会的同意。在任命联邦和铁路工伤保险(基金会)的经理之前,艺术工作者社会保障基金会的咨询委员会应进行听证。

(3)对于消防人员事故保险基金会,应由主管的最高行政机关确定其业务经营的相关细节。对经理的任命需经董事会同意。

(3a)德国养老保险联合会的理事会由作为一名总负责人的主席和两名经理组

成。德国养老保险联合会的根本任务和联合任务及对外代表原则上由主席承担。除此之外,管理部门中各成员的职责范围应由章程确定。关于经理的条文和第36条第4款第4句、第5句的规定参照适用于理事会。

(3b)德国养老保险联合会的理事会应基于联邦董事会提名,经联邦代表大会根据第64条第4款选举确定。德国养老保险联合会的联邦董事会应根据第64条第4款决定提名建议。成员的任期为6年。

(4)对于被保险人人数超过150万的社会保险承保主体(社会保险基金会),其章程可以规定,代表大会应基于董事会的提名选出由3人组成的经理团队,并从中选定1名主席。上述规定同样适用于负责多个保险种类的社会保险承保主体。有关经理的条文规定参照适用于经理团队。经理团队的成员彼此互为代理。章程可以规定,单个经理团队的成员亦可代表该社会保险承保主体。

(5)社会保险立法中有关公务规则的条文以及据此所适用的其他有关公务规则条例,对经理,其代理人(副手)以及管理团队的成员适用。在选举时必须满足其中所规定的公务规则性质的前提条件。

(6)倘若根据一项适用于公务性质的聘用规则,只允许雇用具备具体职业培训或者试用期经历,或者通过特定考试的人员,但经理或者管理团队成员职位的申请者已通过其生活和职业经验获得对应职位所必需的能力的,则该规则不适用。申请者是否已通过其生活和职业经验获得必要的能力,由负责主管社会保险的最高行政机关作出判定。后者应在关于申请者资格(能力)所需要的文件被提交后的4个月内作出决定。对于经理代理人(副手)的职位,当一项公务规范允许聘用通过其生活和职业经验获得职位所必需能力的申请者时,第2句和第3句的规定亦同样适用。

第36a 专门委员会

(1)基于章程规定,下列事务可以委托给专门委员会,

1. 发布复议决定,以及

2. 在法定事故保险中进一步包括:

a)养老金发放的初步决定,基于健康状况的改变而增加、减少额度及取消养老金的决定,

b)关于总补偿形式的一次性补偿金、暂时性补偿津贴或持续性扶助津贴以及基于照护需要的待遇。

第35条第2款参照适用。

(2)章程应对相关事项,特别是专门委员会的组成及对其成员的任命,作出详细规定。只有满足下列条件才可以被任命为专门委员会的成员:具备成为机构成员选举资格的前提条件;章程规定其以社会保险承保主体公务人员的身份参与工作。在有关艺术工作者社会保险方面,可以基于艺术工作者社会保障基金会的建议,从《艺术工作者社会保险法》规定的被保险人,艺术工作者社会保险费的缴纳义务人,以及德国养老保险联合会、德国矿工—铁路—海员养老保险和法定养老保险地区承保主体的公务人员中任命专门委员会的成员。

(3)第40条至第42条及第63条第3a款和第4款的规定参照适用于专门委员会的名誉成员。

第37条 组织机构障碍

(1)倘若自治机构的选举未能进行,或者自治机构拒绝履行其经管职责,则相关业务应通过监管机构自行或者由其委托的专员执行,所产生的费用由保险承保主体承担。在未进行选举的情况下,监管委员会任命自治机构成员的义务不受影响。

(2)如果经理及其代理人(副手)或者管理团队的成员在其职责履行方面长期存在障碍,或者其职位长期空缺,则董事会可以委派一名保险承保主体的高级工作人员暂时接管上述职位;该项职务接管不包括管理团队中的主席职位。此类委派必须被毫不延迟地报告给监察机构。

第38条 对违法情形的异议

(1)如果自治机构的决议违反了法律或者其他对保险承保主体(保险基金会)有决定作用的法规,则董事会主席应以书面形式对该决议提出异议并说明理由,同时应对新决议的作出设置合理期限。该异议具有中断执行效力。

(2)若自治机构坚持其原始决议,则董事会主席须将此事告知监管机构。异议的中断执行效力延至该监管机构作出决定时止,最长不超过告知行为后的2个月。

第39条 资深被保险人和信赖代理

(1)在养老保险承保主体中,应由代表大会选任资深被保险人。

(2)章程可以规定:

1.在养老保险基金会中不进行资深被保险人的选任,

2.在其他类型的保险承保主体中可以进行资深被保险人的选任,

3.由代表大会选任雇主的信赖代理,以及在农业、林业和园艺社会保险中,可选任无外来劳动力的自营职业者的信赖代理。

（3）资深被保险人尤其具有以下任务,即建立被保险人、服务给付权利人与邻近保险承保主体的联系,并向前者提供咨询和照顾。章程应对此作进一步详细规定。

第40条　志愿工作人员

（1）自治机构的成员及资深被保险人和信任代理应志愿无薪履行其职责。在代表成员或者接管其他被委托的任务期间,代理人(副手)应享有成员的权利并承担其义务。本款第2句对于资深被保险人和信任代理的代理人参照适用。

（2）任何人不得在接受或者履行名誉职务时被妨碍或者因为接受或者履行上述职务而遭受不利。

第41条　志愿工作人员的补偿

（1）保险承保主体应偿付自治机构成员及资深被保险人和信赖代理的现金开支;对此其可以规定固定的费用标准。自治机构的主席及代理(副)主席由于其在会议之外的工作而产生的开支,可以通过一次性补贴合计偿付。

（2）保险承保主体应补偿自治机构成员及资深被保险人和信赖代理实际损失的常规毛收入,并偿付其作为义务(无薪)工作人员根据《社会法典第六册》关于保费承担的规定需要自行承担的、超过雇员份额的保费金额。对于被耽误的常规工作时间,每小时补偿金额最高为月缴费基数(第18条)的1/75。如果通过权利人的书面声明确认,收入损失情形已经出现,但其数额尚无法被证明的,则对于被耽误的常规工作时间,每小时补偿第2句所称最高金额的1/3。每个日历日最多按照10小时提供收入损失;最后开始的那个小时按整时计算。

（3）在会议期间,自治机构的成员每个日历日可以获得基于时间消耗的一次性补贴;该一次性补贴的额度应在遵循第40条第1款第1句规定的基础上,与在工作时间之外经常性所需的,特别是为会议筹备的时间消耗成正比。基于时间消耗的一次性补贴可以基于会议之外的工作活动,向自治机构的主席和代理(副)主席及资深被保险人和信赖代理提供,在特殊(时间)占用的情形中也可向自治机构的其他成员提供。

（4）联邦代表大会应基于董事会的建议而决定第1款和第3款规定的固定费用标准及一次性补贴金额。对于第35a条第1段中所称的医疗保险基金会,不要求董事会的建议。该决定须经监管机构同意。

第42条　责任

（1）在违反其对第三人应负的职责义务时,自治机构成员的法律责任以《德国民法典》第839条及《德国基本法》第34条的规定为准。

（2）在因故意或重大过失而违反其应负的义务时，自治机构成员应对保险承保主体由此产生的损失承担责任。

（3）保险承保主体不得先行放弃对因义务违反所致损害的赔偿，除非监管机关同意，否则不得放弃已产生的损害赔偿请求权。

（4）第1款至第3款的规定应参照适用于资深被保险人和信任代理。

第二节 自治机构的组成、选举和程序，资深被保险人和信赖代理

第43条 自治机构的成员

（1）自治机构成员的数量应根据保险承保主体（保险基金会）的规模通过章程予以确定，且只能为下一个任职期间进行修改。代表大会最多只能有60名成员；对于第35a条第1款中提及的医疗保险基金会，其管理委员会（理事会）成员最多不超过30人。各法定养老保险承保主体（基金会）的代表大会最多可拥有30名成员；第2句的规定可适用至2005年10月1日所在的任职期间结束。第44条第5款适用于德国养老保险联合会的联邦代表大会。

（2）受妨碍的成员可以通过一名代理人代表。（候补）代理人是指在推荐名单中提名并可用的人员，其按照提名顺序排列，直至其总数超过成员总数4人。拥有第5句的个人代理人的成员，在此不予考虑。对于德国养老保险联合会的联邦董事会，其代理人为按此款选定的人员。德国养老保险联合会的联邦代表大会的相关规定同样适用于对于从地区承保主体和德国矿工—铁路—海员养老保险中选出的成员。对于单个或者全体董事会成员，以及对于第35a条第1款提及的医疗保险基金会中的单个或全体管理委员会成员，可以从推荐名单中提名第一和第二个代理人，以代替第2句规定的候补代理方式。

（3）代表大会的成员及其代理人不能同时为同一保险承保主体董事会的成员或者其代理人。一人不可同时成为多个医疗保险基金会自治机构的成员。

第44条 自治机构的组成

（1）自治机构的构成方式为：

1. 在本款第2项和第3项未有其他规定的前提下，由被保险人和雇主的代表各半数组成，

2. 对于农业、林业和园艺社会保险机构,由参保雇员(被保险人)、无另外雇用人员的自营职业者和雇主的代表各1/3组成,

3. 对于医疗互助基金会由被保险人的代表组成;在兼并属于其他基金会类型的医疗保险基金会后或者在建立新机构时,该项规定不适用。

(2)对于为同一雇主的一个或多个企业设置的企业医疗保险基金会,除被保险人代表外,雇主或其代理人(也)属于自治机构组成。其拥有与被保险人代表同等数量的投票权;但在表决时,其不得被分配超过出席会议的被保险人代表所拥有的票数。对于为有多个雇主的企业设置的企业医疗保险基金会,除非章程另有规定,每位雇主或者其代表均属于管理委员会的组成。属于管理委员会的雇主或者其代表的数量不得超过该机构中被保险人代表的数量;第2句的规定参照适用。章程应对管理委员会中雇主代表的确定,以及投票权的分配和代理人作出规定。对于企业医疗保险基金会,其章程包含《社会法典第五册》第173条第2款第1句第4项中规定的,第1句至第5句不适用。

(2a)在州和乡镇事故保险基金会及州和地区范围内的联合事故保险基金会中,除被保险人代表外,同等数量的雇主代表或者一名雇主代表亦属于其自治机构。关于雇主代表的确定

1. 对于州事故保险基金会,由州法规定的主管机关确定,

2. 对于乡镇工伤保险基金会,由地方性法规规定的主管机关确定,

3. 对于州和地区范围内的联合事故保险基金会,

a)在州范围内的,由州法规定的主管机关确定,

b)在地区范围内的,如果该事故保险基金会只包括一个乡镇,则由地方性法规规定的主管机构确定。

若只有一名雇主代表属于该自治机构,则其应享有与被保险人代表同等数量的投票权;但在表决时,其不得被分配超过出席会议的被保险人代表所拥有的票数。对于本款第3项意义上的联合事故保险基金会,其州范围内代表所拥有的票数与地区范围内代表所拥有的票数之间的比例,应与选举前在上上个日历年度(前年)中,按照《社会法典第七册》第2条第1款第1项、第2项、第8项规定州范围内和地区范围内各自分配的参保人员人数比例相对应;相关细节由章程进一步确定。

(3)在农业、林业和园艺社会保险机构的自治机构中,涉及农民的医疗保险和老龄保险的事务时,未参保所涉保险项目和不属于第51条第4款中被委托专员的自营职业者的代表及雇员代表均不参与工作。应由参保所涉保险的代理人代替未

参与协作的自营职业者代表;若代理人人数存在不足,则根据第60条规定的代理人列表进行补充。

(3a)联邦劳动与社会保障部,以及联邦食品与农业部在农业、林业和园艺社会保险机构的自治机构具有咨询顾问性质的表决权;在涉及农业医疗保险方面的问题时,该条款对联邦劳动和社会事务部不适用。

(4)第35a条中的医疗保险基金会可以不按照第1款和第2款的规定,对于自治机构的组成,特别是在属于管理委员会的雇主和被保险人代表的人数,以及票数的数量与分配等方面,以接下来任期中有投票权的成员超过3/4多数表决同意为条件,在其章程中另行规定。管理委员会的被保险人代表应至少过半。在医疗保险基金会合并的情况下,相关参与的医疗保险基金会的管理委员会也可以按照第1句和第2句规定,以第1句中提及的多数表决同意为条件,对新医疗保险基金会管理委员会在当前任期内的组成进行规定。

(5)法定养老保险地区承保主体和德国矿工—铁路—海员养老保险的代表大会各自从其自治机构中选出两名德国养老保险联合会联邦代表大会的成员。当选者必须半数属于被保险人组别,半数属于雇主组别。德国养老保险联合会联邦代表大会的其他成员应从德国养老保险联合会的被保险人和雇主中选出;其具体人数通过章程确定,且不得超过30人。通过德国养老保险联合会的被保险人和雇主选举确定的成员属于德国养老保险联合会的代表大会成员。

(6)德国养老保险联合会的联邦董事会由22名成员组成。其中12名成员基于地区承担者代表的提名,8名成员基于根据第5款第3句选出的德国养老保险联合会代表的提名,2名成员基于德国矿工—铁路—海员养老保险代表的提名选出。当选者必须半数属于被保险人组别,半数属于雇主组别。德国养老保险联合会联邦董事会的成员,属于通过根据第5款第3句选出的德国养老保险联合会的代表提名确定的德国养老保险联合会的董事会成员。

(7)在联邦和铁路事故保险(基金会)中,总共与被保险人代表拥有相同数量投票权的雇主代表属于其自治机构。雇主代表应由联邦劳动与社会保障部基于联邦交通与数字基础设施部、联邦内政部、联邦财政部、联邦国防部、联邦劳动与社会保障部,以及联邦劳动局的提名委任。在自治机构中,基于联邦交通与数字基础设施部提名获委任的雇主代表应享有雇主代表投票权数中40%的投票份额。具体细节由章程规定。

第45条 社会保险选举

（1）该选举或者指常规选举或者指在特殊情况下的选举。常规选举指在整个选区内定期和统一举行的选举。特殊情况下的选举指为新建立的保险承保主体选举其机构，以及因为（前次）选举被宣布无效而必须进行的选举（重复选举）。

（2）参与选举应是自愿和保密的；其适用比例选举原则。选举结果应根据洪德最高均数法确定。此时只考虑至少获得所投出的有效票数5%份额的推荐名单人员。

第46条 代表大会选举

（1）被保险人和雇主在被提名候选人名单的基础上，分别选举其组别在代表大会中的代表；该句同样适用于农业、林业和园艺社会保险中无另外雇用人员的自营职业者。

（2）若自一个组别中只有一个提名名单被批准，或者多个推荐名单中被提名的候选人总共不超过应被选举的成员数，则被提名者视为当选者。

（3）若代表大会选举未能完成，或者未能选出规定人数的成员，或者没有代理人被提名，则董事会应将此情况毫不延迟地报告监管机构。后者从有资格的备选人数中任命成员和代理人。对于新建立的保险承保主体，报告义务由选举委员会承担。

第47条 组别归属

（1）以下人员属于被保险人组别：

1. 医疗保险基金会的成员及各相关联的照护保险基金会的成员，

2. 在法定事故保险承保主体中被保险的、其每月至少常规从事一项成立保险关系的职业活动20小时的人员，以及在离开被保险的职业活动前直接属于被保险人组别的养老金领取者，

3. 在养老保险承保主体中获得或者申请保险号码的被保险人员，以及养老金领取者。

（2）以下人员属于雇主组别：

1. 常规性地雇用至少1名负有在保险承保主体参加强制保险义务劳动者的人员；但该人员属于同一保险承保主体中的被保险人组别，且只在家政服务中雇用1名劳动者时，对于该人员不适用上句规定。

2. 在法定事故保险承保主体中，只要第3款未作其他规定，也包括参保的自营职业者及其参保的配偶或者生活伴侣，以及在离开被保险的职业活动前直接属于

雇主组别的养老金领取者。

3. 在消防人员工伤保险基金会中还包括乡镇和乡镇联合会。

（3）以下人员属于农业、林业和园艺社会保险中无另外雇用人员的自营职业者：

1. 被保险的无另外雇用人员的自营职业者及其被保险的配偶或者生活伴侣；本句规定对于在过去的12个月中，有26周作为农业或林业劳动者参加法定事故保险的人员不适用，

2. 在离开被保险的职业活动前直接属于无另外雇用人员的自营职业者组别的养老金领取者。

（4）在同一（类）保险承保主体中，同时满足被保险人组别和雇主组别或者无另外雇用人员的自营职业者组别的归属前提条件的人员，只视为属于雇主组别或者无另外雇用人员的自营职业者组别。

（5）在关于自治的条款范围内，养老金领取者是指基于自己的保险关系从各自保险承保主体处领取一项养老金的人员。

第48条　推荐名单

（1）拥有提交推荐提名名单的机构和人员包括：

1. 工会和其他独立的、以社会和劳工政策为目标设置的劳动者协会（其他劳动者协会）及其联合会，

2. 雇主协会及其联合会，

3. 对于无另外雇用人员的自营职业者组别而设立的农业行业专业协会及其联合会；为在法定事故保险参保的义务消防人员的家属组别而成立的州消防行业联合会。

4. 被保险人、无另外雇用人员的自营职业者及雇主（独立名单）。

仅当所有或者至少3个拥有推荐权的成员组织放弃提交推荐提名名单，其组织的联合会才具备提交推荐提名名单的权利。

（2）被保险人和无另外雇用人员的自营职业者提交的推荐名单须有人员签字，所需数量与所在保险承保主体的被保险人人数相关：

被保险人在150名（含）以下	5名被保险人推荐；
被保险人在151名至1000名的基金会，需要	10名被保险人推荐；
被保险人在1001名至5000名的基金会，需要	15名被保险人推荐；
被保险人在5001名至10000名的基金会，需要	20名被保险人推荐；

被保险人在10001名至50000名的基金会，需要	30名被保险人推荐；
被保险人在50001名至100000名的基金会，需要	100名被保险人推荐；
被保险人在100001名至500000名的基金会，需要	250名被保险人推荐；
被保险人在500001名至1000000名的基金会，需要	500名被保险人推荐；
被保险人在1000001名至3000000名的基金会，需要	1000名被保险人推荐；
被保险人超过3000000名的基金会，需要	2000名被保险人推荐；

对于第1句中所称的被保险人人数，应以公布选举所在日历年度前数第2个日历年的12月31日（的数据）为准。

（3）在公布选举当日满足第50条规定的选举权或者第51条第1款第2句规定的被选举资格的前提条件的人员，有权签署根据第2款的推荐名单。签署人的总数最高不能超过根据第51条第6款第5项和第6项规定的不可被选举之人员人数的25%。

（4）第2款和第3款的规定参照适用于第1款第1句第1项中提及的劳动者协会及其联合会的推荐名单。本款规定在以下情形中不适用：

1. 自上次选举以来，至少有1名代表人代表大会中连任代表，或者

2. 在上次选举中属于组别名单，并且此后至少有1名该组别名单中的代表在代表大会中连任代表，或者

3. 在上次选举中提交了一份推荐名单或者属于一份组别名单，并且仅因为该代表（代表们）未被协会任命为成员，而无法至少有1名代表人在代表大会中连任代表。

2个或多个劳动者协会联合成立一个新劳动者协会时，如果自上次选举以来，前述被联合的劳动者协会中只有一个协会在代表大会中有连任代表，则第2款和第3款的规定也不适用。

（5）第2款和第3款的规定参照适用于雇主的推荐名单，第4款参照适用于雇主协会及其联合会的推荐名单。一个推荐名单的签署者必须共同拥有与最低数量的相应投票权数（第49条第2款）。

（6）作为自治机构成员及其代理人（副手）的推荐名单，每3名人员中只能包含1名被委托专员（第51条第4款第1句）。代理人的顺序应按以下方式确定，即每3名代理人中只得有1人属于被委托专员。

（7）允许将多个推荐名单合并为一个新名单以及将多个推荐名单进行联合。在计算选举结果时，相对于其他名单，被联合的推荐名单视为一个名单。

第48a条　劳动者协会的推荐权

（1）仅当劳动者协会满足劳动法上关于工会资质的前提条件，或者当其根据实际关系的整体情况，特别是根据其组织的范围和强度、其缴纳会费的成员的数量、其在公共领域的活动和表现等，对于其社会和劳工政策目标设置的严肃性和持续性，以及对于基于其推荐而选出的机构成员和资深被保险人的支持提供了充分的保障，该劳动者协会始得享有提交推荐名单的权利。社会和劳工政策性事务活动不能仅限于向社会保险选举提交推荐名单，而且作为该劳动者协会的独立任务，还必须包括实现被保险劳动者或者被保险劳动者中个别群体的社会或者职业性目标。

（2）劳动者协会的名称和首字母缩写不得易于造成对协会性质、范围和目的设置的混淆。在劳动者协会中只允许劳动者和属于以该劳动者协会为名的特定人群劳动者拥有决定性影响力。

（3）劳动者协会中的保险承保主体的公务人员超过总人数25%的，如在其董事会中该公务人员的表决权份额超过25%，或者在其中通过其他方式具有无法忽视的影响力时，该劳动者协会无推荐权。

（4）劳动者协会必须自选举公布所在日历年的前一个日历年开始时起，持续拥有至少相当于第48条第2款所要求的签名数量一半的缴费会员人数。其实际的会费收入必须使劳动者协会能够支撑可持续的执行协会的事务活动，并追求协会的宗旨。

（5）劳动者协会的章程必须包含关于以下内容的规定：

1. 协会的名称、所在地和宗旨，
2. 成员的加入和退出，
3. 成员的权利和义务，
4. 董事会和其他机构的组成与职权，
5. 召开成员大会的前提条件、形式和期限，董事会作出的工作报告和会计报告以及决议的产生和认证。

第48b条　确定程序

（1）一个组织作为劳动者协会是否具有推荐权，应先行由不存在第48条第4款规定的连任代表的协会确定。对确定的申请应在选举年的前一年2月28日（含）之前提交给保险承保主体的选举委员会。

（2）选举委员会可以为申请者设定具有除斥期间效力的申请补充期限。决定应在申请期限截止后的3个月内作出。

(3)针对选举委员会的决定,申请者和第57条第2款规定的有申诉资格的个人和团体可以在2周内提出申诉。第2款的规定对于申诉程序参照适用。

第48c条 一般推荐权的确定

(1)劳动者协会在所有保险承保主体(保险基金会)处均满足推荐权所需前提条件,并且证实其至少将向5个保险承保主体提交推荐名单,则其可以在联邦选举专员处申请确定其一般推荐权。一般推荐权的确定具有根据第48b条第1款第1句的确定的效果。

(2)对确定一般推荐权的申请应在选举年的前一年的1月2日(含)之前提交。只有当其无须耗时调查即可确认时,联邦选举专员始得确定该项一般推荐权。该决定最迟应不晚于1月31日作出,并毫不延迟地对申请人公布。对于一般推荐权被确定的劳动者协会,联邦选举专员应在决定期间期满后,在联邦公报上公布其名称。

(3)针对一般推荐权的确定,根据第57条第2款有撤回资格的个人和团体可以在其从联邦公报上获悉信息后2周内提出申诉。该申诉程序比参照适用第48b条第2款。若联邦选举专员的决定在申诉程序中被废止,则第48b条规定的适用应结合以下标准:确定申请应在申诉决定公布后的1个月内提交。对确定一般推荐权的拒绝不可撤销。

第49条 票数

(1)每个被保险人拥有1票。

(2)属于雇主组别的选举人的投票权,应根据在选举权规定日(第50条第1款)由其雇用人员数量、在保险承保主体负强制保险义务的人员数量并有选举资格的人员的数量分配。其在

20名(含)以下被保险人中有1票,

21名至50名被保险人中有2票,

51名至100名被保险人中有3票,并且

每增加1名至100名被保险人继续获得1票,直至20票为最高数值。被保险人在哪家法定养老保险地区承保主体中具有投票资格,与雇主在法定养老保险的地区承保主体的投票权不相关。

(3)在乡镇事故保险联合会、联合事故保险基金会以及消防人员事故保险基金会中,乡镇每1000名初始居民对应1票,县每10000名初始居民对应1票,社区联合

会每100000名初始居民对应1票。在此应在以选举权规定日（第50条第1款）前，由负责数据统计的州行政机关最后一次公布和更新的居民数量为基准。

（4）对于投票权的层级和最高数额，章程可以有别于第2款和第3款而另作规定。

第50条　选举权

（1）在选举公告中确定的日期（选举规定日），

1. 在保险承保主体中属于其中一个组别，该类组别的代表组成了该保险承保主体的自治机构，

2. 年满16周岁，

3. 在欧盟成员国、欧洲经济区协定签署国或者瑞士拥有住所，或者为惯常居所或者惯常在以上地域工作或经营的人员，具有选举资格。

其住所或者惯常居住地在本法典适用范围之外的选举资格享有者，仅当其在选举日前第37天至第107天之间，向保险承保主体提交参与选举（投票）的申请时，才可以在养老和事故保险中参加选举（投票）。在养老保险中，被保险人在管理其保险账户的承保主体处，养老金领取者在支付其养老金待遇的承保主体处，具有选举资格。

（2）基于《联邦选举法》第13条所列举的原因而被排除选举权的人员，不具有选举资格。

（3）章程可以规定，在选举规定日未缴纳到期保费的人员，不具有选举资格。

（4）对于根据第1款和第2款不具有选举资格的雇主，可以由其法定代表人，或者在前者不存在的情况下，由经理或者授权的企业负责人代替其行使选举权；第1款和第2款的规定参照适用。

第51条　被选举资格

（1）在选举公告之日（被选举资格规定日），

1. 在保险承保主体中属于其中一个组别，该类组别的代表组成了该保险承保主体的自治机构，

2. 年龄已达到《德国民法典》第2条规定的法定成年年龄，

3. 拥有德国联邦议院的选举权，或者在德意志联邦共和国境内拥有住所，或者为惯常居所，或者惯常在此工作或经营，且至少达6年，

4. 在保险承保主体的辖区内或者在离此辖区界限不超过100千米且为本法典适用范围之内的地点拥有住所，或者为惯常居所，或者惯常在保险承保主体的辖区

内工作或经营的人员,具有被选举资格。

第50条第1款第3句参照适用于养老保险;在据此负责的法定养老保险地区承保主体中按照第1句第4项不具备选举资格的人员,在另一法定养老保险地区承保主体的负责辖区内拥有住所或为惯常居所的,在此处具有被选举资格。第1句第2项和第4项的规定在第2款至第5款的情形中,第1句第3项的规定在第2款、第4款和第5款的情形中也同样适用。

(2)雇主的法定代表人、经理或者授权的企业负责人也具有作为雇主代表的被选举资格。

(3)作为被保险人或者养老金领取者,且其在资深被保险人负责区域内拥有住所或者为惯常居所的,具有作为资深被保险人的被选举资格。

(4)作为被保险人代表由工会或者其他劳动者协会及其联合会,作为雇主代表由雇主协会及其联合会,作为无另外雇用人员的自营职业者代表由农业行业协会及其联合会推荐的其他人员(被委托专员),亦具有被选举资格。在自治机构中一个组别属于被委托专员的成员人数不得超过总人数的1/3;但各组别的被委托专员可以属于任一自治机构。由于作为机构成员的代表所造成的与第2句规定的偏差是允许的。

(5)在邮政—物流、电信运输经济同业公会中,该类人员也应具有作为被保险人代表的被选举资格,即其作为水手在邮政—物流、电信运输经济同业公会中至少参保5年,仍与海运业务联系紧密且非为企业主。

(5a)在被选举资格规定日之后因为失业而脱离归属组别的人员,直至该职务任期结束前,并不因此失去其被选举资格。

(6)以下对象不具有被选举资格,

1. 基于《联邦选举法》第13条所列举的原因而被排除选举权的人员,

2. 基于司法判决而不具备担任公职以及从公开选举中获得权利的能力的人员,

3. 陷入财政危机者,

4. 自前次选举以来因为严重违反职责,根据第59条第3款被解除职务者,

5. a)保险承保主体的公务员、公务人员或者雇员,

b)对保险承保主体具有监督权力的行政机关的高级公务员或职员,或者

c)在社会保险专业领域内的类似行政机构中作为其他公务员或者职员被雇用的人员。

6.a) 惯常为保险承保主体或者在于其签订的合同范围内工作的自由职业者，或者

b) 在德国矿工—铁路—海员养老保险的办事机构中在矿工类别保险的企业中工作的人员。

（7）章程可以规定，在选举公告之日未缴纳到期保费的人员，不具有被选举资格。

（8）被允许从事处理他人法律事务工作的人员，不具有作为资深被保险人的被选举资格。

第52条 董事会选举

（1）在代表大会中被保险人和雇主的代表基于推荐名单分别选举其组别在董事会中的代表；该规定对于在农业、林业和园艺社会保险中无外来劳动力的自营职业者同样适用。

（2）推荐名单须经2名代表大会的组别成员签字，该名单应对该成员适用。

（3）第45条第2款，第46条第2款及第3款的第1句和第2句，第48条第7款和第51条参照适用。

（4）德国养老保险联合会联邦董事会的成员应根据第64条第4款的规定选举产生。

第53条 选举机构

（1）为实施选举，应任命选举专员、选举委员会和选举领导小组作为选举机构。选举机构的成员以及参与计算选举结果的人员（选举助手）应义务无薪履行其职责。

（2）联邦选举专员及其副职由联邦劳动与社会保障部任命，州选举专员及其副职由负责社会保障事务的州最高行政机关任命。联邦选举专员负责总体任务以及联邦直属的保险承保主体中自治机构选举的实施，州选举专员负责州直属的保险承保主体中自治机构选举的实施。

（3）联邦选举专员可以为个别保险险种领域颁布指导方针，以确保选举的统一实施。

（4）选举专员及其代理人有权在现场确认，选举场所的设置与《选举规则》相关规定相适应，在进行选举以及计算选举结果时按照本法以及《选举规则》的规定相应行事。

第54条 选举的实施

（1）选民（有选举资格者）通过邮寄投票参与选举。

（2）若选票没被寄送，而是被当面递交，则雇主或者其他负责递交选票的主管机构应采取保护措施，使选民可以不被察觉地标记其选票并将其封入信封。若在一处有多于300张选票须被递交，则应专门设置一处空间，以使提交选票信件可在此处进行。雇主或者其他负责递交选票的主管机构须注意，在填写选票的场所以及在根据第1句为保障选举秘密而提供的设施场地内，不存在任何对选民产生影响的文字、声音、文本或者图像。

（3）选票信件必须在保险承保主体（保险基金会）选举日（含当日）之前送达，在未提供其他规定时，由联邦选举专员为所有保险承保主体统一确定。

（4）如果选票信件使用正式的选举信封，则其可以从发件人处由德国邮政股份公司免费寄送。

第55条 选票和雇主参与

（1）选民通过发给其的选票进行选择。

（2）有义务发放选票并将其交予选民的机构包括

保险承保主体，

由企业职工委员会同意的雇主，

乡镇行政机关，

联邦和州相关机构以及

联邦劳动局。

（3）若根据第56条的规定，事故保险承保主体应代替雇主发放选举证明，则雇主应将相应的必要信息报告给事故保险承保主体。

第56条 选举规则

经联邦参议院批准，联邦劳动与社会保障部通过行政法规颁布为实施选举所必要的选举规定。规定中应特别包含有关以下事项的规则：

1. 选举专员的任命，选举委员会与选举领导小组的组建，以及选举机构的职权、决议权和操作程序，

2. 对选举专员、选举委员会成员、选举领导小组成员以及选举助手的补贴，

3. 选举筹备工作，包括告知选民选举程序的目的和流程以及关于被批准参选的推荐名单，

4. 选举的时间，

5. 推荐权的确定,为确定推荐权所需要或者应提交的资料和文件,推荐名单的递交、内容和形式及与此相关的文件,对其的审查、缺陷排除和对其的批准与公布,以及针对选举机构决定的法律救济,

6.(推荐)名单的合并、名单的联合以及推荐名单的撤回,

7. 选区、选举站点及其设施,

8. 选票的发放和交付,

9. 选票的形式和内容,

10. 投票,

11. 邮寄选举,

12. 选举结果的计算、确定和公布,以及有关当选者的通知,

13. 特殊情况下的选举,

14. 选举费用及费用补偿。

第57条 选举程序中的法律救济

(1)针对与选举程序操作直接相关的决定和措施,只允许适用在本条、在第48b条第3款、第48c条第3款第1句,以及在《选举规则》中规定的法律救济措施。

(2)第48条第1款中提及的个人和团体、联邦选举专员以及主管的州选举专员可以通过起诉保险承保主体撤销选举。

(3)一旦停止选举的行为被公开或者选举的结果被公布,即可以提起诉讼。诉讼最迟应在最终选举结果公布之日后的1个月内,向保险承保主体所在地有管辖权的社会法院提起。不发生诉讼前置程序。

(4)在针对选举委员会决定的法律救济权利行使之前,不允许诉讼。

(5)如果存在选举违法行为,且其将可能导致该次选举在选举撤销之诉中被宣布为无效时,法院可以在选举过程中基于申请而发布临时命令。

(6)如果法院已根据《社会法院法》第131条第4款作出裁定,则其可以基于申请而就自治机构的人员配置发布临时命令。

(7)直至《社会法院法》第131条第4款中的裁定的时间点,自治机构在此之前的决定仍然有效。

第58条 任期

(1)当选的候选人将在机构举行第一次会议当天成为自治机构的成员。新选举的代表大会最迟应在选举日之后5个月内召开。

(2)自治机构成员的任期为6年;其任期与选举时间无关,而至下届一般选举中

新当选的自治机构会议召开时结束。成员可连任。

第59条 丧失成员资格

(1)自治组织中的成员资格基于以下原因提前结束:

1. 死亡,

2. 获得另一个自治机构的成员资格,如果同时属于这两个自治机构的情形应被排除时,

3. 第2款或者第3款中决定不可撤销时。

(2)当存在一项重要原因,或者当被选举资格的前提条件不成立或者事后灭失时,董事会应通过决定解除自治机构中该成员的职务。各成员将会对其被选举资格产生影响的变动毫不迟延地向董事会主席报告。

(3)若自治机构的成员严重违反其职责义务,则董事会应通过决定解除该成员的职务。董事会可以责令立即执行该项决定;该命令具有令该成员不得再行使其职责的效果。

(4)如果根据第2款或者第3款作出的决定涉及代表大会的成员,则该决定需经代表大会主席同意。若该主席不同意或者该决定涉及其本人,则交由代表大会全体决定。

(5)第1款至第4款参照适用于自治机构的代理成员。

(6)成员资格终止,则至进行机构补充前,应由1名代理人代替该退出成员。

第60条 自治机构的补充

(1)如果一个自治机构中有成员或者代理成员提前退职,则董事会主席应立即要求提交该被退出者的推荐名单的机构(名单提交者),在2个月内推荐继任者。若在名单中存在足够数量的代理人,并且名单提交者认为无必要进一步推荐代理人,则当在第48条第6款第2句中规定的顺序被满足时,董事会可以批准不进行补充。

(1a)若有从地区承保主体或者德国矿工—铁路—海员养老保险中选出的、德国养老保险联合会联邦代表大会的成员或代理成员退出,则联邦董事会主席应要求各地区承保主体或者德国矿工—铁路—海员养老保险立即选举继任者。若有地区承保主体或者德国矿工—铁路—海员养老保险推荐的、德国养老保险联合会联邦董事会的成员或代理成员退出,则联邦董事会主席应要求有推荐资格者立即推荐参选继任者。相关细节由章程规定。第2款、第3款第2句、第4款和第5款参照适用。

(2)如果作为继任者的被推荐人不满足被选举资格所需的前提条件,则董事会

主席应要求名单提交方在1个月内推荐另一名继任者。

（3）如果符合期限要求的、作为代表大会继任者的被推荐者满足被选举资格的前提条件,董事会应在听取代表大会主席意见后通过决议确定,该被推荐者视为当选,并将此事通知新成员、代表大会主席、名单提交者、监管机构及选举专员。若在第1款和第2款规定的期限内,没有符合被选举资格前提条件的继任者被推荐给董事会,则由监管机关从有资格的备选人数中任命继任者。

（4）如果符合期限要求的、作为董事会继任者的被推荐者满足被选举资格的前提条件,则董事会主席应在听取代表大会主席意见后,将此事通知代表大会中所有属于选举退出者的组别的成员,并且告知,若在1个月内董事会未再收到其他推荐,该被推荐人视为当选。在1个月期限届满后,第3款第1句参照适用。如果在根据第1款和第2款的期限内,没有符合被选举资格前提条件的继任者被推荐给董事会,或者在第1句所称的期限内有其他被推荐人被提交给董事会,则应由董事会中相关组别的成员及其代理人按照第52条重新选举。

（5）第46条第3款第1句和第2句以及第51条并第57条应参照适用。应以第1款第1句中提出要求的时间点代替第51条第1款中选举公告的时间点。

第61条 选举资深被保险人和信赖代理

（1）在章程未另作规定的情况下,第52条、第56条至第60条、第62条第4款的规定参照适用于对资深被保险人和信赖代理的选举。推荐名单应以以下组织或者选举者组别的建议为基础,且该组织和组别有权为代表大会成员选举提交推荐名单。

（2）资深被保险人和信赖代理的代理应通过章程规定。对于提前退出的资深被保险人和信赖代理的继任者,章程可以有别于第60条而另作规定。

第62条 自治机构主席

（1）自治机构应从其成员中间选出1名主席和1名副主席,在农业、林业和园艺社会保险中,应选出1名第一副主席和1名第二副主席。除医疗互助基金会以外,主席和副主席应属于不同的（成员）组别。

（2）若在两轮投票中均没有成员获得法定成员数量的多数,则在第三轮投票中获得票数最多者当选。在票数相同的情况下,获得该票数的成员按照以下方式当选,即其以互为代理人、每经过1年进行交换的形式担任主席。如果据此使得多于规定数量的人员被视为当选,则应通过抽签决定;该方式同样适用于决定顺序。在选举德国养老保险联合会联邦代表大会和联邦董事会的主席或者副主席时,应有别于第1句的规定,在最初的两轮投票中均要求第64条第4款规定的多数票。

(3)章程可以规定,每个组别的代表轮换担任主席至少1年。在农业、林业和园艺社会保险中,各个组别的代表在其任期内,各轮换担任主席至少1年;该规定同样适用于代理人。2个组别的代表可以约定,在归属于其代表的主席工作活动期间,由其中一个代表担任主席职务。相关细节由章程规定。

(4)当选为主席或者副主席的自治机构成员通过发表其接受选举的声明而获得其职务。

(5)若有事实使得自治机构成员对主席或副主席行政管理的信任被排除,则该机构可以根据2/3多数其法定成员数量的同意而将其解聘。在自行要求解除其主席或副主席职务的情况下,其任期至重新选举时结束。

(6)对于根据第5款而离职的主席或者副主席,应选出1名继任者。对于根据第59条离职的主席或者副主席,应按照有关自治机构的补充的规定选出1名继任者。

第63条 协商

(1)每个自治机构应制定其议事规则。

(2)自治机构应由其主席根据需要召集会面。在其1/3成员的要求下,其必须召集。

(3)董事会的会议不公开进行。在不涉及保险承保主体的人事问题、土地交易或者需要保密的事项(《社会法典第一册》第35条)时,代表大会的会议应公开进行。对于其他协商点,可以在非公开的会议中将公众排除在外;其决定应在公开会议上公布。

(3a)当与自治机构成员在服务或者雇用关系范围内有从属关系的劳动者的个人数据将在此被披露时,或者当自治机构成员属于该劳动者所属企业的行政管理人员时,该成员在协商和表决时不得出席。这类人员尤其也不允许在协商准备过程中得以获悉此类数据信息。第1句和第2句中的个人数据是指

1.《社会法典第十册》第76条第1款指明的数据信息,以及

2. 只要有理由相信,经由上文提及人员的知悉,该劳动者的合法权益将受到损害的其他信息。

(4)当一项决定将对其本人、对与其有亲近关系的人员(《民事诉讼法》第383条第1款第1项至第3项)或者对由其代表的人员带来直接有利或者不利后果时,该自治机构成员在协商和表决时不得出席。当一个人员组别的共同利益在相关事务中

受到影响,而该成员仅作为该群体中一员被涉及时,第1句的规定不适用。

(5)董事会可以在主要涉及健康问题的议程项目上,请在社会医学或者社会保险各自领域有相关专业经验的医生参与提供咨询意见。

第64条　决议

(1)在本册或者其他对保险承保主体有决定作用的法规未作另行规定的情况下,当所有成员已被正式通知,多数成员到场且有投票资格时,自治机构有权作出决议。如自治机构无权决议,则其主席可以命令,在下次会议中,即使第1句中规定的多数要求未成立,机构仍可以就需表决的议题作出决议;相关信息应在下一次的会议通知函中予以告知。

(2)在本册或者其他法规未作另行规定的情况下,决议按照提交选票的过半数意见生成。票数相同时应在重新商议后再行表决;再次发生票数相同时,新动议视为被拒绝。

(3)在紧急情况下,董事会可以不经会议而以书面形式投票表决。在章程允许的情况下,代表大会可以以书面形式投票表决。若自治机构中1/5的成员反对书面投票形式,则在下次会议中应对此事项进行协商和表决。

(4)德国养老保险联合会联邦代表大会和联邦董事会就根本任务和联合任务,以及养老保险承保主体的共同事务的决议,应满足规章规定的成员数量所有加权票数的至少2/3多数的要求。在联邦代表大会和联邦董事会的决议中,地区承保主体的票数应以总共55%,联邦承保主体的票数应以总共45%加权。在联邦代表大会中,地区承保主体和联邦承保主体内部的权重比例应分别按照各个承保主体的被保险人人数分配。联邦董事会中联邦承保主体的内部分配比照适用。章程应对按照第1句至第4句的票数加权作进一步规定。

第65条　分别表决

(1)在农业、林业和园艺社会保险的自治机构中,有关下列事项的决议要求劳动者组别、无另外雇用人员的自营职业者组别和雇主组别的过半数通过,

1. 选举经理及副经理,

2. 受公务规则制约的职员的招聘、晋升、解约和辞退,该职员法律意义上的薪资组别属于可类比《联邦公务员薪酬法》第A12薪酬组别或者更高薪酬组别,

3. 属于薪酬等级12或者更高薪酬等级的雇员的雇用、提升薪酬级别和解约,

4. 财政预算决议,

5. 委员会的人事安排,

6. 工伤事故预防规定。

(2)基于申请提交者的请求,应在3周内对被拒绝的申请进行再次表决。

第66条 执行委员会

(1)对于除法律制定以外的单个任务,自治机构可以将其委托给委员会执行。

机构成员的代理人也可以被任命为(委员会)成员,直至达到每个组别成员的半数。关于委员会成员的代理人,机构可以有别于第43条第2款而另作规定。

(2)关于协商和表决事项参照适用第63条和第64条。

第三节 财政预算与会计

第67条 制定财政预算案

(1)保险承保主体(保险基金会)应为每个日历年(财政年度)制定财政预算案,其应包括在该财政年度内所有预期应提供的费用支出和预期需要的负担授权,以及所有在该财政年度内的预期收益。

(2)在财政预算案中应按照公务员薪酬组别列出保险承保主体中的公务员和适用公务规则的职员;对于保险承保主体的其他雇员,应说明按照报酬和工资组别的预算估值。

第68条 财政预算案的意义和作用

(1)财政预算案用于确定保险承保主体在本财政年度内,为履行其职责而预期需要的资金。其应作为财政管理和经营管理的基础,并确保特别是法律规定的支出项目能够按时执行。

(2)请求权或者债务关系既不能基于财政预算案而成立,也不能基于此被撤销。

第69条 账目平衡、经济性和节约、成本和效率核算、人员需求评估

(1)财政预算案应在收入和支出上取得平衡。

(2)在制定和实施财政预算案时,保险承保主体应确保其能够在兼顾经济性和节约原则的同时完成其所负担的任务。

(3)对于所有财政相关的措施,应进行适当的经济分析。

(4)在适当的领域中应引入成本和效率核算。

(5)医疗和养老保险的承保主体、商业性同业公会、公共部门事故保险承保主体以及农业、林业和园艺社会保险应在适当领域中实行标杆分析法。

（6）只有通过采用恰当且获认可的人员需求评估方法得到证实的计划职位和职位，社会保险承保主体才允许将其列出。在特定的时机，应对财政预算案中列出的计划职位和职位的必要性进行审查，此外还应定期审查。

第70条　财政预算案

（1）财政预算案应由董事会制定。其应由代表大会决定通过。

（2）在监管机关要求的情况下，事故保险承保主体的财政预算案应在其适用的日历年开始之前被提交给监管机关。

（2a）（废除）

（3）法定养老保险的地区承保主体应最迟在其应适用的日历年开始前的10月1日，向依职权行使监督权的监管机关提交由董事会制定的财政预算案。违反本册或者其他对社会保险承保主体有决定作用的法规，或危及保险承保主体履行其义务的执行能力时，监管机关可以在预算案提交后的6周内，对预算案或其中个别方案提出质疑。当州直属的保险承保主体未遵守州监管执行的评估和管理标准，以及联邦直属的保险承保主体未遵守联邦评估和管理标准时，监管机关也可以提出质疑；此时应考虑保险承保主体的特殊性。若代表大会在决定通过财政预算案时未考虑上述质疑，则监管机关可以在此范围内撤销该通过决定，并自行确定财政预算案。

（4）对于德国养老保险联合会，第3款的规定应结合以下标准适用：

1. 由联邦政府代替监管机关负责，

2. 财政预算案应最迟在9月1日提交，并且可以在2个月内提出质疑。

在德国养老保险联合会的财政预算案中，关于根本任务和联合任务或者关于养老保险承保主体的共同事务的收入和支出，应在一项单独的预算附件中标明。该附件应由联邦董事会根据第64条第4款制定，并由德国养老保险联合会联邦代表大会根据第64条第4款决定通过。

（5）在监管机关要求的情况下，医疗保险和照护保险的承保主体应最迟在其应适用的日历年开始前的9月1日，向监管机关提交由董事会制定的财政预算案。在监管机关的要求下，财政预算案应额外以机器可以评估的形式被送交。相关细节，尤其是关于数据信息的形式和结构的详情应由监管机关和医疗保险基金会联邦最高联合会约定。在违反本册或者其他对承保主体有决定作用的法规，尤其是在因此危及保险承保主体履行其义务的执行能力的情况下，监管机关可以在预算案提交后的1个月内，对预算案或其中个别方案提出质疑。

第71条 德国矿工—铁路—海员养老保险的财政预算案

(1)德国矿工—铁路—海员养老保险的财政预算案应分别按照矿工医疗保险、矿工照护保险、矿工养老保险和一般养老保险制定。此时矿工医疗保险和一般养老保险的行政支出视为矿工养老保险的行政支出。根据《社会法典第六册》第220条第3款的表决不受影响。

(2)矿工医疗保险和一般养老保险应偿还矿工养老保险其自有机构的行政开支和根据由监管机关批准的分配方案应由其承担的行政开支。

(3)财政预算案必须得到联邦政府的批准。该预算案应及时被决定通过,以使得其能够最迟在其应适用的日历年开始前的11月1日被提交给联邦政府。当财政预算案违反本册或者其他对社会保险承保主体有决定作用的法规,或危及德国矿工—铁路—海员养老保险履行其义务的执行能力时,或者在为矿工或一般养老保险的方案上未遵守联邦评估和管理标准时,联邦政府也可以拒绝批准个别方案。

第71a条 联邦劳动局的财政预算案

(1)联邦劳动局的财政预算案应由董事会制定。其应由管理委员会决定通过。

(2)财政预算案必须得到联邦政府的批准。

(3)当财政预算案违反本法或者其他对联邦劳动局有决定作用的法规,或者未考虑联邦评估和管理标准或联邦政府社会、经济和金融政策的原则时,也可以对个别方案拒绝批准,或者在附条件和义务的情况下予以批准。

(4)若该批准附条件或义务,则管理委员会应重新决议通过预算案。若条件或义务未被考虑,则管理委员会应向联邦政府提交经修订的财政预算案以供审批;联邦劳动和社会事务部可以在联邦政府批准的版本中自行决定仅以流动资金支持补偿平衡的财政预算案。

第71b条 联邦劳动局的劳动力市场资金预估

(1)在联邦劳动局的财政预算案中,除用于以下目的的资金外,用于积极促进就业的裁量性待遇的资金预估应列在一个综合标题下,

1.用于偿还《社会法典第三册》第54条中措施的费用,

2.《社会法典第三册》第57条第2款第2句的职业培训补助金,

3.《社会法典第三册》第113条第1款第1项中用于参与工作的一般性待遇,

4.《社会法典第三册》第73条中对严重残疾人员的培训报酬的补助金,《社会法典第三册》第90条第2款至第4款的安排就业补助金,以及

5.《社会法典第三册》第440条第5款中的给予承保主体支持性资金。

6.（废除）

7.（废除）

（2）在不存在其他接受任务的服务部门的情况下,该综合标题下预估的资金应被分配给职业介绍机构用于经营管理。在分配资金时,应特别考虑上一个财政年度内特别是从业状况的区域发展、劳动力需求、失业的性质和范围,以及各项支出的发展等情况。相比于其他同业机构,更快捷、更经济的对失业人员安排就业的职业介绍机构,在进行资金分配时不得受到不利对待。

（3）职业介绍机构应在考虑到区域劳动力市场的形式和发展的特殊性的情况下,为各种促进就业的裁量性待遇提供资金准备。此时,应为促进《社会法典第三册》中具有强制保险义务的职业的起步和接收保证适当的资金份额(中介预算)。

（4）应对被分配的资金进行经营管理,以保障单项待遇在整个财政年度内的落实和提供。

（5）综合标题下的资金支出只能在下一个财政年度进行转让。职业介绍机构未使用的各部分资金将在下一个财政年度内,在其被分配的资金之外,向这些机构进行分配。对次年的负担授权应以相同比例增加。

第71c条　联邦劳动局的安排就业储备金

直至财政年度结束时,联邦劳动局在综合标题下未动用的资金,应被注入安排就业储备金中。《社会法典第三册》第364条中的流动资金支持被提供时,则不注入安排就业储备金。该就业储备金应至下一个财政年度结束时解散并用于补足按照第71b条第5款形成的支出结余。

第71d条　农业、林业和园艺社会保险的财政预算案及费用分摊程序

（1）农业、林业和园艺社会保险应分别为农业工伤保险、农民老龄保险、农业医疗保险和农业照护保险等保险种类制定财政预算案。该预算案应及时被决定通过,以使得其能够在应适用的日历年开始前的11月15日被提交给监管机关。

（2）农业、林业和园艺社会保险应确保为履行多个或者全部保险类别的职责所产生的费用支出,经由适当的程序被合理地分摊给农业事故保险、农业医疗保险和农民老龄保险等保险种类(费用分摊方案)。

（3）该财政预算案以及费用分案方案须经监督机构批准。该项批准应在与联邦食品与农业部协商后授予。在财政预算案违反本法或者其他对社会保险承保主体有决定作用的法规、危及保险承保主体履行其义务的执行能力,或者未遵守联邦评估和管理标准的情况下,批准机关也可以拒绝批准个别方案;此时应考虑保险承

保主体的特殊性。

第71e条　财政预算案中船舶安全部分的规定

被委托执行《海事责任法》第6条中任务的商业性同业公会应在其财政预算案中,用独立报表的形式列明为任务执行所预估的,特别是人事费用相关的收入和支出。该财政预算案因此须由联邦保险办公室在与联邦劳动和社会事务部以及联邦交通和数字基础设施部协商后,予以批准。

第71f条　联邦和铁路事故保险的财政预算案

(1)联邦和铁路事故保险的财政预算案应以部分预算案的形式制定,即对属于《社会法典第七册》第125条第1款规定的权限范围的以及属于《社会法典第七册》第125条第2款规定的权限范围的收入和支出分别进行评估。该财政预算案须经联邦保险局批准。对于按照《社会法典第七册》第125条第1款权限范围的部分预算案,批准应在与联邦劳动与社会事务部以及联邦财政部协商后作出。对于按照《社会法典第七册》第125条第2款权限范围的部分预算案,批准应在与联邦交通与数字基础设施部协商后作出。该预算案应及时被决定通过,以使得其能够最迟在其应适用的日历年开始前的12月1日被提交给审批机关。当财政预算案违反本法或者其他对社会保险承保主体有决定作用的法规,或危及保险承保主体履行其义务的执行能力时,或者当联邦评估和管理标准未被遵守时,审批机关也可以拒绝批准个别方案。

(2)直接归属于《社会法典第七册》第125条第1款规定的权限范围的以及《社会法典第七册》第125条第2款规定的权限范围的行政开支应在相应的部分预算案中预估。不直接归属于任一权限范围的行政开支应在成本和效率计算的范围内确定,并应符合当前联邦标准化成本和效率计算的准则和原则。不能直接分配到任一权限范围的行政支出,将在为《社会法典第七册》第125条第1款的支出制定的部分预算案中预估。根据成本和效率计算被分配到根据《社会法典第七册》第125条第2款的不能直接分配的行政支出部分,联邦将在获得联邦保险办公室批准后每月从为《社会法典第七册》第125条第2款的权限范围制定的部分预算案中补偿。联邦代表大会和联邦董事会的支出,将按照根据客观和权重标准制定的分配方案在部分预算案中进行评估。相关细节由联邦和铁路事故保险的章程规定。

(3)对于在财政预算案其他部分的超出计划的支出和计划外支出以及第73条第2款第3句和第4句中超出计划的支出及计划外支出,应在花费该笔支出的部分预算案中削减。

第72条　临时财政管理

（1）若财政预算案在该财政年度开始后仍未生效，则董事会应经授权许可保险承保主体以下不可避免的费用支出，

1. 为履行其法定义务和职责的费用，

2. 在该笔款项通过上一年度的财政预算已获批准的情况下，为继续推行建筑和采购支出的费用。

（2）董事会应将其决定毫不迟延地报告监管机关；德国养老保险联合会董事会的决定应向联邦劳动与社会保障部报告。德国矿工—铁路—海员养老保险和联邦劳动局的每项决定须由联邦劳动与社会事务部在与联邦财政部进行协商后予以批准。农业、林业和园艺社会保险的决定须由监管机关在与联邦食品与农业部进行协商后，予以批准。

第73条　超出计划的以及计划外的支出

（1）超出计划的和计划外的支出以及履行职责采取的措施未列入财政预算案的预估事项时，以上支出和措施需要得到董事会、联邦劳动局管理委员会的同意。当满足以下条件时，才能作出同意决定，

1. 存在无法预料和不可推卸的需求，并且

2. 财政预算案不会因此发生实质改变，或者所涉及的计划外的开支不具有重大的财政意义。

（2）同意决定应立即向监管机关报告，联邦养老保险联合会董事会的同意决定应向联邦劳动与社会保障部报告，后者应通知联邦财政部。对于德国矿工—铁路—海员养老保险和联邦劳动局，其决定需要得到联邦劳动与社会保障部的批准，每次批准应在与联邦财政部协商后作出。对于联邦和铁路事故保险，在为《社会法典第七册》第125条第1款中的权限范围的部分预算案中超出计划的和计划外的支出，需要得到联邦保险办公室的批准，该批准应在与联邦劳动与社会保障部以及联邦财政部协商后作出。在为《社会法典第七册》第125条第2款的权限范围的部分预算案中超出计划的和计划外的支出，该项批准应由联邦保险办公室在与联邦交通与数字基础设施部协商后作出。对于农业、林业和园艺社会保险，其需要得到监管机关的批准，该批准应在与联邦食品与农业部协商后作出；金额在50000欧元（含）以下的支出无须批准。

（3）若在例外情况下或在个案中因为支出的急迫性，在支出前无法获得董事会、联邦劳动局管理委员会的同意或者联邦劳动与社会保障部的批准，则事后应立

即弥补。

第74条 补充预算案

若董事会和联邦劳动局管理委员会,不同意第73条规定的超出计划或者计划外支出,则应为增补部分制定补充预算案。关于财政预算案以及临时财政管理的规定参照适用于补充预算案。

第75条 负担授权

(1)可能会使得保险承保主体在今后的财政年度承担支出费用义务的措施(负担授权),只有在财政预算案对此授权的情况下,才能被允许。例外情形须经董事会同意。第73条第1款第2句第1项以及第2款和第3款参照适用。

(2)义务负担可以为当前业务接受,无须满足第1款规定的前提条件。当由可转让的支出费用承担的,且导致在下一个财政年度产生支出费用的义务负担被接受时,亦不需要为负担授权。

第76条 费用征收

(1)费用应该及时、足额征收。

(2)保险承保主体的征收费用之请求权行使受以下规定约束,

1.当立即收取会导致征收对象的重大困难,且延期付款并不会危及请求权时,才可延期行使请求权,

2.当已确定收取无法完成,或者当收取的成本与金额不成比例时,才可(暂时)停止征收,

3.当根据个案情况其征收为不合理时,才可免除征收相关费用,并在相同条件下偿还或折抵已缴纳的费用。

请求权延期应收取适当利息,并且通常仅在有担保时提供。在第1句第2项的情况下,对于其有报告义务的职工,当雇主超过6个月未再报告,并且费用请求权额度未超过由社会保险最高联合会与联邦劳动局共同统一确定的金额时,可停止征收该项费用;当采取措施的成本与费用请求权的金额在经济上比例合理时,上限额度还应与事先执行措施相关联。第3句的协议需要联邦劳动与社会保障部的批准。若第3句的协议未在联邦劳动与社会保障部指定的期限内达成,则由后者在对当事人进行听证后,经联邦参议院同意通过法规确定该金额。

(3)对于总社会保险缴费的征收请求权,第2款规定的决定应由主管的征收机关作出。若征收机关对债务人延期行使请求权超过2个月,且其金额已超过基准数额的,则该机构有义务在下1个月结单时通知养老保险的主管机关和联邦劳动局其

各自归属的保费征收请求权的金额以及保费征收请求权被延迟的时间。征缴机构被允许

1. 进一步延迟保费征收请求权的行使,以及

2. 停止征收其金额总数超过基准值的保费,并且

3. 仅当与相关的养老保险承保主体和联邦劳动局协商后,免除征收其金额总数超过基准值额度1/6的保费。

(4)征收机关可以针对未结清的保费请求权订立和解,如果这样做对征收机关、相关养老保险承保主体和联邦劳动局是经济的和实际的。对于拖欠金额总数超过基准值的保费请求权,征缴机构只有在与相关的养老保险承保主体和联邦劳动局协商后,才允许订立和解。保险承保主体可以针对未结清的保费请求权订立和解,如果其是经济和实际的。在不涉及基于总社会保险缴费的请求权的情况下,第3句的规定对于养老保险承保主体适用。

(5)联邦劳动局可以订立和解,如果其是经济和实际的。

第77条 账目结算、年终决算和债务豁免

(1)保险承保主体应为账目报告在每个日历年结算会计账簿,并基于账目报告制作年终决算报告。代表大会基于年终决算决定对董事会和经理的债务豁免(die Entlastung des Vorstands)❶。基于对德国养老保险联合会根本任务和联合任务的会计核算结果而对联邦董事会和经理的债务豁免,应由联邦代表大会法定数量成员加权票数的2/3(含)以上多数决定。关于对联邦劳动局董事会的债务豁免由管理委员会决定。

(1a)对于医疗保险基金会,包括根据《社会法典第五册》开展医疗保险业务的德国矿工—铁路—海员养老保险,其年终决算报告须相应体现医疗基金会资产、财务和收益状况的实际关系。医疗保险基金会的法定代表人在签署年终决算报告时,须就其所知以书面形式证明,该年终决算报告如实体现了第1句中的实际关系。此外,在对在年终决算报告中或者在作为其基础的会计账簿和记录中表明的资产和负债情况进行评估时,应特别注意以下原则:

1. 会计年度开始时的余额结转必须与上个会计年度年终决算报告中相应的期末余额相符,

---

❶ 译者注:董事会和经理的债务豁免(die Entlastung des Vorstands)指的是公司或机构在对应期间对董事会(可能存在)的损害赔偿请求权的放弃,意味着对管理层的及其在该财政年度完成的工作的认可和确认。该豁免的法律性质可类比《德国民法典》第397条规定的"消极的债务承认"。

2. 年终决算报告必须内容明确、条理清楚，尤其不允许进行下述更改：

a) 导致登记或记录的原始内容无法再进行确认的更改，或者

b) 使得登记或记录的内容无法被确定系原始还是事后制作的更改。

3. 资产和负债必须在结算日逐项评估，

4. 应进行谨慎评估，即应考虑所有可预见的风险和截止结算日已经发生的损失，即使以上内容系在结算日与制定年终决算报告期间方知悉，但只应考虑在结算日已经实现的收益，

5. 考虑会计年度的支出和收入时应不考虑年终决算报告中的相应支付时间。

6. 前一个年终决算所采用的评估方法应予以保留。

关于第3句原则的实施规则可以同时被收入第78条第1句的法规中，只要这对于制作一个按照统一标准和结构的年终决算报告，以及对由医疗保险基金会制定的、有关其财务状况的文件资料的标准化评估是必要的。年终决算报告应由1名审计师或者1名注册会计师进行审计和签字认证。若其在过去连续5年中无间断地进行该项审计，则该名审计师或者注册会计师应被排除出当年的审计工作。

（2）对于德国矿工—铁路—海员养老保险，有关旷工医疗保险、旷工照护保险和一般以及旷工养老保险的簿记、账目报告和账目审计应分别进行。

（3）对于德国养老保险联合会，对根本任务和联合任务的会计核算结果应单独验证。

第77a条　联邦预算规定对联邦劳动局的效力

《联邦预算法》的规定应按其目的适用于联邦劳动局对财政预算案的制定与执行以及其他预算管理。应遵守联邦预算管理的一般原则。可以根据《社会法典第三册》第1条第3款作有别于第1句的其他约定。

第78条　法规授权

联邦政府被授权，在联邦参议院的同意下，通过行政法规对除联邦劳动局以外的社会保险承保主体有关财政预算案的制定、执行、账目审计与债务免除以及支付、会计与财务报告的原则进行规范。该规定应按照对联邦和各州适用的预算法规的原则实施；实施时应考虑社会保险以及单个保险类型的特殊性。

第79条　社会保险的业务总览和统计

（1）保险承保主体应制作关于其业务状况和财务核算结果以及其他与其业务领域相关的统计资料的总览，并将其提交给联邦劳动与社会保障部，州直属保险承保主体还应将其提交给主管社会保险事务的州最高行政机关或者由后者确定的机

构。为联邦劳动与社会事务部准备的文件资料应以可机器使用和审查的形式被送交至本法适用范围内、在各自保险种类中主管的联合会。后者应在编辑整理后,将相关文件资料以可以机器使用的形式转交给联邦劳动与社会事务部以及主管的州最高行政机关或者由其确定的机构。联合会应要求将经编辑整理的州直属保险承保主体的文件材料转交给主管社会保险事务的州最高行政机关或者由其确定的机构;本句规定也参照适用于联邦直属的、在相关联邦州内拥有被保险人或者成员的保险承保主体的文件资料。倘若保险承保主体不属于任一联合会,则其可以将文件资料直接提交联邦劳动与社会保障部,或者通过在其所属保险类型中主管的联合会提交;在直接提交的情形中,第3句中的文件资料应由联邦劳动与社会事务部转接。联邦劳动与社会保障部可以许可,一般养老保险和旷工养老保险承保主体的文件资料不按照第2句的规定,而是直接向其提交。农业、林业和园艺社会保险应最迟至下个日历年的6月30日(含)之前,将该日历年的文件资料直接提交给联邦劳动与社会保障部。

(2)关于第1款内容,特别是对于文件资料的内容、类别和形式的进一步规定,应通过一般行政法规确定。若相关一般行政规定的调整对象仅为联邦直属的保险承保主体,则其应由联邦劳动与社会保障部颁布。

(3)联邦劳动与社会保障部应每年为上一经营年度的整体业务经营和会计核算结果制作总览。

(3a)在法定医疗保险和社会照护保险的范围内,第1款至第3款的规定应按照以下要求适用,即以联邦卫生部代替联邦劳动与社会事务部,并且根据第2款第2句颁布一般行政规定时应与联邦劳动与社会事务部进行协商。只要在农业医疗保险的范围内存在特别证明要求,则第1款至第3款的规定应按照以下要求适用,即以联邦食品与农业部代替联邦劳动与社会事务部,并且在根据第2款第2句颁布一般行政规定时应与联邦劳动与社会事务部和联邦卫生部进行协商。

(3b)只要法定医疗保险和社会照护保险的被保险人统计数据和关于社会法院管辖权的统计数据被联邦劳动和社会事务部所使用,则相关数据也应向联邦劳动和社会事务部提交。

(4)本条规定不适用于联邦劳动局。

第四节 财产

第80条 资金管理

(1)保险承保主体的资金应被妥善处置和管理,即尽量排除损失可能、实现适当的回报并保证充足的流动性。

(2)保险承保主体的资金应分别由第三方的资金进行管理。

第81条 运行资金

保险承保主体应按照针对个别保险种类的特别规定的要求准备短期可支配资金,以支付其经常性开支以及调节平衡收入与支出波动(运行资金)。

第82条 储备金

保险承保主体应按照针对个别保险种类的特别规定的要求准备储备金,以保证特别是在收入与支出波动在运行资金被投入后仍不能取得的平衡情况下机构待遇支付能力。

第83条 储备金的处置

(1)有关单个保险险种的特别规则未作其他规定,并且该项处置符合其调控流动性的要求时,储备金只能按照以下规则处置:

1. 当该债券已被一所欧洲共同体境内的证券交易所许可进行正式交易,或者被其他在欧洲共同体境内组建的、得到承认并向公众开放的、系统性规律运作的市场所纳入时,储备金可购买住所地在欧洲共同体成员国境内的发行人的债券。第1句中的证券在欧洲共同体境内证券交易所进行正式交易的许可申请或者其在欧洲共同体境内组建的市场的纳入申请已按照发行条件被提交的,只要该项交易许可或者纳入决定能够在递交后1年内取得,储备金也可以购买,

2. 当对于债权兑现存在公共担保,或者对于债权兑现有信贷经济业的保险机构介入,或者根据法律存在专门的抵偿保证资金时,储备金可购买住所地在欧洲共同体成员国境内的发行人的债权或者其他书面确认债权人权利的证券,

3. 购买欧洲共同体境内公共机构的可记名公债,

4. 购买针对下列对象的贷款债券和投资债券:

a)欧洲共同体境内的区域性或人合性公法组织或者(政府)特别基金,

b)如果有公共机构为债权承担还款以及利息担保,或者对于信贷机构有信贷经济业的保险机制介入担保时,欧洲共同体境内的私法上的个人和公司,

5. 购买《投资公司法》规定的特别基金的股份,如果确保对于该特别基金只被

允许购进本条第1项至第4项和第8项规定的资产类型，

6. 购买一项有针对在欧洲共同体区域内的土地、住房所有权或者地上权拥有安全的抵押权、地产债和定期土地债的债权，

7. 投资非营利组织，只要资金投入的目的主要服务于保险承保主体的职责；为公益用途的贷款，

8. 投资位于欧洲共同体境内的土地以及等同于土地权的权利。

（2）处置储备金原则上应用在境内适用的货币。对以欧洲共同体其他成员国货币计价的债权的收购，只有在与对冲交易相关时才被允许。

（3）基于社会公益目的的处置应被优先考虑。

（4）在第1款和第2款中，欧洲经济区协定成员国和瑞士应等同于欧洲共同体成员国。

第84条 土地抵押

当抵押额不超过土地、住房所有权或者地上权首位价值的2/3时，则一项抵押权、土地债务或者定期土地债务应被视为是安全的。

第85条 需批准的财产投资

（1）为公益用途的贷款、对土地权及与等同于土地权的权利的获取和出资以及对建筑物的新建、扩建和改造须经监管机关批准。为履行任务而参与除本法典意义上的工作团体以外的机构的意向，以及购买、出租或者租用数据处理设备及系统的意向，或者参与此类业务的意向，应在签订有约束力的协议之前向监管机关报告。只要数据处理的系统概念未发生根本性改变，则第2句的报告程序非为必要。第2句和第3句的规定参照适用于采购，对于养老保险承保主体还参照适用于自主开发数据处理程序。报告应全面和及时进行，以使得监管机关在合同签订前保持足够时间进行审查并对保险承保主体进行咨询。监管机关可以放弃报告程序。

（2）对于收购和出租土地权以及等同于土地权的权利，以及对建筑物的新建、扩建和改造的项目，如果其计划预估成本未超过该保险承保主体最近确定的但介于最低22800欧元和最高342000欧元（2000年财政年度标准）之间的财政预算总数的0.3%，则无需批准。在土地出租的情形下，应以假设的购买价格为出发点。

（3）第2款中提到的最低和最高金额应根据联邦劳动与社会保障部每年公布的建筑成本指数进行同比调整。

（3a）当涉及的出租面积超过7500平方米，以及当约定的固定租期应超过10年时，医疗保险基金会及其联合会的租赁合同应在订立前向监管机关提交。

第1款第5句和第6句参照适用。

（4）上述规定对联邦劳动局不适用。

（5）对保险承保主体参与的机构采取的措施根据第1款至第4款规定有义务报请批准或呈报时，保险承保主体应将该措施及时报告给监管机关。

第86条 例外许可

当储备金不能或者尚不能按照第83条的规定处置，或者当基于重要原因应当为了保险承保主体的利益而另行处置时，该机构可以在个案中经监管机关批准，不按照第83条而另行处置其储备金。

第五节 监督

第87条 监督范围

（1）保险承担者受到国家的监督。监督涉及对本法和其他对于保险承保主体有决定作用的法律规定的重视。

（2）涉及法定事故保险中预防措施的，监督还包括措施的作用范围及措施是否合乎目的。

（3）当德国事故保险协会承担《社会法典第七册》第14条第4款，第15条第1款，第20条第2款第2句，第31条第2款，第41条第4款及第43条第5款规定之任务时，该协会受到联邦劳动与社会保障部的法律监督。联邦劳动与社会保障部可以全部或者部分地将监管委托给联邦保险办公室承担，对预防措施的监督除外。

第88条 审查与通报

（1）监管机关可以审查保险承担者的经营和收支状况。

（2）保险承保主体应按照要求向监管机关或者其委托专员提交所有材料，并且应按照要求答复监管机关为行使其监管权力的目的基于符合义务考核而提出的所有询问。

（3）（废除）

第89条 监督手段

（1）当保险承保主体的行为或者不作为违法时，监管机关首先应当忠告保险承担者，提示其消除违法行为。保险承保主体在合理期限内未遵守的，监管机关可以对其课以消除违法行为的义务。当该决定依法应当立即执行，或者其已不可撤销时，该决定可以通过行政强制执行法的措施执行。监管者可以对任何不履行行为的执行措施进行催告。此处不适用《行政执行法》第13条第6款第2句的规定。

(2)第1款的规定同样适用于依据第87条第2款的监督。

(3)监管机关可以要求自治机构召集会议。该要求未得到满足的,监管机关可以自行确定会议日期并主导协商进程。

第90条　监管机关

(1)对于管辖范围超出一个联邦州范围的保险承保主体(联邦直属保险承保主体),由联邦保险办公室对其监督,涉及法定事故保险中预防措施的部分由联邦劳动与社会保障部进行监管。联邦和铁路事故保险中涉及预防措施的部分由联邦内政部负责监管。

(2)对于管辖范围没有超出一个联邦州范围的保险承保主体(联邦州直属保险承保主体),由该州负责社会保险的州最高行政机关或者由州政府通过行政法规所确定的机关执行监督;州政府可以将该项授权继续委托给州最高行政机关。

(2a)联邦保险办公室负责监管德国养老保险协会。当德国养老保险协会履行根本和联合任务时(参见《社会法典第六册》第138条),由联邦劳动与社会事务部监督;联邦劳动与社会事务部可以将其监督职权部分委托给联邦保险办公室。

(3)当保险承保主体的管辖范围超出1个但没有超出3个以上联邦州范围,并且通过所涉联邦州确定一个执行监管州的,应由第2款中的州行政机关对其监督,第1款在此不适用。

(4)监管机关间要定期交流经验。当该项经验交流涉及农业、林业和园艺社会保险事务的,联邦劳动与社会事务部以及联邦食品与农业部也要参加。

第90a条　管辖范围

(1)第90条意义上的管辖范围应根据下列规则确定:

1. 地方医疗保险基金会的管辖范围为该地域而设立基金会的地域范围(《社会法典第五册》第143条),

2. 企业医疗保险基金会的管辖范围为该基金会对其有管辖权的企业,是否有管辖权由该企业章程确定,对于一个联邦州内成员不足10人的非独立企业不予考虑,

3. 行业医疗保险基金会的管辖范围为设立该基金会的手工业行政区,该行政区依章程为该行政区设立,

4. 医疗互助基金会通过其章程确定的行政区确定。

（2）当企业或者行业医疗保险基金会的章程含有依据1996年1月1日之后有效版本的《社会法典第五册》第173条第2款第1句第4项的内容规定的，其管辖范围通过依其章程规定有管辖权的地域（《社会法典第五册》第173条第2款第2句）确定。

第五章 保险机关

第91条 类型

（1）保险机关是指各保险局和联邦保险局。联邦州的法律可以设定其他保险机关。

（2）联邦州政府可以通过行政法规将本法分配给联邦州最高机关的个别任务委托给保险机关或者本州内的其他机关；联邦州政府可以将此项法律授权委托给州最高机关。

第92条 保险局

保险局是基层行政机关。联邦州政府有权通过行政法规确定某个机关作为第1句中的主管机关。联邦州政府可以将此项法律授权委托给联邦州最高行政机关。联邦州政府或者其确定的部门可以通过行政法规规定，对于存在若干基层行政机关的行政区（Bezirke），可以在其中一个机关设立统一的保险局。经由所涉及的联邦州政府或者其确定的部门约定，可以于一个基层政府机关处为若干州的区域部分设立统一的保险局。

第93条 保险局的任务

（1）各保险局负责对所有有关社会保险事项的咨询作出答复，并履行依据法律或者其他法规赋予其的特定职责。联邦州政府可以通过行政法规将保险局的个别职责赋予其他乡镇机关；联邦州政府可以将此项法律授权委托给联邦州最高行政机关行使。

（2）各保险局负责受理基于社会保险的待遇支付申请。按照保险承保主体的要求对事实作出解释和附上证据，在必要情况下对影响决定的事实发表意见，以及毫不迟延地向保险承担者转递材料。

（3）待遇领取人在提交申请时，其住所、经常居住地、营业地或者行为地之一位于某一保险局行政区划内的，由该保险局管辖。当上述地点均不在本法适用地域范围的，由对满足第1句前提要求的地区的具有管辖权的保险局管辖。

第94条 联邦保险局

（1）联邦保险办公室是独立的联邦高级行政机关。该办公室位于波恩。

（2）联邦保险办公室履行法律或者其他法规赋予其的职责。它隶属于联邦劳动与社会保障部，涉及法定医疗保险和社会照护保险的范围隶属于联邦卫生部。当其行使本法所规定的监督权力时，只受主管其联邦部委的一般性命令约束。

（3）联邦保险局与联邦劳动与社会保障部、联邦食品与农业部协商一致决定信息技术发展中的农业、林业及园艺社会保险。联邦保险办公室的相关支出由农业、林业及园艺社会保险机构承担。该支出应根据实际产生的人力和物力投入计算。

第六章 社会保险中电子数据的传输与处理

第一节 向社会保险以及在社会保险中传输数据

第95条 技术统一准则

就对其传输或者在社会保险范围内传输电子数据的标准,德国联邦医疗保险基金会最高联合会、德国养老保险联合会、德国矿工—铁路—海员养老保险、联邦劳动局以及德国法定事故保险协会应在统一准则中作出约定,尤其是针对数据加密、传输技术、转递报告时查询日期的标注及各自的设备接口的规定。当约定的标准涉及农业社会保险或者自由职业者养老保障时,其对应的最高组织机构也应参与。统一准则需要得到联邦劳动与社会保障部的批准,在此之前联邦劳动与社会事务部要听取联邦卫生部的意见,涉及雇主报告程序的,德国雇主协会联邦联合会也要参与听证。

第二节 社会保险承保主体接收、转发和处理雇主的数据

第96条 (电子)交流服务器

(1)法定医疗保险以及养老保险承保主体的数据机构分别运营一个交流服务器,用以打包雇主依照本法典以及《支出补偿法》向社会保险承担主体以及其他公共机构传输的报告以及相应所属的续费程序。接收到的雇主报告必须毫不延迟地转递给有管辖权的接收机构。此种对报告的电子技术性送达需要作出签收答复。

(2)雇主必须至少每周从电子交流服务器提取社会保险承保主体或者其他公共机构的报告,并对该类报告进行处理。报告提取要经由雇主答复签收。接收视为报告已经送达雇主。在接收到签收答复30天后,所涉报告由社会保险承保主体或者其他公共机构删除。没有收到签收答复的,该报告自可供提取之日起30日后删除。雇主按照第28a条第6a款和第7款的规定递交报告的,不适用本款第1句之规定。该类雇主应获得社会保险承保主体以书面形式转交的报告。关于提取程序的详细内容应在统一准则中参照第28b条第1句第3项进行规定。

第97条 接收机构

（1）为接收雇主数据信息和雇主续费、对接收的数据进行技术检测以及在同一社会保险类别内或者向其他社会保险承保主体和公共机构转递数据，社会保险承保主体以及自由职业者养老保障机构应建立接收机构。医疗保险基金会应设立接收机构。此外，下列组织也设立接收机构：

农业、林业及园艺社会保险，

养老保险承保主体数据部门处的养老保险承保主体，

德国矿工—铁路—海员养老保险，

联邦劳动局，

德国法定事故保险协会的事故保险承保主体，

自由职业者养老保障机构协会（ABV）的各自由职业者养老保障机构。

（2）除第1款规定外，单个社会保险承保主体可以通过书面合意的方式，将数据接收机构的运营委托给另一社会保险承担者机构。

（3）最初接收数据的接收机构在数据解码和技术检查之后，于1天内将技术上没有瑕疵的数据转递给数据传输的收件人。转递的同时雇主会得到一个处理确认，以此视为该报告已经送达收件人。

（4）技术上有瑕疵的消息，应在1天内附带瑕疵报告通过数据传输予以退回。

（5）在注意数据安全和数据完整性的情况下，出于收件人对报告进行后续处理和使用的必要或者经济性考虑，接收机构可以将报告转换成另一种技术格式。在不改变其内容的情况下，报告应通过加密的形式或者通过受保护的线路转递至收件人。

第98条 征缴机构的数据转递

（1）在本法典未作其他规定的情况下，征缴机构从首先接收数据的接收机构接收向法定医疗保险、照护保险、养老保险和自由职业者养老保障机构以及依照就业促进法律规定传输的数据。上述规定对于依照《社会法典第六册》第196条第2款第3句的数据同样适用。第1句的规定适用于根据本法典向事故保险机构的报告。征缴机构需要注意及时作出报告，报告应包含完整、正确的必要的信息是否被完整和正确包含，并于3个工作日内将报告内容转递给收件人。征缴机构可以将向其他社会保险承保主体或者其他公共机构的数据转递事务委托给一个接收机构。

（2）征缴机构通过与其既存数据校准的方式对报告进行自动化的内容核查（既存数据核查）。当其确认报告存在瑕疵时，征缴机构应于数据到达后的3个工作日内,将该报告按照第97条第3款第2句规定通过数据传输的方式退还给报告义务人;第96条第2款第6句和第7句参照适用。第1句和第2句参照适用于所有其他的报告收件人。

第99条至第110条 （废除）

第七章　文件的保管

第110a条　保管义务

（1）对于行政机关的公共行政管理活动，特别是对执行行政程序和确定支付待遇而言必要的文件资料，其应按照规范保管的原则进行保管。

（2）在考虑到经济性和节约原则并且在符合规范保管的原则的情况下，行政机关可以以图像载体或者其他稳定数据载体的复制版本代替（原始）书面文件进行保管。根据对于存储于数据载体的文件资料的规范保管原则，应尤其保证：

1. 对于通过图像载体的复制版本或者其他稳定数据载体的数据，

a）如果其是可读的，则应在图像和内容上与作为依据的书面文件完全一致，

b）其在保管期限内可以在任意时间被使用，并且在图像和内容不变的情况下立即可读，

2. 打印或者其他复制版本应与在图像和内容上与书面文件完全一致，同时

3. 仅当作为依据的文件资料在行政机关处已不复存在时，才得以该文件的翻印版本作为创建复制版本的依据文件。

对于仅能在数据处理系统帮助下创建的文件资料的保管，第1款和第2款的规定亦应结合以下条件适用，即无须确保通过图像载体的复制版本与首次创建的文件资料在图像上的一致性。

（3）若被保管的文件只能以复制版本的形式在图像载体上或者作为数据在其他稳定数据载体上被出示，则只要对文件的查阅是被允许的，行政机关就应当自费提供必需的相关辅助设备使上述文件可读。在必要时，行政机关有义务将文件全部或部分打印，或者提供无需借助辅助设备的可读翻印版本；行政机关可以在合理范围内对其费用支出要求补偿。

（4）对于作为复制版本通过图像载体被保存的文件，若该复制版本系在2003年2月1日以前完成的，则第2款的规定对其不适用。

第110b条　文件的退回、销毁和存档

（1）对于其公共行政管理活动不再需要的文件资料，行政机关可以按照第2款或者第3款的规定予以退回或销毁。根据《联邦档案法》条文规定的提供义务和交付义务以及各州相应的法律规定不受影响。第1句的规定对下列对象尤其适用：

1. 保管期限已过的文件资料,

2. 按照第110a条第2款规定的方法,作为复制版本在可机器使用的稳定数据载体上被保存的文件资料,以及

3. 由相关人员或者由第三人向行政机关提供的文件资料。

(2)由被保险人、申请人或者由其他机构、人员向法定养老保险承保主体提交的文件资料,只要不是作为复印件或者副本抄件由上述机构或人员应要求向承保主体提供的,应该向其退还;若该文件被提交给其他机构的,该机构应要求应将其退回。

(3)除非有理由相信,当事人的合法权益将因此受到损害,否则第1款中的其他文件资料应被销毁。

第110c条 行政协议、立法授权

(1)在特别考虑到相关人员的合法权益以及《电子签名法》的条件要求的情况下,社会保险承保主体的最高联合会以及联邦劳动局应共同对第110a条中的规范保管原则、退回和销毁文件的必要条件以及文件的保管期限作进一步详细约定。本款对于《电子政务法》的补充规定同样适用。该项协议可以限于特定的社会保险领域;其应由参与的最高联合会订立。该项协议须经由参与的联邦部委批准。

(2)倘若协议未达成,则联邦政府被授权在特别考虑到相关人员的合法权益的情况下,经联邦参议院同意,通过行政法规

1. 对下列事项作进一步规定:

a)第110a条意义上的规范保管原则,

b)文件的退回和销毁,

2. 为特定文件确定其一般保管期限。

第110d条 (废除)

第八章 罚款规定

第111条 罚金规定

(1)因故意或疏忽而作出下列行为的,属于违规行为:

1. 违反第18f条第1款至第3款第1句或者第5款的规定而取得、处理和使用保险号码的,

2. 违反第28a条第1款至第3款,第4款第1句或者第9款的规定,并各自结合根据第28c条第1项的规定,没有或没有正确、完整或者及时进行登记报告的,

2a. 违反第28a条第7款第1句或者第2句的规定,没有或没有正确、完整或者及时进行登记报告的,

2b. 违反第28a条第10款第1句或者第11款第1句,并各自结合根据第28c条第1款第1项的法规,没有或没有正确、完整或者及时进行登记报告的,

2c. 违反第28a条第12款的规定并结合根据第28c条第1款第1项的法规,没有或没有正确、完整或者及时提交报告的,

2d. 违反第28e条第3c款的规定而没有、没有正确或者完整提供相应咨询答复的,

3. 违反第28f条第1款第1句的规定,没有管理或者没有保存工资记录档案的,

3a. 违反第28f条第1a款的规定,没有制定或者正确制定工资记录档案和保费结算资料的,

3b. 违反第28f条第5款第1句的规定,没有或者没有按照规定的时间保存工资记录档案的,

4. 违反第28o条的规定,

a)没有、没有正确、完整或者及时提供相应咨询答复的,或者

b)没有、没有完整或者及时提交必要的文件材料的,

5. 违反第99条第1款第1句的规定,没有或没有正确、完整、按照规定的方式或者及时提交工资证明的,

6. 违反第99条第3款结合第4款第1句的规定,没有或没有正确、完整或者及时进行登记报告的,或者

7.(废除)

8. 在下述法规对具体行为作出涉及罚金的规定的情况下,违反第28c条第3项至第5项、第7项或第8项,第28n条第1句第4项或者第28p条第8款中的行政法规,或者违反基于此类行政法规的强制执行令的。

《刑法典》第266a条第2款的规定对于第2项的情形不适用。

(2)作为雇主从职工或者家庭作坊经营者的劳动报酬中,扣除多于该职工或者家庭作坊经营者在总社会保险费用中本应承担部分所对应的金额数的,属于违规行为。

(3)以下人员的行为属于违规行为,

1. 违反第40条第2款的规定妨碍他人或者使他人遭受不利的,

2. 违反第77条第1a款第2句的规定,没有、没有正确或者按照规定的方式提交保险的。

(3a)以下人员的行为属于违规行为:

1. 违反第55条第2款结合第56条中的法规的规定,作为雇主没有或没有正确、完整或者及时发放选举材料,

2. 违反第55条第3款结合第56条的法规的规定,没有或没有正确、完整或者及时进行报告。

(4)在第1款第2d项和第3项、第3款第2项规定的情形中,对违规行为最高可处以5万欧元的罚金,在第1款第2项、第2b项、第2c项和第5款规定的情形中,最高可处以25000欧元的罚金,在其他情形中最高可处以5000欧元罚金。

(5)(废除)

(6)(废除)

第112条 关于罚金的一般规定

(1)《行政违法法》第36条第1款第1项意义上的行政主管部门包括:

1. 保险承保主体,法律另有规定除外,

2. 根据州法针对第111条第1款第1句第1项中违规行为的主管机构;在州法中没有相应规定的情况下,则为州政府确定的主管机构,

3. 针对第111条第1款第1句第2项规定的违规行为,在确认其在《不法就业防治法》第2条规定的审计活动范围内存在违法行为的情况下,主管机关为海关管理部门,

4. 针对根据第111条第1款第1句第2项、第2a项、第4项、第8项和第2款的违规行为,主管机关为征缴机构,

4a. 针对第111款第1款第3项至第3b项、第111款第1款第1句第2项、第4项、第8项和第2款中的违规行为,当第28p条中的审核由养老保险承保主体执行或者相关报告直接向其作出时,主管机关为该养老保险承保主体,

4b. 在根据28p条第1款第6句对共同工作的家庭成员进行审核的情形下针对根据第111款第1款第3项至第3b项的违规行为,主管机关为农业医疗保险基金会,

4c.（废除）

5. 针对根据第111条第3款的违规行为,主管机关为保险承保主体的监管机关。

（2）若在第1款第1项和第4项的情形中,一项被允许的、针对罚金决定的申诉被提出的,则由经代表大会确定的机构承担该行政主管机关的其他职责（《行政违法法》第69条第2、3、5款）。

（3）第1款第1项、第3项和第4项情形下,被征收罚金应计入作出该罚金决定的行政主管机关的财政收入中;《社会法典第十册》第66条参照适用。有别于《行政违法法》第105条第2款的规定,该笔收入用于承担必要开支;其亦负有《行政违法法》第110条第4款意义上的赔偿义务。

第113条 与其他行政机构的合作

为对第111条中的违规情形进行追查和检控,当个案中的具体证据指向对《不法就业防制法》第2条第1款中提及的规定违反时,海关管理部门、征缴机构和养老保险承保主体应合作工作。上述机构应互相通报为对违规行为进行追查和检控所必要的事实。如果有证据表明存在违反《社会法典第一册》第60条第1款第1句第2项规定的与社会救助承保主体的合作义务的,或者存在违反《庇护申请者救助法》第8a条的报告义务的情形,上述机构应告知相关社会救助承保主体或者负责实施《庇护申请者救助法》的主管机关。

第九章 过渡条款

第114条 与基于死亡的养老（抚恤）金同时发生的收入

（1）如果被保险的配偶在2002年1月1日前死亡，或者婚姻关系在此日期前成立且夫妻双方至少有一方于1962年1月2日前出生，则在死亡津贴中，以下应被考虑视为收入：

1. 就业所得收入，

2. 基于或者参照适用公法性规定而获得的，用以替代就业所得收入的待遇（就业所得替代收入），但额外待遇除外。

（2）如果已离异的配偶在2002年1月1日前死亡，或者该项已结束的婚姻关系系在此日期前成立且离异配偶中至少有一方于1962年1月2日前出生，则第1款的规定同样适用于养育津贴。

（3）第1款第2项意义上的就业所得替代收入指第18a条第3款第1句第1项至第8项中的待遇。公法性补充照护待遇（die öffentlich-rechtlichen Zusatzversorgung），以及在第18a条第3款第1句第2项的待遇中基于一项追加保险的待遇部分，应被视为第1款第2项意义上的额外待遇。

（4）如果被保险的配偶在2002年1月1日前死亡，或者婚姻关系在此日期前成立且夫妻双方至少有一方于1962年1月2日前出生，则月收入按以下规定减少：

1. 第18a条第3款第1句第2项的待遇中根据特别规定为矿工养老保险计算的给付的月收入，应减少25%。

2. 第18a条第3款第1句第5项和第6项的待遇在2011年（不含）之前开始支付的，应减少42.7%，在2010年（不含）之后开始支付的，应减少43.6%。

3. 第18a条第3款第1句第7项的待遇在2011年（不含）之前开始支付的，应减少29%，在2010年（不含）之后开始支付的，应减少31%。

如果已离异的配偶在2002年1月1日前死亡，或者该项已结束的婚姻关系是在此日期前成立且离异配偶中至少有一方于1962年1月2日前出生，则本款规定同样适用于养育津贴。

（5）当在2001年12月31日存在一项死亡待遇支付请求权时，则至2002年6月30日止，月收入按以下规则减少：

1. 工资应减少35%,劳动报酬应减少30%,但基于由公法性质的服役关系或公务关系,或者由免除保险义务、但享有根据公务员法律法规和原则的保障的雇用关系所得的薪金的,或者基于可类比上述薪金的收入,只减少27.5%。

2. 在第18a条第3款第1句第2项的待遇中根据特别规定为矿工养老保险计算的支付的待遇应减少25%,第18a条第3款第1句第7项的待遇应减少27.5%。

3. 第18a条第3款第1句第5项和第6项的待遇应减少37.5%。

第115条 小微工作和小微自营职业

在2015年1月1日至2018年12月31日之间,第8条第1款第2项的规定在以下条件中适用,即在1个日历年内,该从属性职业活动应根据其特性最长基本以3个月或者70个工作日为限,或者事先在合同中限定;但该项职业活动是专职开展并且其每月报酬超过450欧元时不在此列。

第116条 对现有保险基金账户的过渡性安排

(1)在2009年1月1日未按照第7d条第1款的规定作为时间积累进行管理的企业职工的保险基金账户,可以作为时间累积或者作为劳动报酬累积进行管理;对于在之前协议的基础上重新约定的社会保险基金账户协议,本款规定同样适用。

(2)第7c条第1款的规定仅对于在2009年1月1日后签订的社会保险基金账户协议适用。

(3)对于第7b条的社会保险基金账户协议,其在2008年12月31日前签订,并且在其中有悖于第7e条第1款和第2款的规定,未就雇主破产情况下的保护措施进行约定的,自2009年6月1日起,第7e条第5款和第6款的规定对其生效。

第116a条 对保费缴纳责任的过渡性安排

当企业主在2009年10月1日前已被委托提供建造服务的,则在2009年9月30日有效的法律版本中第28e条第3b款和第3d款第1句的规定此时应继续适用。

第117条 养老金领取者的矿工医疗保险的行政性支出

只要养老金领取者的矿工医疗保险对于矿工医生和矿工牙医的照护保障待遇的支出超过了相应收入,则矿工养老保险不能按照第71条第2款获得该支出的补偿。

第118条 (废除)

第119条 对废除电子薪酬证明程序的过渡性安排;先前存储数据的删除

(1)所有根据直至2011年12月2日前有效的法律版本中第96条、第97条以及

第99条至第102条的规定,由中央存储设备和专门程序登记存档处接收和存储的数据,以及所有其他与电子薪酬证明程序相关的、被创建或存储的数据,应由中央存储设备和专门程序登记存档处立即删除。联邦数据保护和信息自由机构应将根据直至2011年12月2日前有效的法律版本中第99条第3款第2句的规定管理的数据库主密钥立即删除。

（2）为第1款的目的,根据直至2011年12月2日前有效的法律版本中第96条规定的中央存储设备和专门程序登记存档处应保留,直至在相应地点根据第1款的存储数据删除工作完成为止。

第120条　（废除）

德国法定医疗保险法——《社会法典第五册》

分册目录

第一章	总则	145
第二章	参保人	147
第一节	法定医疗保险参保义务	147
第二节	法定医疗保险参保权利	153
第三节	家庭成员保险	154
第三章	医疗保险的支付范围	156
第一节	支付项目总揽	156
第二节	通用规则	157
第三节	疾病预防服务、企业内部健康促进与预防工伤危害、自救促进	161
第四节	疾病早期诊断的支付范围	166
第五节	疾病的支付范围	167
第六节	折扣、保险费退款	193
第七节	假牙	195
第八节	交通费	198
第九节	自付费用、负担上限	199
第十节	保障项目的扩展	201
第四章	医疗保险基金会与医疗服务提供机构的关系	206
第一节	一般原则	206
第二节	医生、牙医和心理医生的关系	207
第三节	与医院和其他机构的关系	272
第四节	与医院和合同医生的关系	277
第五节	与药物服务提供者的关系	287
第六节	与辅助器具服务提供者的关系	288
第七节	药店与医药企业的关系	291
第八节	与其他服务提供者的关系	300

第九节　服务提供质量的保障 …………………………………………303
　　　第十节　医疗保险基金会的自身机构 …………………………………314
　　　第十一节　与整合保障中服务提供者的关系 …………………………314
　　　第十二节　适用欧共体1408/71号条例的各国服务提供者之关系 ……317
　　　第十三节　病人的参与、联邦政府代表病人权利的专员 ……………317
第五章　卫生事业发展评估专家委员会 ……………………………………………320
第六章　医疗保险基金会 ……………………………………………………………321
　　　第一节　医疗保险基金会种类 …………………………………………321
　　　第二节　成员的选择权 …………………………………………………334
　　　第三节　成员资格与宪法 ………………………………………………337
　　　第四节　登记 ……………………………………………………………343
第七章　医疗保险基金会协会 ………………………………………………………347
第八章　筹资 …………………………………………………………………………357
　　　第一节　保险费 …………………………………………………………357
　　　第二节　保险费补贴 ……………………………………………………374
　　　第三节　资金使用和管理 ………………………………………………376
　　　第四节　健康基金的财政平衡和分配 …………………………………379
　　　第五节　医疗保险基金会及其协会的审核 ……………………………391
第九章　医疗保险基金会的医疗服务机构 …………………………………………392
　　　第一节　职责 ……………………………………………………………392
　　　第二节　组织 ……………………………………………………………395
第十章　保险与服务数据、数据保护、数据透明 …………………………………399
　　　第一节　信息基础 ………………………………………………………399
　　　第二节　服务数据的传输和整理数据透明 ……………………………414
　　　第三节　数据删除、询问义务 …………………………………………426
第十一章　（刑事）罚金与（民事）罚款规定 ……………………………………429
第十二章　塑造统一德国的过渡性规定 ……………………………………………431
第十三章　其他过渡性规定 …………………………………………………………434

导　读

《社会法典第五册》规定的是法定医疗保险,这是19世纪德国俾斯麦社会立法运动中最早建立的社会保险险种。该险种确立的一些基本制度,如劳资共担缴费、强制参保、经办机构自治管理等都被广泛地应用于其他社会保险险种,因此称为最重要的社会保险制度也不为过。

该分册于1989年1月1日起正式实施,可谓"千呼万唤始出来",因为作为社会保险总则的《社会法典第四册》颁布13年之后,该分册才颁布并实施。在这期间,《德国社会法典》一直只有第一册、第四册、第十册,也就是德国社会保障总则、社会保险总则和德国社会行政程序与社会数据保护法。法定社会保险制度的复杂程度以及引发的社会争议由此可见一斑。自该分册颁布,《德国社会法典》各分册陆续顺利颁布,由此也反映了法定社会保险立法对其他社会保险险种的示范作用。

该分册颁布以来,至今已经进行了超过150次修改,平均每两个月就要修改一次。其中最重要的几次修改是20世纪90年代以节约基金支出为主要目标的待遇结构性削减、90年代末以增加医疗保险基金会自治权为主要目标的医疗服务协议改革、21世纪初的以促进法定医疗保险竞争和参保人责任自负为主要目标的多元经办主体引入,以及最近以提升医保基金支出合理性为主要目标的DRG支付方式改革。每次改革都延续了先颁布单行法再编入《德国社会法典》的基本立法思路。

整体来看,《社会法典第五册》篇幅浩繁,法律主体多元且法律关系复杂,且随着人口结构的变迁和医疗技术的进步,立法和修法都很频繁。

第一章 总则

第1条 互助共济与个人责任

法定医疗保险作为一个社会责任共同体,任务是保持与恢复参保人的健康或改善其健康状况。参保人亦要对自身健康负责;他们应通过健康的生活方式、及时的疾病预防措施,以及治疗与康复积极主动地配合避免疾病与伤残的发生或克服伤病带来的后果。保险基金会通过解释、咨询及提供服务和支付费用来帮助参保人实现健康的状态。

第2条 服务供给

(1)医疗保险基金会在满足本法第12条意义上的经济原则的前提下为参保人提供本法第三章中列举的服务,只要这些服务不属于参保人的个人责任。特殊治疗方案下的治疗方法、药剂与药物也包含在内。服务供给的质量与效果要符合普遍认可的医学知识,并兼顾医学技术的进步。

(2)只要不违背《社会法典》本册及第九册的规定,参保人均以实物和服务方式获得支付。根据参保人申请,这种服务提供也可以纳入跨不同保险险种的个人预算的范围内;此情况下适用与预算条例相关的《社会法典第九册》第17条第2款至第4款和第159条。医疗保险基金会按照本册第四章的规定与服务提供者签订实物与医疗服务协议。

(3)在选择服务提供者时应注意到其多样性。须考虑参保人的宗教需求。

(4)医疗保险基金会、服务提供者及参保人须注意,要提供有效与高效(经济性)的医疗服务,并且仅限必需范围内的服务。

第2a条 针对残疾人及慢性病人的服务

须考虑残疾人与慢性病人的特殊需要。

第3条 互助共济的筹资

医疗保险基金会的服务及其他支出由保险费支付。通常,参保人及雇主根据各自有缴费义务的收入缴纳保险费。参保人家属无需再缴纳保险费。

第4条 医疗保险基金会

(1)医疗保险基金会是公法意义上自我管理的法人机构。

(2)医疗保险基金会分为：

普通地区性医疗保险基金会，

企业医疗保险基金会，

手工业同业行业医疗保险基金会，

农村医疗保险基金会，

德国矿工—铁路—海员养老保险医疗保险基金会，

医疗互助基金会。

(3)出于法定医疗保险的效率与经济性的考虑，医疗保险基金会及其联合会不仅仅要与同类型的医疗保险基金会，也与不同类型的医疗保险基金会，以及卫生事业的其他机构紧密合作。

(4)医疗保险基金会必须经济且高效地履行其职责及管理事务，禁止用提高保险费的方式来满足其支出，除非耗尽资金储备后也无法保证必要的医疗服务。各医疗保险基金会2011年与2012年的管理费用不能高于2010年。管理费用也包括在履行职责时委托第三方产生的费用。在下列情况下第2句不适用：

1. 根据第270条第1款第1句c项对分配起决定性影响的要素改变，

2. 选举程序按《社会法典第四册》第46条第2款举行时，应该考虑因社会保险选举致使管理费用增加的情况。

因新分配任务而导致人力需求无可避免地增加时，允许监管机构不考虑第2句，只要医疗保险基金会能够证明，资金枯竭也不能满足人力需求。第2句、第3句、第4句的第2项及第5句同样适用于医疗保险基金会联合会。

(5)根据《社会法典第四册》第78条第1款与第77条第1a款对行政费用的规定，为吸引潜在客户参保而进行的宣传活动费用，将按照适用于所有医疗保险基金会的原则扣除。

(6)根据第291a条第4款第2句，2011年12月31日之前，医疗保险基金会向参保人发放的第291a条意义上的电子健康卡数量不得低于最小值的10%时，其2012年的管理开支将在2010年基础上降低2%。此处适用第291a条第7款第7句。确定参保人比例主要参考2011年7月1日参保人的数据。

第4a条 管理程序的特别规则

州法律不得违背第266条、第267条和第269条的管理程序规则。

第二章 参保人

第一节 法定医疗保险参保义务

第5条 义务参保人

(1)义务参保人包括：

1. 工人、职员及为他们进行职业培训并领取报酬者，

2. 根据《社会法典第三册》领取失业金、赡养金者，在限制期(《社会法典第三册》第144条)开始后第2个月至第12周期之间不能领取救济金者，限制期开始第2个月领取假期津贴(《社会法典第三册》第143条第2款)而不能领取救济金者；可以溯及既往地撤销错误的决定、要求返还保费或者返还医疗服务，

2a. 根据《社会法典第二册》领取失业金I者，如果其没有在家庭保险中参保。此条款不适用通过借贷的方式或者根据《社会法典第二册》第24条第3款第1句获得失业金者；可以溯及既往地撤销错误的决定、要求返还保费或者返还医疗服务，

3. 农民及其作为雇工的家庭成员，以及符合《农民医疗保险法II》中相关规定的保有终老财产的农村老人，

4. 符合《艺术工作者社会保险法》详细规定的艺术工作者及媒体工作者，

5. 在青少年救助机构工作的有劳动能力的人员，

6. 体验职业生活者、试工期雇员，依据《联邦优抚法》采取措施时除外，

7. 在国家承认的残疾人车间、依照《社会法典第九册》第143条设立的盲人车间，以及在家为这些机构工作的残疾人，

8. 在家及在各类企业中工作，并定期获得报酬的残疾人，其收入应当达到同等工种正常全职收入的1/5。工作也包括为这些机构提供劳务，

9. 在公立或者国家承认的高校正式注册就读的大学生，只要其在第14个专业学期结束前或者年满30周岁之前根据国际法或跨国协定不能提出实物支付请求的，不论其居住地或者常住地是否在德国；由于培训、家庭及个人原因而不可避免地导致学习时间超过十四个学期或年满30周岁不能完成学业者，

10. 根据高校学业及考试规章从事必须但无报酬的实习工作或职业培训者，

11. 符合法定养老保险养老金领取条件并已申领养老金者，自其初次参加工作

至提交养老金领取申请的后半段时期中,至少9/10的时段都是法定医疗保险参保人或根据本法第10条参保者,

11a. 在1983年1月1日之前从事独立的艺术或传媒工作、符合领取养老金条件并已提交养老金领取申请,并从1985年1月1日至提交领取养老金申请之日9/10的时间内都根据《艺术工作者社会保险法》参加法定医疗保险的艺术或传媒工作者;其居住地1990年10月3日后被纳入参保地区者,期限可从1985年1月1日放宽至1992年1月1日,

12. 符合领取养老金并已提交领取养老金的申请者,如果属于《外国人养老法》第1条或第17a条,或《纳粹暴行补偿法》第20条在社会保险中提及的群体,并且能提供在提交领取养老金申请前至少在德国居住10年的证明的,

13. 患病时没有获得其他救助者,并

a)最终参加了法定医疗保险,或者

b)至今没有参加过法定与私人医疗保险,本条第5款或者第6条第1款或第2款中提及的人员或者在国内接受过职业培训者除外。

(2)如果参保人的配偶不再从事低收入工作或低收入的自主经营,则在1988年12月31日之前,第1款第11项要求的参保时间与参保人的婚姻存续时间相同。愿意把自己的养老金转移给其他人者,双方都必须满足第1款第11项或第12项的前提条件。

(3)对于领取提前退休金并从事有劳动报酬工作者,如果在领取提前退休金前有参保义务并且其领取的提前退休金达到了毛劳动报酬的65%,也同样适用于第1款第1项。

(4)如果居住地或者日常居留地位于与德国没有签订医疗服务转移支付协议的国家,领取提前退休工资者在领取提前退休工资期间可不义务参保。

(4a)在《职业培训法》规定的职业培训合同范围内,在企业外部机构接受培训的人员适用第1款第1项。为文化与宗教团体提供劳务的非正式员工或者在这些机构中接受学校外培训者也视为机构外职业培训者。

(5)根据第1款第1项或者第5项至第12项,主业为自主经营者不是义务参保人。

(5a)根据第1款第2a项,在领取失业金I之前参加私人医保或者既没有参加法定医保也没有参加私人医保,并且符合第5款、第6条第1款或第2款或者在国内从事职业活动的群体。第1句不适用于根据第5条第1款第2a项在2008年12月31日

救济金强制保险者。

（6）第1款第1项规定的义务参保人满足第1款第5项至第7项或第8项的规定时不再是义务参保人。第1款第6项规定的保险义务与第1款第7项或第8项的规定发生冲突时，按照较高的费率缴纳保费。

（7）第1款第1项至第8项、第11项或第12项及第10条规定的义务参保人满足第1款第9项或第10项的规定时不再是义务参保人，除非其配偶、同居伴侣没有参保或者其作为大学生或实习生的子女没有参保。第1款第9项规定的参保义务优先于第1款第10项。

（8）符合第1款第1项至第7项、第8项的义务参保人满足第1款第11项或12项规定的不再是义务参保人。第1句适用于第190条第11a款规定的人群。根据第5条第1款第11项，在2002年3月31日后领取法定养老保险养老金者，如其领取养老金的申请在2002年3月31日之前已获批准并且在这之前根据第10条或者根据《农民医疗保险法Ⅱ》第7条已经参保，但是在1993年1月1日之后生效的版本中不符合第5条第1款第11项规定的前保险期限，并且根据第10条和《农民医疗保险法Ⅱ》第7条，保险不能由第9条第1款第6项提及的人群转出，在这种情况下，第10条及《农民医疗保险法》第7条优先于第5条第1款第11项。

（8a）第1款第1项至第12项的义务参保人、自由参保人，以及第10条规定的参保人，根据第1款第13项不义务参保。第1句同样适用于符合《社会法典第十二册》第三章、第四章、第六章及第七章，以及依据《难民申请者福利法》第2条获取收入者。第2句适用于此种收入不满1个月就停止的情况。在疾病情况下，只要救助结束之后当事人不再享有医疗保险的可能，根据第19条第2款得到的救助就不能等同于第1款第13项提及的医疗保险。

（9）根据第5条、第9条或者第10条，一项保险关系在解除医疗保险合同后不再成立，或者根据第5条、第9条，一项保险关系在前保险期限未满足之前即告终止，且前一份合同在结束之前不间断地履行5年以上，私人医疗保险基金会有义务与参保人重新签署保险合同。合同将在不进行风险评估的情况下维持合同解除时的资费标准；参保人在合同解除之前获得的老龄储备金要记入新合同。如果没有根据第1句建立法定的医疗保险关系，新的保险合同在前一份保险合同结束之日起立即生效。根据第1句，如果法定保险关系在前保险期限满足前即告结束，则新的保险合同在法定医疗保险结束之日起立即生效。如果没有根据第5条、第9条或者第10条建立保险关系，则在保险合同终止3个月后结束第1句提及的义务。在满足第9

条的前保险期限前,解除符合第5条或者第10条的保险关系时,最长在私人保险合同关系终止12个月后结束第1句提及的义务。前述条款同样适用于法定医疗保险转入私人保险的情况。

(10)(废除)

(11)如果来自非欧盟成员国、非欧洲经济区缔约国或者瑞士的外国公民根据《居留法》具有长期居留许可或者超过1年的居留许可,并且根据《居留法》第5条第1款第1项,在发放此居留许可时无提供生活来源证明的义务,则必须根据第1款第13项参加法定医疗保险。对来自欧盟成员国、欧洲经济区缔约国及瑞士的公民来说,如果根据《欧盟自由流动法》第4条在德国居住的前提条件是拥有医疗保险保护,则根据第1款第13项无参保义务。《难民申请者福利法》第4条已经对难民的疾病、生育救助作了规定。

第6条 自由参保

(1)自由参保人:

1. 工人与职员,其固定年收入超过第6款或第7款规定的年收入上限;根据家庭状况发放的各类津贴不在此列,

1a. 第1项的例外情况是,德国轮船上的非德籍船员,其居住地或长期逗留地不在本法适用的范围内,

2. 公务员、法官、服役期间的士兵,以及联邦、州、乡镇联盟、乡镇、公法机构和基金会等的工作人员,根据公务员法或者宪法规定,此类人员在疾病情况下有要求支付病假津贴及其他医疗服务的权利,

3. 在大学或者提供专业培训的学校正式注册学习期间从事劳动报酬工作者,

4. 在被认定为公法机构的宗教团体中工作的牧师,根据《联邦公务员法》规定或者原则性规定,此类人员在疾病情况下有要求支付病假津贴及其他医疗服务的权利,

5. 私人学校的全职教师,根据《联邦公务员法》规定或者原则性规定,在疾病情况下有要求支付病假津贴及其他医疗服务的权利,

6. 第2项、第4项与第5项涉及的对象,此类人员领取退休金或类似的收入,在疾病情况下有要求支付病假津贴及其他医疗服务的权利,

7. 宗教团体的正式成员、执事及类似群体,此类人员出于宗教与心灵的关怀而从事护理、授课或者其他义工性质的工作,并只获取维持最基本生活需要的收入。

8. 欧洲共同体疾病护理系统覆盖的群体。

(2)根据第5条第1款第11项,第1款第1项和第4项至第6项提及对象的强制

保险死者家属可自由参保,他们的养老金仅仅来源于死者的保险并根据公务员法律规定或者宪法在疾病情况下有获取津贴的权利,

(3)根据第1款或者其他法律规定,第2款和第7条除外,如果符合第5条第1款第1项或者第5项至第13项所提及前提条件的任何一个,可自由参保或者可不强制保险者。第1款第3项提及的群体在工作期间自由参保的,不适用此项规定。

(3a)年满55周岁的义务参保人在符合法定保险要求的前5年内没有参加过法定保险,自由参保。其他前提条件是:在这段时间至少有一半时间自由参保,或者无参保义务或者根据第5条第5款不在法定保险之列。第2句提到的前提条件同样适用于第2句所提及人群的配偶或同居伴侣。第1句不适用于第5条第1款第13项的义务参保人。

(4)超过年收入上限者,其法定参保义务将在超过年收入上限的当年年底解除。如果其收入没有超过第2年年初设定的年收入上限,不适用此规定。

(5)(废除)

(6)根据第1款第1项,2003年的年收入上限是45900欧元。每年1月1日此上限根据每名雇员(《社会法典第六册》第68条第2款第1句)去年的工资总额与前年相应工资总额之比调整。变动的金额只适用于确定年收入上限的当年,取整为450欧元。联邦政府根据《社会法典第六册》第160条来确定年收入上限。

(7)不同于第6款第1句的例外情况是:在2002年12月31日因为超过当年收入上限而可自由参保并在私人医疗保险基金会参加替代保险的工人与职员,其2003年的年收入上限是41400欧元。第6款第2句至第4句同样适用。

(8)确定第6款提及的工人与职员2004年年收入上限的参考值是45594.05欧元,第7款提及的工人与职员是41034.64欧元。

(9)(废除)

第7条 低收入工作者自由参保

(1)从事《社会法典第四册》第8条与第8a条低收入工作者,此份工作无参保义务;下列工作除外:

1. 企业内部职业培训范围内的工作,
2. 《青年志愿服务法》规定的工作,
3. 《联邦志愿服务法》规定的工作,

《社会法典第四册》第8条第2款的规定只有与一份非低收入工作一起核算时,才有参保义务。

（2）在2003年3月31日只从事一份有参保义务的工作，如果这份工作符合《社会法典第四册》第8条及第8a条描述的低收入工作特征，并且在2003年3月31日之后不符合第10条的保险前提条件，则这份工作仍然有参保义务。可通过申请免除保险义务。保险义务于2003年4月1日当天生效时，第8条第2款适用。免除保险义务限于当时从事的这份工作。

第8条　保险义务的解除

（1）义务参保人可以申请解除保险义务：

1. 基于第6条第6款第2句或者第7款调整年收入上限，

1a. 领取失业金或者赡养金（第5条第1款第2项），并在领取这些服务前5年没有参加法定医疗保险，同时参保人已在一家医疗保险企业参保并且已经获得本册规定的各类服务的条件下，

2. 在育儿期间根据《联邦儿童福利法》第2条或根据《联邦育儿法》第1条第6款从事一份非全职工作；解除保险义务只适用于育儿期间，

2a. 根据《护理期法》第3条，在护理期间减少每周定期工作时间；解除保险义务只适用于护理期间，

3. 每周工作时间等于或者少于同类全职工作每周工作时间的一半；这也适用于从之前的雇主处辞职后直接从事符合上述工作的情况，以及在领取父母津贴之后或度过育儿期或护理期后从事工作，且这份工作的全职收入根据第6条第1款第1项可解除参保义务的情况；此外，前提条件包括年收入至少连续五年超过年收入上限；领取新生儿抚养津贴或父母津贴的时间或育儿期及护理期也计算在内。

4. 申领、领取养老金或者参与职业生活分享（第5条第1款第6项、第11项或第12项），

5. 注册为大学生或者职业实习生（第5条第1款第9项或第10项），

6. 实习医生，

7. 在为残疾人建立的机构中工作（第5条第1款第7项或第8项）。

（2）必须在保险义务开始后3月内向医疗保险基金会提交解除保险义务的申请。如果参保人自保险义务开始后没有提出过服务请求，则自这一天起解除保险义务，否则，将从申请提交的当月开始解除保险义务。保险义务的解除不可撤销。

第二节　法定医疗保险参保权利

第9条　自主申请参保

（1）下列群体可自主申请参保：

1. 曾经退出法定保险，并且在退保前的最后5年中至少24个月或者在退保之前至少连续参保12个月的人员；第189条意义上的参保时间，即错误领取失业金Ⅰ的参保时间不计算在内，

2. 根据第10条退保或者因为第10条第3款的前提条件而未参保的参保人、当事人或者父母一方的保险符合第1项保险期限的家庭保险，

3. 首次在国内参加工作并且符合第6条第1款第1项的自由参保人；不考虑接受职业培训期间或之前从事的工作，

4. 符合《社会法典第九册》的严重残疾人，其父母一方、配偶或者生活伴侣在参保前最近5年至少参保3年，除非因自身的残疾不符合参保前提条件；保险基金会的章程依据年龄规定参保权，

5. 因为在国外工作而退保的雇员，回国后的2个月内重新开始工作，

6. 法定保险参保后6个月内，领取法定养老保险养老金的人员，于2002年3月31日后根据第5条第1款第11项参加法定保险，并且当时已经有权领取养老金，但是不符合1993年1月1日生效的第5条第1款第11项的保险期限，因此，2002年3月31日之前为自由参保，

7. 在国内定居后6个月内或者结束领取失业金Ⅰ3个月内的归国者，或者根据《联邦流亡者法》第7条第2款第1句与参保人享有同等权利的配偶与子孙，并且离开以前的参保地之前一直在当地法定医疗保险基金会参保的人员，

8. 自2005年1月1日起的6个月内，根据《联邦社会救济法》领取救济金的人员，并且此前没有参加过任何法定或者私人医疗保险。

根据《社会法典第三册》第339条享有保险服务的360天用于计算符合第1款第1项的保险期限，将360天视为12个月。

（2）在下列情况下，必须在3个月内通知医疗保险基金会参保：

1. 第1款第1项，结束参保关系之后，

2. 第1款第2项，结束保险或者子女出生之后，

3. 第1款第1句第3项，获得工作之后，

4. 第1款第4项，根据《社会法典第九册》第68条确定为残疾之后，

5. 第1款第5项,回国之后。

(3)根据第1款第7项参加法定医疗保险时,如果不能根据《联邦流亡者法》第15条第1款或第2款提供相应证明,联邦行政机关按照符合《联邦流亡者法》第8条第1款的分发流程出具的登记卡,或者相关部门根据《联邦流亡者法》第15条第1款或者第2款出具的证明申请提交确认函可以作为临时证明使用。

第三节 家庭成员保险

第10条 家庭保险

(1)当家庭成员属于下列情况时,参保人的配偶、生活伴侣和子女,以及参加家庭保险的子女下一代都参保:

1. 居住地与长期居留地在国内,

2. 不符合第5条第1款第1项、第2项、第3项至第8项、第11项或第12项或者非自主申请参保人,

3. 非参保自由者或自由参保人或者非参保义务解除人;在此可忽视第7条提及的参保自由状态或情形,

4. 非全职的自主经营者,以及

5. 全部收入不超过《社会法典第四册》第18条确定的月收入的1/7者;退休者的收入不考虑子女教育期间获取的补偿;根据《社会法典第四册》第8条第1款第1项、第8a条低收入者收入不超过400欧元。

符合第1款第4条的全职自主经营者不在此列,由于1994年7月29日颁布《农民养老保险法》(《联邦法律公报》I 第1890页、第1891页)第1条第3款为他们规定了另外的保险形式。在2013年12月31日之前,照顾5个及5个以下来自其他家庭子女的日护理保姆同样不在此列。如果参保人的配偶和同居伴侣在符合《母亲保护法》第3条第2款与第6条第1款的保护期限及育儿期以前没有参加法定医疗保险,则不参保。

(2)子女在以下情况下是参保人:

1. 年满18周岁之前,

2. 没有参加工作的,年满23周岁之前,

3. 年满25周岁,仍在校或者接受职业培训的,或者根据《青年志愿服务法》自愿参与社会、生态活动或者符合《联邦志愿服务法》的其他志愿活动的;因履行法定兵役导致学业或者职业教育中断或拖延,服役阶段的保险相应地延长至25岁之后,

4.第九册第2条第1款第1句因残疾生活不能自理的情况,没有年龄限制;前提条件是:残疾发生时,当事人仍作为参保人子女根据第1项、第2项或第3项参保。

(3)如果参保人的配偶或同居伴侣未在任何医疗保险基金会参保,并且其收入高于年收入上限的1/12,其总收入经常性地高于参保人总收入,则与参保人的配偶或同居伴侣有血缘关系的子女不参保,要考虑退休者的退休金。

(4)第1款至第3款规定的子女包括由参保人抚养的继子女与孙子女及养子女(《社会法典第一册》第56条第2款第2项)。获得其亲生父母同意并且由领养者抚养的子女视为抚养者的子女而不是亲生父母的子女。符合第1句的继子女也可是参保人同居伴侣的子女。

(5)第1款至第4款的前提条件都符合时,参保人可选择医疗保险基金会。

(6)参保人必须向相应医疗保险基金会通报符合第1款至第4款的参保人情况、参加家庭保险所需的说明和说明变更。医疗保险基金会联邦最高联合会确定统一的程序和统一的登记表。

第三章　医疗保险的支付范围

第一节　支付项目总揽

第11条　支付项目种类

(1)参保人对以下项目有请求支付的权利：

1.（废除）

2.预防疾病及预防疾病恶化、避孕，包括绝育与流产时的避孕（第20条至第24b条），

3.疾病的早期诊断（第25条与第26条），

4.疾病治疗（第27条至第52条），

5.符合《社会法典第九册》第17条第2款至第4款规定的个人医疗费用。

(2)参保人还有权要求提供医疗康复、维持生计及其他必要的配套服务，以避免、消除、减少及补偿残疾与护理需求，防止恶化或减轻其后果。出现护理需求后相应的护理服务由护理保险基金会提供。只要本册没有其他规定，则按照《社会法典第九册》的规定提供第1句提及的服务。

(3)根据《社会法典第十二册》第66条第4款第2句，如果参保人确定由其雇用的护理人员能够提供足够的护理服务，则住院期间需要陪同治疗的人员或者根据第108条需要的护理人员包括在支付范围内。

(4)参保人有权要求得到保障管理服务，特别是解决在不同保障项目之间转移时所产生的问题。相关的服务提供机构为参保人提供适当的衔接保障，并相互进行必要信息的沟通。该职责的履行必须得到医疗保险基金会的支持。护理设施也包含在该保障管理支付范围中；同时根据《社会法典第十一册》第7a条要确保与护理顾问之间的紧密合作。只有在获得参保人的同意和事先通知参保人后，才进行保障管理及必要的信息沟通。只要未在符合第140a条到第140d条的合同中进行相关约定，可按照第112条或第115条或按照法定医疗保险服务提供机构与《社会法典第十一册》规定的其他服务提供机构、护理保险基金会的协商意见处理。

(5)法定事故保险规定的工伤或职业病不在医疗保险支付范围内。

第二节　通用规则

第12条　经济原则

（1）医疗服务必须充分、有针对性并且经济；不能超出必要的范围。参保人可不参加不必要或者不经济的医疗服务保险，服务提供机构不得提供此类服务，医疗保险基金会也不能批准。

（2）如果服务确定了固定额度，医疗保险基金会只按照此额度履行服务义务。

（3）如果医疗保险基金会无法律依据或违背现行法律为参保人提供服务，并且其董事会成员了解情况或者应该了解情况，管理委员会也没有主动纠正，则负责监管的机构在对董事会成员进行听证之后，要求管理委员会督促董事会成员赔偿因此造成的各种损失。

第13条　费用报销

（1）只要是本册或《社会法典第九册》有相应规定，医疗保险基金会可用费用事后报销来代替实物与医疗服务（第2条第2款）。

（2）参保人可以选择费用报销代替实物与服务，但是必须在接受该项服务前通知医疗保险基金会。医疗服务基金会必须在参保人获得服务之前明确告知，基金会是否可以提供费用报销及参保人是否需要自己承担服务费用。基金会可以限制医疗服务领域、牙医服务、住院服务及其他临时服务的选择。只有事先得到医疗保险基金会的批准，才能获得第四章未提及的医疗服务提供机构的服务。如由于医疗或社会原因在此类医疗服务提供机构就医是合理的，并且保证其医疗服务至少达到同等水平，则可获得医疗保险基金会的批准。第95b条第3款第1句意义的报销请求排除在外。报销上限为医疗保险基金会为实物服务确定的补偿金额。基金会的章程规定了费用报销的程序。医疗保险基金会可从报销费用中最高扣除5%作为管理费用。根据第129条第1款第5句进行费用报销时，必须考虑根据第130a条第8款不交付给医疗保险基金会的折扣及与第129条第1款第3句及第4句规定与药物出售相比增加的费用；折扣金额应一次付清。在此种情况下，参保人的费用报销至少需要一个季度。

（3）医疗保险基金会没有能够及时提供紧急情况下的服务或者不合理地拒绝提供服务，只要这项服务为必要服务，则由医疗保险基金会承担因参保人自行购买服务产生的费用。参保人根据《社会法典第九册》第15条报销符合《社会法典第九册》的医疗康复费用。

(4)参保人有权在其他国家医疗服务提供机构以报销来代替获得实物或服务,这些国家须遵守欧洲理事会于1971年6月14日颁布的第1408/71项关于在欧共体范围内移居(欧洲共同体公报第L149项第2页)雇员及其家庭的社会安全体系之有效条例(EWG),除非在总额基础上报销了此类人群在他国的治疗费用,或在协商放弃报销的基础之上不报销。这些服务提供机构必须符合欧洲共同体规定的准入和营业条件或者在所在国医疗保险体系中有权向参保人提供服务。报销上限为在国内实物服务的报销上限。基金会的章程规定报销的程序。其中要考虑足够的报销额度折扣,以弥补管理费和经济性考量的不足,并要扣除规定的附加费。只有在欧盟其他成员国或者欧洲经济区缔约国进行与其医疗水平相当的疾病治疗,才可完全报销费用。

(5)与第4款不同,参保人可其他国家进行住院治疗,这些国家须符合欧洲理事会于1971年6月14日颁布的1408/71项关于在欧共体范围内移居(欧洲共同体公报第L149项第2页)雇员及其家庭的社会安全体系之有效条例(EWG),必须事先经医疗保险基金会的批准,方能享受第39条规定的医疗服务。如果在国内医疗保险基金会的合作服务提供机构能够及时享受相应水平的治疗,则不批准在国外住院。

(6)第18条第1款第2句和第3款同样适用于第4款和第5款的情况。

第14条 部分费用报销

(1)适用《帝国保险法》第351条工作制度的医疗保险基金会及其团体雇员、在企业医疗保险基金会或者德国矿工—铁路—海员医疗保险基金会就职的公务员,根据本册规定报销部分服务费用。必须按照百分比确定报销额度并规定履行报销程序的详情。

(2)第1款提及的参保人可事先决定是否在接下来的2年内报销部分费用。这个决定对根据第10条参保的参保人的家庭成员同样有效。

第15条 医生诊疗,医疗保险卡

(1)只要第63条第3c款规定的示范项目中未作其他规定,由医生或牙医提供医疗或者牙科诊疗。只有经过医生或牙医安排且由其负责时,才可接受他人的辅助诊疗。

(2)需要进行医疗或牙科诊疗的参保人在治疗前需要向医生(牙医)出示医疗保险卡(第291条第2款第1句第1项至第10项),以证明自己有权要求获得服务,或者如果尚未引入医疗保险卡,则出示医疗证。

(3)医疗保险基金会可为参保人出具证明,使参保人可获得其他相关服务。此证明必须在医疗服务提供机构提供服务之前出具。

（4）此证明上必须注明第291条第2款第1句第1项至第9项规定的信息及有效期。不允许包含其他内容。

（5）在紧急情况下可补交医疗保险卡、医疗证或享受服务的资格证明。

（6）首次领取保险卡、首次在医疗保险基金会参保领取保险卡，以及非参保人责任引起的保险卡换发均免费。医疗保险基金会必须采用适当的措施避免不当使用医疗保险卡。因参保人的原因必须换发保险卡时，根据第10条向参保人收取5欧元的费用。医疗保险基金会可在参保人根据第10条第6款提交正式申请后发放新保险卡。

第16条　请求权的中断

（1）在下列情况下，获得保险服务请求权被暂时中断：

1. 本法未另行规定时，在外国停留期间，即使在短暂停留期间患病，

2. 基于法定工作职责或服务的工作和执行《兵役法》第四篇界定的活动，

2a. 根据《作战和康复法》第6条服特种兵役的人员，

3. 根据《就业法》规定有权要求免费医疗的人员或者发展中国家援建从业人员，

4. 参保人作为监禁者要求获得符合《监狱法》的健康照顾或其他健康照顾，但参保人处于拘留审查期、根据《刑事诉讼法》第126a条暂时收押或者根据《改善与安全规章》被限制自由。

（2）参保人可从外国其他事故保险基金会得到同类服务时，要求提供服务的权利暂时中断。

（3）如果参保人适用于《海员法》，则要求提供服务的权利暂时中断，特别是海员出海或者旅行期间。但是，参保人根据《海员法》第44条第1款选择了医疗保险基金会的服务或者船东根据《海员法》第44条第2款将参保人移交给医疗保险基金会的除外。

（3a）根据《艺术工作者社会保险法》第16条第2款，如果参保人欠缴2个月保险费，并在被警告之后仍然拒付，则要求提供服务的权利暂时中断。该法条第1句规定了上述的例外情况：根据第25条与第26条为提前确诊而进行的检查、急性病痛，以及怀孕哺乳期必要的治疗；参保人在补缴保险费和保险服务暂停期间的保险费之后或者参保人根据《社会法典第二册》或《社会法典第十二册》需要得到救助时，保险服务请求权重新生效。如果达成有效的分期还款协议，只要参保人能定期如

约还款,从协议达成时起,服务请求权重新生效。

(4)参保人在失去工作能力之后得到医疗保险基金会的同意而居住在外国时,病假津贴应继续发放。

(5)(废除)

第17条 在国外工作的支付范围

(1)参保人如果在外国工作期间患病,依据本章和《帝国保险法》第二卷第二篇规定的支付范围内的服务有权要求雇主承担。参保人在国外工作期间患病时,如果其家庭成员陪同或者探望参保人,则第1句同样适用于根据第10条参保的家庭成员。

(2)医疗保险基金会根据第1款为雇主报销的费用和最高额度参照在国内治疗疾病产生的费用金额。

(3)医疗保险基金会根据《海员法》第48条第2款给船员报销产生的费用。

第18条 欧洲共同体条约与欧洲经济区协议有效区之外的治疗费用

(1)如果只能在欧洲共同体条约与欧洲经济区协议有效区之外利用普遍认可的医疗技术知识治疗疾病,则医疗保险基金会可以承担全部或者部分必需的医疗费用。在这种情况下继续发放病假津贴。

(2)在第1款描述的情况下,医疗保险基金会可以承担全部或部分其他各类费用及所需护理人员的费用。

(3)在欧洲共同体条约与欧洲经济区协议有效区临时逗留期间,如果需要立即治疗,且在国内也存在此类治疗的条件,但只要经证实参保人因既往病史或年龄不能参保,并且医疗保险基金会在其出国前已了解此情况,医疗保险基金会应承担在以上地区治疗产生的必要费用。费用上限参照国内同等情况下产生的费用,而且1年中在这些地区治疗的时间最长不超过6周。如果参保人为治疗而出国,不得报销治疗费用。第1句与第3句同样适用于因接受教育而在国外逗留的情况;上限同样参考国内同等情况下产生的费用。

第19条 保险服务请求权的终止

(1)只要本法典没有其他特殊的规定,则保险关系结束时保险服务请求权也随之终止。

(2)保险关系终止后,如果参保人没有工作,还享有最长1个月的保险服务请求权。符合第10条的保险优先于第1句规定的保险服务请求权。

（3）参保人死亡，根据第10条参保的其家庭成员在参保人去世后享有最长1个月的保险服务请求权。

第三节　疾病预防服务、企业内部健康促进与预防工伤危害、自救促进

第20条　预防与自救

（1）医疗保险基金会应在章程中规定初级预防措施，这些措施要符合第2句与第3句规定的要求。初级预防措施应改善普遍的健康状况，特别是要降低因社会条件导致的健康机会不平等。根据第1句，医疗保险基金会的联合会组织协同独立的专家共同制定优先提供服务的领域与标准，特别要考虑需求、目标人群、准入条件、内容及方法。

（2）在2006年，医疗保险基金会根据第1款与第20a条与第20b条履行职责而产生的费用为每位参保人2.74欧元；在之后的年份中，根据《社会法典第四册》第18条第1款规定的每月参考值的百分比变化进行调整。

（3）（废除）

（4）（废除）

第20a条　企业内部健康促进

（1）医疗保险基金会向企业提供健康促进服务，以便在参保人与企业负责人的共同参与下解决企业内部的健康问题、排除潜在风险，并提出改善健康水平与增强健康资源的建议，发展能力和为贯彻实施提供帮助。第20条第1款第3句同样适用。

（2）在履行第1款规定的职责时，医疗保险基金会与相关的工伤事故保险基金会合作。可以委托其他医疗保险基金会、医疗保险基金会联合会，以及以此为目的设立的事务组来履行第1款规定的职责，并在履行职责时与其他医疗保险基金会合作。《社会法典第十册》第88条第1款第1句与第2款及本册第219条同样适用。

第20b条　预防工伤与职业病

（1）在履行预防因工危害健康的职责时，医疗保险基金会为法定工伤事故保险基金会提供支持。尤其是要传授疾病与工作条件之间的相互关联知识。如果发现参保人遭遇工作条件导致的健康危害或者职业病，医疗保险基金会必须立即知会劳动保护监管机构和工伤事故保险基金会。

(2)履行第1款规定的职责时,医疗保险基金会与法定工伤事故保险基金会紧密合作。未履行该职责,基金会与基金会联合会组织应组建地区工作组。《社会法典第十册》第88条第1款第1句和第2款及本册第219条同样适用。

第20c条 自救促进

(1)对按照第2句规定制定的疾病种类目录为参保人提供疾病预防与康复服务的自救团体与组织,医疗保险基金会及其联合会要促进其发展,同时,协助其建立第3款规定的自救联系点。医疗保险基金会最高联合会必须在医保签约医生联邦最高联合会和维护自救机构利益的最高联合会的代表机构的参与下,制定为促进疾病预防与康复的疾病目录。自救联系点必须致力于跨主题、跨领域及跨适应证群体的健康促进工作。

(2)对如何确定促进自救的内容及根据不同层面与领域的资金分配,由医疗保险基金会联邦最高联合会制定基本原则。第1款第2句提及的自救机构代表也须参与其中。自救促进可以采取固定拨款与项目支持的方式。

(3)在2006年,医疗保险基金会根据第1款第1句履行职责而产生的费用为每位参保人0.55欧元;在之后的年份中,根据《社会法典第四册》第18条第1款规定的每月参考值百分比变化进行调整。根据参保人的居住地来确定州与地区的促进资金。在第1句确定经费的至少50%用于跨保险类型的综合促进工作。根据第2款第1句提及的基本原则,医疗保险基金会及其不同促进层面的团体与权威自救团体代表机构、组织和联系点商议后发放综合促进经费。如果医疗保险基金会本年度未达到第1句提及的年促进资金额度标准,则在第2年额外发放综合促进工作未支出的资金。

第20d条 通过接种疫苗进行初级预防

(1)根据《传染病预防法》第2条第9项规定,参保人有权要求接种疫苗。但是因非工作原因逗留国外导致健康风险增大时需要接种疫苗的除外,除非接种疫苗可预防此种疾病进入联邦德国。要在罗伯特·科赫研究所接种常务委员会根据《传染病预防法》第20条第2款提出建议的基础上,并考虑到疫苗对公共健康安全重要性的同时,由联邦共同委员会依照第92条确定接种疫苗的前提条件、方式和范围等细节。如不接受接种常务委员会的建议,则需要说明理由。依照第3句第一次作出决定时,联邦共同委员会必须在充分考虑接种常务委员会所有建议的基础上作出决议。必须在2007年6月30日之前作出第一次决定。如果要更改接种常务委员会的建议,联邦共同委员会必须在建议公布后3个月内作出决定。如果没有如期根据第5句与第7句作出决定,标准出台之前,执行接种常务委员的疫苗接种建议,第2句规定的疫苗接种除外。

(2)医疗保险基金会可以在其章程中规定其他疫苗接种。符合第1款第5句的标准出台之前,之前规定疫苗接种的章程仍然有效。

(3)此外,医疗保险基金会必须与州内根据《传染病预防法》接种疫苗的机关合作,促进完成参保人共同和统一的疫苗接种任务,并共同报销材料费用。医疗保险基金会的州协会和医疗互助基金会与相关的州立机关共同签署框架协议,约定实施的措施和材料费用的报销。

第21条 牙病预防(团体预防)

(1)医疗保险基金会必须与牙医及本州负责牙齿健康护理的机构合作,制定统一和共同的措施,促进完成未满12周岁参保人的牙病诊断和预防任务,并分摊由此产生的费用。措施必须覆盖全州。在龋齿比例超出平均值的学校与残疾人机构,采取措施的对象年龄调整为不满16周岁。应首先针对特殊群体采取这些措施,特别是学校和幼儿园;措施尤其要包括口腔检查、牙齿状况调查、牙齿釉质软化、营养咨询及口腔卫生。针对龋齿患病风险特别高的儿童需要开展专门的项目。

(2)根据第1款第1句,医疗保险基金会的州协会和医疗互助基金会与相关的州立机关共同制定框架协议,以便贯彻实施第1句规定的措施。医疗保险基金会联邦最高联合会必须制定全国统一的建议框架,特别是关于协议内容、资金来源、与参保人无关的文件及监控。

第22条 牙病预防(个人预防)

(1)年满6周岁,但未满18周岁的参保人为预防牙齿疾病,可每半年做一次牙齿全面检查。

(2)检查应该涉及牙龈检查、牙病原因调查和规避,以及口腔卫生、牙龈状况和龋齿的诊断比较、口腔护理启蒙和釉质固化措施。

(3)年满6周岁,但未满18周岁的参保人有权要求封闭磨牙裂纹。

(4)(废除)

(5)联邦共同委员会根据第92条规定了详细的个人预防服务方式、范围和证明。

第23条 疾病预防

(1)如有必要,参保人有权要求疾病预防服务,并提供药品、包扎用品和其他医疗辅助器材,

1. 避免在可预见的时间内健康恶化,

2. 消除危害子女健康成长的因素,

3. 预防疾病或者避免其恶化,

4. 避免导致护理的需求。

(2)如果第1款规定的服务不满足参保人的需要,出于医学原因,医疗保险基金会可在认可的疗养地为参保人提供门诊保健服务。医疗保险基金会的章程可对参保人与此保健服务相关的费用作出规定,即每天津贴不超过13欧元。如果为患有慢性病的婴儿提供门诊保健服务,则津贴可根据第2句提高至21欧元。

(3)第31条至第34条适用于第1款和第2款提到的情况。

(4)如果第1款规定的服务不能满足参保人的需要,医疗保险基金会可在相应的保健机构为参保人提供带食宿的治疗,并且医疗保险基金会与此保健机构要根据第111条签订合同。医疗保险基金会对根据第1句与第2款提出的服务申请及其完成情况进行统计调查。

(5)在个别医疗需求的情况下,医疗保险基金会确定符合第4款的服务方式、时长、范围、起始时间和贯彻实施,以及符合责任评估的保健机构。符合第4款的服务最长3周,除非从医学角度来看迫切需要延长服务的。如果医疗保险基金会联邦最高联合会在对门诊和住院保健机构听证后,制定了服务准则及期限,则第2句不适用;只有在迫切需要医疗的个别情况下,才能延长期限。接受同类或类似服务之后3年,参保人才能要求第2款规定的服务,而第4款的服务则要求满4年,根据具备公法性质的相关法律的规定,在这种情况下产生的费用由医疗保险基金会承担或补助,除非从医学角度上来看迫切需要提前提供服务。

(6)年满18周岁的参保人接受第4款的服务需每天向服务提供机构支付根据第61条第2句规定的费用。服务提供机构将这些费用转交至医疗保险基金会。

(7)一般情况下,对未满14周岁参保儿童采取的住院保健措施持续4~6周。

(8)(废除)

(9)(废除)

第24条 生育医疗保健

(1)在第23条第1款规定的前提条件下,出于医学原因参保人有权要求产后恢复机构提供必要的保健服务;可利用母—婴保护措施的形式获得此项服务。第1句同样适用于相关机构中的父—婴保护措施。根据第111a条规定,必须与提供第1句和第2句规定的保健服务机构签署照护合同。第23条第4款第1句在此不适用;

第23条第4款第2句适用。

（2）第23条第5款适用。

（3）年满18周岁的参保人如果要求第1款规定的服务，需每天向服务提供机构支付根据第61条第2句规定的费用。服务提供机构将这些费用转交至医疗保险基金会。

（4）（废除）

第24a条 避孕

（1）参保人在怀孕问题上有权咨询医生。医生咨询包括必要的检查和妊娠药物处方。

（2）只要医生开具处方，未满20周岁的参保人有权获得避孕药物；第31条第2款至第4款适用。

第24b条 终止妊娠与绝育

（1）因疾病导致绝育和合法终止妊娠时，参保人有权要求医生提供服务。只能在符合《妊娠冲突法》第13条第1款的机构才能接受合法终止妊娠的服务。

（2）对以保胎与终止妊娠的医生咨询、确定因疾病导致绝育或合法终止妊娠为前提条件的医生检查与鉴定、医疗、药物、包扎用品，以及其他医疗器具的供应和医院护理要给予保障。如果疾病导致的绝育或由医生合法终止妊娠致使参保人无法工作，则参保人有权获得病假津贴，除非拥有第44条第1款规定的其他权利。

（3）在符合《刑法》第218a条第1款前提条件下终止妊娠时，参保人有权享受保胎与终止妊娠医生咨询、除终止妊娠及顺产后治疗外的其他治疗手段、药物、包扎用品，以及其他医疗器具的供应和医院护理，前提是这些措施

1. 未终止妊娠时，保护胎儿的健康，

2. 保护将来孕育胎儿的健康，或者

3. 保护孕妇的健康，特别是预防终止妊娠可能导致的并发症，或消除已经出现的并发症。

（4）不能享有第3款规定权利的终止妊娠医疗措施包括：

1. 麻醉，

2. 手术或药物终止妊娠，

3. 阴道治疗，包括孕妇服用药物，

4. 药物注射，

5. 止痛药物，

6. 其他医生的协助,

7. 直接准备手术的身体检查和手术后的观察。

以上服务产生的费用,特别是麻醉剂、包扎用品、手术巾、消毒剂,不属于医疗保险基金会的服务范围。住院终止妊娠时,医疗保险基金会不承担终止妊娠手术当天产生的护理费用。❶

第四节 疾病早期诊断的支付范围

第25条 健康检查

(1)年满35周岁的参保人有权要求每两年进行一次早期诊断疾病的健康检查,特别是心血管疾病、肾病及糖尿病。

(2)参保人每年最多可以做一次癌症早期诊断检查,女性最早可从20岁开始,男性最早可从45岁开始。

(3)第1款及第2款规定的检查前提条件:

1. 可有效治疗的疾病,

2. 可以通过诊断手段确定此种疾病在早期及前期阶段,

3. 利用医疗技术可足够明确确定病症,

4. 有足够的医生与设施来深入诊断与治疗发现的疑似病例。

(4)只要职业法允许,可一起进行第1款与第2款规定的检查。联邦共同委员根据第92条规定的检查方式和范围,以及本条第3款规定的前提条件制定细则。联邦共同委员会可为特定参保群体规定不同于第1款与第2款的年龄限制和检查次数。

(5)此外,联邦共同委员会可以在细则中规定,如果为了保证检查质量,多个专业领域的医生通力合作、参与医生根据规定的最少次数进行检查。如果要求特殊辅助技术机构或者需要具有特殊资质的非医学人员协助实施第1款和第2款规定的措施,则要在获得医生协会批准之后。需要参与医生进行多次检查或提供服务时需要多个专业领域的医生通力合作时,细则还应当规定照顾需求的标准,以确保根据需求分配病房。对医生资质进行评估并在细则规定的招标流程范围内合理分配门诊病房,并在此基础上通过医生协会选择医生。细则可规定早期诊断检查的批准期限,并在满足照顾所需的条件后予以批准。

---

❶ 第24b条:需在联邦宪法法院1993年5月28日作出的合宪性解释(1820—2)的基础上执行。联邦妇科医生协会2/90号决议。

第26条 儿童身体检查

（1）参保儿童有权要求在年满6周岁之前进行身体检查，在年满10周岁之后进行一次疾病的早期诊断检查，防止对儿童身心健康发展造成的重大危害。口腔、牙齿与颌骨疾病的早期诊断尤其要包括口腔检查、龋齿危险评估及确定、营养与口腔卫生咨询和牙齿釉质硬化与杀菌措施。年满6周岁之前享有第2句规定的服务，可由医生或牙医提供此项服务。

（2）此处适用第25条第3款与第4款第2句。

（3）医疗保险基金会与州法律规定州级机构通力合作，为参保儿童提供符合第1款的服务。为落实第1句规定的措施，医疗保险基金会的州联合会和医疗互助基金会与州级机构根据第1句签署框架协议。

第五节 疾病的支付范围

第一小节 疾病治疗

第27条 疾病治疗

（1）在必要情况下，参保人有权要求获得疾病治疗，以确诊、治愈、防止恶化或者减轻病痛。疾病治疗包括：

1. 心理和精神治疗在内的医疗，
2. 牙医治疗，
2a. 包括齿冠和超结构在内的假牙保健，
3. 提供药物、包扎用品与其他医疗辅助器材，
4. 提供家庭病护人员与家政人员，
5. 住院治疗，
6. 医疗康复与补充服务。

疾病治疗要考虑到病人心理的特殊要求，特别是在提供药物与医疗康复方面。如果参保人天生没有生育能力，或者因病绝育或丧失了生育能力，恢复其生育能力也包括在疾病治疗范围内。

（2）临时在国内逗留的参保人、根据《居留法》第25条第4款到第5款获得居留许可的外国人，以及

1. 避难申请程序还未最终结束的外国人，
2. 《联邦流亡者法》第1条第2款第2项和第3项规定的被驱逐者及该法第4条

规定的归国者、其配偶,生活伴侣及子孙,如果在提出服务要求之前已经参保至少1年,或者根据第10条参保,又或者出于医学原因必须立刻采取治疗,根据该法第7条第2款以上人员有权享有假牙服务。

第27a条 人工受孕

(1)疾病治疗的支付范围也包括诱导妊娠措施,如果

1. 医生确诊后需要采取此项措施,

2. 医生确诊后充分确定通过采取此项措施可怀孕;如果采取三次措施后未成功,将不能再继续进行,

3. 人工授精的双方有婚姻关系,

4. 只使用配偶的卵子与精子,

5. 在采取此项措施之前,医生须从医学及心理社会学角度向当事人介绍此措施的情况,介绍情况的医生不能是亲自进行治疗的医生,然后再由介绍情况的医生把病人移交给根据第121a条获得批准的医生或机构。

(2)第1款适用于执行刺激程序后的人工授精和可能增大三胞胎或多胎妊娠风险的人工授精。第1款第2项后半句与第5项不适用于其他人工授精。

(3)只有年满25周岁的参保人才有权要求第1款规定的实物服务;年满40周岁的女性参保人与年满50周岁的男性参保人不适用于第1款。进行治疗之前,需要向医疗保险基金会提交治疗计划,以求得到批准。医疗保险基金会承担通过治疗计划获批治疗费用的50%。

(4)联邦共同委员会根据准则中的第92条来确定符合第1款的人工授精前提条件、方式和范围。❶

第28条 医疗与牙医治疗

(1)医生在医术的基础上充分和有目的地防治、诊断与治疗疾病。由医生安排和由其负责的人员提供的协助服务也属于医疗范畴。

(2)牙医在医术的基础上充分和有目的地防治、诊断与治疗牙齿、口腔与颌骨疾病的工作;齿冠和超结构在内的假牙安装、必要的保守外科手术与X光检查服务也囊括在牙医治疗范围内。如果参保人在牙填充时选择了超标的服务,则自己承担超标的费用。在这种情况下,价格最低的同类塑料填充将作为实物服务的参考标准。出现符合第2句的情况时,在治疗之前,参保人要与牙医签订合同。超标费

---

❶ 第27a条第1款第3项:需在联邦宪法法院2007年2月28日作出的合宪性解释(I350)的基础上执行;联邦消费者保护与食品安全协会5/03号决议。

用规则不适用于更换完好无损的牙填充物。年满18周岁的参保人进行的颌骨整形手术不属于牙医治疗范畴,异常参保人进行颌骨外科与颌骨整形综合手术也不属于牙医治疗范畴。功能分析与功能治疗措施也不属于牙医治疗范畴;移植服务也同样不属于牙医治疗范畴,除非是联邦共同委员会根据第92条第1款确定的严重例外情况。在此情况下,医疗保险基金会承担整个医疗范围内的实物服务费用,包括超结构服务。第1款第2句在此适用。

(3)允许心理治疗师和儿童及青少年心理治疗师进行心理治疗,以及根据第92条制定的细则规定的合同医生进行疾病心理治疗。最迟在根据第92条第6a款进行心理测试后,在心理治疗开始前,心理医生需向合同医生索取说明患者生理疾病的会诊报告,如果出具生理报告的合同医生必须保留报告以备使用,则必须向精神病学合同医生索取报告。

(4)年满18周岁的参保人每个季度初次享受门诊医疗、牙医或心理治疗服务时,与同一季度中其他服务费用划账不同,参保人要根据第61条第2句向医疗服务提供机构缴纳附加费用。第20a条与第25条规定的医疗服务、第55条第1款第4句和第5句规定的牙医检查,以及根据《帝国保险法》第196条第1款和《农民医疗保险法》第23条第1款进行的妊娠保健措施不在第1句的适用范围内。只要参保人选择根据第13条第2款报销费用,则适用第1句与第2句条款和医疗保险基金会根据第13条第2款第9句扣除附加费用的说明。

第29条 颌骨整形治疗

(1)如果参保人的颌骨与牙齿缺陷严重影响或者威胁咬、嚼、说话或者呼吸,参保人则有权要求获得已经医学证实有效的颌骨整形治疗。

(2)参保人需为符合第1款的颌骨整形治疗向合同医生支付20%的费用。第1句不适用于与颌骨整形治疗相关的保守外科与X射线检查。如一个家庭中至少有两个子女需要颌骨整形治疗,且在开始治疗时子女都未满18周岁,第二个子女和其他每个子女自付第1款规定费用的10%。

(3)合同牙医与医疗保险牙医协会结算颌骨整形治疗费用时,扣除参保人据第2款第1句与第3句自付的部分。如果在治疗计划确定的必要医疗范围内完成治疗,医疗保险基金会将参保人根据第2条第1句和第3句自付的费用退还参保人。

(4)联邦共同委员会在根据第92条第1款制定的细则中确定客观检查的适应证群组标准。同时规定必须遵守的颌骨整形检查和诊断的标准。

第30条 （废除）

第30a条 （废除）

第31条 药品与包扎用品

（1）参保人有权获得药店必备的药品供应，只要药品不在第34条或者第92条第1款第2句第6项规定之列，还有权获得包扎用品与尿血试纸。联邦共同委员会根据第92条第1款第2句第6项制定细则规定，在何种情况下将药物和配制药物作为符合《医药产品法》第3条第1项或者第2项的内用或外用医药产品纳入药品供应清单；第34条第1款、第5款、第7款与第8款和第6款，以及第35条、第126条和第127条在此适用。第34条第1款第6句适用于第2句规定的处方药与非处方药。在经证实的特殊医疗情况下，合同医生开具的药方可不在基于第92条第1款第2句第6项准则的供应清单中，但需说明原因。参保人可在第129条第2款框架协议范围内的药店自由选择第1句规定供应的药品。

（2）根据第35条或者第35a条确定固定价格的药品和包扎用品，医疗保险基金会按照固定价格上限负担费用，对于其他药品，则负担扣除参保人自付金额及第130条、第130a条和《药品批发折扣实施法》规定折扣金额之外的全部费用。如果医疗保险基金会与提供固定价格药品的制药企业根据第130a条第8款签订协议，则第1句不再适用此情况，医疗保险基金会负担除去参保人自付金额及第130条、第130a条第1款、第3a款和第3b款规定的折扣金额之外的药品费用。只有可以补偿超出固定价格的额外费用时，此协议才有效。医疗保险基金会根据第129条第2款告知合同伙伴包括药品和医疗保险基金会特征在内的所需说明；根据第129条第2款及第5款在合同中约定细节。如果医疗保险基金会签订的合同不符合法律要求，则参保人与药店没有义务向医疗保险基金会返还多余的金额。

（2a）（废除）

（3）年满18周岁的参保人购买由医疗保险基金会负担法定医保范围内的处方药和包扎用品时，需要自付第61条第1句规定的金额作为附加费用，然而此费用不是药品的价格。第1句不适用于尿血试纸。第1句适用于根据第1款第2句和第3句被纳入药品供应名单的医疗产品。医疗保险基金会联邦最高联合会根据第213条第2款作出决议，如果能够节约医疗保险基金会的开支，当药品在药店含增值税的售价至少低于售价基础上有效固定价格的30%时，个人无须自付。对根据第130a条第8款达成协议的药品来说，如果能够节约医疗保险基金会的开支，医疗保险基金会可以减免自费金额的一半。第2款第4句在此适用。

(4)联邦卫生部依法确定符合治疗的经济型药品包装细节,无须联邦议会批准。购买的成品药品包装大小超出以上述第1句为基础确定的包装大小时,不属于第1款提供的药品范畴,而且法定医疗保险基金会不承担相关费用。

(5)从医学角度来看,如果采用平衡饮食具有必要性、针对性及经济性,则参保人有权要求平衡饮食来保持肠道营养。联邦共同委员会根据第92条第1款第2句第6项制定细则确定,合同医生在何种前提条件下开具哪种平衡饮食食谱,以保持肠道营养,并在联邦报纸上公开医生开具的饮食产品名单。第34条第6款在此适用。只将符合细则要求的食品纳入此清单。第3款第1句对参保人自费进行了相应的规定。肠道营养平衡饮食服务要符合第126条和第127条的规定。根据第84条第1款第2句第1项签订协议时,需考虑第1句规定的服务。

第32条 药物

(1)参保人有权获得第34条规定的药物。第92条适用于第1句规定的药物。

(2)年满18周岁的参保人,购买药物时须向服务提供机构自行交付第61条第3句规定的药物费用。如果服务中包括按摩、温泉与保健操(符合第27条第2句第1项),或者在医院、康复或其他机构门诊接受治疗时,也必须自行承担药物费用。根据第125条医疗保险基金会为合同医生所在地的参保人计算第2句所提及的治疗药物自付金额。如果在这个地区有不同的价格约定,医疗保险基金会要参考平均价格。医疗保险基金会通知医疗保险基金会医生协会适用的价格,医疗保险基金会医生协会再告知合同医生。

第33条 医疗辅助器具

(1)只要医疗辅助器具不是参保人日常生活中的常规日用品或者未在第34条第4款规定范围内,参保人有权获得特殊情况下必要的助听器、假肢、人造骨等辅助器具,以保证成功治疗疾病、预防与补救残障。住院护理期间,为补救残障获得的辅助器具与参保人仍可参与群体生活的程度无关;住院护理机构有责任妥善保管用于日常护理工作的必要医疗辅助器具和护理辅助器具。第92条第1款适用于第1句没有排除的辅助器具。参保人的权利还包括:为了提高辅助器具的使用性和防止参保人遭受无法防御的危险而进行的辅助器具改装、修理与替换,要在现有技术水平条件下进行必要的保养和技术检查,以便维持其功能及技术安全。参保人选择超标的辅助器具或附加服务时,自行承担附加费用和由此产生的高额后续费用。

(2)根据第1款规定的前提条件,参保人有权在年满18周岁之前获得视力辅助器具。如果参保人在年满18周岁后,弱视或失明使双眼视力损害达到世界卫生组织界定的一级标准,有权获得视力辅助器具;如果治疗对眼睛疾病与伤害有疗效时,还有权获得治疗性的视力辅助器具。联邦共同委员会根据第92条制定细则,规定享受治疗性视力辅助器具的症状。视力辅助器具不包括眼镜镜框。

(3)根据第2款,只有在医学上认为是绝对必要的例外情况下,参保人才有权要求获得隐形眼镜。联邦共同委员会根据第92条规定获得隐形眼镜的症状。如参保人不符合第1句规定的前提条件,却要求佩戴隐形眼镜来代替眼镜,医疗保险基金会最高只承担购买必要眼镜的费用作为隐形眼镜费用补贴。护理液自付。

(4)参保人年满14周岁后,只要其视力变动在0.5度以上,就有权根据第2款再次获取视力辅助器具;在医学上认为是绝对必要时,联邦共同委员会可根据第92条批准例外情况。

(5)医疗保险基金会可允许参保人租借必要的医疗辅助器具。参保人租借医疗辅助器具是否被批准,取决于这些物件是否适合参保人的使用或是否可学习使用。

(6)参保人可以在参保医疗保险基金会的任何一家合同医疗服务提供机构就诊。如果医疗保险基金会根据第127条第1款签订了特定医疗辅助器具供应合同,则由医疗保险基金会指定合同医疗服务提供机构为参保人提供医疗辅助器具。不同于第2句规定的情况下,如果存在正当利益,参保人可破例选择另一家医疗服务提供机构购买此类医疗辅助器具;自行承担因此产生的额外费用。

(7)医疗保险基金会承担合同规定的费用。

(8)年满18周岁的参保人购买法定医疗保险提供的各种医疗辅助器具时,向供货机构缴纳附加费,附加费等于医疗保险基金会需承担金额中第61条第1句规定的费用。从符合第7款的额外补贴中扣除附加费;在此第43b条第1款第2句在此不适用。使用特定医疗辅助器具时的附加费为医疗保险基金会需承担总费用的10%,但是每月所需总额最高为10欧元。

第33a条 (废除)

第34条 不予支付的药品、药物与医疗辅助器具

(1)非处方药不属于第31条的供应范围。联邦共同委员会在2004年3月31日之前第一次根据第92条第1款第2句规定,在合同医生注明理由的条件下,重症治疗时可使用用于标准治疗的非处方药。在此需要考虑到治疗方法的多样性。联邦共同委员会在第2句的基础上制作并定期更新可作为处方开具的成品药清单,在因特网上可调用此清单,并可提供电子版。第1句不适用于:

1. 未满12周岁的参保儿童,

2. 未满18周岁有发育障碍的青少年。

在以下应用领域不能为年满18周岁的参保人开具第31条规定的处方药:

1. 感冒与流感药物,包括止痛、止咳药物,

2. 口腔与咽喉药物,真菌感染除外,

3. 泻药,

4. 旅行病药物。

此外,也不能开具主要用来提高生命质量的药物。尤其不能开具治疗勃起障碍、刺激与提高性能力、戒烟、节食、整形及生发的药物。细节参见根据第92条第1款第2句第6项制定的准则。

(2)(废除)

(3)法定医疗保险不符合经济性要求的药物法规(1990年2月21日通过《联邦法律公报》Ⅰ第301页)、2002年12月9日的法规进行了最后修改(《联邦法律公报》Ⅰ第4554页)附件2第2项至第6项中罗列的药品排除在处方清单之外,此清单与联邦共同委员会的清单等效,并构成根据第92条第1款第2句第6项制定细则的一部分。一些特殊疗法比如顺势疗法、植物疗法和人智疗法等的用药,要参考其疗效来确定是否可作为处方药开具。

(4)联邦卫生部经联邦议会同意,可通过制定条例来确定医疗保险基金会不承担费用的医疗辅助器具,因为这些用具的作用不明显或者有争议,或者其售价太低。条例还可以规定,医疗辅助器具改装、维修和替换的费用低于什么程度时,医疗保险基金会可不承担这些费用。第1句与第2句不适用于未满18岁参保人的助听器维修与电池更换。第1句条款没有规定的医疗辅助器具适用第92条。

(5)(废除)

(6)医药企业可以向联邦共同委员会申请,将其药品纳入第1款第2句和第4句规定的清单中。申请需要充分说明理由,并附上足够的证明材料。如申请理由不充分,联邦共同委员会立即通知申请企业,并告知仍需要的材料与信息。联邦共同委员会应在90日内对申请作出决定,并充分说明理由或者给予申请者上诉提示与上诉期限。拒绝决定应该建立在客观与经得起推敲的标准之上。申请程序收费。由联邦共同委员会规定充分理由与必要证明材料的细节。

第35条 药品和包扎用品的固定支付价格

(1)联邦共同委员会根据第92条第1款第2句第6项的规定,制订细则以明确

固定支付价的药品类别。同一类的药品应

1. 具有同样的有效成分,
2. 药理学上类似的有效成分,特别是化学关联物资,
3. 类似的疗效,特别是药物组合;

如果有效成分相同药物的生物来源对治疗有重要意义,则应考虑生物来源的多样性。根据第2句第2项与第3项划分的药品种类必须确保不会限制治疗的可能性和医疗上必要备选处方的可用性;具有新疗效的新专利药或具有微小副作用改善治疗的药物不在以上种类范围内。所谓"新",是指这种药物的有效成分第一次作为专利药物流通。联邦共同委员会根据第3款制定细则确定每天或每支平均剂量或适当的参考量。第106条第4a款第3句和第7句适用于联邦共同委员会办事处根据第1款进行的决议准备。联邦共同委员会如委托第三方,必须保证评估过程及所使用的数据是公开的。接受委托的第三方机构不能公开。

(1a)在不同于第1款第4句的情况下,如果仅为获得专利的药物划分类别,则可根据第1款第2句第2项划分有效成分获得专利的药物类别,类别中至少包含三种药物,并可为其定价。具有改善疗效作用的专利药,即使有微小的副作用,也要排除在第1句述及情况之外。第1句和第2句适用于药物组合,其有效成分根据第1款或第1a款第1句已被纳入定价药品种类或者已不属于新品种。

(1b)第1款第3句后半句与第1a款第2句表述的改善疗效意即,此种药物比含有同类有效成分的药物疗效更好,因此作为有针对性的疗法定期使用或比同类别的其他药物优先用于相关患者群体、症状范围。根据第1句对有效成分类别的药物普遍应用范围进行评估。根据第1句,较好的药效也可以是减少治疗副作用的概率与强度。只要此研究普遍适用或即将适用,并且研究方法符合国际水准,就可凭借专业信息和通过符合循证医学理论原理的临床研究评估来证明医疗改善效果。最好是临床研究,特别是直接与含有同类其他有效成分的药物进行比较研究,尤其是要考虑到死亡率、发病率与生活质量。根据第1款第1句阐述决议时,需要准备专业和有条理的评估结果,以便可追溯支持决议的理由。在决定之前,可根据第2款听取专家口头汇报。在联邦共同委员会因重要原因作出不同决定的前提下,根据第94条第1款完成草案后,最晚在联邦公报公布决议的同时,公布决议理由。从定价药品清单中清除只对部分病人或者第1句规定的部分通用应用领域症状有更好疗效的药物,这些药物只是在部分应用中较经济;第92条第1款第2句第6项规定了详细信息。

(2)医药科学与实践专家,以及药品生产企业和药店代表在联邦共同委员会作出决定前需要阐述自己的立场;评估特殊疗法的药物时,还需要就此种疗法方向专家征求意见。做决定时要考虑这些意见。

(3)医疗保险基金会联邦最高联合会根据药物每天或每次平均用量或其他适当参考用量规定支付价格。绷带可统一定价。第2款适用专家的意见。

(4)(废除)

(5)规定药品的固定支付价格,是为了保证普遍、足量、有针对性和经济地供应质量安全的药品。固定支付价格压缩了药品的盈利空间,引发有效的价格竞争,因此可供应尽量廉价的药品;如有可能,要保证有足够的治疗药品种类可供选择。至少每年检查一次药品定价;按照适当的时间跨度根据市场变化对定价进行调整。符合第1款第2句第1项定价组的药品定价和2006年4月1日首次符合第2项和第3项的定价,最高不能超过标准包装最低与最高价差价的1/3。此外,必须至少以定价提供1/5的处方药品和1/5的包装药品;同时,不按定价获得的处方药与包装药品数量总比例不能超过160%。根据第4句进行计算时,不考虑处方定价组包装药品中比例低于1%的高价包装药品。符合第84条第5款的处方参考计算截止日期当天提供的最终年度数据。

(6)调整定价时,如果根据第31条第3款第4句通过了有效决议,并在此决议基础上取消了药品的附加费用,则需要调整定价,确保在调价之后,能够供应充足无附加费用的药品。如果预计不能充分供应事先根据第31条第3款第4句免除附加费的药品数量,在这种情况下,根据第5款第5句规定,总和不得超出100%。

(7)须在联邦公报上公布药品定价。针对定价规定的申述不影响决定的立即生效。不进行预审程序。禁止提出针对符合第1款第1句至第3句分类、针对符合第1款第4句药品每日或每次平均剂量或其他适当参考计量或者针对药品定价的其他组成部分的特殊申述。

(8)医疗保险基金会联邦最高联合会制作并公布所有药品及其定价一览表,并通过网络传输给德国医学文献信息研究所,以供下载出版。一览表一个季度更新一次。

(9)根据2012年1月1日起开始生效的药品价格条例,医疗保险基金会联邦最高联合会要按照第7款第1句根据贸易附加费重新估算处方药定价,并最迟2011年6月30日公布。重新估算不须考虑专家的立场。自2012年1月1日起执行重新估

算后的定价。❶

第35a条 含有新有效成分的药品有效性评估

（1）联邦共同委员会评估含有新有效成分的可报销药品的有效性。特别是相对其他类似治疗的辅助疗效、疗效强度及临床意义。疗效评估建立在医药企业证明的基础上，医药企业须在药品第一次临床使用和允许用于新领域前要将所进行或受托进行的所有医学检验以电子方式知会联邦共同委员会，特别是必须包含如下说明：

1. 许可的应用领域，
2. 医药疗效，
3. 与其他类似治疗相比的辅助疗效，
4. 显现重大辅助疗效的病人及病人群体数量，
5. 法定医疗保险承担的治疗费用，
6. 保证疗效的正确使用要求。

药理学上与定价药品类似的药品，需要根据第35条第1b款第1句至第5句来证明符合第3句第3项的辅助疗效能够改善治疗。如果即使在联邦共同委员会的督促下医药企业也不能按时或者齐全地提交必需的证明，则此辅助疗效不予承认。联邦卫生部根据条例可不经过联邦议会批准直接调整疗效评估细节。特别是规定：

1. 符合第3句的证明提供要求，
2. 确定类似疗法及其辅助疗效的基本原则，需要提交附加证明的情况和达到特定证据级别研究的前提条件；基础是实证医学与卫生经济学的国际标准，
3. 程序原则，
4. 第7款规定的咨询原则，
5. 基于疗效评估的证据公布，以及
6. 2011年7月31日前首次用于临床的含有新有效成分的药品过渡规定。

联邦共同委员会必须在条例生效1个月内第一次在其程序规则中规定其他细节。为了确保有针对性的类似治疗，联邦共同委员会可要求医药企业提供申请许可的新药应用范围信息。根据欧洲议会与欧洲理事会1999年12月16日通过的第141/2000项决议，向治疗疑难杂症的药品颁发疑难杂症药品许可，可视为确认该药

---

❶ 第35条：需在联邦宪法法院2002年12月17日作出的合宪性解释（2003I126—1）的基础上执行。联邦消费者保护与食品安全协会28/95号决议。

品具有医学辅助疗效；无须提供第3句第2项与第3项规定的证明。如在过去的12个月中，通过法定医疗保险基金会以药店售价出售的符合第10句的药品销售额（包括增值税）超过5000万欧元时，医药企业要在联邦共同委员会提出要求的3个月内根据第3句提供证明，并证明药品具有不同于其他类似治疗的辅助疗效。在符合第84条第5款第4句说明的基础上，确定符合第11句的销售额。

（1a）如果预计法定医疗保险为此药品支付的费用极少，则联邦共同委员会可免除医药企业根据第1款与第3款提交证明材料的义务，也可申请取消根据第3款进行的药品疗效评估。医药企业需充分阐述申请理由。联邦共同委员会可规定义务免除期限。联邦共同委员会在程序条例中对细节进行了规定。

（2）联邦共同委员会根据第1款第3句检查证明材料并决定，自行进行疗效评估或是委托卫生事业质量与经济研究所或者第三方进行。联邦共同委员会与卫生事业质量与经济研究所可要求审阅联邦主管机关的许可材料。疗效评估最迟在第1款第3句规定的证明材料递交时间后3个月内完成并在网上公布。

（3）联邦共同委员会在公布后3个月内须对疗效评估作出决议。第92条第3a款在下列条件下有效，即有机会做口头意见称述。根据联邦共同委员会的决议确定药品的辅助疗效。联邦共同委员会可规定疗效评估决议的有效期。在网上公布决议。决议是符合第92条第1款第2句第6项准则的一部分；第94条第1款在此不适用。

（4）如果根据第1款第4句确定药品不具有改善治疗的功效，则在符合第3款的决议中将此药品纳入第35条第1款规定的具有相同药理学功效的定价种类。第35条第1b款第6句在此适用。第35条第1b款第7句和第8句以及第2款不适用。

（5）如果医药企业掌握了更新的科学知识并证明有必要重新评估疗效，则根据第3款，医药企业最早可以在决议公布1年后申请重新评估疗效。联邦共同委员会在3个月内决定是否批准申请。医药企业根据要求在3个月内向联邦共同委员会提交第1款第3句规定的证明材料。第1款至第4款及第6款至第8款在此适用。

（5a）如果联邦共同委员会在其决议中没有确定符合第3款的辅助疗效或者符合第4款的改善疗效，则须根据医药企业的要求申请根据第35b条或者第139a条第3款第5项进行评估，前提是医药企业承担费用。确定定价或者报销价格的义务不变。

（6）对于已批准且已应用于临床的药品，联邦共同委员会可进行疗效评估。优先评估对药品供应有重大意义或者与其他药品存在竞争关系的药品，并根据第3款作出决议。第5款在此适用。批准联邦共同委员会委托根据第1句进行疗效评估药品新的应用领域时,医药企业需最迟在批准之前提交第1款规定的卷宗。

(7)联邦共同委员会为医药企业提供待提交材料、研究及类似疗法的咨询。并可与医药企业进行这些方面的协商。可在第三阶段批准程序开始之前,在联邦医药产品研究所或者Paul-Ehrlich研究所的参与下展开咨询。医药企业获得咨询谈话纪要。包括咨询费用报销在内的细节见程序条例规定。

(8)不得针对符合第2款的疗效评估、符合第3款的决议及根据第4款将药品纳入定价种类提出申诉。第35条第7款第1句至第3句在此适用。

第35b条　药品的成本效用评估

(1)联邦共同委员会根据符合第130b条第8款的申请委托卫生事业质量与经济研究所进行成本效用评估。在委托合同中明确规定,针对何种疗效与哪些病患群体进行评估,以及评估时需要考虑的时段、疗效与费用类型和在总疗效中占的比例;联邦共同委员会在其程序条例中对细节进行规定;在下列条件下,第92条第3a款适用于委托授权,即联邦共同委员会进行口头听证。考虑到对患者的治疗辅助疗效与费用的关系,通过与其他药品和治疗形式对比进行评估;评估的基础是临床试验成果和医疗服务,根据第2款与联邦共同委员会协商服务内容或根据医药企业的申请由联邦共同委员会批准;第35a条第1款第3句和第2款第3句在此适用。药品对患者的疗效应适当考虑患者健康状况的改善、病期的缩短、寿命的延长、副作用的减轻及生活质量的提高,评估经济性时也要考虑参保人群体负担费用的适用性和合理性。研究所根据委托,根据第1句选取相应的方法与标准,按照相应专业范围内基于证据的医学和卫生经济国际标准对药品进行评估。研究所保证评估结束之前程序高度透明并且适当参与第35条第2款和第139a条第5款提及的事宜。研究所在网络上公布相关方法与标准。

(2)联邦共同委员会可与医药企业协议约定临床试验及其重点。试验草案的准备期限取决于既定指标及准备相应数据必需的时间;不能超过3年。联邦共同委员会在其程序条例中对细节进行规定。由医药企业承担费用的试验应优先在德国进行。

(3)在根据第1款进行费效评估的基础上,联邦共同委员会做成本效用评估决议并在网上公开。第92条第3a款在此适用。决议通过后,确定药品的辅助疗效及其使用相关药品时的治疗费用。决议是根据第92条第1款第2句第6项制定的细则的一部分;决议也可包含符合第92条第2款的治疗提示。第94条第1款在此不适用。

（4）不得提出针对符合第1款第1句的委托或者符合第1款第3句评估的特殊申诉。针对根据第3款确定成本效用关系的申诉对决议生效不产生影响。

第35c条　药品超出许可范围的应用

（1）根据《药品法》，根据现有的科技水平对禁用适用症及适用症领域许可药品的使用进行评估时，联邦卫生部须任命联邦医药产品研究所的专家小组进行评估。评估结果将转到联邦共同委员会，并作为符合第92条第1款第2句第6项决议的建议使用。评估需要得到相关医药企业的首肯。不得针对评估提出特殊申诉。

（2）除了第1款规定的应用范围之外，如果与现有治疗方案相比能够得到更好的重症治疗效果，并且相关的附加费与预期的辅助疗效之间的比例适当，则参保人有权要求在临床试验中获取许可的药品，此临床试验需要由合同医生或者第116b条与第117条规定的门诊医生完成，并且处方不与联邦共同委员会颁布的药品条例相冲突。如果根据药品法律规定药品由医药企业免费提供，则医疗保险基金会没有提供服务的义务。开具处方前10周须知会联邦共同委员会；只要不符合第1句规定的前提条件，联邦共同委员会可在收到通知后8周内驳回。联邦共同委员会根据第92条第1款第2句第6项准则规定细节、证明材料和信息反馈义务。如果第1句规定的临床试验为药品许可范围的扩展做出决定性贡献，医药企业需为医疗保险基金会支付处方费用。符合欧洲法律的用药许可也适用于此规定。

第36条　医疗辅助器具的固定支付价格

（1）医疗保险基金会联邦最高联合会确定医疗辅助器具的固定支付价格。在满足第139条规定的医疗辅助器具清单的前提下，按照其功能将相似和一致的器具汇总为一组并规定详细的供应信息。传达所需的相关信息后，在决定前的适当期限内可向相关制造商与医疗服务提供机构的最高联合会组织阐明意见；将其意见纳入决定。

（2）医疗保险基金会联邦最高联合会为供应符合第1款规定的医疗辅助器具确定统一的定价。第1款第3句在此适用。在医疗保险基金会联邦最高联合会的要求下，制造商与医疗服务提供机构有义务提供履行第1款第1句与第2句规定之任务所需的信息与消息，特别是医疗辅助器具的售价。

（3）第35条第5款与第7款在此适用。

(4)(废除)❶

第37条　居家疾病照护

(1)如果参保人需要的治疗属于医院治疗的一部分,但医院却无法提供,而居家疾病照护可避免或缩短医院治疗,则除了医生治疗之外,参保人在家务、家庭中或其他合适的地方,特别是护理型住宅、学校、幼儿园及各类需要特别看护的残疾人工作场所,可获得相应护理员的居家照护服务。《工作场所条例》的第10条仍然有效。居家疾病照护包括个别情况下必需的基本治疗护理和家政服务。参保人在病发后4周内可提出服务请求。医疗服务提供机构(第275条)从第1句规定的原因出发认为有必要时,在充分说明理由的例外情况下,医疗保险基金会可批准较长时间的居家疾病照护。

(2)如果护理有利于保证医生达到治疗目标,作为居家疾病照护,参保人可在家务、家庭中或其他合适的地方,特别是护理型住宅、学校、幼儿园,以及各类需要特别看护的残疾人工作场所,获得治疗护理;服务还包括根据《社会法典第十一册》第14条和第15条确定护理需要时考虑辅助需求情况下的疾病特有日常护理措施。《工作场所条例》第10条在此仍然有效。除了上述情况,如果预计提供服务的时间至少为6个月,第1句规定的服务要求还额外适用于需要《社会法典第十一册》第43条批准护理机构提供更高医疗护理的参保人。合约可规定,除了符合第1句的医疗护理之外,作为居家疾病照护,医疗保险基金会还要提供基本护理和家政服务。合约条例同时可规定符合第4句的基本护理与家政服务持续时间与范围。医疗保险基金会的章程中还可规定《社会法典第十一册》的护理需求产生后,不得再提供第4句与第5句提及的服务。符合《社会法典第十一册》第71条第2款或第4款的机构未长期收容的参保人,其家庭已不存在并只有被临时机构或另一个适当安置处收容才能获得治疗护理时,可获得《社会法典第十一册》第71条第2款或者第4款规定的服务。

(3)只有病人所在家庭的在世者不能提供必需的护理与照料时,才可提出居家疾病照护服务的请求。

(4)如果医疗保险基金会不能为家护雇用到护理员,或者有充分理由不雇用护理员,医疗保险基金会将适当报销参保人自己雇用护理员的费用。

(5)年满18周岁参保人自行向医疗保险基金会缴纳第61条第3句规定的费用,

---

❶ 第36条:需在联邦宪法法院2002年12月17日作出的合宪性解释(20031126—1)的基础上执行。联邦消费者保护与食品安全协会28/95号决议。

费用额度不超过每年提供此服务最初28天的费用总和。

(6)联邦共同委员会根据第92条制定实施细则,规定在参保人家庭场所以外可根据第1款与第2款提供服务的地点和前提条件。此外,还规定符合第2款第1句的疾病特有日常照护方式与内容细节。

第37a条 社会康复治疗

(1)如果社会康复治疗能避免或缩短住院治疗,或者医院提供社会康复治疗但却无法实施,因严重心理疾病而不能独立获得医师服务或者医嘱要求的服务的参保人,可要求社会康复治疗服务。在第2款的框架范围内,社会康复治疗包括个别情况下需要的医嘱服务及服务实施说明与积极性协调。每种疾病在3年内享有的社会康复治疗不超过120个小时。

(2)联邦共同委员会在第92条的准则中规定根据第1款提供服务的前提条件、方式与范围等细节,特别是

1. 在通常情况下需要进行社会康复治疗的病征,
2. 社会康复治疗的目标、内容、范围、时间与次数,
3. 医生有权提供社会康复治疗的前提条件,
4. 对病患疗效的要求,
5. 开具社会康复治疗处方的医生与服务提供机构合作的内容与范围。

(3)享受服务期间,年满18周岁的参保人每天向医疗保险基金会自行缴纳第61条第1句规定的费用。

第37b条 专科门诊姑息疗法

(1)预期生存期有限的参保人所患疾病不可治愈、不断恶化且需要极其昂贵的照料时,有权要求专科门诊姑息疗法。合同医生或者住院医生可开具此服务处方。专科门诊姑息疗法包括医生与护理及其综合服务,特别是止痛疗法和症状控制,以及在值得信赖的家庭环境中为参保人提供第1句规定的照料;如包括帮助残疾人适应和救助儿童及青少年的设施。常住收容所的参保人有权要求享受专科门诊姑息疗法范围内所需的部分医疗服务。此种情况的前提条件是其他机构没有提供服务的义务。同时,儿童要受到特别照顾。

(2)在《社会法典第十一册》第72条第1款意义上的护理机构中住院治疗的参保人有权要求专科姑息疗法服务。符合第132d条第1款的合同规定,由护理机构中的医疗保险基金会合作伙伴或者由护理机构的工作人员按照第1款提供服务;第132d条第2款在此适用。

(3)2007年9月30日之前,联邦共同委员会根据第92条的规定制定服务细则,特别是

1. 第1款第1句规定的疾病和参保人需要特殊照料的要求,

2. 专科门诊姑息疗法的内容与范围,包括与门诊服务的关系和服务提供机构与住院及门诊善终服务机构的合作(综合方法);要考虑日益复杂的服务体系,

3. 开具处方的医生与服务提供机构的合作内容与范围。

第38条 家政服务

(1)如参保人因住院治疗或者因第23条第2款或者第4款,第24条、第37条、第40条或者第41条的服务丧失家务能力,则有权获得家政服务。此外,前提条件还包括,家庭中的子女还未满12周岁或者残疾并需要照料。

(2)医疗保险基金会的章程可规定,如果参保人因疾病丧失家务能力,医疗保险基金会在第1款规定的其他情况下提供家政服务。合同章程也可规定不同于第1款第2句的服务范围和持续时间。

(3)只有在家庭在世成员无家务能力的情况下,参保人才有权获得家政服务。

(4)如果医疗保险基金会不能为参保人雇用到家政服务员,或者有充分理由不雇用家政服务员,则医疗保险基金会应当适当报销参保人自己雇用家政服务员的费用。如果雇用的是家属和两代之内的直系亲属,则不报销费用;但是如果报销第2句意义上的费用与雇用专职家政服务员的支出在合理的比例范围内,医疗保险基金会可报销必要的路费与收入损失。

(5)享受服务期间,年满18周岁的参保人每天自行向医疗保险基金会缴纳第61条第1句规定的费用。

第39条 医院治疗

(1)医院治疗分住院、半住院、住院前和住院后(第115a条)及门诊(第115b条)。如果通过半住院、住院前和住院后或门诊治疗和家庭病护不能达到治疗目的,而且经医院审核的确有必要,则参保者有权要求在许可的医院住院治疗。医院治疗包括医院服务协议范围内的所有服务,即个别情况下根据疾病类型和严重程度为住院参保人提供的医疗服务,特别是医生治疗(第28条第1款)、疾病护理,药物治疗及医疗辅助器具的供应,食宿;急性住院治疗也包括个别情况下为了早期康复提供的必需与及时服务。

(2)如果参保人在没有强制原因的情况下选择医生指定之外的医院进行治疗,自己承担因此产生的全部或部分额外费用。

（3）在联邦医院协会与医疗保险基金会医生协会的协助下，医疗保险基金会的州协会、医疗互助基金会，以及德国矿工—铁路—海员养老保险基金会共同制定参保人在本州或者本地区许可医院接受医院治疗的服务与支付明细，并随着发展对其进行调整（住院服务与支付明细）。汇总支付明细，以便能够进行比较。医疗保险基金会须督促合同医生及参保人在提供与接受住院治疗时注意此明细。

（4）年满18周岁的参保人从开始住院治疗起每天向医院缴纳第61条第2句规定的费用，1年之内最多缴纳28天的费用。1年之内根据《社会法典第六册》第32条第1款第2句及根据第40条第6款第1句已向法定养老保险基金会缴纳的费用算作第1句规定的费用。

（5）（废除）

第39a条 住院与门诊的临终服务

（1）通过参保人的家庭门诊不能提供姑息治疗时，不需要住院治疗的参保人，根据第4句在协议范围内，有权要求获得在提供姑息治疗机构住院或半住院的补助。医疗保险基金会根据第1句承担《社会法典第十一册》规定服务补助性费用的90%，承担儿童患者费用的95%。根据《社会法典第四册》第18条第1款，补助每天不能超过每月参考值的7%，在计入其他社会服务机构分担费用的情况下，不能超过第1句规定的每天实际费用。医疗保险基金会联邦最高联合会与代表门诊临终服务机构利益的联邦组织共同协商第1句规定的服务方式和范围细节。此外，应充分考虑到儿童服务。医疗保险基金会医生联邦协会须有机会阐明其立场。医疗保险基金会与临终服务机构之间就第1句规定的服务细节签署协议，其中规定在不能达成共识的情况下，须由患者指定的独立仲裁人来解读协议内容。如果协议双方通过仲裁人仍然不能达成共识，将由负责签订协议的医疗保险基金会监管机关来决定。仲裁程序费用由协议双方平摊。

（2）医疗保险基金会应督促门诊临终服务机构，在家庭、住院护理机构、残疾人适应机构及儿童青少年救助机构为不需要医院治疗、住院与半住院治疗的参保人提供送终义务陪护。此外，督促的前提条件还包括，门诊临终服务机构

1. 与姑息疗法护理人员和医生的合作，以及

2. 在护士、病护或者其他专业人员负责的情况下，能证明拥有姑息疗法护理多年经验或者相应培训，并证明拥有负责的专业护理人员培训或者管理职能培训。

门诊临终服务机构由经过相应培训的专业人员提供姑息护理咨询，并为义务送终陪护人员提供招聘、培训、协调与支持。通过对必要人员费用的适当津贴促进

第1句内容的实施。津贴由专业送终服务志愿者人数与送终陪护人数之比确定。为促进第1句内容的实施,医疗保险基金会为每个服务单位支出第四册第18条第1款规定的每月参考值的11%,不能超过收容服务机构津贴性人员费用。医疗保险基金会联邦最高联合会与代表门诊收容服务机构利益的联邦组织规定促进措施的前提条件和内容。同时,应该充分考虑到门诊收容服务机构提供儿童服务的特殊利益。

第40条 医疗康复服务

(1)门诊治疗不足以使参保人达到第11条第2款描述的治疗目的时,出于医学原因,医疗保险基金会在康复机构为参保人提供所需的门诊康复服务,康复机构须根据第111条与医疗保险基金会签订合同,或者需要康复机构为参保人提供适合的经济型门诊康复医疗服务时,康复机构也可位于参保人住处附近。符合《社会法典第十一册》第72条第1款规定的住院护理机构也可提供第1句规定的服务。

(2)如果第1款规定的服务不充分,医疗保险基金会则为参保人提供带食宿的住院康复服务,提供服务的康复机构必须通过《社会法典第九册》第20条第2a款认证,并根据第111条与医疗保险基金会签订合同。如果参保人选择没有根据第111条签订合同的另一家认证康复机构,则自行承担由此产生的额外费用。医疗保险基金会根据性别来统计符合第1句与第1款的服务申请与处理。

(3)根据个别情况的医学要求,医疗保险基金会根据第1款和第2款确定服务方式、持续时间、范围、开始时间和贯彻实施,以及符合义务评估的康复机构。第1款规定的服务最多可享受20个治疗日,第2款规定的服务最多可享受3周,除非从医学角度上来说急需延长服务。在代表门诊与住院康复机构设施利益的联邦级中央组织进行听证后,如果医疗保险基金会联邦最高联合会按照病症指导确定了权威的中央组织并且规定了治疗时间,则第2句不适用;出于重大医学因素,在个别情况下可不遵守规定的时间。此类或相似服务提供后4年内不得再享受第1款与第2款规定的服务,根据公法规定,医疗保险基金会不承担费用或提供津贴,除非从医学角度上来看具有必要性。第23条第7款在此适用。参保人在申请提交之后的6个月内没有享受到必要的医疗康复服务时,医疗保险基金会向护理保险基金会为有护理需要的参保人支出3072欧元。医疗保险基金会对未提供的服务不承担责任时,第6句无效。医疗保险基金会每年向监管机构报告符合第6句的情况。

(4)根据适用于其他社会保险基金会的有效法规未提供类似服务时,医疗保险基金会才提供第1款与第2款规定的服务。《社会法典第六册》第31条规定的情况除外。

(5)年满18周岁的参保人要求获得第1款或者第2款规定的服务时,每天向康复机构缴纳第61条第2句规定的费用。这些款项会转入医疗保险基金会的账户。

(6)如果年满18周岁的参保人住院治疗后有必要直接接受第1款或第2款规定的服务(连续康复),则最多每年向康复机构支付28天相关费用,此费用根据第61条第2句计算得出;在住院治疗结束后14天之内开始的康复都可视为是治疗后直接开始的康复;除非出于限制性的实际或医学原因无法遵守此期限。在1年之内已向其他法定养老保险基金会缴纳的符合《社会法典第六册》第32条第1款第2句的费用及符合第39条第4款的费用,均算作符合第2句的费用。这些款项会继续转入医疗保险基金会的账户。

(7)在专家小组参与的情况下,医疗保险基金会联邦最高联合会根据第282条(医疗保险基金会联邦最高联合会的医务服务)确定病症的清单,出现这些病症时,如果根据第2款提供必要的医疗服务,则需根据第6款第1句由参保人自行承担费用,不涉及治疗后直接进行的康复。确定病症之前,代表住院康复机构利益的联邦级中央组织有机会发表意见;在决策时必须考虑其意见。

第41条 生育医疗康复

(1)在第27条第1款规定的前提条件下,因医学原因,参保人可享受母亲康复机构或者类似机构提供的必要康复服务;可通过母—婴措施的形式提供服务。第1句同样适用于类似机构中的父—婴措施。根据第111a条签订协议的机构提供第1句与第2句规定的康复服务。第40条第2款第1句和第2句不适用;第40条第2款第3句在此适用。

(2)第40条第3款和第4款在此适用。

(3)年满18周岁的参保人要求获得第1款规定的服务时,每天向康复机构缴纳第61条第2句规定的费用。这些款项会继续转入医疗保险基金会的账户。

(4)(废除)

第42条 压力测试与职业康复治疗

根据适用于其他社会保险基金会的有效规定,如果不能提供类似服务,则参保人有权要求获得压力测试与职业康复治疗服务。

第43条 康复的补充服务

(1)如果最后由医疗保险基金会提供医院治疗服务,则除了符合第44条第1款第2项至第6项,以及《社会法典第九册》第53条和第54条的服务之外,作为补充服务,医疗保险基金会还可,

1. 在考虑残疾类型或严重程度的情况下,提供或资助所有或部分康复服务,以达到或巩固康复目标,但是不包括促进其工作及适应日常社会生活的服务;

2. 在医学需要的情况下,为慢性病提供有效与高效的病人培训措施,包括对其家属与固定看护人员进行培训。

(2)如果因疾病的种类、严重程度或者持续时间需要后续措施,以缩短住院时间或者保证之后的门诊医生治疗,因医学原因,第39a条第1款规定的医院治疗或者住院康复结束后,医疗保险基金会直接为慢性病人或者未满14周岁重病和未满18周岁患重大疾病的儿童与青少年提供必要的社会医学后续措施。后续措施包括个别情况下需要的医嘱服务及服务实施说明与积极性协调。从医学角度来看,必要时同时涵盖参保人家属与固定看护人员。医疗保险基金会联邦最高联合会决定后续措施的前提条件、内容与质量细节。

第43a条　非医疗的社会康复儿科服务

(1)为了及早确诊疾病并制定治疗计划,在医生的职责范围内,参保儿童需要非医疗的社会康复儿科服务时,有权享受此项服务,特别是心理、特殊教育和心理社会服务;《社会法典第九册》第30条仍然有效。

(2)参保儿童有权享受非医疗的社会康复儿科服务,在医生的职责范围内通过精神治疗提供此项服务。

第43b条　付款方式

(1)医疗服务提供机构必须收取参保人应支付的款项,并在向医疗保险基金会申报支付时结清此款项。参保人无视医疗服务提供机构寄送的书面付款要求未付款时,医疗保险基金会必须收取此款项。

(2)医疗服务提供机构占留参保人根据第28条第4款所支付的附加费用;其向医疗保险基金会申请支付时,保险医师协会或者牙医协会应相应扣减。根据第83条须支付费用应相应扣减,扣减的额度是保险医生协会或牙医协会与各医疗服务提供机构根据第1句扣留附加费用的总和。在第82条与第83条规定的总合同范围内提供的服务及其结算,不适用于第1款第2句的规定。在符合第3句的情况下,如果参保人无视医疗服务提供机构寄送的书面付款要求未付款,保险医生协会或牙医协会须在医疗保险基金会的委托下收取此款项。这些机构可以实施针对参保人的行政行为。对第5句规定的行政行为提起的申诉不能延缓行政行为的执行,并且无需前置程序。在联邦框架协议中可对不同于第4句的程序进行约定;联邦框架协议可根据第1句、第2句和第4句至第7句规定程序细节。

(3)医院占留参保人根据第39条第4款所支付的附加费用;其向医疗保险基金会申请支付时应相应扣减。第1款第2句不适用。参保人无视医院寄送的书面付款要求未付款时,医院须在医疗保险基金会的委托下收取此款项。医院有权根据第3句实施行政行为。第2款第5句至第7句适用。医院根据第3句实施行政行为时,当事医疗保险基金会应当按次给医院支付适当的费用。医院由于参保人申诉行政行为所发生的费用,由医疗保险基金会承担。由当事医疗保险基金会执行第39条第4款所规定的附加费用强制执行程序。医疗保险基金会联邦最高联合会与德国医院协会协商落实第6句与第7句提及的费用补偿的细节。如果医院最终未成功收取附加费用,医院向医疗保险基金会申请支付时不按第1句规定进行扣减。

第二小节　病假津贴

第44条　病假津贴

(1)如果疾病导致参保人丧失工作能力或者在医疗保险基金会负担费用的情况下在医院、保健及康复机构(第23条第4款、第24条、第40条第2款与第41条)进行住院治疗,参保人有权要求获得病假津贴。

(2)无权要求获得病假津贴:

1. 符合第5条第1款第2a项、第5项、第6项、第9项、第10项或第13项及符合第10条的参保人;但不包括要求过渡津贴时符合第5条第1款第6项规定的参保人,和受雇用及未从事《社会法典第四册》第8条及第8a条低收入工作时,符合第5条第1款第13项的参保人,

2. 全职独立经营者,除非参保人向医疗保险基金会声明保险关系应包含获得病假津贴的权利(选择声明),

3. 符合第5条第1款第1项的参保人在丧失工作能力的情况下,根据《工资继续发放法》、劳资协定、企业协议或者其他合同类约定无权要求至少继续发放6周工作酬劳,也无权要求获得保险义务中说明的社会救济,除非此参保人递交了选择声明,声明保险关系包含获得病假津贴的权利。这不适用于根据《工资继续发放法》第10条有权获得工作收入额外津贴的参保人,

4. 从相关职业的公法保险基金会或者保障机构或者其他类似机构获得养老金的参保人,养老金的形式要符合第50条第1款规定的服务方式;参保人获得与此规定罗列服务方式相同的服务时,第50条第2款适用于符合第1句第4项的参保人,

第53条第8款第1句适用于符合第1句第2项和第3项的选择声明,第53条第6款适用于根据第2项与第3项罗列的参保人。

(3)在丧失工作能力的情况下,继续发放工资的要求参见劳动法规。

第45条 子女疾病期间的病假津贴

(1)根据医生书面证明,如果参保人因照看、照顾或护理其生病并参保的子女而必须暂时离开工作岗位,同时家中其他人不能照看、照顾或护理子女,而且子女又未满12周岁或者残疾需要帮助,则参保人有权要求获得病假津贴。第10条第4款和第44条第2款适用。

(2)第1款规定的病假津贴每年每个子女不能超过10天,对单亲参保人来说最多不能超过20天,每个参保人享有第1句规定权利的时间每年不能超过25天,单亲参保人每年不能超过50天。

(3)根据第1款要求获得病假津贴的参保人在享受病假津贴权利期间,有权向其雇主提出不带薪休假的要求,只要申请原因不同于带薪休假。医疗保险基金会根据第1款确认其服务义务之前,如果未达到相应的前提条件时,符合第1句的休假请求生效,则雇主有权将已经获得批准的休假计入以后因照看、照顾或护理患儿享有的休假中。不能通过劳动合同排除与限制符合第1句的休假要求。

(4)此外,如果参保人因照看、照顾或护理其生病并参保的子女而必须暂时离开工作岗位,同时子女又未满12周岁或者残疾需要照看并且医生证明子女患有的疾病,

a)逐步发展并且已经达到相当严重程度,

b)救助无效,需要专科门诊姑息治疗或者父母有一方要求专科门诊姑息治疗,及

c)仅仅只有数周或者数月的存活可能,

只有父母一方有权提出此要求。第1款第2句与第3款在此适用。

(5)员工即使不是有权根据第1款提出病假津贴要求的参保人,也有权根据第3款与第4款提出不带薪休假的要求。

第46条 病假津贴请求的提出

可在以下时间提出病假津贴请求:

1.从开始在保健或康复机构(第23条第4款,第24条,第40条第2款和第41条)进行医院治疗或者治疗时,

2.此外,从医生确定丧失工作能力当天起。

对于符合《艺术工作者社会保险法》的参保人和根据第44条第2款第1句第2项提交选择声明的参保人来说,从丧失工作能力的第7周始享受病假津贴。如果第

2句提及的参保人根据《艺术工作者社会保险法》在医疗保险基金会选择第53条第6款规定的收费标准,则可在确定丧失工作能力第7周之前的法律规定时间内提出获得病假津贴的要求,最晚从丧失工作能力第3周起。

第47条 病假津贴的额度与计算

(1)在提供工资对账单(标准工资)的情况下,病假津贴为参保人标准劳动报酬和工资收入的70%。根据劳动报酬计算的病假津贴不能超过根据第2款计算的劳动报酬纯收入的90%。劳动报酬纯收入中第2句劳动报酬纯收入所占比例通过第2款第6句规定的每天追加金额和百分比计算得出,此百分比为符合第2款第1句至第5句的每天标准报酬额度与通过标准报酬额度计算得出的劳动报酬纯收入之比。根据第1句至第3句算出的日病假津贴不能超过通过第2款第1句至第5句劳动报酬计算得出的劳动报酬纯收入。根据第2款、第4款与第6款计算标准工资。病假津贴按天支付。需支付整月病假津贴时,按30天计算。在计算符合第1句的标准工资和符合第2句和第4句的劳动报酬纯收入时,不需考虑《社会法典第四册》第20条第2款规定浮动区的工资评估和工资支付特点。

(2)计算标准工资的方法是,参保人获得的劳动报酬除以付酬小时数,其中减去一次性支付的劳动报酬,时间要求是参保人丧失工作能力之前至少最后4周(评估期)。所得结果乘以劳动合同规定的每周标准工作小时,并除以7。如果劳动报酬不能按月计算或者不能根据第1句和第2句计算标准收入,则丧失工作能力前最后1个月所得劳动报酬的1/30减去一次性支付的劳动报酬后为标准工资收入。如果是以完成一定工作任务而支付的劳动报酬,并且在解职之前或者之后支付劳动报酬(符合《社会法典第四册》第7b条的工资储蓄),则在计算标准工资时重点考虑以计算期间内工资为基础扣除一次性支付的劳动报酬后所得的报酬;不按照灵活劳动时间约定支付的工资储蓄不计算在标准工资之中(《社会法典第四册》第23b条第2款)。每周的常规工作时间符合已支付的劳动报酬时,第1句才适用。如在丧失工作能力之前的最后12个月根据《社会法典第四册》第23a条获得一笔一次性支付的劳动报酬,应取其1/360计入根据第1句至第5句计算的劳动报酬中。

(3)工作和收入不连续的情况下,医疗保险基金会的章程可对病假津贴的支付和计算进行例外规定,保障病假津贴发挥收入替代的作用。

(4)海员的标准收入为海员符合第233条第1款有缴纳保险费义务的收入。未受雇用参保人的标准收入参考丧失工作能力前对劳动收入计算起决定性作用的每日工资。对于符合《艺术工作者社会保险法》的参保人来说,以劳动收入计算标准工资,劳动收入参考参保人丧失工作能力前最后12个月的收入评估;同时,日工资按照年收入的1/360计算。从360天中扣除没有根据《艺术工作者社会保险法》参保的天数或扣除没有以第234条第1款第3句的劳动收入为基础的天数。不考虑符合第226条第1款第1句第2项与第3项的收入。

(5)(废除)

(6)标准工资不能不超过日评估收入的上限。

第47a条 病假津贴过渡规定

(1)在2000年6月22日之前提出的病假津贴请求,在2000年6月21日之前裁定可驳回的情况下,自2000年6月22日起适用1996年12月31日之后生效的第47条。

(2)2000年6月22日之前已裁定不可驳回的要求,根据第1款规定仅从2000年6月22日至服务结束时提高病假津贴。不可根据《社会法典第十册》第44条第1款撤销2000年6月22日之前不可驳回的病假津贴要求。

(3)与第266条第2款第3句规定不同,确定标准服务支出时,不考虑医疗保险基金会在2000年12月31日之前根据第1款和第2款第1句支出的费用。第266条第2款第2句的资金需求要高于第1句规定的支出金额。

第47b条 领取失业金、赡养费及短期工资者的病假津贴的额度和计算方法

(1)符合第5条第1款第2项的参保人病假津贴数额必须等于参保人最后获得的失业金或赡养费。保证从丧失工作能力的第1天起发放病假津贴。

(2)在领取病假津贴期间,参保人获取失业金或者赡养费的情况发生变化时,假设参保人不再生病,则在参保人提出申请的前提下,将领取的失业金或赡养费来作为病假津贴。不考虑导致病假津贴增幅少于10%的情况。

(3)在从事短期工作期间丧失工作能力的参保人,根据停工之前最后获得的常规劳动报酬(标准工资)计算病假津贴。

(4)因生病丧失工作能力的参保人,在其工作的企业达到《社会法典第三册》规定的获得短期工作收入的前提条件之前,如果在患病期间有权继续获得劳动报酬,则除了劳动报酬之外,作为病假津贴,参保人还可获得未丧失工作能力情况下获得的短期工作收入。雇主须计算并付清病假津贴。雇员则须提供必需的信息资料。

(5)在确定法定医疗保险支付责任的测算基础时,须基于法定医疗保险缴费所测算的劳动报酬。

(6)在符合第232a条第3款的情况下,不同于本条第3款规定,应根据冬季工资

补偿办法确定的劳动报酬计算病假津贴。第4款与第5款在此适用。

第48条 领取病假津贴的期限

（1）参保人领取病假津贴没有时间限制，但同一种疾病导致丧失工作能力时，每3年内领取病假津贴的时间不能超过78周，从丧失工作能力之日计算。如果在丧失工作能力期间出现其他疾病，不延长服务的时间。

（2）已在最近3年内因同一种疾病获得78周病假津贴的参保人，在下一个3年开始后，才有权获得因同一种疾病导致丧失工作能力的病假津贴，前提是参保人在再次丧失工作能力时因参保有权获得病假津贴，并在两次疾病期间至少6个月

1. 没有因为此病丧失工作能力，并

2. 有工作能力或者在寻找工作。

（3）在领取病假津贴期间，即使领取病假津贴的权利暂停或者失效，确定病假津贴领取时间时，也要将以上时间计入3年的期限中。不考虑无权要求获得病假津贴的时间。❶

第49条 病假津贴的暂停

（1）病假津贴在以下情况下暂停：

1. 只要参保人获得有缴纳保险费义务的劳动报酬或工资收入；一次性获得的劳动报酬不计入其内，

2. 只要参保人根据《联邦父母和育儿假法》申请了育儿假；不适用情况：育儿假开始之前参保人就已丧失工作能力或者病假津贴来源于参保人在育儿假期间获得的有缴纳保险费义务的劳动报酬，

3. 只要参保人领取了战争受害者疾病津贴、过渡津贴、赡养费或者短期工作津贴，

3a. 只要参保人领取生育津贴或者失业金，或者享受病假津贴的权利因第三册规定的阻断期而暂停，

4. 只要参保人获得外国社会保险基金会或者国家机构提供的替代收入，此收入与第3项规定的款项种类相似，

5. 只要没有在医疗保险基金会登记丧失工作能力；丧失工作能力后1周之内登记不包括在内，

6. 只要在休假期间（根据《社会法典第四册》第7条第1a款）不承担工作义务，

---

❶ 第48条第2款：在联邦宪法法院1998年3月24日作出的合宪性解释（I1526）的基础上适用这些规定。联邦消费者保护与食品安全协会6/92号决议。

7. 根据第44条第2款第1句第3项提交选择声明的参保人,丧失工作能力后的前6周。

(2)第1款第3项和第4项也适用于病假津贴权利,此权利在1990年1月1日之前的时期有效,并且还没有作出不可再驳回的裁决。不能根据《社会法典第十册》第44条第1款撤销1989年2月23日之前针对病假津贴权利暂停的行政行为。

(3)第1款适用时,不得增加根据法律决定降低的收入或者替代收入。

(4)如果其他社会保险基金会在提供医学康复门诊服务时承担工伤津贴、战争受害者疾病津贴或者过渡津贴,在根据《社会法典第九册》第13条第2款第7项协商的共同建议范围内,这些机构可根据需要报销因此产生的费用。

第50条 病假津贴的终止与缩减

(1)如果参保人:

1. 因残疾或者伤病丧失工作能力,或者符合退休年龄后从法定养老保险中领取养老金,

2. 根据公务员法律条文或者原则领取退休工资,

3. 根据第5条第3款领取提前退休工资,

4. 参保人获得外国法定养老保险基金会或者国家机构提供的款项,此款项与第1项和第2项规定的款项种类类似,

5. 参保人根据仅适用于《统一合同》第3条所指领域的相关规定领取款项,此款项与第1项和第2项规定的款项种类类似,则从获得以上款项之日起,终止参保人要求获得病假津贴的权利;开始领取上述款项后,不能重新获得要求获得病假津贴的权利。如果医疗保险基金会在参保人领取上述款项后已支付了病假津贴,且金额超出款项额度,则医疗保险基金会不能要求参保人返还超额款项。在第4项规定的情况下,将不超出上述款项额度的病假津贴视为保险基金会的预付款;这是需要返还的。不再支付第1句规定的款项时,如果参保人在参保时要求拥有再次丧失工作能力时领取病假津贴的权利,则有权领取病假津贴。

(2)如果在丧失工作能力或者住院治疗之后确认获得相关款项,则从病假津贴中扣除

1. 养老金、因残疾或者伤病丧失工作能力时领取的养老金或者从农民养老金中领取的土地税养老保险金,

2. 因残疾或伤病丧失部分工作能力时领取的养老金,或者符合退休年龄后从法定养老保险领取的部分养老金,

3. 矿工补偿或者矿工养老金,或者

4. 外国保险基金会或国家机构提供的类似款项,

5. 参保人根据仅适用于《统一合同》第3条所指领域的相关规定领取的款项,与第1项和第2项规定的款项种类类似。

第51条　病假津贴的取消,申请分摊服务

（1）根据医生鉴定,参保人的工作能力严重受损或降低,可在医疗保险基金会规定的10周期限内提交医疗康复服务和分担工作生活的申请。如果参保人的居住地或者长期逗留地在国外,可在医疗保险基金会规定的10周期限内,提交在国内服务机构享受医疗康复服务和分担工作生活的申请,或者向国内的法定养老保险基金会申请因完全丧失工作能力而领取的退休金。

（2）参保人年满65岁且符合从养老保险基金会领取退休金的前提条件时,可在医疗保险基金会规定的10周期限内递交享受此服务的申请。

（3）如果参保人在此期限内未提交申请,则请求支付病假津贴的权利过期作废。如果日后申请,享受病假津贴的权利随着申请的提交重新生效。

第三小节　待遇限制

第52条　自身责任下的待遇限制

（1）参保人故意或者在实施犯罪或者故意违法过程中染病,医疗保险基金会只承担适当的部分待遇支付的费用,并可驳回生病期间要求获得全部或部分病假津贴的请求,如果参保人已获得,则需退回。

（2）参保人接受医学上未获得认证的整容手术、文身或者穿孔患病时,医疗保险基金会只承担适当的部分服务费用,并可驳回治疗期间要求获得全部或部分病假津贴的请求,如果参保人已获得,则需退回。

第52a条　待遇终止

在本法典的适用范围内,如果参保人不当接受第5条第1款第13项或者第10条意义上的待遇时,则无权请求病假津贴。医疗保险基金会在章程中规定实施细节。

第六节　折扣、保险费退款

第53条　选择费率

（1）医疗保险基金会可在其章程中规定,参保人每年可承担医疗保险基金会应

承担费用的一部分(折扣)。医疗保险基金会必须为参保人拟定保险费。

(2)如果参保3个月以上的参保人及其根据第10条参保的家人在本年度没有使医疗保险基金会产生费用,则医疗保险基金会可在章程中为此类参保人拟定奖金。奖金额度不能高于每年保险费的1/12,并在本年度结束之后的1年内向参保人发放。不考虑前文提及的服务和向未满18周岁参保人提供的服务,其中第23条第2款与第24条至24b条规定的服务除外。

(3)医疗保险基金会在章程中为参加第63条、第73b条、第73c条、第137f条或第140a条规定特殊保障形式的参保人规定费率。医疗保险基金会可为参保人拟定奖金或附加费用折扣。

(4)医疗保险基金会可在其章程中规定,参保人及其根据第10条参保的家属可选择费用报销费率。医疗保险基金会可调整报销额度并为参保人确定特殊奖金,第13条第2款第2句与第3句不适用。

(5)医疗保险基金会可在其章程中对特殊疗法所用医药费的承担进行规定并为参保人确定特殊奖金,这些特殊疗法不包括在第34条第1款第1句规定的保障范围内。

(6)医疗保险基金会可在章程中确定第44条第2款第2项和第3项规定参保人的共同费率和符合《艺术工作者社会保险法》参保人的费率标准,以上参保人有权按照第46条第1句或者在之后的某个时间获得病假津贴,但是,符合《艺术工作者社会保险法》的参保人最迟在丧失工作能力之后的第3周提出享受病假津贴要求,允许存在不同于第47条的情况。医疗保险基金会可根据服务项目的扩展提高参保人的保险费,保险费额度的确定与参保人的年龄、性别及疾病风险无关。医疗保险基金会可在其章程中规定将符合第1句的费率选择权转移给另一家医疗保险基金会或者州协会。在此类情况下,保险费继续支付给接收机构。解释权在转入的医疗保险基金会或其州协会。

(7)医疗保险基金会可在其章程中为服务受限的特定参保群体拟定相应的保险费,根据本册规定限制此类参保人的服务范围。

(8)符合第2款、第4款与第5款的选择费率绑定期限至少为1年,第1款与第6款规定的选择费率至少持续3年有效;第3款规定的选择费率没有最短绑定期限限制,最早可在第1句规定的最短绑定期限结束时解除保险关系,而不是第175条第4款第1句规定的最短绑定期限结束前;第175条第4款第5句适用,适用第6款规定选择费率的参保人除外。合同必须拟定特殊情况下的特别解约权。付给参保人的奖金不能超过参保人年保费的20%,包含第242条规定奖金在内的一项或多项费率不能超过30%,《社会法典第六册》第106条和第257条第1款第1句规定的保险津贴除外,即不能超过600欧元,包含第242条规定奖金在内的一项或多项费率每年不能超过900欧元。第4句不适用于根据第14条选择报销部分费用的参保人,保费完全由第三方承担的参保人只能选择第3款规定的费率。

(9)费率选择产生的费用来源于收入、储蓄与效率的提高。医疗保险基金会必须至少每3年定期向主管的监管机关提交账目明细。为此,医疗保险基金会必须提交保险精算报告来说明以保费计算和选择费率保险准备金为基础的保险受理情况。

第54条 （废除）

第七节 假牙

第55条 服务请求

(1)只要牙齿修复具有必要性且计划的修复方法符合第135条第1款规定,根据第2句到第7句的指导方针,参保人有权从包括牙冠和超结构(牙医和牙齿技术服务)在内的假牙必要医疗保障中获得基于诊断的固定补助。固定补助为第57条第1款第6句和第2款第6句及第7句规定标准保障金额的50%。为了从自身关注牙齿健康保护,第2句规定的固定补助可提高20%。在下列情况下不提高固定补助:从牙列状态判断不出参保人定期进行口腔卫生护理,而且参保人在治疗前近5年

1. 没有每半年进行一次第22条第1款规定的检查,

2. 年满18周岁后没有每年至少做一次牙医检查。

如果参保人定期护理牙齿并且在治疗前近10年,最早从1989年1月1日起,未间断接受第4句第1项和第2项规定的检查,则第2句规定的固定补助再提高10%。第2款规定的情况在此不适用。1978年12月31日之后出生的参保人,只要能证明1997年与1998年都尽力保持牙齿健康,也适用以上规定。

(2)接受假牙服务时,如果参保人无力承担费用,除了第1款第2句规定的固定补助,参保人还可要求得到同样数额的款项,两者相加等于标准保障服务的实际开销,最多不能超过实际产生的费用;无力承担费用的参保人如果根据第4款或第5款选择超出标准保障的各类假牙,则医疗保险基金会只承担固定补助的2倍。无力承担费用的情况包括:

1. 参保人每月生活毛收入不超过《社会法典第四册》第18条规定月收入参考值的40%,

2. 参保人领取《社会法典第十二册》规定的或者《联邦保障法》战争受害者救济金范围内的生活救助、低保,《社会法典第二册》规定的生活保障款,以及《联邦培训促进法》或《社会法典第三册》规定的助学金,或者

3. 在执行社会救助任务的疗养院或者类似机构产生的费用由社会救助或者战争受害者赡养机构承担。参保人的生活收入也包括生活在同一个家庭的其他家庭成员和同居伴侣的家庭成员收入。生活收入不包括伤残者在《联邦保障法》或《联邦保障法》应用范围内根据其他法律获得的地租收入、养老金或者因身体与健康损害根据《联邦补偿法》领取的补助,补助最多不超过符合《联邦保障法》的地租收入。对家庭中首位与参保人一起生活的家庭成员来说,第2句第1项规定的百分比按照《社会法典第四册》第18条提高每月收入参考值的15%,与参保人或者生活伴侣共同生活的家庭成员每增加一名,百分比提高10%。

(3)参保人在获取假牙服务时,除了第1款第2句规定的固定补助之外,还有权要求获得其他款项。医疗保险基金会为参保人报销的额度等于第1款第2句固定补助超出每月生活毛收入与根据第2款第2句第1项补偿2倍固定补助时最高标准收入之差的3倍。医疗保险基金会承担的费用最高为第1款第2句规定固定补助的两倍,但不能超过实际产生的费用。

(4)参保人选择超过第56条第2款规定标准保障范围的同类假牙时,参保人自行承担第56条第2款第10句罗列服务之外的费用。

(5)在不同于第56条第2款规定的标准保障服务的情况下,医疗保险基金会必须报销根据第1款第2句至第7句、第2款与第3款批准的固定补助。

第56条 标准保障服务的确定

(1)联邦共同委员会于2004年6月30日之前首次在细则中规定了保障第55条固定补助的诊断结果并制订了相应的假肢保障标准。

(2)对诊断结果的规定建立在国际认可的牙间隙分类基础之上。为每一种诊断结果均规定了假牙保障。如此可定位牙齿医学上必要的牙医与牙科技术服务,以保证每一种诊断结果都能得到现有牙医技术水平普遍承认的充分、有针对性和经济性的假牙保障,其中包括牙冠及其超结构。在为诊断结果规定标准保障时,特别要考虑机能有效时间、稳定性及反向牙列。至少出现小的缝隙时,应以固定假牙为基础。出现大的缝隙时,标准保障最多规定每颌四颗假牙、每个侧牙区三颗假

牙。在组合保障情况下，标准保障最多规定每颌两个连接部件，对于每颌最多只剩下三颗牙齿的参保人来说，规定每颌最多三个连接部件。标准保障包括镶牙，上颚最多五颗，下颚最多四颗。标准保障的确诊包括剩余牙列的诊断调查、计划、剩余牙列准备、大闭塞阻碍的清除及所有制造假牙与适应假牙使用的措施。确定牙医服务与牙齿技术服务的标准保障时，单独罗列第87条第2款与第88条第1款规定的服务。必须按照适当的时间间隔审核标准保障的内容与范围，以适应牙齿医学水平的发展。联邦共同委员会可不遵循第5句至第8句的指导，并调整服务说明。

（3）联邦共同委员会根据第2款作出决定之前，德国牙科技师协会有机会陈述意见；为牙齿技术服务制定标准保障时应考虑以上意见。

（4）每年在11月30日之前，联邦共同委员会必须根据第55条第1款第2句、第3句与第5句，以及第2款规定的等级在联邦公报公布诊断结果、相应的保障标准（包括第2款第10句罗列的牙医与牙齿技术服务）及第57条第1款第6句和第2款第6句与第7句规定的标准保障的分摊费用。

（5）第94条第1款第2句的适用条件是，投诉期限为1个月。联邦卫生部根据第94条第1款第5句制定细则时，第87条第6款第3句后半句与第6句适用。

第57条　与牙医和牙齿技师的关系

（1）每年9月30日之前，医疗保险基金会联邦最高联合会与保险基金会牙医联邦协会根据第56条第2款第2句提供标准保障服务时共同制定下一年度牙医的报酬，2004年9月30日之前首次为2005年的牙医报酬进行协商。进行第一次协商时，第1句提及的协议双方衡量参保者人数，确定2004年假牙（包括牙冠）服务的联邦平均点值。如果在2004年6月30日之前协议双方未能协商确定2004年的点值，根据第71条第3款对2003年有决定性的医疗保险基金会强制保费收入总和平均变化率确定全联邦范围内各个参保人的2003年点值。根据第71条第3款对2005年有决定性的医疗保险基金会强制保费收入总和平均变化率确定全联邦范围内各个参保人的2005年点值。第71条第1款至第3款和第85条第3款适用于下一个年度。第1句规定的款项金额分别来自第56条第2款第10句罗列的牙医服务点数总和，并乘以当时协定的点值。符合第1句的合同双方将第6句规定的数额通知联邦共同委员会。第89条第4款适用的条件是，第89条第1款与第1a款同样适用。根据第2句至第4句进行约定时，第89条第1款第1句与第3句和第1a条第2句规定的约定期限为2个月。

（2）每年9月30日之前，医疗保险基金会州协会与医疗互助基金会与牙科技师协会根据第56条第2款第2句规定共同协商提供标准保障时牙齿技术服务的最高价格，2004年9月30日之前首次为2005年协定价格；此价格可在第2句至第5句规定的各年联邦统一平均价格的5%内波动。医疗保险基金会联邦最高委员会与牙科技师协会衡量参保人数，确定2004年更换假牙（包括牙冠及其超结构）技术服务的平均价格。如果没有协定2004年的价格，则根据第71条第3款对2004年有决定性的医疗保险基金会强制保费收入总和平均变化率确定全联邦范围内各个参保人的2003年价格。根据第71条第3款对2005年有决定性的医疗保险基金会强制保费收入总和平均变化率确定全联邦范围内各个参保人的2005年价格。第71条第1款至第3款适用于下一个年度。在由牙医以外医生提供的标准保障中，通过第55条第2款第2句罗列的牙齿技术服务如果符合第2句至第5句的联邦统一价格，可以合并计算对确定第55条第1款第2句规定的固定补助有决定性作用的牙医技术服务报酬。第1句规定的最高价格和第6句规定的金额减少牙医提供牙齿技术服务报酬的5%。符合第2句的合同双方必须通知联邦共同委员会标准保障中牙齿技术服务的价格。第89条第7款在以下条件下适用，根据第2句至第4句进行约定时，第89条第1款第1句和第3句及第1a款第2句规定的约定期限分别为1个月。

第58条　假牙保费（废除）

第59条　（废除）

第八节　交通费

第60条　交通费

（1）如果从必要的医学角度来看，与医疗保险基金会的服务存在必然联系，则根据第2款与第3款规定，医疗保险基金会承担包括符合第133条运输在内的费用（交通费）。个别情况下医学的必要性决定可选择使用的交通工具。只有在联邦共同委员会根据第92条第1款第2句第12项确定的特殊情况下，而且必须事先得到批准，医疗保险基金会才承担门诊治疗的交通费，其中扣除第61条第1句规定的费用。

（2）在下列情况下，由医疗保险基金会承担超过第61条第1句规定数额的交通费：

1. 住院服务中：从医学角度来看必须转入另一家医院时才适用，或者经过医疗保险基金会批准后转入住所附近的医院时才适用，

2. 送往医院急救,即使不需要住院治疗,

3. 路途中需要专业照顾或救护车的特种设施,或者视参保人状况预计需要此项服务的参保人(急救运送),

4. 参保人前往门诊进行治疗或者进行第115a条或者第115b条规定的治疗,前提是治疗能避免或缩短住院或半住院治疗(第39条),或者住院治疗时无法提供以上治疗。

如果使用救护车行走第1句提及的路程,医疗保险基金会每次向参保人收取第61条第1句规定的附加费。

(3)以下费用视为交通费:

1. 在乘坐公共交通工具时尽可能买到的优惠票费用,

2. 公共交通工具不可用时,根据第133条计算的出租车或者租车费用,

3. 公共交通工具、出租车不可用或租车不可行时,根据第133条计算的救护车或者救援车辆使用费用,

4. 使用私家车时,依照《联邦交通费用法》确定的每公里路程的最高补偿费,但是上限等于使用第1项至第2项规定的交通工具产生的费用。

(4)医疗保险基金会不承担国内的回程费用。第18条仍然有效。

(5)根据第九册第53条第1款至第3款,医疗保险基金会承担与医疗康复服务相关的交通费或者其他旅费。

第九节 自付费用、负担上限

第61条 自付费用

参保人需要自己负担的费用为服务零售价的10%,至少为5欧元,最多为10欧元,但是每次不能超过服务物品的成本价。住院治疗措施的自付费用为每天10欧元。药物和家庭病护的自付费用占总费用的10%,且每个处方10欧元。这些费用的收受方为参保人开具发票;不存在补偿请求权。

第62条 负担上限

(1)参保人每年的自付费用不超过上限;如果已达到本年度的负担上限,则医疗保险基金会出具相应证明,在本年度的剩余时期参保人不须再缴纳自付费用。负担上限为每年生活毛收入的2%;患有重大慢性病并需要长期接受治疗的参保人自付费用上限为每年生活毛收入的1%。以下情况下,参保人自付费用上限为每年生活毛收入的2%:

1. 1972年4月1日之后出生患有慢性病的参保人,从2008年1月1月开始,在生病之前,没有定期做第25条第1款规定的健康检查,

2. 1987年4月1日之后出生的女性和及1962年4月1日之后出生的男性患有慢性病的参保人,患有癌症,根据第25条第2款参保人接受过早期诊断检查,但是在2008年1月1日之后,患癌症之前没有定期去做此类检查。

如果符合第3句第1项与第2项的参保人参加针对其疾病的现有结构化治疗项目,则此类参保人负担上限为每年生活毛收入的1%。联邦共同委员会在2007年7月31日前的细则中规定了不必强制进行健康检查的例外情况。医疗保险基金会必须最晚在每年结束之后证明第2句提及的治疗有进一步延长的必要,并在必要的情况下由医疗保险基金会的医疗服务提供机构进行检查。只有在医生证明参保人有必要进行治疗的前提下,才开具每年的证明,比如通过参加符合第137f条的结构化治疗项目;这对第7句前提条件明显不适用的参保人无效,特别是根据《社会法典第十一册》获得第二级和第三级护理的参保人,或者残疾程度至少达到60。联邦共同委员会在其实施细则中规定细节。医疗保险基金会有义务在年初提示其参保人在本年度进行第25条第1款和第2款规定的重要身体检查。联邦共同委员会在符合第92条的细则中对重大慢性病进行定义。

(2)根据第1款确定负担上限时,必须将与参保人共同生活的参保人及其同居伴侣的家庭成员生活毛收入计算进去。与参保人共同生活的第一位家庭成员年毛收入将相应减少,减少额度为《社会法典第四册》第18条规定的每年收入参考值的15%。除此之外,每增加一位家庭成员将减少每年收入参考值的10%。对参保人及其生活伴侣的每个子女来说,其年毛收入减少《收入税法》第32条第6款第1句和第2句规定的额度,在此不考虑确定负担上限时第2句的规定。生活收入不包括伤残者根据《联邦保障法》或《联邦保障法》应用范围内的其他法律获得的地租收入、养老金或者因身体与健康损害根据《联邦补偿法》领取的补助,补助最多不超过符合《联邦保障法》的地租收入。第1句至第3句不适用于以下参保人:

1. 领取生活保障救助金,或者老年人基本保障金及《社会法典第十二册》规定的失去工作能力者的基本保障金,或者《联邦保障法》或者其他在此适用法律规定的生活保障补助金,

2. 在养老院或者类似机构生活,并由社会救助机构或者战争受害者救助机构承担费用,以及对于第264条提及的家庭而言,作为整个家庭的生活毛收入,只有《社会法典第十二册》第28条实施条例规定的家庭标准费用有决定性意义。如果参

保人根据《社会法典第二册》获得生活基本保障,则第1句至第3句不适用,作为整个家庭的生活毛收入,只有《社会法典第二册》第20条第2款规定的标准服务有决定性意义。

(3)医疗保险基金会为参保人开具不需要再承担第1款规定附加费用的证明。证明中不能包含参保人及相关人员的收入信息。

(4)接受更换假牙服务时,2004年12月31日前,2003年12月31日生效的第61条第1款第2项、第2款至第5款及第62条第2a款仍适用。

(5)医疗保险基金会联邦最高联合会根据控制效果评估2006年附加费用义务的例外规定,并最迟在2007年6月30日之前通过联邦卫生部向联邦议会提交相关报告。

第62a条 (废除)

第十节 保障项目的扩展

第63条 基本原则

(1)在改善保障质量和经济性的法定任务范围内,医疗保险基金会及其协会可根据第64条协议确定或者实施示范项目,以便继续发展服务提供程序、组织、筹资及补偿形式。

(2)医疗保险基金会可根据第64条协议确定或者实施服务示范项目,以便促进根据本册相关规定或在相关规定基础上医疗保险服务范围外的疾病预防、早期诊断及治疗。

(3)在符合第1款的示范项目协商与落实过程中,只要有必要,可不遵循本册第四章与第十章规定,以及《医院筹资法》《医院收费法》及与这些法规相关的规定;稳定保费原则在此适用。特别是如下情况与此原则并不冲突,即示范项目产生的额外支出与通过示范项目内规定措施节约出来的资金相抵消。根据第2句节约的资金如果超过产生的额外支出,则可将节约资金转移到参加示范项目的参保人身上。第1句适用的条件是不背离第284条第1款第5句的规定。

(3a)如果符合第1款的示范项目未遵循本册第十章规定,则示范项目的题材可特别致力于数据运用过程中的信息技术与组织改善,包括扩展获取、处理及使用个人相关数据的权限。根据本册第十章规定,只有得到参保人书面同意后,才能在达成示范项目目标必要的范围内获取、处理与使用个人相关数据。在出具书面同意之前需告知参保人,此示范项目偏离本册第十章规定的程度和偏离的必要性。参保人的书面同意包括获取、处理及使用其个人和参与者信息数据的目的、内容、方式、范围及时长;可撤销此书面同意。只有辅助数据在信息技术上与第291条第2款提及的数据分离时,才允许在违反第291条规定的情况下拓展使用参保人的健康保险卡。使用基于个人的移动储存及处理媒介时,《联邦数据保护法》第6c条适用。

(3b)符合第1款的示范项目可规定,只要《医疗护理法》与《老年护理法》规定的从业人员受过专业的训练和认证,并且不涉及单独进行的医疗活动,可

1. 开具绷带与护理物品处方和制订
2. 包括期限在内的家庭病护内容方案。

符合第1款的示范项目可规定,只要拥有《按摩师与理疗师法》第1条第1款第2项规定许可的理疗师接受过相关方面的训练和认证,并且不涉及单独进行的医疗活动,可决定物理治疗的种类与期限、治疗单元频率。

(3c)符合第1款的示范项目允许医生将治疗工作转交给《医疗护理法》规定的相关从业人员,要求从业人员根据《医疗护理法》第4条第7款接受过相关训练与认证,并且此治疗工作是可独立进行的治疗活动。第1句适用于《老年护理法》规定的相关从业人员,并且从业人员接受过《老年护理法》第4条第7款规定的培训与认证。联邦共同委员会在其实施细则中规定,示范项目范围内,可将治疗工作转交给第1句和第2句提及的从业人员。在联邦共同委员会决策之前,联邦医师协会和具有重要影响的护理职业团体可阐述意见。决策时考虑这些意见。

(4)符合第2款的示范项目题材仅限此类服务项目,即在第92条第1款第2句第5项或者第137c条第1款规定的决策范围内,联邦共同委员会根据第91条不会就其适宜性予以否决的项目。生物医学研究问题和医药产品的开发与检验不属于示范项目的题材。

(5)在医疗保险基金会的章程中规定示范项目的目标、期限、种类、一般的设计指导方针和参保人参加示范项目的条件。通常,示范项目的期限最长为8年。需要向协议双方主管监管机关提交符合第64条第1款的合同。符合第1款、不同于本册第十章规定的示范项目期限最长为5年;示范项目结束之后,立即删除未遵循本册第十章获取、处理与使用的个人信息数据。示范项目开始之前,应及时向主管数据保护的联邦专员或者州专员通报符合第1款、未遵循本册第十章的示范项目。

(6)在法定任务范围内,保险基金会医生协会和医疗保险基金会及其团体协议确定符合第1款与第2款的示范项目。

第 64 条　与医疗服务提供机构进行的协商

（1）医疗保险基金会及其团体可与法定医疗保险基金会许可的医疗服务提供机构及其团体签订第63条第1款或第2款规定示范项目的实施协议。只要医学治疗在合同医生提供的服务范围之内，医疗保险基金会可仅与单个合同医生、医疗服务提供机构团体或者保险基金会医生协会签订第63条第1款或第2款规定示范项目的实施协议。

（2）（废除）

（3）在符合第63条第1款的示范项目中，如果补偿超出第85条或第85a条规定的服务报酬、第84条规定的支出总额或医院预算之外的服务，则包括此服务支出在内的补偿、支出总额或者预算将相应减少，减少依据是与参保人总数相比参加示范项目的参保人数和风险结构；必须参照较小的服务范围调整参与医院的预算。如果合同双方未能就符合第1句的补偿、支出总额或者预算降低达成共识，医疗保险基金会或其协会，即符合第1款的协商同双方，可根据第89条向仲裁委员会，或根据《医院筹资法》第18a条第1款向仲裁机构上诉。如果所有根据《医院筹资法》第18条第2款参与护理备忘录协定的医疗保险基金会共同协商一个示范项目，此项目包括医院为参保人提供的利用《联邦护理备忘条例》第12款或者《医院费用法》第3条或第4条预算补偿的所有服务，则为所有住院参保人统一计算协商的费用。

（4）第1款第1句规定的协议双方可实施避免参保人在不协调的情况下多次享受合同医生服务的示范项目。协议双方可约定，如果参保人就诊的合同医生不是参保人本治疗季度的首位医生，或参保人没有转院单，或未要求获得第二意见，在费用报销中扣除由此产生的服务费用。

第 65 条　示范项目评估

从是否达到第63条第1款或者第2款规定示范项目的目标来看，医疗保险基金会或其协会可根据普遍公认的科学标准对示范项目进行科学同步评估。必须公开独立专家制定的评估结果报告。

第 65a 条　对有意识的健康行为进行奖励

（1）医疗保险基金会可在章程中确定，在何种前提条件下，根据第25条和第26条定期要求享受医疗保险基金会疾病早期诊断或者初级预防的品质保障服务的参保人可要求获得奖金，第62条第1款第2句中降低的负担上限除外。

（2）医疗保险基金会还可在其合同章程中规定，如果雇主在企业内推行促进健康的措施，雇主与参保人都可获得奖金。

(3)从中期来看,第1款规定的措施支出必须通过这些措施节约的费用或者效率提升来筹集。医疗保险基金会必须定期,至少每3年向主管监管机关提交费用节约情况说明。如果未节约费用,则不提供相应保障形式的奖金。

第65b条 促进建立消费者与患者咨询机构

(1)医疗保险基金会联邦最高联合会推进建立向消费者和患者提供高质量和免费健康及健康法律咨询的机构,以增强卫生事业中对病人的指导并明确卫生系统中的问题。医疗保险基金会联邦最高联合会不能影响咨询服务的内容及范围。促进消费者及患者咨询机构设立的前提条件具有中立性和独立性。医疗保险基金会联邦最高联合会和代表患者利益的联邦政府专员共同资助经费的发放;经费每5年发放一次。发放经费时,咨询委员会要向医疗保险基金会联邦最高联合会进行咨询。除了代表患者利益的联邦政府专员之外,咨询委员还包括学术界与患者组织代表,两位联邦卫生部代表,一位联邦营养、农业与消费者保护部代表,以及在私人保险公司参与第1句规定的促进工作情况下,包括一位私人保险公司团体代表。医疗保险基金会联邦最高联合会每年就符合第1句的促进事务向咨询委员会进行陈述说明。根据第1句获得促进支持的咨询机构可通过申请向咨询委员会陈述观点。

(2)2011年,符合第1款第1句规定的促进经费为5200000欧元,在此后的年份,参考《社会法典第四册》第18条第1款规定的每月收入的百分比进行调整。促进经费还包括质量保证和保险总额所需的支出。医疗保险基金会根据其参保人在所有医疗保险基金会参保人中的比例发放符合第1句的促进经费。在每年7月1日,通过法定医疗保险基金会参保人的KM6统计表确定医疗保险基金会参保人的数量。

(3)联邦政府将于2013年3月31日向联邦议会提交落实消费者与患者独立咨询中心的经验报告。

第66条 出现误诊时对参保人的支持

参保人可对保险服务过程中的误诊要求赔偿,并且此赔偿未根据《社会法典第十册》之第116条转至医疗保险基金会时,医疗保险基金会可在赔偿要求跟进的过程中为参保人提供支持。

第67条 电子交流

(1)为提高保障质量和经济性,医疗服务提供机构之间应尽快、尽量全面地通过电子和机器方式交流病情,进行诊断,给出治疗建议,撰写治疗报告,以替代纸张交流,这有助于不同情况下的跨机构合作。

（2）医疗保险基金会与医疗服务提供机构及其团体应为符合第1款规定的电子交流过渡提供资金支持。

第68条 个人电子健康卡的资金筹措

为提高保障的质量和经济性，医疗保险基金会应提供资金支持，以便使参保人获得由第三方提供的个人健康数据电子储存及传输服务。基金会通过章程拟定实施细则。

第四章 医疗保险基金会与医疗服务提供机构的关系

第一节 一般原则

第69条 适用范围

(1)本章及第63条和第64条最终规定了医疗保险基金会及其团体与医生、牙医、心理医生、药店和其他医疗服务提供机构及其团体的法律关系,包括联邦共同委员会和州联合委员会根据第90条至第94条作出的决议。最终在本章、第63条及第64条、《医院筹资法》《医院收费法》以及相关法律条例中规定医疗保险基金会及其团体与医院及其团体的法律关系。此外,如果根据本章就符合第70条的指导方针和参与者的其他任务与义务作出协定,《德国民法典》也相应适用于第1句与第2句规定的法律关系。在牵涉到第三方的情况下,第1句至第3句同时有效。

(2)《反竞争限制法》第1条,第2条,第3条第1款,第19条,第20条,第21条,第32条至第34a条,第48条至第80条,第81条第2款第1项、第2a项和第6项及第3款第1项和第2项、第4款至第10款,第82条至第95条适用于第1款提及的法律关系。如果医疗保险基金会或其协会有签订合同或协议的义务,则第1句不适用于医疗保险基金会或其协会与医疗服务提供机构或其团体签订的合同或其他协议。第1句同样不适用于医疗保险基金会或其协会按照法律义务作出的决议、建议、指令或者其他决策,也不适用于联邦共同委员会按照法律义务作出的决议、指令与其他决策。《反竞争限制法》第四部分规定适用。

第70条 质量,人性化与经济性

(1)医疗保险基金会与医疗服务提供机构必须保障向参保人提供符合需求、公平、符合普遍公认医学知识水平的保障。针对参保人的保障必须充分且有针对性,不能超过必要的范畴,专业质量与经济性并重。

(2)医疗保险基金会及医疗服务提供机构必须努力通过适当的措施实现参保者人性化的疾病治疗。

第 71 条　保险费率的稳定性

(1) 医疗保险基金会与医疗服务提供机构根据本册达成保险服务偿付共识，即不允许提高保险费，除非即使耗尽所有的资金储备仍然无法确保必要的医疗保障（保险费率稳定性原则）。即使增加基于法律规定保健及早期诊断措施或者第 266 条第 7 款要求的结构化治疗项目（第 137g 条）范围内附加服务的费用，也不得违背保险费率稳定性原则。

(2) 为符合第 1 款第 1 句前半句的指导方针，协定的补偿变动不能超过联邦范围内根据第 3 款规定变动率得出的补偿变动。不同于第 1 句的情况下，如果相关的额外费用能够与协议保障或者其他服务领域节约的费用相抵，则允许超过补偿变动。

(3) 每年 9 月 15 日之前，为了协商下一年的偿付，联邦卫生部确定每位参保人上一年下半年和本年度上半年医疗保险基金会所有参保人缴费收入与上一年相对时期的平均变化率，根据第 1 款和第 2 款应用此变化率。基础是医疗保险基金会每月征收的保险费和健康基金每季度的财务报表，此表证明医疗保险基金会所有参保人有缴纳保费义务的收入。在联邦公报上公布变化率的确定情况。

(3a)（废除）

(4) 向协议双方的主管监管机关提交根据第 57 条第 1 款和第 2 款、第 83 条、第 85 条、第 125 条与第 127 条达成的服务项目费用。在协议与法律冲突的情况下，监管机关可在协定提交后 2 个月内提出异议。

(5) 不受第 4 款限制，符合第 4 款第 1 句的协议和符合第 73c 条和第 140a 条至第 140d 条的协议也要提交至主管社会保险事务的州最高管理机关。

第二节　医生、牙医和心理医生的关系

第一小节　合同医生及合同牙医服务保障

第 72 条　合同医生及合同牙医服务保障

(1) 医生、牙医、心理医生、医疗保障中心及医疗保险基金会共同努力，保障参保人获得合同医疗。如果本章规定涉及医生，除例外情况外，规定同样适用于牙医、心理医生及医疗保障中心。

(2) 在法律规定及联邦共同委员会指令的范围内，通过合同医生协会与医疗保险基金会团体之间签订的合同规定医疗保障，以保证参保人在普遍公认的现有医

疗水平下获得全面、有针对性及经济的保障,并对医生的服务进行适当的偿付。

(3)只要地方条例没有对德国矿工—铁路—海员养老保险基金会与医生的关系另行规定,第1款与第2款同样适用于德国矿工—铁路—海员医疗保险基金会。

(4)(废除)

第72a条 保障任务移交至医疗保险基金会

(1)如果许可区内或者地区规划范围内超过50%的合同医生放弃第95b条第1款规定的合同医生资格,或者拒绝提供合同医疗保障服务,并且监管机关在对医疗保险基金会的州协会、医疗互助基金会和保险基金会医生协会进行听证之后确定,当地的合同医疗服务得不到保障,则医疗保险基金会及其团体就要履行保障任务。

(2)由具备合同医生资格或受委托的医生和受委托的机构继续提供合同医疗服务时,保险基金会医生协会只对根据第1款履行的保障任务施加影响。

(3)医疗保险基金会履行保障任务时,医疗保险基金会或其州协会及医疗互助基金会共同与医生、牙医、医院或者其他相关机构签订统一的个体或者集体合同。也可根据第140条第2款设立自己的机构。如果医生或牙医与其他合同医生协商放弃作为合同医生的资格(第95b条第1款),则不允许再与此医生或牙医签订符合第1句的合同。

(4)可根据第3款就不同内容签订合同。协商支付给医生或者牙医的费用金额应以约定的服务内容、范围与难度,以及扩展保障、约定保证或者品质保证程序为准。监管机关根据第1款确认之后,可直接允许根据第3款签订合同的医生获得高于之后签订合同的费用金额。

(5)如果符合第3款的合同仍然起不到充分的保障作用,则医疗保险基金会可与外国的医生或者相关机构签订为参保人提供服务的保障合同。

(6)根据第3款与第5款签订参保人保障合同的医生或机构有权利和义务记录并通知医疗保险基金会因医疗服务提供、开处方所产生的合同费用。

第73条 基金会医生保障服务

(1)合同医疗保障服务分为家庭医疗保障与专业医疗保障。家庭医疗保障特别包括:

1. 在了解病人家庭及居住环境的基础上,为病人提供诊断和治疗方面的普通及更进一步的医学照顾;不排除特殊治疗方法下的治疗手段与药品,

2. 诊断、治疗与护理措施的协调,

3. 归档,特别是整理、评估和保存治疗数据、门诊及住院保障的诊断结果与

报告,

4. 采用或落实预防及康复措施,整合治疗措施中的非医疗救助与陪同服务。

(1a)参与家庭医疗保障的有:

1. 全科医生,

2. 儿科医生,

3. 被选入家庭医疗保障的无特别方向的内科医生,

4. 根据第95a条第4款和第5款第1句在医生注册表登记的医生,

5. 2000年12月31日参与家庭医疗保障的医生(家庭医生)。

其他专业医生参与专业医疗保障。如果符合需求的服务得不到保障,许可颁发委员会可对儿科医生和无特别方向的内科医生进行不同于第1句的期限规定。有特别方向的儿科医生也可参加专业医疗保障。根据申请,许可颁发委员会可向提供专科服务的全科医生或者没有领域限制的医生颁发仅允许参与专业医疗保障的许可。

(1b)在参保人开具可撤销书面同意的情况下,医疗服务提供机构中为患者提供治疗的家庭医生可获取与参保人相关的治疗数据和诊断结果,以利于存档和日后的治疗。为患者治疗的医疗服务提供机构有义务向参保人询问其选定的家庭医生,并在参保人开具可撤销书面同意的情况下,将第1句规定的数据告知家庭医生,以利于存档和日后的治疗;在获得参保人可撤销书面同意的条件下,提供治疗服务的医疗服务提供机构有权向参保人的家庭医生和其他医疗服务提供机构索取必要的治疗信息和诊断结果,以供在提供服务时进行处理与使用。根据第1句和第2句获得的数据信息处理与使用必须与家庭医生当时获取数据信息的目的一致;在获得参保人可撤销的书面同意条件下,家庭医生有权利和义务向对参保人进行治疗的医疗服务提供机构提供治疗所需的数据与诊断结果。第276条第2款第1句的第2个半句仍然有效。在更换家庭医生时,如果参保人同意,参保人之前的家庭医生有义务向新家庭医生提供所有的存档;新家庭医生可从这些存档中获取参保人的个人信息。

(1c)(废除)

(2)合同医疗保障包括:

1. 医疗,

2. 牙医治疗和根据第28条第2款的颌骨整形治疗,

2a. 只要符合第56条第2款,假牙服务包括牙冠和超结构更换,

3. 疾病的早期诊断措施，

4. 妊娠及育儿期的医疗照顾，

5. 医疗康复服务处方，

6. 救助他人的指示，

7. 药品、绷带、药物及辅助器具、患者运送和住院治疗或在保健或康复机构的治疗处方，

8. 家庭病护处方，

9. 开具证明或者制定报告，医疗保险基金会或者医疗服务（第275条）履行法定任务，或者参保人要求继续发放劳动报酬时需要此证明或报告，

10. 根据第27a条第1款促进怀孕的医学措施，

11. 第24a条与第24b条规定的医学措施，

12. 社会疗法处方。

只要这些规定涉及丧失工作能力的确定和证明，第2项至第8项、第9项至第12项不适用于心理治疗。

（3）在总合同中约定，在符合第2款保险基金会医疗保障的范围外，属于保险医疗保障内容的保健与康复措施。

（4）门诊治疗不足以成功治疗或救援参保人时，才允许开具住院治疗处方。须在处方中说明住院治疗的必要性。在开具住院治疗处方时，须注明两所最近且适合住院治疗的医院。必须考虑符合第39条第3款的目录。

（5）参与保险医疗保障的医生及授权的机构在开具药物处方时，应注意符合第92条第2款的价格比较表。在处方单或者电子处方数据组中，避免药店出售具有相同药效的低价药品来代替处方药品。医生开具的药物价格超出第35条或者第35a条规定的固定价格时，医生必须提示参保人额外费用由参保人自己承担。

（6）如果在医院治疗或者分娩住院期间进行了疾病早期诊断，则疾病早期诊断措施不属于保险医疗保障范围，除非由主治医师提供医疗服务。

（7）（废除）

（8）为保证处方开具方式的经济性，保险基金会医生协会、保险基金会医生联邦协会、医疗保险基金会及其团体必须向合同医生提供低价的处方服务和来源信息，其中包括相应价格和补偿，以及符合普遍公认医学水平的指标与药效提示。基于符合第92条第2款第3句的提示、第84条第7款第1句的框架规定，根据第84条第1款达成的药物协定提供药品、绷带和辅助器具处方的信息与提示。特别要在第

92条第1款第2句第6项指令基础上,在信息与提示中以直接比较的方式注明商标、指标和价格,以及其他对开具药物处方有重要影响的信息;可选择在指标领域对参保人具有决定性保障作用的药品。必须根据解剖—治疗—化学分类标注药物每天用量的费用。德国医学文献信息研究所受联邦卫生部委托出版的分类手册在此适用。该手册在每年的基准日出版,并按照恰当的时间间隔进行更新,通常每年更新一次。开具处方药物时,合同医生只能使用保险基金会医生联邦协会批准的电子程序,此程序包含第2句和第3句,以及第130a条第8款规定的折扣合同信息。2006年12月31日之前,在符合第82条第1款的合同中协定细节。

第73a条 结构合同

保险基金会医生协会可与医疗保险基金会州协会和医疗互助基金会在符合第83条的合同中协定保障与偿付结构,即将合同医疗保障服务、医疗处方服务、所有或定义内容的子领域服务质量与经济性的责任转交给由参保人选择的家庭医生或者家庭与专业医生协会;第71条第1款适用。可为第1句规定的服务协定预算。预算包括参与合同医生提供服务的支出;预算责任中还包括药品药物、绷带及辅助器具和其他服务范围的费用。对合同医疗服务的偿付,合同双方可不遵循根据第87条进行的服务评估。参保人与合同医生自愿参与。

第73b条 家庭医生为中心的保障

(1)医疗保险基金会须向参保人提供特别的家庭医疗保障(家庭医生为中心的保障)。

(2)其中,必须保证家庭医生为中心的保障要特别满足以下超出联邦共同委员会和联邦框架协议中第73条意义上的家庭医疗保障要求:

1. 家庭医生在经过培训的专业人员的领导之下,参与药物治疗的结构性质量检测,

2. 遵循证据基础上针对家庭医生保障发展的临床试验细则,

3. 通过参加针对家庭医生典型治疗事务的进修来履行符合第95d条的义务,如面向病人的交流、心身基本保障、姑息治疗、普通疼痛治疗、老年病,

4. 要针对家庭医生门诊的特殊条件量身定做可用指标评价的并且获得科学认可的机构内部的质量管理体系。

(3)参保人自愿参与以家庭医生为中心的保障。此时参保人有义务向其医疗保险基金会书面声明,只在符合第4款的家庭医生中选择就医的家庭医生,而且在进行门诊专业医疗时要有此家庭医生的转院单,眼科与妇科医生除外;直接享受儿

科医生服务的权利不变。参保人履行的义务和家庭医生选择为期至少1年;参保人只能在提交重要理由的前提下更换家庭医生。医疗保险基金会在章程中规定参保人参与此保障的细节,特别是与所选家庭医生的关系、转院服务的其他例外情况和参保人未履行义务的后果。

(4)为全面保障第1款规定的服务,最迟于2009年6月30日前,医疗保险基金会必须单独或与其他医疗保险基金会合作与医疗服务提供机构签订共同体合同,共同体应至少能代表保险基金会医生联合体地区所有参加家庭医生保障的全科医生之半数。如合同双方不能取得一致,此共同体可根据第4a条申请采用仲裁程序。如果根据第1句达成合同或者签署儿童青少年保障合同,则签订合同的机构还可能包括:

1. 参加符合第73条第1a款规定的家庭医疗保障的合同医生医疗服务提供机构,

2. 此类医疗服务提供机构团体,

3. 通过合同医生医疗服务提供机构提供保障的机构承办人,保障以家庭医生为中心,合同医生医疗服务提供机构要求参与符合第73条第1a款规定的家庭医疗保障,

4. 团体根据第2项授权的保险基金会医生协会。

如果保险基金会医生联合体地区的医疗保险基金会没能寻获符合第1句前提条件的合同伙伴,为全面保障第1款规定的服务,必须与一个或者多个第3句提及的合同伙伴签订合同。在符合第3句与第4句的情况不能签订合同、要求公布客观甄选标准之后,对提供服务的公开招标。通过符合此款的合同落实参保人的家庭医疗保障时,实施第75条第1款规定的限制保障任务。医疗保险基金会可通过保险基金会医生协会来确保以包括家庭医生为中心的保障范畴内全额报销的应急服务。

(4a)一个团体根据第4款第2句申请采用仲裁程序时,双方必须知会独立的仲裁人,由其来确定符合第4款第1句的合同内容。双方不能通过仲裁人达成共识时,由医疗保险基金会主管监管机关来决定。合同双方平摊仲裁程序费用。对仲裁人决定和对合同内容确定的申诉无延迟决定实施的效力。

(5)在符合第4款的合同中,规定以家庭医生为中心的保障内容及落实细节,特别是要调整符合第2款要求的设计和偿付。保险基金会医生协会可参与符合第2款规定的设计和要求落实工作。以家庭医生为中心的保障内容仅限符合第92条第

1款第2句第5项规定的决议范围内,联邦共同委员会根据第91条未否决过作为法定医疗保险服务适宜性的服务。独立合同可与本章规定和根据本章规定制定的条例有所偏差。第106a条第3款适用于医生与参保人结算合法性的审核。

(5a)2010年9月22日之后根据第4款签订的合同中,应注意根据第5款第1句协商偿付时的保费稳定性原则(第71条)。如果合同双方达成共识,计算的平均值不超过所有参加家庭医疗保障医生在保险基金会医生协会内得出的平均值,特别要履行保险费稳定原则;在保险基金会医生协会内得出的数值中减去第4款规定合同内容以外的服务。如果每位参保人的偿付值未超过基于第7款第2句程序确定的每位参保人清偿值,则也要履行保费稳定原则。如果在合同中确定,通过第4款规定合同措施节约的费用和效率提高偿付额外费用,则可能超出第2句与第3句提及的数值。在2010年9月22日之前签订的合同和2014年6月30日(包括30日)之前有效的后续合同中,2010年9月21日之前有效的第73b条适用。

(6)医疗保险基金会必须通过适当的方式向其参保人全面介绍以家庭医生为中心的保障内容与目标,以及住所附近参加此保障的家庭医生情况。

(7)如果相关独立合同服务需求中减少了在合同医疗服务统一评价标准基础上根据第295条第2款计算出的服务需求,则在2007年和2008年,根据第83条第1款签订框架合同的双方必须根据参加以家庭医生为中心保障的参保人数和第4款规定合同中以家庭医生为中心的保障内容按照第85条第2款规定清算总偿付。自2009年1月1日起,根据参加以家庭医生为中心保障的参保人数和发病率结构,以及第4款规定合同中协定的以家庭医生为中心的保障内容,按照第87a条第3款第2句清算治疗需求。如果在符合第1句的总偿付或符合第2句的治疗需求减少的问题上不能达成共识,作为根据第4款签订合同的一方,医疗保险基金会可向符合第89条的仲裁委员会起诉。医疗保险基金会向主管的框架合同双方提交清算程序所需的医生及参保人数据。

(8)符合第4款的合同双方在协定超出第73条家庭医疗保障范畴和不属于第7款清算义务的服务时,在合同中规定,由此产生的附加费用通过第4款规定合同措施节约的费用和效率提高来偿付。

(9)必须将2010年9月22日之后根据第4款签订的合同呈交至医疗保险基金会的主管监管机关。监管机关可在2个月之内驳回合同。在审查范围内,监管机关尤其要检查是否遵守了第8款的规定。监管机关可要求获取更多信息与补充陈述;收到信息之前,暂停第2句规定的期限。第1句至第4句适用于在符合第4a款第1

句仲裁程序中确定的合同;仲裁人必须提交合同。

第73c条 特别门诊医疗保障

(1)医疗保险基金会可通过缔结符合第4款的合同来确保为参保人提供门诊医疗保障服务。合同内容可以是针对参保人的所有门诊医疗保障,也可是门诊医疗保障的单一领域。作为最低前提条件,由联邦共同委员会按照联邦框架合同中为合同医生保障服务决定的要求提出适用于协定保障合同实施的人员和实物服务质量要求。

(2)参保人必须声明自愿参加由第3款规定的义务医疗服务提供机构提供的特殊门诊医疗保障,需以书面形式向医疗保险基金会提交此声明,并在履行合同规定的保障任务时,只在合同规定的医疗服务提供机构就诊,并只在转院的情况下在其他医疗服务提供机构就诊。参保人此义务的履行期限至少为1年。医疗保险基金会在合同规章中规定参保人参与此保障的细节,特别是合同规定医疗服务提供机构的绑定、转院服务的特殊情况、参保人未履行义务的后果。

(3)为落实第1款规定的服务,医疗保险基金会可单独或与其他医疗保险基金会合作,与

1. 合同医疗服务提供机构,
2. 此类医疗服务提供机构团体,
3. 通过合同医疗服务提供机构根据第1款提供特殊门诊保障的机构承办人,
4. 保险基金会医生协会

签订独立合同。不得提出终止合同的要求。公布客观甄选原则之后,对服务提供要求进行公开招标。如果通过符合第1款规定的合同为参保人提供保障,则根据第75条第1款限制保障任务。医疗保险基金会可通过保险基金会医生协会来确保以家庭医生为中心的保障范畴内全额报销的应急服务。

(4)在符合第3款规定的合同中,规定保障任务的内容、范围及落实细节,特别是调整质量要求设计和偿付。保障任务的内容仅限符合第92条第1款第2句第5项规定的决议,联邦共同委员会根据第91条未否决过作为法定医疗保险服务适宜性的服务。合同可与本章规定和根据本章规定制定的条例有所偏差。第106a条第3款适用于医生与参保人结算合法性的审核。

(5)医疗保险基金会必须通过适当的方式向其参保人全面介绍符合第1款的特殊门诊医疗保障内容及目标,以及参加此保障的医生情况。

(6)如果相关独立合同服务需求中减少了合同医疗服务统一评价标准基础上

根据第295条第2款计算出的服务需求,则在2007年和2008年,根据第83条第1款签订总合同的双方必须根据参加以家庭医生为中心保障的参保人数和第4款规定合同中以家庭医生为中心的保障内容按照第85条第2款规定清算总偿付。自2009年1月1日起,根据参加以家庭医生为中心保障的参保人数和发病率情况,以及第4款规定合同中协定的以家庭医生为中心的保障内容,按照第87a条第3款第2句清算治疗需求。如果在符合第1句的总偿付或符合第2句的治疗需求减少的问题上不能达成共识,作为根据第4款签订合同的一方,医疗保险基金会可向符合第89条的仲裁委员会起诉。医疗保险基金会向主管的总合同双方提交清算程序所需的医生及参保人数据。

第73d条　（废除）

第74条　逐步重返社会

如果丧失工作能力的参保人经过医生确定之后可部分从事之前的工作,并预计能够通过逐步恢复工作重新更好地适应职业生活,医生应在丧失工作能力证明上注明参保人可从事工作的种类与范畴,并在适当的情况下获得企业医生或者在医疗保险基金会批准后获得医疗服务(第275条)建议。

第75条　保障内容与范围

（1）保险基金会医生协会与保险基金会医生联邦协会必须在第73条第2款描述的范围内确认合同医疗保障,为此要向医疗保险基金会及其团体保证,合同医疗保障符合法律及合同要求。只要州法律没有其他规定,保障包括接待时间以外的合同医疗保障(应急服务),但不包括急救服务。如果保险基金会医生协会因必须维护的原因不能履行保障任务,医疗保险基金会将收回符合第85条或第87a条总合同中部分偿付款。细节由双方在联邦总合同约定。

（2）保险基金会医生协会与保险基金会医生联邦协会可向医疗保险基金会执行合同医生的权利。必须监督合同医生履行义务的情况,并在必要的情况下督促合同医生采用第81条第5款规定的措施来履行其义务。

（3）保险基金会医生协会及保险基金会医生联邦协会必须确保人员的医疗保障,在提供医疗保健的服务法规定基础上,此类人员有权享受无偿医疗保障服务,条件是未通过其他方式实现该权利。医疗服务的偿付参照医疗互助基金会合同医生服务的模式。第1句与第2句适用于为服义务兵役进行的医疗检查、人事决策准备检查和由公法费用承担机构发起的企业及保健医疗检查。

（3a）保险基金会医生协会及保险基金会医生联邦协会同时必须确保,根据第

257条第2a款、第314条、第257条第2a款、第315条行业统一标准费率,以及符合《保险监管法》第12条第1a款行业统一基本费率参保的参保人获得按次费率参保的医疗服务。只要第3b款没有其他的协定或者规定,根据《医生收费规定》或者《牙医收费规定》,如下偿付第1句提及的服务和第121条规定的协作医师服务:《医生收费规定》收费明细表第M篇提及的服务费用和收费明细表第437项服务费用最多等于《医生收费规定》规定额度的1.16倍;《医生收费规定》收费明细表第A、第E和第O篇提及的服务费用最多等于《医生收费规定》规定额度的1.38倍;《医生收费规定》收费明细表中其他的服务费用最多等于《医生收费规定》规定额度的1.8倍;而《牙医收费规定》收费明细表中的服务费用最多为规定数额的2倍。如果在提及的费率范围内向符合第1句的参保人提供第115b条、第116b条至第119条中提及的服务,则第2句适用于此类服务的偿付。

(3b)在私人医疗保险基金会团体与保险基金会医生协会或者保险基金会医生联邦协会签订的合同中,规定了符合第3a款第2句的服务偿付,此规定可完全或者部分偏离第3a款第2句的指导方针,私人医疗机构团体统一对私人医疗保险企业施加影响并根据官方法律的规定与疾病、护理及生育费用承担方达成一致。《保险监管法》第12条第1d款适用私人保险基金会团体。如果符合第1句的当事人未就偏离第3a款第2句规定的偿付规定达成共识,则有异议的当事人可向符合第3c款的仲裁机构提出上诉。仲裁机构必须在3个月内就未达成共识的内容作出决定并确定合同内容。仲裁机构作出决定,使合同内容

1. 符合向第3a款第1句规定参保人提供充分、有针对性、经济及高品质医疗保障的要求,

2. 考虑合同医生及私人医生领域类似服务的偿付结构,和

3. 适当考虑合同医生的经济利益、偿付规定对第3a款第1句规定参保人费率奖金发展的影响。

合同双方根据第1款协定或者由仲裁机构判定的合同期限到期之后,如果双方仍然不能就偿付达成共识,则仲裁机构作出决定之前的合同仍然有效。针对第3a款第1句提及的参保人和费率,可在私人保险基金会团体与相关医疗服务提供机构或机构代表团体签订的合同中,规定第115b条、第116b~119条提及的服务偿付,此规定可全部或部分偏离第3a款第2句和第3句的指导方针,私人医疗机构团体统一对私人医疗保险企业施加影响并根据官方法律规定与疾病、护理及生育费用承担方达成一致;第2句适用。合同双方根据第7句协定的合同到期之后,如果仍然不

能就偿付达成共识,则之前的合同继续有效。

(3c)保险基金会医生联邦协会与私人保险基金会团体组建共同的仲裁机构。一方面包括保险基金会医生联邦协会或者保险基金会牙医联邦协会的代表,另一方面包括私人保险基金会团体及根据官方法律规定承担疾病、护理及生育费用的承担方代表,双方人数相等,同时还包括一位独立主席、两位独立成员,以及联邦财政部与联邦卫生部代表各一位。任期4年。主席与独立成员及其机构代表应使合同双方达成共识。如果不能达成共识,则第89条第3款第4句至第6句适用。此外,第129条第9款适用。联邦财政部监管仲裁机构的运作;第129条第10款第2句适用。

(4)保险基金会医生协会与保险基金会医生联邦协会必须确保在监狱医生和牙医工作时间之外的紧急情况下为监狱犯人提供医疗,前提是没有通过其他方式保障此治疗。第3款第2句适用。

(5)只要没有通过矿工医生确保相关参保人在德国矿工—铁路—海员医疗保险基金会获得医疗保障,第1款和第2款适用。

(6)经过监管机关批准,保险基金会医生协会与保险基金会医生联邦协会可履行医疗保障的其他任务,特别是其他社会保险基金会的医疗任务。

(7)保险基金会医生联邦协会必须

1. 为权限范围内签订的合同落实制定必要的细则,

2. 只要联邦总合同中没有特殊的约定,最晚在2002年6月30日以前,在细则中规定合同医疗保障的跨地区实施和保险基金会医生协会之间的付款补偿,及

3. 制定关于保险基金会医生协会企业运作、经济管理及会计细则。

符合第1款第2项的细则必须确保,提供服务的保险基金会医生协会获得可支配的服务偿付;可以在联邦平均的结算点值的基础上进行偿付。只要联邦总合同中没有特殊的约定,符合第1句第2项的细则同样可规定结算审查、经济审查、质量审查和拥有多个保险基金会医生联合成员的跨地区职业共同体纪律事务程序。

(7a)偏离第7款第2句时,2009年1月1日之后符合第7款第2句的有效医疗保障细则必须确保,根据第87a条第2款,在本地提供服务的保险基金会医生协会(医疗服务提供机构—保险基金会医生协会)可从参保人居住地的保险基金会医生协会(居住地—保险基金会医生协会)按照有效的《欧洲费用规定》从医疗服务提供机构——保险基金会医生协会处获得偿付。在此必须与医疗保险基金会联邦中央委员会进行协商。

(8)保险基金会医生协会与保险基金会医生联邦协会通过适当的措施在合同医生的诊所内提供所需的职位,以完成医生的实习期和普通医学培训。

(9)保险基金会医生协会有义务与符合《妊娠冲突法》第13条的机构根据其要求签订提供第24b条所列门诊医疗服务的合同,并偿付超出保险基金会医生协会与符合《妊娠冲突法》第13条机构或其团体规定分配比例的服务。

(10)(废除)

第76条 自由选择医生

(1)参保人可在获得合同医疗服务批准的医生、医疗保障中心、授权医生授权或者根据第116b条参与门诊保障的机构、医疗保险基金会的牙科诊所,符合第140条第2款第2句医疗保险基金会的固有机构,根据第72a条第3款合同规定有义务提供医疗服务的医生和牙医,获得门诊手术批准的医院及符合第75条第9款的机构中进行自由选择。只有在紧急情况下才能到其他医生处就诊。在符合第140条第1款与第2款第1句的医疗保险基金会固有机构获得的服务仅限合同内容。如果符合第140条第2款第1句规定的前提条件,可在合同协定基础上增加固有机构数量。

(2)如果没有令人信服的理由,参保人未在最近的合同医疗保障医生、机构或者医疗保障中心就诊,需要自付额外费用。

(3)参保人如需更换合同医疗保障医生,应在一个季度之内提交重要理由。参保人选择一个家庭医生。医生必须事先就家庭医疗保障(第73条)的内容及范围知会参保人;医生必须在其诊所招牌上注明参加家庭医疗保障。

(3a)符合第82条第1款的合同双方协定适当的措施,避免合同医生在未经协调的情况下重复提供服务,并保证前期与后期治疗医生之间的信息交流。

(4)根据民事合同法,符合第1款的人员或机构有义务对参保人进行细心治疗。

(5)德国矿工—铁路—海员医疗保险的参保人可在德国矿工—铁路—海员医生及第1款提及的人员和机构中进行自由选择。第2款至第4款适用。

第二小节 保险基金会医生协会与保险基金会牙医协会

第77条 保险基金会医生协会与联邦协会

(1)为完成通过本册委托的合同医疗保障任务,每个州的区域合同医生组建保险基金会医生协会和保险基金会牙医协会(保险基金会医生协会)。如果一个州拥有的成员少于10000名,则保险基金会医生协会必须合并。如果一个州拥有成员少于5000名,则保险基金会牙医协会也必须合并。

(2)在与州主管社会保险事务的最高管理机关协商后,待合并的保险基金会医生协会进行必需的组织结构变动。最迟在2006年12月31日之前,保险基金会医生协会可根据第85条第1款至第3e款协定已合并保险基金会医生协会之前主管地区不同的总偿付额度,并根据第85条第4款适用不同的分配比例。如果存在必要的特殊原因,在与主管监管机关协商后,合同双方可根据第83条共同协定将第2句提及的期限延长4个季度。

(3)获法定医保资格的医生、在合同医疗保障范围内获得资格的医疗保障中心雇用的医生、合同医生中根据第95条第9款与第9a款雇用的医生,以及参加合同医疗保障的授权医院医生是主管行医地区保险基金会医生协会的成员。受雇用医生成为行医地点保险基金会医生协会成员的前提条件是,至少每天工作半天。

(4)保险基金会医生协会组建保险基金会医生联邦协会与保险基金会牙医联邦协会(保险基金会医生联邦协会)。保险基金会医生协会与保险基金会医生联邦协会可为主管的联邦与州最高机关提供短期的人员支持,特别是在法律制定方面。原则上由其报销由此产生的费用;州与联邦预算规定的相关法律中规定了例外情况。

(5)保险基金会医生协会与保险基金会医生联邦协会为公法法人。

(6)《社会法典第十册》第94条第1a款至第4款和第97条第1款第1句至第4句适用。

第77a条　服务团体

(1)为完成第2款罗列的任务,保险基金会医生协会与保险基金会医生联邦协会可组建商业公司。

(2)相对合同医疗服务提供机构,符合第1款的公司可履行以下任务:

1. 在与参保人签订提供法定医疗保险服务合同时提供咨询,

2. 为数据处理、储存及保护问题提供咨询,

3. 为与合同医疗活动相关的一般经济问题提供咨询,

4. 为参保人提供法定医疗保险服务的合同双方解除合同,

5. 从事诊所网络的行政管理任务。

(3)符合第1款规定的公司只能通过费用补偿运行。不得利用保险基金会医生协会或保险基金会医生联邦协会的经费为团体提供财政支持。

第78条 监管预算及会计财产统计

(1)联邦卫生部监管保险基金会医生联邦协会,主管社会保险事务的各州最高管理机关监管保险基金会医生协会。

(2)保险基金会医生协会所在州的主管社会保险事务的最高管理机关监管为多个州的地区组建的共同保险基金会医生协会。必须与相关州主管社会保险事务的最高管理机关协商监管事宜。

(3)监管内容包括法律和其他法规的遵守情况。《社会法典第四册》第88条与第89条适用。第67条至第70条第1款和第5款、第72条至第77条第1款、第78条与第79a条第1款和第2款,以及第3a款适用于包括统计在内的预算与会计;《社会法典第四册》第80条和第85条适用于财产;第305b条适用于保险基金会医生协会经费的使用。

第79条 机关组织

(1)在保险基金会医生协会及保险基金会医生联邦协会中,建立作为自我管理机关的代表大会和全职董事会。

(2)合同章程确定保险基金会医生协会及保险基金会医生联邦协会代表大会成员的人数。保险基金会医生协会代表大会成员最多为30人。保险基金会医生协会成员超过5000或者保险基金会牙医协会成员超过2000时,代表大会成员人数最多可增加至40人,保险基金会医生协会成员超过10000或者保险基金会牙医协会成员超过5000时,代表大会成员人数最多可增加至50人。保险基金会医生联邦协会的代表大会人数不超过60人。

(3)代表大会特别要

1. 制定章程与其他自治章程,

2. 监督董事会,

3. 作出对法人有根本意义的所有决策,

4. 确定预算计划,

5. 因年终决算对免除董事会作出表决,

6. 在董事会及其成员面前代表法人,

7. 对购买、转让或抵押不动产和建造建筑物作出表决。

代表大会可审阅与审核所有经营与管理文件。

(4)保险基金会医生协会及保险基金会医生联邦协会的董事会成员最多为3人。董事会成员相互代表对方。成员专职从事自身的工作。如果将一名医生选为董事会成员,则此医生可在限制范围内兼职从事医疗工作,或者暂停其行医许可。任期6年;可再次当选。必须在每年3月1日的概览中公布各个董事会成员每年包括附加服务的酬劳额度和基本保障规定,首次于2005年3月1日在联邦公报中公布,同时由保险基金会医生和牙医协会分别在保险基金会医生联邦协会的相关报道中公布。由第三方保障董事会成员履行职责,并将资助额度告知代表大会的主席和副主席。

(5)只要法律法规没有其他规定,由董事会管理和代表法人。在合同章程中或者在个别情况下董事会可规定,董事会的独立成员可代表法人。

(6)《社会法典第四册》第35a条第1款第3句和第4句、第2款、第5款第1句、第7款和第42条第1款至第3款适用。代表大会在进行选举时应注意,董事会的成员拥有其权限领域所需的专业能力。

第79a条 组织障碍,任命专员

(1)只要未进行代表大会与董事会的选举,或者代表大会或董事会拒绝履行职责,监管机关或由其任命的专员接管保险基金会医生协会及保险基金会医生联邦协会的任务,费用由保险基金会医生协会及保险基金会医生联邦协会承担。如果代表大会或董事会危害了法人的正常工作,特别是代表大会或董事会不能在按照法律或合同条约管理法人时,或导致保险基金会医生协会消亡,或计划或已经做出侵害法人财产的决定时,监管机关或由其任命的专员接管保险基金会医生协会及保险基金会医生联邦协会的运作,费用也由保险基金会医生协会及保险基金会医生联邦协会承担。

(2)必须事先对监管机关自己或者任命专员接管的日常运作在一定期限内进行必要的安排,保险基金会医生协会监管机关根据安排布置任务。针对此安排和专员任命、由监管机关自己履行保险基金会医生协会或者保险基金会医生联邦协会任务的反对意见和起诉无中止行政行为执行的效力。监管机关或者由其任命专员的立场与管理组织运作的保险基金会医生协会组织相同。

第79b条 心理治疗咨询专业委员会

在保险基金会医生协会与保险基金会医生联邦协会设立心理治疗咨询专业委员会。此委员会由五位心理治疗师与一位儿童青少年心理治疗师,以及相同数目的医生代表组成,代表大会从保险基金会医生协会成员中以直接和不记名的方式选出医生代表。在下列条件下第2句适用于保险基金会医生联邦委员会专业委员会成员的选举,即专业委员会的心理治疗师成员必须是有医保服务资格的心理治疗师。不同于第2句规定时,在保险基金会医生协会及保险基金会医生联邦协会选举期间,根据对行业利益起决定作用的州和联邦级心理治疗师组织建议,由相关监管机关任命专业委员会的心理治疗师成员。在保险基金会医生协会与保险基金会医生联邦协会作出决定之前,委员会必须就确保心理医疗保障的基本问题及时阐述立场。在决策过程中应考虑其立场。各自治机构的章程规定细节。保险基金会医生协会与保险基金会医生联邦协会的代表大会权利保持不变。

第79c条 家庭医疗保障咨询专业委员;其他咨询专业委员会

在保险基金会医生协会中设立家庭医疗保障咨询专业委员,委员会由参加家庭医疗保障的成员组成。可设立其他咨询专业委员,特别是针对康复医疗问题。代表大会从保险基金会医生协会成员中以直接及不记名的方式选举咨询专业委员会成员。章程中规定咨询专业委员会及其组成的细节。第79b条第5款至第8款适用。

第80条 选举

(1)保险基金会医生协会成员以直接及不记名的方式选举代表大会成员。遵循基于名单与个人选举提名的比例选举原则进行选举。心理治疗师按照第1句与第2句规定选举代表大会成员,但心理治疗师最多只能占代表大会成员名额的1/10。在章程中规定代表大会成员选举的细节和保险基金会医生协会其他成员的比例。

(1a)保险基金会医生协会主席和一位副主席是保险基金会医生联邦协会代表大会的成员。保险基金会医生协会代表大会成员从其队伍中以直接和不记名的方式选举保险基金会医生联邦协会的其他代表大会成员。根据保险基金会医生协会成员在所有保险基金会医生协会成员中所占的比例考虑保险基金会医生协会时,第1款规定适用。

(2)代表大会以直接和不记名的方式

1. 从其内部选举1位主席及1位副主席,

2. 选举董事会成员,

3. 选举董事会主席及副主席。

代表大会主席及副主席不能同时兼任董事会主席或副主席。

(3)保险基金会医生协会与保险基金会医生联邦协会的代表大会成员6年选举一次。不管选举在何时进行,任期都在第六年度末结束。此期限过后,被选举者一直行使其职权至接班人接手。

第81条 章程

(1)章程尤其要包括下列规定：

1. 协会名称、地区及所在地，

2. 机关组织的组成、选举及成员人数，

3. 公开性和代表大会决议方式，

4. 机关组织及成员的权利与义务，

5. 经费的筹措及管理，

6. 年度经营与会计审计和财务报表验收，

7. 章程的变更，

8. 机关组织成员的补偿规定，

9. 通知方式，

10. 履行保障任务的合同医疗义务。

细则须获得监管机关的批准。

(2)如果应建立管理与会计机构，保险基金会医生协会的细则必须包括机构建立和任务的规定。

(3)保险基金会医生协会的章程内容必须符合：

1. 保险基金会医生协会签订的合同、作出的相关决议、跨地区提供合同医疗保障和保险医生机构协会及其成员必须遵守的保险医生机构协会间清算规定，

2. 保险基金会医生协会及其成员必须遵守的第75条第7款、第92条与第137条第1款和第4款细则。

(4)保险基金会医生协会章程必须包括合同医疗工作领域医生的进修、进修方式与形式细节和参加义务。

(5)此外，保险基金会医生协会章程还必须规定，成员未履行或者未按照规范履行合同医疗义务时，采取强制措施的前提条件与程序。根据过失轻重，符合第1句的措施包括警告、通报批评、罚款或者两年以下暂停许可或者禁止参加合同医疗。罚金最高可至10000欧元。无预审（《社会法院法》第78条）程序。

第81a条 制止卫生事业中不当行为的机构

(1)保险基金会医生协会与保险基金会医生联邦协会设立组织单位，监督与保险基金会医生协会或保险基金会医生联邦协会任务有关的违规行为、违法或不当的资金运用。组织单位根据《社会法典第十册》第67c条第3款行使控制权利。

(2)任何人可就第1款提及的事务求助保险基金会医生协会及保险基金会医生

联邦协会。如果从各种说明或总体形势来看,线索可信,则符合第1款的机构追查线索。

(3)为了完成符合第1款的任务,保险基金会医生协会及保险基金会医生联邦协会必须相互合作并与医疗保险基金会及其团体合作。

(4)如果在审查中发现可对法定医疗保险造成重要影响的犯罪行为端倪,保险基金会医生协会及保险基金会医生联邦协会必须立即通知检察官。

(5)董事会必须每两年向代表大会报告一次第1款规定机关单位的工作及其成果,2005年12月31日前首次报告。必须向主管监管机关转交报告。

第三小节 州及联邦一级的合同

第82条 基本原则

(1)保险基金会医生联邦协会与医疗保险基金会联邦最高联合会在联邦框架协议中约定一般内容。联邦框架协议的内容是总合同的组成部分。

(2)由医疗保险基金会的州协会和医疗互助基金会与保险基金会医生协会通过总合同规定参加合同医疗保障服务的医生与机构酬劳。可共同进行所有保险基金会类型的协商。

(3)保险基金会医生联邦协会可与非联邦直接资助的医疗互助基金会、德国矿工—铁路—海员养老保险和农村医疗保险基金会协定偏离第83款第1句的总合同协商程序、偏离第85条第1款和第87a条第3款清偿总合同规定酬劳的程序和偏离第291条第2款第1项的标记。

第83条 总合同

保险基金会医生协会与其所在地区的主管医疗保险基金会州协会和医疗互助基金会签订总合同,内容涉及保险基金会医生协会所在地参保人及其参保家属的合同医疗保障;医疗保险基金会州协会签订总合同,并对相关保险基金会类型的医疗保险基金会有效。只要通过保险基金会医生协会来确保医疗保障,第1句就适用于德国矿工—铁路—海员养老保险。第82条第2款第2句适用。

第84条 药品药物预算,基准

(1)为确保提供合同医疗药品药物,医疗保险基金会州协会与医疗互助基金会一同与保险基金会医生协会在每年11月30日前为下一年达成药品协定。协定包括:

1. 合同医生根据第31条提供所有服务的开支总额,

2. 保障与经济目标、以实现此目标为准的具体措施,特别是不同应用领域各种有效成分及有效成分组的处方开具比例,以便开具单次药量的经济型处方(目标协定)。此外,尤其是要包括信息和咨询及

3. 遵守当年协定开支总额的紧急措施标准。

如果在第1句提及的期限内未能达成协定,则之前的协定仍然有效,直至新协定达成或者仲裁委员会作出决定。医疗保险基金会州协会与医疗互助基金会向医疗保险基金会联邦最高联合会通报根据第2句第1项协定或者仲裁确定的开支总额。医疗保险基金会与医生达成的协定可偏离或超出第2句的规定。

(2)根据第1款第1项规定调整开支总额时,必须特别注意:

1. 参保者人数与年龄结构的变更,

2. 药物药品及绷带价格的变更,

3. 医疗保险基金会法定服务义务的变更,

4. 符合第92条第1款第6项联邦共同委员会准则的变更,

5. 创新药的经济与质量安全使用,

6. 与指标有关的必要性和基于第1款第2项目标协定的药品处方质量变更,

7. 基于服务领域转移的药品药物及绷带处方范围变更,

8. 符合第1款第2项目标协定的储备金充分使用,

(3)根据第5款第1句至第3句确定的药品及绷带实际开支总额超过根据第1款第1项协定的开支总额时,超标额度属于总合同范畴,合同双方必须考虑超标的原因,特别要考虑履行第1款第2项规定的目标协定。超出根据第1款第1项协定的开支总额时,超标额度可纳入总合同。

(4)执行第1款第2项规定的目标协定时,无论是否遵守了根据第1款第1项协定的开支总额,参与的医疗保险基金会都要在总合同双方规章的基础上向保险基金会医生协会缴纳协定的奖金。

(4a)只要医疗保险基金会协会和医疗互助机构董事会符合第1款的合同双方,就要与保险基金会医生协会董事会共同对上述措施的正确实施负责。

(5)为了确保实际开支总额符合第3款规定,医疗保险基金会在药品协定有效期内通过医生,而不是患者的相关数据来掌握开支情况。在财务审查之后,医疗保险基金会向医疗保险基金会联邦最高联合会通报此情况,医疗保险基金会联邦最高联合会汇总跨保险类型的数据信息,并分别通报费用支出医生所属保险基金会医生协会;同时,医疗保险基金会联邦最高联合会向医疗保险基金会州协会与医疗

互助基金会通报这些数据信息,这些机构是第1款规定保险基金会医生协会的合同方,符合第1句的开支总额也是通过费用报销偿付的药物与绷带开支总额。此外,医疗保险基金会联邦最高联合会为每个保险基金会医生协会制定每月药品与绷带支出趋势报告,并将此报告作为快讯通报符合第1款的合同双方,特别是药品协议的签订与落实报告和符合第73条第8款的信息报告,第1句和第2句适用此报告;第2句适用的条件是,必须在财务核算之前通报开支情况,保险基金会医生联邦协会获得一份符合第7款框架规定协议和符合第73条第8款信息的报告评估,医疗保险基金会和医疗保险基金会联邦最高联合会可根据第219条委托一个工作组来落实上述任务,第304条第1款第1句第2项适用。

(6)在考虑根据第1款达成的药品协定条件下,根据每位医生当前开具处方的药品及绷带(基准量),每年11月15日之前,符合第1款的合同双方为第二年协定医生组特殊病例基准,以确保合同医疗保障,将此基准用作平均值,于2002年3月31日之前初次确定基准。此外,符合第1款的合同双方应根据患者群体不同的年龄段及疾病类型确定基准,此基准引导合同医生在开具药物及绷带处方时遵循经济性原则,超过基准量时,在相关前提条件下根据第106条第5a款进行绩效审核。

(7)每年9月30日之前,保险基金会医生联邦协会与医疗保险基金会联邦最高联合会为下一年协定符合第1款药品协议内容和符合第73条第8款信息与提示内容的框架规定。框架规定必须比较、评估保险基金会医生协会之间药品处方,借此来表明保障质量与经济性的差别。药品协议合同双方通过本地保障条件阐明原因后,才允许偏离框架规定。符合第1句的合同双方决定医生组的分类及参考案例细节,这些对符合第6款第1句的基准协定同样具有强制效力。合同双方应确定患者年龄组和疾病种类,这同样对符合第6款第2句的基准协定具有强制效力。此外,合同双方还可就符合第6款第1句的协定给出建议。2002年1月31日之前,必须根据第4句作出决议。

(7a)(废除)

(8)第1款至第4款、第4b款至第7款适用于药物领域考虑特殊保障与结算条件下的药物。根据第5款第1句产生的开支费用与在药物协定有效期内与医疗保险基金会结算的服务有关。

(9)在发生对医疗保障有巨大影响的事件时,为保障药物及绷带的必要供应,联邦卫生部可在得到联邦参议院批准后,通过行政法规来提高第1款第1项规定的开支总额。

第85条　总酬劳

（1）医疗保险基金会根据总合同说明向相关保险基金会医生协会为保险基金会医生协会所在地区参保人及参保家庭成员支付所有合同医疗保障总酬劳，总酬劳数额封顶。

（2）在总合同中协定总酬劳数额；医疗保险基金会州协会达成的协定对所有保险基金会类型的医疗保险基金会有效。总酬劳是所有需偿付合同医疗保障服务的开支总额；总酬劳可以是固定金额，也可建立在单项服务"人头费"单项定额或者不同计算方法关联体系的评估标准上。不得针对不同参保群体保障制定不同的酬劳。合同双方还必须为社会疗法与精神疗法工作范围内的非医疗服务和需要特别资质的肿瘤保障协定适当的酬劳；在联邦总合同中协定细节。可将根据第22条、第25条第1款和第2款、第26条进行检查的酬劳规定为包干形式。在更换假牙时，不得支付制定治疗与费用计划的酬劳。只要基于单项服务约定了总偿付，则根据第2句确定开支总额额度，并制定避免超出此额度的规章。第13条第2款与第53条第4款规定的报销服务支出、基于第28条第2款第3句额外费用控制的支出都可纳入符合第2句的开支总额，符合第13条第2款第6句的报销服务除外。

（2a）根据联邦共同委员会制定的细则，由医疗保险基金会在第2款协定的总酬劳之外支付戒除毒瘾的替代治疗过程中的合同医疗费用。

（2b）更换包括牙冠及超结构在内的假牙时，1992年12月31日生效的牙医服务点值于1993年1月1日降低10%，为期1年。自1994年1月1日起，根据下降的基础进行调整，同时，1994年与1995年的酬劳调整百分最高不能超过根据第270条与第270a条确定的每位医疗保险基金会参保人强制保险收入的变化幅度；分别确定新旧联邦州的百分比。评估委员会（第87条）可不遵循1993年1月1日生效符合第1条规定的降幅而降低单项服务的评估次数，但要保证降幅总数应为10%。符合第311条第1款第a项的新加入地区偿付水平调整规定仍然有效。

（2c）符合第82条第1款的合同双方可协定，将参与合同医疗保障医生群体的独立酬劳比例作为总酬劳基础；合同双方也可规定衡量酬劳比例的基础。第89条第1款不适用。

（2d）2010年12月31日生效的牙医服务点值中不包括假牙更换服务的部分，在2011年的变化幅度最高不超出根据第71条第3款为全联邦确定的变化率减去25/10000，2012年变化幅度最高不超过根据第71条第3款为全联邦确定的变化率减去50/10000；这不适用个人预防与早期诊断服务。

◎德国社会法典(选译)

(3)在考虑门诊费、为合同医疗工作耗费的工作时间和医疗服务方式及范围的条件下,总合同的合同双方协商总酬劳的变更,前提条件是变更建立在法定或者合同规定的服务范围基础上。协商总酬劳变更时,必须注意与所有需偿付合同医疗服务开支总额有关的保费稳定性原则(第71条)。如果在联邦共同委员会根据第135条第1款作出的决议基础上产生额外费用,不同于第2句规定时,允许超过第71条第3款规定的变化率;同时必须核查,取消第135条第1款第2句和第3句规定审核基础上不需要医疗保险基金会承担费用的服务后,通过由此减少的费用能够抵消多少额外费用。

(3a)根据第3款协定的总酬劳等于所有需偿付合同医疗保障服务的开支总额,总酬劳的变更幅度在1993年、1994年和1995年最高不能超过以下百分比,即除新联邦州外,根据第270条和第270a条确定的所有联邦境内医疗保险基金会参保人中,每位参保人强制保险收入的变化值。1993年总酬劳的变更与1991年提高的酬劳量有关,在1992年根据符合第1句的强制保险收入增长率提高酬劳量。在确定合同牙医的总酬劳时,不考虑牙齿修复与颌骨整形服务。只要在合同医疗保障范围内提供透析服务,将用总酬劳之外的经费对医生进行奖励,细则由保险基金会医生协会和医疗保险基金会州协会,以及医疗互助基金会协定;第1句适用。根据提供服务的次数,额外考虑符合第135条第4款的酬劳津贴和基于第22条内法定服务扩展的额外支出。总酬劳分摊到符合第25条与第26条的医疗服务、《帝国保险法》第196条第1款范围内的妊娠与产前护理医疗服务,以及医疗保险基金会根据章程接管的疫苗接种范围内的医疗服务,在根据第1句确定的变更基础上,此部分酬劳在1993年、1994年与1995年分别提高6%。在根据第1句协定的总酬劳变更基础上,增加1995年合同医生总酬劳,增加额度为1993年医疗保险基金会为门诊医疗支出的1.71%;第72条第1款第2句不适用。

(3b)新联邦州总酬劳的变更取决于新联邦州所有医疗保险基金会参保人的法定医保缴费收入的变更。1993年合同医疗保障总酬劳变更是1992年上半年酬劳量的两倍,增加了4%。1993年与1994年,按照第3a款第1句增加的酬劳量分别提高了3%,1995年提高了4%;第72条第1款第2句不适用于1995年的增幅。不包括假牙替换与颌骨整形在内的牙医治疗总酬劳是与1991年相比1992年上半年增加一半服务量后的双倍酬劳量。调整的方式为,1992年协定的点值和服务量在1991年一半支出额的基础上增加。将年平均点值作为基础。

(3c)如果协商总酬劳期间,参保人的参考人数与协商期间的实际参保人数不符,则在接下来的总酬劳协商过程中考虑此情况。根据第83条第1款签订合同的医疗保险基金会,每月必须确定其参保人数,并根据参保人居住地所在的保险基金会医生协会地区进行划分,同时要根据《社会法典第四册》第79条规定的程序进行登记。

(3d)为了调整《统一合同》第1条第1款所提及州和其他联邦地区每位合同医生提供合同医疗服务的酬劳,在符合第3款增幅的基础上,2004—2006年,《统一合同》第1条第1款所提及州的符合第2款的总酬劳逐步提高共3.8%;2004年至2006年,其他联邦地区符合第2款的总酬劳逐步降低共0.6%;2005年,《统一合同》第1条第1款所提及州的保险基金会医生协会总酬劳变更与2004年根据第1句提高的酬劳总数有关;2005年,其他联邦地区保险基金会医生协会总酬劳变更与2004年根据第3句降低的酬劳总数有关;第4句与第5句的规定适用于2006年;本款规定不适用于柏林州及合同医疗服务酬劳。

(3e)2004年,符合第3款的合同医疗保障总酬劳变更与根据第2款调整的2003年酬劳量有关;调整包括分摊自2004年1月1日起在第24b条和第27a条规定基础上参保人不得再享受的服务总酬劳份额。

(3f)根据第3款协商作为所有需偿付合同医疗保障服务(不包括假牙更换)开支总额的总酬劳变更,2011年此变更最高不得超过根据第71条第3款规定为全联邦境确定的变化率减去0.25%,2012年此变更最高不得超过根据第71条第3款规定为全联邦境确定的变化率减去0.5%;此处不适用个人预防与早期诊断服务。

(4)保险基金会医生协会把总酬劳分摊至合同医生;在合同医疗保障体系中,单独将总酬劳分摊至家庭医疗与专业医疗保障领域(第73条):自2004年7月1日起,启用与医疗保险基金会州协会和医疗互助基金会共同统一协定的分配标准;2003年12月31日生效的费用分配标准适用于2004年第一个季度与第二个季度提供的合同医疗服务酬劳;分摊总酬劳时,以合同医生服务的种类和范围为基础;同时,还要以医疗保险基金会支付给保险基金会医生的酬劳金额点值为基础,此点值大小相同;按照分配标准,规定心理治疗师的心理治疗服务、儿童青少年精神与心理专科医生、精神与心理专科医生、神经专科医生、心理药学专科医生和只从事心理治疗的医生酬劳,保证每个时间单位获得适当的酬劳;分配标准必须保证在整个年度平均分配总酬劳;分配标准要避免合同医生因第95条第3款第1句规定的保障任务而过度工作;特别要确定不同医生群体的极限值,到达极限值之前,按照固定的点值偿付诊所提供的服务(标准服务量);如果超过极限值,则按照逐渐降低的点值来偿付超过极限值的服务。针对此费用设定及其变更或者取消的反对意见和申诉无中止行政行为实施的效力。评估委员会根据第4a款第1句制定的规定是符合第2句协定的组成部分,分配标准可规定因保障水平不同形成的不同分配。根据评估委员会第4a款第4句的指导方针,保险基金会医生协会向医疗保险基金会州协会和医疗互助基金会免费提供合同医疗保障中协定分配标准所需的数据。第11句不适用合同牙医保障。

(4a)评估委员会(第87条第1款第1句)确定根据第4款分配总酬劳的标准,特别是确定家庭医疗和专业医疗保障的酬劳比例,以及根据合同医疗保障变化进行的调整。确定家庭医疗和专业医疗保障在总酬劳中的比例时,必须注意合同医疗保障的变化;此外,评估委员会还确定根据第4款第1句、第6句、第7句和第8句制定的细则内容,2004年2月29日之前首次确定细则内容:初次决定符合第1款家庭医疗保障的酬劳比例时,以1996年在保险基金会医生协会结算的所有点数中分摊至家庭医疗保障的比例为基础;1997年至1999年,如果保险基金会医生协会总点数中分摊至家庭医疗保障的点数比例超过1996年,则以较高的比例为基础,且必须考虑1996年之后参加家庭医疗保障的医生人数变化。评估委员会根据第4款第12句确定方式和范围、程序和数据通报的时间。

(4b)每位合同牙医每年在包括颌骨整形治疗在内的合同牙医治疗获得的总点量超过262500后,根据第73条第2款第2项其他合同牙医治疗获得的偿付值将减少20%,超过337500点后,减少30%,超过412500点后减少40%;对于颌骨整形服务来说,每年超过280000点后,其他合同牙医治疗获得的偿付值减少20%,每年超过360000点后减少30%,每年超过440000点后,减少40%。第1句适用于授权牙医、合同牙医根据第95条第9款第1句雇用的牙医、医疗保障中心雇用的牙医。职业团体的点数极限值基于牙医成员人数。救济、进修与实习助理的点数提高25%。对于兼职或者非全年从业者来说,根据从业时间减少符合第1句的点数极限值或者根据第4句需要额外考虑的点数。点数包括符合第73条第2款第2项的所有合同牙医服务。确定点数时,必须计算符合第13条第2款的费用报销。医疗保险基金会向保险基金会医生协会通报以上内容。

(4c)保险基金会医生协会必须按照服务季度在牙医与医疗保险基础上获取掌握牙齿修复与颌骨整形的账单,并与根据第28条第2款第1句、第3句、第7句、第9句结算的服务和根据第13条第2款和第53条第4款登记的费用报销汇总,根据第4b款确定总点数时以点数为基础。

(4d)每次公布账目时,保险基金会牙医协会要通知医疗保险基金会,哪位合同牙医、合同牙医根据第95条第9款第1句雇用的哪位牙医、医疗保障中心雇用的哪位牙医超出第4b款规定的点数极限值。此外,需要注明牙医超过点数极限值的时间和当时的点数。同样,也要通报各个诊所救济、进修和实习助理点数及工作时间。

(4e)保险基金会牙医协会必须将因第4b款酬劳减少而节约的经费转交医疗保险基金会。超出极限值时,保险基金会牙医协会通过第4b款规定的降低合同协定点值来减少酬劳。根据第2句降低的点值作为超过极限值时与医疗保险基金会进行核算的基础。下一次结算时扣除多余的付款。双方规定偿付合同(第83条)的其他细节。

(4f)如果保险基金会牙医协会未能履行第4c款至第4e款规定的义务,则医疗保险基金会有权保留保险基金会牙医协会每笔应付款项的10%。如保险基金会牙医协会在每年最后一个季度结算之前仍未或者未完全履行义务,则要求付清根据第1句保留款项的权利失效。

第85a条 (废除)

第85b条 (废除)

第85c条 2006年医疗服务酬劳

2006年首次根据第83条第1句规定的居住地原则协定总酬劳的医疗保险基金会要通过以下几个要素的乘积得出总酬劳协定的支出金额:

1. 2005年有效的总酬劳除以医疗保险基金会参保人数得出的金额,

2. 医疗保险基金会参保人按照居住地位于签订合同的保险基金会医生协会所辖地的人数统计确定。

根据2005年7月1日法定医疗保险参保人数统计KM6表确定医疗保险基金会参保人数。

第85d条 (废除)

第86条 (废除)

第87条 联邦总合同、统一的评估标准、联邦统一基准值

(1)保险基金会医生联邦协会与医疗保险基金会联邦最高联合会通过评估委员会协定医疗和牙医服务的统一评估标准,并将其作为联邦总合同的组成部分。在联邦总合同中,还协定了合同医疗保障组织必要的规定,特别是表格与证明。在

设计药品处方表时,必须注意第73条第5款的规定。药品处方表每页处方表可最多容纳三个处方。此外,每个处方应留有填写第300条第1款第1项规定标记的空白处和医生根据第73条第5款通过打叉明确其决定的地方。最迟于2006年1月1日之前,在通信协会根据第291a条第9款第2句和第291b条作出的通信基础设施规定基础上,协定电子处方数据记录,以便向药店与医疗保险基金会传输处方数据。

(1a)在联邦总合同中,保险基金会医生联邦协会和医疗保险基金会联邦最高联合会必须确定,如果所选的保障符合第56条第2款规定的标准保障,必须根据第2款规定向参保人扣除包括牙冠及超结构在内的牙齿更换费用。此外,在联邦总合同中进行下列规定:治疗前,合同牙医必须制定免费的治疗与费用计划,此计划包含诊断结果、标准保障和在第55条第4款与第5款的情况下根据方式、范围及费用计划的实际保障。在治疗与费用计划中,必须标注假牙的生产地。在治疗前,由医疗保险基金会总体审查治疗与费用计划。医疗保险基金会可对诊断结果、保障的必要性及计划的保障进行鉴定。如果存在保障的必要性,则医疗保险基金会参照治疗与费用计划中证明的诊断结果根据第55条第1款或者第2款批准固定补贴。治疗结束后,合同牙医与保险基金会牙医协会结算医疗保险基金会批准的固定补贴,符合第55条第5款的情况例外。公布账目时,合同牙医必须提交一份从事牙齿技术服务的商业诊所提供的实验单据复印件及一份符合1993年6月14日联邦参议院93/42/EWG准则附录Ⅵ的有效医药产品声明(欧洲共同体公报第L169项第1页)。联邦总合同还规定了治疗与费用计划设计的明细,特别是必须能够从治疗与费用计划辨别出,牙医是否已提供牙齿技术服务。

(2)统一的评估标准确定可结算的服务之内容及相互之间用点数体现的关系;在可能的情况下,要为每一项服务标注合同医生提供此服务所需的时间;此处不适用合同牙医服务。评估标准按照特定的时间间隔持续核查对服务的描述及其评估是否符合医学科技水平和提供经济服务范围内的合理化要求;评估服务时,必须特别考虑治疗过程中所使用的医疗技术设备是否符合经济性要求。在考虑相关医生群体特点的前提下,以合同医疗服务提供机构根据实际情况进行的抽样调查和企业经济学为基础,按照医疗服务的评估标准确定符合第1句的服务评估;由医生诊所或者医疗保障中心一定时间段内提供的服务总体上可确定为,超过特定阈值之后评估值随着数量的增加而下降。

(2a)根据第73条第1款中确定的合同医疗保障分类,将按照医疗服务统一评估标准罗列的服务分为家庭医疗保障服务和专业医疗服务。尽管都是可结算的服务,但是家庭医疗保障服务只能由参加家庭医疗保障的医生结算,专业医疗保障服务只能由专业医疗保障的医生结算;专业医生保障服务划分的方式是,仅为独立专业医生团体分配可由其结算的服务。根据第 1 句确定医生团队时,必须以合同医疗保障范围内各个医生团队的保障任务为基础。

(2b)可将按照医疗服务统一评估标准罗列的家庭医疗保障服务设计为参保人一揽子套餐;针对特别需要促进的服务可拟定单个服务或者综合服务。符合第 1 句的套餐通常涵盖参保人在家庭医疗保障范围内接受的所有服务,包括照料、协调及存档服务。可按照发病率标准,如年龄和性别区分符合第 1 句的套餐,以兼顾参保人不同健康状况下治疗费用的差别。此外,可拟定质量津贴,来保障特别治疗情况下所需的质量。最迟在 2008 年 10 月 31 日之前必须规定医生不在场时,28 条第 1 款第 2 句提及的其他人在患者家中按照医生开具的救治处方提供服务时可获得酬劳,此决定于 2009 年 1 月 1 日生效。

(2c)考虑到不同的医生群体特性及联合保障形式的特殊性,将按照医疗服务统一评估标准罗列的专业医疗保障服务归入基本与附加套餐;只要医学上必要或者出于服务提供的原因和执行需要,可拟单个服务项目。通过符合第 1 句的基本套餐偿付通常由医生群体在各种治疗情况下提供的服务;通过符合第 1 句的附加套餐偿付特殊的服务费,即在特定治疗情况下因服务提供机构的业绩、结构与质量特征产生的特殊服务费;在不同于第 3 句的情况下,通过医生群体特有的与诊断相关的病例套餐偿付需要巨额治疗服务费和超常费用的参保人群体治疗。必须针对合作保障形式范围内的保障确定特殊的病例套餐,此套餐应考虑在此保障形式中不同专业方向医生基于病例的共同作用。心理治疗师服务的评估必须确保每个单位时间的适当酬劳。

(2d)按照医疗服务统一评估标准,必须拟定包括审查标准在内的实施细则,确保完整提供第 2b 与第 2c 款提及套餐的服务内容,遵循必要的质量标准,同时将结算的服务限制在必要的医学范围内,并在根据第 2c 款第 5 句结算病例套餐时,遵守参与合作医生制度设计的最低要求;为此,服务的可结算性可与是否遵守联邦共同委员会和联邦总合同中确定的资质与质量保证要求建立关联,也可与是否遵守特别依照第 295 条第 3 款第 2 句向保险基金会医生协会提供的存档义务建立关联。此外,还可规定在结算期间,仅通过医生结算符合第 2b 款第 1 句的参保人套餐及符合第 2c 款第 1 句的基本套餐,或者可规定在结算期间,如果参保人更换医生,则会缩减套餐数额。基于作出决议时生效的统一评估标准,最晚于 2007 年 10 月 31 日之前,首次作出符合第2b条、第2c条第1句至第3句和第5句及本款的规定,此规定在2008年1月1日生效;最晚于2008年10月31日之前,首次作出符合第2c款第6句的规定,此规定在2009年1月1日生效;最晚于2010年10月31日作出符合第2c款第4句的规定,此规定在2011年1月1日生效。

(2e)按照医疗服务的统一评估标准,每年8月31日之前必须确定作为基准值使用的联邦统一点值,以欧元为单位,来偿付下列情况的合同医疗服务:

1. 标准情况下,

2. 根据第100条第1款第1句确定保障不足或者面临保障不足时,及

3. 根据第103条第1款第1句确定过度保障时,

符合第1句第2项的基准值应高于第1句第1项规定的基准值,以及符合第1句第3项的基准值应低于第1句第1项规定的基准值,由此便于对医生开分店的行为产生调控作用;可根据保障水平区分第1句第2项与第3项规定的基准值。在过渡期这样区分第1句第3项规定的基准值,即基准值用于偿付首次协定基准值之前获得服务资格的医生合同医疗服务(旧例),还是用于首次协定基准值之后获得许可的医生合同医疗服务(新例),目的是尽可能同时调整新旧例的基准值。评估委员会确定强制使用符合第1句第2项与第3项基准值的情况及其应用时段。

(2f)每年8月31日之前,主管医疗服务的评估委员会确定衡量第87a条第2款第2项规定费用及保障结构的地区特殊性指标,在其基础上,地区点值协定可不同于第2e款第1句规定的基准值。评估委员会可根据第3f款第3句进行所需的数据调查与评估,以确定指标;只要可能,在确定指标时,评估委员会必须以官方的指标为基础。将衡量联邦平均病例数量趋势与地区性病例数量趋势差异的特殊指标视为保障结构的地区特殊性指标。将衡量对诊所重要的地区投资及运营费用与联邦平均费用的差异指标视为费用结构地区特殊性的指标。

(2g)根据第2e款调整基准值时,特别要考虑

1. 对诊所重要的投资与运营费用的发展,前提是没有根据第2款第2句通过评估关系的继续发展掌握上述发展,

2. 耗尽资金储备的可能性,前提是没有根据第2款第2句通过评估关联的继续发展掌握此可能性,

3. 病例数量增加时的普遍费用递减,前提是没有通过符合第2款第3句的分级规定进行衡量,以及

4. 根据第2e款第1句第2项与第3项调控基准值时产生的赤字。

(2h)按照牙医服务统一评估标准罗列的服务可整合为综合服务。必须参照保护牙齿和以预防为目的的合理保障评估服务,特别要参照牙齿维护、预防、假牙更换及颌骨整形手术服务范围内和之间所需工作时间的标准。确定评估关联时,必须考虑科学技术水平。如果在2001年12月31日之前没有达成完整或仅达成部分协定,联邦卫生部必须立即根据第4款向扩大的评估委员会起诉,这一点同样适用于合同双方。扩大的评估委员会要在6个月内以多数原则确定协定。

(3)评估委员会的成员包括3名由保险基金会医生联邦协会委任的代表、3名由医疗保险基金会联邦最高联合会委任的代表。主席由医生代表与医疗保险基金会代表轮流担任。

(3a)评估委员会就以下几个方面分析其决议影响:合同医生酬劳、参保人的合同医疗服务、医疗保险基金会的合同医疗服务支出,以及参加合同医疗保障的医疗服务提供机构地区分布。评估委员会每个季度向联邦卫生部通报每季度合同医疗保障酬劳与服务结构最新发展的临时与最终数据与报告。此外,评估委员会每年最迟在6月30日之前提交上一年合同医疗保障酬劳与服务结构发展报告和参加合同医疗保障的医疗服务提供机构地区分布报告。联邦卫生部必须立即向联邦议会提交符合第2句与第3句的报告。联邦卫生部可确定符合第1句的详细分析内容、数据通报内容、范围和时间、符合第2句的报告,以及符合第3句的报告内容。第6款适用。

(3b)履行任务时,评估委员会接受研究机构的支持,此研究机构根据评估委员会依据第3e款协定的议事规程准备符合第85条第4a款、第87条、第87a条至87c条的决议和符合第3a款、第7款与第8款的分析与报告。研究机构承办人是保险基金会医生联邦协会和医疗保险基金会联邦最高联合会。如果未在2008年7月1日设立或者未按照任务中相关的方式设立研究机构,联邦卫生部可强制第2句提及的一个或者多个组织建立研究机构,或者委托第2句提及的一个或多个机构或者第三方完成第1句规定的任务。如果研究机构不能在规定范围内或者未根据有效指导方针履行任务,或者研究机构解散,则第3句适用。偏离第1句与第2句规定时,第2句提及的组织可委托第三方完成第1句规定的任务。在研究机构或者由其委托的第三方建立完整的工作职能之前,组织必须确保评估委员会能够按照整个范围和期限完成第1句提及的任务。为此,评估委员会要确定研究机构或由其委托的第三方是否具备工作职能及其工作范围,同时还确定在不同于第2句规定的情况下,是否在2008年10月31日之前分配研究机构或者受托第三方和保险基金会医生联邦协会及医疗保险基金会联邦最高联合会之间过渡期的任务；第6款相应适用。

(3c)通过合同医疗保障中每一次门诊及住院治疗收取的津贴为研究机构或者根据第3b款委托的第三方筹措资金。医疗保险基金会在第85条规定的总酬劳或者第87a条规定的与发病率有关的总酬劳之外筹集此津贴。评估委员会在符合第3e款第1句第2项的决议中规定细节。

(3d)评估委员会决定研究机构或者根据第3b款委托第三方完成任务所需的物资配备、人员雇用和研究机构或受托第三方符合第3f款的数据使用；第6款适用。为满足符合《社会法典第十册》第78a条规定的数据保护要求时，必须设立内部机构。

(3e)评估委员会决定

1. 工作章程，其中包括评估委员会和研究所或者根据第3b款委托第三方的工作方式规定，特别是机构运作和准备第3b款第2句提及决议、分析与报告的方式，以及

2. 筹资规定，其中包括根据第3c款收取津贴的细节。

工作章程及筹资规定需得到联邦卫生部的批准。

(3f)根据由评估委员会确定的内容与程序规定，保险基金会医生协会与医疗保险基金会掌握本法规定评估委员会任务的所需数据，包括第73b条第7款第4句和第73c条第6款第4句，以及第140d条第2款第4句规定的数据和与医生和参保人相关以统一匿名方式记录的数据。保险基金会医生协会向保险基金会医生联邦协会，医疗保险基金会向医疗保险基金会联邦最高联合会无偿提供符合第1句规定的数据，医疗保险基金会联邦最高联合会汇总这些数据并免费通报研究机构或者根据第3b款委托的第三方。此外，如有必要，评估委员会必须调查和评估与人员无关的信息，或委托他人进行调查和评估或获得专家鉴定。为调查和处理第2句与第3句规定的数据，评估委员会可设立一个数据点或者委托外部数据点；第3c款与第3e款适用于数据点的经费来源。如果不再需要，删除符合第1句的个人信息。评估委员会与联邦信息技术安全局协商后确定符合第1句的匿名程序。

(3g)第3a款至第3f款规定不适用于主管牙医服务的评估委员会。

(4)如果通过所有成员一致的决议未在评估委员会内达成完整或仅达成部分评估标准协定，则评估委员会可根据至少2位成员的要求增加1位独立董事与2位独立成员。第89条第3款适用于独立董事的任命。2位独立成员，1位由自保险基金会医生联邦协会任命，1位由自医疗保险基金会联邦最高联合会任命。

（5）扩大的评估委员会通过多数通过的原则进行协定。规定具有第82条第1款规定合同协定的法律效应。为了准备医疗服务范围内符合第1句的措施,研究机构或者根据第3b款委托的第三方必须按照依据主管的扩大评估委员会的命令立即直接开展准备工作。

（6）联邦卫生部可参加评估委员会、研究机构或者根据第3b款委托的第三方,以及由以上组建的分委员会和工作组会议;向联邦卫生部提交评估委员会决议及基于决议的咨询材料和对决议起决定性作用的缘由。联邦卫生部可在2个月内驳回决议;可在评估委员会决议审核范围内索取额外信息和补充性观点;收到消息之前,中止期限计算。联邦卫生会可有条件地接纳决议;为了满足条件,联邦卫生部可设定适当的期限。如果评估委员会在联邦卫生部设定的期限内未达成完整或仅达成部分决议,或者在联邦卫生部设定的期限内未撤销驳回,则联邦卫生部可规定协定;对此可委托他人进行数据调查或获取专家鉴定。为了准备医疗服务范围内符合第4句的措施,研究机构或者根据第3b款委托的第三方或者由联邦卫生部委托的组织必须直接立即按照其方式进行准备工作。与第4句措施挂钩的费用必须由医疗保险基金会联邦最高联合会与保险基金会医生联邦协会均摊;由联邦卫生部规定细节。不同于第4句规定的情况下,如果评估委员会在联邦卫生部设定的期限内未达成完整或仅达成部分决议,则联邦卫生部可根据第4款向扩大的评估委员会提出异议,这一点同样适用于合同双方。在联邦卫生部设定的期限内,扩大评估委员会以多数通过的原则达成协定;第1句至第6句适用。

（7）2012年3月31日之前,评估委员会向联邦卫生部通报在第2a款第1句第2项与第3项规定的基准值的基础上,根据第87条第2款第1句协定的点值对医生开分店行为发挥调控作用。第6款第4句至第6句适用。在符合第1句的报告基础上,2012年6月30日之前,联邦卫生部向联邦议会通报,在医疗保障领域是否可放弃通过服务资格限制来调控开分店的行为。

（8）遵循减少和节约数据的数据保护法原则,评估委员会在特别考虑到匿名程序可能性的情况下评估第87a条第6款与第87b条第4款的落实,并在2010年6月20日之前向联邦卫生部报告。第6款第4句至第6句适用。联邦卫生部于2010年12月31日之前在此基础上向联邦议会报告。

（9）2011年4月30日之前,主管医疗服务的评估委员会向联邦卫生部提交逐步统一酬劳的方案。联邦卫生部立即向联邦议会提交此方案。

第87a条　区域性欧元费用规定，以发病率为条件的总酬劳，参保人的治疗需求

（1）自2009年1月1日起，第2款至第6款规定适用于合同医疗服务的酬劳，而第82条第2款第2句与第85条不再适用。

（2）在符合第87条第2e款第1句第1项至第3项基准值的基础上，每年10月31日之前，保险基金会医生协会、医疗保险基金会州协会和医疗互助基金会共同统一协定点值，结算下一年合同医疗服务酬劳时使用此点值。此外，符合第1句的合同双方可根据第87条第2e款第1句第1项至第3项确定的基准值协定补贴或者折扣，以便兼顾费用与保障结构中的区域特点。同时，强制应用评估委员会遵循第87条制定的指导方针。不得按照医生群体和保险基金会类型区分补贴或者折扣，必须统一应用所有符合第87条第2e款第1句第1项至第3项的基准值。在确定补贴或折扣时，必须确保为参保人提供所需的医疗保障服务。通过协定的点值和符合第87条第1款的医疗服务统一评估标准，制定以欧元标价的区域性费用规定（区域性欧元费用规定）；在此规定中，不但说明了标准情况下的价格，同时还说明了保障不足或者过度保障情况下的价格。

（3）同样，每年10月31日之前，第2款第1句提及的合同双方共同统一为医疗保险基金会协定下一年总酬劳，总酬劳封顶并以发病率为条件，保险医生协会所在地的参保人享受所有合同医疗保障时，医疗保险基金会向相关保险基金会医生协会支付此酬劳。对此，在统一评估标准基础上，合同双方协定与参保人数和发病结构相关的治疗需求作为点数量，并利用根据第2款第1句协定的以欧元为单位的点值进行评估；协定的治疗需求为符合第71条第1款第1句的必要医疗保障。按照第2款第6句的欧元费用规定的价格偿付治疗需求范围内提供的服务。此外，在协商以发病率为条件的总酬劳时，如果出现不可预见的以发病率为条件的治疗需求，医疗保险基金会必须最迟在下一次结算时，根据第5款第1句第1项的标准按照第2款第6句欧元费用规定价格来偿付超出范围的服务。在根据第1句协定的总酬劳范围外，医疗保险基金会必须按照第2款欧元费用规定价格偿付根据联邦共同委员会准则在戒毒替代治疗中提供的合同医疗服务；此外，在根据第1句达成的协定中可规定，如果合同医疗服务需要特别资助，或存在医学必要性或者在服务提供原因与落实特殊性基础上确实需要，则根据第1句协定的总酬劳范围外，按照第2款欧元费用规定价格偿付其他合同医疗服务。

（3a）跨地区提供合同医疗保障时，第3款第3句与第4句在此不适用，医疗保险基金会必须按照合同医生协会的有效价格提供服务，合同医生协会须是医疗服务

提供方的成员。如果根据第2款第6句协定的价格与第1句规定的价格不同,则最迟在下一次协定以发病率为条件的总酬劳变更时考虑此偏差。根据基准时段内的参保天数确定符合第3款第2句的参保人数。以发病率为条件的总酬劳协定过程中基础的参保人数与协商期间实际参保人数不同时,最迟在下一次协定以发病率为条件的总酬劳变更考虑此偏差。必须将第13条第2款和第53条第4款规定的费用报销服务支出计入根据第3款第1句必须支付的总酬劳中,第13条第2款第6句规定的费用报销服务除外。

(4)根据第3款第2句调整治疗需求时,必须按照评估委员会根据第5款决定的程序说明考虑下列特殊变更:

1. 参保人数及发病率结构,

2. 医疗服务的方式与范围,条件是建立在医疗保险基金会法定或合同约定服务范围变更的基础上,或者联邦共同委员会根据第135条第2款作出决议的基础上,

3. 住院与门诊领域之间基于服务转移的合同医疗服务的范围,

4. 合同医疗服务提供方在资金储备耗尽时的合同医疗服务的范围。

(5)评估委员会决定程序用来

1. 确定不可预见的以发病率为条件的治疗需求增长范围,治疗需求符合第3条第4款规定,

2. 确定第4款第1项规定的发病结构变更,及

3. 确定第4款第2项、第3项和第4项规定的合同医疗服务方式与范围变更。

为了确定第1句第2项规定的发病结构变更,根据合同医疗保障中适用的分级程序,评估委员会为具有类似治疗需求的参保人设立基于诊断的风险分类;基础是符合第295条第1款第2句的合同医疗治疗诊断,以及合同医疗服务数量。如有必要,可把与门诊保障相关的发病率标准予以考虑,此标准与在有效风险结构均衡中使用的发病率标准协调一致。此外,评估委员会还必须确定一个程序,在第3款第5句规定的偿付情况下,根据此程序清算符合第2句的相对权重。必须在2008年8月31日之前根据第1句第1项首次作出决议,在2009年6月30日之前根据第2项与第3项和第4句首次作出决议。

(6)医疗保险基金会通过电子数据处理的方式无偿为第2款第1句提及的合同双方提供根据第2款至第4款进行协定时所需的参保人数据;医疗保险基金会也可委托工作组调查与处理所需的数据。评估委员会首次在2009年3月31日之前确定

数据传输的方式、范围、时间与程序。在此范围内,第2款第1句提及的医疗保险基金会团体和医疗互助基金会有权获取和使用参保人信息。只要个人信息不再用于调查数据之目的,则必须删除个人信息。

第87b条 医生酬劳(基于医生或者诊所的标准服务量)

(1)在不同于第85条的情况下,自2009年1月1日起,保险基金会医生协会在符合第87a条第2款的区域性有效欧元费用规定基础上偿付合同医疗服务。第1句不适用合同牙医的服务。

(2)为了避免医生与诊所工作量的过度膨胀,必须确定基于医生与诊所的标准服务量。第1句规定的标准服务量是医生或者诊所在特定时期内提供的可结算的合同医疗服务量,按照第87a条第2款欧元费用规定价格和适用于医生或诊所的价格偿付服务。在不同于第1款第1句的情况下,按照递减的价格偿付超出标准的服务量;治疗的参保人数过度增长时,此条不适用。确定标准服务量的时间段时,必须确保为参保人提供不间断的保障。因符合第87a条第3款第4句的发病率不可预见地增加,医疗保险基金会要在过期后补交费用时,最迟必须在下一个结算期适当调整标准服务量。心理治疗师、儿童青少年精神与心理专科医生、精神与心理专科医生、神经专科医生、心身与心理专科医生,以及只从事心理治疗的医生提供的心理治疗服务不属于标准服务量范畴,必须申请和偿付。如果其他合同医疗服务需要特别资助或在医学上具有必要性或在服务提供原因与落实特殊性基础上确实需要,则可偿付服务量之外的其他合同医疗服务。

(3)必须按照医生群体和保障水平区分第2款规定的标准服务量值,在加权发病率和兼顾合作保障形式特殊性的条件下确定此数值;区分医生群体时,必须考虑基于第87条第1a款的医生群体定义。此外,根据第2款确定标准服务量时要特别考虑:

1. 根据第87a条第3款为保险基金会医生协会地区共同协定的以发病率为条件的总酬劳数额,

2. 根据第75条第7款和第7a款跨地区提供合同医疗保障范围内的预计支出,

3. 根据第2款第3句递减偿付和标准服务量之外根据第2款第6句与第7句偿付的服务量预计支出,

4. 隶属于各个医生群体的医生人数与工作范围。

只要需要,就必须兼顾诊所的特殊性。此外,在第87条第2款第1句规定的时间值基础上,可确定每个工作日每一位医生或者诊所提供安全质量服务量的上限。

第2句第1项规定的酬劳总数份额可用于设立准备金,便于参加合同医疗保障医生的增加,也可用于保障任务和超额经费损失的补偿。需借助发病率标准年龄与性别来确定第1句规定的发病率。第2句规定的工作范围是指保障任务的范围,在此范围内允许隶属于各个医生群体的合同医生提供保障服务,或指许可委员会为各个医生群体雇用医生批准的保障任务范围。必须更正根据第2句第3项规定确定的预计服务量范围时的错误;第87a条规定的偿付协定仍然有效。

(4)2008年8月31日之前,评估委员会首次确定根据第2款和第3款计算与调整标准服务量的程序,以及所需数据传输的种类、范围、程序与时间。此外,评估委员会同样于2008年8月31日之前首次确定第2款第3句、第6句和第7句的贯彻指导方针和根据第3款第5句设立准备金的基本原则。2008年11月15日之前,在使用所需的区域性数据条件下,保险医生协会、医疗保险基金会州协会和医疗互助基金会首次根据评估委员会依据第1句与第2句制定的指导方针具体计算公式,用于分配第5款规定的标准量,并于之后每年10月31日之前确定公式。医疗保险基金会向第3句提及的合同双方无偿提供所需的数据,按照评估委员会的指导方针提供所需的参保人个人信息。第3句规定的合同双方可委托工作组来调查和使用符合第3句的数据。第304条第1款第1句第2项适用。

(5)保险基金会医生协会负责医生或诊所的标准服务量分配,包括标准服务量之外需偿付服务及有效的区域性价格通知;2008年11月30日首次进行分配,以后最迟在标准服务量开始生效前的4周进行分配。第85条第4款第9句适用。根据第85条第4款分配给保险基金会医生协会的权利,特别是确定结算期限与结算凭证和将酬劳份额用作管理费用的权利保持不变。如果在有效期开始前未及时分配标准服务量,则临时适用之前分配给医生或者诊所的标准服务量。之后分配的超出标准服务量的服务请求具有追溯效力。

第87c条 2009年与2010年合同医疗服务酬劳

(1)在不同于第87条第2e款第1句的情况下,于2008年8月31日前,根据第87条第2e款第1句第1项首次确定2009年的基准值,2009年8月31日之前,根据第87条第2e款第1句第2项与第3项首次确定2010年的基准值。此外,通过第3句规定的资金量除以第4句规定的服务量根据第87条第2e款第1句第1项计算得出2009年的基准值,除非主管医疗服务的评估委员会通过全体成员一致表决,根据第87条第2e款第1句第1项确定了另一个基准值。从2008年联邦境内根据第85条第1款缴纳的总酬劳之和计算得出资金量,以欧元为单位,必须根据第71条第3款规定的

2009年全联邦境内变化率增加总酬劳。服务量是建立在统一评估标准基础上的点数量;从提交给评估委员会的至少包括4个季度的最新结算数据推算得出服务量。在推算过程中,必须考虑2008年1月1日生效的统一评估标准对医生结算服务量影响的模拟计算,以及根据上一年观察发展一年内服务量的波动模拟计算。根据第4句进行推算时,2008年6月1日之前,保险医生协会进行了客观修正和应用了影响费用的上限规定之后,向评估委员会无偿提交结算合同医疗服务数量的最新数据,这些数据至少为4个季度的数据。根据第87条第2e款第1句第1项确定2010年的基准值时,评估委员会在第87条第2g款提及的标准之外,必须考虑根据第4句与第5句确定服务量时的错误估计。

(2)确定第87条第2f款第4句规定的指标时,如果没有官方指标,而且对于评估委员会来说,在2008年8月31日之前无法获取和评估制定指标所需的数据,则评估委员会可偏离第87条第2f款第4句借助官方指标来确定2009年的指标,利用官方指标衡量联邦各州经济力量与联邦平均水平的差别。

(3)在不同于第87a条第2款第1句的情况下,在评估委员根据第1款协定的2009年基准值基础上,符合第87a条第2款第1句的合同双方在2008年11月15日之前协定点值,用于偿付2009年合同医疗服务。偏离第87a条第2款第6句后半句时,为2009年制作的区域性费用规定不包含保障不足或过度保障时的价格。2009年10月31日之前,在评估委员会根据第1款协定的2010年基准值基础上,首次协定2010年保障不足或者过度保障情况下的合同医疗服务偿付点值,并在此基础上首次在2010年的区域性费用规定中确定保障不足或过度保障时的价格。

(4)在不同于第87a条第3款第1句的情况下,2008年11月15日之前,首次协定2009年以发病率为条件的总酬劳。同时,利用每个医疗保险基金会中与参保人数及发病率结构相关的治疗需求作出如下规定:调整各个医疗保险基金会2008年预计为每位参保人提供的合同医疗服务数量,在考虑第87a条第4款第1句第1项至第4项规定的标准情况下,调整幅度等于与上一年相比评估委员会2009年预计为每位参保人提供的以发病率为条件的服务量联邦平均变化率,同时,预计的服务数量与医疗保险基金会2009年预计的参保人数相乘。客观修正和应用影响费用的上限规定之后,通过向合同双方提交的已结算合同医疗服务数量最新数据推算得出2008年预计提供的合同医疗服务数量,数据必须至少为四个季度的数据;在推算过程中,必须考虑2008年1月1日生效的统一评估标准对医生结算服务量影响的模拟计算,以及根据上一年观察发展一年内服务量的波动模拟计算。协定2010年的总酬劳时必须根据第3句与第4句更正错误估计。2008年8月31日之前,评估委员会设立必须强制遵守的程序,借此计算符合第1句至第4句的治疗需求,包括所需数据。2008年10月31日之前,医保基金会医生协会向第87a条第2款第1句提及的医疗保险基金会和医疗互助基金会团体无偿通报第5句规定的数据。

第87d条　2011年与2012年合同医疗服务酬劳

(1)未根据第87条第2g款通过2011年与2012年调整第87条第2e款规定基准值的决议。符合第87条第2e款第1句第2项和第3项的规定不适用于2011年和2012年。2011年与2012年,不调整第87a条第2款第1句提及的点值。根据第87a条第2款第2句至第5句协定的2010年补贴同样适用于2011年与2012年,不调整补贴额度,不根据基准值协定超额的补贴。未根据第87条第2f款通过2011年与2012年的决议。根据第87a条第2款第6句后半句制定的区域性欧元费用规定包含仅适用于2011年与2012年的标准情况费用。

(2)最晚在第7句提及的期限后4周确定2011年医疗保险基金会根据第87a条第3款与第4款向保险医生协会支付的以发病率为条件的总酬劳,总酬劳数额封顶;最晚在2011年10月31日之前确定2012年的总酬劳。每个医疗保险基金会通过下列方式确定2001年治疗需求,即为每位参保人协定的2010年已清偿治疗需求乘以医疗保险基金会2011年预计参保人数,在有效基础上将2010年的治疗需求提高1.25%。第87a条第3款第5句后半句仍然有效。此外,如果通过根据第7句进行的计算得出调整需求,则必须提高2011年每个医疗保险基金会所在地的每位参保人治疗需求,提高幅度等于不按照医疗保险基金会区分的区域性调整因数。利用第1款第3句提及的以欧元为单位的点值评估从第2句至第4句得出的2011年调整治疗需求。第87a条第3款第4句及第87a条第4款第1项、第3项与第4项不适用于2011年。只要参保人的平均治疗需求低于评估委员会确定的数值,最晚在2010年10月13日之前,评估委员会根据第4句确定必须强制遵守的程序及保险基金会医生协会所在地参保人的治疗需求。第2句、第3句、第5句与第6句的规定适用于2012年。

(3)如果在提及的期限内未通过符合第2款第7句的完整决议或仅通过部分决议,则第87b条第5款第4句与第5句适用。

(4)保险基金会医生协会、医疗保险基金会州协会及医疗互助基金会共同统一协定措施,限制以发病率为条件的总酬劳之外需偿付的合同医疗服务支出,首次最晚于2010年12月31日协定措施,2011年生效。与2010年的支出总额相比,2011年此服务的支出总额变化率不能超过根据第71条第3款确定的2011年全联邦境内的变化率减去0.25%。为此，符合第1句的合同双方可偏离第87b条第1款第1句协定区域性欧元费用规定或者数量限制规定中递减价格。根据第1句进行协定时，联邦总合同的合同方可就支出上限范围与程序给出建议。本款的指导方针不适用于联邦共同委员会根据第135条第1款作出决议基础上的法定保健与早期诊断措施、非医疗透析服务及自2009年起提供的医疗服务，前提是这些服务以医疗保险基金会法定服务范围的变更或者联邦共同委员会根据第135条第1款作出决议为基础。在下列条件下本款规定适用于2012年，即与2011年的支出总额相比，2012年的支出总额变化率不能超过根据第71条第3款确定的2011年全联邦境内的变化率减去0.5%。

<h3 style="text-align:center">第87e条　额外费用的付款要求</h3>

牙医费用规定是根据第28条第2款第2句和第55条第3款结算额外费用的基础。以额外费用为基础的服务中，合同牙医向参保人提出的付款要求不能超过牙医费用规定收费标准的2.3倍。第28条第2款第2句规定的两边牙齿薄膜和腐蚀技术的光固体复合材料补牙额外费用不能超过牙医费用规定收费标准的3.5倍。如果联邦共同委员会根据第92条第1a款完成任务，评估委员会根据第87条第2h款第2句完成任务，则取消第2句与第3句的限制。指令生效日与评估委员会决议日具有决定意义。

<h2 style="text-align:center">第四小节　牙科服务</h2>

<h3 style="text-align:center">第88条　联邦服务表，酬劳</h3>

（1）医疗保险基金会联邦最高联合会与德国牙科技师行业协会协定联邦统一可结算的牙科服务表。必须与保险牙医联邦协会协商联邦统一牙科服务表。

（2）医疗保险基金会州协会和医疗互助基金会与牙医技师行业团体根据联邦统一牙科服务表协定可结算的牙医服务酬劳，不考虑包括牙冠及超结构在内的假牙更换服务。协定的酬劳为最高价格。医疗保险基金会可告知参保人及牙医存在低价的保障服务。

（3）牙医根据第1句提供的牙医服务价格，包括牙冠及超结构在内假牙替换服务除外，必须至少低于第2款第1句和第2句规定价格的5%。为此可根据第83条签订合同。

第五小节 仲裁

第89条 仲裁委员会

（1）如果没有签署完整的医疗保障合同或仅签署部分医疗保障合同，则仲裁委员会按照成员多数通过的原则在3个月内确定合同内容。合同一方解约时，必须以书面形式通知主管仲裁委员会。如果合同到期之前未签署新合同，则仲裁委员会利用成员多数通过原则在3个月内确定合同内容。在此情况下，原合同规定临时沿用至仲裁委员会作出决定。如果在3个月期限到期之前通过仲裁委员会判决未能签署合同，并且仲裁委员会在主管监管机关确定的期限内未确定合同内容，则由主管仲裁委员会的监管机关确定合同内容。对仲裁委员会决定的申诉没有中止决定执行的效力。

（1a）如果签订了完整的医疗保障合同或部分合同，并且合同双方未向仲裁委员会提出达成共识的申请，主管监管机关可在由其设定的适当期限到期后向仲裁委员会提起仲裁，这一点同样适用于合同双方。仲裁委员会利用成员多数通过的原则在3个月内确定合同内容。第1款第5句适用。对仲裁委员会决定的申诉没有中止决定执行的效力。

（2）保险基金会医生协会、医疗保险基金会州协会和医疗互助基金会为合同医疗与合同牙医保障设立共同的仲裁委员会（州仲裁委员会）。仲裁委员会由人数相同的医生与医疗保险基金会代表，以及1位独立主席与2位独立成员组成。作出不涉及所有保险基金会类型的合同决定时，仅由仲裁委员会中相关保险基金会类型的代表行使职能。第1句提及的医疗保险基金会和医疗保险基金会团体可制定偏离第3句的规定。

（3）保险基金会医生协会、医疗保险基金会州协会和医疗互助基金会应就主席、两位独立成员及其代理人问题取得共识。2008年12月31日之前有效的第213条第2款适用于医疗保险基金会州协会与医疗互助基金会。任期4年。只要未达成共识，参与方就要出具一份共同名单，名单上至少有两位主席和四位独立成员及其代理人的姓名。如果通过共同制定的名单仍未就主席、独立成员或代理人达成共识，则抽签决定行使主席、独立成员和代理人职能的人员。在这种情况下任期为1年。仲裁委员会成员为名誉职位，不受委员会命令的约束。

（4）保险基金会医生联邦协会和医疗保险基金会联邦最高联合会为合同医疗与合同牙医保障设立共同的仲裁委员会。第2款第2句至第4句和第4款适用。

（5）主管社会保险事务的各州最高管理机关或者各州政府通过条例确定的机

◎德国社会法典(选译)

关根据第2款监管仲裁委员会;州政府可将授权转至州的最高机关。联邦卫生部根据第4款监管仲裁委员会。监管的内容涵盖了法律与其他法规的遵守。仲裁委员会根据第57条第1款和第2款、第83条、第85条,以及第87a条作出的服务偿付决定必须递交给主管监管机关。与法律冲突时,监管机关可在提交后2个月内驳回决定。异议申诉的规定适用于合同双方的驳回申诉。

(6)获得联邦参议院批准后,联邦卫生部通过行政法规确定仲裁委员会成员人数、任命、任期、管理、现金开支报销和花费时间的补偿,以及运作、程序、收费、费用额度、费用分摊的细节。

(7)德国牙科技师协会与医疗保险基金会联邦最高联合会设立一个联邦仲裁委员会。此仲裁委员会由来自德国牙科技师协会与医疗保险基金会联邦最高联合会人数相同的代表、一位独立主席和两位独立成员组成。此外,第1款,第1a款,第3款,第5款第2句、第3句,以及在第6款基础上通过的仲裁委员会条例适用。

(8)牙科技师行业协会、医疗保险基金会州协会与医疗互助基金会设立州仲裁委员会。此仲裁委员会由牙科技师行业协会与医疗保险基金会人数相同的代表、1位独立主席和2位独立成员组成。此外,第1款、第1a款和第3款及第5款适用。

第六小节 州委员会和联邦共同委员会

第90条 州委员会

(1)保险基金会医生协会和医疗保险基金会州协会,以及医疗互助基金会为每个州设立医生与医疗保险基金会州委员会和牙医与医疗保险基金会州委员会。医疗互助基金会可将此任务委托给在保险基金会医生协会辖区由医疗互助基金会设立的工作组或者医疗互助基金会。

(2)州委员会由1位独立主席、2位独立成员、8位医生代表、3位地方医疗保险基金会代表、2位医疗互助基金会代表、1位企业医疗保险基金会代表、1位行业医疗保险基金会代表和1位农村医疗保险基金会代表组成。保险基金会医生协会和州协会,以及医疗互助基金会应就主席、两位独立成员及其代理人达成共识。如果未达成共识,则在与保险基金会医生协会、医疗保险基金会州协会及医疗互助基金会协商的基础上,由主管社会保险事务的州最高管理机关任命。在州委员会的辖区内,如果不存在特定保险基金会类型的州协会,并且医疗保险基金会代表人数因此减少,则相应减少医生人数。医生代表及其代理人由保险基金会医生协会任命,医疗保险基金会代表及其代理人由医疗保险基金会州协会及医疗互助基金会任命。

（3）州委员会成员以荣誉职位的形式履行职责,不受指令约束。州委员会的费用由参与的保险基金会医生协会一方和医疗保险基金会州协会及医疗互助基金会组成的另一方均摊。在获得联邦参议院批准的情况下,在保险基金会医生联邦协会与医疗保险基金会联邦最高联合会听证后,联邦卫生部通过行政法规来确定委员会成员人数、任命、任期、管理、现金开支报销和花费时间的补偿,以及费用分摊的细节。

（4）根据本册规定确定州委员会的任务。主管社会保险事务的州最高管理机关监管州委员会的运作。

第91条 联邦共同委员会

（1）保险基金会医生联邦协会、德国医院协会和医疗保险基金会联邦最高联合会设立联邦共同委员会。联邦共同委员会具有法人资格。由决策委员会主席全权代表联邦共同委员会。

（2）联邦共同委员会的决策委员会由1位独立主席、2位独立成员、1位由保险牙医联邦协会任命的成员、2位由保险基金会医生联邦协会任命的成员、2位由德国医院协会任命的人员、5位由医疗保险基金会联邦最高联合会任命的成员组成。由符合第1款第1句的组织共同决定独立主席和独立成员及各自的两位代理人的人选。如果未达成共识,在与符合第1款第1句组织协商的基础上由联邦卫生部任命。通常主要由独立成员从事工作;只要雇主在所需的工作范围内确定了独立成员,则允许以荣誉职位的方式开展工作。独立成员的代理人为荣誉职位。专职独立成员在任期间与联邦共同委员会存在雇用关系。除了完成决策委员会的任务,每位独立成员要担任联邦共同委员会的分委员会主席。符合第1款第1句的组织与独立主席签订服务协议。由组织任命的其他决策委员会成员担任荣誉职位;决策委员会作出决定时,荣誉职位成员不受指令约束。符合第1款第1句的组织为每位由其任命的成员最多任命3位代理人。决策委员会任期4年;允许连任一次。

（3）第139c条第1款适用于联邦共同委员会的费用承担,由符合第1款第1句组织任命的成员费用除外。此外,第90条第3款第4句在下列条件下适用,即通过自治条例之前必须进行德国医院协会的听证。

（4）联邦共同委员会决议:

1.诉讼规则。其中,联邦共同委员会规定有效性、必要性及经济性的科学跨领域评估的特殊方法要求,包括根据第35a条和第35b条进行的评估,并将这些要求作为决议的基础,同时还规定专家专业独立性证明要求和相关准则听证程序,特别是确定听证机构、听证方式与方法及其评估。

2.议程。其中,规定联邦共同委员会的工作方式,特别是运作、通过部署跨领域设立的分委员会准备指令决议、通过决策委员会独立成员担任分委员会主席,以及委员会与联邦共同委员会办事处的合作方式;在议程中还规定了确保组织根据第140f条第2款派出专家的共同咨询权。

诉讼规则与议程必须得到联邦卫生部的批准。

(5)作出涉及医生、心理治疗师或牙医职业特性的决议时,此类职业的联邦级联合会组织工作组可陈述立场。第137条第3款第7句仍然有效。

(6)联邦共同委员会的决议对符合第1条第1款的承办人及其成员和成员组织,以及参保人和医疗服务提供机构有约束力,根据第137b条作出决定和根据第137f条给出建议除外。

(7)只要议程没有其他的规定,联邦共同委员会的决策委员会根据第2款第1句利用成员多数通过的原则作出决议。通常,跨领域作出药品供应与质量保证的决议,如果主席和其他独立成员一致认为决议提案不妥当,可共同向决策委员会提交自己的决议提案。决策委员会必须在表决时兼顾此提案。通常,决策委员会的会议为公开会议。

(8)联邦卫生部监管联邦共同委员会。《社会法典第四册》第67条、第88条与第89条适用。

(9)2008年7月31日之前,符合第1款第1句的组织任命决策委员会主席。之后,主席立即任命决策委员会成员和其他独立成员。2008年9月30日之前,完成决策委员会的组建。任命主席之前,联邦共同委员会主席根据2008年6月30日之前有效的第91条第2款第1句继续履行联邦共同委员会主席任务。决策委员会任命之前,联邦共同委员会根据2008年6月30日之前有效的规定作出决议。

第92条 联邦共同委员会的指令

(1)联邦共同委员会就保证参保人充分、有目标性和经济性的保障必需的指令作出决议,以确保医疗保障;同时须考虑残疾与面临残疾的人群,以及精神病人保障的特殊要求,特别是压力测试与工作疗法服务;此外,如根据普遍认可的医学知识不能证明其诊断与治疗功效、医学上的必要性或者经济性,则联邦共同委员会可限制或禁止提供和批准相关服务与措施;如开具的处方不能证明其有效性或另一个更经济的治疗方案可提供类似的诊断与治疗功效,则联邦共同委员会可限制或禁止开具药物处方。特别是其应就以下事宜的指令作出决定:

1. 医疗，

2. 牙医治疗，包括牙医保障及颌骨整形治疗，

3. 疾病早期诊断措施，

4. 妊娠与育儿期的医疗保健，

5. 新的检查与治疗方法的引入，

6. 药品、绷带、药物及辅助器具、住院治疗、家庭病护和社会治疗的开具与批准，

7. 丧失工作能力的鉴定，包括《社会法典第二册》中根据第5条第1款第2a项和第10条参保的、有工作能力的需要帮助者，

8. 在个别情况下为医疗康复提供服务的批准及医疗康复服务、参与工作生活的服务和康复补充服务的咨询，

9. 需求规划，

10. 第27a条第1款中诱导妊娠的医疗措施，

11. 第24a与第20b条的措施，

12. 急救服务的批准，

13. 质量保证，

14. 特需门诊姑息疗法，

15. 接种疫苗。

(1a)第1款第2句第2项的指令针对基于病因、保护牙质及以预防为主的牙医治疗，包括假牙及颌骨整形治疗的保障。联邦共同委员会也须基于外部、全面牙科专业知识的指令作出决议。联邦卫生部可让联邦共同委员会就依法分配给联邦委员会的个别任务作出决议或者审查该决议，并设定适当的期限。在不能遵守期限的情况下，由联邦委员会成员组成的仲裁委员会将在30天之内作出必要的决议。仲裁委员会由联邦委员会独立主席、2位独立成员和由保险基金会牙医联邦协会与医疗保险基金会联邦最高联合会分别决定的1位代理人组成。在联邦委员会就第1款第2句第2项的指令作出决定前，在联邦一级，代表牙科技师利益的重要中央组织可阐述立场，此立场须在作出决定时予以考虑。

(1b)在联邦共同委员会就第1款第2句第4项的指令作出决定前，第134条第2款提及的联邦一级服务提供者组织有机会阐述立场；此立场须在作出决定时予以考虑。

(2)第1款第2句第6项的指令须兼顾第35a条与第35b条的评估对药品和药物

进行编排，使得医生尽可能经济与合理地选择药物治疗。药物的编排须按照指标领域与成分组进行划分。为了能够让医生从疗效与价格方面合理选择药品，在各个指标领域须录入相关提示，在提示中针对拥有类似药理学有效成分或者类似疗效的药品，评估其治疗功效与治疗费用的关系，借此来评估处方的经济性；第73条第8款第3句至第6句适用。此外，为了能够让医生从疗效与价格方面合理选择药品，可对单个指标领域的药品作如下分类：

1. 适合普遍性治疗的药物药品，

2. 只适合一部分病人或者特殊病例的药物药品，

3. 因为其众所周知的危险或者值得怀疑的治疗合理性，在开具处方时需要特别注意的药物药品。

第3a款适用。在第1句和第7句的治疗提示中可确定保证质量用药的要求，特别是基于医生资质或病人群体。在第1款第2句第6项的指令中，可在编排分类之外注明药品的治疗提示；第3句和第4句及第1款第1句第3分句适用。第1句和第7句的治疗提示可对开具处方时在某个指标领域各个有效成分的份额提出建议。联邦共同委员会在其议事程序规则中规定第1句与第7句治疗提示的基本原则。第1款中针对药物药品的处方开具限制与禁止由联邦共同委员会在治疗提示之外的指令中单独规定。联邦共同委员会只有在通过第35条的固定数额或通过第130b条的报销数额约定都不能实现经济性时，才可限制或禁止开具某种药品药物的处方。药品药物因为未达到第1款第1句的要求而导致限制或禁止开具处方，这不可与批准机关就药品质量、效用及无害性确定的结果相矛盾。

(2a) 为促进医疗企业的可持续发展，联邦共同委员会可在个别情况下，与德国医生协会药品委员会和联邦药品与医疗产品研究所或者Paul-Ehrlich研究所在一个适当的期限内要求补充对重要保障的研究，以此评估一种药品药物的合理性。第3a款适用第1句的要求。前提条件、补充研究的要求、期限，以及对研究的要求之细节由联邦共同委员会在其议事程序规则中规定。如第1句的研究不能或者不能及时提交，则联邦共同委员会可偏离第1款第1句禁止开具此药品的处方。针对此补充研究要求单方面的申诉是不允许的。

(3) 异议申诉规定适用于第2款药品编排分类的申诉。申诉没有中止决定执行的效力。无预审。不允许针对第2款第2句根据指标领域或者有效成分组进行的划分、针对第2款第4句进行的药品分类，或者针对第2款编排分类的其他组成部分提起申诉。

（3a）在就第1款第2句第6项的药品药物处方开具指令和第2款第7句的治疗提示作出决定之前，医学与制药科学与实践领域的专家、联邦一级代表医药企业经济利益的重要中央组织、相关的医药企业、药店经营者的行业代表，以及特殊疗法医生协会重要的顶层团体有机会阐述立场。其立场阐述应在作出决定时予以考虑。联邦共同委员会须在保证企业与商业秘密的前提下，在引入立场阐述程序时，公开专家的鉴定与建议，此鉴定与建议是第1款第2句第6项药品药物处方开具指令和第2款第7句治疗提示的基础。

（4）在第1款第2句第3项的指令中应特别规定：

1. 使用经济处理方法及进行早期诊断时采取多种措施的前提条件，

2. 在实施疾病早期诊断措施时的证明与记录细节，

3. 记录分析及疾病早期诊断措施评估的落实与处理细节。

（5）在医疗保险基金会就第1款第2句第8项的指令作出决定之前，第111b条第1句提及的服务提供者组织、康复机构（《社会法典第九册》第6条第1款第2项至第7项）及联邦康复工作组有机会阐述立场；阐述的立场应在作出决定时予以考虑。在指令中须规定，何种残疾、在何种前提条件下，以及根据何种程序，合同医生才应就参保人的残疾向医疗保险基金会通报。

（6）在第1款第2句第6项的指令中须特别规定：

1. 可开具处方的外用药物之目录，

2. 外用药物按指标进行的归类，

3. 重复开具处方时的特殊性，以及

4. 开具处方的合同医生与外用药物提供者之间合作的内容与范围。

在联邦共同委员会就第1款第2句第6项的外用药品处方开具指令作出决定之前，第125条第1款第1句提及的服务提供者组织有机会阐述立场，阐述的立场应在作出决定时予以考虑。

（6a）在第1款第2句第1项的指令中须特别规定，需要心理治疗的疾病，适合治疗的方法，申请与鉴定程序，验证会议及治疗方式、范围与落实的细节。此外，指令还就会诊报告的内容要求和提交会诊报告（第28条第3款）的合同医生之专业要求作出规定。在1998年12月31日作出首次决议，1999年1月1日生效。

（7）在第1款第2句第6项的指令中须特别规定：

1. 家庭病护的批准及其医疗目的，

2. 开具处方的合同医生与相关医疗服务提供者及医院合作的内容与范围，

3. 批准家庭病护和在住院之后继续提供医院所开药物的前提条件。

在联邦共同委员会就第1款第2句第6项的家庭病护批准指令作出决定之前,第132a条第1款第1句提及的服务提供者有机会阐述立场;阐述的立场应在作出决定时予以考虑。

(7a)在联邦共同委员会就第1款第2句第6项的外用药物开具处方指令作出决定之前,第128条第1款第4句提到的联邦一级相关服务提供者和外用药物生产者组织有机会阐述立场;阐述的立场应在作出决定时予以考虑。

(7b)在联邦共同委员会就第1款第2句第14项的特需门诊姑息疗法批准指令作出决定之前,送终工作与姑息保障的重要组织,以及第132a条第1款第1句提及的组织有机会阐述立场。阐述的立场应在作出决定时予以考虑。

(7c)在联邦共同委员会就第1款第2句第6项的社会疗法批准指令作出决定之前,社会医疗保障服务提供者的重要组织有机会阐述立场;阐述的立场应在作出决定时予以考虑。

(8)联邦共同委员会的指令是联邦总合同的组成部分。

第92a条 （废除）

第93条 禁止药品药物一览表

(1)联邦共同委员会应定期将根据第34条第1款或者基于第34条第2款和第3款通过行政法规完全或者针对某些特定指标在第31条保障中禁止使用的药品药物编排在一览表中。此一览表须在联邦公报中公布。

(2)如联邦共同委员会未能或者未能在由联邦卫生部规定的期限内履行其第1款的义务,则由联邦卫生部制作一览表并在联邦公报中公布。

第94条 指令的生效

(1)由联邦共同委员会决定的指令须提交联邦卫生部。卫生部可在2个月内驳回指令;第35条第1款的决议驳回期限是4周。联邦卫生部可在联邦共同委员会指令审查范围内要求额外的信息与补充立场阐述;在收到回复之前,中断第2句的期限。联邦卫生部可在某些条件下不需要驳回指令;联邦卫生部可为符合某一条件设定一个适当的期限。如果对于确保医疗保障必需的联邦共同委员会决议不能或者不能在联邦卫生部设定的期限内落实,或者联邦卫生部没有在其设定的期限内撤销驳回,则联邦卫生部颁布这些指令。

(2)指令在联邦公报公布,其基本理由可在网络公布。公布的指令还须含有在网络公布的基本理由之链接。

第七小节　医生与牙医参与保障的前提条件和形式

第95条　参与合同医疗保障

（1）参加合同医疗保障的包括有服务资格的医生和医疗保障中心，以及授权的医生及机构。医疗保障中心是跨专业的医生领导机构，按照第2款第3句规定的医生登记表中注册的医生作为雇员或者合同医生在这些机构从事活动。如各种专科医生或者不同重要岗位的医生在第2句规定的机构从业，则此机构为跨专业（综合）机构；如医生属于第101条第5款的家庭医生组，或医生或心理治疗师属于第101条第4款的心理治疗师医生组，则其不是跨专业机构。在第2句的机构中如有一位专科医生与一位家庭内科医生一同从业，则此机构为跨专业机构。如参加合同医疗保障的不同职业群体成员在一个医疗保障中心从业，则合作服务也是可能的。医疗保障中心可以各种许可的组织形式提供服务；其可由根据许可、授权或者合同参加参保人医疗保障的服务提供者建立。在开业地对医生或者医疗保障中心（合同医生执业地）授予服务资格。

（2）每个医生都可申请合同医生资格许可，通过其在医生或者牙医登记表（医生登记表）注册而得到证明。每个许可区的保险基金会医生协会管理这些医生登记表。在登记表注册须申请，并

1. 符合第95a条针对合同医生和第95c条针对心理治疗师的前提条件，
2. 顺利结束为期2年的合同牙医准备期。

许可条例规定相关细节。在第3句的医疗登记表注册的医疗保障中心的医生也可申请许可；第2a款适用于在许可医疗保障中心从业的医生。以私法法人形式的医疗保障中心之许可还须符合以下前提条件，即经营者为在其处从业的合同医生就保险基金会医生协会与医疗保险基金会向医疗保障中心提出的付款要求提交自愿承担债务的担保声明；这对于在医疗保障中心撤销之后才到期的付款要求同样有效。许可医疗保障中心雇用医生须得到许可委员会的批准。如满足第5句的前提条件，则须给予批准。如申请许可和批准时，在医疗保障中心从业的医生属于第103条第1款第2句的许可限制范围，则应拒绝医生许可、医疗保障中心许可及批准有许可的医疗保障中心雇用医生的申请。对于医疗保障中心雇用的医生，第135条适用。

（2a）申请合同医生许可的前提条件还有，申请者根据1993年6月18日之前生效的法律，相信会在将来得到许可。这不适用于以下地区的许可申请，即医生与医疗保险基金会州委员会根据第100条第1款第1句确定为保障不足的地区。

(3)医生许可生效后。合同医生可成为主管保险基金会医生执业地的保险基金会医生协会成员,并有权且有义务参加其许可有效期内全部或者一半保障委托任务范围内的合同医疗保障。医疗保障中心的许可生效后,被其雇用的医生成为主管保障中心合同医生执业地的保险基金会医生协会成员,并且许可的医疗保障中心就此有权利且有义务参加合同医疗保障。关于合同医疗保障的合同规定具有约束力。

(4)授权生效后。授权的医生或机构有权利且有义务参加合同医疗保障。关于合同医疗保障的合同规定对其具有约束力。本条第5款至第7款、第75条第2款和第81条第5款在此适用。

(5)如合同医生未从事相关活动。但是预计会在适当的期限内开始活动,或者根据第79条第1款被选为专职主席的合同医生提出申请,则根据委员会的决议,许可暂时失效。在相同的前提条件下,对于全部的保障委托任务可决定暂时取消一半许可。

(6)如不符合或者不再符合许可的前提条件,合同医生不从事或者不再从事其合同医疗活动,或者严重违反合同保障义务,则应吊销医生许可。在这些情况下,根据许可委员会的决议,可吊销一半而非全部的许可。如超过6个月不再符合第1款第6句后半句的成立前提条件,则也应吊销医疗保障中心的许可。

(7)医生的许可因有许可权者死亡、放弃或者从保险基金会医生执业地辖区迁移而终止。医疗保障中心的许可因许可医疗保障中心的放弃、关闭或者从合同医生执业地辖区迁移而终止。对于在2008年年满68周岁的合同医生,2008年9月30日之前有效的第95条第7款第3句至第9句不适用,除非合同医生根据第103条第4款继续执业。在此情况下许可于2009年3月31日终止,除非合同医生向许可委员会声明其再次从事医疗活动。在这之前许可被视为暂时失效。如果是许可医疗保障中心雇用的医生,则第3句至第5句适用。

(8)(废除)

(9)只要被雇用的医生所属的医生组没有许可限制,合同医生可在许可委员会批准的情况下雇用在医生登记表注册的医生。如有许可限制,则第1句适用,条件是必须符合第101条第1款第1句第5项的前提条件。许可条例规定合同医生雇用医生的相关细节。第7款第3句至第5句在此适用。

(9a)参加家庭医疗保障的合同医生在许可委员会批准的情况下,可雇用不管是否有许可限制的医生。该医生被高校雇用或任命为全科医学高校教员,或者作为科学工作者从业,每天至少工作半天,且在医生登记表上注册。在确定规划领域保障水平时,此类被雇用的医生不予以考虑。

(10)如果心理治疗师符合以下条件,则被许可参加合同医疗保障:

1. 在1998年12月31日之前符合《心理治疗师法》第12条的开业许可及第95c条第2款第3项的专业能力证明之前提条件并提出发放许可的申请,

2. 在1999年3月31日之前提交开业许可证书,并

3. 在1994年6月25日至1997年6月24日参加过法定医疗保险基金会给参保人提供的门诊心理治疗保障。许可委员会就许可申请在1999年4月30日之前作出决定。

(11)如果心理治疗师符合以下条件,则被授权参加合同医疗保障:

1. 在1998年12月31日之前符合《心理治疗师法》第12条的开业许可前提条件,并提供过500小时有记录的治疗或者在250小时的治疗过程中有合格监护记录的治疗,并且根据1998年12月31日之前有效的关于合同医疗保障中心理治疗的指令,这些已获得联邦共同委员会承认(1987年7月3日新版心理治疗指令—《联邦法律公报》第156项附件156a;最后一次修订于1997年3月12日公布—《联邦法律公报》第49项第2946页),且提交重新认证申请,

2. 在1999年3月31日之前提交开业许可证书,以及

3. 在1994年6月25日至1997年6月24日参加过法定医疗保险给参保人提供的门诊心理治疗保障。

许可委员会须就申请在1999年4月30日之前作出决定。再次获得许可的前提条件是,在联邦共同委员会认可的治疗过程中,提供《心理治疗师法》第12条第1款和第12条第3款开业许可所要求的资质、要求的治疗时间(小时)、病例和理论培训。在再次成功获得认证后,许可委员会可根据申请将授权转为许可。心理治疗的授权在再次认证结束之后失效,最迟为颁发授权5年之后;如在授权颁发5年之内提出换发申请,则授权可保留至许可委员会作出决定。

(11a)如心理治疗师在1998年12月31日之前因为需要照顾和抚养3周岁内与其共同生活的子女而没有从业,则第11款第1句第1项提及的申请授权期限及治疗时可相应推迟抚养小孩的时间,但是最长3年。在心理治疗师需要抚养和照顾3周岁内与其一起生活的子女而未从业的这段时间,其授权亦暂时失效。心理治疗师可按照抚养子女的时间而相应延长其授权。

(11b)如心理治疗师在第10款第1句第3项和第11款第1句第3项提及的时间

内因为照顾和抚养3周岁内与其共同生活的子女而未从业,则期限的开始时间按照其在3年期内抚养子女的时间相应往前调整。如在1994年6月25日之前开始子女抚养期,则期限从子女抚养期开始计算。

(12)如医生与医疗保险基金会州委员会已经确定第103条第1款第1句的所述事项,则许可委员会可就心理治疗师及1998年12月31日之后被雇用、主要或者只从事心理治疗活动的医生之许可申请作出决定。如果许可限制在提交申请时还未颁布,则第1句的申请也可因为许可限制而被拒绝。

(13)在心理治疗师和主要或只从事心理治疗活动的医生许可事务上(第101条第3款第1句),不同于第96条第2款第1句和第97条第2款第1句,替代医生代表的是相同人数的心理治疗师与只从事心理治疗活动的医生代表;在心理治疗师代表中必须至少有1位儿童青少年心理治疗师。根据第1句,在许可委员会及上诉委员会首次全体会议上,心理治疗师的代表由主管监管机关根据州一级代表治疗师职业利益的重要组织之建议进行任命。

第95a条 合同医生在医生登记表注册的前提条件

(1)对于医生来说,在医生登记表注册的前提条件是:

1. 作为医生获得从业许可,

2. 接受全科医生继续教育或者在其他专科领域接受继续教育通过并且具有使用该领域称号的权限,或者可证明具备第4款和第5款承认的资质。

(2)如医生根据州法律规定有权使用全科医疗的专科医生称号,并且此权限是在授权进行继续教育的医生处和被许可的机构中,至少经过5年全科医生继续教育而获得的,则可证明第1款第2句的全科医生继续教育。在2008年12月31日之前,如果根据相应的州法律规定,在全科医疗领域至少进行3年的继续教育因为照顾和抚养与其共同生活的3周岁内的子女而中断,并根据州法律规定之后可至少进行3年的继续教育,则符合第1句提及的继续教育至少3年就足够了。如因此处提到的抚养子女的理由而在2006年1月1日之前不可能开始从事全科的合同医疗活动,并且在2008年12月31日之前,在至少3年的继续教育基础上,提出在医生登记表注册的申请,则第2句适用。

(3)全科医疗继续教育至少花费5年的时间并在内容上须至少符合欧洲议会及欧洲理事会于2005年9月7日颁布的关于职业资质认可(《欧洲共同体公报》2007年第L255项第22页、第L271项第18页)的2005/36/EG指令第28条的要求,并通过解散获取全科医疗专科医生称号。其须特别包括下列活动:

1. 在被授权进行全科医学继续教育的执业医生开设的诊所最少6个月,

2. 在许可的医院最少6个月,

3. 在其他被许可从事全科医疗的机构或者卫生事业机构最多6个月,只要医生被委托从事与病人有关的活动。

(4)如果根据州法律规定,符合欧洲议会及欧洲议会于2005年9月7日颁布的关于职业资质认可(欧洲共同体公报第L255项第22页、2007年第L271项第18页)的2005/36/EG指令第30条的要求,在1995年12月31日之前取得"实习医生"称号的医生也符合注册的前提条件。

(5)如医生在全科医学领域持有内容上至少符合欧洲议会及欧洲议会于2005年9月7日颁布的关于职业资质认可(欧洲共同体公报第L255项第22页、2007年第L271项第18页)的2005/36/EG指令第28条要求的特别培训证明,并且这个培训证明由欧盟成员国或者其他欧洲经济区协定的签约国,或者与德国和欧共体或者德国与欧盟签订相关法律协定的国家颁发,则在国内被许可从业的医生可申请注册。根据第1句提及的指令,第30条有实习医生资格特别获得权的证明持有者,至少符合此指令第25条要求的专科医生继续教育培训证明持有者或者根据此指令第27条有专科医生资格特别获得权的证明持有者也可注册。

第95b条 共同放弃许可

(1)根据合同医生的义务,其不可与其他医生相互协商来放弃合同医生许可。

(2)如合同医生与其他合同医生相互协商来放弃合同医生许可,并且监管机构根据第72a条第1款确认了此情况,则新的许可须最早在提交放弃声明6年之后才能发放。

(3)如参保人在第1款意义上的放弃许可的医生或者牙医处就医,则医疗保险基金会对其的偿付封顶。向医疗保险基金会要求偿付的数额须限制在医生或者牙医收费标准费率的1.0倍。医生与牙医不可要求参保人支付额外费用。没有其他例外规定。

第95c条 心理治疗师在医生登记表注册的前提条件

心理治疗师在医生登记表注册的前提条件是:

1. 根据《心理治疗师法》第2条或者第12条作为心理治疗师获得开业许可,

2. 专业知识证明。

专业知识证明的前提条件是:

1. 对于根据《心理治疗师法》第2条第1款获得开业许可的心理治疗师,其须在

由联邦共同委员会根据第92条第6a款认可的治疗过程中,成功完成按照《心理治疗师法》第8条第3款第1项进行的拓展培训,

2. 对于根据《心理治疗师法》第2条第2款和第3款获得开业许可的心理治疗师,其在联邦共同委员会根据第92条第6a款认可的治疗过程中完成作为开业许可依据的训练及考核,

3. 对于根据《心理治疗师法》第12条获得开业许可的心理治疗师,其可在联邦共同委员会根据第92条第6a款认可的治疗过程中证明开业许可要求的资质、继续教育或者治疗时间、病例和理论培训。

第95d条 专业进修的义务

(1)合同医生有义务在维持与提高合同医疗保障必需的专业知识范围内进行专业进修。进修内容必须符合当前最新的医学、牙医或者心理治疗领域的科学知识水平。培训内容不考虑经济利益。

(2)进修证明可以是医生行业、牙医行业及精神心理治疗师行业和儿童青少年心理治疗师行业开具的进修证书。其他进修证书必须符合联邦一级各职业行业工作组制定的标准。在特殊情况下,也可通过其他证明来证实进修符合第1款第2句和第3句的要求;保险基金会医生联邦协会根据第6款第2句规定相关细节。

(3)每位合同医生须每5年向保险基金会医生协会提交一次证明,证明其在过去的5年时间内履行了第1款的进修义务;在暂停许可期间,期限中止计算。如因合同医生迁出其医所在地区而导致许可暂时失效,则期限继续计算。在2004年6月30日已获得许可的合同医生,须首次在2009年6月30日之前提供第1句的证明。如一位合同医生不能或者不能完全提供进修证明,则保险基金会医生协会有义务将作为合同医疗活动报酬付给其的款项在5年期之后的前四个季度缩减10%,随后的季度开始缩减25%。合同医生可在随后2年内部分或者完全补上其在上一个5年期内需要进行的进修;补上的进修不被计入下一个5年期。报酬缩减终止于提供全部进修证明的该季度结束。如合同医生在5年期后的2年内仍不能提供进修证明,则保险基金会医生协会应立即向许可委员会提交申请,要求吊销其许可。如拒绝吊销许可,则报酬缩减终止于合同医生在下一个5年期提供完全进修证明的那个季度结束。

(4)第1款至第3款适用于授权的医生。

(5)第1款和第2款适用于医疗保障中心、合同医生或者符合第119b条要求的机构雇用的医生。医疗保障中心或者合同医生为其雇用的医生落实第3款的进修

证明；符合第119b条要求的机构雇用的医生由机构落实第3款的进修证明。如被雇用的医生3个月以上没有从事医疗活动，则保险基金会医生协会可根据申请将5年期相应延长缺席的时间。第3款第2句至第6句和第8句适用，条件是缩减医疗保障中心、合同医生或者符合第119b条要求的机构之报酬。当向保险基金会医生协会证明雇用关系已结束，报酬缩减终止于雇用关系结束的季度。如雇用关系继续保持，并且对于雇用的医生，许可医疗保障中心或者合同医生没有在5年期结束后的最迟2年内提供进修证明，则保险基金会医生协会应立即向许可委员会提交申请，撤销雇用许可。

（6）保险基金会医生联邦协会与联邦一级主管的同业协会的工作小组协商后规定5年期内必要进修的适当范围、保险基金会医生联邦协会规定进修证明与报酬缩减的程序须特别确定，在何种情况下，合同医生有权在5年期结束之前就已进行的进修要求书面认证。此规定对保险基金会医生协会具有约束力。

第96条 许可委员会

（1）就许可事务的决议与决定，保险基金会医生协会与医疗保险基金会州协会及医疗互助基金会为每个保险基金会医生协会的辖区或者部分辖区（许可辖区）设立一个医生许可委员会和一个牙医许可委员会。

（2）许可委员会由相同人数的医生与医疗保险基金会代表组成。医生代表及其代理人由保险基金会医生协会任命，医疗保险基金会代表及其代理人由医疗保险基金会州协会任命。许可委员会成员的职位为荣誉职位，其不受指令约束，一位医生代表与一位医疗保险基金会代表轮流担当主席，许可委员会通过简单多数票表决，在票数相等的情况下申请被拒绝。

（3）许可委员会的运作在保险基金会医生协会进行只要许可委员会的开支不能通过收费平账，则由保险基金会医生协会为一方，医疗保险基金会州协会与医疗互助基金会为另一方均摊。

（4）针对许可委员会的决定，参与程序的医生与机构、保险基金会医生协会和医疗保险基金会州协会及医疗互助基金会可向上诉委员会起诉，有中止行政行为执行的效力。

第97条 上诉委员会

（1）保险基金会医生协会和医疗保险基金会州协会及医疗互助基金会为每一个保险基金会医生协会辖区设立一个医生上诉委员会和一个牙医上诉委员会其可根据需要为一个保险基金会医生协会的辖区设立多个上诉委员会或者为多个保险

基金会医生协会的辖区设立一个共同上诉委员会。

（2）上诉委员会由一位有法官资格的主席和作为陪审员的相同人数的医生一方的代表和医疗保险基金会州协会及医疗互助基金会一方的代表组成。陪审员应就主席人选达成共识。如不能达成共识，则由主管社会保险事务的最高管理机关在与保险基金会医生协会和医疗保险基金会州协会，以及医疗互助基金会协商后任命。第96条第2款第2句至第5句和第7句及第3款适用。

（3）《社会法院法》第84条第1款和第85条第3款适用于诉讼程序。上诉委员会之前的程序被视为预审（《社会法院法》第78条）。

（4）上诉委员会可以公共利益的名义立即安排执行其决定。

（5）许可委员会与上诉委员会日常运作的监管由负责社会保险事务的州最高管理机关落实。如果只要保险基金会医生协会、医疗保险基金会州协会或者医疗互助基金会没有任命医生和医疗保险基金会的代表，则由州最高管理机关任命。

第98条 许可条例

（1）许可条例规定参加合同医疗保障及确保合同医疗保障必需的需求规划（第99条）和许可限制的细节；此许可条例由联邦卫生部在联邦参议院批准的情况下作为行政法规颁布。

（2）许可条例必须包含以下规定：

1. 委员会成员及其代理人的人数、任命及卸任、任期、办公和现金垫付的报销和花费时间的补偿，

2. 委员会的运作，

3. 符合社会法院前置程序基本原则的委员会程序，

4. 兼顾管理支出和事务对于费用被收取方重要性的处理费用，以及委员会与参与团体开支的分摊比例，

5. 保险基金会医生协会对医生登记表的管理，保险基金会医生联邦协会对联邦医生登记表的管理及查阅这些登记表和等级卡的权力，特别是相关医生与医疗保险基金会，

6. 在医生登记表注册的程序及兼顾管理支出和事务对于费用被收取方重要性的处理费用，

7. 许可区的设立与界定，

8. 对于中长期确保合同医疗保障必需的需求规划之制定、协商、深化与评估，以及与其他机构必要的合作，在医生与医疗保险基金会州委员会的咨询与通报，

9. 合同医生执业地的公示,

10. 基于从事合同医疗活动的准备情况与属性而发放许可的前提条件,及根据许可进行的保障委托任务的时间范围之细节规定,

11. 许可委员会授权医生,特别是在医院或者职业康复机构的医生,或者在特殊情况下授权机构参加合同医疗保障的前提条件,被授权的医生和机构的权利与义务,以及准许由具有同样领域称号的医生代表被授权医院医生的细则,

12. (废除)

13. 根据自由择业原则,被合同医生雇用的医生、助手和代表可从事合同医疗保障或者在其他地方从事合同医疗活动的前提条件,

13a. 被许可参加合同医疗保障的服务提供者共同从事合同医疗活动的前提条件,

14. 被德国主管机构批准可临时从事医疗活动的医生,及根据《欧洲共同体成立条约》第50条或者《欧洲经济区协议》第37条在国内临时提供服务的医生,参加合同医疗保障,

15. 在放弃许可时,为确保合同医疗保障而对终止合同医疗活动设定的适当期限。

第八小节 需求规划、保障不足、过度保障

第99条 需求规划

(1)保险基金会医生协会征得医疗保险基金会州协会和医疗互助基金会的同意,并与主管的州机关协商后,按照联邦共同委员会颁布的指令,在州一级制定需求规划并随着发展进行调整,以确保合同医疗保障。须注意土地规划和区域规划及医院规划的目标与需求。须以合适的方式公布需求规划。

(2)如果保险基金会医生协会、医疗保险基金会州协会和医疗互助基金会不能达成共识,则任何参与者都可向州医生委员会和医疗保险基金会州委员会提出决策申请。

(3)州委员会就第1款的需求规划提供咨询,并在第2款情况下作出决定。

第100条 保障不足

(1)医生与医疗保险基金会州委员会有责任确定,是否在一个许可区特定的区域出现了医疗保障不足或者在可预见的时间内存在此种风险。该委员会须为主管相关区域的保险基金会医生协会确定一个适当的期限,来消除和防止此种保障不

足的情况。

(2)如通过保险基金会医生协会的措施或者其他合适的措施不能保证确保医疗保障,并且期限过后仍然存在保障不足的情况,则州委员会应根据许可条例在其他区域启动许可限制听证后对许可委员会颁布具有约束效力的决定。

(3)医生与医疗保险基金会州委员会按照第101条第1款第2a项有责任确定,是否在一个非保障不足的规划区内存在额外的地方性保障需求。

(4)第1款第2句和第2款不适用于牙医。

第101条 过度保障

(1)联邦共同委员会在其指令中作出有关以下各项的决议,即

1. 在合同医疗保障中普遍符合需求的保障水平之统一指数,

2. 均衡的家庭医疗与专科医疗保障结构的标准,

3. 破例批准合同医生额外执业地的规定,前提是这些执业地对于确保一个保障区的合同医疗保障质量是必需的,

3a. 医生与医疗保险基金会州委员会根据第100条第3款在一个非保障不足规划区确定当地额外保障需求的前提条件,

4. 在颁布许可限制的规划区向医生发放许可的例外规定,只要医生与已经在当地从事同一专业方向活动的合同医生共同从业,或者只要继续教育条例拟定专科医生称号并以同一医生称号从事活动,以及职业共同体的合作方遵循许可委员会提出的服务限制,使得提供的服务不会明显超过迄今为止的诊疗范围,这点适用于被第311条第2款第1句的机构和被医疗保障中心雇用的医生;在确定医疗保障水平时,此医生不被予以考虑。

5. 针对被相同专业领域的合同医生雇用的医生之规定,只要继续教育条例拟定专科医生称号,并在颁布许可限制的规划区以同一专科医生称号从事活动,只要合同医生遵循许可委员会提出的服务限制,使得提供的服务不会明显超过迄今为止的诊疗范围;以及服务限制的例外情况,只要这对于覆盖当地额外的保障需求是必需的;在确定医疗保障水平时,不对被雇用的医生予以考虑。

只要继续教育条例在同样的专业领域拟定多个专科医生称号,第4项与第5项的指令亦决定,在第4项的共同执业和在第5项的雇用中约定哪一个专科医生称号。如普遍符合需求的保障水平超过10%,则接受过度保障。普遍符合需求的保障水平首次于1990年12月31日由联邦统一确定。在确定保障水平时,须适当兼顾1980年12月31日以来不同医生组进入合同医疗保障的发展情况,地区规划区应对

应市级自治区,在计算一个规划区的保障水平时,承担一半保障委托任务的合同医生应乘以系数0.5,被合同医生根据第95条第9款第1句雇用的医生和被医疗保障中心雇用的医生应参照其工作时间确定。

(2)如有必要,在以下情况下,联邦共同委员会须调整在第1款第3句和第4句基础上得出的指数,或者重新确定指数:

1. 因更改医生组专业分类,

2. 联邦范围内一个医生组的医生人数超过1000,或者

3. 为确保符合需求的保障,在调整与重新确定时,应以上一年12月31日的医生人数为依据。

(3)在第1款第1句第4项的情况下,医生获得一个对共同执业时间有限制的许可,第1款第1句第4项的限制或者服务限制终止于第103条第3款许可限制取消之时,最迟在共同执业10年之后。限制取消后,医生被纳入保障水平的计算范围,在第103条第4款的诊所继续经营的情况下,在选择申请者时,只有当第1款第1句第4项提及的医生从事共同合同医疗活动至少达到5年,才会考虑其共同从业经历,第2句和第3句适用于第311条第2款第1句的机构。

(3a)第1款第1句第5项的服务限制终止于许可限制取消之时,服务限制取消后,受雇用的医生被纳入保障水平的确定之中。

(4)主要或者只从事心理治疗活动的医生和心理治疗师组建第2款意义上的医生组,针对此医生组普遍符合需求的保障水平首次于1999年1月1日确定,具有服务资格许可的医生及根据第95条第10款被许可的心理治疗师纳入统计的范围。此外,主要从事心理治疗活动的医生应考虑乘以系数0.7,在第1款的指令中,在2013年12月31日之前须确保,主要或者只从事心理治疗活动的医生至少占普遍指数25%的保障比例,第1句中只从事儿童青少年心理辅导的服务提供者至少占普遍指数20%的保障比例。在确定第103条第1款的过度保障时,须将第5句中指定的保障比例和第95条第11款被授权的心理治疗师纳入计算范围。

(5)家庭医生(第73条第1a款)自2001年1月1日组建第2款意义上的医生组,儿童医生除外,第4款不受影响,针对此医生组普遍符合需求的保障水平首次于1995年12月31日确定,参加专科医疗保障的内科医生指数于1995年12月31日新确定,联邦共同委员会须在2000年3月31日之前确定新的指数,州委员会首次在2000年12月31日确定第103条第1款第1句所述事项。没有重点领域称号的内科医生只有在不存在第103条第1款的许可限制时,方可转入家庭医疗或者专科医疗

保障。

（6）第1款第1句第3项至第5项，第3款、第3a款不适用于牙医。

第102条 （废除）

第103条 许可限制

（1）医生与医疗保险基金会州委员会确定，是否存在保障过度的情况，如果存在这种情况，则州委员会根据许可条例的规定，并兼顾联邦共同委员会的指令，颁布许可限制。

（2）许可限制可以限制地区，其可包括保险基金会医生协会一个或者数个规划区，其须根据不同的医生组并适当考虑各类保险基金会的特殊性而颁布。

（3）如过度保障的前提条件消失，则取消许可限制。

（4）在颁布许可限制的规划区，如合同医生的许可因其到达年龄上限、死亡、放弃或者撤销而终止，并且诊所应由一个继任者继续经营，则保险基金会医生协会须根据合同医生或者对诊所有支配权的继承人申请，在其规定的公布官方消息的报纸上立即公布此合同医生的执业地，并制作详细的申请者名单。第1句亦适用于许可的半放弃或者半吊销状态。详细的申请者名单须提供给许可委员及合同医生或其继承人。在多个想作为迄今合同医生继任者继续经营所公布诊所的申请者中，许可委员会应按照义务裁量原则挑选继任者。在挑选申请者时须考虑申请者的职业属性、审批年龄和从事医疗活动的时间，此外还须考虑申请者是不是迄今合同医生的配偶、子女或者其雇用的医生，还是迄今为止与其共同经营诊所的合同医生。2006年1月1日起，对于被公布的家庭医生成员资格，应优先考虑全科医生。只有当售价不高于诊所的市场价格时，才应考虑离任合同医生或者其继承人的经济利益。

（4a）在颁布许可限制的规划区，如某一合同医生放弃其许可而去医疗保障中心工作，则许可委员会须批准雇用；这时，就不可能继续从事第4款的诊所经营。在根据第4款第1句终止许可的情况下，如诊所继任者继续提供合同医疗活动，则诊所可以如下形式继续经营，即一个医疗保障中心接受合同医生的执业地，及由雇用的医生在机构内继续提供合同医疗服务。第4款和第5款适用。如医生在一个颁布许可限制的规划区内的医疗保障中心至少从事5年医疗活动，则该医生可不管许可限制而通过申请获得此规划区的许可；此规定不适用于因为第5句填补位置或者2007年1月1日之后才在一个医疗保障中心从事活动的医生。即使颁布许可限制，也可填补医疗保障中心的医生位置。

(4b)在颁布许可限制的规划区,如某一合同医生放弃其许可,而作为第95条第9款第1句被合同医生雇用的医生继续从业,则许可委员会须批准雇用;这时,就不可能继续从事第4款的诊所经营。医生在许可限制的范围内,也可填补第95条第9款第1句雇用医生的位置。

(5)保险基金会医生协会(登记处)为每个规划区制作候选名单。候选名单中记录的是在医生登记表中注册并申请合同医生位置的医生。在为第4款的合同医生诊所转手选择申请者时,须考虑候选名单中登记的时间。

(6)如迄今为止与一个或者多个合同医生共同经营诊所的一个合同医生终止其许可,则第4款和第5款适用。在选择申请者时应适当考虑继续在诊所从业的合同医生之利益。

(7)在颁布许可限制的规划区,医院所有者须在协作医生合同到期后公布执业地。如果未能与一位在规划区执业的合同医生签订协作医生合同,则医院所有者可与一位迄今为止未在规划区执业的合适的医生签订协作医生合同。其获得一个对协作医生活动时间有限制的许可;此限制在第3款的许可限制取消之后撤销,最迟在10年期满后。

(8)第1款至第7款不适用于牙医。

第104条 许可限制程序

(1)许可条例规定,对于出现合同医疗保障不足或者在可预见的时间内可能受保障不足威胁的许可区,为了确保该许可区内一些区域的医疗保障符合需求,则在何种前提条件下、何种范围内及多长时间,在其他合适的方法用尽之后,针对许可区的其他区域拟定许可限制,并且规定在这种情况下许可委员会多大程度上受州委员会安排约束,以及在多大程度上须考虑不利情况。

(2)许可条例按照第101条规定了在合同医疗过度保障的情况下颁布许可限制的程序细节。

(3)第1款和第2款不适用于牙医。

第105条 合同医疗保障的促进

(1)保险基金会医生协会在保险基金会医生联邦协会的支持下,须参照需求计划投入合理的资金并采取合适的措施,来保证、改善和促进合同医疗保障;可能的措施包括向符合医生与医疗保险基金会州委员会第100条第1款和第3款规定的区域或者部分区域的合同医生发放保障补贴。保险基金会医生协会可在与医疗保险基金会州委员会和医疗互助基金会协商的基础上制订措施或者直接参与给参保人提供医疗保障的机构的工作。

（2）保险基金会医生协会须致力于为医生提供支持其措施所必需的经济合算的医疗技术服务。如提供这类服务符合医学需要，则保险基金会医生协会应尽可能让这些服务包含在执业医生共同机构的合同医疗保障范围内。

（3）保险基金会医生协会可对在62周岁自愿放弃许可的合同医生提供资金激励。

（4）医生与医疗保险基金会州委员会就第1款第1句后半句保障补贴的提供、每个医生获得的保障补贴额度、此措施的持续时间，以及就获得补贴的资格要求作出规定。主管合同医生的保险基金会医生协会及按照总合同根据第83条或者第87a条向此保险基金会医生协会缴纳报酬的医疗保险基金会均摊第1句中付给合同医生的补贴开支。不同于第2句，2007年至（含）2009年此费用由医疗保险基金会单独承担。第3句不适用于合同牙医保障。第2句中医疗保险基金会分摊的金额如何在单独的医疗保险基金会之间进行分摊由医生与医疗保险基金会州委员会决定。

（5）（废除）

第九小节　效率（经济性）与结算审计

第106条　合同医疗保障的效率（经济性）审计

（1）医疗保险基金会和保险基金会医生协会通过咨询与审计监督合同医疗保障的经济性。

（1a）在必要的情况下第4款提及的审计办公室，在1年或者更短的时间内以由合同医生提供、开具和发起的服务概况为基础，就保障的经济性与质量咨询合同医生。

（2）通过以下方面的审计对保障经济性进行审查：

1. 在超过第84条标准量的情况下，就医生开具的服务对医生进行审计（异常性审计），

2. 在对医生与参保人进行抽样（每季度最少对2%医生进行抽样）的基础上，就医疗服务与医生开具的服务对医生进行审计（随机性审计）。第1句第2项的抽样率应根据不同医生组进行单独决定。第1句第2项的审计除包括结算的服务量之外，还包括转院、医院食宿、丧失工作能力的确定及其他发起的服务，特别是开支巨大的医疗技术服务；审计不受费用上限规定的影响。医疗保险基金会州协会和医疗互助基金会可共同统一与保险基金会医生协会在第1句规定的审计之外，约定按

照联邦平均值审计医疗服务和医生开具的服务,或者约定其他与医生相关的审计种类;此外,与参保人相关的信息数据只可根据《社会法典第十册》的规定进行收集、处理和使用。超过标准量的审计一年一次;如审计能改善效率并简化审计程序,则也可以一季度一次;如标准量审计不能落实,则标准量审计基于其他相同法律规定中(医生)专业组给出的平均值来决定。以第1句第2项为基础的审计时间至少为1年。

原则上不能对超过本专业组5%的医生进行第1句第1项的异常审计;应在接受审计的规定时间结束后2年内确定在医疗保险基金会处报销的第5a款多余开支。加入第130a条第8款合同的医生所开具的药品不属于第1句第1项审计的对象。其效率(经济性)通过合同中的约定得以保证;医疗保险基金会应向审计办公室通报必要的信息,尤其是药物代码、参与的医生和合同的有效期。在第1句的审计中应特别审核以下医生,其在特定应用领域开具的医疗服务明显偏离其所属专业组,及根据《药品法》第67条第6款参加检查的医生所开具的服务。保险基金会医生联邦协会为此目的须向保险基金会医生协会通报参加的医生;保险基金会医生协会把这些数据提交审计办公室。医疗保险基金会向审计办公室通报在门诊保障中、合同医疗保障之外所开具服务的数据。第296条和第297条适用。此外,须通报病例数量及在治疗日期所开具服务的分类。合同方可根据第11句向审计办公室申请审计医生开具的服务并承担费用。在此情况下按照在合同医疗保障中同样的标准进行审计。审计办公室规定相关细节。

(2a)只要存在相关理由,第2款第1句第2项审计中经济性评估对象就可以是

1. 服务的医学必要性(适应性),

2. 服务实现治疗与诊断目的的能力(有效性),

3. 服务与提供专业服务公认标准的一致性(质量),特别符合联邦共同委员会指令中所包含的规定,

4. 参照治疗目的,因服务产生费用的适当性,

5. 在提供牙齿更换与颌骨整形服务时,也包括服务与治疗和服务计划的一致性。

(2b)保险基金会医生联邦协会和医疗保险基金会联邦最高联合会首次在2004年12月31日之前,约定第2款第1句第2项审计内容的命令,特别是第2a款的评估对象、抽样的决定与范围,以及服务特征的选择的命令。这些命令须提交联邦卫生部。卫生部可在2个月内驳回命令。如未落实命令或者联邦卫生部未在其设定的

期限内撤销驳回,则联邦卫生部可发布命令。

(2c)第2款第1句的审计建立在根据第296条第1款第2款和第4款及根据第297条第1款至第3款向第4a款的审计办公室通报数据的基础之上。如审计办公室怀疑通报数据的正确性,可以通过对结算的医生病例抽样来确定审计所需要的数据依据,并利用可信统计程序上所确定的部分数据推算诊所的总体情况。

(3)第2款第4句提及的合同方共同统一约定第1a款咨询与第2款经济性审计的内容与落实;第2b款的指令是约定的内容。在约定中须特别确定第2款第1句第2项审计需要的抽样之决定程序;此外,抽样组群的组建可不根据专业领域,而是根据所选的服务特征来规定。在合同中还须确定,在何种前提条件下进行个案审计并缩减套餐费用;此外还可规定,根据保险基金会医生协会、医疗保险基金会及其协会的申请,审计办公室可进行个案审计。如再次确定无效率(无经济性),则可拟定缩减套餐费用办法。

(3a)通过第2款和第275条第1款第3b项、第1a款和第1b款的审计确定,如在病人没有提交相关前提条件的情况下,由于医生疏忽或者故意鉴定其丧失工作能力,而给这位不符合判定丧失工作能力前提条件的病人开具了证明,从而让雇主支付了不应该的工作报酬,而且让医疗保险基金会支付了不应该的病假津贴,由此产生的损失可要求医生赔偿。

(3b)根据第3款的约定,可基于有效成分的选择和有效成分量,在各自的应用领域对医生开具的服务进行审计。对此,应特别针对有效成分和有效成分分类,确定类似医生组应用领域中的处方比例及有效成分量。此外对医生组的保障及处方费用至关重要的所有应用领域作出了规定。应遵循第92条第1款第2句的指令,第84条、第130b条或者第130c条的约定及第73条第8款第1句的提示作出第2句的规定。第1句的约定须公开。其接替第2款的标准量审计。第1句的约定中不能遵守设立的目标时补偿的额度作出规定。只要第1句的约定未作其他规定,则应根据第5a款认可诊所特殊性。如存在第1句的约定,则可放弃第84条第6款的约定。合同方约定,应对多少医生进行审计;第2款第7句前半句适用。在这种情况下,第1句的约定在解除后仍继续有效,直至按照第1句或者第84条达成新协定。

(4)第2款第4句提及的合同方在保险基金会医生协会或者在第5句提及的州协会设立一个共同的审计办公室和一个共同的投诉委员会。投诉委员会由相同人数的保险基金会医生协会代表和医疗保险基金会代表及一位独立主席构成。任期2年。如票数相当,则以主席的投票为准。就主席及其代理人人选及委员会办公地点应由保险基金会医生协会、医疗保险基金会州协会和医疗互助基金会达成共识。如无法达成共识,则第7款的监管机关在与保险基金会医生协会、医疗保险基金会州协会及医疗互助基金会协商下任命主席及其代理人,并决定投诉委员会的办公地点。

(4a)审计办公室与投诉委员会独立执行任务;投诉委员会在进行运作时从组织上得到审计办公室的支持。审计办公室设立在保险基金会医生协会或者在一个第4款第5句提及的州协会之中,也可以在某一州已经存在的一个工作组中。关于审计办公室的设立、办公地点和领导,由第2款第4句的合同方共同决定;合同方还应根据审计办公室领导的建议,在每年11月30日之前就第2年审计办公室的人事、设备和资金达成共识。审计办公室领导管理审计办公室的日常运作并对内部组织进行安排,使之符合《社会法典第十册》第78a条数据保护的特别要求。如不能就第2句和第3句达成共识,则由第7款的监管机关决定。审计办公室整理第2款审计必需的数据及其他材料,确定对于经济性评估有实质意义的事实和根据第5款第1句作出决定。审计办公室与投诉委员会的开支由保险基金会医生协会和参与的医疗保险基金会均摊。联邦卫生部在联邦参议院批准后通过行政法规决定审计办公室与投诉委员会日常运作的细节,包括委员会主席的报酬和第2款第4句提及的合同方委派的代表之义务。如委员会成员未履行或未按规定履行本册中的义务,则行政法规还可确定对这些成员实施惩罚措施的前提条件与程序。

(4b)如经济性审计没有在拟定的范围内或者没有按照有效规定进行,则为了正确执行此规定,主管的医疗保险基金会协会和保险基金会医生协会董事会成员会对此负责。如因为第296条和第297条的必需数据信息没有或者没有在拟定的范围或者没有按期通报,从而导致经济性审计没有在拟定的范围内或者没有按照有效的规定进行,则主管的医疗保险基金会或者保险基金会医生协会董事会成员对此承担责任。主管监管机关须在听证董事会成员和委员会派出的代表后召集监事会或者代表大会,要求董事会成员补偿因其未履行义务所产生的损失,前提是监事会或者代表大会没有主动提起追索程序。

(4c)第2款第4句的合同方在得到主管监管机关同意后,可在一个州或者其他保险基金会医生协会的范围外约定共同组建一个审计办公室和投诉委员会。针对一个覆盖多个州的地区设立的审计办公室和投诉委员会进行的监管,由委员会或者办公室所在州主管社会保险事务的最高管理机关负责。监管在与其他相关州主管社会保险事务的最高管理机关协商基础上进行。

(4d)(废除)

(5)审计办公室判定,合同医生、授权医生或者授权的机构是否已经违背了经济性原则,并决定应采取哪些措施。此外,通常在实施进一步措施之前需要进行有针对性的咨询。针对审计办公室的决定,相关医生和医生领导的机构、医院、相关的医疗保险基金会州协会及保险基金会医生协会可向投诉委员会投诉。投诉有中止行政行为实施的效力。《社会法院法》的第84条第1款和第85条的第3款适用于投诉程序。投诉委员会之前的程序可被视为预审(《社会法院法》第78条)。针对投诉委员会作出的缩减报酬的申诉没有中止行政行为实施的效力。与第3句不同,在为被法律或第92条指令所禁止的服务产生的多余费用确定补偿义务时,不进行预审。

(5a)如一个医生一个年度的处方开具量超过第84条第6款和第8款标准量的15%,并且审计办公室基于提交的数据信息不认为此超出量完全因为其业务特殊性所导致(预审计),则在超过该标准量时进行第1a款的咨询。在确定业务特殊性时,不能再次考虑第84条第6款中用来决定标准量的标准。在超过标准量25%的情况下,合同医生在审计办公室确定后,如不能通过业务特殊性来说明理由,则应向医疗保险基金会赔偿由此产生的多余费用。审计办公室在作出决定与确定前,应与合同医生作出相应的约定,使得赔偿能最多减少1/5。第2款第4句提及的合同医生在第3款的约定中确定兼顾业务特殊性的审计标准。审计办公室在遵循第3句约定的情况下确定确认诊所业务特殊性的程序的基本原则。因法律规定的或者在第3款和第84条第6款约定中事先认可的业务特殊性而限制开具的药品、(外用)药物、绷带费用,应在审计程序引入之前从医生处方开具的费用中扣除;须就此通知医生。其他的业务特殊性由审计办公室根据医生的申请来确定,也包括通过与相应专业组的个别应用领域的诊断和处方开具进行比较。审计办公室还可通过第2c款第2句的抽样对这些特殊性进行确定。相应专业组第296条和第297条的必需数据应通报给审计办公室。针对申诉委员会决定的申诉无中止决定执行的效力。第7句中事先认可的业务特殊性也包括在第84条第1款第5句约定的范围内开具的药品,特别是可直接让病人使用的肠外制剂成药之费用,只要兼顾第73d条开具此类药物的规定即可。

(5b)第2款审计的对象也要遵循第92条第1款第2句第6项中的药方限制和药方禁止要求。在第3款的约定中规定了相关细节。

(5c)审计办公室确定医疗保险基金会根据第5a款可支配的资金数额;根据医

生未参与的合同,参保人的补缴款和第130a条第8款的折扣须一次性扣除。医疗保险基金会应向审计办公室通报与医生相关的第1句中一次性扣除金额,该金额为参保人补缴款和根据130a条第8款为由药店结算的药物而得到的折扣款总额。按照总合同缴纳的报酬相应减去这个数额。医疗保险基金会医生协会可向相关合同医生要求偿还应向其缴纳的相应额度的报酬。只要合同医生能证明,还款可能会对其造成经济损害,则保险基金会医生协会可根据《社会法典第四册》第76条第2款第1项和第3项延期或者免除偿还。不同于第5句,医疗保险基金会可延期或免除其索款;在这种情况下第3句不适用。不同于第1句,在赔偿多余费用时,审计办公室为第一次超过标准量25%的医生确定,其超过后前两年赔偿的总金额不超过25000欧元。

（5d）只要审计办公室和医生约定可以保证在兼顾其业务特殊性的情况下经济合理地开具处方的个人标准量,则关于合同医生赔偿多余费用的规定,第5a款第3句适用。在此约定中,医生有义务从约定后的季度起,向医疗保险基金会赔偿因超过约定标准量而产生的多余费用。标准量每4个月约定一次,如没有其他约定,则之后适用。第84条第1款的目标协议可作为第1句的个人标准量进行约定,只要其中针对单独的有效成分或者有效成分组确定足够具体和充分的经济性目标。

（6）第1款至第5款也适用于对医院提供的门诊医疗服务和协作医生服务进行经济性审计;第106a条在此适用。

（7）审计办公室与申诉委员会的监管由主管社会保险事务的州最高管理机关负责。审计办公室和申诉委员会每年对进行的咨询与审计数及由其确定的措施制作一览表。一览表须提交给监管机关。

第106a条　合同医疗保障的结算审计

（1）保险基金会医生协会与医疗保险基金会审计合同医疗保障结算的合法性与可信度。

（2）保险基金会医生协会从客观事实和计算方面确定合同医生结算的正确性,包括针对医生的结算可信度审计及结算实物费用审计。针对医生的可信度审计对象为合同医生每天结算的服务,同时参照其因此产生的时间支出。每天最高结算的服务量之期限为第2句审计的基础;在一个较长的时间段内最高结算的服务量之期限也可作为审计的基础。只要第87条第2款第1句后半句规定了时间支出的说明,则其也可作为第2句审计的基础。第2句至第4句不适用于合同牙医保障。审计的出发点为与费用上限规定无关、由合同医生要求的点数量。只要对于审计对象是必须的,之前结算期的结算也应被纳入审计范围。保险基金会医生协会须立即就审计的落实及结果,向第5款提及的医疗保险基金会协会及医疗互助基金会通报。

(3)医疗保险基金会审计合同医生的结算,特别是参考

1. 其服务义务及范围,

2. 从指定的诊断方面,对参保人进行治疗而结算的服务之方式与范围的可信度,对于牙医服务来说,则从指定的检验结果方面进行考虑,

3. 向参保人提供服务的合同医生数量之可信度,同时兼顾其专业组归属,

4. 参保人向医生补交的第28条第4款的费用,和第43b条第2款相关程序的遵循情况。

其须立即就审计落实及其结果向保险基金会医生协会通报。

(4)只要存在相关理由,医疗保险基金会或其协会可申请第2款中保险基金会医生协会有针对性的审计。只要存在相关理由,保险基金会医生协会可申请第3款医疗保险基金会的审计。第3款第1句第2项或者第3项被确定为不可信时,医疗保险基金会或其协会可申请第106条的经济性审计;此亦适用于第2款被确定为不可信时的保险基金会医生协会。

(5)保险基金会医生协会、医疗保险基金会州协会和医疗互助基金会共同统一约定第2款至第4款审计的内容和落实。在约定中,须规定在违反结算规定、超过第2款第3句的期限及医疗保险基金会不履行服务义务的情况下所采取的措施,前提是这些须向服务提供机构知会。第6款指令的内容是约定的组成部分。

(6)保险基金会医生联邦协会和医疗保险基金会联邦最高联合会首次于2004年6月30日之前约定第2款与第3款中审计内容与落实的命令;命令特别包括第2款第2句和第3句的标准之预先规定。命令须提交联邦卫生部。该卫生部可在2个月内驳回命令。如未落实命令或者联邦卫生部未在其设定的期限内撤销驳回,则联邦卫生部发布命令。

(7)第106条第4b款适用。

第三节 与医院和其他机构的关系

第107条 医院、保健与康复机构

(1)本册规定,医院为以下机构,即

1. 进行医院治疗或助产服务的机构,

2. 在固定医生领导下从事专业医疗服务、拥有符合其保障任务的充分诊断与治疗能力,并按照科学认可方法工作的机构,

3. 借助随时可支配的医疗、护理、功能和医疗技术人员,主要通过医疗和护理服务查明并治疗病人疾病,防止其恶化,减少病痛或者提供助产的机构,而且在此机构

4. 可提供病人食宿。

(2)根据本册规定,保健与康复机构可:

1. 提供病人住院治疗,

a)以消除在可预见的将来可能导致疾病发生的健康弱化,或抵制子女健康发展的损害(保健),或者

b)治疗疾病,防止其恶化或者减轻病痛,在医院治疗之后保证和巩固已取得的治疗效果,规避、消除、减少残疾风险或者补偿护理需求,防止其恶化或者减轻其后果(康复),其主动护理服务不可由医疗服务提供机构承担。

2. 在固定医生领导下从事专业医疗服务并在经过特别教育人员的协作下,在病人医学治疗后主要通过使用(外用)药物,包括物理治疗、言语治疗、工作与职业治疗,此外还可通过其他合适的帮助,也可通过精神与心理作用来改善病人的健康状况,并且帮助病人恢复和提高自身免疫力,而且在此机构

3. 可提供病人食宿。

第108条 具备服务许可资格的医院

医疗保险基金会只能通过以下医院(许可医院)来提供医院治疗服务:

1. 根据州法律规定作为高校医院建立的医院,

2. 被录入州医院规划的医院(规划医院),或者

3. 与医疗保险基金会州协会和医疗互助基金会团体签订保障合同的医院。

第108a条 医院协会

州医院协会是由州许可医院所有者组成的联盟。德国医院协会由州医院协会组成。医院所有者州或者联邦协会可属于医院协会。

第109条 与医院保障合同的签订

(1)因医疗保险基金会州协会和医疗互助基金会共同与医院所有者达成共识而签署第108条第3项的保障合同;该合同为书面形式。签订保障合同时,高校医院需要根据州法律规定获得认可,规划医院则需要根据《医院筹资法》第8条第1款第2句录入医院需求规划。此合同对国内所有医疗保险基金会具有约束力。只要

医院的服务结构不会被改变,第1句的合同方可在与主管医院规划的州机关取得一致后,约定比医院规划少的床位数;约定可设定期限。如医院规划中对床位数及其服务结构没有作出规定,则第1句的合同方在与主管医院规划的州机关协商后可补充约定。

(2)不可要求签署第108条第3项的保障合同。在多个申请签订保障合同的合适医院之间进行必要的选择时,由医疗保险基金会州协会和医疗互助基金会兼顾公共利益与医院所有者的多样性根据本职判断决定,哪些医院最适合提供一个符合需求、有效且经济的医院治疗。

(3)第108条第3项的保障合同不可被签署,如医院
1. 不能保证提供有效且经济的医院治疗,或者
2. 对于符合参保人需求的医院治疗并不是必不可少的。

保障合同的签署和拒绝须得到主管州机关的批准才生效。在1989年1月1日之前根据《帝国保险法》第371条第2款签订的合同,在根据第110条解约之前继续适用。

(4)通过第1款的保障合同,允许医院在合同期内向参保人提供医院治疗。许可医院有义务在保障任务范围内向参保人提供医院治疗(第39条)。医疗保险基金会有义务,根据本册的规定,按照《医院筹资法》《医院收费法》与《联邦护理费条例》与医院所有者进行护理费谈判。

第110条 与医院签订的保障合同之解约

(1)如果医疗保险基金会州协会和医疗互助基金会共同提出并且只能因第109条第3款第1句提及的理由而要求解约,则第109条第1款的合同保障可由每个合同方提前一年全部或者部分解约。只有当解约理由长期存在时,才允许解约。就规划医院的解约,需要根据《医院筹资法》第8条第1款第2句向主管州机关申请取消或者更改将该医院录入州医院规划的确认决定。

(2)第1款第1句提及协会的解约须与作为护理费一方相关的医疗保险基金会协商后进行。解约须得到主管州机关批准才可生效。该机关须对其决定说明理由。就规划医院来说,只有在以下情况下失效才会不批准解约,即如果且只要此医院对于保障来说是不可或缺的。如主管州机关在解约通告3个月之内没有驳回,则被视为批准。州机关最迟须在3个月内以书面形式就其驳回说明理由。

第111条 与保健或康复机构的保障合同

(1)医疗保险基金会只允许在签有第2款保障合同的保健或康复机构中提供医

疗保健服务(第23条第4款)或医疗康复服务,包括需要住院但不需要医院治疗的后续康复治疗服务(第40条)。

(2)医疗保险基金会州协会和医疗互助基金会共同代表其成员保险基金会就落实第1款提及的服务与保健或康复机构签订统一的保障合同,这些机构

1. 符合第107条第2款的要求,和

2. 对于通过保健或医疗康复服务,包括后续康复治疗,给成员保险基金会的参保人提供符合需求、高效且经济的保障是必不可少的。

第109条第1款第1句适用。其他联邦州的医疗保险基金会州协会和医疗互助基金会可加入第1句签订的保障合同,只要其成员保险基金会的参保人需要在保健或康复机构进行治疗。

(3)1989年1月1日之前为医疗保险基金会提供住院医疗服务的保健或康复机构,其在1986年至1988年所提供服务的保障合同被视为已结束。如机构不符合第2款第1句的要求,且医疗保险基金会的主管州协会和医疗互助基金会共同在1989年6月30日之前向机构所有者提供书面通报,则第1句不适用。

(4)基于保障合同,允许保健或康复机构在合同有效期内,通过住院保健或康复医疗服务给参保人提供保障。如第2款第1句缔结合同的前提条件不再存在,则医疗保险基金会州协会和医疗互助基金会可共同提前一年解除保障合同。保障合同的签署与解除须得到主管医院规划的州机关的同意。

(5)第1款提及服务的偿付由医疗保险基金会和许可保障或康复机构所有人协定。

(6)如许可医院内一个经济与组织上独立且由专科医生领导的保健或康复机构符合第2款第1句的要求,则第1款至第5款另适用。

第111a条 与妇产机构或同类机构的保障合同

(1)医疗保险基金会只允许在签有保障合同的妇产机构或同类机构或者适合父婴措施的机构就产期父母的保健(第24条)和康复(第41条)提供住院医疗服务。第111条第2款、第4款第1句和第2句、第5款及第111b条适用。

(2)在2002年8月1日之前为医疗保险基金会提供住院医疗服务的妇产机构,其在2001年所提供服务的保障合同被视为已结束。如机构不符合第111条第2款第1句的要求,且医疗保险基金会的主管州协会和医疗互助基金会共同在2004年1月1日向机构所有者提供书面通报,则第1句不适用。

第111b条　（废除）

第112条　医疗治疗的双方合同与框架建议

（1）医疗保险基金会州协会和医疗互助基金会一起与州医院协会或者医院所有者州协会共同签订合同，以确保医院治疗的方式与范围符合本册要求。

（2）合同特别规定

1. 医院治疗的普遍条件，包括：

a）参保人的入院与出院，

b）费用承担、费用结算、报告和证明，

2. 医院治疗的必要性及持续时间核查，包括通常以半住院方式提供的服务目录，

3. 经济性与质量审核的处理与审核原则，

4. 医院中参保人的社会照顾与咨询，

5. 医院治疗到康复或护理的无缝过渡，

6. 第27a条第1款诱导妊娠医疗措施的前提条件、方式和范围之细节。

这些合同对于医疗保险基金会及州许可医院有直接约束力。

（3）如第1款的合同在1989年12月31日之前不能完全或者部分落实，则根据合同一方的申请，由第114条的州仲裁委员会确定其内容。

（4）第1款的合同可由合同任何一方提前一年全部或者部分解除。第1句适用由州仲裁委员会根据第3款作出的规定。这些规定可在不预先通知的情况下随时被第1款的合同替代。

（5）医疗保险基金会联邦最高联合会和德国医院协会或医院所有者联邦协会应共同针对第1款合同内容提交框架建议。

（6）保健与康复机构中央组织须参与第1款合同的签署和第5款框架建议的提交，只要第2款第5项的规定与其相关。

第113条　医院治疗的质量与经济性审核

（1）医疗保险基金会州协会、医疗互助基金会和私人医疗保险企业团体州委员会可共同通过审核员对许可医院进行医院治疗的经济性、效率与质量审核，任务的审核员须得到医院所有者同意。如不能就审核员人选达成共识，则可根据申请，由第114条第1款的州仲裁委员会在2个月内决定。审核员独立并且不受命令的约束。

（2）医院及其工作人员有义务，在审核员及其委托人要求下，向其提供履行其

任务必要的材料并回复询问。

(3)审核结果须在将来下一次护理费约定时被考量,审核结果与第110条解除保障合同所产生的结果无关。根据《联邦护理费条例》就经济性审核的规定仍然有效。

(4)门诊精神病院和社会儿科中心所提供保障的经济性与质量由医疗保险基金会适当运用第106a条、第106条第2款和第3款及第136条的有效规定进行审核。

第114条 州仲裁委员会

(1)医疗保险基金会州协会和医疗互助基金会共同与州医院协会或者医院所有者州协会在每个州设立一个仲裁委员会。该委员会决定本册分配给其的任务。

(2)州仲裁委员会由相同人数、来自医疗保险基金会和许可医院的代表及一位独立主席和两位独立成员构成。医疗保险基金会的代表及其代理人由医疗保险基金会州协会和医疗互助基金会任命,许可医院的代表及其代理人由州医院协会任命。主席和独立成员由参与组织共同任命。如不能达成共识,则由适当应用第89条第3款第3句和第4句的程序通过抽签来任命。只要参与的组织未任命代表,或者在第3句的程序中没提名主席和独立成员人选,则根据参与组织的申请,可由主管州机关任命代理人和提名候选人;在这种情况下仲裁委员会成员任期为1年。

(3)仲裁委员会成员职位为荣誉职位,其不受命令约束。一人一票。以成员多数票作出决定。如票数相当,则以主席的投票为准。

(4)由主管州机关对仲裁委员会的日常运作进行监管。

(5)州政府被授权,通过颁布地方条例来决定仲裁委员会和扩大的仲裁委员会成员的人数、任命、任期、办公、现金的报销和时间支出的报酬(第115条第3款)、日常运作、程序、费用收取与金额,以及支出分布的细节。

第四节 与医院和合同医生的关系

第115条 医疗保险基金会、医院与合同医生之间的三方合同与框架建议

(1)医疗保险基金会州协会和医疗互助基金会连同保险基金会医生协会与州医院协会或者与州医院所有者协会共同签订合同,以通过合同医生与许可医院的紧密合作来保证参保人无缝的门诊与住院治疗。

(2)合同特别规定

1.促进机构内协作医生活动和治疗,在此机构内参保人通过多个合同医生合作获得门诊与住院保障(诊所医院),

2. 就病人治疗及病历的转交与使用进行的相互告知,

3. 在部署和落实随时待命的应急服务时的合作,

4. 根据第115a条在医院中进行住院前和住院后治疗的落实,包括经济性的审核和防止滥用;在合同中可约定有别于第115a条第2款第1句至第3句的规定。

5. 医院门诊治疗的一般条件。

这些合同对医疗保险基金会、合同医生以及州许可医院有直接约束力。

(3)如第1款的合同不能完全或者部分落实,则根据合同一方的申请,由第114条的州仲裁委员会来确定其内容。仲裁委员会就此增加与之前的医疗保险基金会或医院代表相同人数的合同医生代表(扩大的仲裁委员会)。合同医生代表由合同医生协会任命。相关细节由第114条第5款的行政法规决定。第112条第4款适用于合同的解除及由扩大的仲裁委员会所确定合同的终止。

(4)如第1款至第3款的规定在1990年12月31日之前不能完全或者部分落实,则其内容由州政府通过地方条例决定。如果州政府没有颁布地方条例,则准用第1款至第3款的规定。

(5)医疗保险基金会联邦最高联合会、保险基金会医生联邦协会和德国医院协会或者医院所有人联邦协会应共同提交第1款合同内容的框架建议。

第115a条　在医院中住院前和住院后治疗

(1)医院可在开具医院治疗处方时,在医学上认为适当的情况下,不提供食宿而对参保人进行治疗,以

1. 查明全住院医疗治疗的必要性或者为全住院医院治疗做准备(住院前治疗),或者

2. 对接全住院医院治疗,保证和强化治疗效果(住院后治疗)。

(2)住院前治疗被限制在住院治疗开始前5天内,最长3个治疗日。住院后治疗被限制在住院治疗结束后14天内,最长7个治疗日,在根据《移植法》第9条第1款进行器官移植时,不能超过住院治疗结束后3个月。14天或者3个月的期限在医学理由充分的个别情况下,如获得指导医生的同意可延长。《移植法》第9条第1款的器官移植的体检可由医院在住院后治疗结束后继续进行,以便从科学角度辅助和支持进一步的疾病治疗或者质量保证措施。住院前和住院后治疗期间在医院之外必要的医疗由参加合同医疗保障的医生在确保委任任务范围内给予保证。医院须立即就住院前和住院后治疗向指导医生及就体检及其结果向此指导医生和参加进一步疾病治疗的医生通报。第2句至第6句适用于《移植法》第8条第3款第1句

器官捐赠后的照料。

（3）医疗保险基金会州协会、医疗互助基金会和私人医疗保险基金会团体州委员会连同州医院协会或者州医院所有者协会，在与保险基金会医生协会协商的基础上根据《医院筹资法》第18条第2款协定对合同各方均有效的服务报酬。报酬为套餐，而且对于减少住院费用是合适的。医疗保险基金会联邦最高联合会和德国医院协会或者医院所有人联邦协会，在与保险基金会医生联邦协会协商的基础上就报酬给出建议。此适用于第1句约定生效之前。如在3个月之内不能达成有关报酬的约定，合同一方书面要求启动谈判后，根据合同一方的申请或者主管州机关的申请，由仲裁委员会按照《医院筹资法》第18a条第1款确定报酬。

第115b条 在医院中进行的门诊手术

（1）医疗保险基金会联邦最高联合会、德国医院协会或者医院所有人联邦协会共同与保险基金会医生联邦协会约定：

1. 可在门诊进行的手术或者其他替代住院的手术之目录，

2. 针对医院和合同医生统一的报酬。

在本条第1款第1项的规定中，2000年12月31日前分别确定通常可在门诊实施的门诊手术和替代住院的手术，以及必须进行住院治疗的一般情况。在约定中须考虑第135条第2款的质量前提条件及第92条第1款第2句和第137条的联邦共同委员会决议与命令。

（2）目录中提及的手术和替代住院的手术可准许医院在门诊进行。就此需要医院通知医疗保险基金会州协会和医疗互助基金会、保险基金会医生协会和许可委员会（第96条）；保险基金会医生协会就合同医疗保障的保障水平向州医院协会通报。医院有义务遵守第1款的合同。服务直接由医疗保险基金会偿付。由医疗保险基金会进行经济性与质量审核；医院向医疗保险基金会提供第301条的数据，前提是这些数据对于医疗保险基金会履行任务是必需的。

（3）如不能全部或者部分达成第1款的约定，则根据合同一方的申请，其内容由第89条第4款的联邦仲裁委员会决定。联邦仲裁委员会就此增加与医疗保险基金会或者保险基金会医生联邦协会代表相同人数的德国医院协会代表（扩大的联邦仲裁委员会）。扩大的联邦仲裁委员会由成员的2/3多数票来通过决议。第112条第4款适用。

（4）在第1款或者第3款规定生效前，最长至1994年12月31日，医院有权遵循统一的评估标准（第87条）进行门诊手术。就此需要医院通知医疗保险基金会州协会和医疗互助基金会、保险基金会医生协会和许可委员会(第96条),在通知中对在医院进行的门诊手术进行描述;第2款第2句后半句适用。报酬和与参保人相关的报酬值根据统一的评估标准决定。第2款第4句和第5句适用。

(5)在第1款的规定中,可就医院与合同医生进行门诊手术服务的报酬共同预算作出规定。资金来源于总报酬和被批准进行门诊手术医院的预算。

第115c条 医院治疗后继续进行药物治疗

(1)如在医院治疗后,必须开具药物处方,则医院通过标注有效成分通知继续治疗的合同医生,以给其治疗建议。如存在拥有类似有效药理成分或者类似疗效的药物,则至少需要给出一个更实惠的治疗建议。在说明医学理由的例外情况下,如与第1句与第2句的情况所有偏差也是允许的。

(2)如在医院治疗之后,有必要在一个较长的时期内、在合同医疗保障范围内继续提供在医院已经开始的药物治疗,则只要不会在个别情况下影响治疗或者不会导致滞留时间延长,医院应在出院时使用在合同医疗保障范围内同样具备经济性与合目的性的药物。

第116条 医院医生的门诊治疗

继续教育解散的医院医生可在医院所有者的同意下,由许可委员会(第96条)授权参加参保人的合同医疗保障。如果没有合适的医生能够提供特殊的检查与治疗方法或者医疗知识,从而不能确保给这些参保人提供充分的医疗保障,这时就应当进行许可授权。

第116a条 保障不足的情况下医院医生的门诊治疗

许可委员会可根据许可医院的申请,在医生与医疗保险基金会州委员会确定的保障不足规划区,针对相应的专业领域授权许可医院参加合同医疗保障,只要这对于消除保障不足是必须的。

第116b条 医院门诊治疗

(1)医疗保险基金会或者其州协会可与批准参加第137g条规定结构化治疗项目实施的医院签订门诊治疗合同,前提是三方在结构化治疗项目合同中提出了提供门诊服务的要求。作为最低要求,第135条规定的要求适用于医院提供门诊服务的实际和人员要求。

(2)获得批准的医院有权提供第3款和第4款目录中所提及高水平专业服务、罕见疾病和具有特殊变化的疾病门诊治疗服务,前提是在州医院规划范围内考虑到合同医疗保障情形,根据医院承办人申请作出相关决定。如果医院不适合,则不进行规定。要积极争取与直接参与医院规划的当事人作出一致的决定。

(3)门诊治疗目录包括下列高水平专业服务、罕见疾病和具有特殊变化的疾病:

1. 高水平专业服务,

——借助CT/MRT的干预性病痛治疗服务,

——近距离放射治疗,

2. 罕见疾病和具有特殊变化的疾病,

——肿瘤患者的诊断和照管,

——HIV/Aids患者的诊断和照管,

——风湿病严重发展型患者的诊断和照管,

——心机能严重不健全者的特殊诊断和治疗(NYHA3—4期),

——肺结核患者的诊断和照管,

——胰纤维性囊肿患者的诊断和照管,

——血友病患者的诊断和照管,

——畸形、先天性骨骼系统畸形和神经肌肉疾病患者的诊断和照管,

——严重免疫系统疾病患者的诊断和治疗,

——多发性硬化症患者的诊断和照管,

——癫痫患者的诊断和照管,

——儿科心脏学范围内患者的诊断和照管,

——存在间接危险的早产儿诊断和照管,

合同医疗保障要求适用于医院提供门诊服务的实际和人员要求。

(4)2004年3月31日之前,联邦共同委员会首次补充符合第3款的目录,补充内容包括其他罕见疾病、具有特殊变化的疾病和符合第2句标准的高水平专业服务。收录至目录的前提条件是证明具有诊断或治疗有效性、医疗必要性和经济性,同时,评估医疗服务的必要性和经济性时,必须考虑与在合同诊所提供的服务相比,医院提供服务的特点。此外,实施细则中必须规定医院提供的门诊服务能否及在何种情况下才能由家庭医生或专业医生转诊。在实施细则中还规定了医院提供门诊服务的附加实际和人员要求、符合第135a条和第137条的跨机构质量保障措施;符合第135条的要求为最低要求。联邦共同委员会最晚每隔两年审核一次根据法律确定的目录、资质要求和准则,审核以上内容是否仍符合第2句至第4句提及的

标准,并审查是否必须将新的高水平专业服务、新型罕见疾病和具有特殊变化的新型疾病收录至符合第3款的目录。

(5)医疗保险基金会直接偿付医院根据第2款提供的服务。此酬劳与类似合同医疗服务酬劳一致。医院向医疗保险基金会通报可根据第3款和第4款提供的门诊服务,并在同一评估标准(第87条)基础上标记可计算的服务。通过最近一次提交的保险基金会医生协会辖区合同医疗保障季度计算得出平均点值,根据此点值计算2007年和2008年每个季度提供服务的酬劳。利用保险基金会医生协会辖区每季度与医保基金会类型相关的有效支付点值计算符合第4句的点值,分别在医疗服务统一评估标准基础上清算的点数加权支付点值。每季度开始的8周后,保险基金会医生协会、医疗保险基金会州协会和医疗互助基金会定期共同统一确定符合第4句的平均点值,2007年5月31日首次确定。如果在此时间之前未确定平均点值,则由主管保险基金会医生协会的监管机构确定点值。自2009年1月1日起,利用各地区有效的欧元费用规定(第87a条第2款第6句)偿付医院提供的门诊服务。医疗保险基金会对经济性和质量进行审查。

(6)在许可范围内,如果完成治疗任务时需要符合第73条第2款第5项至第8项和第12项的服务处方,则第2款规定的门诊治疗也将其囊括在内;第73条第2款第9项适用。符合第92条第1款第2句的准则相应适用。如果根据第1句制定了服务处方规定,则符合第87条第1款第2句的表格与证明协定和符合第75条第7款的准则适用。同时,医院必须使用符合第293条的标记,根据第300条和第302条结算时,借助此标记可进行明确的分配。如果合同未另行规定,则第113条第4款适用于符合第1句处方经济性的审查。

第117条　高校门诊

(1)许可委员会(第96条)有义务,根据高校和高校医院的要求,授权高校医院的门诊、研究所和科室为参保人和第75条第3款提及的人群提供门诊医疗,这样授权应是为了让高校门诊在研究和教学必需的范围内为第1句提及的人群提供检查和治疗服务。保险基金会医生协会在得到医疗保险基金会州协会和医疗互助基金会共同同意下,通过与高校或者高校医院签订的合同规定授权落实细节。

(2)第1款适用于在研究和教学必需范围内的大学心理研究所高校门诊和在《心理治疗师法》第6条所提及培训机构的门诊进行的授权,这些门诊给参保人和第75条第3款提及的人群提供第92条第6a款中联邦共同委员会认可的医疗纠纷,前提是由符合合同医疗保障框架内心理治疗专业资质的人员负责医疗,在大学心理研究所高校门诊之授权框架内须拟定病例数上限。对于其报酬,第120条第2款至第4款适用。

第118条 精神病院门诊

(1)精神病院须由许可委员会授权对参保人提供门诊精神与心理治疗保障,治疗针对的是那些因为疾病种类、严重程度和持续时间或者因其距离合适的医生较远而被分配到此病院进行治疗的参保人。医院所有者确保,在需要时为门诊精神与心理治疗提供必需的医生和非医务专业人员及必要的设施。

(2)拥有独立且由专业医生领导的精神科并负有地区保障义务的全科医院,可授权为第2句合同中约定的病人群体提供精神与心理治疗。医疗保险基金会联邦最高联合会和德国医院协会及保险基金会医生联邦协会在合同中确定精神病人群体,其因疾病种类、严重程度或者持续时间需要第1句的机构提供门诊治疗。如不能完全或者部分落实合同,则根据合同一方的申请,由第89条第4款的联邦仲裁委员会确定其内容,为此联邦仲裁委员会须增加与医疗保险基金会或者保险基金会医生联邦协会代表相同人数的德国医院协会代表(扩大的联邦仲裁委员会)。扩大的联邦仲裁委员会由成员的2/3多数票来通过决议。第1款第3句适用。第135条第2款适用于医院医生的资质。

第119条 社会儿科中心

(1)在固定医生领导下从事专业医疗服务并提供有效和经济的社会儿科治疗的社会儿科中心应由许可委员会(第96条)授权从事儿童的门诊社会治疗,只要授权对于确保充分的社会儿科治疗是必要的,就可以授予许可。

(2)社会儿科中心的治疗针对的是那些因为疾病的种类、严重程度和持续时间或者可能威胁其的疾病而不能被合适的医生或者不能在合适的早期干预中心得到治疗的子女,社会儿科中心应与医生及早期干预中心紧密合作。

第119a条 残疾救助机构的门诊治疗

如果机构中没有医生能够提供特殊的检查与治疗方法或者医疗知识,执业医生就不能确保给精神发育障碍的参保人提供充分的医疗保障,这时拥有医生领导科室的残疾救助机构就应由许可委员会授权对这些参保人进行门诊医疗。治疗针对的是那些因为其残疾种类或者严重程度而被分配到此机构进行门诊治疗的参保人。在许可决定中须规定,机构中的医生是否或者在什么情况下可直接或者还是需要通过转院的方式提供治疗。医生领导的科室应与其他医疗服务提供者紧密合作。

第119b条　住院护理机构的门诊治疗

在有适当需求时,住院护理机构可不考虑第75条第1款,单独或者共同与合适的合同医疗服务提供机构签订合作合同。根据护理机构的申请,保险基金会医生协会须力求签订第1句的合同,以确保有护理需要的参保人在护理机构得到充分的医疗保障。在护理机构申请递交后6个月内如没有签署第1句的合同,则对于雇用那些在医生登记簿中登记并且接受过老人护理进修的医生的护理机构,应由许可委员会授权给有护理需要的参保人提供合同医疗保障;如有护理需要的参保人是由一名被多个护理机构雇用的医生提供保障,则应授权此受雇的医生给护理机构中有护理需要的参保人提供合同医疗保障。参保人在护理机构中自由选择医生的权利不受影响,在护理机构中从业的医生在其进行医疗决定时不受非医务人员命令约束,其应与其他服务提供者紧密合作。

第120条　医院门诊纠纷的报酬

(1)由授权医院医生在医院中提供的门诊医疗服务,由第119b条第3句后半句授权医生在住院护理机构中提供的门诊医疗服务和在授权机构中提供的门诊医疗服务,按照合同医生的相关原则从合同医生总报酬中偿付。对于与此服务相关的一般诊疗费用,因使用医疗器械产生的费用及其他材料费用,只要在统一的评估标准中没有其他规定,则可通过收费偿付,提供给授权医院医生的报酬由医院所有者和保险基金会医生协会结算,在扣除分摊的管理费用及医院因第2句产生的费用后,向相关的医院医生转交。第119b条第3句后半句的授权医生提供服务之报酬由住院护理机构和保险基金会医生协会结算。

(1a)作为第1款报酬的补充,医疗保险基金会州协会和医疗互助基金会应共同统一就在医院的儿科、儿童外科和儿童骨科及儿童耳科与放射科提供的门诊服务,与医院所有者约定基于病例或机构的一次性套餐,如这对于通过转院提供给儿童青少年的治疗得到适当的报酬是必须的,套餐由医疗保险基金会直接偿付。第295条第1b款第1句适用。结算材料及必需表格的形式与内容细节由第301条第3款的约定来规定,只要在某一年首次约定第1句中的针对此服务的套餐,特殊机构将在第1句约定的套餐数额上一次性减少《医院收费法》第6条第3款提及的该年度利润总数及《联邦护理费条例》第6条第1款提及的该年度总金额和相应的《联邦护理费条例》第12条所包含的预算。各自的减少数额已经在第1句的报酬约定中确定,在约定《医院收费法》第10条的州基本值时须兼顾当年首次约定的门诊套餐总额减少的支出。

（2）高校门诊、精神病院门诊和社会儿科中心的服务直接由医疗保险基金会偿付，报酬由医疗保险基金会州协会和医疗互助基金会共同统一与高校或者高校门诊、医院或者代表其的州协会约定，其须保障精神病院门诊与社会儿科中心的经济性与效用。高校门诊服务的报酬应与类似服务的报酬一致。对于公立医院的附属高校门诊须考虑投资成本折扣。2003年第85条的总报酬须基于上一年的总报酬进行约定，该总报酬是在对支付给门诊所的服务报酬进行清算后得到的。

（3）高校门诊、精神病院、社会儿科中心和其他由医生领导的授权机构之服务报酬可以套餐的方式一次性付清。对于公立医院，第1句的报酬须缩减10%的投资成本折扣。第295条第1b款第1句适用。结算材料和必需表格的内容与形式细节由第301条第3款的合同方为高校门诊、精神病院和社会儿科中心约定，第83条第1句的合同方为其他由医生领导的授权机构约定。

（4）如不能完全或者部分达成第1a款第1句或者第2款第2句的约定，则根据合同一方的申请，根据《医院筹资法》第18a条第1款由仲裁委员会确定报酬；根据第1a款第1句的约定，仲裁委员会须首先确定，该约定对于通过转院提供给儿童青少年的医疗服务得到适当的报酬是不是必须的。

（5）关于缴纳雇主设备、人员和物资使用费的公务员法律规定，或者关于除费用报销和利益补偿外所涉及使用费的合同规定，以及其他医生费用均不受第1款至第4款影响。

（6）（废除）

第121条 协作医生服务

（1）第115条第1款的合同方与医疗保险基金会和许可医院共同致力于参保人高效和经济的协作医生治疗。医院应给予相同专业方向的协作医生共同治疗其病人的机会（合作协作医生活动）。

（2）本册规定的协作医生不是被医院雇用的合同医生，合同医生有权使用医院提供的服务、设备和物资对病人（协作病人）进行全住院和半住院治疗，但不会因此从医院获得报酬。

（3）协作医生服务由合同医生总报酬支付。报酬须兼顾协作医生活动的特殊性。此外还包括基于以下服务所产生的费用，即

1. 为协作病人的医疗急救服务，和

2. 由协作医生发起、医院下级医生落实的服务，此下级医生在治疗其协作病人时从事与协作医生相同专业领域的活动。

(4)评估委员会须在其第87条的决议中,按照统一的评估标准对医疗服务作出规定,以基于第3款第2句和第3句的规定对协作医生的服务作出适当的评估,此规定2007年4月1日生效。

(5)有别于第2款至第4款的报酬规定,有协作病房的医院可与协作医生签订酬金合同,来为协作医生的服务提供报酬。

第121a条 人工受孕的许可

(1)医疗保险基金会只可通过以下人员或机构实施诱导妊娠措施(第27a条第1款):

1. 合同医生,

2. 许可的医疗保障中心,

3. 授权医生,

4. 由医生领导的授权机构,或者

5. 许可医院,

这些人员或单位已获得主管机关就实施此措施颁发的第2款许可。第1句仅适用于按照模拟程序进行的人工授精,通过该程序确定怀孕时可能出现的3个或者多个胚胎的高风险。

(2)许可只可发放给第1款第1句提及的医生或者机构,如其

1. 提供落实诱导妊娠措施(第27a条第1款)进行的必要诊断与治疗,并按照科学认可的方法工作,以及

2. 确保诱导妊娠措施(第27a条第1款)的落实工作是符合需求、有效且经济的。

(3)不得请求批准。在从多个申请许可且符合条件的医生或者机构中进行必要的选择时,主管机关在兼顾公共利益和申请者多样性的前提下通过义务裁量决定,哪位医生或者哪个机构最符合诱导妊娠措施(第27a条第1款)的落实要求,而且要求落实工作应符合需求、有效且经济。

(4)按州相关法律由主管机关(如无此法律,则由州政府)决定主管发放许可的机关;其可将授权转交其他机构。

第122条 在诊所医院中治疗

医疗保险基金会联邦最高联合会和代表诊所医院从业合同医生利益的中央组织在框架合同中约定:

1. 替代常规住院、在第115条第2款第1句第1项的诊所医院提供门诊或住院

治疗的目录,

2. 保证治疗质量、保障过程和治疗结果的措施。

第115条第2款第1句第1项的诊所医院有义务遵守第1句的合同。

第123条 （废除）

第五节 与药物服务提供者的关系

第124条 许可

（1）作为医疗服务,特别是理疗、语言疗法或者运动疗法服务的药物,只可由许可服务提供者向参保人提供。

（2）以下人员可视为许可者,即其

1. 接受过提供服务必需的培训并拥有服务提供资格许可,

2. 拥有为保证提供适当与经济的服务必备的医疗设备,

3. 承认有关保障参保人的协定。

药物的许可服务提供者在其他（外用）药物领域的活动也是许可的,只要此领域的服务提供者符合第1句第2项和第3项的前提条件,并且提供服务的一人或多人能证明符合第1句第1项的前提条件。

（3）医院、康复机构和类似的机构可通过符合第2款第1项条件的人员提供第1款提及的药物；第2款第2项和第3项适用。

（4）医疗保险基金会联邦最高联合会针对第2款许可条件的统一应用提出建议。应听取联邦一级代表服务提供者经济利益的重要中央组织的意见。

（5）许可由医疗保险基金会州协会和医疗互助基金会颁发。拥有服务许可才可以为参保人提供保障。

（6）如服务提供者在颁发许可后不再符合第2款第1项、第2项或者第3项的前提条件,则可撤销许可。如服务提供者在第125条第2款第3句的宽限期内没有进行进修,则也可撤销许可。

（7）由医疗互助基金会于2008年6月30日颁发的许可,可被继续视为按照第5款由医疗互助基金会颁发的许可。第5款第1句、第6款适用。

第125条 框架建议与协议

（1）医疗保险基金会联邦最高联合会和联邦一级代表（外用）药物提供者利益的重要中央组织应根据第92条第1款第2句第6项的命令,共同就统一的（外用）药物保障提供框架建议;其也可与各自服务范围的重要中央组织提供一个共同的相应框架建议。在协定框架建议之前,保险基金会医生联邦协会有机会阐述立场。阐述的立场须纳入框架建议合作方的决定程序。在框架建议中应特别规定:

1. 各类药物的内容,包括其通常情况下的使用范围和频率及标准治疗时间,

2. 进修和质量确保之措施,包括治疗质量、保障过程与治疗结果,

3. (外用)药物提供者与开具处方的合同医生之间合作的内容与范围,

4. 服务提供的经济性措施及其审核,以及

5. 报酬结构的规定。

(2)就(外用)药物保障的细节、价格、其结算和服务提供者的进修义务由医疗保险基金会、其州协会或者工作组与服务提供者或者团体或者其他联合体签订协议规定;约定的价格为最高价格。如相关协议方不能证明其进修,则在第1句的协议中规定报酬折扣。针对服务提供者须设定期限,在此期限内可补上进修。如果协议双方在与服务提供者团体签订的协议中不能就协议价格或者协议价格调整达成共识,则价格由协议方共同提名的独立仲裁人决定。如协议双方不能通过仲裁人达成共识,则由主管签约医疗保险基金会或者签约州协会的监管机关决定。仲裁程序的费用由服务提供者团体及医疗保险基金会或者其州协会均摊。

第六节　与辅助器具服务提供者的关系

第126条　通过合同方的保障

(1)辅助器具只可基于第127条第1款、第2款和第3款提供给参保人。医疗保险基金会的合同方只能是符合以下前提条件的服务提供者,即要求充分、适当且按功能制造、出售和调试辅助器具。医疗保险基金会联邦最高联合会就统一按照第2句要求提出相关建议,包括服务提供者的进修。

(1a)医疗保险基金会确保符合第1款第2句的前提条件。如提供某一资质机关的确认函,则该医疗保险基金会就被认定符合前提条件。包括如何决定与监督资质机关、确认函的内容与有效期,如何审核否决的决定和费用收取问题在内的第2句程序细节由医疗保险基金会联邦最高联合会与在联邦一级代表服务提供者利益的重要中央组织协定。此外须确保,服务提供者能够不依赖于其在第3句合同某方的成员关系而使用程序,并且如其符合第1款第2句的前提条件,则有权要求获得确认函。如果服务提供者没有在一个适当的期限内符合前提条件,则只要颁发机关确定其不符合或者不再符合前提条件,颁发的确认函就须被限制、吊销或者收

回。在第3句的约定中有决定权的机关可从服务提供者那里收集、处理并使用为确定和确认符合第1款第2句的要求而必需的数据。该机关可就颁发、拒绝、限制、吊销和收回的确认函,包括认证不同服务提供者必需的数据向医疗保险基金会联邦最高联合会通报。联邦最高联合会有权处理通报的数据并向医疗保险基金会公布。

(2)在2007年3月31日拥有此刻有效的第126条所述许可的服务提供者,在2010年6月30日之前可被视为符合第1款第2句的前提条件。如企业关系发生实质性的变化,医疗保险基金会可要求补充证明;第1a款第2句适用。不同于第1款第1句,只要没有第127条第1款的公告,第1句提及的服务提供者仍然有权在2009年12月31日前向参保人提供保障。

(3)对于不在合同医疗保障范围内提供的非医疗透析服务,适用本部分的规定。

第127条 协议

(1)只要对于确保经济且保证质量的保障合适,医疗保险基金会、其州协会或者工作组以公告的方式与服务提供者或者其为此目的设立的联合体,就提供一定数量辅助器具、落实一定数量的保障或者一定时间内的保障签订协议。此外,其须确保辅助器具的质量及参保人必要的咨询和其他必需的服务,并且须负责参保人在居住地附近的保障。应注意第139条辅助器具表中就保障与产品质量确定的要求。为特定参保人定制的辅助器具,或者服务比例很高的保障,通常不适合公告。

(1a)医疗保险基金会联邦最高联合会和联邦一级服务提供者的中央组织在2009年6月30日之前首次共同就公告的合目的性给出建议。如在第1句的指定期限之前不能达成共识,则建议内容由第1句的建议合作方共同提名的独立仲裁人决定。如建议合作方不能通过仲裁人达成共识,则建议内容由主管医疗保险基金会联邦最高联合会的监管机关决定。仲裁程序的费用由联邦最高联合会和服务提供者中央组织均摊。

(2)只要没有作出第1款的公告,医疗保险基金会、其州协会或者工作组就辅助器具保障的细节、药物再次使用、药物数量及额外提供的服务、服务提供者进修要求、价格和结算与服务提供者、其州协会或者其他形式的联合体签订协议。第1款第2句和第3句适用。就特定辅助器具签订协议的意图,须通过合适的方式公开通报。须立即向其他问询的服务提供者知会签订协议的内容。

(2a)如果服务提供者根据目前的协议还无权给参保人提供保障,则其可以同样的条件作为协议方加入第2款第1句的协议。与服务提供者协会或者其他形式的联合会组织签订的协议,服务提供者协会或者其他形式的联合体也可加入。第1句和第2句适用2007年4月1日之前签订的协议。第126条第1a款和第2款仍然有效。

(3)对于必需的辅助器具,如第1款和第2款的医疗保险基金会没有与服务提供者签订协议,或者参保人不可能从协议方以一种合理的方式获得保障,医疗保险基金会可在个别情况下与相关服务提供者协定;第1款第2句和第3句适用。医疗保险基金会也可事先以匿名方式从其他服务提供者那里获取价格单。在第33条第1款第5句和第6款第3句的情况下,第1句适用。

(4)对于已确定固定价格的辅助器具,可约定第1款、第2款和第3款合同中的价格最高为固定价格。

(5)医疗保险基金会须就有权提供保障的协议方及在问询的情况下就合同实质性内容知会参保人。其也可向合同医生提供相应的信息。

第128条 服务提供者与合同医生之间禁止的合作

(1)只要不是为紧急情况下保障之需要提供的辅助器具,就不得从合同医生的库存中向参保人提供辅助器具。第1句适用于在医院和其他医疗机构的辅助器具出售。

(2)服务提供者不得让医院及其他医疗机构的合同医生或者医生在收取报酬或者其他获得经济利益的前提下参与辅助器具保障的落实,或者不得为其提供与辅助器具处方相关的资助。此外,在合同医生提供的辅助器具保障范围内,服务提供者不得对额外的私人医生服务支付报酬。第1句的经济利益也包括设备和材料的无偿或降价转让、实施培训、提供空间与人员,或者承担因此产生的开支。

(3)医疗保险基金会通过合同确保,如违背第1款和第2款禁令可适当进行处罚。如果严重或者一再违背,则须拟定,服务提供者在最长2年时间内不得参与参保人保障项目。

(4)除了其在合同医疗保障范围内应负责的任务外,合同医生只允许在与医疗保险基金会合同约定的基础上参与辅助器具保障的落实。第1款至第3款仍然有效。对于第1句的参与,医疗保险基金会须知会主管各合同医生的医生协会。

(4a)在保障的经济性与质量不会因签订合同而受到限制的前提下,医疗保险基金会可与合同医生签订第4款的合同。第126条第1款第2句和第3句及第1a款同样适用于合同医生。在合同中须明确规定由合同医生提供的额外服务及其为此获得的报酬。额外服务报酬由医疗保险基金会直接向合同医生支付。服务提供者不得参与结算和清算合同医生提供服务的报酬。

(4b)在第4款合同的基础上参与辅助器具保障落实的合同医生,须向相关主管医疗保险基金会提交其开具的处方,以求获得保障的批准。处方与批准情况须由医疗保险基金会向参保人通报。此外,医疗保险基金会须就不同的保障方式向参保人提供咨询。

(5)医疗保险基金会在落实合同医生处方时对参保人分配给特定服务提供者的可能性或者其他禁用的合作方式时应当作出醒目提示,第4款第3句适用。

(6)如法律没有其他规定,则在提供第31条和第116b条第6款的服务时,本条第1款至第3款不仅适用于医药企业、药店、医药批发商和其他卫生服务提供者,也适用于合同医生、医院中的医生及医院所有者。医疗保险基金会与服务提供者就开具第31条和第116b条第6款服务处方时为参与开发经济性潜力与改善保障质量涉及的财政激励所签订的法律许可协议,其效力不受影响。

第七节 药店与医药企业的关系

第129条 药物保障的框架协议

(1)按照本条第2款的框架协议,药店有义务在向参保人提供处方药物时,

1. 在以下情况下出售实惠药物,即开具处方的医生

a)只对药物的有效成分进行了标注,或者

b)不排除用有效成分一样的药物来替代处方药物,

2. 按照第130a条第1款、第1a款、第2款、第3a款和第3b款的折扣,向参保人出售实惠进口药物,该药物的售价比参考药物售价至少便宜15%或者15欧元;在第2款的框架合同内可约定开具具有额外经济性潜力药品的规定。

3. 出售经济的单数量药物,以及

4. 在药品包装上注明药店售价。

在出售第1款第1句第1项的药物时,药店须出售与开具的药物有同样药效与包装、有同样适用范围许可及有相同或可替换剂型的药物;同样包装的意思为包装大小相同,并且有第31条第4款提及的行政法规规定的大小代码。此外,有效成分相同的药物应替代对医疗保险基金会有效、符合第130a条第8款约定的药物。如不存在第130a条第8款相应的约定,药店可按照框架合同用更实惠的药品替代。如果满足第2句的前提条件,则不用考虑第3句和第4句,参保人可以用费用报销的

方式获得其他药物。第13条第2款第2句和第12句不适用。在出售进口药物和其参考药物时,第3句和第4句适用;此外,如果存在第130a条第8款约定的药物,则优先于第1句第2项的药物出售。

(1a)联邦共同委员会根据第92条第1款第2句第6项的细则,在兼顾疗效可比性的前提下,立即就其他剂型的可替换性给出指示。

(2)医疗保险基金会联邦最高联合会和代表药店经济利益设立的重要中央组织可在一份共同框架合同中规定相关细节。

(3)如果药店符合以下条件,则第2款的框架合同对药店有法律效力,

1. 药店属于中央组织的会员团体,并且团体的章程规定,由中央组织签订的此类合同对属于该团体的药店有法律效力,或者

2. 药店签署了框架合同。

(4)在第2款的框架合同中须规定,如药店违背第1款、第2款或者第5款的义务,则州一级的合同方可采取何种措施。如果严重和一再违背,则须拟定,药店在最长2年时间内不得参与参保人保障项目。

(5)医疗保险基金会或者其协会可与州一级代表药店经济利益的重要组织签订补充合同。第3款在此适用。关于直接用于医疗病患、在药店加工的肿瘤成药等肠外制剂的保障,可由医疗保险基金会通过与药店的合同来确保;此外,可约定医药企业销售价格折扣和药店价格与价格范围。在第1句提到的合同中,可不遵照第2款的框架合同,约定药店可以对有效成分一样的药物进行替换,但是医疗保险基金会只承担每种药物约定的平均支出额度。

(5a)出售非处方药时,通过第300条的结算,医药企业的销售价格加上2003年12月31日有效的《药品价格条例》第2款和第3款的补贴,可作为给参保人有重要参考意义的药品售价。

(5b)药店可参与合同约定的各种保障形式;所提供的药物应公开通告。第1句提到的合同中,还应约定通过药店向参保人提供保证质量的咨询之措施。在整合保障中,也可不遵照本册规定,在第1句提到的合同中就参加整合保障的参保人之药物保障质量和结构细节进行约定。

(5c)成药制剂产品的价格由代表药店经济利益设立的重要中央组织与医疗保险基金会联邦最高联合会根据《药品法》的规定进行约定。如针对肠外制剂成药没有按照第1句就要计算的买入价进行约定,则由药店计算其实际约定买入价,但不得超过药店买入价,此买入价为基于《药品法》的价格规定或者第1句而给参保人的

售价减去第130a条第1款折扣得到的价格。应考虑使用部分成药而产生的成本优势。药店可向医疗保险基金会联邦最高联合会和医疗保险基金会要求提供来源和加工量及实际约定的买入价的证明,医药企业可要求提供肠外制剂成药的约定价格证明。医疗保险基金会可委托其州协会进行审查。

(6)代表药店经营者经济利益设立的重要中央组织有义务向联邦共同委员会及医疗保险基金会联邦最高联合会通报履行第1款第4句和第1a款的任务、根据第92条第1款第2句第6项指令落实疗效和价格透明性、确定第35条第1款和第2款的固定价格,或者履行第35a条第1款第2句和第5句的义务必需的数据,并且如要求,还应提供必要的答复。第2款的框架合同规定了相关细节。

(7)如第2句的框架合同不能完全或者部分落实或者未在联邦卫生部设定的期限内落实,则合同内容由第8款的仲裁委员会决定。

(8)医疗保险基金会联邦最高联合会和代表药店经营者经济利益设立的中央组织设立一个共同的仲裁委员会。其由相同人数的医疗保险基金会与药店经营者代表者及一位独立主席和两位独立成员组成。就主席和两位独立代表及其代理人人选,应由合同方达成共识。如无法达成共识,则第89条第3款第4句和第5句适用。

(9)仲裁委员会制定了工作章程。仲裁委员会成员职位为荣誉职位。其不受命令的约束。一人一票。以成员多数票作出决定。如票数相当,则以主席的投票为准。对仲裁委员会决议的申诉无中止决议实施的效力。

(10)由联邦卫生部对仲裁委员会的日常运作进行监管。其可在联邦参议院批准后通过行政法规规定成员人数及任命、现金垫付的报销和成员时间支出的报酬、费用处理及其分配细节。

第129a条 医院药店

医疗保险基金会或其协会可就医院药店向参保人出售的处方药细节,特别是对参保人适用的售价,与许可医院的所有者达成协议。第300条第3款作出的规定是第1句所提及协议的一部分。医院药店只可在存在第1句协议的情况下才允许出售由医疗保险基金会承担相应费用的处方药。第129条第5c款第4句至第5句的规定适用于第1句的协议。

第130条 折扣

(1)医疗保险基金会就处方成药可从药店获得每份2.05欧元的折扣,对于其他药物,可获得的折扣为对参保人适用药品售价的5%。第1句前半句的折扣须由合同双方根据第129条第2款的协议进行调整,以便在考虑服务方式与范围及药店经营费用的前提下,让出售处方药药店的补偿总额与服务相符,此句话首次生效日期为2013年度。此外,应

1. 基于服务的标准描述确定药店服务的变化,
2. 通过选取的代表性药店实际经营结果考虑药店收入与费用。

(1a)(废除)

(2)如药品按照第35条或者第35a条确定固定价格,则折扣视固定价格而定。如第1款的药品售价低于固定价格,则折扣视更低的售价而定。

(3)提供折扣的前提条件是,药店的账单在送到医疗保险基金会10日内被偿付清。第129条的框架合同规定了相关细节。

第130a条 医药企业的折扣

(1)医疗保险基金会自2003年1月1日起,就由其在医疗保险范围内负担的出售药物从药店获得不含增值税的医药企业药品售价6%的折扣。医药企业有义务为药店补偿此折扣。只要是根据第5款确定的医药批发商,医药企业就有义务为这些医药批发商补偿此折扣。药店和医药批发商的折扣应在请求生效后10日内给予补偿。第1句适用于其药店售价由《药品法》价格规定或者第129条第5a款决定的成药,及根据第129a条出售的药品。医疗保险基金会就肠外制剂成药及第129a条出售的药品,在不含增值税的医药企业售价上获得第1句中的折扣,此售价为根据《药品法》的价格规定向消费者出售的价格。如果仅配制了部分成药,则只收取这些数量单位的折扣。

(1a)2010年8月1日至2013年12月31日之间,包括肠外制剂成药在内的处方药折扣可不同于第1款为16%。第1句不适用于第3b款第1句的药品。第1句折扣与第1款折扣的差额相应降低第8款中在2010年6月30日已通过合同约定的折扣。由于不含增值税的医药企业售价相对于2009年8月1日拟定、2010年8月1日起实施的价格水平有所下降,因此,按照降价额度下调了第1句的折扣,最高额度为第1句的折扣与第1款折扣之差;第130a条第3b款第2句后半句在此适用。第4句适用于2009年8月1日后引入市场的药物,条件是引入市场时的价格水平适用。对于医药企业在2010年向法定医疗保险基金会出售的药物并且该药物属于第1句中提高折扣的药物,如果医药企业因2010年8月1日起降价而没有支付产生的折扣,则虽然降价幅度没能低于2009年8月1日医药企业有效售价至少10%,但还是不同于第1句,2011年出售的药品折扣为20.5%。如医药企业最迟在2010年12月已售药品折

扣须偿付日之前完全付清第6句未偿付的折扣,则上述条款不适用。20.5%这一提高的折扣可通过相对于2009年8月1日医药企业有效售价的再次降价而减少;第4句在此适用。

(2)医疗保险基金会就其在医疗保险范围内负担的第20d条第1条的出售疫苗从药店获得不含增值税的医药企业售价折扣,通过此折扣来补偿每数量单位相对于第2句中较低平均价格的差额。每数量单位的平均价格由四个欧盟成员国中医药企业的实际有效售价与最接近的相应国民毛收入,通过销售额与购买力加权得出。第1款第2句至第4句、第6款和第7款及第131条第4款适用。医药企业确定第1句的折扣额度和第2句的平均价格,并在被询问时,向医疗保险基金会联邦最高联合会通报计算用信息。医疗保险基金会联邦最高联合会规定相关细节。在约定就《药品法》价格规定中没有统一药店售价的疫苗价格时,最高可约定的价格为相应药店售价减去第1句的折扣得到的价格。

(3)对于在第35条或者第35a条基础上确定固定价格的药品,第1款、第1a款和第2款不适用。

(3a)如相对于2009年8月1日提高了不含增值税的医药企业售价,则医疗保险基金会在2010年8月1日至2013年12月31日之间,就其在医疗保险范围内负担的出售药品按提价额度获得折扣;这不适用于高于固定价格的提价额度。第1句适用于2010年8月1日后引入市场的药物,条件是引入市场时的价格水平适用。如医药公司重新引入的药品,其药效相同且具有类似剂型的药品已在市场上流通,则折扣须基于包装数量单位的价格进行计算,该包装是在同时兼顾药效和包装大小的基础上为新药物设定的。当医药企业信息出现变动或者因另一医药企业联合经营而使经营模式出现变动时,第3句适用。对于根据第129条第1款第1句第2项出售的进口药品,不同于第1句,结算数额为最高数额,根据第129条第1款第1句第2项的规定,同时考虑此条例中给予参考药物的折扣,该额度低于含增值税的参考药物售价。除第1句至第5句的折扣外,还收取第1款、第1a款和第3b款的折扣。因第1款和第3b款的提价而获得的折扣额度相应下调了第1句至第5句的折扣。第1款、第5款至第7款、第9款适用于第1句至第5句的折扣结算。第4款适用。医疗保险基金会联邦最高联合会规定相关细节。

(3b)对于无专利、药效相同的药物,医疗保险基金会自2006年4月1日起获得不含增值税的医药企业售价10%的折扣;第3a款第5句适用于实惠的进口药品。由于2007年1月1日起开始实施的不含增值税的医药企业的售价有所下降,因此,按照降价额度下调了第1句的折扣;在接下来的36个月里如果价格提高,则在与医疗保险基金会结算时,自涨价生效起,第1句的折扣提高涨价所产生的相应额度。包括增值税在内的药店购买价低于作为此价格依据的有效固定价格至少30%的药品,第1句和第2句不适用。第3a款第7句至第10句在此适用。第2句不适用于在降价之前的36个月之内第1句中售价提高的药品;无需考虑2006年12月1日之前的涨价。对于在2006年12月1日至2007年4月1日之间涨价一次并随后降价的药品,只要医药企业在重新降价后的12个月内再次对第1句的售价降低2%,则医药企业可通过2007年4月1日起对不含增值税的医药企业售价至少重新降低10%来偿付折扣。

(4)联邦卫生部在按照1988年12月21日欧盟理事会89/105/EWG指令第4条"关于人类使用药物定价调整措施的透明性及药物纳入国家医疗保险系统的事宜",对第1款、第1a款和第3a款的折扣必要性进行审核后,可在联邦参议院批准的情况下通过行政法规取消或者减少这些折扣,如果或者只要根据总经济形势,包括其对法定医疗保险的影响,认定这些折扣不再合适。关于医药企业按照第1句提及指令的第4条申请第1款、第1a款和第3a款拟定折扣的例外情况,由联邦卫生部决定。例外情况和特殊理由须在申请中充分表达。第34条第6款第3句至第5句和第7句适用。联邦卫生部可委托专家审核医药企业的资料。此外,其须确保对企业和经营情况保密。第137g条第1款第8句至第10句和第14句在以下条件下适用,即实际产生的费用可在套餐费用率基础上计算。联邦卫生部可将第2句至第7句的任务转交给联邦管理局。

(5)医药企业有权要求受益的医疗保险基金会退回第1款、第1a款、第2款、第3a款和第3b款提及的折扣。

(6)作为折扣证明,药店需基于第300条第1款向医疗保险基金会通报信息。向医药企业提供可机读的关于出售药物及其出售日期的药品代码,或者如存在第5款的约定,则也要向医药批发商提供。在第5款第4句的规定情况下须额外向医药批发商提供代码。医药企业有义务,向代表药店经营者经济利益的重要组织及医疗保险基金会联邦最高联合会通报可机读的、对决定折扣必需的数据,以履行其法定任务。代表药店经营者、医药批发商和医药企业经济利益设立的重要中央组织可在一个共同的框架合同内规定相关细节。

(7)药店可在第1款第4句的期限结束后与医药批发商结算折扣。医药批发商可以套餐形式与医药企业结算第1句结算的折扣。

(8)医疗保险基金会或其协会可与医药企业为其在医疗保险范围内负担的出售药品约定折扣。此外,须特别约定基于数量的价格优惠等级、平衡多余利润的年销售额或者取决于可测算的治疗成功之补偿。第1句的折扣由医药企业向医疗保险基金会支付。第1句的约定不影响第3a款和第3b款的折扣;只要明确约定第1款、第1a款和第2款的折扣,则可结清这些折扣。医疗保险基金会或其协会可让服务提供者或者第三方参与第1句合同的签署,或者委托其签署合同。第1句折扣的约定有效期应为2年。此外,须考虑服务提供者的多样性。

(9)医药企业可为以下药品提交第4款第2句的申请,即根据1999年12月16日欧洲议会和欧洲理事会141/2000号《欧共体条例》,此药品被允许用于治疗少见病症。如申请提交者证明,第1款、第1a款和第3a款的折扣对于满足其特别是在药品研发上的投入已不能保证,则应批准申请。

第130b条 医疗保险基金会联邦最高联合会
和医药企业之间就药品补偿金额的协议

(1)医疗保险基金会联邦最高联合会在与私人医疗保险企业团体协商后,根据对所有医疗保险基金会均有效的第35a条第3款意义上的联邦共同委员会制定的功效评估决议,与医药公司约定此决议没有划入固定价格组的药物的补偿金额。约定补偿金额作为医药企业售价的折扣。医药企业在出售药品时提供折扣。批发商在向药店出售时提供折扣。药店在结算时向医疗保险基金会提供折扣。对于第129a条的药品可与医药企业约定最高补偿金额。第130a条第8款第4句适用。此约定应包含对处方效用、质量和经济性的要求。医药企业应向医疗保险基金会联邦最高联合会通报其在其他欧洲国家的实际售价信息。

(2)第1款的协定应规定如果医生在个别情况下出具处方时遵守为此约定的要求,即药物处方的开具应被审计办公室认定为符合第106条第5a款规定的诊所特殊性。关于这些要求,须包含在第73条第8款第7句的药品处方开具项目中。第82条第1款的合同中应约定相关细节。

(3)根据第35a条第3款联邦共同委员会决议,对于无额外功效并且不能划入固定价格组的药品,须约定第1款的补偿金额,此金额不会导致年度治疗费用高于第35a条第1款第7句中指定的适当比较疗法所产生的费用。第2款不适用。只要没有做出其他约定,医疗保险基金会联邦最高联合会可不遵照第7款以非常规方式解除协定,以确定第35条第3款的固定价格。

(4)如在第35a条第3款或者第35b条第3款的决议公布后6个月内不能达成第

1款或第3款的约定,则第5款的仲裁委员会在3个月内确定协议内容。仲裁委员会应考虑其他欧洲国家的实际售价金额;这点不适用于第3款的约定。从第35a条第1款第3句提及的时间点后第13个月起,仲裁裁决中确定的补偿额度开始生效,条件是在确定时应补偿仲裁委员会决定的补偿额度与实际支付售价之间的差价。仲裁委员会在决定前给予私人医疗保险企业团体阐述立场的机会。针对仲裁委员会决定的申诉无中止决定执行的效力。无前置复议程序。

(5)医疗保险基金会联邦最高联合会和联邦一级代表医药企业经济利益设立的重要中央组织设立一个共同的仲裁委员会。其由1位独立主席和2位独立成员及来自第1款合同方的各自2代理人组成。第140f条的病人组织可作为顾问列席仲裁委员会会议。就主席和2位独立成员及其代理人人选应由第1句的团体达成共识。如无法达成共识,则第89条第3款第4句和第5句适用。

(6)仲裁委员会制定了工作章程。章程由各独立成员与第5款第1句的团体协商决定。议程需要得到联邦卫生部的批准。其他事项第129条第9款和第10款适用。在第129条第10款第2句的行政法规中可规定成员人数和任命、现金垫付的报销和成员时间支出的报酬、费用处理及其分配细节。

(7)第1款或者第3款的约定或者第4款的仲裁决定可由合同一方最早在1年之后解除。约定或仲裁决定在新约定生效之前有效。如公布第35a条第3款药物功效评估或者第35b条第3款费用功效评估的新决议,及提交设定第35条第1款固定价格组的前提条件,则可在1年到期之前解除合同。

(8)根据第4款的仲裁决定,合同一方可向联邦共同委员会申请第35b条的费用功效评估。仲裁决定的有效性不受影响。补偿金额须根据第35b条第3款费用功效评估决议重新约定。第1款至第7款适用。

(9)第5款第1句的团体就第1款约定的标准达成框架协议。其中须特别确定在第35a条决议和第1款规定之外被纳入第1款补偿金额约定考量的标准。应适当考虑类似药物的年治疗费用。如不能达成框架协议,则根据第1句合同一方的申请,仲裁委员会的独立成员可在与各团体协商下确定框架协议;针对确定事项的申诉无中止行政行为实施的效力。

(10)联邦共同委员会、医疗保险基金会联邦最高联合会和卫生事业质量与经济性研究所就私人医疗保险企业为第35a条和第35b条的费用功效评估及为第4款的补偿金额确定而与私人医疗保险企业团体签订协议。

第130c条 医疗保险基金会与医药企业的协议

（1）医疗保险基金会或其协会可不依照现有的约定或者第130b条的仲裁决定，就药物的报销及参保人的药物保障与医药企业达成协议。此外，须特别约定基于数量的价格优惠等级、平衡多余利润的年销售额量或者取决于可测算的治疗成功之补偿。通过第1句的约定可补充或替换第130b条的约定。须兼顾第35a条和第35b条的评估结果、第92条的指令、第84条的约定和第73条第8款第1句的信息。第130a条第8款在此适用。

（2）医疗保险基金会就协议的保障内容知会其参保人和参加合同医疗保障的医生。

（3）医疗保险基金会或其协会可与医生、保险基金会医生协会或者医生团体共同按照第84条第1款第5句规定第1款第1句的药物处方优先开具事宜。

（4）只要约定了相关事宜并遵循为确保处方效用、质量和经济性而约定的前提条件，第3款第1句协议框架内的药物处方开具应被审计办公室认定为符合第106条第5a款规定的诊所特殊性。第106条第5a款第12句在此适用。

（5）关于第3款规定的信息，须包含在第73条第8款第7句药品处方开具项目中。第82条第1款的合同中应约定相关细节。

第131条 与医药企业的框架协议

（1）医疗保险基金会联邦最高联合会和联邦一级代表医药企业经济利益设立的重要中央组织可就法定医疗保险基金会中的药物保障签订协议。

（2）协议可涵盖：

1. 有关便于治疗且经济的包装大小和包装设计的决定，

2. 简化收集与分析药品价格信息、药品消费信息和药品处方开具信息包括信息交换所采取的措施，特别是为了确定价格对比清单（第92条第2款）和确定固定价格。

（3）第129条第3款适用于医药企业。

（4）医药企业有义务向联邦协会委员及医疗保险基金会联邦最高联合会通报根据第92条第1款第2句第6项指令落实疗效和价格透明性、确定第35条第1款和第2款的固定价格，或者履行第35a条第1款第2句和第5句的义务及履行第129条第1a款任务必需的数据，并且如要求，还应提供必要的答复。对于成药的结算，医药企业向第129条第2款提及的团体及保险基金会医生联邦协会和联邦共同委员会，以电子数据传输方式和通过机器可处理的数据载体，通报第300条的结算必需的价格和产品信息,包括第130a条的折扣;此外还须说明对参保人适用的药品售价(第129条第5a款)。第2句提及数据的通报细节由第129条第2款的团体约定。这些团体可直接要求医药企业在适当期限内提供第2句的信息。其可纠正错误信息,并可对因通报延迟或者必要的纠正而产生的费用要求赔偿。第2句中通报的信息,或者在第5句纠正的情况下所修改的信息是有约束力的。药店与医疗保险基金会的结算和医药企业按第130a条第1款、第1a款、第2款、第3a款和第3b款折扣给药店的补偿都基于第2句信息进行操作。错误信息的纠正和索赔的执行可转移到第三方。为保障第4句的要求,在没有说明和证实《民事诉讼法》第935条和第940条所述的前提条件下也可发布临时命令。这同样适用于《社会法院法》第86b条第2款第1句和第2句所述的临时安排。

(5)医药企业有义务,在药品的外包装上以药店可机读的联邦统一形式标注第300条第1款第1项提到的药品代码。医疗保险基金会联邦最高联合会和联邦一级代表医药企业经济利益设立的重要中央组织在协议中规定相关细节。

第八节 与其他服务提供者的关系

第132条 家政服务保障

(1)医疗保险基金会可雇用合适的人员提供家政服务。如该机构为此向其他合适的人员、机构或者企业提出要求,则其须就服务的内容、范围、报酬及质量和经济性审核签订合同。

(2)医疗保险基金会须注意,应提供高效实惠的服务。在选择服务提供者时应考虑其多样性,特别是免费护理的重要性。

第132a条 家庭病人护理保障

(1)医疗保险基金会联邦最高联合会与涉及联邦一级代表护理人员利益的重要中央组织应根据第92条第1款第2句第6项的细则,就家庭病护的统一保障提交共同框架建议;对于属于教堂、公法意义上的宗教团体或者其他义工团体的护理人员,可由这些机构所属的教堂、宗教团体或者福利团体与框架建议的其他合作方协定框架建议。在签署协议之前,保险基金会医生联邦协会与德国医院协会有机会阐述立场。阐述的立场可纳入框架建议合作方的决定程序。在框架建议中须特别规定:

1. 家庭病护的内容包括其界定
2. 服务提供者的资质,

3. 质量保证与进修措施，

4. 服务提供者与出具处方的合同医生、医院的合作内容与范围，

5. 服务提供(包括其审计)经济性的基本原则,和

6. 报酬基本原则及其结构。

(2)医疗保险基金会与服务提供者就家庭病护的保障细节、价格及其结算,以及服务提供者进修义务签订协议。如不能证明曾经进修,则须规定扣除部分报酬。对于服务提供者可设定期限,在此期限内其可补上进修。如在此期间服务提供者依然没有进修,则应解除合同。医疗保险基金会须注意,应提供高效实惠的服务。在协议中须约定,在不能达成共识的情况下,由协议双方确定的独立仲裁人确定合同内容。如协议双方不能通过仲裁人达成共识,则由主管签约医疗保险基金会的监管机关决定。仲裁程序费用由协议双方均摊。在选择服务提供者时须兼顾其多样性,特别是免费福利护理的重要性。偏离第1句时,医疗保险基金会可雇用合适的人员提供家庭病护。

第132b条　社会疗法(融入社会生活的治疗)保障

医疗保险基金会或者医疗保险基金会州协会可根据第37a条第2款的指令与合适的人员或者机构就社会疗法保障签订合同,只要此合同对于满足需求的保障是必要的。

第132c条　社会医疗善后措施保障

(1)医疗保险基金会或者医疗保险基金会州协会可与合适的人员或者机构就提供社会医疗善后措施签订合同,只要此合同对于满足需求的保障是必要的。

(2)医疗保险基金会联邦最高联合会在建议中确定对社会医疗善后措施服务提供者的要求。

第132d条　特需门诊姑息治疗保障

(1)就特种门诊姑息治疗保障包括其报酬和结算,医疗保险基金会可根据第37b条的指令与合适的机构或者人员签订合同,只要此合同对于满足需求的保障是必要的。在合同中须补充规定,服务提供者还可以何种方式提供咨询。

(2)医疗保险基金会联邦最高联合会在德国医院协会、联邦一级护理机构所有人协会、送终与姑息治疗保障中央组织及保险基金会医生联邦协会参与下,在建议中共同统一确定：

1. 对服务提供的物资与人员要求，

2. 质量保证与进修措施，

3.特种门诊姑息治疗保障与满足需求的保障之标准。

第132e条 疫苗接种保障

(1)医疗保险基金会或者其协会与保险基金会医生协会、合适的医生及其团体、拥有合适医务人员和公共卫生服务的机构,就落实第20d条第1款和第2款的疫苗接种保障签订合同。此外,其须确保,特别是参与合同医疗保障的医生有权决定落实由医疗保险基金会承担费用的疫苗接种。在根据第20d条第1款第3句作出决定后3个月内,如不能达成共识,则合同内容由合同双方确定的独立仲裁人确定。如合同方不能通过仲裁人达成共识,则由主管签约医疗保险基金会或者主管签约团体的监管机关决定。仲裁程序费用由合同方均摊。

(2)医疗保险基金会及其团体可就为其参保人提供第20d条第1款和第2款的疫苗接种与单个医药企业签订合同;第130a条第8款适用。只要未作其他约定,则给参保人只提供约定的疫苗。

第133条 病人转移服务保障

(1)只要州或者地方法律章程没有明确规定获得救护服务或者其他病人转移服务的费用,医疗保险基金会或者其州协会应根据第71条第1款至第3款就此服务的报酬与合适的机构和企业签订合同。如不能达成第1句的约定,并且州法律就此情况规定了报酬的确定,则在确定报酬时亦须注意第71条第1款至第3款。此外,应考虑确保全面覆盖救护服务保障并重视卫生事业一致行动的建议,约定的价格为最高价格。价格约定须针对尽可能实惠的保障方式。

(2)如果州或者地方法律章程明确规定了获得救护服务的费用,医疗保险基金会可将其承担费用的义务限制在向参保人提供类似实惠服务的固定价格内,如

1.在确定费用之前医疗保险基金会或其协会没有机会进行讨论,

2.在衡量费用时考虑到投资成本和储备金维持成本,这些成本是机构在确保救护服务之外的公共任务时产生的,或者

3.提供的服务根据法律规定的确保义务来衡量是不经济的。

(3)第1款适用于《人员运输法》范围内的救护服务和其他病患转移。

第134条 (废除)

第134a条 助产保障

(1)根据医疗保险基金会联邦最高联合会与联邦一级代表助产士及其领导机构的经济利益而设立的重要职业协会和团体,就助产保障、在助产机构进行门诊分

娩和在此机构内为保证质量所产生的可结算款项,包括经营费用,以及报酬额度和医疗保险基金会偿付结算的细节,签订对医疗保险基金会有约束力的合同。合同方同时须考虑参保人对助产的需求及其质量、保险费稳定性原则及自由职业助产士的合理经济利益。

(2)第1款的合同对自由职业助产士有法律效力,如其

1. 属于第1款第1句的联邦一级和州一级团体,并且该团体章程规定,由第1款的团体签订的合同对属于该团体的助产士有法律效力,或者

2. 参与了第1款合同的签署。

第1款的合同对其没有法律效力的助产士不能被批准为服务提供者。应证明第1句第1项所述团体中的成员关系及第1句第2项所述的参与情况,有关证明程序与形式的细节由医疗保险基金会联邦最高联合会规定。

(3)第1款的合同在

a)第1款第1句决定期限结束之前,或者

b)由合同方约定的合同到期之前

不能完全或者部分落实,则合同内容由第4款的仲裁委员会决定。在第1句第b项所述的情况下,迄今使用的合同继续有效,直至仲裁委员会作出决定。

(4)根据医疗保险基金会联邦最高联合会和联邦一级代表助产士及其领导机构的经济利益而设立的重要职业协会和团体设立一个共同的仲裁委员会。其由相同人数的医疗保险基金会和助产士代表及一位独立主席和两位独立成员组成。任期4年。就主席和两位独立成员及其代理人人选,合同方应达成共识。如无法达成共识,则第89条第3款第5句和第6句适用。其他情况下第129条第9款和第10款适用。

(5)根据此规定,助产士也包括分娩护理人。

第九节　服务提供质量的保障

第135条　检查与治疗方法的评估

(1)只有当联邦共同委员会根据第91条第2款第1句的独立成员、保险基金会医生联邦协会、保险基金会医生协会或者医疗保险基金会联邦最高联合会提出的申请,按照第92条第1款第2句第5项指令就以下情况提出推荐,才允许由医疗保险基金会承担费用在合同医疗和合同牙医保障范围内引用新的检查与治疗方法。

1. 参照各治疗领域的科学知识水平对新方法诊断与治疗功效之认可,及其医

疗必要性和经济性,也可与由医疗保险基金会出资、已提供的方法进行比较,

2. 医生必要的资质、设备的要求及质量保证措施的要求,以保证新方法合理应用,以及

3. 关于医疗的必要记录。

联邦共同委员会审查由医疗保险基金会出资提供的合同医生及合同牙医服务,确定其是否符合第1句第1项的标准。如审查得出,不符合此标准,则医疗保险基金会不再将此服务作为合同医疗或者合同牙医服务承担相关费用。如联邦共同委员会在得到对决定至关重要的科学知识评估后6个月内仍然没有作出决议,则其可向第1句的申请提交者及联邦卫生部要求延长6个月时间。如此期限内仍然不能作出决议,则允许由法定医疗保险基金会承担在合同医生与合同牙医保障中采用的新检查与治疗方法的费用。

(2)因操作要求或者因程序新颖而需要具备特别知识和经验(专业知识证明)及特殊的诊所设备或者对结构质量有其他要求的医疗和牙医服务,联邦总合同的合同方可统一为此服务的实施与结算约定相应的前提条件。就作为资质前提条件必需的知识与经验,只要在关于医生从业,特别是专科医生从业权的州法律规定中,引入联邦境内内容一致且符合第1句质量前提条件的同等资质,则此资质便为必要且充分的前提条件。如首次提供医疗服务须取决于某一资质,则合同双方可为在继续教育过程中没有取得相应资质的医生引入过渡资质,而此资质须符合专业医生法律规定的知识与经验水平。与第2句不同,第1句的合同方可为保证服务提供的质量与经济性作出规定,根据此规定特定医疗技术服务仍保留在专科医生的手中,对于这些医生来说,这些服务属于其核心业务范围。

(3)(废除)

(4)(废除)

(5)(废除)

(6)(废除)

第135a条 质量保证义务

(1)服务提供者有义务确保和继续优化由其提供的服务质量。服务须符合相关科学知识水平,并且必须以专业的素质提供这些服务。

(2)根据第137条和第137d条的规定,合同医生、医疗保障中心、许可医院、保健或康复服务提供者,以及签订第111a条保障合同的机构有义务:

1. 参与跨机构的质量保证措施,此措施特别致力于改善结果质量,和

2. 在机构内部引入和继续优化质量管理。

合同医生、医疗保障中心和许可医院须向第 137a 条第 1 款的机构提供其履行第 137a 条第 2 款第 2 项和第 3 项任务必需的数据信息。

第 136 条　通过保险基金会医生协会促进质量

（1）保险基金会医生协会须落实促进合同医疗保障质量的措施。此质量保证措施的目标与结果由保险基金会医生协会进行文字整理并每年公布。

（2）保险基金会医生协会通过抽样审核包括在个别情况下从业医生服务的合同医疗保障服务之质量；在特殊情况下允许全面调查。根据第 92 条第 1 款第 2 句第 13 项的细则，联邦共同委员会制定合同医疗保障的质量评估标准，及根据第 299 条第 1 款和第 2 款阐明第 1 句中有关质量审查选择、范围和程序的规定；此外须考虑第 137a 条第 2 款第 1 项和第 2 项的结果。

（3）第 1 款和第 2 款亦适用于在医院提供的门诊医疗服务。

（4）为促进合同医疗保障质量，从 2009 年 1 月 1 日起在不违背第 87a 条至第 87c 条规定的基础上，保险基金会医生协会可与单独的医疗保险基金会，或者与主管其辖区的医疗保险基金会之州协会，或者医疗互助基金会团体签署总合同约定，在总合同约定中为特定服务确定统一结构与电子文档形式的特别服务、结构与质量特征，符合这些特征并参与这些合同的医生获得报酬补贴。在第 1 句的合同中，为参与合同的医疗保险基金会和由没有参与合同的各专科医生组医生提供的受合同控制的服务，商定第 87a 条第 2 款第 1 句中所商定点值的折扣，通过此折扣为参与医疗保险基金会补偿第 1 句的额外服务。

第 136a 条　（废除）

第 136b 条　（废除）

第 137 条　质量保证的细则

（1）联邦共同委员会通过第 92 条第 1 款第 2 句第 14 项的指令为合同医疗保障和许可医院原则上为所有病人作出统一的决定，特别是

1. 在遵循第 137a 条第 2 款第 1 项和第 2 项结果，以及机构内部质量管理基本要求的前提下，对第 115b 条第 1 款第 3 句和第 116b 条第 4 款第 4 句和第 5 句、第 135a 条第 2 款的质量保证采取强制措施，和

2. 对于已进行的诊断与治疗服务，特别是开支巨大的医疗技术服务，其按照各类指标审查必要性和质量标准；此外，还确定对结构、过程和结果质量的最低要求。

如有必要,联邦共同委员会对未能遵守其质量保证义务的服务提供者,就其承担的后果特别是报酬折扣,发布必要的落实决定和基本原则。私人医疗保险企业团体、联邦医生协会及护理人员职业组织须参与到第92条第1款第2句第13项的指令中。

(2)应跨领域颁布第1款的实施细则,除非服务提供的质量只能通过基于领域的规定而给予适当保证。第3款和第4款的规定仍然有效。

(3)联邦共同委员会为许可医院原则上对所有病人就以下方面作出决议:

1. 专科医生、心理治疗师和儿童青少年心理治疗师须每5年提交履行进修义务的证明,

2. 根据《医院筹资法》第17条和第17b条可规划的服务之目录,目录中治疗结果的质量在某种程度上取决于提供服务的数量,以及取决于每位医生或者每个医院提供的服务和例外情况的最少量,

3. 在手术前获得其他意见的基本原则,和

4. 许可医院每两年发表的结构化质量报告之内容、范围和数据格式,在报告中,特别是在遵循第1款要求并落实第1项和第2项规定的情况下说明质量保障的状态。报告还须显示医院服务的方式与数量,并以适合所有标准的标准化数据格式来制作。除了决议确定的受领人圈子之外,也可由医疗保险基金会州协会和医疗互助基金会在互联网上公布。

如预计无法达到本条第1句第2项要求的规划服务最少量,则不可提供相应的服务。主管医院规划的州机关可规定第1句第2项目录中的服务,在提供此服务时,应用第2句可能会损害民众保障全覆盖的保证;根据医院申请,该机关可决定在提供此服务时不应用第2句。为提高住院保障的透明度和质量,保险基金会医生协会及医疗保险基金会及其协会也可在第4项质量报告的基础上就医院质量特征告知合同医生与参保人,并提供建议。私人医疗保险企业团体、联邦医生协会及护理人员职业组织参与第1项至第2项的决议中;在作出第1款的决议时,须另外有联邦心理治疗师协会参与。决议对于许可医院有直接约束力。其相对于第112条第1款的合同具有优先权,只要此合同对于质量保证没有补充规定。第112条第1款的质量保证合同在第1款的指令生效之前继续有效。允许有补充的质量要求,包括在州医院规划框架内管理临床癌症登记的规定。

(4)联邦共同委员会还须决定补牙与假牙保障质量标准。在确定假牙质量标准时,须有德国牙科技术行业协会参与;其立场在决定中被予以考虑。牙医对补牙

和假牙保障提供2年担保。在这2年内,重新或者部分补牙及包括牙冠的假牙更换和更新服务由牙医免费提供。例外情况由保险基金会医生联邦协会和医疗保险基金会联邦最高联合会决定。《德国民法典》第195条仍然有效。保险基金会医生协会、医疗保险基金会州协会和医疗互助基金会之间,以及在牙医和医疗保险基金会签订的单独或者集体合同中,可约定更长的保证期。医疗保险基金会可为此提供报酬津贴;参保人更换假牙的自付比例不变。给予其病人更长保证期的医生可向其病人公布。

第137a条 质量保证的落实和质量展示

(1)第91条的联邦共同委员会在分配程序的框架内委托一个专业独立的研究机构,为第115b条第1款、第116b条第1款第4句和第5句、第137条第1款和第137f条第2款第2项中跨机构质量保证的落实开发评估和展示保障质量的程序,程序应尽可能跨领域编制。此研究机构应被委托参与到跨机构质量保证的落实当中。应充分利用已经存在的机构,如有必要,为完成第1句和第2句提及的任务调整其组织结构。

(2)研究机构被特别委托,

1. 为评估和展示保障质量,尽可能开发跨领域的统一指标和工具,

2. 兼顾数据节约原则,为跨机构的质量保证制作必要的记录,

3. 参与到跨机构质量保证的落实当中,如有必要,可让第2句的其他机构介入,以及

4. 质量保证措施结果应由研究机构以适当的方式和以大众理解的形式公布。

如果有更多机构参与第137条第1款第1项质量保证强制措施的实施,其须向第1款的研究机构提供完成其第2款任务必需的数据。第1款的研究机构,以透明的程序并注意数据保护规定的前提下,为科学研究和跨领域与跨机构质量保证的继续开发,保存和评估鉴于第137条第1款第1项的质量保证强制措施收集的并根据第2句传输的数据。只要数据评估对于联邦共同委员会履行其法定任务是必要的,研究机构须根据其要求向其提供数据评估。

(3)在开发第2款内容时,须有保险基金会医生联邦协会,德国医院协会,医疗保险基金会联邦最高联合会,私人医疗保险企业团体,联邦医生协会,联邦牙医协会,联邦心理治疗师协会,护理人员职业组织,科学医学专业协会,在联邦一级上代表病人、慢性病人和残疾人利益的重要中央组织及联邦政府为维护病人利益委托的专员参与。

(4)为履行其任务,研究机构从联邦共同委员会获得基于其服务的报酬。研究机构也可在其他研究机构委托下,以费用分摊的形式履行第2款的任务。

(5)联邦共同委员会在委托的框架内确保参与第2款任务的机构和人员可能的利益冲突公开化。

第137b条 医学质量保证的促进

联邦共同委员会须确定卫生事业领域质量保证的状态,指明由此产生的继续发展需求,评估引进的质量保证措施之效,并制订对卫生事业领域内按统一原则调整的、跨领域与跨职业质量保证的建议,包括其落实。联邦共同委员会定期制作关于质量保证状态的报告。

第137c条 医院检查和治疗方法的评估

(1)第91条的联邦共同委员会根据医疗保险基金会联邦最高联合会、德国医院协会或者医院所有者联邦协会的申请,审查由法定医疗保险基金会出资在医院治疗范围内使用或者应使用的检查和治疗方法,根据普遍公认的医学知识水平确定此方法对于参保人充分、适当和经济的保障是不是必需的。如审查得知此方法不符合第1句的标准,则联邦共同委员会发布相应指令。

(2)如第94条第1款第2句的联邦卫生部未在其设定的期限内撤销申诉,则联邦政府部门可颁布指令。从指令生效日起,医疗保险基金会不再承担医院治疗范围内禁用方法的费用;临床试验不受影响。

第137d条 门诊和住院保健或康复的质量保证

(1)对签订第111条或者第111a条合同的住院康复机构,和签订第40条第1款关于医疗康复门诊服务提供合同的门诊康复机构,由医疗保险基金会联邦最高联合会基于第九册第20条第1款的建议,与联邦一级代表门诊和住院康复机构与妇产机构或者类似机构利益的重要中央组织约定第135a条第2款第1项的质量保证措施。跨机构的质量保证措施评估费用由医疗保险基金会根据机构或者专业部门的分配情况按比例承担。机构内部的质量管理和住院康复机构的认证义务基于第九册第20条。

(2)对签订第111条保障合同的住院保健机构和签订第111a条保障合同的机构,由医疗保险基金会联邦最高联合会与联邦一级代表住院保健机构和妇产机构或者类似机构利益的重要中央组织约定第135a条第2款第1项的质量保证措施和第135a条第2款第2项机构内部质量管理的要求。此外,须考虑《社会法典第九册》第20条第1款的共同建议并将其作为基本特点使用。第1款第3句的费用分担义务适用。

（3）对根据第23条第2款提供门诊保健服务的服务提供者，由医疗保险基金会联邦最高联合会与保险基金会医生联邦协会和实施门诊保健服务的重要服务提供者联邦团体约定第135a条第2款第2项机构内部质量管理的基本要求。

（4）合同方须通过合适的措施确保，门诊、住院保健和康复质量保证的要求符合统一的基本原则，并适当考虑跨领域和跨职业保障的要求。在进行第1款和第2款约定时，联邦医生协会、联邦心理治疗师协会和德国医院协会有机会阐述立场。

第137e条 （废除）

第137f条 慢性病结构化的治疗方案

（1）符合第91条的联邦共同委员会按第267条第2款第4句界定的参保者组给联邦卫生部提出建议，根据第2句指示，为适当的慢性疾病制订结构化治疗方案，这有助于改善慢性病人医疗保障的质量和治疗过程。在选择建议的慢性疾病时，须特别兼顾以下标准：

1. 与疾病有关的参保人数，
2. 改善保障质量的可能性，
3. 以实证为基础的准则可支配性，
4. 跨领域的治疗需求，
5. 参保人自身意识对于疾病发展的影响度，
6. 治疗的巨大开支。

（2）符合第91条的联邦共同委员会就第266条第7款的行政法规向联邦卫生部建议制订第1款治疗方案的要求。特别是应指明以下方面的要求：

1. 根据以实证为基础的准则，按照当下医疗科学水平，或者参照各自现有的最佳病例并兼顾各自保障领域的治疗，
2. 根据第137a条第2款第1项和第2项结果实施的质量保证措施，
3. 参保人参加方案项目的前提条件和程序，包括参加的期限，
4. 服务提供者与参保人的培训，
5. 记录，和
6. 效用与费用评估、一个方案项目内评估的间隔时间，以及第137g条许可的期限。

联邦卫生部告知第1句的联邦共同委员会，第1款中的哪些慢性病需要给出要求的建议；建议须在公告之后立即提交。医疗保险基金会联邦最高联合会参与医

疗保险基金会联邦中央联合会的医疗服务。在联邦一级代表门诊、住院保健和康复机构、自救机构及其他服务提供者利益的重要中央组织，只要涉及其利益，就有机会阐述立场；阐述的立场须在决策时予以考虑。

（3）参保人自愿参加第1款的方案项目。报名的前提是医疗保险基金会根据全面的信息介绍出具书面同意书，同意其参加项目，并允许医疗保险基金会、符合第4款的专家和参加的服务提供者获取、处理和使用第266条第7款行政法规中确定的数据，并把这些数据提供给医疗保险基金会。同意可撤销。

（4）医疗保险基金会或其协会须通过一个独立专家基于普遍公认的科学水平进行第1款项目的外部评估并给予公布，该专家在联邦保险局与医疗保险基金会或其协会协商后由其出资任命。

（5）医疗保险基金会协会和医疗保险基金会联邦最高联合会在组建与实施第1款的方案项目时对其参保人提供支持；支持也包括，第2句提到的任务可由这些协会提供，只要借此可落实联邦或者州统一的规定。关于与许可的服务提供者按合同约定的第1款方案项目的落实，医疗保险基金会可向第三方转移相关任务。《社会法典第十册》第80条仍然有效。

（6）只要在落实第1款结构化治疗方案的合同中对设立工作组有所规定，则与《社会法典第十册》第80条第5款第2项不同，为了履行其任务，其可向承办方委托处理所有的数据。委托方须在委托之前以书面形式向主管数据机关及时通报《社会法典第十册》第80条第3款第1句第1项至第4项提及的信息。《社会法典第十册》第80条第6款第4句仍然有效。主管委托方和承办方的各监管机关须在监控第1句的合同时紧密合作。❶

第137g条　结构化治疗方案的许可

（1）如第137f条第1款的项目和为落实这些项目签订的合同满足第266条第7款行政法规中提及的要求，则联邦保险局可根据一个或者多个医疗保险基金会或者医疗保险基金会协会的申请授予该项目许可。对此，可请教科学专家。许可是有期限的。其会附带一些条件和要求。许可须在3个月之内颁发。如因为医疗保险基金会的原因而无法在期限内颁发许可，则还是被认为遵守了第5句的期限。许可生效之日为满足第266条第7款行政法规中提及的要求且本条第1句合同签订当日，最早在申请提交日，但不能在条例规定生效之前。公告发布时须收取成本费

---

❶ 第137f条：需在联邦宪法法院2005年7月18日作出的合宪性解释（I2888）的基础上执行。联邦消费者保护与食品安全协会2/01号决议。

用。费用由实际产生的人工与物资支出为准。此外管理费用须计入实际费用中。只要联邦保险局因第137f条第1款项目的许可产生必要的、不能通过第8款的收费平账的应急费用,则由健康基金提供财政支持。有关第9款和第10款费用的计算和风险结构补偿中第11句的费用考量之细节,由联邦卫生部在第266条第7款的行政法规中作出相关规定,无需联邦参议院批准。在第266条第7款的法规中可规定,第9句和第10句产生的实际费用可在套餐费用率的基础上计算。针对联邦保险局的收费决定的申述无中止决定执行的效力。

(2)基于第137f条第4款的评估,延长第137f条第1款的项目许可。此外,第1款适用于延长许可。

(3)(废除)

第138条　新型药物

只有联邦共同委员会事先承认新型药物的疗效,并根据第92条第1款第2句第6项的实施细则提交保证服务质量的建议,参加合同医疗保障的医生才可开具新型药物。

第139条　医疗辅助器具表,医疗辅助器具质量保证

(1)医疗保险基金会联邦最高联合会制作一个有系统性结构的医疗辅助器具表。在表中罗列服务义务包括的医疗辅助器具。医疗辅助器具表在联邦公报中公布。

(2)只要对于确保充分、适当和经济的保障是必需的,在医疗辅助器具表中就可基于指标和应用确定医疗辅助器具的特别质量要求。也可确定第1句的特别质量要求,以使得医疗辅助器具有足够长的使用年限或者在适当的情况下再次用于其他参保人。在医疗辅助器具表中也可规定对使用医疗辅助器具提供其他服务的要求。

(3)医疗辅助器具表可根据制造者的申请收录医疗辅助器具表。关于是否收录,由医疗保险基金会联邦最高联合会决定;其可由医疗服务验证,是否符合第4款的前提条件。

(4)如制造者能证明医疗辅助器具的功能适用性、安全性,并且符合第2款的质量要求,还可在必要的情况下证明其疗效,并用德语就其正规和安全的使用提供必需的信息,就应收录该医疗辅助器具。

(5)对于符合《医药产品法》第3条第1项规定的医药产品,原则上通过CE标识表明对功能适用性和安全性提供了证明。医疗保险基金会联邦最高联合会须通过

一致性声明证实CE标识的正规合法性,并且如可行,须核实参与合法性评估的著名机构提供的证书。在说明理由的情况下可进行额外的检查,并对此要求必要的证据。第3句的检查可在产品成功收录后采用抽样方式执行。如第2句至第4句的检查发现未遵守医药产品法规,则不管是否存在其他后果,都应就此向主管机关告知。

(6)如制造商没能提供完整的申请材料,则为其设定补交材料的合理期限,但总共不能超过6个月。如在设定的期限内不能交齐必要的材料,则应拒绝申请。否则,医疗保险基金会联邦最高联合会须在材料完全提交后3个月内作出决定。就此决定将颁发书面通知。如产品不再符合第4款的要求,则可撤销收录。

(7)医疗辅助器具录入医疗辅助器具表的程序由医疗保险基金会联邦最高联合会根据第3款至第6款的指示作出相关规定。此外,其可规定,只要提交适当机构的检查证书或者以合适的方式证明遵守了有关标准,则可被视为符合特定的要求。

(8)医疗辅助器具表须定期更新。更新包括进一步开发和更改第2款的分类和要求、收录新的医疗辅助器具及删除撤销收录或者根据第6款第5句与收录有冲突的产品。在进一步开发和更改第2款的分类和要求之前,在适当期限内通过传达必要的信息,让相关制造商与服务提供者的中央组织有机会阐述立场;阐述的立场须在决策时予以考虑。

第139a条 卫生事业中的质量与经济性研究所

(1)第91条的联邦共同委员会在卫生事业中组建一个专业上独立的、有法律行为能力的质量与经济性科学研究所,并作为其所有者。为此也可建立私法意义上的基金会。

(2)研究所管理层的任命须得到联邦卫生部的同意。如建立私法意义上的基金会,则任命须在基金会董事会内通过,联邦卫生部会向董事会派出一位代表。

(3)研究所就在法定医疗保险范围内所提供服务的质量与经济性之根本意义问题,在以下领域从事活动:

1. 对特定疾病诊断与治疗方法的当前医疗知识水平进行研究、展示和评估,

2. 兼顾年龄、性别和生活处境方面的特点,对在法定医疗保险范围内所提供服务的质量与经济性问题进行整理、鉴定与立场确定,

3. 对以实证为基础的重要流行病准则进行评估,

4. 提交疾病管理方案的建议,

5. 对药物的效用和费用进行评估,

6. 准备所有公民可以理解的、有关卫生保障质量与效率及重要流行疾病诊断与治疗的通用信息。

(4)研究所须保证,根据国际公认的、以实证为基础的医学标准对医疗效用进行评估,并根据权威的国际公认标准进行经济评估,特别是卫生经济学方面的评估。研究所须定期公布其工作程序和工作结果,包括决策依据。

(5)研究所在评估程序的各个重要阶段给医学、药学和卫生经济学与实践的专家、药品生产商及代表病人、慢性病人和残疾人利益的重要机构及联邦政府为病人权益所委托的专员提供阐述立场的机会。阐述的立场须在决策时予以考虑。

(6)为保证研究所的专业独立性,其工作人员在被雇用前应公开其与利益团体、委托机构,特别是医药企业和医药产品工业的所有关系,包括捐赠的方式与额度。

第139b条 任务实施

(1)第91条的联邦共同委员会委托研究所处理第139a条第3款的工作。组成联邦共同委员会的机构、联邦卫生部和代表病人、慢性病人和残疾人利益的重要组织及联邦政府为病人权益所委托的专员可向联邦共同委员会申请委托研究所执行相关任务。

(2)联邦卫生部可直接向研究所申请处理第139a条第3款的任务。研究所不需要提供理由即可拒绝联邦卫生部的申请,除非联邦卫生部承担任务处理的费用。

(3)为完成第139a条第3款第1项至第5项的任务,研究所须向外部专家分配学术研究任务。这些专家须公开其与利益团体、委托机构,特别是医药企业和医药产品工业的所有关系,包括捐赠的方式与额度。

(4)研究所向第91条的联邦共同委员会转达作为建议的第1款和第2款任务的工作结果。联邦共同委员会须鉴于其任务分配考虑此建议。

第139c条 资金支持

第139a条第1款研究所的资助,一半来自每次结算的医院病例补贴,一半来自在第85条和第87a条门诊合同医生和牙医保障报酬上额外增加的相应百分点。在住院领域收取的津贴会在医院账单中单独显示;这些津贴不计入《医院收费法》第3条与第4条或者《联邦护理费条例》第6条的总金额,也不计入相应的利润补偿。给每个医院病例的津贴、保险基金会医生与牙医协会的比例,及此经费移交给提名机构的细节由联邦共同委员会确定。

◎德国社会法典(选译)

第十节 医疗保险基金会的自身机构

第140条 自身机构

(1)医疗保险基金会可继续经营在1989年1月1日就已存在的为参保人提供保障服务的自身机构。自身机构可参考州医院规划和合同医疗领域的许可限制,根据保障需求调整其方式、范围和资金;其可作为第95条第1款的医疗保障中心组建者。

(2)只有在其无法通过其他方式来确保履行卫生保健和康复任务时,方可设立新的自身机构。医疗保险基金会或其协会也可建立自身机构,前提是其能够确保履行第72a条第1款的任务。

第十一节 与整合保障中服务提供者的关系

第140a条 整合保障

(1)不同于本章其他规定,医疗保险基金会可就参保人跨不同服务领域的保障或者跨专业与科室的保障,与第140b条第1款提及的合同方签订合同。整合保障合同应使民众的保障全覆盖成为可能。只要参保人的保障根据这些合同被落实,第75条第1款的确保任务就会受到限制。保障内容和其获得的前提条件由整合保障合同决定。

(2)参保人自愿参加整合的保障形式。实施治疗的服务提供者只有在参保人同意时,才可从第140b条第3款的共同文档中调用与参保人相关的治疗数据与化验结果,这些信息应被用于当下具体的病例,且服务提供者应有义务根据《刑法典》第203条保守秘密。

(3)参保人有权从其医疗保险基金会就整合保障合同、参加的服务提供者,特别是服务和约定的质量标准获取全面的信息。

第140b条 整合保障形式的合同

(1)医疗保险基金会只能与以下单位签订第140a条第1款的合同:

1. 为提供合同医疗保障而许可的各个医生和牙医及其他根据本章有权为参保人提供保障的各个服务者或其团体,

2. 有权为参保人提供保障的许可医院所有人、签订了第111条第2款保障合同的住院保健和康复机构所有人、门诊康复机构的所有人或其团体,

3. 第95条第1款第2句的机构所有人或者其团体,

4. 通过有权为第四章的参保人提供保障的服务提供者提供第140a条的整合保障的机构所有人，

5. 在《社会法典第十一册》第92b条基础上的护理保险基金会和许可的护理机构，

6. 前面提到的服务者之团体及其团体，

7. 第115条第2款第1句第1项提到的诊所医院，

8. 医药企业，

9. 符合医药产品法律规定的医药产品生产商，

对于第8项与第9项的医药企业和医药产品生产商，第95条第1款第6句后半句不适用。

（2）（废除）

（3）在第1款的合同中，医疗保险基金会的合同方有义务为参保人提供保证质量的、有效、充分、适宜且经济的保障。合同方须在本章服务提供者义务的范围内确保满足第2条、第11条至第62条参保人的服务要求。合同方须特别保证，其参照普遍公认的医学知识和医学进步，符合约定整合保障的组织、企业经济及医疗和医疗技术前提条件，并以参保人保障需求为目标确保所有参与保障者的合作，包括不同保障领域的协调及所有参与整合保障者在各自要求的范围内必须获取的充分资料。第1款和第2款的医疗保险基金会合同方的保障任务对象只可能是这样的服务，即其作为医疗保险服务的属性没有被第91条的共同联邦共同委员会在第92条第1款第2句第5项的决议范围内和第173c条第1款的决议范围内否决。

（4）合同可以不遵照本章及《医院筹资法》《医院收费法》的相关条例及根据这些条例制定的相关规定而作出调整，只要有偏差的规定符合整合保障的理念与独特性，改善整合保障的质量、效果和经济性，或者由于其他原因而对于其落实是必须的。第71条第1款的保险费率稳定性原则不适用于2008年12月31日之前签订的合同。整合保障的合同方应基于各自的许可情况就整合保障的落实达成一致，即使提供的服务不在服务提供者的许可与授权范围内，服务仍然会被提供。与第3句无关，医院有权在整合保障的合同范围内对第116b条第3款目录中提及的高度特殊服务、罕见疾病和需要特别治疗手段的疾病进行门诊治疗。

（5）只有合同方全部同意的情况下，方可让第三方加入合同。

第140c条　报酬

（1）整合保障合同确定报酬。参加整合保障的参保人在合同保障任务范围内要求的所有服务之报酬来自整合保障形式的报酬。这也适用于未参加整合保障的服务提供者提供的服务,只要参保人是从参加整合保障的服务提供者转至未参加整合保障的服务提供者处得到的服务,或者由于整合保障合同规定的原因而有权要求在未参加整合保障的服务提供者处得到服务。

(2)整合保障合同可拟定承担全部预算责任,或者承担可定义的部分领域的预算责任(组合预算)。应考虑整合保障的参保人数及其风险结构。补充的发病率标准须在协议中予以考虑。

第140d条 启动资金,清算

(1)为促进整合保障,每个医疗保险基金会在2004年至2008年,保留其根据第85条第2款向保险基金会医生协会缴纳的总报酬及向医院为其全住院和半住院保障支付账单金额的1%,只要保留的资金对于落实第140b条签订的合同是必须的。这些资金只可用于医院的全住院或者半住院和门诊服务,以及门诊合同医疗服务;此不适用于为特殊整合任务的支出。第2句不适用于2007年4月1日之前签署的合同。医疗保险基金会须向保险基金会医生协会和医院就所保留经费的使用进行说明。第1句不适用于合同牙医总报酬。第1句中所保留的资金只能用于支持第140c条第1款第1句约定的报酬。向保险基金会医生协会支付第1句减少的总报酬,第1句中所保留的资金只能用于此保险基金会医生协会的辖区。如保留的资金在3年内没有用于第1句所述的用途,则只要在2007年与2008年保留了资金,未使用的资金最迟在2009年3月31日按照当时所保留金额的相应比例支付给保险基金会医生协会和医院。

(2)如用于促进整合保障的费用超过根据第1款保留的资金,则第83条第1款的总合同之合同方须按照参加整合保障的参保人数及在第140a条合同中约定的保障任务,对第85条第2款中2004年到(含)2008年的总报酬进行清算,只要与之有关的个别合同服务需求额减去基于合同医疗服务的统一评估标准根据第295条第2款计算的服务需求额。2009年1月1日起,第87a条第3款第2句的治疗需求额按照参加整合保障的参保人数和发病率结构及在第140a条合同中约定的保障需求额来清算。如就第1句的总报酬或者第2句的治疗需求额减少没有达成共识,则签订第140a条合同的医疗保险基金会或者其协会可向第89条的仲裁委员会申诉。对于清算程序必需的与医生、参保人有关的信息由医疗保险基金会向主管的总合同方通报。

(3)只要整合保障包括药品与(外用)药物的保障,第84条第1款中约定的合同方就应清算支出量。支出量应按照参加整合保障的参保者人数与风险机构相应减少。另外还应考虑发病率标准。

（4）对于根据第140c条第1款第1句与医院约定的报酬，在2008年12月31日之前只可资助《医院收费法》第3条和第4条或者《联邦护理费条例》第6条总额度中含有的服务之外约定的服务。

（5）医疗保险基金会到由保险基金会医生联邦协会、德国医院协会和医疗保险基金会联邦最高联合会设立的共同登记处登记关于第1款第1句所保留资金的使用细节。登记处每年公布关于整合保障发展的报告。报告应含有关于合同内容与范围的信息。

第十二节　适用欧共体1408/71号条例的各国服务提供者之关系

第140e条　适用欧共体1408/71号条例的各国服务提供者之关系

医疗保险基金会为保障其参保人可按照第三章和其相关法规与第13条第4款第2句中一些国家的服务提供者签订合同，这些国家须适用欧洲理事会于1971年6月14日颁布的1408/71号关于在欧共体范围内移居（欧洲共同体公报第L149项第2页）雇员及其家庭的社会安全体系之有效条例。

第十三节　病人的参与、联邦政府代表病人权利的专员

第140f条　病人利益代表的参与

（1）代表病人、慢性病人和残疾人利益的重要组织按照下面的规定参与和保障有关的问题。

（2）在第91条的联邦共同委员会和履行第303b条数据透明任务的工作组的咨询委员会中，在联邦一级代表病人、慢性病人和残疾人利益的重要组织有咨询权；组织为此提名一些专家。咨询权也包括在制定决议时的在场权。专家人数应最多不超过由医疗保险基金会联邦最高联合会派入委员会的成员人数。专家由第140g条的条例提及或者承认的组织共同提名。在第56条第1款、第92条第1款第2句、第116b条第4款、第136条第2款第2句、第137条、第137a条、第137b条、第137c条和第137f条的联邦共同委员会决议中，这些组织获得了提出申请的权利。

（3）在第90条的州委员会及第96条的许可委员会和第97条的任命委员会中，

只要就在特殊情况下额外增加第101条第1款第1句第3项的合同医生执业地或者就机构和医生的授权作出了决定,则在州一级代表病人、慢性病人和残疾人利益的重要组织获得咨询权;组织为此提名一些专家。咨询权也包括在制定决议时的在场权。专家人数应最多不超过由医疗保险基金会派入委员会的成员人数。专家由第140g条的条例提及或者承认的组织共同提名。

(4)关于第21条第2款、第84条第7款第6句、第111b条、第112条第5款、第115条第5款、第124条第4款、第125条第1款、第126条第1款第3句、第127条第1a款第1句、第132a条、第132b条第2款和第132d条第2款各种拟定的医疗保险基金会联邦最高联合会的框架建议和实施细则,以及第139条医疗辅助器具表的更改、更新及取消,第36条第1款固定价格组的决定和第36条第2款固定价格的确定,由第140g条的条例提及或者承认的组织以咨询的方式达成一致。咨询权也包括在制定决议时的在场权。如果没有遵循他们的书面要求规定,则应在要求时以书面形式告知相关原因。

(5)专家会根据开会的天数按照《联邦差旅费法》或者州关于差旅津贴的规定获得差旅费、按照《社会法典第四册》第41条第2款获得误工补助,及按照(《社会法典第四册》第18条)每月标准值的1/50作为对其时间支出的报酬。报酬由专家咨询的委员会提供。

(6)第140g条的规定中提及或者承认的组织及专家,在实施其第2款的咨询权时,由联邦共同委员会通过适当的措施对其进行组织与内容上的支持。为此联邦共同委员会可设立一个病人参与办公室。主要通过组织培训与进修、整理会议材料、统筹联邦一级的提名程序及行使第2款第4句提及的申请权提供支持。

第140g条 制定条例授权

联邦卫生部被授权,在联邦参议院批准后通过行政法规规定在联邦一级代表病人、慢性病人和残疾人的重要组织被承认的前提条件,特别规定了组织形式和财政公开、病人参与程序的要求。

第140h条 联邦政府代表病人利益的专员之任期、任务和权力

(1)联邦政府任命代表病人利益的专员。专员可支配为完成其任务必要的人员与物资资源。除非被解除职位,否则直至联邦议会改选,任期才会结束。

(2)专员的任务是,致力于通过服务提供者、费用承担者和卫生事业机关全面、独立的咨询和客观的信息及在医疗保障确保问题上的参与来考虑病人的利益,尤其是他们的权利。专员在执行任务时,须注意男性与女性不同的生活条件与需求,

并在医疗保障及性别观点研究的领域进行考量。

（3）为完成第2款的任务，只要涉及病人保护及其权利的问题，联邦政府部门会按照所有法律、法规和其他重要规定加入专员团队。所有联邦机关和其他联邦范围内的公共机构在专员执行任务时提供支持。

第五章 卫生事业发展评估专家委员会

第141条 （废除）

第142条 支持协调一致行动；专家委员会

(1)联邦卫生部任命专家委员会来评估卫生事业的发展。为支持专家委员会工作，联邦卫生部设立一个事务办公室。

(2)专家委员会的任务是，根据健康保障发展在医学和经济方面的影响对其进行评估。在评估范围内，兼顾资金框架条件和现存的资金储备，专家委员会为减少赤字和存在的保障过度问题制定优先方案，并指明卫生事业继续发展的可能性及其道路；其可将社会保险其他分支的发展纳入评估范围。联邦卫生部可详细规定评估对象及委托专家委员会进行特别评估。

(3)专家委员会两年评估一次，通常在每年4月15日将评估报告转交给联邦卫生部，首次是在2005年。联邦卫生部立即向联邦立法机构提交评估。

第六章　医疗保险基金会

第一节　医疗保险基金会种类

第一小节　地方医疗保险基金会

第143条　地方医疗保险基金会的辖区

(1)地方医疗保险基金会在划定的地区设立。

(2)州政府可根据行政法规规定地区的划分。州政府可将此权力授予根据州法律相关的主管机关。

(3)相关的州可通过国民协议约定,一个地区可覆盖多个州。

第144条　自愿合并

(1)如果合并后新医疗保险基金会的辖区超出了本州区域范围,则地方医疗保险基金会也可通过其监事会决议进行合并。决议须得到在合并前主管的监管机关批准。

(2)参加的医疗保险基金会在申请许可时需附加提供一个章程,一个机关成员任命的提议,一个新医疗保险基金会组织、人员与资金结构的方案,包括其办公场所的数量和分布及与第三者法律关系的协议。

(3)监管机关批准章程和协议,任命机关成员并决定合并生效的时间点。

(4)一到生效时间,之前的医疗保险基金会自动解散。新的医疗保险基金会接受其权利与义务。

第145条　申请的州内合并

(1)州政府可根据某一地方医疗保险基金会或者其州协会的申请,在对相关地方医疗保险基金会和其州协会听证后通过行政法规合并州内独立设置的或者所有地方性医疗保险基金会,如

1.通过合并可改善相关医疗保险基金会的服务能力,或者

2.一个地方医疗保险基金会的需求率高于联邦或者州一级所有地方医疗保险基金会平均需求率5%以上。

(2)州政府根据州协会的申请,在对相关地方医疗保险基金会和其州协会听证

后,通过行政法规合并州内单独或者所有地方医疗保险基金会,如果

1. 符合第 1 款的前提条件,和

2. 在提出申请后的 12 个月内没有实现自愿合并。如地方医疗保险基金会协会的辖区超出了本州区域范围,则第 143 条第 3 款适用。

(3)需求率为过去一年中服务支出与参保人有缴纳保险费义务的收入的总和之比。支出应减去由第三方为服务补偿的额度,减去额外或者试验服务及无权服务情况下的服务之支出,减去第 266 条获得的风险结构补偿金,并减去按照第 269 条从风险共担金中获得的补偿金。根据第 266 条和第 269 条承担的补偿金也属于支出。

第 146 条　申请的州内合并程序

(1)如地方医疗保险基金会根据第 145 条合并,则其向监管机关提交一个章程、一个任命机关成员的提议和一个关于其与第三方法律关系的协议。

(2)监管机关批准章程和协议、任命机关成员并决定合并生效的时间点。

(3)到生效时间后,之前的医疗保险基金会自动解散。新的医疗保险基金会接受其权利与义务。

(4)如参与的医疗保险基金会没有在监管机关设定的期限内履行第 1 款的义务,则由监管机关确定章程,任命机构成员,规定其与第三方的法律关系,并决定合并生效的时间点。第 3 款适用。

第 146a 条　解散

如果某一地方医疗保险基金会不能长期保证其服务能力,则会被监管机关关闭。监管机关决定其解散生效的时间点。第 155 条除第 4 款第 9 句外、第 164 条第 2 款至第 5 款适用。

第二小节　企业医疗保险基金会

第 147 条　设立

(1)如满足以下条件,雇主可为一个或者多个企业设立企业医疗保险基金会,即

1. 在这些企业至少定期有 1000 名义务参保雇员,以及

2. 长期保证其服务能力。

(2)对于其章程不含有第 173 条第 2 款第 1 句第 4 项规定的企业医疗保险基金会,雇主可雇用管理业务必需的人员,费用由雇主承担。不能雇用在企业的人事部

门或者服务部门工作的人员。如企业医疗保险基金会在1995年12月31日之后设立,则须在其申请第148条第3款许可时附带的章程中规定,雇主是否在自己承担费用的情况下雇用人员。如雇主向医疗保险基金会董事会通过不可撤销的声明拒绝继续支付管理业务必需人员的费用,则只要企业医疗保险基金会同意,就必须在接到此声明后下一年度1月1日之前接管迄今负责日常运作而委托的人员。企业医疗保险基金会与其接管人员的服务和劳动关系发生权利与义务关系;《德国民法典》第613a条适用。相关关系可在第4句的声明递交到企业医疗保险基金会的当日进行重新调整。如医疗保险基金会在其章程中拟定第173条第2款第1句第4项的规定,从此章程规定生效日始,第4句至第6句适用。

(2a)如雇主在第2款第1句的企业医疗保险基金会承担雇用管理业务必需人员的费用,则该医疗保险基金会根据第270条第1款第1句第c项获得的分配额的85%转交给雇主。如雇主只承担上述人员的部分费用,则转交的金额相应减少。转交的金额需分开安排。第1句和第2句中转交的金额须限定在雇主实际负担的费用之内。

(3)如在2004年1月1日的企业医疗保险基金会章程中含有第173条第2款第1句第4项规定,并且雇主承担雇用管理业务必需人员的费用,则只要该医疗保险企业同意,就必须在2004年12月31日之前接管委托负责日常运作的人员。第2款第5句适用。企业医疗保险基金会自2004年1月1日起进行重新调整。

(4)第1款不适用于被许可为服务提供者或者其重要目标是维护服务提供者经济利益的企业,只要其根据本册与医疗保险基金会或者其协会签订了合同。如服务提供者并不是主要提供与医疗保险基金会或者其协会的合同规定的服务,则第1句不适用。

第148条 设立程序

(1)企业医疗保险基金会的设立需要得到在设立之后主管监管机关的批准。许可只有在以下情况下才会失效,即如未达到第147条第1款提及的前提条件之一,或者医疗保险基金会在设立时成员不足1000人。

(2)设立须征得多数企业雇员的同意。监管机关或者由其委托的机关负责投票事宜。投票应保密。

(3)雇主在申请许可时须附上一个章程。监管机关批准章程并决定设立生效的时间点。

第149条　扩展至其他企业

如企业医疗保险基金会章程不含有第173条第2款第1句第4项规定,则该医疗保险基金会可根据雇主的申请向同一个雇主的其他企业扩展。第148条适用。

第150条　自愿合并

(1)几家企业医疗保险基金会可根据其监事会的决议合并为一个共同的企业医疗保险基金会。决议需要得到合并前主管监管机关的批准。

(2)第144条第2款至第4款适用。对于其章程含有第173条第2款第1句第4项规定的企业医疗保险基金会,第145条和第146条适用;对于一个或多个联邦企业医疗保险基金会与其他企业医疗保险基金会的合并,第168a条第2款适用。

第151条　企业退出

(1)如同一雇主的多个企业拥有一个共同的企业医疗保险基金会,则其中一个企业被转手给其他雇主时,任何相关的雇主可申请让转手的企业退出共同企业医疗保险基金会。

(2)如不同雇主的多个企业拥有一个共同的企业医疗保险基金会,则任何相关的雇主都可申请,让其企业退出共同的企业医疗保险基金会。第1句不适用于章程中含有第173条第2款第1句第4项规定的多个雇主的企业医疗保险基金会。

(3)关于企业退出共同企业医疗保险的申请,由监管机关决定。该机关决定退出生效的时间点。

第152条　(主动)解散

企业医疗保险基金会可根据雇主的申请解散,前提是监事会有投票权的成员以3/4多数票通过。申请由监管机关决定。该机关决定解散生效的时间点。如企业医疗保险基金会的章程包含第173条第2款第1句第4项的规定,则第1句和第2句不适用。对于1995年12月31日之后合并的多个雇主的企业医疗保险基金会,第1句的申请应由所有相关雇主提出。

第153条　(被动)关闭

企业医疗保险基金会可被监管机关关闭,如

1. 设立该医疗保险基金会的企业倒闭,并且章程中不含有第173条第2款第1句第4项的规定,

2. 该企业医疗保险基金会本来就不允许设立,或者

3. 该企业医疗保险基金会的服务能力无法得到长期保证。

监管机关决定关闭生效的时间点。

第154条 （废除）

第155条 业务清算与义务承担

（1）解散或者关闭的企业医疗保险基金会的业务由其董事会清算。在清算结束之前，企业医疗保险基金会被视为继续存在，只要清算需要。如解散或关闭后董事会离职，则由监管机关在对医疗保险基金会联邦最高联合会及其州协会进行听证后决定清算董事会。《社会法典第四册》第35a条第7款适用。

（2）董事会公开宣布解散或者关闭。如公布中含有相应的提示，且在宣布6个月内没有提出索款请求的债权人，其索款要求可被拒绝。第2句和第3句不适用于保险服务请求权及基于国家间和跨国家法律的请求权。

（3）清算结束后如还有资产，则转交州协会。如不存在州协会或者此企业医疗保险基金会不属于任何州协会，则转交医疗保险基金会联邦最高联合会。

（4）如解散或关闭的企业医疗保险基金会的资产不足以偿付所有债权人，则雇主有义务偿还。如多个雇主参与，则其被视为共同债务人。如雇主的资产也不够偿还债务，则其他企业医疗保险基金会有义务偿还。如关闭的企业医疗保险基金会章程含有第173条第2款第1句第4项的规定，则第1句至第3句不适用；在此情况下，其他企业医疗保险基金会有偿还义务。只有医疗保险基金会联邦最高联合会才能够要求履行第3句和第4句的义务，其可决定债务在单独企业医疗保险基金会的分配和分期偿还的额度。如企业医疗保险基金会无力履行义务，则未偿付的款项由医疗保险基金会联邦最高联合会分摊给其他医疗保险基金会，农村医疗保险基金会除外。针对此分摊款项执行的申诉没有中止行政决定实施的效力。在第173条第2款第1句第4项的章程规定生效时，如企业医疗保险基金会须承担的款项超过其资产，则雇主须在章程规定生效后6个月内补偿差额。第164条第2款至第4款在以下条件下适用，即第164条第3款第3句只适用于其劳动关系不能通过正式解除合同而终止的雇员。

（5）如一个企业医疗保险基金会在2007年4月1日后与另一个医疗保险基金会根据第171a条合并，并且新的医疗保险基金会属于另一个保险基金会类型，则对于偿还一个关闭或者解散的企业医疗保险基金会

1. 在2008年1月1日存在的债务，

2. 其他的关闭费用，如在2008年1月1日后的10年内解散或者关闭，并且在当天存在的债务在解散或者关闭时还未还清，

3. 服务提供者的请求权和保险服务请求权，

4. 第171d条第1款第3句提及的、在2049年12月31日之前的义务，以及

5. 基于国家间和跨国家法律的要求，

新医疗保险基金会也负有义务。第1句的责任不会因一个企业医疗保险基金会在2007年4月1日后与另一个医疗保险基金会根据第171a条合并，以及新的医疗保险基金会属于另一个保险基金会类型而受影响。医疗保险基金会联邦最高联合会为每个企业医疗保险基金会确定其截至2008年1月1日存在的债务，并且在其解散或者关闭时分摊到每个单独的企业医疗保险基金会。第4款第5句至第7句适用。

第156条 公共管理部门的企业医疗保险基金会

第147条至第155条第4款适用于联邦、州、乡镇联合体或者乡镇的管理部门服务企业。这里，管理部门取代雇主。

第三小节 行业医疗保险基金会

第157条 设立

（1）对于其成员登记在手工业行业目录中的手工业企业，一个或者多个手工业行业可为其设立行业医疗保险基金会。

（2）一个行业医疗保险基金会只有满足以下前提条件才可设立，即

1. 在手工业行业成员所在手工业企业至少定期有1000名义务参保雇员，

2. 长期保证其服务能力。

（3）第1款不适用于按照本册被允许作为服务提供者与医疗保险基金会或者其协会签订合同的手工业企业。

第158条 设立程序

（1）行业医疗保险基金会的设立需要得到主管监管机关的批准。许可只有在以下情况下才会失效，即如未达到第157条提及的前提条件之一，或者医疗保险基金会在设立时成员不足1000人。

（2）设立须征得行业成员大会及行业企业中多数雇员的同意。

（3）第148条第2款第2句和第3句、第3款适用于程序。雇主的职能由手工业行业协会承担。

第159条 扩展至其他手工业行业

（1）如单独或者与其他手工业行业共同设立一个行业医疗保险基金会的手工

业行业(所有者行业)与没有行业医疗保险基金会的另一手工业行业合并,则只要行业企业中多数雇员同意,所有在其他手工业工会企业义务参保的雇员都属于此行业医疗保险基金会;第157条第2款第2项适用。如所有者行业从地域上或者事务上向其主管范围扩展,则第1句适用。第158条适用。

(2)如因手工业法规的更改而导致所有者行业的成员范围发生变化,则主管的监管机关须对行业医疗保险基金会的成员范围进行相应调整。如此调整涉及的所有者行业成员超过1000人,则第157条、第158条适用。

(3)如在调整之后的行业医疗保险基金会覆盖几个监管机关辖区,则第2款的决定由调整前的主管监管机关作出。

第160条 行业医疗保险基金会的合并

(1)行业医疗保险基金会可根据其监事会的决议合并。决议需要得到合并前主管监管机关的批准。第144条第2款至第4款适用于合并程序。

(2)如行业医疗保险基金会的所有者行业自行合并,则这些医疗保险基金会也会被合并。第146条适用于合并程序。

(3)如州政府对行业医疗保险基金会进行合并,则第145条和第146条适用。

第161条 手工业行业的退出

手工业行业可申请从一个共同的行业医疗保险基金会退出。退出申请由监管机关批准决定。该机关决定退出生效的时间点。第1句至第3句不适用于其章程未包含第173条第2款第1句第4项规定的行业医疗保险基金会。

第162条 (主动)解散

单独的行业医疗保险基金会可根据行业成员大会的申请在资深员工委员会后解散,共同的行业医疗保险基金会可根据所有行业成员大会的在资深员工委员会后解散,前提是监事会有投票权的成员以3/4多数票通过。申请由监管机关决定。该机关决定解散生效的时间点。如行业医疗保险基金会的章程含有第173条第2款第1句第4项的规定,则第1句至第3句不适用。

第163条 (被动)关闭

行业医疗保险基金会可被监管机关关闭,如

1. 设立该医疗保险基金会的手工业行业解散,对于共同的行业医疗保险基金会来说,则是所有参与的手工业行业解散,

2. 该医疗保险基金会本来就不允许设立,或者

3. 该医疗保险基金会的服务能力无法得到长期保证。

监管机关决定关闭生效的时间点。如行业医疗保险基金会的章程含有第173条第2款第1句第4项的规定,则第1句第1项不适用。

第164条 资产分配、业务清算、义务承担与员工事务规例

(1)行业医疗保险基金会的解散与关闭适用第154条和第155条第1款至第3款。如解散或关闭的行业医疗保险基金会的资产不足以偿付所有债权人,则手工业行业协会有义务偿还。如多个手工业行业参与,其被视为共同债务人。如手工业行业的资产不够偿还债务,则其他行业医疗保险基金会有义务偿还。如关闭的行业医疗保险基金会章程含有第173条第2款第1句第4项的规定,则第2句至第4句不适用;在此情况下,其他行业医疗保险基金会有偿还义务。对于本款第4句和第5句的义务,第155条第4款第5句至第7句和第5款适用。对于第173条第2款第1句第4项章程规定生效时的义务,第155条第4款第8句适用。

(2)行业医疗保险基金会关闭或解散当日现有的保障受领人及其遗属的保障要求不受影响。

(3)按照工作条例雇用的员工有义务,接手州行业医疗保险基金会协会介绍的符合工作条例的该协会或者另一个行业医疗保险基金会的职位,前提是该职位并未与其能力明显不相称。如因此产生较低的薪水和保障,应被补齐。其余雇员应考量其能力与迄今的工作,为其提供在该协会或者另一个行业医疗保险基金会的职位。每一个行业医疗保险基金会有义务,按照其参保人数占所有行业医疗保险基金会参保人数的比例,介绍第1句中符合工作条例的职位并提供第3句的职位;雇员可通过适当的方式了解其介绍的内容与提供的职位。

(4)不是按照第3款获得职位的雇员之合同关系,在解散与关闭当日结束。提前解除合同的权利在此不受影响。

(5)对于第2款至第4款所承担的义务,第1款和第155条第5款适用。

第四小节 (废除)

第165条 (废除)

第五小节 农村医疗保险基金会

第166条 农村医疗保险基金会

农村医疗保险基金会是《社会法典第二册》第17条中就农村医疗保险提供的医

疗保险基金会。关于农村医疗保险的法律规定有效。

第六小节　德国矿工—铁路—海员养老保险

第167条　德国矿工—铁路—海员养老保险

德国矿工—铁路—海员养老保险执行本册规定的医疗保险。

第七小节　医疗互助基金会

第168条　医疗互助基金会

（1）医疗互助基金会是1992年12月31日存在的医疗保险基金会，其参保人在1995年12月31日之前的成员资格通过行使选举权而获得。

（2）不允许限制医疗互助基金会接受成员的权限。

（3）医疗互助基金会的辖区可通过章程规定扩张覆盖一个或者数个州，或者整个联邦。章程规定需要得到扩张前主管监管机关的批准。

第168a条　医疗互助基金会的合并

（1）医疗互助基金会可通过其监事会决议合并。决议须获得合并前主管监管机关的批准。对于相关程序，第144条第2款至第4款适用。

（2）根据某一医疗互助基金会的申请，联邦卫生部可在联邦参议院批准后通过行政法规在对相关医疗互助基金会进行听证后合并单个医疗互助基金会。对于通过联邦卫生部行政法规合并医疗互助基金会，第145条和第146条适用。

第169条　（废除）

第170条　关闭

如果一个医疗互助基金会的服务能力不能长期保证，则可被监管机关关闭。监管机关决定关闭生效的时间。

第171条　资产分配、业务清算、义务承担

涉及关闭时，第154条、第155条第1款至第3款和第164条第2款至第5款适用，条件是第164条第3款第3句只针对其劳动关系不能通过正式解除合同而终止的雇员。如关闭的医疗互助基金会资产不足以偿还债务，则第155条第4款第4句至第7句和第5款适用。

第八小节　跨保险医疗保险基金会的规定

第171a条　跨类型医疗保险基金会的合并

（1）本章第一小节至第三小节和第七小节提及的医疗保险基金会可在监事会决议下与在这些节提到的其他保险基金会类型的医疗保险基金会合并。决议需要获得合并前主管监管机关的批准。第144条第2款至第4款有效，条件是申请批准时须附上一个声明，告知应保留哪些基金会属性。之后，如新的医疗保险基金会属于在申请批准当日参与合并、人数最少的医疗保险基金会所属的协会成员，则基于此协会监管机关实施的核查结果一致确定可能会对其资金基础造成损害，此协会可根据第2句向监管机关拒绝新医疗保险基金会加入。

（2）新的医疗保险基金会在合并生效5年后，须向参加合并的医疗保险基金会未合并前有支付义务的协会履行医疗保险基金会倒闭后所产生的支付义务或者根据第265a条提供资金救助的义务。第155条第5款有效。新保险医疗机构应基于某些背景条件利用一些对确定支付义务具有至关重要的数据，即参与合并的医疗保险基金会在提交批准申请当日彼此承认的需要偿付的数额。新保险医疗机构须向相关协会告知确定义务偿付的金额所必需的数据。如果新的医疗保险基金会是企业医疗保险基金会或者医疗互助基金会，则在关闭此医疗保险基金会时，第164条第2款至第5款适用。

第171b条　医疗保险基金会破产

（1）自2010年1月1日起，《破产条例》第12条第1款第2项不适用于医疗保险基金会。自此刻起，医疗保险基金会的破产条例以下列条款为准。

（2）如果某一医疗保险基金会丧失服务能力或者预知在债务到期时无法履行现有的支付义务（有破产危险），或者出现超额负债，医疗保险基金会董事会须立即以有说服力的材料向主管监管机关报告。医疗保险基金会联邦最高联合会根据第171d条第1款会为医疗保险基金会承担债务，但在确定超额负债时应不被考虑在内。

（3）只能由监管机关提出申请启动医疗保险基金会资产的破产程序。如果符合因长期无法保证服务功能而关闭医疗保险基金会的前提条件，则监管机关可直接关闭医疗保险基金会，而不是按照第1句提出申请。在收到第2款第1句提到的报告后3个月之内监管机关没有根据第1句提出申请，则只要报告的破产理由继续存在，就不可再提出破产申请。

（4）监管机关须立即就第3款第1句的申请提出事宜知会医疗保险基金会联邦

最高联合会。在任命破产管理员之前,破产法庭须对监管机关进行听证。启动决议须单独寄送给监管机关。监管机关和医疗保险基金会联邦最高联合会可随时就程序进度向破产法庭和破产管理者要求提供回复。

(5)在破产程序启动当日或者因缺乏破产人资产而拒绝启动破产程序的决议生效当日,关闭医疗保险基金会,条件是,在破产程序启动后根据《破产条例》规定对医疗保险基金会业务进行清算。

(6)医疗保险基金会的资产包括生产资料、储备金和管理资产。与第260条第2款第2句不同,只要医疗保险基金会对于服务请求作为特别资产归入健康基金,这笔费用就不予考虑。

(7)对于2009年12月31日之前因半退休协议而产生的余额,应最迟在2015年1月1日之前完全履行《半退休法》第8a条中的相关义务。

第171c条 根据《破产条例》第12条第2款的保证之取消

自2009年1月1日起,根据《破产条例》第12条第2款,各州不再有义务为医疗保险基金会雇员提供养老保障款项和破产金。

第171d条 破产情况下的保证

(1)如就医疗保险基金会的资产启动破产程序,或者根据法律上确定有效的判决破产程序启动因缺乏破产人资产而被驳回(破产情况),那么医疗保险基金会联邦委员会承担2009年12月31日之前此医疗保险基金会产生的养老保障和半退休保障义务,以及为履行相关义务向公共合法机构支付公司养老保障义务而申请的贷款,前提是破产情况影响了这些义务的履行,或者已使机构无法履行这些义务。如果根据《企业养老金法》,破产保险的受益人能够履行医疗保险基金会一直持续的养老保险义务,则其他医疗保险基金会或者其协会不承担任何义务。医疗保险基金会联邦最高联合会规定为履行其保证义务而向同一保险类型的医疗保险基金会收取必需的金额,以及如果属于此保险类型的医疗保险基金会参与合并,则在2049年12月31日之前根据第171a条向由合并产生的医疗保险基金会收取部分额度的费用。如第3句提到的医疗保险基金会没有能力履行第1句提到的义务,则医疗保险基金会联邦最高联合会就不足的额度向所有其他医疗保险基金会收取。第155条第4款第7句和第164条第2款至第4款适用。

(1a)第1款第1句的半退休义务保证不适用2015年1月1日之后的破产情况。

(2)第1款第3句和第4句、第5款第1句和第2句,第155条第4款第5句和第6句、第5款第1句第3项和第5项的额度确定细节由联邦卫生部在联邦参议院批准后按照行政法规进行调整。此外规定,章程中不含有第173条第2款第1句第4项规定的企业和行业医疗保险基金会可参与筹资,其额度为待支付金额的20%。在行政法规中还可规定,医疗保险基金会为履行第1款第3句和第4句而须向医疗保险基金会联邦最高联合会提供哪些信息,包括提供信息的时间点。

(3)如果在2010年1月1日之前没有被批准进入破产程序的医疗保险基金会出现了破产,则《企业养老金法》第四篇的破产保护仅涉及2009年12月31日之后保障金承诺的权利和预期利益。《企业养老金法》第7条至第15条不适用于根据州法律而成为巴符州或者萨克森州社区保障协会义务成员的医疗保险基金会。巴符州一般地区性医疗保险基金会(AOK)除外。如成员关系终结,则第1句适用。

(4)医疗保险基金会联邦最高联合会在第1款的基础上提供服务,相关权利人的诉求由其满足;《企业养老金法》第9条第2款至第3a款(第3款第1句后半句除外)适用于医疗保险基金会联邦最高联合会。为了第1款第3句和第4句中医疗保险基金会的利益,医疗保险基金会联邦最高联合会使得破产程序中第1句的诉求有效。

(5)在破产情况下,同一种类的其他医疗保险基金会为第155条第5款第1句第3项和第5项所述的权利和要求承担责任。如第1句中的义务超过了相应种类的医疗保险基金会每年从健康基金得到的总配额的1%,则其他种类的医疗保险基金会亦须负责。第155条第4款第5句至第7句适用。如果第1句或者第2句的医疗保险基金会须提供服务,则参保人和服务提供者的诉求由其负责。第4款第2句适用。

第171e条 用于养老保障义务的养老金储蓄准备金

(1)医疗保险基金会须为会实现《企业养老金法》第1条第1款第3句中直接购买义务的保障金承诺及为通过2010年1月1日起至2049年12月31日的年度最少供款而产生的援助义务,设立一个额度相等的养老金储蓄准备金,此准备金可为在某天预计产生的此义务现金额度完全提供资金支持。在计算资产的负债方面应设立多个与现有养老金储蓄准备金相同数额的准备金。只要医疗保险基金会通过保险精算鉴定向监管机关证明,其为保障养老金预期利益和权利所承担的义务及援助义务而设立一个满足第1句和第3款行政法规中所列前提条件的养老金储蓄准备金,则第1句无效。在计算依据出现实质性变化时,应更新证明,原则上5年变化一次。养老金储蓄准备金只能用于指定用途。

(2)只要医疗保险基金会在2009年12月31日之前成为一个公共合法保障金机

构成员,则鉴于第1款中的义务相应考虑预期的保障金付款。如果具有被监管义务的企业根据《保险监管法》第1条第1款第1项和第2项在2009年12月31日之前设立了养老金储蓄准备金,则只要涉及第1款第1句中的保障金承诺,就会适当考虑这一情况。只要医疗保险基金会有义务遵守联邦的《保障储备金法》或者相应州法律,则同样应考虑根据这些法律规定设立的资金。

(3)联邦卫生部经联邦参议院批准按照行政法规调整以下细节:

1. 为应设立养老金储蓄准备金的保障金义务之界定,

2. 确定保障金义务现金数额的普遍保险精算规定,

3. 设立养老金储蓄准备金必需的供款额度和额度的审核与调整,

4. 养老金储蓄准备金供款的付账程序,

5. 落实企业养老保障金时养老金储蓄准备金的计算,及养老金储蓄准备金的投资。

联邦卫生部经联邦参议院批准按照行政法规向联邦保险局转移第1句的权限。在这种情况下,第271条第6款适用于联邦保险局由此产生的费用。

(4)由监管机关批准确定医疗保险基金会所必需的养老金储蓄准备金额度和养老金储蓄准备金的供款计划。

(5)第4款的公务行为会收取相应费用和开支。联邦卫生部被授权,在联邦参议院批准后按照行政法规决定收费事项、收费额度和偿还事宜。可规定固定收费标准,也可按时间规定收费标准,另外还规定框架收费标准。应考虑不同的收费标准,从而补偿与监管机关公务行为相关的人员及物资支出。联邦卫生部可在联邦参议院批准后通过行政法规将第2句中的行政法规制定权授权给联邦保险局。

第171f条 医疗保险基金会协会的破产能力

第171b条至第171e条适用于医疗保险基金会联合会。

第172条 医疗保险基金会关闭或破产之规避

(1)在医疗保险基金会的设立、合并、开张(第173条第2款第1句第4项)、解散和关闭之前须对相关医疗保险基金会的协会进行听证。如果医疗保险基金会将其所在地转移至另外一个协会的辖区,则第1句适用。

(2)在医疗保险基金会联邦最高联合会要求下,医疗保险基金会须立即向其提交评估机构长期服务能力所必需的材料并接受询问,或者允许其查阅这些机构办公区的资料。如果医疗保险基金会联邦最高联合会确定,在最后一个季度的结算中,一个医疗保险基金会的支出超过收入的额度为评估报告期内健康基金平均每月供款的0.5%以上,则其须向主管监管机关通报。此外,医疗保险基金会联邦最高联合会可向监管机关通报其在截至每个日历年12月31日的年度结算中已证实的生产资料、储备金和购置与更新管理资产的经费。监管机关须在兼顾第2句和第3句提及的财务数据的同时,立即要求医疗保险基金会的董事会提供第1句提到的材料和答复的样本,如果能够从中发现造成医疗保险基金会经济能力长期受损的关键所在。如协会基于第1句所传达的信息,判断医疗保险基金会的支付能力长期受到威胁,则协会通过采取适当的措施为保证医疗保险基金会的长期支付能力向其提出建议,并向医疗保险基金会的监管机关通报医疗保险基金会的财政状况和相关建议。如果医疗保险基金会没有履行其第1句和第4句中的义务,也须通知其监管机关。

(3)如果监管机关在与医疗保险基金会联邦最高联合会达成一致后确定,一个医疗保险基金会只有可能与另一医疗保险基金会合并才能保证长期的支付能力,或者避免进入破产或过度负债状态,监管机关可提议这两家医疗保险基金会合并。如果支付能力不足的医疗保险基金会在监管机关设定的期限内未能就与其他医疗保险基金会自愿合并事宜达成决议,则监管机关会取代其作出决议。

第二节 成员的选择权

第173条 普遍选择权

(1)只要《农村医疗保险法第二部》或者《艺术工作者社会保险法》没有其他规定,义务参保人(第5条)和自由参保人(第9条)都可成为其所选医疗保险基金会的成员。

(2)义务参保人和自由参保人可选择:

1. 工作或者居住地的地方医疗保险基金会,

2. 根据相关章程,其管辖地覆盖工作或者居住地的医疗互助基金会,

3. 企业或者行业医疗保险基金会,如其在设立企业或者行业医疗保险基金会的企业从业,

4. 企业或行业医疗保险基金会,如企业或者行业医疗保险基金会的章程规定了这一情况,

4a. 德国矿工—铁路—海员养老保险基金会,

5. 在义务参保或者自由参保之前最终确定了成员资格或者签订了第10条保险契约的医疗保险基金会,

6. 其配偶参保的医疗保险基金会。

如果章程包含第4项规定,则对存在企业或行业企业,并且企业或者行业医疗保险基金会的章程对这些企业的管辖权起决定作用的州所在区域有效;只要章程规定在2007年3月31日对其他地区有效,就不受影响;章程不能把选择权限定在特定人群或者受条件限制。第1句第4项的章程规定不能违背。如果拥有第1句第4项章程规定的医疗保险基金会参与企业医疗保险基金会或者行业医疗保险基金会的合并,则此章程规定也适用于合并的医疗保险基金会。第1句第4项和第4句不适用于为私人医疗保险企业或者养老金企业设立的企业医疗保险基金会,或者与此类企业医疗保险基金会合并产生的企业医疗保险基金会,前提是此医疗保险基金会的章程在2003年9月26日不含有第1句第4项的规定。

(2a)在《联邦法律公报》Ⅰ(大纲编项822—4)公布的整理版中,《关于进一步扩展矿工医疗保险的规定》第2条第1款不适用于2007年3月31日后成为德国矿工—铁路—海员养老保险参保人的人员,该公报版本最后一次按照1983年12月22日的法典第22条第1项(《联邦法律公报》Ⅰ第1532页)进行了更改。

(3)大学生可另外选择其高校所在地的地方医疗保险基金会或者当地医疗互助基金会。

(4)第5条第1款第5项至第8项强制保险的年轻人、参与共同工作生活服务的人员、残疾人和第5条第1款第11项和第12项或者第9项的退休参保人员及第9条第1款第4项参保的残疾人可另外选择其父母方参保的医疗保险基金会。

(5)如果参保人员在设立企业或者行业医疗保险基金会的企业从业,则可另外选择企业或者行业医疗保险基金会。

(6)成员的选择决定适用于第10条的参保人。

(7)如果章程不含有第2款第1句第4项规定的企业或者行业医疗保险基金会参加第171a条的合并,并且合并产生的医疗保险基金会属于企业或者行业医疗保险基金会的协会,则对于一些可能拥有企业或者行业医疗保险基金会选择权的义务参保人和自由参保人都可选择新的医疗保险基金会,而该企业或者行业医疗保险基金会的章程在合并前可能已经包含了第2款第1句第4项的规定。

第174条 特别选择权

(1)(废除)

(2)对于在企业或者行业医疗保险基金会从业或者退休前在其处从业的义务参保人和自由参保人,第173条第2款第1句第3项适用。

(3)在企业或者行业医疗保险基金会协会从业或者退休前在其处从业的义务参保人和自由参保人,可选择其居住或者工作地的企业或者行业医疗保险基金会。

(4)(废除)

(5)与第173条不同,第5条第1款第13项的义务参保人可成为其最后参保的医疗保险基金会或者该机构受让方的成员,其他情况下,可成为其根据第173条第1款所选医疗保险基金会的成员;第173条有效。

第175条 选择权的行使

(1)选择权的行使主要针对所选择的医疗保险基金会。该机构不可否决参保人的成员资格。选择权须年满15周岁方可行使。

(2)被选择的医疗保险基金会须在选择权被行使后立即开具成员证明。如果在义务参保或者自由参保前的最后18个月内在另一医疗保险基金会存在成员资格,则只有根据第4款第3句出示解约确认书后方可开具成员证明。如果在义务参保时,为了提交给有登记义务的机构,须立即开具成员证明。

(3)义务参保人须向有登记义务的机构立即提交成员证明。如果在义务参保后2周内未提交成员证明,则有登记义务的机构可从义务参保人开始义务参保起在其最后一次参保的医疗保险基金会为其登记;如参保人在义务参保之前没有参保记录,则有登记义务的机构可从义务参保人开始义务参保起在第173条中可选的医疗保险基金会中为其登记,并立即就选择的医疗保险基金会知会义务参保人。如果没有提交第1句中的成员证明,又未执行第2句中的登记,则医疗保险基金会联邦最高联合会指明责任归属。

(4)如果义务参保人和自由参保人自2002年1月1日起行使选择权,则其选择该医疗保险基金会应至少持续18个月。成员资格的解除须在成员申请解约的当月后的第2个月度生效。医疗保险基金会须最迟在收到解约申请后2周内出具解约申请确认函。如果成员在解约期限内通过成员证明或者通过另一个疾病保险来证明其为另一家医疗保险基金会的成员,则解约生效。如果医疗保险基金会自2009年1月1日起收取额外保险费、提高其额外保险费或者减少其保费支付,则与第1句有所不同,成员资格可在收取额外保险费、提高额外保险费或者减少保费首次生效时被解除。医疗保险基金会须最迟在首次生效前1个月向其成员表明可行使第5句中的解约权。如医疗保险基金会未及时对其成员提供第6句的指示,则对该成员来说,收取或者提高额外保险费的生效时间及行使特别解约权的期限相应推迟一段时间。由于满足第10条中的参保前提条件,因此如自由参保人解约,则第1句和第4句均不适用;由于未说明医疗保险基金会的成员资格,因此如参保人解约,则第1句无效。医疗保险基金会可在其章程中规定,如说明另一家同类医疗保险基金会的成员资格,则第1句的期限无效。在2007年2月2日及之后由个人提出解除成员资格,以转入私人医疗保险企业,如此刻不满足第6条第1款第1项的前提条件,则解约无效。

(5)第4款不适用于通过企业或行业医疗保险基金会的设立或者扩张或者企业变动而成为企业或行业医疗保险基金会成员的义务参保人,前提是其在设立、扩张或者企业变动后2周内行使选择权。

(6)医疗保险基金会联邦最高联合会根据此规定确定用于登记和证明成员资格的统一程序和表格。

第176条至185条(废除)

第三节 成员资格与宪法

第一小节 成员资格

第186条 义务参保人成员资格的开始

(1)义务参保的雇员之成员资格从其建立雇用关系之日开始。

(2)非固定工作的雇员(第179条第2款)之成员资格由其主管医疗保险基金会首次确定其有义务参保义务,而此确定在工作开始后的1个月内落实,从接受非固定工作之日起计算,否则从确定日开始计算。如非固定工作的雇员所从事的工作并非不超过3周的短暂工作,则成员资格继续保有。

(2a)《社会法典第二册》中失业金I和《社会法典第三册》中失业金或生活扶助津贴领取人的成员资格从其领取救济金之日开始计算。

(3)根据《艺术工作者社会保险法》,参保人的成员资格开始于艺术工作者社会保险基金会确定其参保义务当日。如《艺术工作者社会保险法》规定的参保义务被一个非固定工作的雇用关系(第179条第2款)中断,则成员资格重新开始于非固定工作雇用关系的结束日。如根据《艺术工作者社会保险法》第9条解除保险合同,则成员资格开始于解除合同的下月,最迟在确定参保义务后2个月。

(4)对于能胜任青年救助机构工作的人员,其成员资格从活动开始时计算。

(5)对于参与共同工作生活服务的义务参保人,其成员资格从活动开始时计算。

（6）残疾人义务参保人的成员资格从为残疾人设立的经批准的工厂、疗养机构、休养院或类似机构开始工作之日起计算。

（7）大学生义务参保人的成员资格始于学期开始，最早可始于报到或者注册日。

（8）实习生义务参保人的成员资格始于职业实习活动开始之日。属于职业培训一部分的无报酬工作者，其成员资格从其工作开始之日计算。

（9）领取养老金的义务参保人之成员资格始于提交养老金申请日。

（10）如义务参保人解除在某个医疗保险基金会的成员资格（第175条），则其在新选择的医疗保险基金会之成员资格始于其解约生效日，对此，第1款至第9款不适用。

（11）第5条第1款第13项的义务参保人之成员资格开始于在国内没有就疾病保险提出任何其他诉求之首日。非来自欧盟成员国、欧洲经济区协定缔约国的外国人或者瑞士公民之成员资格，始于其落户许可或居留许可生效日。2007年4月1日没有就疾病保险提出任何其他诉求之人员，其成员资格开始于此日。参保人因客观原因在第1句和第2句提及的时间点后提交义务参保的前提条件，医疗保险基金会须在其章程中规定，参保义务生效后需补交的款项可给予适当折扣、延期或者免交。

第187条　成员资格的开始

如主管义务参保人的医疗保险基金会为新设立的机构，则该义务参保人的成员资格始于医疗保险基金会设立有效日。

第188条　自由参保人成员资格的开始

（1）自由参保人的成员资格始于其加入该医疗保险基金会之日。

（2）第9条第1款第1项和第2项提及的自由参保人之成员资格始于其解除参保义务日或者其第10条的保险终结日。第9条第1款第6项提及的自由参保人之成员资格始于第5条第1款第11项义务参保生效日。

（3）参保须书面声明。

第189条　养老金申请者之成员资格

（1）具备成员资格的人应为申请过法定养老保险的养老金、符合第5条第1款第11项、12项和第2款前提条件但不符合领取养老金前提条件的申请者。第1句不适用于符合其他规定的义务参保人或者符合第6条第1款的自由参保人。

（2）成员资格始于养老金申请提出之日。其终结于死亡或者申请被无可争辩的驳回或者拒绝日。

第190条 义务参保人成员资格的结束

(1)义务参保人成员资格终结于其死亡。

(2)义务参保雇员的成员资格终结于其获取工作报酬的劳动关系结束之日。

(3)对于根据第6条第4款无参保义务的人员,其成员资格终结于在本规定拟定的时间,但要求该成员在医疗保险基金会就退出可能作出提示后2周内表明退出。如未表明退出,则成员资格作为自由参保成员继续保有,除非不符合第9条第1款第1句第1项自由参保的前提条件。如未表明退出,则以下人员的成员资格以自由参保成员继续保有,即当事人在2010年12月31日后或者第一次在国内参加工作的当年结束之后,根据第6条第4款第1句撤销参保义务,但不符合第9条第1款第1句第1项自由参保的前提条件。

(4)如果非固定工作雇员不是暂时放弃非固定工作的职业行为,即最后一份非固定工作超过3周,则其成员资格终结。

(5)根据《艺术工作者社会保险法》,参保人的成员资格终结于在艺术工作者社会保险基金会确定强制保险义务撤销日;第192条第1款第2项和第3项仍然有效。

(6)对于能胜任青年救助机构工作的人员,其成员资格终结于活动结束之日。

(7)对于参与共同工作生活服务的义务参保人,其成员资格终结于活动结束之日,在过渡金继续发放的情况下终结于过渡金发放结束日。

(8)残疾人义务参保人的成员资格终结于在为残疾人设立的经批准的工厂、疗养机构、休养院或类似机构的工作结束。

(9)大学生义务参保人的成员资格终结于最后一个注册学期的结束。

(10)实习生义务参保人的成员资格终结于职业实习活动结束之日。属于职业培训一部分的无报酬工作者,其成员资格终结于其工作结束之日。

(11)领取养老金的义务参保人之成员资格终结于

1. 驳回领取养老金请求或者作出无可辩驳的取消和收回养老金决定的当月月末,或者最后一次支付养老金的当月月末,

2. 在补发之前某段时间的养老金情况下,作出无可辩驳决定的当月月末。

(11a)对于第9条第1款第6项提及的行使参保权者及其家庭成员的成员资格终结于第5条第1款第11项义务参保义务生效之日,该家庭成员根据第5条第1款第11项在2002年3月31日之后义务参保,其养老金请求权在此日已通过,但不符合自1993年1月1日起生效版第5条第1款第11项的保险等待期,而且他们根据关

于农村医疗保险的第二册第10条或者第7条在2002年3月31日之前已参保。

（12）《社会法典第二册》中失业金Ⅰ和《社会法典第三册》中失业金或生活扶助津贴领取人的成员资格终结于其领取救济金的最后一日。

(13)第5条第1款第1项提及人员的成员资格,终结于

1. 表明在生病情况下可以提起其他保障请求权,或者

2. 居住地或者日常居留地迁至其他国家的前一日。

第5条第1句第1项是不适用于《社会法典第十二册》第三章、第四章、第六章和第七章中领取救济金之人。

第191条　自由参保人成员资格之结束

自由参保人成员资格终结于

1. 成员死亡,

2. 义务参保人成员资格生效,或者

3. 合同解除生效(第175条第4款);如果成员满足第10条中的保险前提条件,则该章程可确定更早的时间点。

第192条　义务参保人成员资格之继续保有

（1）只要满足以下条件,义务参保人的成员资格仍然保有

1. 在合法的劳动争议期间,

2. 获得病假津贴或者生育津贴期间,或者领取其中一种救济金或依法领取教育津贴或者父母津贴,或者休父母假期间,

3. 在获得医疗康复服务期间从康复机构获得工伤津贴、疾病津贴或者过渡津贴,或者

4. 获取《社会法典第三册》的短期工作工资期间。

(2)怀孕期间,如雇用关系在雇主同意的情况下被解除,或者成员申请不带薪休假,则保留义务参保人的成员资格,除非根据其他规定存在其他成员资格。

第193条　兵役与民役期间成员资格之继续保有

(1)根据《工作岗位保护法》第1条第2款继续获得工资的义务参保雇员,其雇用关系视为未因《兵役法》第4条第1款和第6b条第1款的兵役而中断。此亦适用于《作战和康复法》第6条的特殊兵役关系者,如其在作战事故中涉及医疗保险关系。

(2)对于第1款情况之外的义务参保人和自由参保人,《兵役法》第4条第1款和第6b条第1款的兵役不影响其在某一医疗保险基金会的现有成员资格。如参保义

务结束于兵役开始日,或者如参保义务结束日与兵役开始日之间为周六、周日或者法定节假日,义务参保人的成员资格继续保有。第1款第2句有效。

(3)第1款和第2款适用于民役。

(4)第1款和第2款适用于根据《军人法》第四篇提供服务或者进行演习的人员。服务或者演习与第5条第1款第1项和第6条第1款第3项的活动无关。

(5)《作战和康复法》第6条的特殊兵役关系期间,第5条第1款第1项和第6条第1款第3项的活动不适用。

第二小节 章程与机关

第194条 医疗保险基金会的章程

(1)章程需特别规定

1. 医疗保险基金会的名称与所在地,

2. 医疗保险基金会的辖区和其会员范围,

3. 服务种类与范围,只要法律未作规定,

4. 第242条中额外保险费的确定、到期和支付,

5. 机关成员数量,

6. 机关权利与义务,

7. 监管会决议方式,

8. 机关成员报酬之确定,

9. 年度企业管理与会计审核、年度结算的验收,

10. 申诉办公室的组成与所在地,以及

11. 公告方式。

(1a)章程包含的规定有,医疗保险基金会可介绍其参保成员与私人医疗保险企业签订私人额外保险合同。此合同的对象可以是补充法定医疗保险的所有偿付款项,特别是用于支出补偿的追加费、医院择医治疗的费用、单人或者双人床补贴及国外医疗保险。

(2)章程不能含有与法定医疗保险矛盾的规定。其只能涉及本册许可的保障项目。

第195条 章程批准

(1)章程需要监管机关批准。

(2)事后确定的章程不应被批准,则监管机关可要求医疗保险基金会在一定期

限内进行必要的修改。如医疗保险基金会在此期限内没有跟进，监管机关可代替医疗保险基金会自行进行必要的修改。对第1句和第2句中监管机关措施的申诉无终止行政决定实施的效力。

(3)如章程因之后出现的情况而需要更改，则第2款适用。

第196条　章程检查

(1)有效章程可在医疗保险基金会的办公场所在正常的办公时间查阅。

(2)每位成员免费获得关于义务参保人和自由参保人的成员资格、参保权及由医疗保险基金会提供的服务和保险费的通知单。

第197条　监事会

(1)监事会须特别

1. 决定章程及其他自主权，

1a. 监督董事会，

1b. 作出所有对于医疗保险基金会有根本意义的决定，

2. 确定预算计划，

3. 因年度结算就给董事会减负事宜作出决定，

4. 在董事会及其成员前代表医疗保险基金会，

5. 就购买转让和抵押不动产，及建房事宜作出决定，以及

6. 就医疗保险基金会的解散或者与其他医疗保险基金会的自愿合并事宜作出决定。

(2)监事会可查阅和检查所有业务与管理资料。

(3)监事会应为履行其任务设立专业委员会。

第197a条　打击卫生事业不当行为办公室

(1)医疗保险基金会及其州协会(如存在)与医疗保险基金会联邦协会联手设立一些组织单位，来跟进与相关医疗保险基金会及其协会任务相关的资金异常、违法或不当运用的情况和事实。其拥有《社会法典第十册》第617c条第3款的控制权限。

(2)任何人可就第1款所述事务向医疗保险基金会和第1款提及的其他组织询问。如第1款提到的组织根据个别情况或者总体情况认为其可信，则继续跟进。

(3)医疗保险基金会及第1款提到的组织就履行第1款的任务应彼此合作，并与保险基金会医生协会和保险基金会医生联邦协会合作。

(4)医疗保险基金会及第1款提及的其他组织如根据审查结果得出，可初步怀

疑存在对法定医疗保险会产生重大影响的违法行为,则应立即向国家检察机关通报。

(5)医疗保险基金会和第1款所提及组织的董事会须向监事会每2年汇报一次,首次在2005年12月31日前,报告内容为第1款中组织单位的工作情况和成果。报告应转交给主管监管机关。

第197b条　通过第三方完成任务

只要工作组或第三方能够更经济地执行任务,相关人员可以获得更好的利益,并且不会损害参保人的权利,医疗保险基金会可委托工作组或者第三方来履行其义务性的任务。保障参保人的实质性工作不能委托第三方。《社会法典第十册》的第88条第3款、第4款,第89条,第90条至第92条,第97条有效。

第四节　登记

第198条　雇主对参保的雇员有登记义务

雇主需根据《社会法典第四册》第28a条至第28c条为有义务参保义务的雇员向主管医疗保险基金会登记。

第199条　非固定工作雇员的登记义务

(1)非固定工作的雇员须向第179条第1款的主管医疗保险基金会报告从事非固定工作的开始和结束时间。雇主须对非固定工作雇员的登记义务给予提示。

(2)对于经常从事非固定工作的雇员,其工作的主要雇主单位承担本册规定的雇主义务。哪些机构被视为主要雇主单位,由州法律决定。

第200条　其他义务参保人员的登记义务

(1)以下人员应按《社会法典第四册》第28a条第1款至第3款进行登记:

1. 胜任青年救助机构工作者,或者在残疾人工场、盲人作坊、疗养机构、休养院或类似机构从业者,及这些机构的持有者,

2. 参与共同工作生活服务的人员及负责其的康复机构持有者,

3. 有权领取提前退休金者及支付提前退休金的义务人。

《社会法典第四册》第28a条第5款及第28b条和第28c条适用。

(2)国内及国家承认的高校须为参保大学生,培训机构须为有参保义务的实习生和无报酬的职业培训雇员向主管医疗保险基金会进行登记。联邦卫生部在联邦参议院批准后通过行政法规调整登记的内容、形式和期限,以及登记程序的细节。

第201条　养老金申请者和领取者的登记义务

（1）法定养老保险的养老金申请者须在申请时向主管医疗保险基金会提交一份报告。养老保险基金会须立即将报告转交给主管医疗保险基金会。

（2）如义务参保的退休者与死亡参保人家属选取其他医疗保险基金会，则被选择的医疗保险基金会须立即通知迄今的医疗保险基金会和主管的养老保险基金会。

（3）如义务参保的退休者与死亡参保人家属从事须义务参保的工作，而此工作由其他医疗保险基金会主管，则此主管医疗保险基金会须立即通知迄今的医疗保险基金会和养老保险基金会。如义务参保的劳动关系结束，则第1句适用。

（4）养老保险基金会应就以下情况立即通知主管的医疗保险基金会：

1. 法定养老保险养老金的开始发放时间与额度，以及首次支付养老金的月份，

1a. 法定养老保险养老金的实际额度，只要医疗保险基金会因审核第242b条的请求权而要求这些参考数据，

2. 养老金申请撤销日，

3. 对养老金申请作出有约束力的决定，导致养老金申请被撤销的当日，

4. 养老金的结束、收回、撤销和其他不包含的服务，及

5. 从养老金中支付保险费的开始和结束时间。

（5）如法定养老保险养老金的领取者变为义务参保人，医疗保险基金会须立即向养老保险基金会告知这一情况。如参保义务因第4款第4句之外的原因而结束，则第1句有效。

（6）登记需要通过机器可处理的数据载体或者数据传输来进行。医疗保险基金会联邦最高联合会与德国养老保险团体，在与联邦保险局的协商下，确定程序的细节。如第3句的约定在1995年12月31日之前不能实现，联邦卫生部在得到联邦劳动与社会保障部的同意后可确定其程序细节。

第202条　保障金领取时的登记义务

（1）发放机构须在首次批准保障金及在通知保障金受益者的成员资格结束时查明其主管的医疗保险基金会，并向其立即通报保障金领取的开始和结束时间、额度和变更情况。1989年1月1日存在的保障金领取者的医疗保险基金会须在6个月内查明。保障金领取者须向发放机构提供其医疗保险基金会的信息，说明其医疗保险基金会的更换及开始一份有参保义务的工作。医疗保险基金会须立即通知保障金收支双方有关保障金领取者的缴纳保险费义务及其来源于保障金的保险费范

围和额度。医疗保险基金会可与保障金发放机构作其他约定。

(2)发放机构须基于系统审核过的程序通过安全有密码的数据传输或者机械储存在主管医疗保险基金会处进行登记。数据记录的结构、必要的密码及信息应由医疗保险基金会联邦最高联合会基于相关原则来确定,该原则需得到联邦劳动与社会保障部的同意,并被联邦卫生部批准;德国雇主协会联邦协会亦参与。

(3)如发放机构传达第2款中的报告,则医疗保险基金会须通过数据传输向发放机构提供所有信息。第2款第2句有效。

第203条　教育津贴与父母津贴领取时的登记义务

教育津贴或者父母津贴的发放机构须向主管医疗保险基金会立即通报教育津贴或父母津贴支付的起始和结束时间。

第203a条　失业金、失业金Ⅰ和生活扶助津贴领取时的登记义务

劳动局或者基于《社会法典第二册》第6a条许可的社区机构按照《社会法典第四册》第28a条至第28c条为第5条第1款第2项和第2a项的参保人进行登记。

第204条　服兵役和民役时的登记义务

(1)有参保义务的雇员和失业者被征兵时,前者由雇主、后者由劳动局立即向主管医疗保险基金会通报兵役的开始时间、基本兵役的结束时间以及《军人法》第四篇的服务与演习信息。《兵役法》第4条第1款第6项的兵役结束应通报联邦国防部或者其规定的部门。其他参保人应根据第1句自行通报。

(2)第1款同样适用民役。其中,代替联邦国防部的机关为联邦民役局。

第205条　特定强制保险者的登记义务

领取法定养老保险金或者与养老金类似收入(保障金)的义务参保人,须向其医疗保险基金会立即通报

1.领取养老金的开始时间和额度,

2.领取保障金的开始时间、额度、变更及其发放机构,及

3.领取工作收入的开始时间、额度和变更。

第206条　参保人的答复与通知义务

(1)只要参保人或者被视为参保人的人员未履行《社会法典第四册》第28条的信息答复义务,则其须向医疗保险基金会

1.一经要求,立即就所有确定保险关系和保险费缴纳义务及对医疗保险基金会执行任务所必需的情况给予答复,

2.立即告知对于确定保险关系和保险费义务至关重要并且不能由第三方告知的关系变更情况。

一经要求,上述人员立即在医疗保险基金会的办公地点向其提供事实与关系变更的来源材料。

(2)因不履行第1款的义务而导致医疗保险产生了额外开支,其可向义务参保人要求赔偿。

第七章　医疗保险基金会协会

第207条　州协会的设立与合并

(1)在每个州,

地方医疗保险基金会设立一个地方医疗保险基金会州协会,

企业医疗保险基金会设立一个企业医疗保险基金会州协会,

行业医疗保险基金会设立一个行业医疗保险基金会州协会。

医疗保险基金会州协会为公法法人。

除联邦服务企业的企业医疗保险基金会外,医疗保险基金会属于其所在地的州协会。其他医疗保险基金会可加入州协会。

(2)如1989年1月1日一个州存在多个州协会,则只要主管社会保险事务的州最高管理机关在1989年12月31日之前没有让其许可失效,这些协会就可以继续存在。主管社会保险事务的州最高管理机关可以一年为期限在日历年结束后撤销第1句的许可。如该最高管理机关让许可失效或者撤销许可,则规定进行必要的组织变更。

(2a)如一个州协会的所有成员自行合并,或者由州政府安排合并成一个医疗保险基金会,则该医疗保险基金会行使州协会的权利和义务。

(3)如相关州主管社会保险事务的州最高管理机关在1989年12月31日之前没有让其许可失效,则跨州的州协会继续保有。每个州主管社会保险事务的州最高管理机关可以一年为期限在日历年结束后撤销其许可。如许可被撤销或者失效,则参与的各州共同规定进行必要的组织变更。

(4)如一个州只有一家同一类型的医疗保险基金会,则其同时履行州协会的职责。就这方面来说,其具有州协会的法律地位。

(4a)如在一个州某个保险类型没有州协会,则在相关州主管社会保险事务的最高行政机关的许可下,此保险类型的另一州协会履行此州协会的职责。如在撤销州协会后3个月内相关州不能达成共识,则此类保险类型的联邦协会履行该职责。

(5)在相关州主管社会保险事务的最高行政机关许可下,同一保险类型的州协会可合并为一个协会。如这些州协会位于不同的州,这点同样适用。

第208条 监管、预算与会计、资产、统计

(1)州协会受其所在州主管社会保险事务的最高行政机关监管。

(2)《社会法典第四册》第87条至第89条适用于监管。《社会法典第四册》第67条至第70条第1款和第5款、第72条至第77条第1款、第78条和第79条第1款和第2款适用于预算与会计,包括统计;第四册第80条和第85条适用于资产。第263条相应适用于管理资产。

第209条 州协会的监事会

(1)医疗保险基金会州协会作为自我管理的机关可根据章程细则设立监事会。监事会最多30名成员。在监事会中,如可行,所有成员保险基金会都必须派有代表。

(2)监事会由各占一半的参保人和雇主代表组成。参保人选取参保人代表,雇主选取雇主代表。第四册第44条第4款有效。

(3)监事会成员由作为其成员的保险基金会的监事会从其队伍中选取。

(4)第197条适用于监事会。《社会法典第四册》第33条第3款,第37条第1款,第40条、第41条、第42条第1款至第3款,第51条第1款第1句第34项,第58条、第59条、第62条、第63条第1款、第3款、第4款,第64条第3款和第66条第1款有效。

第209a条 州协会的董事会

地方、企业和行业医疗保险基金会的州协会设立一个董事会。该董事会最多由三人组成。《社会法典第四册》第35a条第1款至第3款和第5款至第7款有效。

第210条 州协会章程

(1)每个州协会通过其监事会制定章程。章程须得到主管社会保险事务的州最高行政机构批准。章程须含以下规定:

1. 协会名称、辖区和所在地,

2. 监事会及代表成员的数量和选取,

3. 机关人员的报酬,

4. 监事会的公开性,

5. 成员保险基金会的权利与义务,

6. 资金的募集与管理,

7. 运营与会计的年度审核,

8. 公告方式。

第四册第34条第2款有效。

(2)章程此外还需要规定,由医疗保险基金会联邦最高联合会签订的合同及第92条和第282条的指令对州协会及其成员保险基金会具有约束力。

第211条 州协会的职责

(1)州协会履行法定职责。

(2)州协会通过某些方式支持保险基金会成员履行职责和维护利益,尤其是通过

1. 咨询与讲授,

2. 收集与处理对协会有用的统计材料,

3. 签订与更改合同,特别是与其他社会保险基金会,只要其保险基金会成员对其授权,

4. 代表保险基金会成员应对其他社会保险基金会、机关或者法庭,

5. 作为仲裁成员处理各保险基金会的管辖权冲突,

6. 促进并参与保险基金会成员的雇员职业培训、进修和继续教育,

7. 工作会议,

8. 在与保险基金会成员协调一致后,开发并协调自动化数据处理、数据保护和数据备份,及数据中心运作的方法和程序。

(3)州协会应在立法与管理问题上支持主管机关;第四册第30条第3款相应适用。

(4)资助州协会履行相关职责必需的资金,此资金由保险基金会成员及驻地在州协会辖区的相同保险类型的医疗保险基金会提供;第207条第1款第3句中医疗保险基金会的成员资格法定安排不受影响;第1句的资金募集细节由州协会与其成员约定;如第3句的约定在每年11月1日之前不能达成,则协议内容由合同方指定的仲裁人决定。

第211a条 对州一级的决定

医疗保险基金会州协会与医疗互助基金会应就其根据本法共同统一作出的决定达成共识;如无法达成共识,则由每个保险类型各派一名代表作出决议,根据相应保险类型的KM6统计数据,利用代表投票加权法得出全州参保人数;应根据每年1月1日前KM6统计数据推导的参保人数调整加权。

第212条 州协会、德国矿工—铁路—海员养老保险基金会、医疗互助基金会协会

(1)根据2008年12月31日之前生效版本第212条第1款,在2009年1月1日之前已经存在的联邦协会转为民法意义上的公司;公司股东为2008年12月31日存在的相应联邦协会的成员;公司在2012年12月31日之前有义务,为与在2008年12月31日之前存在的州协会建立无固定期限劳动关系的雇员提供新的工作合同;之前的州协会不能单方面解除合同;在2012年12月31日之后,股东可自由决定公司的继续存在和公司的各类关系;只要以下法律法规无其他规定,则适用《德国民法典》中关于公司民事权的规定;第1句的公司可允许其保险类型的医疗保险基金会加入。

(2)(废除)

(3)德国矿工—铁路—海员养老保险基金会履行矿工医疗保险州协会的职责。

(4)第1款的公司是根据2008年12月31日之前生效版本第212条规定的联邦协会的法定继承人;成立公司的目的是履行其根据第214条产生或者合同另外约定的职责;在公司签订合同之前,保障公司履行必要的权利和义务应当为双方默认遵守;《企业组织法》适用。

(5)医疗互助基金会可合并为协会;协会根据章程确定其目的与职责;根据章程,需要对登记到监管机关认可的协会名册上提出申请并进行批准;医疗互助基金会须为所有州一级非共同统一签订的合同各提名一位有签字权的全权代表;医疗互助基金会可就州一级的共同代表达成共识;对于共同统一签订的州一级合同,医疗互助基金会须就一位有签字权的共同全权代表达成共识;在第5句和第6句所述的情况下,医疗互助基金会可提名医疗互助基金会协会为全权代表;只要无其他规定,医疗互助基金会就须为其他措施和决定提名一位共同代表;如在第6句和第8句所述的情况下医疗互助基金会无法就共同代表的任命达成共识,则由监管机关决定代表;只要行政处理决定对履行职责是有必要的,则在完全授权的情况下医疗互助基金会协会享有此权限。

第213条 合法继承、资产过渡、劳动关系

(1)2008年12月31日之前存在的联邦协会应得的资产转化为民法意义上公司的共同资产。《德国民法典》的第613a条适用于劳动关系。雇用和劳动合同产生的权利,包括要求保障的权利由股东在期限内全权负责。如医疗互助基金会协会解散或者其成员退出,则协会成员为以上权利在期限内全权负责。在2008年12月31

日之前存在的联邦协会工作、符合工作章程的雇员,将在维护其法律地位并在工作章程继续有效的情况下在这些公司工作。第164条第2款和第3款有效。符合工作章程的雇员可要求在其选择的州协会工作;根据2008年12月31日之前生效版本第212条,州协会必须事先成为联邦协会的成员,并且按照工作章程雇用职员。如州协会或医疗保险基金会雇用了某一符合工作章程的职员或其他人员,其在2008年12月31日之前存在的联邦协会或者第1款提到的民法企业中失去工作岗位,则该州协会或医疗保险基金会可向相同保险类型的其他州协会或者医疗保险基金会提出补偿诉求。股东对补偿和保障诉求无限期负责。第6句至第9句亦适用于医疗互助基金会协会的雇员。

(2)2008年12月31日之前在联邦协会存在的职工代表会自2009年1月1日起作为过渡委员会履行企业工会的职责,并享有其根据《企业组织法》的权利与义务。只要新的企业工会选出,并且将结果公告,过渡角色结束;最迟至2010年5月31日。

(3)2008年12月31日在联邦协会存在的服务协议在民法公司中被视为企业协议,最长保持24个月,只要其没有被其他规定取代。

(4)2008年12月31日之前在联邦协会正式引入的参与程序结束之前,《联邦人事代理法》的规定适用。此亦适用于协会委员会和行政法院的操作程序。在第1句和第2句所述的情况下,参与此程序的是《企业组织法》中主管的雇员代表,而不是人事代表。

(5)如州协会合并,则作为合并州协会法定继承人的公司继续经营。

(6)联邦最高联合会应为根据2008年12月31日之前生效版本第212条第1款中存在的联邦协会及医疗互助基金会协会的雇员提供工作岗位,只要其对于联邦最高联合会正常履行其职责是必须的。不需要提前公告。

第214条 职责

公司须履行其作为法定继承人或者依法须履行的义务。股东可在公司合同中约定更多职责,来支持法定医疗保险的落实。

第215条至第217条 (废除)

第217a条 医疗保险基金会联邦最高联合会的设立

(1)医疗保险基金会设立医疗保险基金会联邦最高联合会。

(2)医疗保险基金会联邦最高联合会为公法法人。

第217b条 机关

（1）医疗保险基金会联邦最高联合会作为一个自我管理的机关设立监事会。监事会成员须为一个作为其成员的保险基金会的监事会或者代表大会的成员。第四册第33条第3款，第37条，第40条，第41条，第42条第1款至第3款，第58条，第59条，第62条，第60条第1款、第3款、第4款，第64条第1款至第3款和第66条第1款，及本册197条适用。与《社会法典第四册》第58条第2款不同，2007年选取成员的任期结束于下届社会保险普选后7个月。

（2）在医疗保险基金会联邦最高联合会设立董事会。董事会最多3人。董事会从中选取的董事会主席及其代理人由监事会选取。只要法律或者对于最高联合会至关重要的其他法规未另行规定，董事会就负责管理最高联合会，并且全权代表最高联合会。董事会成员为专职。《社会法典第四册》第35a条第1款至第3款、第6款和第7款适用。

（3）在医疗保险基金会联邦最高联合会设立一个成员大会。成员大会选取监事会。每个成员保险基金会各派一位来自其监事会或者代表大会的参保人和雇主代表加入成员大会。雇主代表少于监事会成员一半的医疗互助基金会各派两位来自监事会的参保人代表。《社会法典第四册》第64条第1款和第3款适用。

第217c条 监事会和成员大会主席的选举

（1）监事会最多由52名成员组成。应将一般地区医疗保险基金会、医疗互助基金会、企业医疗保险基金会和行业医疗保险基金会的参保人代表和雇主代表，以及德国矿工—铁路—海员养老保险和农村医疗保险的共同参保人和雇主代表选为监事会成员。与第2句不同，雇主代表不到监事会成员一半的医疗互助基金会只能选举参保人代表。每个成员选举一位代理人。《社会法典第四册》第43条第2款适用。席位的分布取决于截至当年1月1日全联邦境内某种保险类型的参保人数，成员大会会在当年选举新一轮的监事会。

（2）为某一保险类型的医疗保险基金会选举的监事会成员须一半属于参保人组，一半属于雇主组。与第1句不同，如果医疗互助基金会的监事会主要由雇主代表组成，为了确定该医疗互助基金会应选取的雇主代表人数，则应参照医疗互助基金会的参保人数占全联邦境内所有医疗互助基金会参保人数比例的一半，该人数为截至监事会选举当年1月1日的数据。在监事会表决时，为了确保监事会中参保人与雇主代表总选票相等，须采用加权投票法。席位的分布和保险基金会类型间选票的加权须尽可能接近相应基金会类型之参保人的百分比比例。席位分布和选票加权的细节可根据章程最迟在监事会任期结束前6个月作出明确规定。章程可规定,选举期间的选票分布根据参保人数量的发展作相应调整。

（3）根据提名名单进行监事会选举。每个类型的保险基金会应各提交一份提名名单,名单中至少包含多名候选者,其人数应与章程中规定的席位相等。这点同样适用于根据第1款为德国矿工—铁路—海员养老保险基金会和农村医疗保险基金会共同选举的成员。如某个保险类型不能就提名名单达成共识,则该种类的每个医疗保险基金会提名一名参保人代表和一名雇主代表；雇主代表不到监事会成员一半的医疗互助基金会,可最多提名三名参保人代表。根据提交的单独提名名单,成员大会主席基于保险基金会类型制作提名名单。这点同样适用于待选代理人提名名单的制作。为参保人代表、雇主代表及其代理人分别制作名单。然后分别按参保人代表、雇主代表、其代理人或者保险类型进行选举。成员大会中的参保人代表从提名名单中选取监事会参保人代表及其代理人。成员大会中的雇主代表从提名名单中选取监事会雇主代表及其代理人。在第8句的分开选举程序中,成员保险基金会每位有选举权的代表拥有与其章程规定席位相对应的选票。

（4）提名名单上的候选者获得第4款中加权有效选票最高者(最高票)当选。此外,根据章程中每个保险类型的席位分布,选取相应多的最高票候选者。这点同样适用于代理人的选举。

（5）成员大会对于监事会成员的选举,联邦最高联合会的成员保险基金会的选票须加权。加权取决于每年1月1日在联邦境内的成员参保人数量。加权须根据每年2月1日前参保人数量的发展而进行调整。章程可对相关细节作出明确规定。

（6）成员大会从其成员中选举主席及其代理人。成员大会主席的选举遵循成员保险基金会有效票数的2/3多数原则。成员保险基金会统一投票。联邦卫生部邀请联邦最高联合会的成员参加第一次成员大会,并在此首次大会上主持成员大会主席的选举。《社会保险选举条例》第76条适用于成员大会的首次会议,条件是联邦卫生部的代表履行选举委员会的职责。主席主持之后的成员大会。其主持监事会的选举并宣布选举结果。章程可对相关细节作出明确规定。

（7）成员大会主席邀请当选的监事会成员参加其成立大会,并主持监事会主席的选举。《社会保险选举条例》第75条和第76条适用于监事会的首次会议,条件是成员大会主席履行选举委员会的职责。

（8）不管是在设立阶段,还是在任期结束之后的后续选举阶段,联邦卫生部可借助行政法规而无须联邦参议院的批准在选举条例中明确规定监事会及成员大会主席的选举细节。

第217d条 监管、预算与会计、资产、统计

医疗保险基金会联邦最高联合会受联邦卫生部监管；在落实第217f条第3款时受联邦劳动与社会保障部监管。在联邦劳动与社会保障部的批准下，由联邦卫生部对作为第219a条中衔接机构的医疗保险基金会联邦最高联合会进行监管。第208条第2款有效。

第217e条 章程

（1）监事会须制定章程。章程须主管监管机关批准。联邦最高联合会位于柏林；章程可决定其他机构所在地。衔接机构（第219a条）位于波恩。章程也可以出于其他特殊考虑，将驻地迁至其他城市。章程须含有以下规定：

1. 监事会和董事会的选举及监事会成员提前退出时监事会的补选，
2. 监事会成员的报酬，
3. 资金的募集与管理，
4. 监事会决议的背书，
5. 监事会会议的公开性，
6. 保险基金会成员的代表派驻成员大会的细节，成员大会主席选举及其职责的细节，
7. 保险基金会成员的权利与义务，
8. 运营与会计的年度审核，
9. 公告方式。

《社会法典第四册》第34条第2款有效。

（2）由医疗保险基金会联邦最高联合会签订的合同和其他决定对联邦最高联合会的保险基金会成员、医疗保险基金会的州协会和参保人有效。

第217f条 医疗保险基金会联邦最高联合会的职责

（1）医疗保险基金会联邦最高联合会自2008年7月1日起须履行其法定职责。

（2）医疗保险基金会及其州协会在履行其职责并代表其利益时，医疗保险基金会联邦最高联合会给予其支持，主要是通过为法定医疗保险基金会及与雇主的电子信息交换创建并协调数据定义（格式、结构和内容）并进行程序优化（流程联网）。

（3）医疗保险基金会联邦最高联合会在基本的专业与法律问题上，就保险费和登记程序和保险费统一收取作出决定（《社会法典第四册》第23条、第76条）。医疗保险基金会联邦最高联合会就《社会法典第四册》第28f条第4款委托的职位提名与

分布提供建议。

（4）医疗保险基金会联邦最高联合会就医疗保险基金会的质量与效率竞争的组织问题作出决定，特别是颁布设立与落实衡量效率与质量数据指标的框架准则。

（5）由2008年12月31日之前存在的联邦协会及德国矿工—铁路—海员养老保险基金会、医疗互助基金会协会和海员医疗保险基金会在2008年6月30日之前作出的约定、规定、决定一直有效，直至联邦最高联合会在其任务范围内作出新的约定、规定或者决定，或者仲裁委员会重新确定合同内容。

第217g条 设立专员

（1）符合2008年12月31日之前生效版本第212条的联邦协会、德国矿工—铁路—海员养老保险基金会，海员医疗保险基金会和医疗互助基金会协会任命设立专员，来组建医疗保险基金会联邦最高联合会。如任命在2007年4月30日前不能落实，则由联邦卫生部指定一位设立专员。其在为最高联合会的设立提供援助，尤其是在组织成员大会、整理章程及选举监事会和董事会时。如在2007年7月1日前没有选出董事会，此设立专员在董事会选举之前代理董事会职位并履行其权利与义务。

（2）专员设立费用和设立专员的报酬由医疗保险基金会联邦最高联合会承担。只要联邦最高联合会没有就预算计划作出决议，此费用就由符合2008年12月31日之前生效版本第212条的联邦协会、德国矿工—铁路—海员养老保险基金会、海员医疗保险基金会和医疗互助基金会协会，按照相应类型的医疗保险基金会成员有缴纳保险费义务的收入比例承担。第2句的有义务者须为预期的支出支付适当的预付款。

第218条 地区保险协会

（1）地方、企业与行业医疗保险基金会可通过其监事会协调的决议合并为保险协会，如其所在地位于同一保险局的辖区。

（2）经主管社会保险事务的州最高行政机关批准，保险协会可跨多个保险局辖区。

第219条 工作组

（1）医疗保险基金会及其协会可特别与保险基金会医生协会和其他服务提供者及公共卫生服务机构合作，为履行《社会法典第十册》第94条第1a款第1句提及的任务而设立工作组，以促进健康、预防、慢性病人保障和康复。

第219a条　德国医疗保险海外联络办公室

(1)医疗保险基金会联邦最高联合会履行德国医疗保险外联机构(外国衔接机构)的职责。其还履行通过跨国家或者国家间及国内法律移交的任务。特别是

1. 与外国衔接机构的协商，

2. 与国内外机构的费用结算，

3. 适用保险权的确定，

4. 在跨国案例下管理帮助的协调，及

5. 信息、咨询与声明。

联邦最高联合会的章程可明确规定职责履行的细节，还可在联邦最高联合会管辖范围内向衔接机构移交其他任务。

(2)医疗保险基金会联邦最高联合会为符合2007年12月31日之前生效版本第219a条的德国医疗保险衔接机构(外国衔接机构)之法定继承人。《德国民法典》第613a条适用。为2008年安排的预算计划作为最高联合会的预算一部分继续有效。

(3)董事会为履行第1款职责而任命行政总管及其代理人。行政总管管理联邦最高联合会第1款的所有事务并且在庭内和庭外全权代表联邦最高联合会。只要法律和其他重要法规没有其他规定。《社会法典第四册》第35a条第6款第1句适用于雇用合同的签订。行政总管日常运作的基本原则细节由章程决定。

(4)董事会须针对衔接机构的任务领域在联邦最高联合会的总预算计划中单独列出。预算应根据任务领域分别进行管理。

(5)对衔接机构筹资必需的资金源于在章程中规定了计算标准的分摊金额(第217e条第1款第3项)和衔接机构其他的收入。章程须就衔接机构履行其任务可支配资金的单一用途作出特别规定。

第八章 筹资

第一节 保险费

第一小节 资金筹集

第220条 基本原则

(1)医疗保险基金会的资金通过保险费和其他收入筹集。

(2)联邦保险局设立的评估机构在每年10月15日前预估健康基金的年收入和医疗保险基金会的年支出及预计参保人数和医疗保险基金会成员数。此估测结果作为确定第二年第242a条中平均额外保险费的基数。

(3)对于由联邦保险局管理的健康基金的预算、会计,包括统计,第67条至第69条,第70条第5款,第72条第1款和第2款第1句前半句,第73条至第77条第1a款和第79条第1款和第2款,以及第四册的第3a条,和在第四册第78条的基础上颁布的条例适用。第四册第80条和第85条适用于资产。

(4)(废除)

第221条 联邦分摊支出

(1)联邦采用一揽子的方式补偿医疗保险基金会非保险事务性支出,联邦在每月银行第一个工作日向健康基金转入部分款项,2009年为72亿欧元,2010年为118亿欧元。联邦的补偿今后每年提高15亿欧元,直到每年总额达到140亿欧元。

(2)健康基金把第1款中产生的联邦补偿金根据农村医疗保险的分摊比例向其转账,该份额亦决定联邦向农村社会保险最高联合会拨款的额度,以便能将补偿金下发到农村医疗保险基金会。第1句中的转账金额由此医疗保险基金会的参保人数与所有医疗保险基金会的参保人数之比来决定;上一年7月1日获得的比例在这里起到至关重要的作用。

第221a条 联邦在2011年投入更多的资金

2011年,联邦除了在每月银行第一个工作日将应转账的部分款项支付给健康基金外,还提供额外款项,总额为20亿欧元。第221条第2款适用,条件是,农村医疗保险基金会须得到第221条第2款所确定额度的50%。

第221b条　联邦为社会均衡补偿所投入的款项

为了提供第242b条中的社会均衡补偿,联邦自2015年起除了在每月银行第一个工作日将应转账的部分款项支付给健康基金外,还提供额外的支付款项,此款项为根据第271条第2款注入的流动储备金。款项额度将在2014年由法律确定。此社会均衡补偿还包括根据第242条第4款第1句向成员征收的附加保险费及联邦劳动局根据第二册第26条第3款交付的额外保险费之全部款项。

第222条　具有时间限制、禁止通过贷款进行筹款的例外情况

(1)与第220条第2款不同,医疗保险基金会在1998年12月31日之前可通过贷款来实现预算平衡的方式,避免在《统一协议》第1条第1款提到的地区(包括柏林)提高保险费。

(2)贷款需要得到监管机关的批准。只有医疗保险基金会证明,所有资金储备都已耗尽,并且在与其州协会协商后通过具有说服力的证据表明,如何在5年内清偿债务基数,并且在最长10年之内还清贷款,才能批准其贷款。监管机关至少每年审核被批准贷款的医疗保险基金会的经营与会计状况。

(3)贷款可优先被医疗保险基金会或者其协会获取;为此,第220条第3款不适用。医疗保险基金会及其协会只有在不提高保险费的前提下,才能使用贷款资金。

(4)对于违背第220条在1998年3月24日关于加强新联邦州法定医疗保险资金基础的法律(《联邦法律公报》I第526页)生效之前为预算平衡而获取贷款的第1款所提及地区的医疗保险基金会,须立即向监管部门提供具有说服力证据,以此表明如何在5年内清偿债务基数,并且在最长10年之内还清贷款。医疗保险基金会机构此外须与其协会协商。清偿债务基数和还清贷款的方案须得到监管机关的批准。如方案不被批准,贷款须立即偿还;第220条第2款有效;第1款至第3款不适用。鉴于第3句或者第4句,监管机构须至少每年审查此医疗保险基金会的经营与会计状况。

(5)第4款适用于2003年12月31日之前违背第220条为预算平衡而获取贷款的医疗保险基金会,前提条件是在2007年12月31日之前至少以每年1/4的速度清偿债务;2003年12月31日后不允许贷款。

第223条　缴纳保险费义务,有缴纳保险费义务的收入,保险费起算线

(1)只要本册没有其他规定,成员的保险费按日历天支付。

(2)保险费费率按照成员有缴纳保险费义务的收入计算。按每周7天、每月30天、每年360天计算。

(3)有缴纳保险费义务的收入应考虑不超过第6条第7款年工作收入上限的1/360(保险费起算线)。只要本册没有其他规定,超过此数额的收入不予考虑。

第224条　免除领取病假津贴、育儿金或者教育津贴或父母津贴者的保险费

(1)成员在领取病假津贴、育儿金或者教育津贴或父母津贴期间,可免交保险费。免除保险费只适用第1句提到的服务。

(2)不能因为免除保险费而排除或减少损害赔偿的索赔。

第225条　免除特定养老金申请者的保险费

如果养老金申请者满足以下条件,则在领取养老金之前免除保险费:

1. 已开始领取养老金、符合第5条第1款第11项或者第12项的义务参保退休者死亡后遗留的配偶申请死者家属抚恤金,

2. 已开始领取养老金、符合第5条第1款第11项或者第12项的义务参保退休者的遗孤,在年满18周岁之前申请遗孤津贴,

3. 没有本册第5条第1款第11项或第12项、第10条或者第二册第7条的参保义务,而在农村医疗保险参保的参保人。

如养老金申请者获取工作收入或者保障金,则第1句无效。第226条第2款相应适用。

第二小节　成员有缴纳保险费义务的收入

第226条　义务参保雇员有缴纳保险费义务的收入

(1)义务参保雇员的保险费起算须参照:

1. 义务参保雇员的工资,

2. 法定养老保险的养老金数额,

3. 与养老金类似的收入(保障金)数额,

4. 除法定养老金或者保障金之外获取的工作收入。

提前退休金与工资一样。根据《职业培训法》在职业培训合同范围内在企业外的机构参加培训者,其培训补贴与工资一样。

(2)只有当第1款第1句第3项和第4项中每月有缴纳保险费义务的收入加起来超过第四册第18条中每月参考值的1/20,才应缴纳第1款第1句第3项和第4项中确定的保险费。

(3)根据第192条第2款,有成员资格的怀孕者由章程规定。

(4)对于每月工资高于低收入工作者但低于滑动区(《社会法典第四册》第20条

第 2 款)上限的雇员,《社会法典第六册》第 163 条第 10 款第 1 句至第 5 句和第 8 句中有缴纳保险费义务的收入数额适用。

第 227 条 有参保义务且迄今未在法定医疗保险中参保的归侨有缴纳保险费义务的收入

对于第 5 条第 1 款第 13 项中的义务参保人,第 240 条适用。

第 228 条 养老金作为有缴纳保险费义务的收入

(1)法定养老保险的养老金为一般养老保险的养老金及矿工养老保险的养老金,包括追加保险中增加的保费数额。

(2)在起算保险费时须兼顾法定养老保险中补发的养老金,只要该养老金是在退休者申请本册提及的保障金时被补发。补发养老金的保险费为补发当月收取的保险费。

第 229 条 保障金作为有缴纳保险费义务的收入

(1)只要是因为谋生能力受到限制或者为了养老或死者家属保障获取的收入,都可作为与养老金类似的收入(保障金),

1. 来自公法上的公务关系或者根据《联邦公务员法》规定或原则有权要求保障的劳动关系产生的保障金;不予考虑的有:

a)仅仅是作为过渡方式提供的保障金,

b)事故引起的偿付款项或者损害保障的偿付款项,

c)在涉及事故保障金时,支付额为 20% 的数额,以及

d)在涉及提高事故保障金时,与普通保障金支付额的差额至少为事故保障金提高额度的 20%,

2. 议员、议会国务秘书和部长的保障金,

3. 保险和保障机构为特定职业从业者设立的养老金,

4. 除过渡救济金外,根据《农村养老保险法》获得的养老金和土地税养老金,

5. 包括公共服务额外保障和钢铁矿工额外保障在内的企业养老保障养老金,

如从外国或者国家间或者跨国机构获得此类收益,则第 1 句有效。如果非定期返还的收益代替保障金,或此类收益在参保之前被约定或者允许,则收益的 1/120 作为保障金的每月支付额,但持续时间最长为 120 个月。

(2)第 228 条第 2 款适用于保障金的补付。

第230条 义务参保雇员收入类型之优先次序

如果工资没有达到保险费起算线,则依次考虑成员保障金支付额度和工作收入,直至达到保险费起算线。法定养老保险的养老金支付额须与保险费起算线以内的其他收入类型分开考虑。

第231条 退还保险费

(1)只要符合一定条件,医疗保险基金会可根据成员申请向其退还保障金或者工作收入的保险费,退还的保险费额度对应的是保障金和包括工资(含一次性支付工资)在内的工作收入超过第6条第7款年收入上限的部分。

(2)医疗保险基金会根据成员申请退还其本人承担部分法定养老保险养老金的保险费,退还的保险费额度对应的是成员养老金和以保险费起算为依据的其他收入超过保险费起算线的部分。医疗保险基金会的章程可规定退款细则,如医疗保险基金会根据成员申请退还第1句中本人承担部分的保险费,则还须退还法定养老保险基金会自己承担的部分。

第232条 非固定工作的雇员有缴纳保险费义务的收入

(1)对于非固定工作的雇员,其缴纳保险费义务的收入可以1个日历月内获得的工资为依据,最高为第6条第7款的年收入上限的1/12,无须考虑工作时间长短。本册第226条和第228条至第231条及第四册第23a条适用。

(2)如1个日历月内从事多份非固定工作且总收入超过第1款提到的每月起算线,在计算保险费时,只要总收入没有超过月起算线,就只需按比例考虑单独的工资。根据成员或者雇主的申请,医疗保险基金会按评估的工资确定保险费分布。

(3)根据事务的性质、时间限制在1周内的工作或者在合同签订时已签订为短期的工作为非固定工作。

第232a条 领取失业金、生活扶助津贴或者短工津贴者有缴纳保险费义务的收入

(1)有缴纳保险费义务的收入为:

1. 对于根据第三册领取失业金或者生活扶助津贴的人员,第226条第1款第1句第1项规定以救济金为基础的1/7周工作收入的80%,只要其没有超过第6条第7款的年工作收入上限的1/360;非低收入工作有缴纳保险费义务的工作收入的80%须被扣除,

2. 领取失业金I的人员,为每月参考值的0.3450倍的1/30;如果这类人员有其他

缴纳保险费义务的收入,则失业金I保费起算支付额在以下条件下被计入有缴纳保险费义务的收入,即第1句提到的参考值部分视为有缴纳保险费义务的收入。领取失业金I人员有缴纳保险费义务的收入确定情况,需比较2005年7月1日至2006年6月30日这一时间段,于每年9月30日之前,首次在2007年9月30日之前,为上年度的下半年和本年度的上半年进行审核。与2005年7月1日至2006年6月30日期间相比,如果在第1句提到的时间段,为工商业领域(第249b条)低收入雇员提高一次性医疗保险费而导致健康基金的保费额外收入少于1.7亿欧元,则健康基金可向联邦要求相应的平衡补偿,平衡补偿在每年年底确定。联邦保险局在与联邦劳动与社会保障部、联邦卫生部及联邦财政部的协调下规定平衡补偿额度的细节。此外,须考虑变动低收入雇员的人数。

根据第三册规定领取部分失业金或者部分生活扶助津贴的人员,本条第1句第1项后半句不适用。从限制期第2个月开始,不超过第12周或者从因领取度假津贴而导致暂停期的第2个月开始,视为已领取救济金。

(1a)在第1款第2项所述的情况下,如果在出现其他有缴纳保险费义务的收入时预计在失业金I批准期间(批准期参照《社会法典第二册》第41条第1款第4句)该收入并不平均,则为了确定更多有缴纳保险费义务的收入,可为其确定每月平均值。第1句的月平均值为批准期内预计其他有缴纳保险费义务收入总和除以批准期的月数。如批准期结束后,每月实际平均收入与第1句和第2句确定的每月平均收入相差20欧元以上,则实际月平均收入将被作为有缴纳保险费义务的收入给予考虑。

(2)只要提供《社会法典第三册》所述的短工津贴,第226条第1款第1句第1项中有缴纳保险费义务的收入则为《社会法典第三册》第179条计划收入与实际收入之差的80%。

(3)第226条适用。

第233条 海员有缴纳保险费义务的收入

(1)海员有缴纳保险费义务的收入为根据法定事故保险法计算保险费的主要参考额度。

(2)第226条第1款第1句第2项至第4项、第2款,第228条至第231条适用。

第234条 艺术工作者和新闻工作者有缴纳保险费义务的收入

(1)对于根据《艺术工作者社会保险法》义务参保者,其保险费为预计年收入(《艺术工作者社会保险法》第12条)的1/360,最少为《社会法典第四册》第18条每月参考值的1/180。在领取父母津贴或者教育津贴或因为收入原因无法领取教育津贴期间,如每月平均收入超过325欧元,则根据成员申请,以第1句中在此期间预计获得的工作收入分摊到每一天的额度为依据。在领取病假津贴或者育儿津贴或者支付第251条第1款保险费期间,不以工作收入为依据。工作收入还包括使用和开发版权保护作品与服务获得的报酬。

(2)第226条第1款第2项至第4项、第2款,第228条至第231条适用。

第235条 在各种机构中的康复者、青年和残疾人有缴纳保险费义务的收入

(1)对于根据第5条第1款第6项参与共同工作生活服务的义务参保人,其有缴纳保险费义务的收入为固定收入的80%,该固定收入以计算过渡金为基础。从中应扣除因为工作能力受损而获得的养老金补贴金额或者因从事一份有参保义务的工作而得到的收入。领取《社会法典第三册》部分过渡金的人员不适用第2句。如调整过渡金、工伤补贴或者保障病假津贴,则应按相应的百分比提高收入。对于未得到过渡金的参加者及根据第5条第1款第5项的义务参保人,其有缴纳保险费义务的收入为《社会法典第四册》第18条每月参考值20%的工作收入。

(2)对于其成员资格根据第192条第1款第3项保留的人员,由第251条第1款的主管康复机构负担的保险费用应按照固定收入的80%进行计算,该固定收入以计算过渡金、工伤补贴或者保障病假津贴为基础。第1款第3句适用。

(3)对于根据第5条第1款第7项和第8项有参保义务的残疾人,其有缴纳保险费义务的收入为实际获得的工作收入,但最少为《社会法典第四册》第18条每月参考值的20%。

(4)第226条第1款第1句第2项至第4项、第2款,第228条至第231条适用;在应用第230条第1句时须优先考虑工作收入。

第236条 大学生与实习生有缴纳保险义务的收入

(1)对于第5条第1款第9项和第10项所述的义务参保人,其有缴纳保险费义务的收入为《联邦教育促进法》第13条第1款第2项和第2款中针对那些不与父母一起生活的大学生所规定的每月所需费用的1/30。需求费用金额的变动须在变动之后的学期开始予以考虑。

(2)第226条第1款第1句第2项至第4项、第2款,第228条至第231条适用。根据第226条第1款第1句第3项和第4项计算的保险费只有在其超过第1款计算的保费时才需要缴纳。

第237条　义务参保退休者有缴纳保险义务的收入

对于义务参保的退休者,以下几项作为计算保险费的基础:

1. 法定养老保险的养老金支付额度,

2. 与养老金类似收入的支付额度,以及

3. 工作收入。

第226条第2款及第228条、第229条和第231条适用。

第238条　义务参保退休者收入类型之优先次序

如法定养老保险的养老金支付额度没有达到保险费起算线,则依次考虑成员保障金支付额度和工作收入,直至达到保险费起算线。

第238a条　自由参保退休者收入类型之优先次序

对于自由参保退休者,在计算保险费时依次考虑退休金额度、保障金支付额度、工作收入及其他决定自由参保成员经济能力的收入(第204条第1款),直至达到保险费起算线。

第239条　养老金申请者的保险费计算

养老金申请者从开始申请养老金至养老金开始发放期间保险费的计算由医疗保险基金会联邦最高联合会规定。此亦适用于调整养老金发放的人员,其保险费的计算截至作出无可辩驳的取消和收回养老金决定的当月月末。第240条适用有效。

第240条　自由参保成员有缴纳保险费义务的收入

(1)自由参保成员的保险费计算由医疗保险基金会联邦最高联合会统一规定。同时须确保,负担的保险费会考虑自由参保人的整体经济能力。

(2)在确定经济能力时至少需考虑自由参保成员的收入,这些收入也应作为类似义务参保人雇员计算保险费的依据。根据婚姻状况或第10条中参保的家庭成员数进行等级划分是不允许的。《社会法典第三册》第4款第2句提及的启动津贴和第57条中为社会安全拟定的每月300欧元启动津贴部分不予考虑。此外,给予护理人员的护理金低于《社会法典第十一册》第37条第1款规定额度的,同样不予考虑。本册第223条和第228条第2款、第229条第2款和第238a条、第247条第1款和第248条及《社会法典第四册》第23a条适用。

(3)在获取工作收入之外领取法定养老保险养老金的自由参保人,养老金发放数额应与其他收入分开考量,直至达到保险费起算线。只要出现负担的保险费超过保险费起算线的情况,则仅支付养老保险基金会的津贴,而不是养老金中相应的保险费。

(3a)(废除)

(4)每天有缴纳保险费义务的收入至少为每月参考值的1/90。对于专职独立经营的自由参保人,其每日有缴纳保险费义务的收入为保险费起算线(第223条)的1/30,在提供更低收入证明情况下最少为1/40,对于领取《社会法典第三册》第57条的每月启动津贴或者《社会法典第三册》第411条的启动津贴又或者《社会法典第二册》第16条相应津贴者,至少为每月参考值的1/60。除此之外,医疗保险基金会联邦最高联合会规定,在某些前提条件下,对于收入较低的参保人,至少将每月参考值1/60的收入作为专职经营者计算保险费的依据。此外应特别考虑成员的财产和收入,及与其共同生活者的财产。对于日常护理人员独立工作的评估,第10条第1款第2句和第3句适用。在参保人提供第2句证据的基础上出现保险费计算方面的变动只可在提交证据的下1个月第一天开始生效。对于自由参保的专科学校或职业技术学校的学生,或者在国外国立或国家承认的大学注册的大学生,或者定期作为雇员流动工作的成员(流动散工),第236条结合第245条第1款适用。对于符合申请法定养老保险养老金的前提条件,并且申请了此养老金的自由参保人,如果从其首次参加工作到提出养老金申请期间,其在后半期至少有9/10时间为医疗保险基金会成员或者根据第10条参保,则第1句不适用;第5条第2款第1句有效。

(4a)如自由参保人因本人或者其配偶、生活伴侣或者父母一方的职业活动而在国外逗留期间,暂停为其和根据第10条参保的家庭成员提供服务,或者根据第16条第1款第3项暂停服务,则他们的保险费以《社会法典第四册》第18条的每月参考值的10%为基础计算。如根据第16条第1款的服务请求因其他原因暂停3个月以上,则第1句适用,此句还适用于在本法有效范围内在国际组织工作期间的参保人。

(5)只要在计算自由参保人保险费时兼顾其不属于第4条第2款医疗保险基金会成员的配偶或者《生活伴侣法》规定的生活伴侣之收入,则对家庭中共同抚养的、根据第10条第3款规定没有参加家庭保险的子女,应通过此收入确定每月参考值1/3的额度,而对于根据第10条参保的子女,应从中确定每月参考值1/5的额度。❶

---

❶ 第240条第4款第2句后半句:德国联邦宪法法院2001年5月22日做出的合宪性解释(I1879-1)联邦消费者保护与食品安全协会4/96号决议。

第三小节 保险费率与额外保险费

第241条 一般保险费率

一般保险费率为成员有缴纳保险费义务收入的15.5%。

第242条 保险基金会单独的额外保险费

(1)只要医疗保险基金会的资金需求不能通过健康基金的分配得到满足,该机构需在其章程中规定,从其成员收取与收入无关的额外保险费。对于因首次收取额外保险费而限期行使第175条第4款第5句中特别解约权的成员,不会收取额外保险费。对于因提高额外保险费而行使特别解约权的成员,不会收取提高的额外保险费。如解约无效,则额外保险费全部收取。

(2)只要健康基金的分摊经费超过了医疗保险基金会的资金需求,该机构需在其章程中规定,向其成员发放额外费用。额外费用发放的前提条件是医疗保险基金会履行了其第261条的义务。没有完全交清保险费的成员,不可获得这些额外费用。第1句中的发放奖金应与第53条中的款项分开记账和说明。

(3)医疗保险基金会应根据第1款计算额外保险费,该保险费与健康基金的分配金额和其他收入一起抵补在预算年度预计的开销和需要填补的储备金。如在预算年度,医疗保险基金会的企业资金包括储备金都不足以抵补开支,则通过修改章程来增加额外保险费。如医疗保险基金会需在短期内重新具备支付能力,则其董事会可作出决议,在章程修改之前临时增加额外保险费;决议需得到监管机关批准。如决议不能达成,则监管机关可允许增加必要的额外保险费。对第4句安排的申诉无中止决议实施的效力。

(4)对于第5条第1款第2a项的成员,以及获取《社会法典第二册》生活最低保障金的成员和第5条第1款第13项的成员或者自由参保人,收取第1款第1句的额外保险费,但最高为第242a条的额外保险费额度;如这些成员有其他缴纳保险费义务的收入,则这点同样适用。如第1款第1句的额外保险费高于第242a条的额外保险费,则医疗保险基金会可在其章程中规定,差额应由第1句提及的成员支付。

(5)与第1款第1句不同,只要以下成员没有其他有缴纳保险费义务的收入,不可收取额外保险费:

1. 第5条第1款第6项、第7项和第8项和第4a款第1句的成员,

2. 根据第192条第1款第2项或者第3项或者第2款继续保留成员资格的成员,

3. 领取《社会法典第七册》的工伤津贴、《联邦保障法》的保障病假津贴或者类似收入补贴的成员,

4. 根据《健身锻炼法》第193条第2款至第5款或者第8款继续保留成员资格的成员,

5. 适用《社会法典第四册》第20条第3款第1句第1项或者第2项或者第2句的雇员,第1句第2项适用于自由参保人。

(6)如成员6个月没有缴纳医疗保险基金会单独的额外保险费,则医疗保险基金会额外收取滞纳金,滞纳金最少为20欧元,最多为近3个月应付额外保险费总额。第1句的细节,特别是滞纳金额度,由医疗保险基金会在其章程中规定。第四册第24条除第1句外均不适用。在参保人完全缴清拖欠的额外保险费和滞纳金前,第242b条不适用于第1句提到的情况。如达成有效的分期付款约定,则只要按合同分期付款,成员自此开始重新有获得第242b条社会均衡补偿的权利。医疗保险基金会须根据第4句和第5句向退还保险费的部门知会不支付第242b条社会均衡补偿的起始和结束时间,无须说明理由。

第242a条 平均额外保险费

(1)医疗保险基金会平均额外保险费由医疗保险基金会预计年支出和健康基金针对第266条和第270条分配额度预计的年收入之差额,除以医疗保险基金会预计的成员数,再除以12得出。此外,只要在法定医疗保险中出现不可预期的、异常的支出增长,就应考虑为填补所有医疗保险基金会储备金所必需的资金,要求资金至少达到第261条第2款第2句提及的最少额度。

(2)联邦卫生部根据第220条第2款评估组的评估结果,在得到联邦财政部同意下,确定第2年平均额外保险费的欧元额度,并且在每年度的11月1日之前在联邦公报公告。联邦卫生部在联邦财政部同意下须在2011年1月3日通报第1句中为2011年确定的金额。

第242b条 社会均衡补偿

(1)如第242a条的平均额外保险费超过成员有缴纳保险费义务收入的2%(社会均衡补偿的负担上限),则成员有权要求社会均衡补偿。通过相应降低成员每月基于收入的保险费率比例,落实社会均衡补偿。《社会法典第四册》第23b条第2款提及的有缴纳保险费义务的收入在落实社会均衡补偿时不被纳入考虑范围。只有当第226条第1款第1句第3项和第4项提及的有缴纳保险费义务的收入超过《社会法典第四册》每月参考值的5%,才会在落实社会均衡补偿时考虑义务参保人(第5条第1款第13项的成员除外)。考虑第1句中有缴纳保险费义务的收入,第232a条第1款第1句第1项适用于《社会法典第三册》的失业金领取者,条件是,作为失业金基础的工作收入的67%须被予以考虑。第232a条第1款第3句适用。对这些人群来说,以这样的方式落实社会均衡补偿,是为了让服务提供机构向成员支付第2款第1句中每月保险费和减少的保险费之间的差额,并且服务机构相应减少保险费。考虑到第1句中有缴纳保险费义务的收入,第232a条第2款适用于短期工津贴领取者,条件是,《社会法典第三册》第179条中应得收入与实际收入差额的67%须被予以考虑。在计算收入替代津贴或者其他津贴的纯收入时,第1句中成员单独降低的每月保险费率比例不予考虑。

(2)成员降低的保险费率比例由退还保险费的部门确定,只要将第1款的负担上限与成员有缴纳保险费义务的收入相乘,然后从第242a条的平均额外保险费中扣除即可。随后从取决于收入的保险费中扣除根据第1句确定的超额部分,但最多直至成员保险费率比例降至零欧元。如成员社会均衡补偿要求不能通过减少基于收入的每月保险费率比例来完全实现,则第5款适用于退还多余的额度。在第4句的情况下,退还保险费的部门有义务,向成员以书面形式一次性提示其第5款第1句的申请权,并通知相应的主管医疗保险基金会。一次性偿付工作收入时,在兼顾当年相关负担上限的情况下,《社会法典第四册》第23a条适用。对于不超过相关负担上限的一次性支付的保险费部分,应鉴于所提供的社会均衡补偿退还一定保险费,该保险费由第1句成员保险费率比例和负担上限之和得出。应根据对成员至关重要的保险费率来提供超过相关负担上限的一次性支付的保险费。第1句适用失业金领取者,条件是偏离第3句,确定另外由联邦劳动局向成员发放的金额。

(3)如成员同时有多份有缴纳保险费义务的收入,则医疗保险基金会应兼顾其收入总额,审核是否存在第1款的社会均衡补偿请求,并将其告知退还保险费的部门。如存在此请求,则医疗保险基金会通知该提供最高收入总额、退还保险费的部门,应由其退还第2款中降低保险费率比例的成员保险费。如第1句的情况下,有缴纳保险费义务的收入为第228条中超过260欧元的法定养老保险的养老金,则与第2句不同,始终由养老保险基金会退还减少的成员保险费。医疗保险基金会应通知其他退还保险费的部门,其应鉴于所提供的社会均衡补偿退还一定保险费,该保险费由成员的保险费率比例与第1款的负担上限相加乘以有缴纳保险费义务的成员收入得出。与第4句不同,就失业金领取者而言,应额外支付的金额可通过以下计算方式得知,即负担上限乘以有缴纳保险费义务的成员收入,该金额也是联邦劳动局支付金额减少的额度。对于第1句的成员,医疗保险基金会核实该年落实的社会均衡补偿,并退回成员多缴纳的保险费或者追讨缴纳不足的保险费。如未缴清部分为20欧元以下,则不需要收取。对于一次性支付的工作收入,由退还保险费的部门在当年鉴于所提供的社会均衡补偿退还一定保险费,该保险费由成员的保险费率比例和第1款的负担上限之和得出。

(4)如成员自己支付保险费,则由主管医疗保险基金会落实第1款至第3款的社会均衡补偿。对于从事多份工作、其收入高于低收入者但低于《社会法典第四册》第20条第2款滑动区上限数额的人员,考虑到《社会法典第四册》第28h条第2a款第2项的社会均衡补偿,医疗保险基金会通知其雇主退还相应的保险费。

(5)与第2款和第3款不同,对于非固定工作雇员,主管医疗保险基金会根据成员申请在3个结算月之后(最长12个结算月)为其审核社会均衡补偿诉求,并退还成员多付的保险费。医疗保险基金会有义务向非固定雇员成员定期(最长每10个月)以适当的书面形式提示第1句的申请权。

(6)根据第242条第5款无法收取额外保险费或者其额外保险费根据第251条第6款完全由第三方承担或支付,或者领取《社会法典第十二册》第三章或第四章的津贴的成员,无权要求社会均衡补偿。

(7)德国养老保险联盟、艺术工作者社会保险基金会和联邦劳动局向联邦保险局通报,除由其退还的保险费之外,还告知在未落实社会均衡补偿的情况下应缴纳的额度。考虑到需要继续下拨《社会法典第四册》第252条第2款第2句和第28k条第1款第1句的医疗保险保险费,因此相应的要求同样适用于医疗保险基金会。医疗保险基金会通知联邦保险局,其应鉴于第3款第6句及第5款和第8款的社会均衡补偿向其成员退还金额或索要的金额。

(8)2011年的社会均衡补偿在2012年6月30日之前由主管医疗保险基金会落实。

第243条 保险费率的折扣

对于无权要求病假津贴的成员,其保险费率打折。这点不适用于第240条第4a款的保险费计算。打折后的保险费率为有缴纳保险费义务收入的14.9%。

第244条 服兵役和服民役者的保险费折扣

(1)服兵役时,针对以下人员:

1. 第193条第1款的服兵役者,保险费降为服役之前最后一次缴纳保险费1/3,
2. 第193条第2款的服兵役者,保险费降为服役之前最后一次缴纳保险费1/10。

此不适用于以法定养老保险的养老金、保障金和工作收入为基础计算的保险费。

(2)联邦卫生部可在与联邦国防部和联邦财政部磋商后,须联邦参议院批准,通过行政法规就第1款第1句第2项的保险费支付规定的一次性的额度计算和支付方式。

(3)第1款和第2款适用服民役者。在第2款的行政法规中,取代联邦国防部位置的为联邦家庭、老人、妇女和青年部。

第245条 大学生和实习生的保险费率

(1)第5条第1款第9项和第10项义务参保人的保险费率为一般保险费率的7/10。

(2)第1款的保险费率也适用于第190条第9款的大学生医疗保险成员资格终结并且自主继续参保的人员,直到毕业考试,但最长不能超过6个月。

第246条 失业金Ⅰ领取者的保险费率

失业金Ⅰ领取者适用第243条的折扣保险费率。

第247条 养老金的保险费率

对于义务参保人,第241条的一般保险费率适用于法定养老保险养老金的计算。

第248条 保障金和工作收入的保险费率

对于义务参保人,一般保险费率适用于其保障金和工作收入的保险费计算。与第1句不同,对于义务参保人,一般保险费率的一半加上0.45个保险费率点适用于第229条第1款第1句第4项保障金的保险费计算。

第四小节 保险费的承担

第249条 义务参保雇员的保险费承担

(1)对于第5条第1款第1项和第13项的义务参保雇员,雇主基于一般保险费率减去0.9个保险费率点来承担成员根据工作收入计算的一半保险费;其他由雇员承担。低收入雇员适用第249b条。

(2)只要必须支付短期工津贴的保险费,雇主就应单独为雇员承担保险费。

(3)(废除)

(4)与第1款不同,对于月工作收入在第四册第20条第2款滑动区的义务参保雇员,如医疗保险基金会的保险费率被应用于以工作为基础的工作收入,则雇员一半的保险费由雇主承担,其他由参保人承担。

第249a条 领取养老金的义务参保人的保险费承担

从法定养老保险领取养老金的义务参保人,养老金机构基于一般保险费率减去0.9个保险费率点来承担成员根据养老金计算的一半保险费。

第249b条 低收入者的雇主承担的保险费

《社会法典第四册》第8条第1款第1项的雇主可为自由参保或者非义务参保而参保的雇员,承担工作收入13%的保险费。对于在第四册第8a条第1句中从事家政工作的雇员,如情况与第1句相同,则雇主承担工作收入5%的保险费。《社会法典第四册》的第三章及《社会法典第四册》第111条第1款第2项至第4项、第8项及第2款和第4款适用于雇主的保险费。

第250条 成员承担保险费

(1)义务参保人单独承担以下情况产生的保险费:

1. 保障金,

2. 工作收入,

3. 第236条第1款中有缴纳保险义务的收入,

并承担第242条额外保险费。

(2)第189条提及的养老金申请者及其成员资格根据第192条第2款保留的孕妇,如其自由参保,则自己单独承担保险费。

(3)第5条第1款第13项的义务参保人单独承担其保险费,除工作收入和法定养老保险的养老金产生的保险费。

第251条 第三方承担保险费

(1)主管的康复机构承担参与共同工作生活的服务者及参加职业培训或试用的(第5条第1款第6项)人员或者领取过渡金、工伤津贴或者保障病假津贴者(第192条第1款第3项)须支付的保险费。

(2)机构所有人为以下人员单独承担保险费:

1. 根据第5条第1款第5项义务参保的青年,

2. 根据第5条第1款第7项或者第8项义务参保的残疾人,如其实际工作收入不超过第235条第3款的最低额度;此外第249条第1款和第3款适用。

对于根据第5条第1款第7项义务参保的残疾人,机构所有人为其承担的保险费,由为残疾人提供服务的机构报销。

(3)艺术工作者社会保险基金会为根据《艺术工作者社会保险法》义务参保的

成员承担保险费。如艺术工作者社会保险基金会根据《艺术工作者社会保险法》第16条第2款第2句确定暂停服务,则其在暂停期间无缴纳保险费的义务,除非此暂停根据《艺术工作者社会保险法》第16条第2款第5句中止。在根据《艺术工作者社会保险法》第16条第2款第6句的约定中,艺术工作者社会保险基金会有义务在暂停期间为成员缴纳保险费,只要参保人承担自己的保险费比例。

(4)在第193条第2款和第3款情况下服兵役和服民役者的保险费及领取失业金Ⅰ且根据第5条第1款第2a项义务参保人的保险费由联邦承担。

(4a)联邦劳动局为领取《社会法典第三册》失业金和救济金者承担保险费。

(4b)作为宗教或类似宗教团体非正式成员在其机构内从事非正式训练者,机构承担保险费。

(4c)在根据《职业培训法》的职业培训合同范围内,在企业外的机构进行职业培训者,由机构承担保险费。

(5)医疗保险基金会有权审查保险费缴纳情况。第3款、第4款和第4a款的情况下,联邦保险局有权审查保险费缴纳情况。

(6)第242条的额外保险费由成员承担。与第1句不同,对于根据第242条第4款第1句收取额外保险费的成员,额外保险费来自第271条第2款健康基金的现金储备金。保险基金会单独的额外保险费与第242a条的额外保险费之差额由第2句提及的成员承担,该差额须根据第242条第4款第2句收取。第2句适用于其额外保险费根据《社会法典第二册》第26条第3款由联邦劳动局按必需的额度支付的成员。

第五小节 保险费的支付

第252条 保险费支付

(1)只要法律未作其他规定,由负担保险费者支付保险费。与第1句不同,对于《社会法典第二册》中失业金Ⅰ领取者,由联邦劳动局或者在《社会法典第二册》第6a条的情况下许可的社区机构承担保险金,第242条、第242a条的额外保险费除外。

(2)在第251条第3款、第4款和第4a款情况下,保险费向健康基金缴纳。其他情况则缴纳给《社会法典第四册》第28i条规定的主管收款机构。收款机构在工作日向健康基金转交第2句中缴纳的保险费,包括保险费和滞纳金的利息。第1句中保险金缴纳程序和第3句中保险金转交程序的细节按照第四册第28c条和第28n条的行政法规作出调整。

(2a)在第251条第6款第2句的情况下,第242条第4款第1句的额外保险费按照成员人数缴纳给主管医疗保险基金会。相关程序细节由联邦保险局与医疗保险基金会联邦最高联合会协商决定。

（2b）在第251条第6款第4句的情况下，对于根据《社会法典第二册》第26条第3款产生的联邦劳动局的费用，最迟在每个年度的最后3个银行工作日向联邦劳动局缴纳。程序的细节由联邦保险局与联邦劳动局协商决定。

（3）如成员拖欠费用，保险费，第242条的额外保险费，第242条第6款的滞纳金，第53条的奖金、利息、罚款、强制金等，可在支付时决定哪些债务可先偿付。如成员不作决定，则债务按上述顺序偿还。同一债务种类则按其到期顺序依次偿还，到期时间相同，则按比例偿还。

（4）对于收款机构在收取第2款第2句的保险费时因其玩忽职守而担负的责任，《社会法典第四册》第28r条第1款和第2款适用。

（5）联邦卫生部在联邦参议院批准后通过行政法规调整由根据第274条委托审查的专门机构审查医疗保险基金会提供数据的细节，包括提供错误数据或无法核实数据的后果，以及审核程序和在保险费确定、保险费收取和第2款第4句保险费通过医疗保险基金会继续转交方面的审核标准程序，这些也有别于第274条。

第253条　工作收入保险费支付

关于义务参保雇员支付其工作收入的保险费，《社会法典第四册》第28d条至第28n条和第28r条中关于社会保险总经费的规定适用。

第254条　大学生保险费支付

义务参保的大学生须在高校注册或者报到前，向主管医疗保险基金会预付该学期的保险费。医疗保险基金会联邦最高联合会可规定其他支付方式。如大学生参保人没能履行本法典规定的相对医疗保险基金会的义务，高校可拒绝其注册或报到。

第255条　养老金保险费支付

（1）义务参保人应承担的养老金保险费（第242条的额外保险费除外）由养老保险基金会在发放养老金时扣留，并与由养老保险基金会承担的保险费一并付给德国除农村医疗保险基金会外其他医疗保险基金会的养老保险协会。保险费额度变更时，养老保险基金会无须颁发特别决定。

（2）如在支付养老金时未扣留第1款的保险费，则由养老保险基金会从应继续支付的养老金中扣留拖欠的保险费；《社会法典第一册》第51条第2款适用。如养老金不再发放，则由主管医疗保险基金会负责收取拖欠的保险费。养老保险基金会根据由其承担的比例承担医疗保险费用。

(3)只要后面没有作出其他规定,则第1款和第2款的保险费应在发放养老金当月后1个月的最后一个银行工作日到账。如养老金在应付当月前1个月的最后一个银行工作日发放(《社会法典第六册》第272a条),则与第1句不同,第1款和第2款的保险费应在发放养老金当月的最后一个银行工作日到账。如每月8日有3亿欧元保险费到账,则第1款和第2款中当月到账的保险费相应减少3亿。德国养老保险协会把第1款和第2款保险费转交给健康基金,并在每月15日前知会预计在当月最后一个银行工作日到账的款项额度。

(3a)(废除)

(4)(废除)

第256条 保障金保险费支付

(1)领取法定养老保险养老金的义务参保人,保障金发放机构须扣留保障金产生的保险费,并支付给主管医疗保险基金会。应支付的保险费与发放保障金一同到账,从该保障金中应扣留相应的保险费。发放机构须向医疗保险基金会说明扣留的保险费;《社会法典第四册》第28f条第3款第5句适用。如成员从多个发放机构领取保障金,并且保障金加上法定养老保险养老金缴纳金额超过了保险费起算线,则医疗保险基金会根据成员或者其中一家发放机构的申请分摊保险费。

(2)第255条第2款第1句和第2句适用。医疗保险基金会从补付的保障金中收取保险费。这点不适用于因经济发展调整保障金而补付的保险费。主管医疗保险基金会有责任补偿保险费。其可与保障金发放机构作其他约定。

(3)医疗保险基金会监督保险费缴纳。如多个医疗保险基金会监督某一发放机构的保险费缴纳情况,其须约定,其中某个医疗保险基金会为有关的医疗保险基金会承担监督任务。《社会法典第十册》第98条第1款第2句适用。

(4)给少于30名有缴纳保险费义务的成员定期发放保障金的发放机构,可向主管医疗保险基金会申请,成员自己缴纳保险费。

第二节 保险费补贴

第257条 雇员的保险费补贴

(1)仅仅因为超过年收入上限而免除参保义务的雇员,如其自由或自主参加法定医疗保险,则可从其雇主处获得一半的保险费作为保险费补贴,支付的保险费额度为基于法定医疗保险一般保险费率减去0.9个保险费率点得出的额度。如在同一时期存在多个雇用关系,则相关雇主根据其支付的工作收入比例支付保险费补贴。对于领取《社会法典第三册》规定的短期工作津贴的雇员,除第1句的补贴之外还须向其支付雇主根据第249条第2款第3项为义务参保雇员在其存在成员关系的医疗保险基金会所缴纳保险费的一半。

(2)仅仅因为超过年收入上限或因为第6条第3a款而免除参保义务的雇员,或者免除强制保险义务并在一个私人医疗保险企业参保的雇员,以及可为根据第10条义务参保的雇员及其家人要求合同规定偿付款项的雇员,从其雇主处获得保险费补贴。补贴额度为基于一般保险费率减去0.9个保险费率点及根据第226条第1款第1句第1项和第232a条第2款有缴纳保险费义务、作为保险费的收入所计算金额的一半,但最高为雇员应缴纳医疗保险金额的一半。对于在医疗保险基金会中根据其成员资格无权要求病假津贴的人员,第243条的保险费率适用。领取《社会法典第三册》短期工津贴的雇员,第1款第3句适用,条件是其获得的额度不能超过其实际支出的额度。第1款第2句有效。

(2a)只有当医疗保险企业满足以下条件时,才会自2009年1月1日起针对私人医疗保险支付第2款的补贴:

1. 医疗保险作为一种人寿保险来经营,

2. 根据《保险监管法》第12条第1a款提供基本资费,

3. 只要该企业按照2008年12月31日之前有效版中第257条第2a款行业统一标准资费给参保人投保,则其有义务,就标准资费所提及的义务遵循2008年12月31日之前有效版中第257条第2a款中的规定,

4. 有义务将主动结束保险业务时多余的经费用于参保人,

5. 按照合同放弃正规解约权,

6. 当医疗保险企业的业务在本法适用范围内时,该企业未将医疗保险与其他保险部分一起经营。

参保人须在3年后向雇主提交由医疗保险企业就此开具的证明,即监管机关确认此保险企业按照第1句提及的前提条件经营作为保险合同基础的保险业务。

(2b)(废除)

(2c)(废除)

(3)领取第5条第3款提前退休金者,其作为雇员在提前退休前有权要求领取全部或者部分第1款的保险费补贴,有权向发放提前退休金的机构在领取提前退休金期间要求保险费补贴。补贴为提前退休金领取者在提前退休前作为义务参保雇

员缴纳保险费的一半,最高为其自付保险费额度的一半。第1款第2句适用。

(4)领取第5条第3款提前退休金者,其作为雇员在提前退休前有权要求领取全部或者部分第2款的保险费补贴,有权向发放提前退休金的机构在领取提前退休金期间要求保险费补贴。补贴按不超过保险费起算线(第223条第3款)的提前退休金和一般保险费率的9/10计算额度的一半支付,最高为提前退休金领取者为其医疗保险自付金额的一半。第2款第3句适用。保险费率精确到小数点后一位。

第258条 其他人员的保险费补贴

对于第5条第1款第6项、第7项或者第8项提及的人员,其根据第6条第3a款可自由参保,以及过渡金领取者,其根据第8条第1款第4项解除强制保险义务,他们可从服务提供机构获得医疗保险费补贴。其获取的补贴为服务提供机构作为医疗保险义务的保险费支付的额度,最高不超过向私人医疗保险企业支付的金额。第257条第2a款有效。

第三节 资金使用和管理

第259条 医疗保险基金会的资金

医疗保险基金会的资金包括经营资金、储备金和管理资产。

第260条 经营资金

(1)经营资金仅允许用于

1. 法定或者章程规定的任务及管理费用;按规定,医疗保险基金会作为护理保险基金会的任务并不属于法定任务,

2. 填实储备金和形成管理资产。

(2)在每个预算年度平均每月的经营资金不应超过根据医疗保险基金会预算计划为第1款第1项提及目的的支出分摊至每个月额度的1.5倍。在确定经营资金存量时,须兼顾医疗保险基金会的收支可能,只要其不被归入储备金或者管理资产。流动资金不予考虑。

(3)经营资金须保留必要的金额并另外安置,以保证第1款提及的目标有资金可支配。

第261条 储备金

(1)医疗保险基金会为确保其支付能力而设立储备金。

(2)章程决定根据预算计划为第1款第1项提及目的的支出平均分摊至每个月

额度的一定百分比作为储备金(应储备额)。储备金须至少为第1句中分摊至每个月额度的1/4,最多为1倍。

(3)如一个预算年度内的收支波动不能通过经营资金平账,医疗保险基金会可从储备金向经营资金输款。在这种情况下可动用储备金,以保证在本预算年度避免提高第242条的额外保险费。

(4)在制订预算计划时发现,储备金少于应储备额,则在预算计划中须规定至少向储备金输送1/4的应储备额来充实储备金,直至储备金达到应储备额。如因充实储备金而要求提高第242条的额外保险费,则第1句无效。

(5)如储备金超过应储备额,则多余的金额流入经营资金。

(6)储备金须与其他资金分开安置,使得第1款提及的目的有资金可支配。储备金以第262条为前提条件由医疗保险基金会管理。

第262条 总储备金

(1)州协会的章程可决定,由协会成员设立的储备金中最多为应储备额1/3的储备金由州协会作为特别资产(总储备金)管理。在注资时总储备金应优先于由医疗保险基金会管理的部分储备金。

(2)一年中产生的资本收益和通过转让产生的总储备金利润可用来补偿通过转让造成的损失。根据相关医疗保险基金会在州协会的储备金年平均结余额,将差额分摊给这些机构。

(3)如根据第2款产生了资金盈余,则发放给在州协会的储备金结余额达到了第1款规定比例的医疗保险基金会。如未达到此储备金结余额,则不超过短缺额度的盈余资金首先用来向其注资,而不是发放给医疗保险基金会。如根据第2款出现了短缺,则从医疗保险基金会的储备金结余中相应扣除。

(4)只有当医疗保险基金会自身管理的储备金结余耗尽,才能支配其放置在州协会的储备金结余。如医疗保险基金会储备金结余耗尽,可向州协会从总储备金中要求贷款。州协会章程规定贷款的前提条件、还款和利息。

(5)总储备金这样放置是为了保证第261条第1款和第4款提及的目的有资金负担。

第263条 管理资产

(1)医疗保险基金会管理的资产包括:

1. 规定用于管理医疗保险基金会及其运营企业(自营企业)的固定资产,
2. 购买和更新设备资产及为工作人员及其遗属将来支付保障金而保留的

资金,

只要这些对于履行医疗保险基金会的职责是必不可少的。管理资产还包括只有部分用于医疗保险基金会管理目的或者用于自营企业所必需的不动产。

(2)管理资产还可以是基于其他法律义务或授权的固定资产,只要其不属于经营资金、储备金或者特别资产。

第263a条　权利人清算

自2005年3月30日生效以来,根据1965年9月6日《权利人清算法》第27条第1款(《联邦法律公报》Ⅰ第1065页)由联邦对勃兰登堡州观光局医疗保险部、苏台德区德国职员医疗保险基金会和当地内河航运及相关企业特殊医疗保险基金会,以及布朗伯格区农村医疗保险基金会提供的信托管理资产不予考虑。

第264条　通过费用报销来承担非义务参保人的疾病治疗

(1)医疗保险基金会可为没有参加法定医疗保险的失业或者无业者、未接受救助者及联邦卫生部提及的人群承担疾病治疗,只要保证医疗保险基金会能够报销为个别情况支出的所有费用和其适当比例的管理费用。

(2)对于《社会法典第十二册》第三章至第九章的津贴获得者、《难民申请者福利法》第2条的津贴获得者和第八册中未参保的病患救助津贴获得者,其疾病治疗由医疗保险基金会负责。第1句不适用于为生计预计不止1个月连续领取补助金的人员,或者只领取《社会法典第十二册》第11条第5款第3句和第33条中相关津贴的人员,以及《社会法典第十二册》第24条提及的人员。

(3)第2款第1句提及的受领人须立即在主管救助的社会救助机构或者公共青年救助机构所在区域选择承担其疾病治疗的医疗保险基金会。多名受领人生活在同一家庭,则由户主为自己及可能根据第10条户主义务参保时连带参保的家庭成员行使选择权。如未行使第1句和第2句的选择权,则第四册第28i条和本册第175条第3款第2句有效。

(4)第11条第1款及第61条和第62条适用于第2款第1句提及的受领人。这些受领人可获得第291条的医疗保险人卡。受领人在年满65周岁之前所处状态为"成员",65周岁之后为"退休者",以此作为第291条第2款第7项中参保人的状态。未满65周岁、在家庭中生活但并不是户主的受领人,其所处状态为"家庭参保人"。

(5)如受领人不再是《社会法典第十二册》或者《社会法典第八册》中规定的有需求者,则社会救助机构或者公共青年救助机构在相应医疗保险基金会将其注销。在注销时,社会救助机构或者公共青年救助机构须收取受领人的医疗保险人卡,并交给医疗保险基金会。注销后因滥用医疗保险人卡而产生的医疗保险基金会的费用,由社会救助机构或者青年救助机构承担。第3句不适用于以下情况,即医疗保险基金会因法律规定或者合同约定有义务在要求服务前审核其服务义务。

(6)在计算第85条或者第85a条中的报酬时,须考虑受领人的合同医疗保障。如第85条的总报酬根据人头计算,则受领人被视为成员。如多位领取者生活在同一家庭中,则与第2句不同,只有第3款中的户主被视为成员;可能根据第10条参保的家庭成员之合同医疗保障按分摊给户主的人头费给予补偿。

(7)因承担第2款至第6款中的疾病治疗而导致医疗保险基金会的支出,由相关社会救助机构或者公共青年救助机构每个季度报销。作为适当的管理费用包括第2款人群的人工支出,确定为所计算服务支出的5%。如所提供的服务存在浪费的证据,则各自的医疗保险基金会可要求主管社会救助机构或者公共青年救助机构核实和证明支出是否合理。

第四节 健康基金的财政平衡和分配

第一小节

第265条 支出巨大的服务案例的财政平衡

州协会和医疗互助基金会协会章程可规定协会成员的分配额,以完全或者部分补偿医疗服务支出及其他服务的费用。也可通过贷款来提供援助;协会章程规定前提条件、还款和利息的细节。

第265a条 避免医疗保险基金会关闭或破产的财政援助

(1)医疗保险基金会联邦最高联合会的章程可在2009年3月31日前为实现或简化医疗保险基金会合并而提供财政援助的规定,这些援助对于避免责任风险被认为是有必要的。有关援助的前提条件、范围、筹资和落实的细节由医疗保险基金会联邦最高联合会章程决定。章程规定,只有在提供第265b条中足够额度的财政援助时,才会提供援助。章程规定由成员通过第217c条第1款第2句加权的70%多数票决定。

(2)第1款财政援助的申请只可由监管机关提出。医疗保险基金会联邦最高联合会董事会决定是否提供第1款的财政援助。也可以贷款的形式提供援助。这些援助是有期限,也是有条件的,条件是其有助于改善经济性和支付能力。

(3)医疗保险基金会联邦最高联合会通过书面决定向其成员保险基金会(农村

医疗保险基金会除外)声明援助筹资必要的额度。在分配援助筹资时,应适当考虑医疗保险基金会不同的支付能力及根据第265b条已经提供的援助。在对援助服务筹资所需金额的决定进行申述时,无中止效力。

(4)以第265a条中2008年12月31日之前有效版本为基础的权利与义务不受影响。

第265b条 自愿财政援助

(1)医疗保险基金会可与同一保险类型的其他医疗保险基金会就援助服务签订合同,以

1.保持其支付能力和竞争力,

2.通过支持自愿合并来避免第155条第4款和第5款,以及第171d条第1款第3句和第4句的责任案例,或者

3.与第171d条第2款颁布的行政法规不同,规定按照第171d条第1款第3句和第4句分配额度。

在合同中规定援助服务的范围、筹资和落实细节。第十册第60条适用。

(2)合同需要得到作为签约方的医疗保险基金会的监管机关批准。

第266条 健康基金的分配(风险结构补偿)

(1)医疗保险基金会从健康基金(第271条)补偿其支出的分配款中获得基本费,根据年龄、性别和风险调整的补贴和折扣,以此补偿不同风险结构和其他支出的分配额(第270条);分配按照第272条调整。每年通过年龄、性别和风险调整的分配额来实施风险结构补偿,以此补偿因参保人分布不同而对医疗保险基金会之间根据不同年龄、性别分开的参保人组(第267条第2款)和发病率组(第268条)分配资金产生的差异。

(2)基本费与根据年龄、性别、风险调整的补贴和折扣用于补偿医疗保险基金会的标准服务支出。每位参保人的标准服务支出会基于全部医疗保险基金会的参保人年平均服务支出来确定,以便不同参保人组每位参保人标准服务支出比例符合根据第267条第3款为所有医疗保险基金会确定的、第267条第2款中不同参保人组每位参保人平均服务支出的比例。

(3)(废除)

(4)在确定第2款的标准服务支出时,不考虑

1.由第三方补偿的支出,

2.章程规定的多余服务或者实验类服务及其无权要求的服务产生的费用,

3.在风险共担(第269条)中被补偿的费用。

住院后的后续康复(第40条第6款第1句)支出须纳入第1句的平均服务支出。矿工医生和牙医的服务支出以与合同医生和牙医同样的方式被计算。

(5)联邦保险局确定分配额度,并将相应的资金转入医疗保险基金会。为确定第2款第1句的分配额度须每年公布:

1. 每位参保人的所有参与补偿的医疗保险基金会的标准服务支出额度,而且应按照参保人组(第267条第2款)和发病率组分开公布,以及

2. 根据年龄、性别和风险调整的补贴和折扣额度。

3.(废除)

联邦保险局可在提交经营与会计结果之外,要求其他的询问和证据,以统一安排和获取计算必需的数据。

(6)联邦保险局为每个年度预先临时确定第5款第2句第1项和第2项的额度值。在计算每月分配额时,第1句的额度值以最后获取的医疗保险基金会参保人数量和在上一年10月1日之前获取的医疗保险基金会参保人数量为基础,而这些参保人数量应按照第267条第2款中各参保人组和第268条中各发病率组分开确定。年度结束后,每个医疗保险基金会分配的额度由联邦保险局从为本年度制定的经营和会计结果,及在本年度10月1日前获取的相关医疗保险基金会的参保人数量来确定。根据第2句得到的分配额可分期付款。这些分配额在根据第3句确定本年度的最终分配额后进行补偿。在确定了第3句的额度值后,如果计算过程中发现了实质性或者计算方面的错误,则联邦保险局须在下一次按照有效规定确定分配额度时予以考虑。针对风险结构补偿的分配额度(包括由此分摊到的附加费用)之申诉无中止效力。

(7)联邦卫生部在联邦参议院批准后通过部门规章规定以下内容的细节:

1. 第1款第1句中基本费额度的确定和将其向参保人的公布,第5款的额度值,及对于实施风险补偿程序必需数据的公布方式、范围和时间点,

2. 第2款、第4款和第5款中服务支出的界定;此外,与第2款第3句不同,可为第267条第3款提及的参保人组界定病假津贴并规定特别标准化程序,

2a. 第270条其他支出的界定和标准化程序,及用分配资金来补偿此支出的标准,

3. 第267条第2款中须考虑的参保人组,包括不同年龄组的年龄段之界定,也会与第267条第2款不同;还包括第137f条第2款第3句的疾病确定,此疾病可能是第137g条方案所涉及的对象,另外还包括认可这些方案的要求及对落实这些方案所需的与人员相关的数据进行的确认,

◎德国社会法典(选译)

4. 计算程序及付款落实,包括被委托进行计算和付款落实的机构,

5. 款项的到账和滞纳金的收取,

6. 补偿的程序和落实,

7. 第267条截止日期和期限的确定;代替第267条第2款的截止日期,可设定一个调查时间段,

8. 由医疗保险基金会、养老保险基金会和服务提供者通报的信息,

9. 通过为第274条的审核设立的机构对医疗保险基金会所通报数据的审核,包括提供错误数据或者不可审核数据的后果及审核和审核标准的程序,这些也会与第274条不同。

与第1句不同,第4款第2句和第1句第3项的条例规定无需联邦参议院批准即可颁布,

(8)(废除)

(9)农村医疗保险不参与风险结构补偿。

(10)对于2008报告年度补偿的落实和对截至(含)2008报告年度的修正,以第266条2008年12月31日之前有效版本为基础。[1]

第267条 风险结构补偿的数据获取

(1)医疗保险基金会为每个运营年度调查分类和按科目表规定的服务支出,此类信息不基于参保人个人提供。

(2)医疗保险基金会每年10月1日之前按照5年为一个年龄段调查不同年龄组成员和按照第10条参保的家庭成员的人数信息,将参保人(成员)组和性别分开考虑,成员组的划分决定于,

1. 参保人在丧失工作能力后是否要求继续发放工作收入,或者要求发放义务参保产生的社会福利,第46条第2句的成员是否从丧失工作能力的第7周开始要求病假津贴,或者是否提交了第44条第2款第1句第3项的选择声明,

2. 成员是否未要求病假津贴,或者医疗保险基金会是否因为本册规定限制了服务的范围,或者

3. 符合《工资继续发放法》第10条的成员是否要求发放工作收入的补贴,

第六册第43条和第45条中工作能力受损人员的数量,须在第1句的数据调查中作为另一个共同成员组单独列出。

---

[1] 第266条:德国联邦宪法法院2005年7月18日作出的合宪性解释(I2888-2),联邦消费者保护与食品安全协会2/01号决议。

（3）医疗保险基金会须最长每3年，首次为1994年，调查第1款提及的服务支出和病假日津贴信息，这些信息同样根据第2款第1句按照参保人年龄组和性别单独列出，此类信息不涉及参保人个人信息，另外，第44条的病假津贴支出和病假日津贴信息按照第2款第2句提及的成员组进行分类；额外和实验服务的支出信息及无权要求的服务支出信息不予调查，第266条第4款第2句的服务除外，在调查第1句的信息时，须单独调查为第六册第43条和第45条中工作能力受损人员组提供的服务支出，第2款第4句中参保人组的服务支出须在进行第1句至第3句的数据调查时按照参保人组单独进行调查，第1句至第3句数据的调查可限制在联邦境内或者单独的联邦州针对地区和医疗保险基金会种类进行的有代表性的抽样上，抽样的总范围上限为所有法定医疗保险参保人的10%。

（4）医疗保险基金会将以下结果通过机器可处理的数据载体经由医疗保险基金会联邦最高联合会提交给根据第266条第7款的行政法规提及的机构，即在下一年5月31日之前提交第1款和第3款数据调查结果，在调查截止日期后最迟3个月内提交第2款的数据调查结果。

（5）对于第3款的数据收集，相关医疗保险基金会可在医疗保险卡上使用第3款第1句至第3句的成员组代码，如医疗保险卡上含有第1句提及的代码，则医生和牙医须把此代码标入对合同医生提供的服务有约束力的处方页和转院单，或者相应的电子数据记录中。保险基金会医生和牙医协会及服务提供者在服务结算时使用第1句的代码；这些代码在服务结算中另外表明每个代码类别的结算额度总数。在其他地方运用第1句提及的代码是不允许的。保险基金会医生和牙医协会，以及服务提供者须以合适的方式在机器可处理的数据载体上提供第1款至第3款的数据收集必需的结算数据。

（6）医疗保险基金会通过医疗保险基金会联邦最高联合会向法定养老保险基金会提供在其处参保的义务参保退休者的第293条第1款的代码，以及《社会法典第六册》第147条的保险号码。法定养老保险基金会通过医疗保险基金会联邦最高联合会在每年12月31日前基于本条第1句的代码向主管医疗保险基金会通报，哪些参保人因为工作能力受损获得养老金或者因为丧失就业或劳动能力获得养老金的信息。法定养老保险基金会可将本条第2句的任务交由德国邮政集团承担；医疗保险基金会在这种情况下通过医疗保险基金会联邦最高联合会向德国邮政集团传达第1句的数据。《社会法典第六册》第119条第6款第1句有效。法定养老保险基金会或者根据第3句委托的机构只要落实了本款中的任务，就可删除第1句的数据。医疗保险基金会可使用专为第1款至第3款的数据调查所提供的数据。只要落实并完成了第266条的风险结构补偿,第2句的数据就可删除。

(7)医疗保险基金会联邦最高联合会决定以下细节:

1. 第3款的调查范围,地区选取和抽样程序,和

2. 第5款第1句的代码程序。

医疗保险基金会联邦最高联合会

1. 与保险基金会医生联邦协会在第295条第3款的约定中,就第5款第2句至第4句的程序细节进行约定,并

2. 与德国养老保险协会就第6款的登记程序细节进行约定。

(8)(废除)

(9)相关机构就以下情况承担费用:

1. 第1款和第2款的调查费用由相关医疗保险基金会承担,

2. 第3款的调查费用由医疗保险基金会联邦最高联合会承担,

3. 第5款的数据调查和处理费用由保险基金会医生和牙医协会,以及其他服务提供者承担,

4. 第6款的登记费用由法定养老保险基金会承担。

(10)第1款至第9款不适用于农村医疗保险基金会。

(11)对于2008报告年度补偿的落实和对截至(含)2008报告年度的修正,以第267条2008年12月31日之前有效版本为基础。❶

第二小节 退休者医疗保险的财政平衡

第268条 风险结构补偿的继续发展

(1)自2009年1月1日起,第266条第1款第2句和第3句的参保人组和第266条第2款第2句的加权因数偏离第166条按照分类特征来设立(发病率组),同时

1. 基于诊断、诊断组、指标、指标组、医疗服务或者这些特征组合直接考量参保人的发病率,

2. 确定归类参保人的平均医疗服务支出,

3. 减少风险选择的激励,

4. 不推进医学上不适当的服务扩张,以及

5. 50到80个费用巨大的慢性病和重症作为发病率组选择的基础。

---

❶ 第267条:德国联邦宪法法院2005年7月18日作出的合宪性解释(I2888-2),联邦消费者保护与食品安全协会2/01号决议。

其他情况第266条适用。

（2）联邦卫生部在联邦参议院的批准情况下，在2009年12月31日之前通过第266条第7款的部门规章确定落实第1款规定的细节。此外，医疗保险基金会联邦最高联合会达成一致的建议在决定第1款的参保人组、加权因数及其分类特征时应被纳入考虑。在进行分组时还须根据直接确定发病率的分类特征引用国际经验。在条例中还规定，用于确定参保人组、在2008年12月31日之前有效的单个或者多个标准，除第1款第1句提及的规定外，是否继续有效；第266条第7款第3项有效。为了选择适当的分组、加权因数和分类特征，由联邦卫生部委托进行科学调查。其须确保，调查在2003年12月31日前结束。

（3）为进行第2款第5句分组和调查落实的准备工作，医疗保险基金会为2001年和2002年，在每个年度下一年的8月15日之前，按照第267条第3款第4句和第5句，以抽样形式分别按照第267条第2款中的参保人组，调查每个参保人的参保天数和分类服务支出，以及按科目表规定的服务支出，信息包括：

1. 医院，包括第301条第1款第1句第6项、第7项和第9项的信息，及按照第301条第1款第1句第3项入院和进行诊断的日期信息，但无接收机构的代码和出院的时间，

2. 住院后的后续康复，包括第301条第4款第1句第5项和第7项的信息，但无接收机构的代码，

3. 药物，包括第300条第1款第1项的代码，

4. 第44条的病假津贴，包括第295条第1款第1句第1项的信息，

5. 合同医生提供的服务，包括第295条第1款第1句第2项的信息及结算的点数和费用，以及第295条第1款第4句的信息，但无治疗日期，

6. 第302条的服务提供者，包括诊断、检查结果和服务提供日期，但无服务的种类、数量和价格及开具处方的医生编项，

7. 第1项至第6项没有计入的服务支出，但无第266条第4款第1句的服务支出。

倘若第1句第1项至第7项的调查包括诊断数据和药物代码，则只有由医疗保险基金会根据第294条至第303条搜集的诊断数据和药物代码能被使用和处理。抽样调查必需的参保人相关信息需要被匿名化。为了保护医疗保险基金会的数据，制作匿名的密码应由委托人保管，其他人不可获取。保险基金会医生和牙医协会在次年的7月1日之前向医疗保险基金会传达第1句第5项必需的数据。数据在

通报之前须给每个参保人设定一个匿名,该匿名由医疗保险基金会传达给保险基金会医生和牙医协会。医疗保险基金会通过其最高联合会向联邦保险局传送第1句中经过匿名化处理的、可机读的数据。可创建参保人个人信息,因为考虑到这些信息之后对第7句所传达的数据进行修改是必不可少的。医疗保险基金会中匿名化的信息和每次创建的参保人个人信息都需要制作备忘录。医疗保险基金会联邦最高联合会与联邦保险局在根据第267条第7款第1项和第2项的约定中及与保险基金会医生联邦协会、代表其他服务提供者经济利益的重要中央组织的约定中,在2002年3月31日之前就抽样的范围、数据调查和传输的程序规定细节。在第10句的约定中作为补充抽样调查可延伸至2003年上半年。第267条第9款和第10款有效。如第10句的约定不能达成,则联邦卫生部最迟于2002年6月30日在第266条第7款的行政法规中规定程序细节。条例还规定,自2005年1月1日起,对于风险结构补偿的落实及其继续发展,应调查第1句中提及的数据及对于数据调查的程序和范围,第2句适用;其他情况第267条适用。[1]

第269条 开支巨大的服务项目的共同筹资(风险共担)

(1)作为风险结构补偿(第266条)的补充,自2002年1月1日起,对于开支巨大的服务项目的资金负担,在医疗保险基金会之间进行部分补偿。如医疗保险基金会为每位参保人的医院治疗服务支出总额[包括一个运营年度住院期间提供的其他服务、药物和绷带、门诊透析的非医疗服务、病假津贴和死亡津贴(有补偿能力的服务支出),减去由第三方承担的支出]超过第3句的支出上限(极限值),则超出部分的60%由所有医疗保险基金会的风险共担资金支付。2002年和2003年的极限值为20450欧元,并在下一年参照第四册第18条的每月参考值百分比变化进行调整。风险共担资金根据所有医疗保险基金会为此所确定的财力筹集;此外确定单独的补偿需求率。第266条第3款适用。与第2句不同,门诊透析的非医疗服务支出在2002年补偿年度不予考虑。

(2)对于与风险结构补偿分开确定的每个医疗保险基金会的补偿要求和义务、有补偿能力的服务支出之确定、风险共担资金的落实、每月的分期偿还程序和滞纳金,第266条第2款第1句,第4款第1句第1项和第2项、第2句,第5款第1句、第2句第3项与第3句,第6款,第8款和第9款适用。

(3)为确定来源于风险共担的补偿要求和义务,医疗保险基金会每年针对每位

---

[1] 第268条:德国联邦宪法法院2005年7月18日作出的合宪性解释(I2888-2),联邦消费者保护与食品安全协会2/01号决议。

参保人调查第1款第2句的服务支出总额。第1句中由医疗保险基金会基于单独参保人汇总的数据只可用于计算是否超过极限值;汇总的参保人相关数据记录在计算结束后立即删除。如一位参保人的服务支出总额超过了第1款第3句的极限值,则医疗保险基金会须通过医疗保险基金会联邦最高联合会向联邦保险局通报带有匿名信息的服务支出。可创建参保人个人信息,因为这些信息对于审核第3句报告的服务支出和考虑之后对有补偿能力的服务支出进行修改是必不可少的。另外,对于调查和报告服务支出、有缴纳保险费义务的收入、参保人数和参保人组的界定,第267条第1款至第4款和第10款适用。第267条第9款有效。

(4)联邦卫生部在第266条第7款的行政法规中规定以下内容细节:

1. 界定风险共担必需数据、有补偿能力的服务支出和确定第1款的极限值,以及兼顾第1款第2句由第三方补偿的支出之细节,

2. 计算程序、金额的到账、滞纳金的调查、补偿的程序和落实,

3. 由医疗保险基金会和服务提供者告知的信息,

4. 公告落实风险共担必需的计算值的方式、范围和时间点,

5. 通过为第274条审核设立的机构对医疗保险基金会所通报数据的审核,包括提供错误数据的后果和不可审核数据的后果,以及审核和审核标准的程序,这些也会与第274条有所差异。

(5)调查和界定数据、数据载体,以及统一制定第3款的细节内容需要匿名处理,由医疗保险基金会联邦最高联合会在得到联邦保险局的同意下确定。如第1句的约定在2002年4月30日之前没有达成,则由联邦卫生部在其第266条第7款的部门规章中确定细节。

(6)风险共担在第268条第1款中规定的风险结构补偿继续生效当年的前一年最后一次被落实。

(7)对于2008报告年度风险共担的落实和对截至(含)2008报告年度的修正,以第269条2008年12月31日之前有效版本为基础。❶

第270条 健康基金对其他开支的分配

(1)医疗保险基金会从健康基金中分配到资金,来抵销

a. 第266条第4款第1句第2项的标准化支出,第53条第5款的服务除外,

b. 在第137g条的项目发展和落实基础上产生的并在第266条第7款的部门规

---

❶ 第269条:德国联邦宪法法院2005年7月18日作出的合宪性解释(I2888-2),联邦消费者保护与食品安全协会2/01号决议。

章中进一步确定的标准化支出,及

c.其标准化的管理支出。

第266条第5款第1句和第3句、第6款和第9款有效。

(2)为确定第1款分配额度,医疗保险基金会不基于参保人,每年对第266条第4款第1句第2项的支出和管理支出进行调查。第267条第4款有效。

第270a条 （废除）

第271条 健康基金

(1)联邦保险局管理作为特别资产(健康基金)及来自以下方面的款项:

1. 由收款机构根据《社会法典第四册》第28k条第1款第1句和第252条第2款第3句为法定医疗保险收取的保险费,

2. 第255条来自养老金的保险费,

3.《社会法典第四册》第28k条第2款的保险费,

4. 第252条第2款的保险费,

5. 第221条的联邦资金。

(2)健康基金须建立一个现金储备,可以此现金储备支付因整个财政年度的收入波动且确定第266条第2款统一额度时未考虑到的收入损失,提高第272条第2款的分配额所产生的费用,及第242b条的社会均衡补偿费用,另外还有第251条第6款第2句和第4句中额外保险费的支出。现金储备自2009年始逐步建立,并且须最迟在2012年度结束后,其额度在之后的运营年度保证为健康基金每月平均支出的20%。健康基金超过第242a条第1款第1句医疗保险基金会预计年支出的年收入,超出部分注入现金储备。

(3)如现金储备不够进行第266条第1款第1句的额度分配,联邦提供相应额度的无息现金贷款。贷款须在预算年度内偿还。须采取适当的措施确保年底的还款。

(4)在整个年度产生的资本收益注入特别资产中。

(5)健康基金的资金安置时应确保第266条、第269条和第270条提及的目的有资金可支配。

(6)联邦保险局在管理基金时产生的支出,包括落实风险结构补偿的支出,须由健康基金的收入抵销。第266条第7款的行政法规规定相关细节。

第271a条 健康基金收入的保障

(1)如医疗保险基金会的拖欠保险费急剧增多,医疗保险基金会须在联邦保险局要求后就此报告原因,并在4周期限内作出有说服力的解释,表明拖欠保险费的增多并不是由于其不履行义务而引起的。对决定有重要影响的事实须通过合适的材料证明。

(2)如医疗保险基金会没有提交对决定有重要影响的材料,或者这些材料不足以证明保险费拖欠不是由其过失造成的,则被视为医疗保险基金会拖欠。在每次要求清偿的第1个月,临时收取相关额度的10%作为滞纳金,相关额度为提出清偿要求当月的拖欠率减去医疗保险基金会上月或者上一年平均拖欠率,乘以当月应收保险费额度而计算出。

(3)如医疗保险基金会在由联邦保险局确定的适当期限内(一般情况下不短于第2款的拖欠出现后3个月)提供有说服力的证据,证明保险费拖欠不是由于其不履行义务导致,则可取回滞纳金。否则滞纳金被最终确定,并且进入健康基金。

(4)在第3款的期限结束后,如第1款拖欠的保险费仍然数额巨大,并且根据第2款的定义认定为医疗保险基金会拖欠,则视为医保基金会未履行义务。在此情况下,联邦保险局再次每月提高10个百分点,直至提高到第2款中作为计算滞纳金基础的全部差额。此滞纳金为最终确定,并进入健康基金。

(5)针对收取滞纳金的申诉无中止效力。

(6)《社会法典第四册》第28r条和本册第251条第5款第2句不受影响。

第272条　引入健康基金的过渡规定

(1)在确定健康基金分配额度时须确保,因引入健康基金而使一个州从业的医疗保险基金会每年的负担额度最高为1亿欧元。为此联邦保险局为每个补偿年和为每个州,将医疗保险基金会为在一个州生活的参保人而调整的收入额度与健康基金的分配额度作对比,无须考虑由第2款得出的分配额度提高。此外,应考虑基于2008年6月30日有效保险费率的假设保险费收入,该收入会基于2008年6月30日前有效版本中风险结构补偿和风险共担、补偿要求和义务修正,并按照第71条第3款的变化率进行调整。

(2)如第1款第2句的对比得出,在某个州从业的医疗保险基金会之负担超过第1款第1句中决定性的额度,则在各自的补偿年度为居住地在本州的参保人分配给医疗保险基金会的额度须调整到刚好负担的额度。对于提高第1句分配额度必需的款项来自第271条第2款的现金储备。

(3)第1款和第2款的规定在以下年度的前一年最后一次适用,即在该年度首次没有发现在任何联邦州有超越第1款第1句中决定性额度的情况。

(4)第1款和第2款预先规定的落实细节,特别是保险费率、收入及其调整和分配额度的决定,以及分期付款的确定都在第266条第7款的部门规章中作出明确规定。这也适用于联邦政府委托的鉴定。在此鉴定中,应该在健康基金生效之前就已经将第1款的影响进行量化。

第273条 风险结构补偿的基础数据之储存

(1)联邦保险局在根据下列条款落实风险结构补偿之际考核医疗保险基金会的数据通报,同时兼顾第268条第3款第1句、第2句和第14句的规定,特别是诊断数据和药物代码通报许可。第266条第7款第1句第9项和第274条仍然有效。

(2)联邦保险局会结合第1句第5项对第268条第3款第4句中的数据进行审核,以确定异常情况。联邦保险局会结合第1句第1项至第4项、第6项至第7项对第268条第3款第14句中的数据进行审核,以确定异常情况。审核以跨保险基金会的比较分析方式进行。适当的分析变量,特别是通报诊断的频率和严重性,以及比较变量和比较时间为比较分析之基础,以识别第268条第1款第1句第1项中按发病率对参保人进行分类的数据变化及其意义。相关细节,特别是用于确定异常情况的极限值,由联邦保险局与医疗保险基金会联邦最高联合会协商决定。

(3)如出现联邦保险局确定第2款的异常情况,尤其依据第268条第3款第14条的可靠诊断数据出现的异常情况需要对相关医疗保险基金会进行个案审核。如有特定事实证明,医疗保险基金会没有遵循第268条第3款第1句、第2句和第14句的规定,则同样对其进行审核。联邦保险局可向相关医疗保险基金会要求进一步答复并提供证据,特别是相关匿名医生编号及结算的费用状况。对数据统一的技术整理细节可由联邦保险局规定。联邦保险局可对相关医疗保险进行实地审核。不包括对服务提供者的审核,特别是基于诊断数据的审核。由医疗保险基金会通报的数据只可用于对确定第2款的异常情况进行审核及本款的个案审核。

(4)在第2款和第3款的审核结果中,联邦保险局确定,相关医疗保险基金会是否及在多大范围内遵循了第268条第3款第1句、第2句和第14句的规定。如医疗保险基金会没有或者只是部分遵循第268条第3款第1句、第2句和第14句的规定,则联邦保险局确定一个修正额度,来缩减此医疗保险基金会第266条第2款第1句的分配额。确定修正额度和缩减分配额度的细节由联邦卫生部在联邦参议院批准后通过第266条第7款的行政法规决定。

(5)联邦卫生部向相关医疗保险基金会通知第4款第1句的确定情况和第4款第2句的修正额度。对本规定争议性的申诉无中止规定执行的效力。

第五节 医疗保险基金会及其协会的审核

第274条 运营、会计和业务审核

（1）联邦保险局和主管社会保险的州最高行政机关须至少每5年对其监管的医疗保险基金会及其工作组进行运营、会计和业务的审核。联邦卫生部须至少每5年对医疗保险基金会联邦最高联合会和保险基金会医生联邦协会的运营、会计和业务进行审核，主管社会保险的州最高行政机关须至少每5年对医疗保险基金会州协会和保险基金会医生协会及第106条的审计办公室和申诉委员会进行运营、会计和业务审核。联邦卫生部可将联邦直属医疗保险基金会、医疗保险基金会联邦最高联合会和保险基金会医生联邦协会的审核，主管社会保险的州最高行政机关可将州直属的医疗保险基金会、医疗保险基金会州协会和保险基金会医生协会的审核移交给一个独立的、公法上的审核机构，或者为此设立的这样一个审核机构。审核覆盖整个业务运营领域；包括合法性和经济性的审核。医疗保险基金会、医疗保险基金会协会及其工作组、保险基金会医生协会和保险基金会医生联邦协会须在要求时提交所有材料和回答所有问询，只要这些对于审核的实施是必需的。

（2）自2009年起，审核机构产生的费用由医疗保险基金会按照其成员数量承担。关于费用报销包括预付款的细节，对联邦直属医疗保险基金会和医疗保险基金会联邦最高联合会的审核由联邦卫生部规定，对州直属医疗保险基金会及其州协会的审核由主管社会保险的州最高行政机关规定。保险基金会医生协会、保险基金会医生联邦协会及医疗保险基金会协会和工作组承担对其实施的审核费用。费用根据实际发生的人员与物资支出计算。保险基金会医生联邦协会审核费用的计算以联邦内政部制作的当年度关于官员、职员和工资领取者的人员费用，包括联邦管理机构工作岗位/雇员的物资支出的一览表为基础，保险基金会医生协会审核费用的计算以相应州主管最高机关制作的一览表为基础。如州机关无此一览表，则联邦内政部的一览表有效。人员费用之外的管理费用以实际发生额为准。人员费用按审核的小时数计算。审核的准备及后续工作包括审核报告的拟定和可能存在的咨询都应予以考虑。第1句的审核费用须扣除第3句提及机构承担的部分。

（3）联邦卫生部可在联邦参议院批准下就审核颁布实施一般管理规定。此外，须拟定审核机构之间进行定期经验交流的规定。

（4）联邦审计署审核法定医疗保险基金会、其协会和工作组的预算和经济管理。

◎德国社会法典(选译)

第九章 医疗保险基金会的医疗服务机构

第一节 职责

第275条 评估和咨询

(1)在法律规定的情况下或者根据疾病的类型、严重程度、持续时间、发病次数或病情发展的需要,医疗保险基金会有义务,

1. 在提供服务时,特别是为了检查服务的前提条件、类型和范围,以及在异常情况下检查账单正确性,

2. 为了展开合作服务,特别是为了协调纠纷和与符合《社会法典第九册》第10条至第12条的康复机构合作,与主治医生达成一致后,

3. 在丧失工作能力的情况下:

a)为了保证成功治疗,尤其是为了服务提供机构采取恢复劳动能力的措施,或

b)为消除对丧失工作能力的疑虑

获得医疗保险基金会医疗服务机构(医疗服务)开具的专家意见书。

(1a)在下列情况下认可根据第1款第3项b对丧失工作能力的质疑

a)参保人经常异常性地或者短时间地丧失工作能力,或者常常在1周工作日的开始或结束时丧失工作能力,

b)医生确定参保人失去工作能力,但此医生出具丧失工作能力证明的次数异常。

必须在提交丧失工作能力的医生证明后立即进行审查。雇主可要求医疗保险基金会获取医疗服务机构出具的关于审查丧失工作能力的鉴定意见。如果医疗保险出具的医生文件中可明显证明已经满足丧失工作条件的医疗前提条件,那么医疗保险基金会可撤销对医疗服务机构的委托。

(1b)医疗服务机构以抽查的方式检查经过第106条第2款第1句第2项规定医生开具的工作能力丧失诊断。第106条第2款第4句提及的合同方协商细节。

(1c)根据第39条进行住院治疗时,必须根据本条第1款第1项及时进行检查。最迟应在医疗保险基金会收到账单后6个星期内开始检查,并且通过医疗服务机构通知医院。如果检查并没有减少账单金额,则医疗保险基金会应向医院支付总额

为300欧元的费用。

(2)医疗保险基金会可通过医疗服务机构审查

1. 以批准前抽样调查中医学治疗方案为基础、申请延长时定期按照第23条、第24条、第40条和第41条提出服务的必要性；如果从情况和人员范围来看，没有审查的必要性，医疗保险基金会联邦协会则在细则中规定抽查调查的范围和选择，并可批准例外情况；这尤其适用于住院治疗后的康复医疗服务（后续治疗），

2. (废除)，

3. 在报销国外治疗费用时，需审查疾病是否只能在国外治疗（第18条），

4. 家庭护理是否或者在哪个时期有必要超过4周（第37条第1款），

5. 是否出于医疗原因，不能推迟假牙的置换（第27条第2款）。

(3)医疗保险基金会可以在下列适当情况下，通过医疗服务机构审查下列项目：

1. 在准许使用辅助器具之前，确定此辅助器具是不是必需的（第33条）；医疗服务机构应给参保人提供建议；其应与整形外科服务机构合作，

2. 在透析治疗时，哪种形式的门诊透析治疗在考虑具体个案的情况下是必要和经济的，

3. 对辅助器具的保障提供评估，

4. 参保人在因为误诊而提出保险金要求时是否产生了损失（第66条）。

(3a)如果在评估根据精神人员条例第4条规定的治疗范围来分配病人档案时在类似群体中出现偏差，那么医疗保险基金会州协会和医疗互助基金会可以请医疗服务机构审查分配情况，所提交的审查结果不能包含社会数据。

(4)医疗保险基金会及其协会在履行除第1款至第3款之外的其他职责时，应该在必要的范围内，咨询医疗服务机构或其他专家，特别是参保人的关于健康保障和咨询的一般性医疗问题、质量保证问题、与服务提供者的合同谈判，以及对医生和医疗保险基金会联合会的咨询，特别是审查委员会。

(5)医疗服务机构的医生在执行医学任务时只是对医生良知负责。他们无权介入治疗。

第275a条 （废除）

第276条 合作

(1)医疗保险基金会有义务将咨询和评估所需的必要资料提供给医疗服务机构，以便其提供咨询意见和评估报告。参保人自愿向医疗保险基金会提供的除《社

会法典第一册》第60条和第65条的合作义务之外的资料,只有在其同意的情况下,医疗保险基金会才可以转交给医疗服务机构。关于参保人的同意情况,第十卷第67b条第2款适用。

(2)只要对于第275条的审查、咨询和提出评估意见,以及对第275a条的示范项目必需的,医疗服务机构才可以提取和储存社会数据。如果医疗保险基金会依据第275条第1款至第3款委托医疗服务机构提出评估意见或者进行审查,那么只要对于提出评估意见和审查是必需的,服务提供者有义务在医疗服务机构提出要求时直接将社会数据转交。合法提取和储存的社会数据只允许为了第275条规定的目的下处理和使用,对于《社会法典》行政法规规定或允许的其他目的,也可处理或使用。社会数据应在5年后删除。第286条、第287条和第304条第1款第2句、第3句和第2款也相应适用于医疗服务机构。医疗服务机构应将确定参保人的身份社会数据和参保人的医疗社会数据分开储存。通过技术和组织措施确保社会数据只有那些为了履行其职责而必需的人员才能访问。整合数据的密码由被委托负责医疗服务机构数据保护的人员保管,并且不能让其他人获取。每次整合制作记录。

(2a)如果医疗保险基金会依据第275条第4款咨询医疗服务机构或其他专家,则可以在监管机关同意的前提下委托他们,根据第275条第4款分析与服务提供者或个案相关、有时间限制和范围限制的数据储量;与参保人相关的社会数据在传送至医疗服务机构或者其他专家前要做匿名处理。第2款第2句在此适用。

(2b)如果医疗服务机构委托专家(第279条第5款),那么只要对于完成委托是必需的,则允许在医疗服务机构和专家之间传输必要的数据。

(3)对于参保人查看卷宗的权利,《社会法典第十册》第25条适用。

(4)如在个别情况下需要对参保人住院治疗的必要性和时长进行评估,医疗服务机构的医生有权在8点到18点之间进入医院、保健或康复机构的房间对病历资料进行查看,并在必要时对参保人进行检查。在第275条第3款的情况下,医疗服务机构的医生有权在8点到18点之间进入医院,以检查必要的文件。

(5)如果在丧失工作能力的调查结果审查中(第275条第1款第3b项、第1a款和第1b款)通过医疗记录得知,参保人由于健康状况无法满足医疗服务机构的传唤要求,或者参保人因健康原因取消了约好的传唤或者未直接露面,那么调查将在参保人的家中进行。如果参保人拒绝,可以取消对他的服务。《社会法典第一册》第65条和第66条不受影响。

(6)医疗服务机构在社会护理保险方面的任务除本册规定之外,也可以从第十一册的规定得知。

第277条 通知义务

(1)医疗服务机构应将评估结果通知参与合同医疗保障的医师、中心、为其服务提供评估意见的其他服务提供者,以及医疗保险基金会,并通知医疗保险基金会有关调查结果的必要信息。该医疗服务机构有权将有关调查结果的必要信息通知参与合同医疗保障的医师,以及中心、为其服务提供评估报告的其他服务提供者。参保人可反对将调查结果通知服务提供者。

(2)如果评估报告与保险基金会医生的证明不相符,则只要参保人请求继续支付工资,医疗保险基金会就应将医疗服务机构就参保人是否丧失工作能力的评估结果通知用人单位和参保人。通知中不得包含参保人的疾病信息。

第二节 组织

第278条 工作组

(1)在每个州会建立一个由第2款提及类型的医疗保险基金会共同成立的"医疗保险基金会的医疗服务"工作组。依据《健康改革法》第73条第4款第3句和第4句,该工作组是一个公法法人。

(2)工作组的成员包括地区、企业和行业医疗保险基金会的州协会,以及农村医疗保险基金会和医疗互助基金会。

(3)如果一个州存在同一类型的多个州协会,可通过工作组成员的决议再建立一个医疗服务机构。通过相应工作组成员的决议,也可以在多个州建立一个共同的医疗服务机构。该决议需要得到相应州负责社会保险的最高行政机关的批准。

第279条 监事会和行政总管

(1)医疗服务机构的行政机关是监事会和行政总管。

(2)监事会的成员由成员代表大会选举产生。《社会法典第四册》第51条第1款第1句第2项至第4项,第6款第2项至第4项,第5项b)和c),以及第6项a)在此适用。医疗服务机构的雇员不能通过选举产生。

(3)监事会代表不能超过16位。如果医疗服务机构的成员是同一保险基金会类型的多个州级协会,则监事会的代表人数可以相应增加。成员们应该在每个保险基金会类型的成员数量上达成一致。如果不能达成一致,则由相应州负责社会保险的最高行政机关决定。

(4)行政总管根据监事会的方针管理医疗服务机构的业务。他提出预算计划,并在庭内和庭外代表医疗服务机构。

(5)医疗服务机构的专业任务由医生和其他的医疗机构成员完成;医疗服务机构优先委托专家。

(6)《社会法典第四册》中的以下规定相应适用:第34条、第37条、第38条、第40条第1款第1句和第2句以及第2款,第41条、第42条第1款至第3款,第43条第2款,第58条、第59条第1款至第3款、第5款和第6款,第60条、第62条第1款第1句前半句、第2款、第3款第1句和第4句、第4款至第6款,第63条第1款和第2款、第3款第2句和第3句、第4句和第5款,第64条第1款和第2款第22句、第3款第2句和第3句,以及第66条第1款第1句和第2款。

第280条　监事会的职责

(1)监事会

1. 决定章程,

2. 确定预算,

3. 审查年度经营与会计,

4. 在考虑第282条第2款医疗保险基金会联邦最高联合会方针和建议的前提下,为履行医疗服务机构职责制订所需的细则,

5. 建立和解散分支机构,

6. 任免行政总管及其副手。

第210条第1款在此适用。

(2)监事会决议由成员的简单多数通过。关于预算问题的决定和关于制订和修改章程的决议需要2/3的多数票通过。

第281条　资金和监管

(1)对于医疗服务机构为履行第275条第1款至第3a款规定的职责所必需的资金由医疗保险基金会根据第278条第1款第1句通过征收获得。这些资金按医疗服务机构覆盖区域单个医疗保险基金会成员数比例确定。第2句中至关重要的医疗保险基金会成员数由每年7月1日的法定医疗保险参保人的KM6统计数据得知。

如果医疗服务机构被委托针对并非第278条工作组成员的服务提供商请求进行审查,那么由此产生的费用由其他服务提供商承担。与第3句的规定不同,对于第1句中提到的征收费用,护理保险基金会承担一半。

(1a)医疗服务机构或其他专家在第275条第4款规定的任务范围内中所提供的服务,由委托人通过以成本为基础的劳务费来给予补偿。为落实这些任务而提供资助时,不可以使用第1款第1句的征收资金来支付。

(2)对于预算和会计,包括统计,第67条至第69条、第70条第5款、第72条第1款和第2款第1句前半句、73条至第77条第1款和第79条第1款和第2款结合《社会法典第四册》第3a款及基于《社会法典第四册》第78条发布的行政法规在此适用。对于资产,《社会法典第四册》第80条和第85条在此适用。

(3)医疗服务机构受其所在州负责社会保险的最高行政机构监管。第87条第1款第2句、《社会法典第四册》第88条和第89条,以及第274条在此适用。应注意第275条第5款。

第282条 医疗保险基金会联邦最高联合会的医疗服务机构

(1)医疗保险基金会最高联合会在2008年7月1日之前成立了一个联邦一级的医疗服务机构(医疗保险基金会联邦最高联合会的医疗服务)。依据《健康改革法》第73条第4款第3句和第4句,该机构是一个公法法人。

(2)医疗保险基金会联邦最高联合会的医疗服务机构就所有与分配职责相关的医疗问题为医疗保险基金会联邦最高联合会提供咨询。医疗保险基金会联邦最高联合会的医疗服务机构从医疗和组织方面协调并促进职责的履行,以及与医疗保险基金会医疗服务机构的合作。为保证统一评估及就职业培训和进修原则按照统一的标准执行,医疗保险基金会联邦最高联合会发布关于医疗保险基金会与医疗服务机构的合作方针。此外,医疗保险基金会联邦最高联合会可以提出建议。医疗保险基金会的医疗服务机构应在医疗保险基金会联邦最高联合会的医疗服务机构履行其职责时提供支持。

(3)医疗保险基金会联邦最高联合会的医疗服务机构受联邦卫生部的监管。第208条第2款和第274条在此适用。同时留意第275条第5款的规定。

第283条 例外

在涉及联邦铁路企业医疗保险基金会和帝国铁路企业保险基金会(即使两家机构合并为铁路企业保险基金会)及联邦交通运输部的企业保险基金会的区域,如果其成员在铁路企业保险基金会的服务区居住,那么由联邦铁路企业医疗保险基金会的医生履行医疗服务机构的职责。联邦交通、建设和住房部企业医疗保险基金会及符合《邮政社会保险组织法》（邮政企业医疗保险基金会）第7条规定的企业医疗保险基金会的其他成员，由这些企业医疗保险基金会与医疗服务机构签订合同。对于德国矿工—铁路—海员养老保险的医疗保险，由其社会医疗服务机构履行医疗服务机构的职责。

第十章　保险与服务数据、数据保护、数据透明

第一节　信息基础

第一小节　数据使用的基本原则

第284条　医疗保险基金会的社会数据

(1)医疗保险基金会只能出于医疗保险目的提取或保存社会数据信息,只有这些信息对于以下情况是必需的:

1. 确定保险关系及成员身份,包括开展新的保险业务必备的信息资料,

2. 出具资格证明书、医疗保险人卡和电子健康卡,

3. 确定缴费义务、缴费分担和支付额度,以及进行社会均衡补偿,

4. 审核业务范围内的职责及向参保人所提供的服务,包括审核限制服务的前提条件,确定收费状况并落实支出补偿、退还保险费和确定负担上限的程序,

5. 在误诊时为参保人提供支持,

6. 在出现第264条所述状况时负担诊疗费用,

7. 参与医疗服务,

8. 与服务提供者进行结算,包括审核结算的合法性和可靠性,

9. 审查服务是否遵循经济原则,

10. 与其他服务提供机构进行结算,

11. 进行退款或赔偿,

12. 根据第85c条、第87a条至第87c条,起草、协商和实施补偿协议,

13. 如果协议在保险基金会医生协会未参与的情况下签订,则安排和实施示范项目,根据第11条第4款进行保障管理,对整合的各种保障类型以及为了提供高质量专业门诊服务落实相关合同,其中包括就是否符合经济节约原则进行的审核和服务质量审核,

14. 处理有关风险结构平衡(第266条第1款至第6款、第267条第1款至第6款、第268条第3款)、风险共担(第269条第1款至第3款)的问题,根据第137g条所列项目收取参保人费用并安排和处理这些项目。

只要是第1句第4项、第8项、第9项、第10项、第11项、第12项、第13项、第14项所提及的目的必需的,参保人的医疗服务信息可储存在机器可处理的数据载体上。只要是第1句第4项、第8项、第9项、第10项、第11项、第12项、第13项、第14项及第305条第1款所提及的目的必需的,参保人接受规定医疗项目的情况也可储存在机器可处理的数据载体上。一旦对于上述目的不再需要第2句和第3句中所储存的数据时,那么这些信息就会被删去。此外,在《社会法典第一册》和《社会法典第十册》中也有相关规定适用于数据提取和储存。

(2)为了能够监测合同医疗保障服务是否经济合理,只要是第106条第1款第2项抽样检查必需的,有关参保人的就医和健康信息可储存在机器可处理的数据载体上。

(3)合法提取和储存的参保人相关数据信息只允许在执行第1款提及的任务时,在必要的范围内进行处理或使用,对于《社会法典》行政法规规定或允许的其他目的,也可处理或使用。一部分按照第295条第1b款第1句的规定向医疗保险基金会公开的参保人信息,只能出于第1款第1句第4项、第8项、第9项、第10项、第11项、第12项、第13项、第14项和第305条第1款提及的、与参保人相关的目的进行处理和使用;对于因其他目的的处理和使用这些数据时,应事先删除参保人相关信息。

(4)总的说来,医疗保险基金会为了收取参保人费用可以提取、处理和使用参保人信息,除非在禁止处理或使用的情况下反而可以更好地保护参保人的利益。根据第291条第2款第2项、第3项、第4项和第5项的信息,允许对提取的数据进行调整。如果相关参保人反对负责机构使用和透露他们的信息,那么不可以处理这些信息。如果对于第1句提及的目的不再需要这些数据时,应将其删除。此外,在《社会法典第一册》和《社会法典第十册》中也有相关规定适用于数据提取、处理和储存。

第285条 保险基金会医生协会的个人数据信息

(1)只有在执行以下任务时,保险基金会医生协会才允许提取和储存医生的个人及事务信息:

1. 在医生登记表注册(第95条),
2. 确保和补偿合同医疗保障,包括对结算可靠性和正确性进行审核,
3. 医院门诊服务的报酬(第120条),
4. 协作医生的报酬(参照第121条),
5. 经济性审计(参照第106条),

6. 质量审计(参照第136条)。

(2)在执行第1款第2项、第5项、第6项和第106a条、第305条所提及的任务时,保险基金会医生协会有权提取和储存参保人的个人及事务信息。

(3)合法提取和储存的社会数据只允许在执行第1款提及的任务时,在必要的范围内进行处理或使用,对于《社会法典》行政法规规定或允许的其他目的,也可处理或使用。只要是审核医疗质量必需的,则针对第1款第6项合法提取和储存的社会数据可以根据放射规定第17a条向医生及牙医机构传达。只要是执行第1款第1项、第2项、第4项、第5项、第6项提及的任务必需的,参与的保险基金会医生协会允许将针对第1款和第2款合法提取和储存的社会数据传递给负责跨地区职业共同体的另一保险基金会医生协会。只要是执行第1款第2项提及的任务必需的,则在合同医生和合同牙医要求时,参与的保险基金会医生协会允许将针对第1款和第2款合法提取和储存的社会数据向根据合同医生和合同牙医许可条例第23条第3款第3句授权的合同医生和合同牙医通报。只要是执行第1款第2项和第106a条提及的任务必需的,则在服务提供者要求时,主管保险基金会医生协会和保险基金会牙医协会允许将针对第1款和第2款合法提取和储存的社会数据向提供合同医疗服务和合同牙科诊疗服务的服务提供者通报。只要是执行合同医生和合同牙医许可条例第32条第1款提及的任务必需的,则在合同医生和合同牙医要求时,允许向其提供合法提取和储存的社会数据。

(4)如果本章内容规定适用于医生、保险基金会医生协会,则也适用于心理医生、牙医和保险基金会医生协会。

第286条 数据概况

(1)医疗保险基金会和保险基金会医生协会每年制作一份由他们保存或受他们委托保存的社会数据类概况报告。此概况报告将呈交监管机关。

(2)医疗保险基金会和保险基金会医生协会有义务将此概况以第1款规定的方式公开。

(3)医疗保险基金会和保险基金会医生协会应在一览中详细列出下列信息:

1. 信息处理的许可方法,
2. 输入和输出信息的方式、形式、内容及控制,
3. 信息处理时的责任范围,
4. 确保信息保护和信息安全的措施,特别是根据《社会法典第十册》第78条所要求的措施。

第287条 研究计划

(1)医疗保险基金会和保险基金会医生协会在监管机关许可的前提下允许自行分析与服务提供者或个案相关、有时间限制和范围限制的研究计划数据储量,尤其是为了获得流行病学知识、疾病与工作条件之间的关联知识或者局部病灶知识对数据进行分析,或者可在第304条规定的期限外保管这些数据。

(2)社会数据信息须匿名化。

第二小节 医疗保险基金会的信息基础

第288条 参保人名录

医疗保险基金会要建立一个参保人名录。此参保人名录必须包括以下所有信息:确定参保义务或权限、衡量和收取保险费(只要从参保方式来看是必要的)、确定服务要求,包括第10条参保所必需的信息。

第289条 家庭保险的证明义务

为了将信息登记到参保人名录中,在参保开始时医疗保险基金会要根据第10条进行确认。医疗保险基金会可调查家属的必要信息,或者在其同意下从参保成员处获取相关信息。在医疗保险基金会要求下,须证明第10条中的参保前提条件是否继续存在。

第290条 医疗保险号码

(1)医疗保险基金会为每一位参保人建立一个医疗保险号码。医疗保险项由一个用于识别参保人身份的不可变更部分和一个可变更的部分构成,该部分包含联邦统一的保险基金会成员资格信息,而且在分配号码时,可变更部分应确保第10条中的参保人能够与成员家属建立关联。医疗保险号码的构成和分配程序应符合第2款规定。养老保险号码不得作为医疗保险号码使用。只有根据最新的科技确保在分配医疗保险号码后,既不能从医疗保险号码推断养老保险号码,也不能从养老保险号码推断医疗保险号码,才允许为建立第2款规定的医疗保险号码使用养老保险号码。此要求同样适用于分配机构。由信托办公室对多次分配医疗保险号码的审核不受此影响。如果使用养老保险号码来建立医疗保险号码,则对于尚未得到养老保险号码但必须指定医疗保险号码的人员,应分配一个医疗保险号码。

(2)医疗保险基金会联邦最高联合会应通过明确的准则规定医疗保险号码的构成和分配程序。医疗保险号码必须由从空间上、组织上和人员上与医疗保险基金会及其协会分开的信托办公室分配。信托办公室为公共机构,并且受《社会法典第一册》第35条的社会数据保密规定约束。第274条第1款第2句有效。准则须提交联邦卫生部。其可在2个月内驳回。如没有在设定的期限内落实准则或者在联邦卫生部设定的期限内未撤销驳回,则由联邦卫生部颁布准则。

第291条 医疗保险卡

(1)医疗保险基金会最迟至1995年1月1日给每位参保人分发一张医疗保险卡,这张医保卡将根据第15条代替原来的医疗证。此卡需由参保人签名。根据第291a条的规定,此卡只能用于证明有权要求合同医疗保障范围内相关服务及服务提供者的结算。此卡只在和医疗保险基金会签约期内有效并且不可转借。接受医疗服务时,参保人根据医生结算单通过签字确认参保人的成员身份。医疗保险基金会可规定医保卡的有效期。

(2)医疗保险卡除参保人签名和照片外,还以第291a条为前提条件,包含下列信息,相关信息将以一种合理的方式通过机器传输到合同医疗保障规定的结算单和表格上(第295条第3款第1项和第2项):

1. 签发的医疗保险基金会标识,包括成员居住地所在地区的保险基金会医生协会代码,

2. 参保人姓名,

3. 出生日期,

4. 性别,

5. 地址,

6. 医疗保险号码,

7. 按第267条第2款第4句参保人组划分的参保人状态,并以一种加密方式显示,

8. 缴费状况,

9. 医保开始时间,

10. 医疗保险卡失效期;

最迟至2006年1月1日,医疗保险卡必须包含照片、性别、缴费状况等信息;未满15周岁参保人或不愿意将本人照片印在卡上的参保人,医疗保险卡上将不出现参保人照片。

只要参保人按照第83条第2款与医疗保险基金会订立了医保合同,即便参保人居住地不在参与服务的保险基金会医生协会区域内,参保人也可使用医疗保险基金会所在地区的保险基金会医生协会代码作为第1句第1项提及的代码。

（2a）医疗保险基金会最迟至2006年1月1日将第1款提及的医疗保险卡拓展为符合第291a条规定的电子健康卡。除了履行第1款第3句指定的功能外,电子健康卡还将保证第291a条第2款和第3款提到的各项功能的发挥。其中,电子健康卡除了有第2款第1句提到的信息外,还能提供用于证明第53条选择费率和附加合同关系的信息,以及在出现第16条第3a款所述状况时服务要求暂时失效的信息。电子健康卡必须在技术上过硬,能够进行持卡人认证、加密和电子签名。

（2b）医疗保险基金会有义务提供相关服务,使服务提供者可在医疗保险基金会在线审核第1款和第2款数据的有效性和即时性,并对电子健康卡进行更新。也可以在没有网络连接的情况下,在服务提供者的诊所管理系统中使用该项服务。参与合同医疗保障的医生、机构和牙医在参保人本季度首次在其处要求服务时,可通过第1句的服务审核医疗保险基金会的服务义务。此外,还可进行在线清偿并利用提交给医疗保险基金会的即时数据来更新储存在电子健康卡上的第1款和第2款数据信息。审核义务从提供第1句的服务及连接通信基础设施并签订第291a条第7a款和第7b款的协议开始存在。第15条第5款相应适用。审核情况应储存在电子健康卡上。已实施审核的通报是第295条中向保险基金会医生或者保险基金会牙医协会通报结算单的组成部分。第2句至第5句的程序落实之技术细节由第295条第3款约定规定。

（3）医疗保险卡在联邦境内的设计细节由合同方在第87条第1款的合同框架内约定。

（4）保险保障终止或者更换医疗保险基金会时,医疗保险卡由当时的医疗保险基金会收回。不同于第1句,医疗保险基金会联邦最高联合会可决定参保人在更换保险基金会后继续使用电子健康卡,以改善经济性和优化程序流程;此外须确保,定期更新第2款第1项、第6项、第7项、第9项和第10项的数据。决议须得到联邦卫生部批准。在批准颁发之前,联邦数据保护和信息自由专员有机会阐述立场。如第1句的电子健康卡被收回,则收卡的医疗保险基金会须确保,参保人可继续使用第291a条第3款第1句的数据。在收回电子健康卡前,收卡的医疗保险基金会须通知可能会删除第291a条第3款第1句信息。第5句和第6句亦适用于在现存的保险关系范围内电子健康卡的更换。

第291a条 电子健康卡

（1）第291条第1款的医疗保险卡最迟至2006年1月1日,为实现第2款和第3款提及的目标改善治疗的经济性、质量和透明度而拓展为电子健康卡。

(1a)如私人医疗保险企业为处理和使用第2款第1句第1项和第3款第1句的数据而向其参保人发放电子健康卡,则第2款第1句第1项和第2句及第3款至第5款、第6款和第8款在此适用。为使用第1句的电子健康卡,私人医疗保险企业可将第290条第1款第2句的医疗保险号码不可变更部分作为参保人号码使用。第290条第1款第4句至第7句在此适用。参保人号码的分配通过第290条第2款第2句的信托办公室进行,并且须符合第290条第2款第1句关于医疗保险号码不可变更部分细则的规定。设定参保人号码和分配养老保险号码(只要分配养老保险号码是必需的)的费用由私人医疗保险基金会承担。本款规定适用于邮政公务员医疗保险和联邦铁路公务员医疗保障。

(2)电子健康卡须含有第291条第2款的数据和必须适合记录以下信息:

1. 以电子或者机器可处理的形式传输医疗处方,及

2. 要求服务的权限证明须遵守以下法规:欧洲理事会于1971年6月14日颁布的1408/71项关于在欧共体范围内移居(欧洲共同体公报L149号第2页)雇员及其家庭应用社会安全体系之条约(EWG)的适用内容,欧洲理事会于1972年3月31日颁布的关于应用1408/71项条约(EWG)的适用内容。

《联邦数据保护法》第6c条适用。

(3)除第2款之外,电子健康卡还须适合支持以下的用途,特别是提取、处理和使用以下信息:

1. 医疗数据,只要其对于紧急保障是必要的,

2. 在跨机构、基于病例的合作情况下,提供以电子或者机器可处理形式的检验结果、诊断、治疗建议及治疗报告(电子版医生报告)

3. 审核药物治疗安全性的数据,

4. 为了能够对病人进行跨病例和跨机构的记录,提供病人的检验结果、诊断、治疗建议、治疗报告及疫苗信息(电子版病人档案),

5. 由参保人自己或者为其提供的数据,及

6. 参保人获得的服务及其临时费用的数据(第305条第2款);

第1项数据的处理和使用可通过电子健康卡进行,无需网络。最迟在电子健康卡寄送时,医疗保险基金会须向参保人全面和以普遍可理解的方式就电子健康卡的使用方法,包括卡片上或通过卡片可提取、处理和使用的个人数据种类进行介绍。当参保人向医生、牙医、心理治疗师或者药店申明提供许可时,本款的参保人数据方可被提取、处理和使用。在首次使用电子卡时,须由服务提供者或者在其监

管下由在服务提供机构或者医院作为职业实习生或者职业助手将许可记录在案；许可可随时被撤销，并在本款单独的使用范围内会受到限制。《联邦数据保护法》第6c条适用。

（4）为了能够通过电子健康卡提取、处理和使用相关数据，只要对于参保人的保障是必要的，就可由以下人员获取相关信息：

1. 第2款第1句第1项的信息，只可由以下人员使用：

a）医生，

b）牙医，

c）药店主、药店主助手、医药工程师、药店助手，

d）以下人员，即其

aa）在a）至c）提及人员处，或者

bb）在医院作为职业助手或者职业实习生，只要对于其在许可范围内解决相关工作是必需的，并且在a）至c）提及人员的监管下获取相关信息。

e）执行医生处方的其他服务提供者，

2. 第3款第1句第1项至第5项的信息，只可由以下人员使用：

a）医生，

b）牙医，

c）药店主、药店主助手、医药工程师、药店助手，

d）以下人员，即其

aa）在a）至c）提及人员处，或者

bb）在医院作为职业助手或者职业实习生，只要对于其在许可范围内解决相关工作是必需的，并且在a）至c）提及人员的监管下获取相关信息。

e）第3款第1句第1项的信息在紧急情况下也可让其他医疗职业的成员使用，从职业特性或职称拥有来看，该职业需要进行国家规定的培训，

f）心理治疗师。

参保人有权使用第2款第1句和第3款第1句的数据。

（5）在第3款第1句的情况下提取、处理和使用电子健康卡上的信息须得到参保人的同意。通过技术预防手段须保证，只有得到参保人的授权，方可使用第3款第1句第2项至第6项的数据。只有在具有电子医疗职业资格证的前提下，方可借助电子健康卡获取第2款第1句第1项和第3款第1句的数据，在第2款第1句第1项的情况下，亦需要相应的职业资格证明方可获取数据，这个证明可用于安全认

证,并含有合格的电子签名;在第3款第1句第5项的情况下,参保人也可通过自身含有合格电子签名的签名卡获取信息。根据第4款第1句第1项第d项和第e项,以及第2项第d项和第e项有权获取信息的人员,如无电子医疗职业资格证或者相应职业资格证明,但如得到拥有电子医疗职业资格证或者相应职业资格证明人员的授权,可获取相关信息,另外,如果为了便于查证谁获取了数据及何人授权获取信息之人而进行电子记录,也可获取相关信息。如参保人通过适当的技术程序授权获取相关信息,则也可不考虑第3句与第4句,借助电子健康卡获取第2款第1句第1项的信息。

(5a)根据通信基础设施的架构水准,联邦各州决定

1. 负责发放电子医疗职业资格证与职业资格证明的机构;

2. 对以下人员负责鉴定的机构,

a)在本法典适用范围内,对有资格从事第4款第1句所列职业的人员进行资格鉴定,只要其仅仅是为了保证第4款第1句所列职业中的某个职业所拥有的职称,

b)或者属于第4款中其他有权获取信息之人。

联邦州可为履行第1句的任务设立一个共同机构。如果取消相关人员的从业资格、职称拥有资格或者第4款中的其他获取权限资格,第1句或者第2句的相关机构就会通知发证机构;发证机构须立即终止电子医疗职业资格证与职业资格证书的身份验证功能。

(6)第2款第1句第1项与第3款第1句的信息必须在参保人的要求下删除;为结算目的而处理和使用第2款第1句第1项提及的信息不受此条影响。技术预防措施须保证,出于数据保护控制的目的,至少记录最后50次取用第2款或者第3款数据的情况。记录信息部不得用于其他目的。记录信息须通过适当的预防措施以保证不被移作他用和滥用。

(7)医疗保险基金会联邦最高联合会、保险基金会医生联邦协会,保险基金会牙医联邦协会、联邦医生协会、联邦牙医协会、德国医院协会,以及联邦一级代表药店经济利益设立的重要中央组织须为电子健康卡,特别是电子处方和电子病历的引入与使用建立具有可互操作性与兼容性的必要信息、通信与安全基础设施(通信基础设施)。其通过根据第291b条设立的信息通信协会履行此任务,该信息通信协会制订通信基础设施的规定,并承担建造和运营任务。本册规定的电子数据传输协议与标准,只要是与通信基础设施有关的,都要与这些规定相符。第1句提及的中央组织就以下方面的资助达成协议:

1. 服务提供者在通信基础设施的确定、试运行及启动阶段产生的必要的最初装备费用,以及

2. 服务提供者在通信基础设施运营阶段产生的费用,包括分摊到第7a款与第7b款的服务领域的费用。

为资助信息通信协会,医疗保险基金会联邦最高联合会在2008年7月1日至2008年12月31日向其就每位法定医保成员支付0.5欧元,从2009年开始,则按每年每位法定医保成员1欧元的标准支付;每季度进行付款,最迟须在相应季度开始前的3周缴纳。缴费额度可由联邦卫生部根据信息通信协会的资金需求及按照经济性原则进行评估后,无须得到联邦参议院的批准,通过部门规章进行调整。第4句与第5句的费用不计入第4条第4款第2句和第6句的支出。

(7a)第7款第4句第1条和第2条提及的医院投资与运营费用由一笔津贴资助(通信津贴)。第1句的津贴在医院的结算中会单独列出;而不计入《联邦护理费条例》第6条的总额度或者《医院收费法》第4条的收入预算,以及相应的收入平衡中。第1句的津贴的额度与收取细节,由医疗保险基金会联邦最高联合会和德国医院协会在一个单独协议中共同商定。如在联邦卫生部规定的期限内或者在第二年的6月30日之前没有达成协议,则根据合同一方或者联邦卫生部的申请,《医院筹资法》第18a条第6款的仲裁委员会可在2个月内对协议内容进行裁决,裁决对合同方均有效。对仲裁委员会裁决的上诉没有中止裁决执行的效力。第7款第4句第1项和第2项提及的投资与运营费用,如果是服务提供者在第115b条第2款第1句、第116b条第2款第1句和第120条第2款第1句,以及医院急诊的情况下产生的,其资助则相应适用第1句和第2句前半句及第3句和第4句。

(7b)为补偿第7款第4句的费用,在本款中提及的服务提供者可根据相关的用途从医疗保险基金会获得补贴。针对参加合同医疗保障的医生、牙医、心理治疗师及医疗保障中心的第7款第4句的协议规定细节由医疗保险基金会联邦最高联合会和保险基金会医生联邦协会在联邦总合同中商定。针对药品供应的第7款第4句的协议规定细节由医疗保险基金会联邦最高联合会及联邦一级代表药店经济利益设立的中央组织在第129条第2款的框架合同中商定。如第2句的协议没有在联邦卫生部设定的期限内或者在第二年的6月30日之前达成,则根据合同一方或者联邦卫生部的申请,第89条第4款的相关仲裁委员会在2个月内对协议内容进行裁决,裁决对合同方均有效。如第3句的协议没有在联邦卫生部设定的期限内或第二年的6月30日之前达成,则根据合同一方或者联邦卫生部的申请,第129条第8

款的仲裁委员会在2个月内对协议内容进行裁决。在第4句与第5句的情况下,第7a款第5句相应适用。

(7c)(废除)

(7d)作为第7a款第3句和第5句及第7b款第2句和第3句协议基础的第7款第4句第1项的费用协议如没能在联邦卫生部设定的期限内达成,则对由相关服务提供者产生的第7款第4句第1项所提及费用的资助协议由医疗保险基金会联邦最高联合会与德国医院协会、保险基金会医生联邦协会,以及联邦一级代表药店经济利益而设立的重要中央组织共同商定。如不能达成协议,则根据合同一方的申请:如德国医院协会有异议则由《医院筹资法》第18a条第6款的仲裁委员会,如保险医生联邦协会有异议则由第89条第4款的主管仲裁委员会,如联邦一级代表药店经济利益而设立的重要中央组织有异议则由第129条第8款的仲裁委员会,在2个月期限作出裁决。

(7e)作为第7a款第3句和第5句及第7b款第2句和第3句协议基础的第7款第4句第2项的费用协议如没能在联邦卫生部设定的期限内达成,则第7款第1句的中央组织设立一个共同的专家委员会。专家委员会须在第1句所述期限到期后1周内组建。每个服务提供方的中央组织与医疗保险基金会联邦最高联合会各任命两名成员,再加上一名独立主席,该主席须让第7款第1句的中央组织达成一致。如在第2句规定期限内未能就主席和其他成员的任命达成一致,则由联邦卫生部任命主席和其他成员。委员会的开支从信息通信协会的经费中取出。委员会在3个月内就通信基础设施在第7a款和第7b款的服务领域中运行所产生的费用分配提出建议。在第7款第4句第2项的商议中,须在1个月内考虑委员会的建议。如未考虑委员会的建议,则联邦卫生部有权就通信基础设施在第7a款和第7b款的服务领域中运行所产生的费用分配通过行政法规进行确定,无须联邦参议会的批准。

(8)持卡人不得要求,允许第4款第1句之外的人员或者为了保障参保人以外,包括为保障目的而提供服务的结算之外的其他目的,而使用第2款第1句第1项或者第3款第1句提及的信息;不可与其就此进行约定。参保人不能因在个人信息上的立场而受到区别对待。

(9)(废除)

第291b条 信息通信协会

(1)在第291a条第7款第2句的任务框架内,信息通信协会须

1. 制订包括安全方案在内技术方案,

2. 为数据记录的准备和使用确定其内容和结构,以及确保必要的测试和认证措施。

其须保护病人利益,并确保遵循保护个人数据的规定。信息通信协会的任务是为建立一个可互操作且可兼容的通信基础设施发挥必要的作用。其部分任务可委托单个股东或者第三方;而信息通信协会确保通信基础设施的互操作性、兼容性和必要的安全水平。

(1a)通信基础设施的组件和服务由信息通信协会批准。如组件和服务功能正常、可互操作并且安全,则可颁发许可。信息通信协会在由其公布的审核标准基础上审核其功能性和互操作性。安全性可根据联邦信息技术安全局的预先规定通过安全认证来证明。为此,联邦信息技术安全局制订合适的审查条例,并且在联邦公报和电子版联邦公报上公布。批准程序和审核标准的细节由信息通信协会在与联邦信息技术安全局协调后作出决议。信息通信协会公布许可的组件和服务清单。因第4句和第5句的任务在联邦信息技术安全局产生的费用由信息通信协会报销。相关细节由联邦信息技术安全局和信息通信协会协商决定。

(1b)应基于信息通信协会决议的框架条件提供运营服务。为落实通信基础设施组件、服务和接口的正常运作,由信息通信协会分配合同或者只要第1款第4句前半句的单个股东或者第三方受到委托,则由被委托人负责分配合同。在分配这些合同时,根据合同额度,有关公法合同分配的规定《反不正当竞争法》第四部分及《发包条例》和《社会保险预算条例》第22条及《服务合约程序》A部分(VOL/A)第1篇适用。对于按照《服务合约程序》A部分(VOL/A)第3条第4款第p项而不进行公开招标的服务分配,由联邦卫生部确定执行规定,并在电子版联邦公报中公布。不同于第2句至第4句,最迟自2009年1月1日起,为落实通信基础设施组件、服务和接口的正常运作,可由信息通信协会或者只要第1款第4句前半句的单个股东或第三方受到委托,则由被委托人在一个透明和无差别的程序中批准供应商,前提是:

1. 使用的组件和服务按照第1a款获得许可,

2. 供应商可提供证明,证实其可保障运营服务的可用性和安全性,以及

3. 供应商通过合同有义务,遵循信息通信协会为运营服务制定的框架条件。

只要对于确保可操作性、兼容性和必要的安全性水平是必需的,信息通信协会或者其委托的机构可限制许可的数量。信息通信协会或者其委托的机构公布:

1. 对于第5款第2项的证明必须符合的专业和客观的前提条件,及

2. 许可的供应商名单。

(1c)信息通信协会或者其委托的机构可为第1a款和第1b款的许可要求收费。收费目录须得到联邦卫生部的批准。

(2)股东合同须得到联邦卫生部批准,并根据下面的基本原则设计:

1. 第291a条第7款第1句提及的中央组织是信息通信协会的股东。医疗保险基金会联邦最高联合会和第291a条第7款第1句提及的其他中央组织各占50%的股份。在联邦卫生部批准后,股东可决定联邦一级其他服务提供者中央组织和私人医疗保险协会的加入;在加入新股东的情况下,股份须在费用承担者和服务提供者分组内作出相应调整。

2. 在不影响强制性法定多数要求的情况下,只要股东合同中没有拟定更少的多数票,股东就按照其股份所得选票的67%为多数作出决定。

3. 联邦卫生部向股东大会派出一位无投票权的代表。

4. 设立一个给协会提供专业咨询的咨询委员会。其可向股东大会提交至关重要的事项进行讨论,并在对至关重要的事项作出决议前进行听证。咨询委员会由四位州代表,三位代表病人、慢性病人和残疾人利益的重要组织代表,三位学术界代表,三位代表信息技术领域企业利益的重要联邦协会代表,联邦数据保护和信息自由专员,以及保护病人权益的专员组成。可任命其他群体和联邦机关的代表。咨询委员会成员可由股东大会在联邦卫生部批准后任命;州代表由各州提名。股东、协会行政总管及联邦卫生部可参加咨询委员会会议。

(3)如信息通信协会未在联邦卫生部设定的期限内建立或者信息通信协会解散,则联邦卫生部可要求第291a条第7款第1句提及的一个或多个中央组织承担建立信息通信协会的义务;其他中央组织在联邦卫生部的批准后可作为股东加入信息通信协会。第291a条第7款第5句至第7句适用于第1句信息通信协会的筹资。

(4)信息通信协会就通信基础设施的规定、建立和运营的决议提交给联邦卫生部,如违反法律法规,其可在1个月内驳回;审核决议时,联邦卫生部须允许联邦数据保护和信息自由专员有机会阐述立场。在说明理由的个别情况下,特别当决议的审核不能在1个月内结束时,联邦卫生部可在期限到期前最多延长1个月。如没有驳回,则决议在驳回期限到期后对本册的服务提供者、医疗保险基金会及其协会产生约束力。如果没有或者没有在联邦卫生部设定的期限内作出必要的决议,或者联邦卫生和社会保险部的驳回没有在其设定的期限内撤销,则联邦卫生部在与州最高管理机关协商下,无须参议院的批准,可通过部门规章确定其内容。信息通信协会有义务,立即按照联邦卫生部的指示协助制订部门规章。

（5）联邦卫生部及其业务部门为制订第4款提及的部门规章而产生的费用须立即用信息通信协会的资金填补；只要在研发活动的范围内制订部门规章，则这规定同样适用。

（6）由联邦卫生部在2004年11月1日至2005年6月27日为建立通信基础设施资助的研发活动，其费用由医疗保险基金会联邦最高联合会报销。第3款第2句和第3句在此适用。

第292条　服务前提条件信息

医疗保险基金会须记录对审核稍后服务提供的前提条件必需的信息。包括特别是医院治疗服务、健康保健和康复医疗服务，以及费用报销和补贴服务前提条件的确认信息。在丧失工作能力的情况下亦须出具诊断。

第293条　服务获得者和服务提供者的代码

（1）为了确保质量保障措施和结算目的，医疗保险基金会在与其他社会保险基金会联邦劳动局和州保障管理部门及其合同方包括其成员的信件往来中，包括在数据交换时电子数据传输和机器可处理数据载体中，使用联邦统一的代码。医疗保险基金会联邦最高联合会、联邦劳动局和州保障管理机关为分发第1句的代码设立一个工作组。

（2）第1款第2句的工作组成员与服务提供者中央组织共同约定统一的代码形式和结构，以及分发的程序及其使用。

（3）如果第2款的约定没有或者没有在联邦卫生部设定的期限落实，则联邦卫生部在得到联邦劳动与社会保障部的同意下对参与者进行听证，在得到联邦参议员批准后通过行政法规来决定代码的形式和结构，以及分发的程序及其使用规定的细节。

（4）保险基金会医生和牙医协会掌握联邦范围内参与合同医疗保障的医生和牙医及机构的目录。目录含有以下信息：

1. 医生或者牙医编号（未加密），
2. 家庭医生或者专科医生识别号码，
3. 参加状态，
4. 医生或牙医性别，
5. 医生或牙医头衔，
6. 医生或牙医姓氏，
7. 医生或牙医名字，

8. 医生或牙医出生日期,

9. 医生或牙医诊所或者机构的街道,

10. 医生或牙医诊所或者机构的门牌号码,

11. 医生或牙医诊所或者机构的邮编,

12. 医生或牙医诊所或者机构所在地,

13. 医生或牙医编号有效期起始时间,和

14. 医生或牙医编号有效期结束时间。

目录须每月或者在更短的时间内进行更新。安排医生和牙医编号时须注意如果这些编号没有其他额外的医生或者牙医信息就不能分配给指定的医生或牙医；此外,须保证,医生和牙医编号能够让医疗保险基金会及其协会在整个合同医疗或者合同牙医活动期间对其进行分辨。保险基金会医生联邦协会和保险基金会牙医联邦协会确保目录含有医生和牙医编号,此编号由合同医生或合同牙医在根据第二篇的规定与医疗保险基金会为提供和开具处方的服务进行结算时使用。保险基金会医生联邦协会和保险基金会牙医联邦协会在2004年3月31日前,以电子数据传输方式或者通过机器可处理的数据载体,向医疗保险基金会联邦最高联合会提供目录；目录的变更须每月或者在更短的时间间隔内向医疗保险基金会联邦最高联合会免费通知。医疗保险基金会联邦最高联合会为其成员协会和医疗保险基金会提供目录,使得其能履行其任务,特别是在确保保障质量和经济性方面及整理必需的数据基础方面；医疗保险基金会联邦最高联合会不可为其他目的使用目录。

（5）为代表药店经营者经济利益设立的重要中央组织掌握联邦统一的药店目录,并以电子数据传输方式或者通过机器可处理的数据载体免费向医疗保险基金会联邦最高联合会提供。目录的变更须每月或者在更短的时间间隔内向医疗保险基金会联邦最高联合会免费通知。目录含有药店经营者的姓名、药店地址和代码；该目录须每月或者在更短的时间间隔内进行更新。医疗保险基金会联邦最高联合会向其成员协会和医疗保险基金会提供目录,使得其能履行与药店结算、第129条和第300条的规定及相关数据整理有关的任务；医疗保险基金会联邦最高联合会不可为其他目的使用目录。第1句的药店有义务提供目录必需的答复。其他药物提供者对医疗保险基金会联邦最高联合会也有相应的答复义务。

第二节　服务数据的传输和整理数据透明

第一小节　服务数据的传输

第294条　服务提供者的义务

参与合同医疗保障的医生和其他服务提供者有义务记录医疗保险基金会及保险基金会医生协会履行其任务必需的信息，其包括由保障服务的提供、处方开具及出售带来的信息，并根据下列规定向医疗保险基金会、保险基金会医生协会或者委托进行数据处理的机构通报。

第294a条　疾病原因和第三方引起的健康损害之通知

（1）如果有证据表明某一疾病属于法定事故保险意义上的职业病或其后遗症，或者是《联邦保障法》意义上的工作事故、其他事故、受伤、损害导致或者其后遗症，或者《疫苗保护法》意义上的疫苗伤害，或者存在为第三方引起的健康损害迹象，则参加合同医疗保障的医生和机构及第108条的医院有义务向医疗保险基金会通报必要的数据，包括原因和可能的肇事者。为了让根据《社会法典第十册》第116条转入医疗保险基金会的损害赔偿要求生效，保险基金会医生协会向医疗保险基金会通报与参保人相关的必要信息。

（2）如果有证据表明存在第52条第2款的前提条件，则参加合同医疗保险的医生和机构，以及第108条的医院有义务向医疗保险基金会通报必要的数据信息。向参保人告知第1句通报的理由和通报的数据。

第295条　医疗服务的结算

（1）参与合同医疗保障的医生和机构有义务记录并通报以下信息：

1. 在医疗保险基金会获得的丧失工作能力证明单中，出具诊断报告，

2. 在有关合同医疗服务的结算单中，出具由医生提供的服务，包括医疗日期、医疗时提供诊断报告、牙科诊疗时提供诊断单和检查结果，

3. 在合同医疗保障的结算单或表格中出具医生编项，在转院情况下出具要求转院的医生编号并提供第291条第2款第1项到第10项中可机读的信息。

第1句第2项提及的诊断应按照国际疾病分类，在由联邦卫生部委托、德国医学文献信息研究所出版的德语版本中进行加密。为确保密码在医疗保险基金会履行任务时的重要性，联邦卫生部可委托德国医学文献信息研究所在第2句提及的密码基础上补充额外密码。对合同医生开展的手术和其他医疗程序可按照由联邦卫

生部委托、德国医学文献信息研究所出版的密码进行加密。联邦卫生部在联邦公报上公布第2句各版本诊断密码和第4句程序密码的生效时间。

（1a）为了确保按照第106a条的规定进行审计，参与合同医疗保障的医生们有义务并有权在保险基金会医生协会要求时向其提供审计所必需的各种检验结果。

（1b）在保险基金会医生协会未参与的情况下与医疗保险基金会或其协会签有整合保障形式（第140a条）合同或者第73b或第73c条保障合同的医生、机构或医疗中心，精神疾病门诊部和根据第116b条第2款参与门诊治疗的医院都将以电子数据传输方式或通过机器可处理的数据载体，向相应的医疗保险基金会提供第1款中所述的相关资料。除精神疾病门诊部的数据传输外，医疗保险基金会联邦最高联合会规定了相关细节。精神疾病门诊部将依照《医院收费法》第21条第1款第1句的规定将第1句提到的信息提供给诊断关联群数据库。《医院筹资法》第17b条第2款提及的自主管理合作机构协定第3句的数据传输细节；第21条第4款、第5款第1句和第2句，以及第6款在此适用。

（2）为了核算报酬，医疗保险基金会协会每季度以电子数据传输方式或通过机器可处理的数据载体向各医疗保险基金会提供以下信息：

1. 第291条第2款第1项、第6项、第7项所要求的内容，

2. 医生编号或牙医编号，在转院情况下，提供需要转院医生的编号或牙医编号，

3. 请求类型，

4. 治疗种类，

5. 治疗日期，

6. 带有第1款第5句密码的已结算的费用情况，牙科诊疗时的诊断单和检查结果，

7. 治疗费用，

8. 根据第28条第4款收取的额外费用。

第1句适用于非医疗的透析服务，条件是首次于2002年第一季度到2002年10月1日应通报针对风险结构补偿（第266条第4款、第267条第1款至第6款）和风险共担（第269条第3款）的目的所必需的与参保人有关的信息。为了保障第137g条各项目的贯彻实行，只要保险基金会医生协会参与落实这些项目，就要向医疗保险基金会提供第266条第7款要求的有关参保人的各项信息。保险基金会医生协会向医疗保险基金会提供第1句中参与第137f条项目的参保人信息。第137f条第3

款第2句不受影响。

(2a)参与合同医疗保障的医生和机构、在保险基金会医生协会未参与的情况下与医疗保险基金会或其协会签有整合保障形式(第140a条)合同或者涉及第73b条或第73c条保障合同的服务提供者,以及根据第116b条第2款参与门诊治疗的医院有义务记录第292条规定的必要信息并将其向医疗保险基金会通报。

(3)第82条第1款和第87条第1款所提及合同的缔约方就以下信息细节达成一致,作为合同的组成部分:

1. 合同医疗服务结算单的形式和内容,

2. 合同医疗保障所需表格的形式和内容,

3. 合同医生应履行第1款义务的情况,

4. 保险基金会医生协会履行第2款义务的情况,尤其是向医疗保险基金会及其协会所递交结算单的形式、期限及范围,

5. 数据传输和根据第296条、第297条制作结算单的细节。

第1句的合同缔约方首次于2009年6月30日之前就合同医生服务结算和补偿约定第1款第5句的密码分配和记录准则(编码准则);第87条第6款在此适用。

(4)参与合同医疗保障的医生、机构和医疗保障中心将服务结算必需的资料以电子数据传输方式或通过机器可处理的数据载体传送给保险基金会医生协会。具体细节由医疗保险基金会联邦最高联合会制定。

第296条 异常性审计

(1)为了完成第106条的医生审计,保险基金会医生协会每个季度都会以电子数据传输方式或通过机器可处理的数据载体,向第106条第4a款提及的审计办公室提供来自合同医生结算资料的以下信息:

1. 医生编号,包括第293条第4款第1句第2项、第3项、第6项、第7项和第9项至第14项提到的信息、重点和另外说明的信息,以及附加结算许可,

2. 保险基金会代码,

3. 将参保人和退休者及其家属分开结算的治疗病例及其数目,

4. 转院病例、急诊医生病例和代理医生病例及其数目,以及第3项所列明细中的信息,

5. 第3项和第4项划分的可对比专业组得到的平均病例数,

6. 根据相应专业组的平均值,已结算费用情况的频率,

7. 转院时,要求转院医生的医生编号。

只要对审核是否遵循第106条第5b款规定是必需的,就应根据第295条第1款第2句加密的诊断情况通报第1句第3项的信息。

(2)为了完成第106条的医生审计,医疗保险基金会每个季度都会以电子数据传输方式或通过机器可处理的数据载体,就所有合同医生所开具的服务[药品、绷带、(外用)药物、辅助器具及医院治疗]向第106条第4a款提及的审计办公室提供以下内容:

1. 开具处方医生的医生编号,

2. 保险基金会代码,

3. 所开具药品、绷带、(外用)药物、辅助器具的种类、数量和费用,这些按照参保人和退休者及其家属分开提供,或根据第84条第6款第2句进行划分,所使用的药品还必须按照第300条第3款第1项的规定附上代码,

4. 住院频率和疗程时长。

一旦医生超出了第106条第5a款的处方开具量,审计办公室将有权知晓与此医生相关的参保人编号。

(3)保险基金会医生协会和医疗保险基金会联邦最高联合会,在第295条第3款第5项的合同中,规定根据第2款第3项标注的药品、绷带和(外用)药物的种类和组群之细节。其也可约定,标注每一种药物或者其代码。此外还可约定第1款和第2款数据传输的期限和不遵守此期限的后果之细节。

(4)为了确保按照第106条第5a款的规定进行审计,参与合同医疗保障的医生有义务并有权在第106条第4a款提及的审计办公室要求时向其提供审计所必需的各种检验结果。

第297条 偶然性审计

(1)保险基金会医生协会每个季度会向第106条第4a款提及的审计办公室提供一份医生名单,根据第106条第3款,这些医生被列入第106条第2款第1句第2项规定的审计范围。

(2)保险基金会医生协会以电子数据传输方式或通过机器可处理的数据载体,向第106条第4a款提及的审计办公室提供来自审计合同医生结算资料的以下信息:

1. 医生编号,

2. 保险基金会代码,

3. 医保编号,

4. 每个治疗病例已结算的费用情况，包括治疗日期、医疗时根据第 295 条第 1 款第 2 句中提到的密码进行加密的诊断、牙科诊疗时的诊断单和检查结果、转院时医生的转院委托书。每次传输提供的资料都是近一年内的最新数据和信息。

（3）医疗保险基金会以电子数据传输方式或通过机器可处理的数据载体，向第 106 条第 4a 款提及的审计办公室提供列入第 106 条第 2 款第 1 句第 2 项审计范围的合同医生所开具服务的各项信息，以及根据医生编号、保险基金会代码和医保编号确定是否丧失工作能力的信息。此外，处方药信息还包括本法典第 300 条第 3 款第 1 项所规定的药品代码。而有关医院诊疗所开具处方的信息还包括第 301 条提到的各类信息，比如入院日期和收治理由、住院诊断、入院诊断、手术方式，以及诸如住院时长等其他程序说明。如果医生对参保人作出丧失工作能力的诊断，那么该确诊信息包括根据第 295 条第 1 款所提供的诊断，以及该患者丧失工作能力的时长。以上提供的资料都是近一年内的最新数据和信息。

（4）保险基金会和合同医生的服务信息和所开具服务的信息只要与参保人有关，并且只要这些信息对于第 106 条第 2 款第 1 句第 2 项提到的审计来说是必不可少的，就必须统一储存在机器可处理的数据载体上。

第 298 条 参保人信息的传输

在审核程序的框架内，只要在个别情况下须评估医疗或者处方批准方式的经济性或者质量，就允许传输医生或者医生批准的基于参保人的服务信息。

第 299 条 为质量保障目的而需要的数据提取、处理和使用

（1）如果为了第 135a 条第 2 款或者第 136 条第 2 款的质量保障目的而需要提取、处理和使用参保人的社会数据信息，则须确保联邦共同委员会根据第 136 条第 2 款第 2 句和第 137 条第 1 款第 1 句和第 3 款制定的决议和准则及第 137d 条的约定，

1. 通常采用对相关病人进行抽样的方式来限制数据的提取，而且参保人信息须被匿名化，

2. 如果不在保险基金会医生协会的质量审核范围内进行数据评估，则由一个独立机构对数据进行评估，以及

3. 以合适的方式向相关病人提供经过确认的信息。

不同于第 1 句，准则、决议和约定也可拟定全部提取所有相关病人的数据，前提是一些重要医学专业或者重要方法的原因必须作为准则、决议和约定组成部分来进行阐述，从这方面考虑，全部提取数据被认为是必要的。需要提取的数据及抽样的选择、范围和程序在第 1 句的准则、决议及约定中确定，并由参与合同医疗保障的

医生和其他服务提供者提取和传输。医疗保险基金会、保险基金会医生协会或者其联盟不能获得根据第 295 条、第 300 条、第 301 条、第 301a 条和第 302 条传输的信息范围之外的数据。

（2）数据匿名化程序由参与合同医疗保险的医生及其他服务提供者实施。程序须根据联邦信息科技安全局的建议,在第 1 款第 1 句的准则、决议及约定中确定。不同于第 1 句,在第 1 款第 2 句全部提取的情况下,由从空间上、组织上和人员上与医疗保险基金会、保险基金会医生协会及其联盟分开的信托办公室进行匿名化处理。

（3）为评估用于第 135a 条第 2 款的质量保障目的而提取的数据,在第 137 条第 1 款第 1 句和第 3 款的情况下,由联邦共同委员会决定,在第 137d 条情况下,由约定合作伙伴决定一个独立机构。该机构只可在准则、决议或者约定中事先确定的评估目标下,为质量保障程序作出评估。为第 135a 条第 2 款的质量保障目的、为质量保障程序而处理的数据,不得与为其他目的、作为质量保障提取的数据合并,也不得进行评估。

第 300 条　药物结算

（1）药店和其他药物供应者有义务不依赖于补交额度（或个人部分）,

1. 在向参保人出售成药时,须将根据第 3 款第 1 项使用的代码以可机读的方式传送到对于合同医疗保障有约束力的处方单上或者电子处方数据记录中,

2. 向医疗保险基金会转交处方单或者电子处方数据记录,并向其通报与第 3 款第 2 项相关约定必需的结算数据。

（2）药店和其他药物提供者可为履行其第 1 款的义务而向数据中心提出要求。数据中心可为《社会法典》规定的目的且自 2003 年 1 月 1 日起只以针对此目的的方式来处理和使用这些数据,前提是其为此得到一个相关权利机构的委托;也可为其他目的处理和使用匿名信息。只要第 1 款的数据对于保险基金会医生协会履行第 73 条第 8 款、第 84 条和第 305a 条的任务是必需的,数据中心可在其要求时向其通报这些数据,并以电子数据传输方式或者通过机器可处理的数据载体向联邦卫生部或者由其提名的机构通报。不能向联邦卫生部或者其提名的机构传输与医生相关但与参保人无关的数据。在保险基金会医生协会处理数据之前,参保人相关信息通过从空间上、组织上和人员上与各自的保险基金会医生协会分开的信托办公室进行匿名化处理。数据中心在审核委员会要求时立即向其通报必要的结算数据,确定是否超过或低于与医生相关、与参保人无关的第 84 条第 7a 款定义的每剂量单

位的平均费用。

(3)医疗保险基金会联邦最高联合会和代表药店经营者经济利益的重要中央组织在药物结算约定中规定相关细节,特别是关于

1. 使用联邦统一的处方成药代码,作为了解药品商家名称、生产商、出售方式、有效成分强度、包装大小的线索,

2. 提供代码标注和结算的细节,结算数据以电子数据传输方式或者通过机器可处理的数据载体进行传送的前提条件和细节,以及向医疗保险基金会转交处方单,另外还有最迟于2006年1月1日通报电子处方数据记录,

3. 通报第293条第5款的药店名录。

在进行第1款第1句第2项提及的数据传输时,须通报联邦统一的肠外制剂成药代码及成药的含量单位。第2句也适用于根据第129条第1款第1句第3项可提供经济的单独剂量的成药。对于肠外制剂的成药,须另外通报与医药企业约定的不含增值税的价格。如一种肠外制剂由超过三种成药构成,则第1句的合同方可约定,如通报会产生不合理的巨大开支,成药信息从第1句和第2句的通报中去除。

(4)如第3款的约定没有或者没有在联邦卫生部设定的期限内达成,则其内容由第129条第8款的仲裁委员会确定。

第301条 医院

(1)根据第108条许可的医院有义务在进行医院治疗时,向医疗保险基金会以电子数据传输方式或者通过机器可处理的数据载体提供以下信息:

1. 第291条第2款第1项至第10项的信息,以及参保人在医院内部的代码,

2. 医院及医疗保险基金会的机构代码,

3. 入院及初步诊断,入院诊断的日期、时间和原因,在入院诊断变更的情况下进行的后续诊断,预计医院治疗的时长,以及在超过此期限的情况下,在医疗保险基金会要求时提供医学理由,不足1岁的子女还须提供入院体重,

4. 医生开具医院治疗处方时,初步诊断医生的医生编号,在转院时安排转院医院的机构代码,在紧急入院情况下安排入院的机构,

5. 就诊专业科室的名称,在转院时被转入的科室名称,

6. 在相关医院进行手术和其他流程的日期和方式,

7. 出院或者转院的日期、时间和理由,转入外院则须提供转入机构的代码,在出院和转院时,提供对医院治疗重要的主要诊断和次要诊断,

8. 在医院实施的医疗康复服务和额外服务信息及工作能力的评估，以及附上合适机构信息的继续治疗方式建议，

9. 根据第115a条和第115b条及《医院收费法》和《联邦护理费条例》计算的费用。

第1句第3项住院延长的医学理由及第1句第8项的信息也可以机器不可读的方式通报。

（2）第1款第1句第3项和第7项的诊断，可按照国际疾病分类，在由联邦卫生部委托、德国医学文献信息研究所出版的德语版本中进行加密。第1款第1句第6项的手术和其他程序可按照由联邦卫生部委托、德国医学文献信息研究所出版的密码进行编码；根据《医院筹资法》第17b条可结算的其他程序也可涵盖此密码。联邦卫生部在联邦公报中公布第1句各版本诊断密码和第2句程序密码的生效时间；为确保密码在医疗保险基金会履行任务时的重要性，联邦卫生部也可委托德国医学文献信息研究所在第1句提及的密码基础上补充额外密码。

（3）必要表格的形式和内容的细节、通报第1款信息的时间间隔，以及以电子数据传输方式或者通过机器可处理的数据载体进行结算的程序由医疗保险基金会联邦最高联合会与德国医院协会或者联邦医院所有者协会共同约定。

（4）签有第111条保障合同的保健或康复机构有义务，在住院治疗时向医疗保险基金会以电子数据传输方式或者通过机器可处理的数据载体通报以下信息：

1. 第291条第2款第1项至第10项的信息及参保人所在机构的内部代码，

2. 保健或康复机构和医疗保险基金会的机构代码，

3. 入院日期、初步诊断、入院诊断、预计医院治疗时长，以及超过此期限的情况下，根据医疗保险基金会的要求提供医学理由，

4. 在医生批准保健或康复措施情况下，指导医生的编号，

5. 出院或者转院的日期、时间和理由，以及出院或者转院诊断；转入外院时则须提供转入机构的代码，

6. 实施的保健或康复措施信息，以及附上合适机构信息的继续治疗方式建议，

7. 计算的费用。

第1句第3项住院延长的医学理由及第1句第6项的信息也可以机器不可读的形式通报。第2款适用于第1句第3项和第5项的诊断信息。第3款在此适用。

（5）授权的医院医生有义务，在第120条第1款第3句的程序范围内，向医院所有人通报结算合同医疗服务必需的材料；第295条在此适用。医院所有者须向保险

基金会医生协会提交结算材料进行结算。第1句和第2句适用于选择医生服务的结算。

第301a条 助产士和分娩护理员的结算

(1)从事自由职业的助产士和分娩护理员有义务,以电子数据传输方式或者通过机器可处理的数据载体向医疗保险基金会提供以下信息:

1. 第291条第2款第1句第1项至第3项、第5项至第7项及第9项、第10项的信息,

2. 提供服务当日的服务,

3. 提供服务的时间和时长,只要此对于报酬额度是重要的,

4. 路费结算时,提供服务的日期、时间和地点及距离,

5. 垫付款项结算时,提供垫付类型,以及结算药品的垫付额度,还应提供单个药品的清单,

6. 第293条的代码;助产士和分娩护理员通过一个中心机构结算其服务,所以在结算时除了提供结算机构的代码,还须提供助产士或者分娩护理员的代码。

如对服务结算规定了医生安排,则须在账单中附上。

(2)第302条第2款第1句至第3句和第3款适用。

第302条 其他服务提供者的结算

(1)在(外用)药物和辅助器具领域的服务提供者和其他服务提供者有义务,以电子数据传输方式或者通过机器可处理的数据载体,按照其提供服务的种类、数量和价格向医疗保险基金会描述,并说明服务提供日期及开具处方医生的编号、带诊断和检查结果等必需信息的医生处方,以及第291条第2款第1项至第10项的信息;在出售辅助器具的结算中,应运用第139条辅助器具清单的描述。

(2)有关结算程序形式和内容的细节,由医疗保险基金会联邦最高联合会在服务合同和供货合同中应遵循的细则规定。第1款的服务提供者为履行其义务可要求使用数据中心提供的服务。数据中心可为《社会法典》规定的目的且只以针对此目的的方式来处理和使用这些数据,前提是其为此得到一个拥有相关权力机构的委托;也可为其他目的处理和使用匿名信息。只要第1款的数据对于保险基金会医生协会履行第73条第8款、第84条和第305a条的任务是必需的,数据中心可向其通报这些数据。

(3)准则还须规定以电子数据传输方式或者通过机器可处理的数据载体参与结算的程序与前提条件。

第303条　补充规定

(1)医疗保险基金会州协会和医疗互助基金会协会可与服务提供者或者其协会约定,以便

1.限制提交的结算单据范围,

2.在服务结算时可完全或者部分忽视单独的信息,

前提是这些目的不会危及正规结算和医疗保险基金会法定职责的履行。

(2)医疗保险基金会可委托第219条的工作组,储存、处理和使用必要的数据,准备第112条第2款第1句第2项和第113条的审核,准备第305条对参保人的通报,以及准备和落实第305a条的合同医生咨询。向工作组传输基于参保人的信息前,须将这些信息进行匿名化处理。此外,应能够通过医疗保险基金会确定参保人身份;只要其对于第1句提到的目的是必要的,则这样的识别方法也是许可的。第286条适用。

(3)如根据第291条第2款第1项至第10项、第295条第1款和第2款、第300条第1款、第301条第1款、第301a条和第302条第1款向医疗保险基金会通报的数据未能以电子数据传输方式或者通过机器可处理的数据载体进行传输,则医疗保险基金会须重新录入。如数据不能通过机器可处理的方式进行传输是源于服务提供者的原因,医疗保险基金会须向相关服务提供者收取因重新录入产生的费用,该费用可享受一定折扣,折扣最高为发票金额的5%。对于第295条第1款的诊断信息,从第295条第1款第3句编码的第十次修正生效起,第1句适用。

第二小节　数据透明

第303a条　数据透明任务工作组

(1)医疗保险基金会联邦最高联合会和保险基金会医生联邦协会为数据透明任务设立一个工作组。如果在2004年6月30日之前没有设立该工作组,则联邦卫生部无需得到联邦参议院的许可,可通过部门规章设立工作组。

(2)为数据透明任务设立的工作组须确保信托办公室(第303c条)和数据整理办公室(第303d条)履行其任务。

(3)为数据透明任务设立的工作组须为法定医疗保险的数据交换拟定统一且跨领域的数据定义要求。工作组在2006年12月31日前向联邦卫生部提交一份报告。只要服务提供者利益受到影响,则其联邦一级的重要中央组织有机会阐述立场。此立场须在报告中体现。

第303b条 咨询委员会

在为数据透明任务设立的工作组处,为第303e条、第303f条的任务设立一个咨询委员会,该委员会由来自工作组、德国医院协会、在联邦一级代表服务提供者经济利益设立的重要中央组织,联邦数据保护专员、联邦政府维护病人权益的专员,联邦一级代表病人、慢性病人和残疾人利益的重要中央组织和主管法定医疗保险的最高联邦和州机关的代表组成。相关程序细节由咨询委员会成员规定。

第303c条 信托办公室

(1)信托办公室须通过利用第2款的程序,对由医疗保险基金会和保险基金会医生协会根据第303e条第2款传输的、与参保人和服务提供者相关的服务和结算信息进行匿名化处理。其须确保,数据经信托办公室、数据整理办公室或者第303f条第1款有权使用数据的机构处理后,参保人和服务提供者在数据的处理和使用过程中不会再次被鉴别出来。

(2)由信托办公室统一应用的匿名化程序由第303a条第1款的工作组在联邦信息科技安全局的协商同意后决定。设计匿名时须确保可为所有服务领域就获得服务的参保人和提供服务的服务提供者的结算和服务信息建立联邦境内清楚、跨周期的关联;此外,匿名参保人的信息须包括出生年份、性别、参保人状态及邮编的前两位数,匿名服务提供者的信息须包括服务提供者的种类、专业及邮编的前两位数。通过这些信息应该无法鉴别参保人和服务提供者。在通过信托办公室提取数据后,有待匿名化的个人相关信息须立即与服务和结算信息分开。所用的匿名再与相应服务和结算信息合并,并转交给数据整理办公室。匿名化的数据转交给数据整理办公室后,信托办公室的数据须删除。

(3)信托办公室须从空间上、组织上和人员上与数据透明工作组和其成员,以及第303f条第1款中有权使用数据的机构分开。信托办公室为公共机构,并且受《社会法典第一册》第35条的社会数据保密法规约束。其在法律上受联邦卫生部监管。第274条第1款第2句在此适用。

第303d条 数据整理办公室

(1)数据整理办公室为第303f条第2款提及的目标,对从信托办公室传来的数据进行整理,制成数据依据,并提供给第303f条第1款提及的有权使用数据的机构。只要数据对于数据整理办公室履行其任务不再是必需的,则应删除这些数据。

(2)数据整理办公室须从空间上、组织上和人员上与数据透明工作组及其成员分开,以及与第303f条第1款中有权使用数据的机构分开。数据整理办公室为公共机构,并且受《社会法典第一册》第35条的社会数据保密政策约束。其在法律上受联邦卫生部监管。第274条第1款第2句在此适用。

第303e条 数据传输和提取

(1)为数据透明任务设立的工作组在与咨询委员会协商下,在2004年12月31日之前,就实现第303f条第2款目标必需数据的选择、结构、审核质量,以及向信托办公室传输结算和服务数据的程序之准则作出决议。提取数据的范围(全部提取或者抽样)应确保实现第1句的目标;应核实提取的抽样是否足够。准则须提交联邦卫生部。联邦卫生部可在2个月内驳回。如在第1句的期限内不能落实准则或者在联邦卫生部设定的期限内未撤销驳回,则由联邦卫生部颁布数据提取准则。

(2)医疗保险基金会和保险基金会医生联邦协会成员有义务,为实现第303f条第2款第2句的目标,向信托办公室按照第1款的准则传输服务和结算数据。数据在通过医疗保险基金会和保险基金会医生联邦协会成员审核后,须立即但最迟在服务提供者通报之后12个月内进行传输。

(3)如一个地区的数据没有按规定期限进行传输,则相应的医疗保险基金会及其州和联邦协会、保险基金会医生联邦协会及其各自的会员无权使用和处理数据整理办公室涉及此地区的所有数据。

(4)咨询委员会在2006年12月31日之前就第1款至第3款的数据提取经验知会联邦卫生部。

第303f条 数据处理和使用

(1)只要数据整理办公室储存的数据对于履行任务是必需的,则这些数据可被以下机构处理和使用,即医疗保险基金会联邦最高联合会、医疗保险基金会联邦和州协会、医疗保险基金会、保险基金会医生联邦协会及其成员、联邦一级代表服务提供者经济利益的重要中央组织、联邦和州的卫生事业报告研究机构、卫生保障研究机构、高校和其他独立学术研究机构(只要这些数据有助于学术研究)、卫生事业质量和经济性研究所、主管法定医疗保险的最高联邦和州机关及其下属领域。

(2)有权使用者可特别为以下目标处理和使用数据:

1. 通过集体协议合作伙伴来履行控制任务,

2. 改善保障质量,

3. 服务资源的规划(医院规划等),

4. 通过长期的纵向分析、治疗过程分析、保障案例分析确认不良发展和改革起点(过度保障、保障不足或者不当保障),

5. 支持政策决定程序来继续发展法定医疗保险,

6. 跨领域的保障形式的分析与发展。

为数据透明任务设立的工作组在与咨询委员会协商基础上,在2004年12月31日前制作一个目录,目录规定可针对哪些目标处理和使用储存在数据整理办公室的数据,及规定使用费收取和计算的程序。目录须提交给联邦卫生部。联邦卫生部可在2个月内驳回。如在第2句的期限内没有完成目录或者在联邦卫生部设定的期限内未撤销驳回,联邦卫生部在与州协调的基础上颁布目录。

(3)在第1款中有权限的机构询问时,数据整理办公室须审核处理和使用数据的目的是否符合第2款的目录,以及数据的范围和结构对于此目的是否足够和必需。只要第303e条第2款的数据传输机构打算使用由其提供的数据,或者其协会允许使用这些数据,则取消第1句的审核。

第三节 数据删除、询问义务

第304条 数据保存在医疗保险基金会、保险基金会医生协会和审核委员会事务办公室

(1)《社会法典第十册》第84条第2款适用于删除为法定医疗保险任务而储存在医疗保险基金会、保险基金会医生协会和审核委员会事务办公室的社会数据信息,条件是:

1. 第292条的数据最迟在10年后删除,

2. 第295条第1a款、第1b款和第2款的数据,以及审核委员会及其事务办公室为第106条的审核所必需的数据,最迟在4年后删除;基于第266条第7款第1句所颁布的行政法规、为落实风险结构补偿(第266条、第267条)或者风险共担(第269条)必需的数据,最迟在行政法规提及的期限后删除。

保管期限开始于提供或者结算服务的经营年度结束。如确定医生和参保人不再存在关联,则医疗保险基金会可为医疗保险目的的服务数据保存更长时间。

(2)在更换医疗保险基金会的情况下,迄今主管的医疗保险基金会有义务,在新保险基金会的要求下通报第288条和第292条中为继续实施保险所必需的数据。

(3)对于所请求服务的使用权限单和病历,包括内外用药物、绷带、辅助器具处方单的保存,《社会法典第十册》第84条第2款和第6款适用。

第305条 提供给参保人的信息

(1)医疗保险基金会可根据参保人申请向其知会其在最后一年获得的服务及

费用。保险基金会医生和牙医协会在第1句所述的情况下,以医疗保险基金会不可查阅的形式向其通报每位参保人在过去一年获得的医生和牙医服务及费用的信息。医疗保险基金会把信息转发给参保人。不得将参保人了解的信息告知服务提供者。医疗保险基金会可在其章程中规定知会程序的细节。

(2)参与合同医疗保障的医生、机构和医疗保障中心在参保人要求下,须以可理解的书面形式,直接在治疗结束后或者最迟在要求服务的当季度结束后4周内,就提供的服务中由医疗保险基金会承担的服务及临时费用(病人收据)向参保人通报。第1句亦适用于合同牙医保障。参保人为第1句中每季度的书面通报支付1欧元的费用及邮费。由保险基金会医生联邦协会规定相关细节。医院在参保人要求下,以可理解的书面形式,在治疗结束后4周内,就提供的纠纷及由医疗保险基金会承担的服务费用,向参保人通报。由医疗保险基金会联邦最高联合会和德国医院协会通过合同规定相关细节。如第4句和第6句的规定在2004年6月30日之前没有落实,则联邦卫生部在联邦参议院批准后通过部门规章决定相关细节。

(3)医疗保险基金会在参保人要求下,向参保人全面介绍在法定医疗保险中许可的服务提供者(包括医疗保障中心和整合保障的服务提供者)及批准的服务和资金来源,包括第73条第8款、第127条第3款的信息。医疗保险基金会在参保人就参与第53条第3款中选择资费的特别保障形式作出决定前,须向参保人全面介绍其中提供的服务和参加的服务提供者。第69条第1款第3句适用。

第305a条 合同医生咨询

在必要的情况下,保险基金会医生协会和医疗保险基金会基于由合同医生在1年内或者较短的时间内提供、批准或者安排的服务一览表,就经济性问题向合同医生提供咨询。作为补充,合同医生在不涉及参保人个人信息的前提下,向保险基金会医生协会通报关于由其提供的服务数据,保险基金会医生协会可对其给合同医生的咨询数据进行评估,并将基于这些数据但不涉及医生个人信息而制作的比较一览表提供给合同医生。合同医生和保险基金会医生协会只可按照《社会法典》规定的目的处理和使用第2句的数据。如果相关法律或者第130a条第8款的约定未作其他规定,则合同医生只可将关于由其开具处方的药物向以下这些机构通报,这些机构有义务将此数据仅作为在一个保险基金会医生协会或者一个至少拥有30万居民或者至少1300名医生的地区获得服务的证据进行处理;不得在保险基金会医生协会中为单独的合同医生或者机构及为单独的药店处理存在地区差异的数据。第4句亦适用于将本册规定的处方药物数据传送给药店、批发商、医疗保险基金会及其数据中心。不同于第4句,服务提供者和医疗保险基金会可使用第63条、第73b条、第73c条、第137f条或者第140a条提及的合同保障类型中处方药物的数据。

第305b条　资金使用报告

医疗保险基金会须每年在其成员杂志中,就其在上一年度的资金使用情况作出醒目和详细的说明,同时管理费按照保险费率比例的方式单独列出。

第十一章 （刑事）罚金与（民事）罚款规定

第306条　追究和惩罚违法行为时的合作

如在个别情况下对于以下违法行为有具体的证据，则对于这类违法行为的追究与惩罚由医疗保险基金会，特别与联邦劳动局、海关总署机关、养老保险基金会、社会救助机构、《居留法》第71条提及的机关、财政机关、根据州法律主管对违反《打击黑工法》行为进行追究与惩罚的机关、事故保险基金会和主管劳工保护的州机关合作实施，

1. 触犯《打击黑工法》，

2. 非德国国籍雇员从事工作活动，却无《居留法》第4条第3款中必需的居留许可，或者无有权从事工作活动的居留许可，或无《社会法典第三册》第284条第1款的许可，

3. 对联邦劳动局的事务机构、法定事故或者养老保险基金会，或者社会救助机构触犯《社会法典第一册》第60条第1款第1句第2项的协助义务，或者触犯《难民申请者福利法》第8a条的登记义务，

4. 触犯《雇员解聘法》，

5. 触犯《社会法典第四册》和《社会法典第七册》关于支付保险费义务的规定，只要其与第1项至第4项的违法行为有关联，

6. 触犯《税务法》，

7. 触犯《居留法》。

其向主管追究和惩罚的机关、社会救助机构及《居留法》第71条的机关通报。通报可包括对于收取医疗和养老保险费必需的相关事实数据信息。不得转达根据第284条至第302条向参保人调查得来的社会数据。

第307条　（民事）罚款规定

（1）违反第291a条第8款第1句，要求此条款提及的许可或者与卡持有者协商获得此许可者违法。

（2）蓄意或不顾后果违反以下行为者违法：

1. a)作为雇主，违反第204条第1款第1句，也可能连同第2款第1句，或

b)违反第204条第1款第3句,也可能连同第2款第1句,或者第205条第3项,或

c)作为发放机构负责人违反第202条第1句,未进行、没有正确、完全或者及时通报,

2. 违反第206条第1款第1句,未进行、没有正确、完全或者及时进行问询和变更的通知或颁布,或者

3. 违反第206条第1款第2句,未进行、没有正确、完全或者及时提交必要的材料。

(3)在第1款的情况下违法可最高处以5万欧元的罚款,在其他情况下最高处以2500欧元的罚款。

第307a条 (刑事)处罚规定

(1)违反第171b条第2款第1句,未表明、未正确或者未及时表明其无支付能力或者超额负债者,可处以3年以下的监禁或者罚款。

(2)如当事人疏忽,则处以1年以下监禁或者罚款。

第307b条 (刑事)处罚规定

(1)违反第291a条第4款第1句获得此条款所提及数据者,可处以1年以下监禁或者罚款。

(2)当事人为获取酬金或者故意为自己或他人谋取福利或者损害他人利益,可处以3年以下监禁或罚款。

(3)追究只可根据申请实施。有权申请者为相关人员或机构、联邦数据保护专员或者主管监管机关。

(4)(废除)

第十二章　塑造统一德国的过渡性规定

第308条　（废除）

第309条　参保人群

(1)只要本册规定：

1. 与参考值有关联,从2001年1月1日起第四册第18条第1款的参考值也对《统一合同》第3条提及的地区有效,

2. 与一般养老保险的保险费起算线有关联,从第1项提及的时间点开始第六册第159条的保险费起算线也对《统一合同》第3条提及的地区有效。

(2)(废除)

(3)(废除)

(4)(废除)

(5)1990年12月31日之前,在《统一合同》第3条提及的地区,德意志民主共和国国家保险中的社会保险项目或者自愿疾病费用保险项目,或者特别保障系统(《权利和利益转移法》第1条第3款)中追溯的参保时间可根据本册被视为在法定医疗保险义务参保的时间,应用第5条第1款第11项时,对于1990年10月2日之前在德意志联邦共和国拥有居住地和保险并且在《统一合同》第3条提及的地区工作者,如其仅因超过此地区有效的年收入上限而自由参保,并且没有超过第6条第1款第1句的年收入上限,则自1991年1月1日开始,第1句有效。

(6)(废除)

第310条　服务

(1)(废除)

(2)(废除)

(3)第30条第2款第2句和第7款中必需的检查在1989年至1991年视为依申请的检查。

(4)(废除)

(5)(废除)

(6)(废除)

(7)(废除)

(8)(废除)

(9)(废除)

(10)(废除)

(11)(废除)

第311条　医疗保险基金会与服务提供者的关系

(1)(废除)

(2)新联邦州地区存在的医生领导的社区,国家和非营利卫生机构,包括企业卫生事业机构(综合医院、门诊部、诊所),及糖尿病、肾脏病、肿瘤病和风湿病专科门诊,继续在其于2003年12月31日被允许参与合同医疗保障的范围内,参与合同医疗保障。此外,本册关于医疗保障中心的规定适用于第1句的机构。

(2a)(废除)

(3)(废除)

(4)(废除)

(5)第83条有效,条件是医疗保险基金会协会和授权机构或其协会在获得保险基金会医生协会同意后,可签订特别合同。

(6)(废除)

(7)在应用第95条时,此条例第2款第3句的需求不适用于

a. 本法典生效时,在《统一合同》第3条提及的地区获得专科医生认证的医生,

b. 在《统一合同》第3条提及的地区作为牙医已从业2年的牙医。

(8)第5款和第7款不适用《统一合同》第3条提及的柏林州部分地区。

(9)(废除)

(10)(废除)

(11)(废除)

第311a条　（废除）

第311b条　（废除）

第312条　（废除）

第313条　（废除）

第313a条　风险结构补偿

自2001至2007年补偿年,偏离第313条第10款第a项和《健康结构法》第35条第9款,进行风险结构补偿(第266条),条件是

1. 关系值和标准化的服务支出(第266条第2款第3句)及保险费需求(第266条第2款第2句)须为《统一合同》第1条第1款提及地区的参保人分开进行确定并以此为基础,

2. 对于补偿需求率(第266条第3款)的确定,应以保障需求总额和联邦境内所有医疗保险基金会成员有缴纳保险费义务的收入总额为基础,

3. 关系值和标准化的服务支出(第266条第2款第3句)及保险费需求(第266条第2款第2句)须为1990年10月2日之前联邦德国境内,包括《统一合同》第3条提及的柏林州部分地区的参保人分开进行确定,并以此为基础,

4. 此外,须为整个联邦境内所有医疗保险基金会的参保人确定第3项的数值,

5. 为确定第1项提及地区的医疗保险基金会的补偿要求和义务(第266条第2款),根据第1项确定的标准化服务支出须增加第4项和第1项的差值,并通过第7项的加权系数进行加权得出,

6. 为确定第3项提及地区的医疗保险基金会的补偿要求和义务(第266条第2款),根据第3项确定的标准化服务支出须扣除第3项和第4项的差值,并通过第7项的加权系数进行加权得出,

7. [1]加权系数在2001年为25%,并在2007年之前每年提高12.5%。

---

[1] 第313a条:德国联邦宪法法院2005年7月18日作出的合宪性解释(I2888-2),联邦消费者保护与食品安全协会2/01号决议。

第十三章　其他过渡性规定

第314条　雇员的保险费补贴

（1）以第257条第2a款在2008年12月31日之前有效版本中的标准资费为对象的保险合同，可根据参保人申请，转为《保险监管法》第12条第1a款基本资费保险合同。

（2）所有根据第257条第2款有权要求补贴、从事医疗保险的保险企业，基于2009年1月1日起继续以标准资费参保的参保人，为确保第257条第2a款第1句第2项和第2a项至第2c项在2008年12月31日之前有效版本中提到的限制，有义务参加资金最高补偿，资金最高补偿的安排与标准资费的细节由联邦金融服务监管署和私人医疗保险企业协会共同约定，对所有参与企业具有同等效力。对于第2a款第1句第2c项在2008年12月31日之前有效版本中提及的人员，其根据《重度残疾人融入工作、职业和社会法》的第4条第1款被确定为残疾，则获得总保险费100%的补贴，作为第1句的补偿。

第315条　无保险保障人员的标准资费

（1）以下人员，即

1. 没有在法定医疗保险基金会参保或者义务参保，

2. 无私人医疗全保险，

3. 未要求自由医疗保健，未要求救助权或者类似权利，

4. 无权要求根据《避难申请者服务法》享有津贴，

5. 也没有获得《社会法典第十二册》第三章、第四章、第六章和第七章的津贴，

可在2008年12月31日之前要求得到第257条第2a款标准资费的保险保障；在第4项和第5项所述的情况下，津贴领取中断时间短于1月者，无权要求相应服务。申请不可被拒绝。第257条第2a款第2b项提及的前提条件对第1句的人员不适用；这些人员不可要求风险补贴。不同于第1句第3项，对于根据公务员法定基本原则有权要求救助的人员，即使其没有参加对救助补充有所限制的私人医疗保险，并且也没有自主或者自由在法定医疗保险基金会参保，其也可要求补充救助的第257条第2a款第2b项标准资费保险。

（2）按第1款标准资费参保的保险费不能超过第257条第2a款第1句第2项的

法定医疗保险平均最高保险费;在该条款中为配偶或者生活伴侣拟定的特别保险费限制对第1款参保人无效。《保险监管法》第12条第1c款第4句至第6句在2009年1月1日后有效的版本中适用于根据第1款标准资费参保的人员。

(3)只有当风险审查对于第257条第2b款的资金最高补偿或者稍后的资费更换有必要时,才允许进行风险审查。不同于第257条第2b款,在第1款的参保人标准资费最高补偿中,须考虑第2款的限制,及通过禁止第1款第3句的风险补贴而出现的多余支出。

(4)根据第1款订立的标准资费保险合同,在2009年1月1日之前,调整为《保险监管法》第12条第1a款的基本资费合同。

第316条 肠道营养的过渡规定

参保人在第31条第5款第2句编排的清单在联邦公报公布以前,有权根据2005年8月25日版的《药物细则》第E章,要求肠道营养服务(《联邦法律公报》第13241页)。

第317条 心理治疗师

不同于第95条第10款,如果心理治疗师符合以下条件,则被允许参与合同医疗保障:

1. 根据《心理治疗师法》获得开业许可,以及根据第90c条第2句第3项获得专业认证,

2. 1994年6月25日至1997年6月24日之间在其他欧盟成员国或者欧洲经济区协定的其他签约国参与门诊心理治疗保障,并且此活动与法定医疗保险的活动类似,以及

3. 2009年6月30日之前提供开业许可证书,并提交许可申请。

许可委员会就2009年9月30日之前的许可申请作出决定。

第318条 矿工医疗保险的过渡性规定

如德国矿工—铁路—海员养老保险偏离第四册第71条第1款第2句在其预算计划中将矿工医疗保险的管理支出单独列出,并对该管理支出分别进行第四册第77条的会计和年度结算,则《风险结构补偿条例》第37条第3款的规定不适用。只有当联邦保险局及时在第2年《风险结构补偿条例》的第37条第5款公布之前,基于由德国矿工—铁路—海员养老保险提供的足够证据,确定矿工医疗保险的管理支出在预算计划中单独标明,第1句才有效。同样,只有当联邦保险局及时在落实年度补偿前,基于由德国矿工—铁路—海员养老保险提供的足够证据,确定对矿工医

疗保险的管理支出分别进行第四册第77条的会计和年度结算,第1句才适用于《风险结构补偿条例》第41条的年度补偿。

第319条 病假津贴选择资费的过渡性规定

(1)参保人基于第53条第6款按照2009年6月30日之前有效的版本签订的选择资费,在此刻失效。

(2)在2009年7月31日领取第53条第6款选择资费津贴的参保人,有权要求在丧失工作能力期间根据其选择资费获取津贴,在继续工作之后取消此津贴要求。第1句的支出在应用第53条第9款第1句时不予考虑。

(3)第44条第2款第1句第2项或者第3项的选择声明可在2009年9月30日前提交。2009年8月1日起生效。第53条第6款的选择资费可在2009年9月30日之前或者在医疗保险基金会章程中确定的稍后某个时间之前重新签订。2009年8月1日起生效。不同于第1句和第2句,第2款的参保人可在领取津贴结束后8周内,提交第44条第2款第1句第2项或者第3项的选择声明或者选择某一选择资费。

第320条 关于废止法律法规在指定期限内继续适用的过渡性规定

在2009年7月17日法律(《联邦法律公报》Ⅰ第1990页)第15条第6a项第c项和第12a项第b项文本中提及的第120条第6款和第295条第1b款第5句至第8句的规定,在2011年7月1日之前继续适用。

德国社会行政程序与社会数据保护法
——《社会法典第十册》

分册目录

第一章　行政程序 …………………………………………………………………443
　　第一节　适用范围、管辖和职务协助 ……………………………………443
　　第二节　行政程序的一般规定 ……………………………………………445
　　第三节　行政行为 …………………………………………………………456
第二章　社会数据的保护 …………………………………………………………469
　　第一节　术语条款 …………………………………………………………469
　　第二节　数据收集、数据处理和数据使用 ………………………………470
　　第三节　为社会数据保护的组织安排,特别的数据处理类型 …………482
　　第四节　利害关系人的权利、数据保护专员和附则 ……………………486
第三章　给付主体之间的合作及其与第三人的关系 …………………………491
　　第一节　给付主体之间的合同及给付主体与第三人的合同 ……………491
　　第二节　给付主体相互之间的偿付请求权 ………………………………497
　　第三节　给付主体针对第三人的偿付请求权和赔偿请求权 ……………500
第四章　过渡性条款和结束条款 …………………………………………………503
附件(关于第78a条) ………………………………………………………………504

导　　读

　　《社会法典第十册》规定的是社会保障行政程序和相关领域的信息保护。该法分两个阶段颁布：第一个阶段是在1980年8月18日，颁布了第1条至85条；第二个阶段是在1982年11月4日，颁布了第86条至116条。所有的条款都适用于《德国社会法典》以及其他社会保障单行法。

　　该法第一章规定了社会保障行政程序。主要包括各行政机关的地域管辖及进行职务互助等事项；行政程序的参与人、授权、职权调查原则、参与人听证、期间、期限、公证等一般规则；社会保障行政行为中涉及保障公民合法权益等方面要求和相关义务；瑕疵行政行为的撤回、非瑕疵行政行为的废止以及不法给付的偿付义务；社会保障领域的公法合同以及寻求法律救济义务的程序等事项。立法者希望通过这一系列的制度设计保障公民的社会保障信赖利益。第二章规定了社会保障领域的数据保护。主要包括：关于个人以及企业和商业方面的社会保障信息保密的规定；社会保障给付提供者及其联合会组织、其他法律提及的公法组织密切合作的义务，以及通过相关行政机关和第三人（主要的雇主）的合作将信息保密工作委托给其他提供者的可能性。第三章至第四章是对社会保险支付主体之间的合作及其与第三人关系的补缺性规定，以及相关法条实施过渡的规定。

　　《社会法典第十册》于2001年1月18日公告文本（BGBI. IS. 130），经由2013年7月5日法律（BGBI. IS. 2749）之第6条予以修订。

　　该法（第1条至85a条）——文件号：Art. IGv. 18.8. 1980I1469（《社会法典第十册》第一章至第二章）——经联邦议院表决通过、由联邦参议院批准。第86条以下——文件号：Art. IG860-10-3v.4.11.1982I1450（《社会法典第十册》第三章）经联邦议院表决通过、由联邦参议院批准。

第一章　行政程序

第一节　适用范围、管辖和职务协助

第1条　适用范围

(1)本章规定适用于行政机关根据本法典从事的公法性行政活动。对于各州、各乡镇、各乡镇联合及由州监督的其他公法法人的机关为了实施本法分则而从事的公法性行政活动,只有在这些分则得到联邦参议院批准并认为本章规定可适用时,才能适用。本章规定不适用于秩序违法行为的追究和处罚。

(2)本法典所称的行政机关是所有承担公共行政任务的机构。

第2条　地域管辖

(1)数个行政机关均有地域管辖权的,由最先处理该案的行政机关管辖,除非它们共同的上级行政机关指定由另一具有地域管辖权的行政机关管辖。数个行政机关均认为自己有或无地域管辖权,或者出于其他原因管辖权存有异议的,上级行政机关可自行决定。不存在共同上级行政机关的,由各自的上级行政机关决定。

(2)管辖权赖以存在的情形在行政程序过程中变更的,当前具有管辖权的行政机关可以继续实施行政程序,该行政机关应实施迅捷、合目的的程序以维护参加人的利益,并取得之后具有管辖权的行政机关的同意。

(3)地域管辖权发生变更的,当前具有管辖权的行政机关必须继续给付,直到其被之后具有管辖权的行政机关所接替。当前具有管辖权的行政机关可以请求返还因管辖权变更而已提供的给付。适用第102条第2款。

(4)紧急情形下,每一个具有地域管辖权的行政机关均有义务在其职务范围内无迟延地采取措施。依据本法典分则享有地域管辖权的行政机关应当立即被告知。

第3条　职务协助义务

(1)每一个行政机关基于其他行政机关的请求均负有提供补充性协助的义务(职务协助)。

(2)以下情形不进行职务协助:

1. 行政机关在既有的指令关系中已负有协助义务的,

2. 需要提供协助的行为是被请求行政机关自身职责的。

第4条 职务协助的条件和界限

(1)尤其是在下列情形中,行政机关可以请求职务协助:

1. 基于法律原因不能实施职权行为的,

2. 基于事实原因,特别是因为实施职权行为欠缺必要的人员或设备导致其自身不能实施职权行为的,

3. 不知悉执行任务需查明的事实且自身不能查明的,

4. 执行任务需要的证书或者其他证明材料为被请求行政机关占有的,

5. 与被请求的行政机关相比,职权行为的实施产生明显更多费用的。

(2)被请求的行政机关在下列情形中,不得提供协助:

1. 基于法律原因不能提供协助的;

2. 提供协助可能对联邦或州造成巨大不利的。

(3)事务根据法律或其本质需予以保密的,被请求的行政机关不负有提供证书、档案或者信息的义务。

(4)被请求的行政机关在下列情形中,可以不提供协助:

1. 另一个行政机关提供协助更便利或者产生更少费用的,

2. 其只有支出不成比例费用方能提供协助的,

3. 为完成发出请求行政机关的任务而提供协助,可能会严重危及其自身职责之实现的。

(5)因出于第3款所列情形之外的其他原因的请求的,或者因认为经由职务协助而实现的措施不合目的的,被请求的行政机关不得拒绝提供协助。

(6)被请求的行政机关认为自身不负有协助义务的,应当告知请求的行政机关。请求的行政机关认为存在职务协助的,由共同上级行政机关对职务协助义务作出决定,不存在共同上级行政机关的,由被请求的行政机关的上级行政机关决定。

第5条 行政机关的选择

数个行政机关均可提供职务协助的,尽可能向请求行政机关所在的行政系统中级别最低的行政机关发出请求。

第6条 职务协助的实施

(1)通过职务协助予以实现的措施的许可性由规制请求机关的法律判断,职务

协助的许可性由规制被请求机关的法律判断。

(2)请求行政机关为被请求行政机关对相应措施的合法性负责。被请求行政机关对职务协助的实施负责。

第7条 职务协助的费用

(1)请求行政机关无须因职务协助向被请求行政机关支付行政费用。在个案中高于35欧元,或在保险机构间发生的职务协助情形下高于100欧元的垫付费用,依请求由发出请求的机关向被请求机关支付。(行政机关)有其他约定的,从其约定。同一权利人的机关互相提供职务协助的,垫付款不得返还。

(2)被请求行政机关为实施职务协助而产生费用的职权行为,有权请求应由第三人负担的费用(行政费用、使用费用、垫付款项)。

第二节 行政程序的一般规定

第一小节 程序原则

第8条 行政程序的概念

本法典所称的行政程序是指行政机关审查行政行为的前提、准备、作出或者旨在缔结公法合同的对外发生效力的活动;行政程序包括行政行为的作出和公法合同的缔结。

第9条 行政程序的非样式性

行政程序不受特定形式约束,除非存在对程序形式的特别规定。行政程序应当简便、合目的和迅捷地施行。

第10条 参加能力

有能力参加行政程序者,为:

1. 自然人和法人,
2. 社团,只要其享有权利,
3. 机关。

第11条 程序活动的进行

(1)有能力进行程序活动的,为:

1. 依据民事法律具有完全行为能力的自然人,
2. 依据民事法律具有限制行为能力的自然人,只要民事法律认可其对程序对

象有民事行为能力或公法规定认可其对程序对象具有行为能力,

3. 通过其法定代理人或者特别受托人的法人和社团(第10条第2项),

4. 通过其负责人、代理人或者受托人的机关。

(2)程序对象涉及《德国民法典》第1903条的同意保留的,具备行为能力的被监护人只有在依据民事法律规定可在无监护人同意的情形下,作出行为或者依公法规定视为有行为能力时,方能进行行政程序活动。

(3)适用《民事诉讼法》第53条和55条。

第12条 参加人

(1)参加人为:

1. 申请人和申请相对人,

2. 即将或已经被行政机关作出行政行为的人,

3. 行政机关即将或者已经与其缔结公法合同的人,

4. 根据第2款由行政机关要求参加行政程序的人。

(2)行政机关可以依职权或者依申请要求利益受到行政程序结果影响的人作为参加人。程序对第三人产生确权性影响的,第三人可以依申请成为参加人;只要行政机关知悉第三人存在,行政机关就应当从程序开始时对其进行告知。

(3)不符合第1款前提的听证者,不是参加人。

第13条 代理人和辅助人

(1)参加人可以由代理人代理。代理权可对所有涉及行政程序的程序行为进行授权,依代理权的内容得出其他结论的除外。代理人依要求应书面证明其代理权。代理权的撤销到达行政机关时,始对行政机关生效。

(2)代理既不因被代理人的死亡而无效也不因被代理人行为能力或其法定代理的变更而无效;但是,代理人在行政程序中作为权利继受人代理的,依要求时应以书面形式出具权利继受人的授权。

(3)程序中有代理人的,行政机关必须与其联系。参加人负有协助义务的,行政机关也可以自行与其联系。行政机关直接与参加人联系,则必须通知其代理人。不得违反送达代理人的规定。

(4)在行为与商谈中,参加人可与辅助人一起出席。辅助人的陈述被视为参加人的陈述,除非参加人无迟延地提出异议。

(5)代理人和辅助人违反《法律服务法》第3条提供法律服务的,不得参与行政程序。

(6)代理人和辅助人不适合作报告的,可以拒绝其参加报告。口头报告时,仅当其没有能力作报告时,才可拒绝。根据《社会法院法》第73条第2款第1句和第2句第3项至第9项的规定有权在社会法院程序中进行代理的人可以不被拒绝。

(7)代理人或辅助人依第5款和第6款规定被拒绝的,应当书面通知参加人。被拒绝的代理人或辅助人在被拒绝之后进行的程序行为无效。

第14条 受领代理人的指定

国内无居所、经常居住地、住所或经营总部的,依要求时应在合理期限内向行政机关指定一名国内的受领代理人。未指定的,对其发出的文书在交邮后第7日、电子传输的文书发送后第3日视为送达。经确认,文书未到达或者迟延到达收件人的,不适用前一句。应当告知参加人不指定受领代理人的法律后果。

第15条 依职权指定代理人

(1)没有代理人的,法院应当根据行政机关请求,为下列参加人指定合适的代理人:

1. 身份不明的参加人,
2. 居留地不明或者处理自身事务有困难的缺席参加人,
3. 国内无居留地且未在行政机关要求的法定期限内指定代理人的参加人,
4. 由于心理疾病或者身体、智力或精神障碍不能独立参与行政程序的参加人。

(2)第1款第4项情形下的代理人的指定由参加人经常居留地辖区的法院管辖;其他情形下,由请求的行政机关所在地的监护法院管辖。参加人未成年的,由家事法院管辖。

(3)代理人对指定其代理人身份的行政机关的权利承担者有适当报酬请求权和现金垫付款的返还请求权。行政机关可以要求被代理人补偿其支出。行政机关确定报酬金额、垫付款项和支出费用。

(4)对于第1款第4项的代理人指定和职责适用有关监护的规定,对于其他情形,适用有关特别照护的规定。

第16条 应予回避的人

(1)下列人等不得在行政程序中从事职务行为:

1. 参加人,
2. 参加人亲属,
3. 根据法律或者授权一般性地或在该行政程序中代表参加人或者作为辅助人涉入的,

4. 该程序参加人之代理人的亲属,

5. 以报酬为目的为参加人服务或作为董事会、监事会或同种机构成员为参加人工作的;此不适用于其雇用机构是参加人及在医疗保险机构从业者的情形,

6. 在其职务身份之外出具鉴定意见或者进行其他活动的。

因行政活动或者行政决定获得直接的益处或者不利的人等同于参加人。如果益处或不利仅基于共同利益被行政事务所触犯的某一职业或公民团体时,前句不适用。

(2)第1款规定不适用于名誉职务活动中的选任和罢免。第1款第3项和第5项也不适用于因医生、牙医及医疗保险机构关系而进行的行政程序。

(3)根据第1款应予回避的人在紧急情形下可采取紧急措施。

(4)委员会或者顾问组成员认为自己应予回避或者对第1款规定条件的产生有异议的,应当告知该委员会或者顾问组。该委员会或者顾问组决定是否回避。相关人不得参与此决定。应予回避的成员不得出席之后的咨议和表决。

(5)第1款第2项和第4项意义上的亲属为:

1. 已订婚的,

2. 配偶,

3. 姻亲和直系血亲,

4. 兄弟姐妹,

5. 兄弟姐妹的子女,

6. 兄弟姐妹的配偶和配偶的兄弟姐妹,

7. 父母的兄弟姐妹,

8. 基于长期的家庭共同体中抚养关系互为父母、子女关系的人(养父母和养子女)。第1句所指人员如果属于下列情形,亦为亲属:

第2项、第3项和第6项情形中所建立的婚姻关系不再存在的,

第3项至第7项情形中的姻亲或者直系血亲关系因收养为子女而消灭的,

第8项情形中的家庭共同体不复存在时,只要其仍像父母和子女相互联系。

第17条 偏见之虞

(1)有理由认为对职权公正行使的不信任成立的,或者参加人主张存在此种理由的,在行政程序中为行政机关行事的工作人员应当通知行政机关负责人或者由其指定的受托人,并且根据其作出的关于协作的调整,放弃参与行政程序。偏见之虞涉及行政机关负责人的,由该行政机关的监管机关作出调整,只要该行政机关负

责人自身仍不放弃参与行政程序。保险机构的总经理的情形下监管机关由董事会担任。

（2）第16条第4款相应适用于委员会或者顾问组成员。

第18条　程序的开始

行政机关根据合乎义务的裁量决定其是否及何时实施行政程序。但此规定在行政机关基于法律规定的以下原因时不予适用：

1. 依职权或依申请必须开始的，

2. 只有依申请才能开始但未申请的。

第19条　官方语言

（1）官方语言是德语。听力有障碍者有权在官方语言中运用手语以助理解；传译者的费用由行政机关或者有社会给付职责的给付主体承担。

（2）以外语向行政机关提出申请或者申报、票据、证书或其他文书的，行政机关应当无迟延地要求在其合理的期限内提交译本，只要行政机关不理解申请或文件。在确证的情形下，可要求提交由经认证、公共指派或经宣誓的口译或笔译者完成的翻译文书。被要求的译本未在法定期限内提交的，行政机关可以自行制作译本并在合理范围内要求补偿。行政机关聘用口译者或者翻译者的，可以通过申请《司法补偿和赔偿法》规定的相应费用获得酬劳；行政机关可以与口译者或者笔译者约定酬金数额。

（3）行政机关须在一定期限内以确定的方式作为，而该期限的确定应通过说明、申请或意思表示的表达来作出且以外国语的形式进行的，期限自译本交于行政机关始起算。

（4）为参加人利益向行政机关争取期限、使公法请求权生效或请求社会给付应以外国语提起说明、申请或发出意思表示的，当行政机关有能力理解说明、申请或意思表示时，或在设定的期间内译本提交时，该说明、申请或意思表示才视为提交。否则以译本的送达时间为准。决定期限时应当告知参加人该法律后果。

第20条　调查原则

（1）行政机关依职权查明事实。行政机关确定调查的方式和范围；不受参加人陈述和证明申请的拘束。

（2）行政机关应当考虑所有对案件有意义的事实，也包括对参加人有利的事实。

（3）诉请属于管辖范围时，行政机关不得因认为诉请在事实上不被允许或没有依据而拒绝接受。

第21条 证据

(1)行政机关可运用根据合乎义务的裁量认定调查事实必需的证据。行政机关尤其可以：

1. 收集各种材料,也包括电子的和视为电子的文件,

2. 听取参加人意见,询问证人和鉴定人或者收集参加人、鉴定人和证人的书面的或电子的陈述,

3. 调阅文书和文件,

4. 亲自查看。

书证和案卷亦可通过电子形式调阅,法律规范另有规定的除外。

(2)参加人应当协助案件事实的查明。参加人尤其应当提供其所知晓的事实和证据。仅在法律规范有特别规定时,参加人才存在协助查明案件事实的其余义务,尤其是本人出席或者陈述的义务。

(3)法律已有规定的,证人和鉴定人有陈述或者提供鉴定意见的义务。《民事诉讼法》第407条范围内的陈述或者鉴定意见对于裁定社会给付及其数额的产生、提供、继续提供、终止、撤销或者废止是不可或缺的情形下,证人和鉴定人亦有该种义务。适用《民事诉讼法》有关拒绝作证或提供鉴定意见的权利、专家的拒绝权及作为对证人或者鉴定人的公职人员的询问的规定。行政机关求助证人、鉴定人和第三人,后者依申请可以在《司法报酬和赔偿法》相应适用范围内获得补偿或者赔偿；行政机关可以与鉴定人就报酬事宜进行约定。

(4)只要根据本法典在程序中有必要,财税机关须分享其已知悉的申请人、给付受领人、补偿义务人、赡养义务人、被赡养人或者计入家庭的成员的收入或财产关系的信息。

第22条 经由社会法院或者行政法院的讯问

(1)不存在《民事诉讼法》第376条、第383条至第408条所规定的理由时,证人或者鉴定人在第21条第3款情形下拒绝陈述或者拒绝提供鉴定意见的,行政机关可以根据既有的法定途径向对证人或者鉴定人住所地或者居留地有管辖权的社会法院或者行政法院请求讯问。证人或者鉴定人住所或者居留地没有社会法院、行政法院或者社会法院的分支机构、行政法院的特设法庭的,行政机关也可以向有管辖权的地方法院请求讯问。在请求中,行政机关应当说明讯问的标的、提供参加人的姓名和地址。法院应当通知参加人举证期限。

（2）鉴于证人的陈述或者鉴定人的鉴定意见的意义，或者为实现如实的陈述，行政机关认为应当进行宣誓的，可以向第1款规定的管辖法院请求宣誓的讯问。

（3）法院拒绝作证、拒绝鉴定或者拒绝履行宣誓的合法性进行判定。

（4）根据第1款或者第2款的请求只能由满足履行法官职务的能力或者符合《德国法官法》第110条第1句规定的条件的行政机关的负责人、其一般代理人或者公共机关的成员向法院提出。

第23条 保证、宣誓保证

（1）法律规范规定对重要事实之确认的可信度若需确证的，可以进行宣誓保证。根据尽所有可获得的证明手段查明而得出的结果，证明某一事实极有可能存在的，该事实可以被视为可信。

（2）只有对涉及之标的和在法律或者行政法规规定的相关程序中可以采取保证的，且行政机关经法律规范规定对此有管辖权的，行政机关才可以在案件事实的查明时对参加人要求和实施宣誓保证。只有在没有其他寻求真相的方法、没有得出结论或支出经费不成比例时，才能要求宣誓保证。对于《民事诉讼法》第393条意义上的无宣誓能力人，不得要求进行宣誓保证。

（3）如果宣誓保证须被行政机关采纳至笔录中，只有行政机关负责人、其一般代理人和具有法官任职能力或者满足《德国法官法》第110条第1句条件的公职人员才有权纳入。行政机关负责人或其一般代理人可以以书面形式对其他公职人员进行一般性或个别性授权。

（4）保证的意义在于，保证人就相关标的事实之阐述的正确性予以确认和申明："我宣誓保证，本人穷尽知悉，已陈述纯粹事实，并无任何隐瞒"。被授权人和辅助人有权参与宣誓保证的采纳中。

（5）在采纳宣誓保证之前，保证人应当被告知宣誓保证的意义以及针对不正确的或者不完整的宣誓保证的刑事法律后果。该项告知应当被记入笔录。

（6）笔录还应当包括在场人员的姓名及笔录制作的地点和时间。笔录应当向作出宣誓保证的人宣读并获得其同意，或者依请求供其核阅。宣誓保证人的同意应当在笔录中标明且由宣誓保证人签名。笔录随后应当由采纳宣誓保证的人员和笔录制作者签名。

第24条 参加人的听证

（1）某一侵害参加人权利的行政行为作出之前，应当给予参加人对该决定的重要事实表达意见的机会。

(2)当出现下列情形时,听证可以不予考虑:

1. 因紧急或者公共利益所必需的即时决定时,

2. 听证可能使得为决定所要求之期限不能遵守的,

3. 参加人在申请或者解释中的事实陈述改变而不会对其不利的,

4. 一般处分或者大量同类行政行为作出的,

5. 与收入有联系的给付适应改变后关系的,

6. 在行政强制执行中的措施应当执行或者

7. 依请求权偿付或者结算少于70欧元的;不得违反第5项。

第25条 参加人的案卷查阅

(1)只要参加人的知悉对其合法权益的生效或维护为必需,行政机关允许参加人查阅与程序相关的案卷。直到行政程序终结,第1句不适用于决定的草案及为决定进行直接准备的文稿。

(2)只要案卷包含有参加人健康关系的描述,则行政机关可以将案卷内容通过医生向参加人传达。若顾虑案卷查阅可能致使参加人遭受特别是健康方面的不相称的不利,行政机关应当通过医生传达案卷内容。只要案卷包括妨碍参加人的人格成长和发展的内容,第1句和第2句按以下标准适用:案卷内容也可以通过行政机关中经历先期教育及生活和工作实践、对此合适且胜任的公职人员人传达。第1款规定的权利不受限制。

(3)只要进程因为参加人或者第三人的合法利益必须予以保密,行政机关没有准许查阅案卷的义务。

(4)案卷查阅在管理案卷的行政机关处进行。在特殊情形下,案卷查阅也可以在另一行政机关处或者在联邦德意志共和国在国外的外交使馆或职业领事机构处进行;管理案卷的行政机关可以准许其他的例外。

(5)只要案卷查阅获得准许,则参加人就可以自行制作摘要或副本或者通过行政机关取得影印本。只要对电子案卷的查阅获得准许,行政机关就应当通过全部或部分打印材料、在屏幕上复制电子文件、提供电子文件或者批准对案卷内容的电子进路等方式保证参加人的案卷查阅。行政机关可在合理范围内收取其费用的补偿。

第二小节 期限、期日和期间恢复

第26条 期限和期日

（1）期限的计算和期日的确定适用《德国民法典》第187条至第193条相应规定，但第2款至第5款有其他规定的除外。

（2）由行政机关确定的期限的起算，始于期限公布，但相关人另被通知的除外。

（3）如果期限以星期日、法定假日或者星期六为结束之日，则期限止于下一个工作日。如果特定日期被规定为期间的结束日，则不适用前句。

（4）行政机关只能在某一确定期限内进行给付且该期限以星期日、法定节假日或者星期六为结束之日的，该期限也以此最后一日结束而届满。

（5）行政机关指定的期间结束之日为星期日、法定节假日或者星期六时，也应当被遵守。

（6）如果期限是以小时计算的，则星期日、法定节假日或者星期六应当计入。

（7）由行政机关设定的期限可以延长。该期限已届满的，但因期限届满已产生的法律后果有失公正的，该期限可以溯及既往地延长。行政机关可以根据第32条将期限的延长与其他决定相联系。

第27条 期间原状的恢复

（1）某人无过错地遵守法定期限受阻的，依申请使其恢复原状。代理人的过错视为被代理人的过错。

（2）期间恢复的申请应当在障碍消除后的2周之内提出。申请所依据的事实应当在申请提出之时或者在该申请的程序中令人可信。应当在申请期内对受耽搁的行为予以补正。行为之补正已进行的，期限的恢复无申请亦可。

（3）自受耽搁的期限届满1年后，不可再申请恢复期间或者受耽搁的行为不可再予补正，1年期限届满前因不可抗力申请不能提出或者行为不能补正者除外。

（4）判断受耽搁行为的行政机关对期间的恢复的申请予以裁决。

（5）期间的恢复因法律规定予以排除时，不得准许。

第28条 重复申请

给付权利人因一起社会给付请求生效而放弃提起另一起社会给付请求且该给付被拒绝或须返还的，当从现在起补作的申请在另一起给付的拒绝或返还生效的月份结束后的6个月内被提起时，其在1年内有效。由于不知悉请求条件，另一起请求会疏于被适时提起、第二起给付因第一起给付的作出而顺位靠后时，第1句也适用。

第三小节 公务认证

第29条 文书的认证

（1）任何行政机关均有权认证其自身签发的文件副本。除此之外，文书正本由某一行政机关签发或者文书副本需向某一行政机关呈交时，联邦政府根据行政法规规定的联邦行政机关、联邦直管的公法团体、营造物和基金会及根据州法具有管辖权的行政机关均有权对书证副本予以认证，但依照法律规定，对来自其他行政机关的公务案卷和档案的副本认证授权为专属保留者除外；行政法规无须联邦参议院的同意。

（2）副本需认证的文件的原始内容已经被更改，特别是该文件包含遗漏、删减、增补、修改、不可识别的字、数字或符号或者字词、数字和符号删除的痕迹，或者由多页构成的现有文件丧失关联性时，有权认定副本不得被认证。

（3）副本通过在其下方附押认证备注而实现认证。（认证）备注必须包括以下内容：

1. 对其副本进行认证的文件的准确名称，
2. 已认证的副本与提交之原文件一致性的确认，
3. 对此情形的说明，即如果原件并非由某一行政机关签发时，已认证的副本只被授权用于向指定行政机关的递交，
4. 认证的地点和日期、有权认证的公务人员的签字和公章。

（4）第1款至第3款相应适用于以下文书的认证：

1. 影印文书、胶版复制文书及在技术程序中制作的类似复印件，
2. 通过摄像技术方式基于原文书制作的由行政机关保存的底片，
3. 电子文件的打印件，
4. 电子文件：

a）为文件的图像而产生的，以及

b）作为受适格电子签名约束的输出文件的通过另一技术格式予以保存。

（5）认证备注除了包含第3款第2句规定内容外，必须另外：

1. 对受适格电子签名约束之电子文件的打印件予以认证时，包含这些内容的确认：

a）谁是签字检验证实的签字拥有者，

b）签字检验证实签字在何时予以制作，以及

c)基于签字的何种数据的何种证明文书,

2. 对电子文件予以认证时,包含对认证有管辖权的公职人员的姓名和进行认证的行政机关的名称;根据第3款第2句第4项对认证有管辖权的公职人员的签字和公章可以通过在较长期限内可供审查的适格电子签字代替。

当依据第1句第2项,对作为受适格电子签名约束的输出文件的通过另一技术格式予以保存的电子文件进行认证时,认证备注必须另外包含对输出文件依据第1句第1项的确认。

(6)根据第4款制作的文件一经认证,即和已认证的副本具有同等效力。

(7)只要行政机关具备技术可能性,则其可依要求对其自身签发的书证制作和认证第4款第4项a)规定的电子文件或者电子副本。

第30条 签字的认证

(1)已签字的文书需向行政机关或者基于法律规定原因的其他部门出具时,联邦政府通过行政法规规定的联邦行政机关、联邦直管的公法团体、设施和基金会及根据州法具有管辖权的行政机关均有权对签字予以认证。前句不适用于下列签字情形:

1. 无附属文字的签字,

2. 需要公证认证(《德国民法典》第129条)的签字。

(2)签字只有在进行认证的在场公职人员或者被其认可时,方可予以认证。

(3)认证备注应当直接附在应予认证的签字旁。认证备注必须包含:

1. 签字属实的确认,

2. 签字须被认证的参加人的准确名称、有权认证的公职人员是否已实现对该参加人的确认及签字是否在其在场或者得其认可等的说明,

3. 认证只以向特定行政机关或者部门出具为用途的说明,

4. 认证的地点和时间、有权认证的公职人员的签字和公务印章。

(4)第1款至第3款相应适用于手印的认证。

(5)根据第1款和第4款的行政法规无须联邦参议院的同意。

第三节　行政行为

第一小节　行政行为的成立

第31条　行政行为的概念

行政行为是行政机关为规制公法领域的个案,旨在对外作出的、具有直接法律效力的任何处分、决定或者其他主权性措施。一般处分是指向根据一般性特征确定或可确定的人员范围或者涉及物的公法特性或公众使用的行政行为。

第32条　行政行为的附款

(1)附款经法律规定允许或者附款确保行政行为的法定要件得以实现时,产生请求权的行政行为方可通过附款予以实现。

(2)在第1款无碍的情形下,行政行为可以以下列附款形式作出:

1. 规定受益或者负担在特定时刻开始、终止或者在特定期限内有效者(附期限),

2. 规定受益或者负担的产生或者消灭有赖于未来事件的不确定发生者(附条件),

3. (行政行为的)撤回权保留或者受下列内容拘束,

4. 规定受益人为特定作为、容忍或者不作为者(负担),

5. 负担的事后实施、变更或者补充的保留。

(3)附款不得违背行政行为的目的。

第33条　行政行为的确定性和形式

(1)行政行为必须在内容上充分明确。

(2)行政行为可以通过书面、电子、口头或者其他方式作出。当存在合法利益并且参加人非迟延地请求该利益时,口头行政行为应当通过书面或者电子形式予以确认。电子行政行为在此种条件下应当通过书面形式予以确认;《社会法典第一册》第36a条第2款在此不予适用。

(3)书面或者电子行政行为必须辨识出作出的行政机关、包含行政机关负责人、其代理人或其受托人的签字或者姓名印记。某一行政行为因法律规定属于书面形式的但适用电子形式的,签名所依据的适格证明件或者附属的适格品格证明件也必须辨识出作出(行政行为)的行政机关。在《社会法典第一册》第36a条第2款第4句第3项规定的情形下,《德国邮件法》第5条第5款规定的证明必须标识作为德国邮件账户使用者的作出(行政行为)的行政机关。

（4）对于行政行为而言，为《社会法典第一册》第36a条第2款规定的必需的签字，法律可对长期的可审查性予以规定。

（5）行政行为在借助自动化设备予以作出的情形下，可以异于第3款第1句的规定，欠缺签字和姓名印记；在电子行政行为情形下，签字所依据的证明件必须由作出的行政机关予以标明。行政行为对于参加人来说是可特定的，或者行政行为与之相关的，当其基于行政机关的解释可明晰行政行为的内容时，可以为内容描述应用密钥标志。

第34条 承诺

（1）有权的行政机关许诺（承诺）在之后作出或者不作出特定行政行为的，许诺的效力需书面形式。在已承诺的行政行为作出之前，如果基于法律规定原因，参加人的听证或者另一行政机关或委员会的协作是必需的，那么承诺只有在参加人听证或者该另一行政机关或委员会参与之后方能作出。

（2）尽管第1款第1句作出了规定，但是承诺的无效适用第40条，参加人听证和其他行政机关或委员会参与的瑕疵修复适用第41条第1款第3项至第6项及第2款，行政行为的撤销适用第44条和第45条，即使第3款作出了规定，但行政行为的撤回适用第46条和第47条。

（3）承诺作出之后，事实或者法律基础发生改变的；行政机关知晓该出现的改变时不会作出承诺，或者基于法律原因不允许作出承诺，行政机关不再受此承诺拘束。

第35条 行政行为的理由具备性

（1）书面的、电子的及经书面或者电子确认的行政行为应当具备理由。在说明理由时，行政机关应当告知其作出决定的重要事实和法律理由。裁量决定的说明理由也必须令人知晓行政机关作出裁量所依据的观点。

（2）以下情形无须证成：

1. 行政机关满足某项申请或者进行某一解释，而且行政行为并未侵害其他人权利的；

2. 为行政行为所特定的人或者和行政行为有关的人已经知晓行政机关对事实和法律依据的说明，或者无须说明理由对其而言毫无疑问显而易见的；

3. 行政机关作出大量的同类行政行为的或者借助自动化设备作出行政行为的，以及根据具体案件情形无须说明理由的；

4. 法律规定的,

5. 一般处分予以公告的。

(3)第2款第1项至第3项情形下知悉行政行为的参加人自公布1年内提出要求的,行政行为应当以书面或者电子形式说明理由。

第36条　法律救济的告知

行政机关作出某一书面行政行为或者书面确认某一行政行为,应当以书面形式向被该行政行为施以负担的参加人告知法律救济、提出法律救济的行政机关或者法院及其地址、应遵守的期限和形式。

第37条　行政行为的告知

(1)参加人使行政行为特定化的或与行政行为相关的,应当对其进行行政行为的告知。有代理人的,可向代理人告知。

(2)在国内通过邮政传达的书面行政行为,在交邮之后的第3日视为告知。在国内或者国外通过电子传达的行政行为,在电子发送之后的第3日视为告知。此不适用于行政行为没有送达或者延迟送达情形;存疑情形发生时,行政机关应当证明行政行为的送达和送达时间。

(3)行政行为在法律规定允许情形下,可以公告。向参加人告知不适宜时,一般处分也可以予以公告。

(4)书面或者电子行政行为的处分部分内容按规定方式或以当地通常方式公布,或以其他的公务机关出版物的形式公布的,应当予以公告。公告应当告知在何处可以查阅行政行为及其理由。行政行为自公告2周后视为已告知。在一般处分情形下,行政机关可以指定一个不同的告知日,但其最早只能为公告之后的次日。

(5)不得违反经由送达告知行政行为的相关规定。

第38条　行政行为的明显错误

行政机关可以随时更正行政行为中的书写瑕疵、计算瑕疵及类似的明显错误。涉及参加人合法利益时,应当予以更正。行政机关有权要求出具应予更正的文件。

第二小节　行政行为的存续力

第39条　行政行为的效力

(1)行政行为对某主体特定或某主体与行政行为相关,于该主体知悉行政行为时对其生效。行政行为以告知的内容发生效力。

(2)只要行政行为未经撤销、废止、以其他方式终止,或者因有效期届满或者以其他方式终结的,始终有效。

(3)无效行政行为不产生效力。

第40条 行政行为的无效

(1)行政行为有特别严重错误,且该错误在考虑相关所有情形后经理智判断为明显时,行政行为无效。

(2)无须考虑第1款要件的存在,下列情形下行政行为无效:

1. 书面或者电子行政行为已经作出,但作出行政行为的行政机关未能予以辨识的,

2. 根据法律规定行政行为只能通过书证递交方式作出,但该行政行为未满足此形式的,

3. 因事实原因没人能够执行的,

4. 行政行为要求违法行为的实施且该违法行为满足刑罚和罚款构成要件的,

5. 违反善良风俗的。

(3)行政行为不因以下情形的发生而无效:

1. 未能遵守地域管辖权规定的,

2. 第16条第1款第1句第2项至第6项规定的应予回避的人员参与行政程序的,

3. 根据法律规定,行政行为的作出应有适格委员会的参与,但该规定的委员会并未作出决议的或者无决议能力的,

4. 根据法律规定,另一行政机关必须参与而未参与的。

(4)行政行为只涉及部分无效的,当该无效部分是如此重要以至于无此无效部分行政机关就不能作出行政行为时,行政行为全部无效。

(5)行政机关可以随时依职权确认行政行为无效;申请提出人对行政行为有合法利益时,行政机关应当依申请确认行政行为的无效性。

第41条 程序瑕疵和形式瑕疵的修复

(1)在下列情形中,不使行政行为根据第40条规定而无效的,对程序和形式规定违反的并不明显:

1. 事后递交作出行政行为所必要的申请的,

2. 事后提供必要的理由说明的,

3. 补正参加人必要的听证的,

4. 在事后通过为行政行为的作出所必要的委员会决议参与的,

5. 补正另一行政机关必要的参与的,

6. 补正参加人必要的咨询的。

(2)第1款第2项至第6项的活动可以在社会法院和行政法院诉讼中的事实审之前予以补正。

(3)行政行为欠缺必要的理由说明或者行政行为作出之前参加人必要的听证未予举行,并且因此行政行为未予及时撤销的,则法律救济期限的迟延不被视为有过错。有瑕疵程序活动的修复之时,恢复期间所依据的决定性事实视为发生。

第42条 程序瑕疵和形式瑕疵的后果

行政行为不属于第40条规定的无效情形的,不能仅因为行政行为在违反程序、形式或者地域管辖管规定时,但明显可见此违反并不对案件裁决发生影响时提起撤销请求权,对此行政行为的撤销因此不能被提出。第1句不适用必要的听证未予举行或者未能有效补正的情形。

第43条 有瑕疵的行政行为的转换

(1)某一有瑕疵的行政行为可以转换为另一行政行为,当该另一行政行为指向相同的目标、行政机关本可以以合法的程序方式和形式作出并满足作出的要件时。

(2)如果有瑕疵的行政行为发生转换,将违背作出行政行为的行政机关的可辨识之目的或者对利害关系人产生较有瑕疵的行政行为更不利的法律后果,则不得适用第1款。转换亦不适用于有瑕疵的行政行为不得撤销的情形。

(3)法律羁束性的行政决定不能被转换成裁量性行政决定。

(4)第24条相应适用。

第44条 违法的、非授益性行政行为的撤销

(1)只要在个案中产生了以下情形:行政行为错误适用法律而作出或者所依据的案件事实经证实为错误的且因此导致社会给付非法不履行或者非法提高收费的,该行政行为即使在其已不可撤销之后,仍然应当予以溯及既往地撤销。此不适用于以下情形:行政行为基于参加人故意对重要关系进行错误或者不完全的陈述而作出。

(2)另外,非法的、非授益性行政行为即使在其已具备确定力之后,亦能完全或者部分面向将来地撤销。该行政行为亦可予以溯及既往地撤销。

(3)有权限的行政机关在行政行为具备确定力后对撤销作出决定;此亦适用于需撤销的行政行为由另一行政机关作出的情形。

(4)行政行为被溯及既往地撤销,根据本法典分则规定的社会给付应当在撤销

之前不超过4年的期限内予以履行。撤销的时间从行政行为被撤销的当年年初计算。撤销依申请发生的,在计算重新生效的给付提供期时以申请为起点,而非撤销。

第45条 违法的、授益性的行政行为的撤销

(1)只要创设、确认权利或者法律上显著利益的行政行为违法,在其已具备确定力后,仍准予撤销,但只能在第2款至第4款的限定范围内全部或者部分面向未来或者溯及既往地撤销。

(2)只要授益相对人已对行政行为的存续产生信赖且其信赖经权衡后较撤销所基于的公共利益更值得保护的,违法的、授益性的行政行为不得予以撤销。授益相对人已使用所提供的给付或者,其处于不再能或只在不合理的不利境况下才能回溯的财产状态的,信赖一般均值得保护。在下列情形中,授益相对人不得以信赖作为依据:

1. 授益相对人通过严重欺诈、胁迫或者贿赂致使促成行政行为的,
2. 行政行为基于授益相对人因故意或者严重过失而对重要的事实关系的错误或者不完整陈述的,或者
3. 授益相对人明知行政行为的违法性或者因重大过失而不知的;重大过失存在于授益相对人特别严重地违反必要的注意义务的情形。

(3)存有存续力的违法的、授益性行政行为根据第2款可以在其告知之后2年期限内予以撤销。第1句不适用存在准用《民事诉讼法》第580条撤销理由的情形。在下列情形下,存有存续力的违法的、授益性行政行为可以在其告知之后的10年内予以撤销:

1. 满足第2款第3句第2项或者第3项规定的要件的,或者
2. 行政行为以允许的撤销权保留(附款)予以作出的。

在第3句规定的情形下,涉及持续金钱给付的行政行为亦可以在10年期限届满之后予以撤销,但该金钱给付应当至少在撤销的行政程序开始前已予以支付。自1998年4月15日开始的10年期限已经届满的,第4句以行政行为只能面向将来废止的形式适用。

(4)只有在第2款第3句和第3款第2句规定的情形下,行政行为方能溯及既往地予以撤销。行政机关必须在获知使违法的受益性行政行为的面向过往撤销合法化的事实之后的1年内撤销。

(5)第44条第3款相应适用。

第46条　违法的、非授益性行政行为的废止

(1)违法的、非授益性行政行为即使在其具备确定力之后,亦可全部或者部分面向将来地废止,但行政行为以相同内容重新作出的或者由于其他原因不容许撤销的除外。

(2)第44条第3款相应适用。

第47条　合法的、授益性行政行为的废止

(1)合法的、授益性行政行为在其具备确定力之后,仍可全部或者部分面向将来地予以废止,但仅当:

1. 因法律规定该废止已被允许或者在行政行为中已作保留的,

2. 有义务与行政行为相联系且授益相对人没有或者未能在设定的期限内履行该义务的。

(2)在下列情形下,合法的、授益性行政行为被裁定为金钱给付或者实物给付以实现特定目标的,或者是该特定目标的前提的,则其即使在产生确定力之后,亦可将其全部或者部分面向过去地予以废止:

1. 给付无须立即提供的,或者不再服务于该行政行为特定目标的,

2. 义务受行政行为约束的且授益相对人未履行或者未在法定期限内履行的。

如果授益相对人对行政行为的存续产生信赖且其信赖经权衡较之撤销的公共利益更值得保护的,则行政行为不得溯及既往地撤销。授益相对人已使用所提供的给付或者涉及财产处分且其不再能或只在不合理的不利境况下放弃该处分的,信赖一般均值得保护。授益相对人明知或者因重大过失而不知导致行政行为撤销情势的,其不能主张信赖保护。第45条第4款第2句相应适用。

(3)第44条第3款相应适用。

第48条　法律关系变更时具有持续效力的行政行为的废止

(1)在具有持续效力的行政行为作出时公布的事实或者法律关系发生重要变更的,该具有持续效力的行政行为应当面向将来地予以废止。在下列情形下,行政行为效力应当自关系变更时起予以废止:

1. 有利于参加人的变更的,

2. 参加人因故意或者重大过失未履行法律规定的对其重要的、不利的关系变更的告知义务,

3. 申请提出或者行政行为作出之后,已获得收入或者财产,(关系变更)可能导致对其请求权丧失或者减弱的,或者

4.因严重违反必要的注意义务,参加人知道或者不知,从行政行为中产生的请求权基于法律而消失,或者全部或部分的丧失。

鉴于本法典特别部分收入或者财产被计入过去的期间之内的情形下,计入期间的开始视为关系的变更。

(2)有管辖权的联邦最高法院在事后的持续性判决中对权利异于作出行政行为时的行政机关进行有利于参加人的解释的,行政行为亦当在个案中嗣后面向将来地予以废止;不得违反第44条。

(3)违法的授益性行政行为根据第45条不可撤销且发生有利于参加人的第1款或者第2款规定之变更的,将确认的给付不能超过不予考虑存续力时的款项额度。合法的、授益性行政行为以根据第45条不可撤销之违法的、授益性行政行为为基础的,适用第1句。

(4)第44条第3款和第4款、第45条第3款第2句至第5句和第4款第2句相应适用。第45条第4款第2句不适用(本条)第1款第2句第1项的情形。

第49条　法律救济程序中的撤销和废止

授益性行政行为因被第三人提出异议于先置程序或者社会或行政法院诉讼期间被废止,异议得到补救或者诉讼得到实现的,不适用第45条第1款至第4款、第48条。

第50条　提供不法给付的偿还

(1)行政行为如已被废止,已经提供的给付则应予以返还。实物给付和劳务给付以金钱形式予以返还。

(2)无行政行为,给付已不当提供,应予返还。适用第45条和第48条。

(2a)自行政行为丧失效力时起且鉴于该行政行为是资助设施的行政行为的给付或者类似的给付已经提供的,应予返还的款项以高于基本利率5%的利率计息。授益相对人对致使行政行为的撤销、废止或者丧失效力发生的情形并无过错且在行政机关确定的期限内缴纳应予返还款项的,利息请求权的主张可以不行使。给付并未立即在相应款项支付之后用于特定目的的,利息可以根据第1句在用于相应目的之前请求;只要给付被请求的,无论其他资金是按份投入或者是优先性投入的,适用前一句;不得违反第47条第2款第1句第1项。

(3)应予返还的给付应当通过书面行政行为予以确认。基于行政行为的给付已被提供时,该确认应当在行政行为废止时具备拘束力。

(4)返还请求权在行政行为根据第3款具备确定力的年份的4年之后丧失时

效。时效中止、期间届满的中止、(期间的)重新开始以及丧失时效的效力等,适用《德国民法典》相关规定。不得违反第52条。

(5)在根据第38条进行矫正时,适用第1款至第4款。

第51条 文书和实物的返还

行政行为确定被废止或者撤销的,或者其效力由于其他原因未产生或者不再发生的,行政机关可以要求返还基于行政行为授予的因行政行为而产生的权利证明或者行使权利的文书或者实物。非占有人的所有权人,以及文书或者实物的占有人均有交还文书或实物的义务。但是所有权人或者占有人可以在行政机关对文书或者实物标记无效之后,请求发还这些文书或者实物;此不适用于有关实物不能作此(无效)标记或者不可能以必要的明显性或持续性予以(无效)标记的情形。

第三小节 行政行为在时效上的效力

第52条 通过行政行为的时效中止

(1)为公法权利主体请求权的确认或者执行作出的行政行为使该请求权的时效中止。时效中止持续到行政行为具备确定力或者在其以其他方式实施6个月之后。

(2)第1款意义上的行政行为具备确定力的,时效为30年。

第四小节 公法合同

第53条 公法合同的容许性

(1)公法领域内的法律关系可以通过合同予以确立、变更或者废止(公法合同),法律有相反规定者除外。特别是行政机关可与行政行为本应指向的相对人缔结公法合同以替代作出行政行为。

(2)给付只有在给付主体的裁量范围内可以提供的,关于社会给付的公法合同方可缔结。

第54条 和解合同

(1)在对案件事实或者法律状况理性评估之后,经由双方让步通过第53条第1款第2句意义上的公法合同能消除既有的不确定性的(和解),当行政机关经合义务裁量,认为和解合同的缔结合乎消除不确定性的目的时,该合同可以缔结。

(2)第1款的情形不适用第53条第2款。

第55条　交互合同

（1）第53条第1款第2句意义上的、行政机关的合同另一方有对待给付义务的公法合同,在为一个特定目的,在合同中达成对待给付的合意、有助于行政机关公共职能的履行时可予以缔结。对价给付依整体情势须具有适当性,与行政机关的合同履行之间存有事实性关联。

（2）存在对行政机关之给付的请求权的,只有在此种对价给付在行政行为作出时可以成为第32规定的附款内容情形时,方可约定。

（3）第53条第2款不适用于第1款和第2款规定之情形。

第56条　书面形式

公法合同应当通过书面形式予以缔结,法律规定有其他形式的除外。

第57条　第三人和行政机关的同意

（1）公法合同侵害第三人权利的,仅当第三人书面同意时才生效。

（2）公法合同代替根据法律规定其他行政机关的批准、同意或一致为必需才能作出的行政行为而缔结的,仅当该行政机关以规定形式协作后,合同才生效。

第58条　公法合同的无效

（1）因援引《德国民法典》规定的相应规定得出无效结论的,公法合同无效。

（2）在下列情形下,第53条第1款第2句意义上的（公法）合同亦无效：

1. 如存在具有相应内容的行政行为,则该行政行为为无效的,

2. 具有相应内容的行政行为原本即并不仅因为第42条意义上的程序瑕疵或者形式瑕疵而违法,且合同缔结者知晓该情形的,

3. 和解合同的缔结要件不存在,且具有相应内容的行政行为原本并不仅因为第42条意义上的程序瑕疵或者形式瑕疵而违法的,

4. 行政机关对依第55条不被允许的对价给付进行承诺的。

（3）合同仅一部分无效的,当不认为该合同没有无效的部分也能缔结时,合同整体无效。

第59条　特别情形下的调整和解除

（1）对合同内容的确定起决定性作用的关系在合同缔结之后发生如此重大改变的,以至于不能要求合同一方再遵守原始的合同规制的,该合同方可要求调整合同内容以适应变更的关系,或者如果调整已不可能或者对另一方来说不可能调整的,可以解除合同。行政机关也可以解除合同,以防止或者消除对公共福祉的严重不利。

(2)解约要求书面形式,法律规定以其他形式的除外。解除应当说明理由。

第60条 服从即时执行

(1)任何一方合同参加人均可服从第53条第1款第1句意义上公法合同所规定的即时执行。行政机关在此必须由其机关负责人、一般代理人或者具有法官任职资格或者满足《德国法官法》第110条第1句规定之要件的公务人员代理。

(2)第66条适用于第1款第1句意义上的公法合同。自然人或者私法上的法人或者无权利能力的社团意图促成基于金钱债权的强制的,适用《行政法院法》第170条第1款至第3款。基于作为、容忍或者不作为的强制执行指向行政机关的,适用《行政法院法》第172条。

第61条 相关规定的补充适用

从第53条至第60条得不出其他结论的,适用本法典其他规定。《德国民法典》的相关规定相应地予以补充适用。

第五小节 法律救济程序

第62条 针对行政行为的法律救济

对于行政行为的正式法律救济,有社会法路径的,适用《社会法院法》,有行政法路径的,适用《行政法院法》及其实施性规定,但法律另有其他规定者除外;其他情形适用本法典的规定。

第63条 先行程序中费用的返还

(1)复议成功的,作出被撤销的行政行为的公权承担者应当向提起复议的主体返还为符合目的的法律后果或权利防卫而支出的必要性费用。该句也适用于复议仅因为依据第41条违反程序和形式规定但并不显著而没有成功的情形。支出的费用因返还权利人的过错发生的,由其承担;代理人的过错视为被代理人过错。

(2)咨询代理人实属必需的,在前置程序中的律师或者其他代理人的费用和开支可予以返还。

(3)作出费用决定的行政机关依申请确定应返还费用的数额;由委员会或顾问团作出费用决定的,费用决定对建立该委员会或顾问团的行政机关负责。费用决定也判断聘用律师或者其他代理人的必要性。

第六小节 费用、送达和执行

第64条 免费原则

(1)根据本法典进行的程序,在行政机关处无须交纳任何费用和支出。与第1句不同的情形是,法定医疗保险机构对基于第74a条第2款第1句给予的信息向参加人收取10.2欧元的费用。

(2)由于申请的提出、社会给付金的提供或者补偿而必须进行的交易和协商免费。此亦适用于《法院和公证费用法》中所规定的法院费用事项。下列证书免于文书作成费用和公证费用:

1. 为处理保险机构(一方)和雇主、被保险人或者其遗属(另一方)之间的法律关系,在保险机构和保险行政机关处的社会保险中所必要的文书,

2. 涉及《社会援助法》《失业者基本保险法》《年老者及丧失劳动能力者基本保险法》《儿童和青少年援助法》及《战争受害者照顾法》所规定的给付,根据本法典第十二编、《社会法典第二册》和《社会法典第八册》或者《联邦生活救济法》进行的(给付金)申请、提供或者返还的提出所必需的,

3. 为《严重残疾者法》中主管机关征收平衡税费所必要的,

4. 为遵守《健康损害社会补偿法》所必要的,

5. 为遵守《儿童金法》所必要的。

(3)第2款第1句也适用于根据《家事和非诉事务程序法》所实施的法院程序的情形。在根据《民事诉讼法》和《家事和非诉事务程序法》程序中及在具有社会法院和财税法院管辖权的法院程序中,社会救济、求职者基本保险、根据《难民申请救助法》的给付、青少年救济及战争受害者救助的提供者免除相应的法院费用;不得违反《社会法典第五册》第197a条。

第65条 送达

经由联邦行政机关、联邦直管的公法团体、营造物和基金会的送达已有法律规定的,适用《行政送达法》第2条至第10条。《行政送达法》第5条第4款、《民事诉讼法》第178条第1条第2款第2项适用于根据《社会法院法》第73条第6款第3句、第4句作为代理人被准许的人。这些规定也适用由战争受害者救助的行政机关进行的送达所规定的情形。对于其他行政机关,适用各自州法中关于送达程序的规定。

第66条 执行

(1)对于有利于联邦行政机关、联邦直管的公法团体、营造物和公法基金会的

执行,适用《行政执行法》。《社会法院法》第51条的事项对社会法院的代为强制有管辖权。最高行政机关可以决定,监管机关在听取第1句意义上的行政机关意见之后,任命对执行事务具有专业能力的工作人员作为执行官员,以及任命其他对此具有专业能力的该行政机关工作人员作为执行官员;专业能力通过合格的专业学位、包括专业实践活动在内的相应课程参与,或者相应的多年专业经验予以证明。最高行政机关也可以决定,监管机关在听取第1句意义上的行政机关意见之后,为对请求总社会保险费用的执行任命:

1. 医疗保险协会的或者
2. 特定医疗保险机构的

具有专业能力的工作人员作为执行官员,以及任命特定医院协会和医院中的其他对此具有专业能力的工作人员作为执行官员。根据第4句被授权的医院协会有权作出为实现与执行相关的职责的行政行为。

(2)第1款第1句至第3句亦适用于通过行政机关执行战争受害者救助的情形;州决定执行机关。

(3)对于有利于其他行政机关的执行,适用各州法中关于行政执行程序的规定。对于州直管的公法团体、营造物和公法基金会,适用第1款第2句至第5句。与第1句不同的是,依据州法有权限的执行机关实施有利于分布于联邦数个州的州直管医疗保险机构的执行,适用《行政强制法》的相关规定。

(4)基于某一行政行为,在《民事诉讼法》的相应适用中的强制执行也会发生。在具有支付期限的执行前1周应当催告被执行人。行政机关负责人、其一般代理人或者基于给付主体申请由监管机关授权的其他公务人员,都有权颁发可执行的文书。涉及保险人和联邦劳动局时,在第3句情形下董事会具有监管机关的地位。

第二章 社会数据的保护

第一节 术语条款

第67条 术语条款

(1)"社会数据"是指有关特定的或者可特定的自然人(利害关系人)的私人或者事实关系的、由《社会法典第一册》第35条中所称的机构根据本法典规定的职责收集、处理和使用的个人信息。"企业秘密和商业秘密"是指所有与企业、商业和法人相关的具有秘密特征的数据。

(2)只要本册予以适用,则本法典规定的"职责"也包括:

1. 根据授权基础在《社会法典》中的法规的职责,

2. 根据社会安全领域的超国家和国家间法律的职责,

3. 根据《社会法典第一册》和《社会法典第十册》中经过解释可予以适用的法律规定的职责,以及

4. 根据《劳动安全法》的职责和《社会法典第一册》第35条中所称的机构因法律规定而具有的职责。不得违反《劳动保障法》第8条第1款第3句。

(3)本法典所称的"自动化"是指在投入数据处理设备条件下实施的社会数据的收集、处理或者使用(自动化处理)。非自动化的数据是指社会数据未经任何自动化采集,这些社会数据可以通过其他类似方式予以创建,以及可以根据确定的特征予以访问和利用。

(4)(废除)

(5)"收集"是指对利害关系人数据的获取。

(6)"处理"是指对社会数据的存储、修改、封锁和删除。在个案中不考虑所适用的程序:

1. 存储:社会数据获取、记录或者保存至某一数据介质,以实现对其进一步编辑或者使用的目的,

2. 修改:对已存储的社会数据内容上的改变,

3. 传输:将已存储的或者通过数据处理获得的社会数据通过以下方式向第三人的通知:

a)数据传达给第三人,或者

b)第三人查阅或检索特为查阅或者检索而准备的数据;

本法典所称的传输也指告知未经存储的数据;通过德国电子邮件信息向各自的认证服务提供商进行的社会数据的发送——采用短期自动化破译,旨在实现对恶意软件的审查和向德国电子邮件信息收件人的转发——不是传输,

4. 封锁:通过相应标识对社会数据的继续编辑或者使用予以全部或者部分封禁,

5. 删除:使已存储的社会数据的无法识别。

(7)"使用"是指对社会数据的所有运用,只要不涉及数据处理和在职权机关内部的继续传输。

(8)"匿名"是指社会数据的以下改变:有关个人的或者事实关系的个体信息可以不再归于特定的或可特定的自然人或者仅由于时间、费用和人力不成比例的巨大开支归属于特定的或者可特定的自然人。

(8a)"别名"是指名字的替换及通过标记的其他识别特征,其旨在排除或严重阻碍利害关系人的确定。

(9)"职权机关"是指任何能够自行或者通过另一主体委托收集、处理或者使用社会数据的人或者机构。社会数据由《社会法典第一册》第12条意义上的给付主体予以收集的,职权机关是该给付主体。给付主体是某一地方团体的,职权机关是在功能上执行本法典分则之一的任务的那些组织体。

(10)"接收人"是指任何获得社会数据的人或者机构。"第三人"是指职权机关之外的任何人或者机构。第三人不是利害关系人以及在国内、另一欧盟成员国或者另一《欧洲经济框架协议》缔约国接受委托收集、处理或者使用社会数据的人和机构。

(11)"非公共机构"是指私法上的自然人、法人、团体及其他的成员协会,但受第81条第3款规制者除外。

(12)"人员数据的特殊种类"是指有关种族和民族出身、政治观念、宗教观或者哲学观、工会会员、健康或者性生活等信息。

第二节 数据收集、数据处理和数据使用

第67a条 数据收集

(1)《社会法典第一册》第35条中所称的机构为完成根据本法典规定的收集机

构的职责而知悉(数据)是必须的,允许其收集社会数据。此亦适用于人员数据的特殊种类情形(第67条第12款)。无明显与数据有关的利害关系人同意,种族的信息不得收集。法律规定利害关系人同意的,该同意明显指向个人数据的特别种类(第67条第12款)。

(2)社会数据一般从利害关系人处收集。无利害关系人的协作,社会数据只有在下列情形下才能收集:

1.在《社会法典第一册》第35条或者第69条第2款所称的机构处,当

a)该机构为向收集机构传输数据负有职责时,

b)从利害关系人处收集会产生不成比例的支出时,以及

c)没有根据认为将损害利害关系人值得保护的显著利益时,

2.在另一个人或者另一机构处,当

a)法律规范允许从该处收集或者明确规定向收集机构传输时,或者

b)aa)从另一个人或者机构处收集数据,为履行本法典职责的方式所必要时,或者

bb)从利害关系人处收集将会导致不成比例的开支及没有理由认为将损害利害关系人显著的、值得保护的利益时。

(3)社会数据从相关人处予以收集的,只要相关人并未通过其他方式已经获悉,收集机构应当向利害关系人通知收集、处理或者使用的目标设定及职权机关的身份。接收人的种类只有在下列情形中才通知相关人:

1.利害关系人根据个案情势无须考虑接收人的使用和传输情况的,

2.不涉及在《社会法典第一册》第35条中所称的机构或者第67条第9款第3句意义上的组织体之内的编辑和使用的,

3.不涉及基于法律原因负有密切协助的义务的《社会法典第一册》第35条中所称的机构或者第67条第9款第3句意义上的组织体的接收人范围。

社会数据基于某种规定了答复义务的法律规范从利害关系人处予以收集的或者提供信息是满足法律上的有利条件的前提的,须对利害关系人指明此种现象或该规定答复义务的法律规范,或拒绝提供信息的后果,此外还须指明其信息提供的自愿性。

(4)社会数据不是从利害关系人处而是从非公共机构处收集的,须向收集机构指明规定了答复义务的法律规范及其信息提供的自由性。

(5)社会数据既不是从利害关系人处也不是从《社会法典第一册》第35条中所

称的机构处收集且相关人对此并不知情的,应当通知利害关系人职权机关的存储情况、相应身份及收集、处理或者使用的专门目的。在下列情形中,不存在通知义务:

1. 利害关系人已经通过其他方式获悉存储或者传输情况的;

2. 通知相关人需要不成比例的开支的;

3. 社会数据的存储或者传输基于法律已明确规定的。

接收人范围只有在下列情形中才通知利害关系人:

1. 利害关系人根据个案情势无须考虑使用和向接收人范畴的传输情况的;

2. 不涉及在《社会法典第一册》第35条中所称的机构或者第67条第9款第3句意义上的组织体之内的处理和使用的;

3. 不涉及基于法律原因而有紧密合作义务的《社会法典第一册》第35条中所称的机构或者第67条第9款第3句意义上的组织体的范畴的。

只要数据的传输已经事先予以规定,通知至迟应当在第一次传输时进行。职权机关应当书面确定,在何种条件下依据第2句第2项和第3项不予考虑通知。第83条第2款至第4款相应地予以适用。

第67b条 数据处理和数据使用的可允许性

(1)只有随后的相关法律规定或者本法典其他法律规范许可或者作出规定,或者利害关系人同意时,社会数据的处理及使用方才被允许。第67a条第1款第2句至第4句的适用标准是,没有利害关系人同意的传输只允许在如下范围内进行:当涉及健康或者性生活数据时,法定养老保险机构之间的或者法定养老保险机构与其工作共同体之间的数据传输对于完成法定任务来说是必需时。

(2)征求利害关系人同意的,应当向利害关系人指明拟进行处理或者使用的用途及拒绝同意的后果。利害关系人的同意只有基于其自由决定方生效。同意和指示需要书面作出,但因特殊情形其他形式合适的除外。如果连同其他声明一起的同意通过书面形式予以作出,则同意声明以声明的外在表现予以显示。

(3)如果通过书面形式将会导致特定的研究用途遭受到巨大妨害,那么在科学研究领域也存在着第2款第3句意义上的特殊情形。在这种情形中,应当书面确定第2款第1句的指引和致使特定的研究用途遭受到巨大妨碍的原因。

(4)对利害关系人产生合法后果或者极大地妨害利害关系人的决定,不得仅以旨在评估具体人格特征的社会数据的自动化处理为基础。

第67c条 数据存储、数据修改和数据使用

（1）《社会法典第一册》第35条中所称的机构对数据的存储、修改或者使用在以下情形下是被允许的：职权机关在其管辖权范围内履行本法典规定的法定任务所必需的且（储存、修改、使用的）目的与收集数据的目的一致。没有先进行收集的，数据的修改或使用的目的只能与数据存储的目的一致。

（2）根据第1款所存储的数据在下列情形中，为了其他目的时，只能由同一职权机关存储、修改或者使用：

1. 数据对完成依据本法典其他规定产生的任务来说，如同为了收集数据所要达成的目标一样，是必要的，

2. 利害关系人在个案中已经同意的，或者

3. 其为实现科学研究的特定目标或者社会给付领域中的计划所必需且满足第75条第1款规定的前提条件。

（3）如果数据的存储、修改或者使用存在其他目的，如为责任机构进行监督、控制和处分权力、进行审计或者实施组织调查所必需，不得进行。此亦适用于由职权机关为了培训和考查目的进行的修改或者存储情形，但与利害关系人值得保护的显著利益相冲突的除外。

（4）专门为数据保护监督、数据安全之用途，或者为确保数据处理设备合规运行而存储的社会数据只能运用于这些用途。

（5）为科学研究的目的或者社会给付领域中的计划而收集或存储的社会数据可以由《社会法典第一册》第35条中所称的机构予以修改或者使用，但只能以实现科学研究的特定意图或者社会给付领域中的计划为目的。社会数据应当匿名处理，一旦根据研究或计划用途具备这种可能性。届时不同的（信息）特征被单独存储，通过这些特征，有关特定的或者可特定的主体的私人或者事实关系的个别信息可以被归类。这些特征和个体信息可以且只可以合并（处理），只要研究或者计划用途有此要求。

第67d条 传输原则

（1）只有依据第68条至第77条或者本法典的其他规定存在法定的传输职权时，社会数据的传输才被允许。

（2）许可进行传输的责任由传输机构承担。传输是基于接受数据传输的第三方申请而进行的，该第三方对其申请中的陈述的正确性负责。

（3）如果依据第1款准许被传输的社会数据与其他的相关人或者第三人人身相

关的数据紧密联系到无法分割或者只有耗费无法支持的开支才能分割的,这样一来,这些数据的传输只在利害关系人或第三人值得保护的利益不超越保守数据的秘密(的价值)时才能被允许。这些数据的改变或使用都不被允许。

(4)通过中转站,经可使用的机器数据介质或者以数据移交方式进行的传输也被允许。关于给中转站的委托的分配适用第80条第2款第1句,关于其报告义务适用第80条第3款,对由中转站进行的数据处理和使用,适用第80条第4款。

第67e条　为打击给付滥用和外国人非法活动的数据收集和传输

在依据《打击黑工法》第2条或者《社会法典第四册》第28p条予以审查时,可以向被审查人附带询问下列情况:

1. 其是否领取依据本法典或者依据《难民给付法》的社会给付以及领取何种种类的社会给付,以及从何机构处领取该给付;

2. 其向何医疗保险机构投保或者其是否为自营职业者;

3. 其是否缴纳依据本法典的保险费及缴纳何种保险费;

4. 其在有活动许可和并不比类似的德国雇主不适宜的工作条件下是否雇用外国劳动者及雇用了哪些外国劳动者。

出于审查的目的,对于依第1款第1项的提问的答案可以向当时具有管辖权的给付主体转达,依第2款第2项至第4项的提问的答案可以向当时具有管辖权的入境管理机构和联邦劳动局转达。接收人应当无迟延地实施审查。

第68条　为警察机关、检察机关、法院和安全机关职责进行的数据传输

(1)为了实现警察机关、检察机关、法院、安全机关和司法执行机关的任务,在具体个案中,依请求可以将利害关系人的姓、名、出生日期、出生地点、当前地址、利害关系人当前的地址、其当前或者将来的居留地点及利害关系人当前雇主的姓、名或者公司和地址予以传输,只要没有理由认为这会损害利害关系人值得保护的利益,且请求没有超过6个月。请求机构可以通过其他方式获取这些信息,那么被请求的机构在请求机构能以其他方式完成时,于第4条第3款之外不负有数据传输义务。职务协助请求为实施第66条规定之执行所必需的,第2句不予适用。

(a)为了《国际家庭法程序法》第7条第2款表明的目标,在具体个案中依请求可将利害关系人当前的居留信息传输给该规定所称的中央机构,只要没有理由认为利害关系人值得保护的利益会因此遭受损害。

(2)关于传输请求的事务由被请求机构负责人、其一般代理人或者有特别授权的公务人员决定。

(3)第1款第1句所称的社会数据,即有关利害关系人国籍、宗教派别、先前地址、利害关系人先前雇主的姓名和地址及已提供或者之后将提供给利害关系人的金钱给付等信息,在为实施根据联邦法律或者州法许可的电脑搜索所必需时可以被传输。第67d条第2款第1句不适用。《联邦数据保护法》第15条第2款第2句、第3句适用。

第69条 为履行社会职责的传输

(1)社会数据的传输为以下情形所必需的,可以进行:

1. 当其是《社会法典第一册》第35条中所称的机构,为了达成数据收集所要达成的目的、为了达成传输机构根据本法典的法定职责或者接受数据传输的第三人的该类职责的目的的,

2. 为了实施与履行第1项职责相联系的包括刑事程序在内的法院程序的任务,

3. 为了补正利害关系人在社会给付提供程序中虚假事实主张的;此传输要求最高联邦的或者州的行政机关的事先许可。

(2)为了实现法定职责或者产生于劳资合同的任务,下列机构相当于《社会法典第一册》第35条中所称的机构:

1. 依据《战争损失补偿法》《联邦赔偿法》《刑事矫正法》《职业康复法》《刑事追诉措施损害赔偿法》《生活保障法》《公务人员保险法》及由《公务人员照顾法》指引的相关规定、《士兵保险法》《索赔和信贷转让法》及各州有关盲人和护理金钱给付的规定提供保险的机构,

2. 《劳资合同法》第4条第2款所称的劳资合同双方的共同设施、公共服务的补充照护机构及公法上的补充照护机构,

3. 公共服务的相关机构,只要其运用个人儿童金数据以确定与儿童金有关的薪酬、照顾和劳资法权利的给付。

(3)联邦劳动局可以向医疗保险机构进行社会数据传输,只要传输对于医疗保险机构能够确定参与依《费用补偿法》的雇主费用补偿的雇主信息来说是必要的。

(4)医疗保险机构有权通知雇主,职员劳动能力丧失的延续或者再度丧失劳动能力是否基于同一种疾病;不得向雇主传输诊断数据。

(5)为了履行审计部门和适用第67c条第3款第1句的其他机构的法定职责,可以进行社会数据的传输。

第70条 为实施劳动保护的数据传输

社会数据传输在贯彻劳动保护时为实现对劳动保护有管辖权的国家机关或矿

业机关的法定任务为必需的、不侵害利害关系人的值得保护的利益的或实施劳动保护的公共利益显著重于利害关系人的保密利益的,可进行社会数据传输。

第71条　为履行特别的法定义务和通告职责的数据传输

(1)社会数据传输对于履行以下法定义务来说具有必要性的,可以进行社会数据的传输:

1. 为了防止《刑法典》第138条所列之犯罪行为,

2. 依据2000年7月20日《传染防治法》(BGBI.IS.1045)第8条保障公共健康的,

3. 为了依据适用《所得税法》第22a条第4款、《缴税法》第93条、第97条、第105条、第111条第1款和第5款、第116条与《所得税法》第32b条第3款以确保税务收入,只要这些规定可直接适用,以及依据《缴税法》第93a条通知基于有关职员从业的双边政府协议而履行工厂合同的外国企业的数据的,

4. 依据《所得税法》第10条提供和审查特别支出扣除额的,

5. 审查补偿支付金和《住房金法》第33条规定之住房金的要件的,

6. 依据《反黑工法》打击黑工和非法从业活动的,

7. 向登记机关通知需载入中央营业登记簿中的注册事实的,

8. 《统计登记法》第3条第1款履行各州统计机关和联邦统计局职责,以建立和维护统计登记信息的,

9. 依据《农业统计法》第97条第5款更新企业登记信息的,

10. 依据《所得税法》第22a条和第91条第1款第1句履行作为中央机构的德国养老保险协会联合会职责的,

11. 为履行德国矿工、铁路和海员联邦养老保险协会职责,只要其依据《所得税法》执行有关弱势从业者的任务。

作为《执行法》规定的第三方债权人的声明义务依据本法典规定并不被违反。只要社会数据的传输对于履行《联邦档案法》第2条和第5条或者不违反本法保护期限的州法相关规定的档案材料的安全和使用的法定义务来说有必要,就可以进行社会数据的传输。为户籍行政机关依据《居民申报法框架法案》第4a条第3款向利害关系人告知基于《居民申报法》所传输数据之不正确性或者不完整性的具体根据所必需的,社会数据的传输也可以进行。

(2)为以下情形所必需的,外国人的社会数据也可以传输:

1. 在个案中,依执行《居留法》而被委托的行政机关的请求,根据《居留法》第87条第1款,除第68条规定外,数据只有在下列情形允许被告知:

a)为了决定外国人或者外国人家庭成员的居留的有关给付提供或者不提供的数据,有关原有的和既有的保险及保险不存在的数据,

b)为了对外国人的居留或者其在外国人法上的从业许可或者限制予以裁决的、根据《居留法》第4条第2款第3句、第17条第1句、第18条第2款第1句、第18a条第1款、第19条第1款第1句和第19a条第1款有关同意的数据,

c)为了对外国人的居留进行裁决,《居留法》第55条第2款第4项所规定的条件是否存在的相关信息,以及

d)当《居留法》第53条至第56条规定的驱逐出境理由存在时,青少年局为了对外国人的继续居留或者居留终止进行裁决,有关可预期的社会行为的数据,

2. 为履行《居留法》第87条第2款所规定的通知义务的,或者

3. 为履行《居留法》第99条第1款第14项d)、f)和j)所规定的通知义务的,当该通知涉及《居留法》第4条第2款第3句、第17条第1句、第18条第2款第1句、第18a条第1款、第19条第1款第1句和第19a条第1款所规定的同意或者保险保护之授予、撤销或者限制,或者涉及《社会法典第二册》所规定的保障生活费用的给付提供。

有关外国人健康状况的数据只有在下列情形下才能被传输:

1. 外国人危害公共健康的及为排除危害的特别保护措施不再可能或者外国人不遵守特别保护措施的,

2. 对确定《居留法》第55条第2款第4项的条件是否存在来说为必需的。

(2a)只要为执行《难民申请者给付法》所必需的,则给付权利人的个人数据根据《避难者保险法》第1条可以传输。

(3)只要给付机构合义务裁量后认为对于监护法院来说有可能指定监护人或在监护事务上采取其他措施具备必要性,社会数据也可以传输。适用《监护机关法》第7条。

第72条 为保障内部和外部安全的数据传输

(1)只要在个案中为合法履行属于宪法保护机关、联邦情报局、军事隔离局和联邦刑事局管辖权内的既有职责所必需的,社会数据的传输可以进行。此传输限于利害关系人的姓、名、曾用名、出生日期、出生地点、当前的和先前的地址及其当前的和先前的雇主的名称和地址等信息。

(2)请求机关负责人指定的代理人对数据传输请求的必要性进行判断,该代理人应当具备法官任职资格或者应当符合《德国法官法》第110条规定的条件。如果

某最高联邦行政机关或者州行政机关享有对请求机构的监督权,则应当被告知所提请的数据传输请求。被请求机构处由机关负责人或其一般代理人决定传输请求事务。

第73条 为实施刑事程序的数据传输

(1)对不法行为或者某种其他的犯罪行为而进行的刑事程序有重大必要性的,社会数据的传输可以进行。

(2)为另一犯罪行为引发刑事程序的社会数据的传输可以进行,但限于第72条第1款第2句所称的信息和有关已经提供的或者即将予以提供的金钱给付的信息。

(3)法官对第1款和第2款规定的传输作出安排。

第74条 违反赡养义务时的数据传输和抚恤补偿时的数据传输

(1)为以下情形所必需的,社会数据的传输可以进行:

1. 实施

a)基于法定或者约定赡养请求权或者基于向其保险机构的补偿请求权而进行的法院程序或者执行程序,或者

b)根据《家事案件和非诉事件程序法》第220条进行的关于抚养补偿的程序;

2. 主张

a)第1项a)规定程序之外的法定或者约定赡养请求权,只要相关人根据《德国民法典》相关规定,特别是根据第1605条或者第1361条第4款、第1580条第2句、第1615a条或第1615l条第3款第1句及《德国民法典》第1605条,负有信息答复义务的,或者

b)第1项b)规定程序之外的抚恤补偿范围内的补偿请求权,只要利害关系人根据《抚恤补偿法》第4条第1款第1句负有信息答复义务的;

3. 对《所得税法》第22条第1项第3句a)之bb)第2句的保留条款在扶养补偿范围内的有权人转让养老金的权利的适用,只要扶养义务人根据《所得税法》第22条第1项第3句a)之bb)第2句和《扶养补偿法》第4条第1款负有信息答复义务的。

在第2项和第3项情形中,只有当信息答复义务人被《社会法典第一册》第35条所指的机构根据本编包含的传输权能进行催告之后,在适当期限内没有履行或者未能完整履行其义务时,数据传输才可以进行。这些机构可以为催促的目的传输信息答复义务人的地址。

(2)只要为中央行政机关(《外国抚养法》第4条)履行《外国抚养法》第5条所规定之职责及为实现《外国抚养法》第16条和第17条所规定之目的所必需的,经由法

定养老保险承担者及求职者最低保障承担者之社会数据的传输,也可以进行。

第74a条 为实现公法请求权以及在执行程序中的数据传输

(1)没有理由认为值得保护的利益因此遭受妨害,且数据传输请求的提起并未超过6个月的,在具体案件中,为实现金额至少为500欧元的公法请求权,依请求可传输相关人的姓、名、出生日期、出生地点、当前的地址、其当前的或者将来的居留地及其当前雇主的姓、名或者公司和地址。如果请求机构可以通过其他方式获得信息,被请求机构因此在第4条第3款之外不负有传输的义务。职务协助请求对于依据第66条进行的执行的实施来说有必要的,不适用第2句。

(2)没有理由认为利害关系人值得保护的利益因此受损且请求的提起不超过6个月的,为实施执行程序,且该执行程序基于至少500欧元的执行请求权,在具体案件中,法定养老保险承担者根据法院执行员的请求,可以传输利害关系人的当前地址、当前的或者将来的居留地及其姓、名或者其当前雇主的公司和地址。如果请求机构可以通过其他方式获得信息,被请求机构也因此在第4条第3款规定之外不负有传输义务。数据传输只有满足下列条件之一,方能进行:

1. 债务人没有遵守《民事诉讼法》第802c条规定的提供财产信息答复义务的,

2. 在执行时,债权人对在财产信息中列举的财产标的物可预见地不能完全满意的,

3. 尽管在户籍机关处查询,但仍不能获悉债务人地址、当前的或者将来的居留地的。

法院执行员在其请求中确认这些前提是否存在。

第75条 为了研究和规划进行的社会数据传输

(1)对下列特定计划有必要的,社会数据的传输可以进行:

1. 社会给付领域的科学研究、知识性的劳动市场和职业研究,或者

2. 公共机构在其职责范围内的社会给付领域的规划

且利害关系人值得保护的利益未遭受妨害或者研究和规划的公共利益明显超过利害关系人的秘密保守利益。没有利害关系人同意的传输不被允许,只要根据第67b条获得利害关系人的同意是合理的。利害关系人的姓、名、地址、电话号码或为计划的引入的根据第1句完全需要的结构特征为了调查询问未经同意也能传输。

(2)传输需要对数据起源的地区具有管辖权的最高联邦或州机关的事先批准。在保险承担者根据《社会法典第四册》第1条第1款第1句提出申请时,最高的联邦行政机关可以将批准程序移交给联邦保险局进行。只有在第1款规定的条件不存

在时,鉴于社会秘密的保守,方能拒绝批准。批准必须详细确定以下内容,且也不能存在者保留相关条件的事后登记、更改或者补充的特别提示:

1. 数据传输指向的第三人,

2. 传输的社会数据种类及利害关系人的范围,

3. 运用传输的数据以进行的科学研究或者规划,

4. 被传输数据准予存储的期限。

(3)如果向非公共机构进行的数据传输获得批准,那么批准机关应当通过命令确保非公共机构遵守第1款所设定的批准界限及确保数据只能出于传输目的予以存储、更改或者使用。

(4)数据向第三人传输,而该第三人为非公共机构的,依据以下标准适用《联邦数据保护法》第38条。当数据不能被自动化时或不能在非自动化的数据里被处理或使用时,监控尚能进行。

第76条 特别值得保护的社会数据传输许可的限制

(1)经医生或者《刑法典》第203条第1款和第3款所称的人士使社会数据对于《社会法典第一册》第35条中所称的机构来说可获取的,这些社会数据的传输只有在符合此类人士有权自行传输的前提下方能进行。

(2)第1款不适用以下情形:

1. 第69条第1款第1项和第2项范围内因社会保障的提供或证书的签发而作的鉴定有关联的被传输的社会数据,除非相关人对传输提出异议;负责的行政机关应当在行政程序开始时,以一般形式书面地向利害关系人指明该异议权,

2. 在第69条第4款和第5款及第71条第1款第3句的范围内,

3. 在《社会法典第十一册》第94条第2款第2句的范围。

(3)利害关系人的复议权在《社会法典第五册》第279条第5款和第275条第1款至第3款的情形中并不存在。

第77条 向国外和超国家机构或者国家间机构的数据传输

(1)在下列情形中,社会数据可以向另一欧盟成员国或者《欧洲经济区协定》缔约国的人员或者机构或者向欧洲共同体机构进行传输:

1. 其为履行根据本法典《社会法典第一册》第35条中所称之传输机构的法定职责或者为国外机构履行与《社会法典第一册》第35条中所称机构相对应的此类职责所必需的,

2. 存在着第69条第1款第3项、第70条或者《社会法典第三册》或《职员借调

法》有关传输规定的条件的及外国机构的职责与在这些规定中所称的职责相对应的，

3. 存在着第74条规定的条件及法庭上的主张成立的请求权或接收人的权利与在这些条文中规定的相符合的。

与《欧盟条约》第6条所包含的原则相抵触时，社会数据的传输不得进行。

（2）当第三方国家、超国家或者国家间的机构提供合理的数据保护水平时，第1款适用于向第三方国家及超国家或者国家间的人员或者机构进行传输的情形。数据保护水平的合理性应当在考虑数据传输时的或者数据传输类型的具有意义的所有情况基础上予以判断；特别是可以考虑社会数据的种类、目的条款、预计处理的期限、来源国和最终目的国、对相关接收人生效的法律规范及对其有效的规则和安全措施。在欧共体委员会作出确认之前，联邦保险局决定，合理的数据保护水平是否得到保障。

（3）在下列情形中，社会数据也可以向国外的人员或者机构或者超国家或者国家间的机构进行传输：

1. 利害关系人同意的，

2. 传输运用到社会安全领域的国家之间的协定的或者，

3. 具备第69条第1款第2项或者第73条规定的条件、国外机构的职责与这些条款中规定的相对应，或外国、超国家机构、国家间的机构保障合适的数据保护水平（第2款）的；依据第73条进行的传输安排由国内法院管辖。

只有在利害关系人在排除传输方面没有值得保护的利益时，数据传输才可以进行。

（4）即使第三方国家或者超国家或者国家间机构并未提供合理的数据保护水平（第2款），但只要存在着第69条第1款第1项和第2项、第70条或者根据《社会法典第三册》或《职员借调法》关于传输规范所规定的条件及利害关系人在数据传输的排除上没有值得保护的利益的，社会数据也可以向第三方国家机构或者超国家或者国家间机构进行传输。

（5）传输社会数据所要实现的目的应当向社会数据传输所指向的机构指明。

（6）联邦保险局应当向联邦内政部告知未提供合理数据保护水平的第三方国家及超国家或者国家间的机构情况。

第78条 被数据传输的第三人的用途限定和保密义务

（1）非《社会法典第一册》第35条中所称的人员或者机构被传输数据的，这些人员和机构只能在传输的授权用途范围内处理或使用数据。第三人在与《社会法典第一册》第35条中所称的机构相同的范围内对数据保密。如果社会数据向法院或者检察机关传输,且《社会法典第一册》第35条中所称的机构有权向其他的第三人进行传输,包含社会数据的法院裁判则可以继续传输。与第3句不同的是,根据《联邦公务员法》第115条及参照此条的法律规定进行的数据传输可以进行。如果社会数据向警察机关、检察机关、法院或者安全机关传输,这些机关可以不考虑传输的用途,而基于危险预防的用途和刑事追究、刑罚执行的用途对数据进行处理和使用。

(2)如果数据向非公共机构予以传输,则应当在传输开始之前,至迟在传输时,向在那里对该数据进行编辑或者使用的该机构工作人员指明遵守第1款规定的保密义务。

(3)根据第66条在执行程序范围内得出为保护执行官员而进行犯罪指控的必要性的,以执行为目的传输的数据亦可出于刑事追究的用途予以处理或者使用,只要是有必要的。这同样适用于纪律程序框架内的问题阐明。

(4)如果社会数据为了刑事程序或者罚款程序的事实而向法院或者检察机关传输,则可以根据《刑事诉讼法》第476条、第487条第4款和《秩序违反法》第49b条和第49c条第1款的标准出于学术研究的用途予以处理或者使用。

第三节 为社会数据保护的组织安排,特别的数据处理类型

第78a条 技术和组织措施

《社会法典第一册》第35条中所称的机构自行或者受委托收集、处理或者使用社会数据,应采取对保障本法典规定,尤其是对附件中这些规定的要求的实施来说是必要的、包括职务指示在内的技术和组织措施。当相应措施的花费与所致力于的保护目标相比,明显不成比例时,没有必要性。

第78b条 数据避免和数据节省

数据处理系统的编定和选择旨在不进行或者尽可能少地收集、处理或者使用社会数据。此特别适用于有可能使用匿名和别名的情形,但使用匿名和别名须是可能的及其花费与所致力于的保护目标相比是符合恰当比例的。

第78c条 数据保护的审查

为优化数据保护和数据安全,数据处理系统和数据处理程序的提供者及数据处理机构可以通过独立的和经许可的鉴定人对其数据理念和技术设备进行测试、评估和发布测试结果。测试和评估的详细要求、程序及鉴定人的选择和许可由特别法予以规定。第1句和第2句不适用于各州的公共机构,但社会保险机构及其协会除外。

第79条 自动化检索程序的设计

(1)通过检索成就数据传输的自动化程序在《社会法典第一册》第35条所称机构之间、与作为中央机构的德国联邦养老金协会为履行其依据《所得税法》第91条第1款第1句的职责,或者在德国矿工—铁路—海员联邦养老保险协会履行《所得税法》规定的职责处理轻微事务时可获得准许,只要此程序在考虑了利害关系人值得保护的利益后,基于传输数目大或传输的特别紧迫性而具备适当性、每一监管机关许可其监管之下的机构参与其中。此同样适用于第69条第2款和第3款所称的机构。

(1a)只有在法定养老保险机构、履行《所得税法》第91条第1款第1句规定职责的、作为中央机构的德国养老保险协会、医疗保险机构、联邦劳动局和德国邮政股份公司担负社会给付的计算或者支付职责时,针对它们的农业、林业和园艺社会保险数据自动化检索程序的配置才被允许;在此情形下,也允许接通传输机构。

(2)参与的机构应当确保检索程序的许可接受监督。对此其应当书面确认以下事项:

1. 检索程序的动因和用途,
2. 接收数据传输的第三人,
3. 所传输数据的种类,
4. 第78a条规定的必要的技术和组织措施。

(3)在负责数据保护的联邦代表监督下的《社会法典第一册》第35条中所称机构参与的情形中,应当事先在第2款规定的确认通知下按时告知负责数据保护的联邦代表或根据州法对数据保护有监控职能的部门关于检索程序设置的事实。

(4)接收数据传输的第三人对个别检索的许可负责。存储机构只有在存在相应动因时,才审查检索的许可性。存储机构应当至少在每十次检索时,对检索的时间点、检索的数据、程序确定的信息和对检索负责的人员等进行记录;被记录的数据至迟在6个月后被删除。如果社会数据的整体被检索或者被传输(批处理),则确定和审查的确保只涉及检索的许可或整体储存的传输。

（5）第1款至第4款不适用于利害关系人已经同意提供和对于所有人无须许可或有特别许可时都能供公开使用的数据库检索情形。

第80条　受委托进行社会数据的收集、处理或者使用

（1）如果社会数据通过其他机构受委托收集、处理或者使用，则委托方应当对本法典相关规定和有关数据保护的其他规定的遵守负责。委托方相应地可以主张第82条至第84条所规定的权利。

（2）只有在受托方处的数据保护依即将收集、处理或者使用的数据种类符合约束委托方的要求时，旨在收集、处理或者使用社会数据的委托才能被许可。委托应当书面授予，对此特别在个案中应当确定以下内容：

1. 委托的事项和期限，

2. 拟进行数据收集、处理或者使用的范围、种类和目标，数据的种类及相关人的范围，

3. 依第78a条拟采取的技术和组织措施，

4. 数据的告知、删除和封禁，

5. 受托方的既有义务，特别是由其实施监督的义务，

6. 设立再委托关系的可能授权，

7. 委托方的监督权及受托方相应的容忍与协助义务，

8. 需告知的受托方或者在其处工作的人违反社会数据保护规定或者委托所涉及规定的情形，

9. 委托方相对于受托方所保留的权力范围，

10. 委托的数据介质的回收和委托结束之后受托方对所存储数据的删除。

委托方有义务在必要时发布补充受托方采取的技术和组织措施的指令。委托方应当经常在数据处理之前与之后使自身确信受托方采取的技术和组织性措施的合规性。相应的结果应当予以记录。此外，向非公共机构授予委托以受托方书面同意委托方享有以下权利为前提：

1. 从其处获得信息，

2. 在经营和营业时间内，得以进入其不动产或者商业空间及在这些地方进行检查和监督，

3. 得以查阅商业文件资料、所存储的社会数据及数据编辑程序。

只要其在委托的范围内对于数据保护的监督来说是必需的。

(3)在委托作出之前,委托方应当及时向其监管机关书面告知下列事项:

1. 受托方、受托方已有的技术和组织措施及根据第2款第2句和第3句采取的补充手段,

2. 在委托中应收集、处理和使用的数据种类、利害关系人的范围,

3. 委托进行收集、处理或者使用数据旨在履行的职责或者

4. 可能的再委托关系的缔结。

如果受托方为公共机构的,则其也应当向其监管机关进行书面告知。

(4)受托方对为数据处理而委托的社会数据不能为其他用途处理、使用及超过委托人书面确定的期间储存。

(5)只有在以下情形才能通过委托非公共机构进行社会数据的收集、处理或者使用:

1. 在委托方处会发生操作流程错误的,

2. 被转让工作在受托方处可以以显著低廉的方式被解决,以及委托事项不包括委托方的整体数据库的存储的。整体数据之存储的主要部分必须保留在委托方处或者保留在作为公共机构且为进一步的数据处理将数据依委托转交给另一非公共的受托方处。

(6)如果受托方为《社会法典第一册》第35条中所称的机构,除了第85条和第85a条之外,只有《联邦数据保护法》第4g条第2款、第18条第2款和第24条至第26条适用。在《社会法典第一册》第35条中所称的机构不是联邦的机构时,负责数据保护的州专员代替负责数据保护的联邦专员。其职责与权限依州法。如果受托方为非公共机构,依据州法有权限的监管机关对第1款至第5款的遵守情况进行监督。不是社会保险机构或其协会的州公共机构适用州法上关于设置的数据处理设备和文件资料的目录的相关规定。

(7)当自动化程序的或者通过数据处理设备检测或者维护由经委托的其他机构进行,因此无法排除社会数据的访问时,适用第1款、第2款、第4款和第6款。在此种情形下,维护工作的协议应当在委托之前及时告知监管机关;操作流程中可预见到故障或故障已经发生的,该协议应当不迟延地予以告知。

第四节 利害关系人的权利、数据保护专员和附则

第81条 个体的权利和数据保护专员

(1)如果某人认为对其个人的社会数据收集、处理或者使用侵犯了其权利,他可以

1. 向负责数据保护的联邦专员寻求帮助,如果专员认为其权利损害是由《社会法典第一册》第35条中所称的联邦机构依据本法典履行职责造成的,

2. 向根据州法对数据保护监督具有管辖权的机构寻求帮助,如果专员认为其权利损害是由《社会法典第一册》第35条中所称的其他机构依据本法典履行职责时造成的。

(2)在依据本法典履行职责时,《联邦数据保护法》第24条至第26条对《社会法典第一册》第35条中所称的机构具有效力。作为《社会法典第一册》第35条中所称的机构的州公法机构,负责数据保护的州专员代替负责数据保护的联邦专员。其职责和职权依据各自的州法而确定。

(3)《社会法典第一册》第35条所称机构或其协会的工会组织或者协会,只要其根据本法典履行职责及联邦机构参与到这些职责中,且超越州范围活动,无论其法律形式如何,均被视为联邦的公法机构,否则被视为州的公共机构。《社会法典第一册》第35条所称机构的营造物或者其协会,当联邦享有某个或者多个公共机构绝对多数份额或者选票时,均被视为联邦的公共机构,否则被视为州的公共机构。《社会法典第六册》第145条第1款规定的养老保险承担者的数据机构被视为联邦的公共机构。

(4)《联邦数据保护法》第4f条、除第3款外的第4g条及第18条第2款相应适用于《社会法典第一册》第35条中所称的机构和第67d条第4款规定的传输机构。在空间上独立的组织单位应当确保,对数据保护专员在履行职责时的支持。第1句和第2句不适用于除社会保险机构以外的各州公共机构。第2款第2句和第3句相应地予以适用。

第82条 损害赔偿

如果《社会法典第一册》第35条中所称的机构通过根据本法或者有关数据保护的其他规定违法或者不正确地收集、处理或者使用与个人相关的社会数据使相关人遭受损害,适用《联邦数据保护法》第7条。对于不被允许地或者不正确地与个人

有关的社会数据的自动化收集、处理或者使用时的损害赔偿,适用《联邦数据保护法》第8条。

第83条 对利害关系人的答复

(1)利害关系人有权通过申请获得下列信息的答复:

1. 所存储的其个人的社会数据,只要其涉及这些数据的来源的,
2. 数据传达所指向的接收人或者接收人范畴,
3. 存储的用途。

有关应予提供答复的社会数据的种类应当在申请中进行详细说明。如果社会数据不是被自动化存储或者不是通过非自动化数据库被保存,只有相关人作出使得查找数据成为可能的说明,且提供答复所必需的支出不与相关人所主张的信息利益相比不成比例的,答复方可提供。职权机关通过合义务裁量确定答复提供的程序,尤其是答复的形式。适用第25条第2款。

(2)对于仅因法律、法规或约定的保管条款不得删除或仅服务于数据安全或数据监督用途的社会数据不适用第1款,当答复将要求不成比例的费用时。

(3)如果答复的提供涉及社会数据向刑事追究领域内的检察院和法院、警察机关、宪法保护机关、联邦情报局及军事反间谍局的传输,则只有经这些机关同意,才能提供答复。

(4)在下列情形中,不得提供答复,以及因此相关人在信息提供上的利益必须让位:

1. 答复将会危及职责机关在其管辖权内依法履行既有职责的;
2. 答复可能会危及公共安全及此外可能会损害联邦的或者州的福祉的;
3. 所存储的数据或者事实根据法律规定或者其性质,特别是由于第三人主要的合法利益,必须予以保密的。

(5)拒绝提供答复不需要任何理由,只要通过告知支持决定成立的事实上或法律上的原因会危及与拒绝提供答复所要追求的目的。在这种情形下,应当向利害关系人说明,在《社会法典第一册》第35条所称的机构受负责数据保护的联邦专员监督时,利害关系人可以向该专员或向依州法对数据保护监督具有管辖权的机关求助。

(6)如果答复权利人没有获得任何答复,只要其关系到受负责数据保护的联邦专员的监督的、《社会法典第一册》第35条中所称的机构,则该专员或根据州法对数据保护有管辖权的机关依信息答复权利人的请求,审查拒绝提供信息是否合法。

(7)信息答复是免费的。

第83a条　不合法请求社会数据时的机构义务

如果《社会法典第一册》第35条中所称的机构确定,在该机构处所存储的特别种类的关涉个人的数据(第67条第12款)被非法传输或者以其他方式被第三人不合法地请求获取并严重威胁利害关系人权利或者值得保护的利益,则其应当无迟延地将此情况告知依据《社会法典第四册》第90条规定的有权限的监管机关、有权限的数据保护监管机关和利害关系人。适用《联邦数据保护法》第42a条第2句至第6句。

第84条　数据的更正、删除和封禁;复议权

(1)社会数据不正确时,应当予以更正。如果相关人对社会数据的正确性产生争议且数据的正确性和错误性都不能予以确定,涉及社会职责的履行,此不导致封禁;未解决的事实状况应当以适当的方式予以理解。有争议的数据因此只有在指明以下情况时方能予以使用和传输。

(1a)《联邦数据保护法》第20条第5款相应地予以适用。

(2)社会数据不被允许存储时,应当予以删除。如果知悉社会数据对职权机关在其职权范围内合法地履行既有职责不再为必需,以及没有理由认为通过删除会使相关人值得保护的利益遭受损害,那么也应当删除社会数据。

(3)在下列情形中,封禁代替删除:

1. 删除和法定的、程序的或者约定的保管期限相违背的,

2. 有理由认为删除可能会使得利害关系人值得保护的利益遭受侵害的,

3. 因为所存储数据的特别种类,删除不可能的或者需要不恰当支出才能注销的。

(4)只有在下列情形中,所封禁的社会数据在没有利害关系人同意情况下才可以被传输或者使用:

1. 为了科学用途、为消除既有的举证困难或者由于其他的在职权机关或者第三人的主要利益上存在的原因所必不可少的,

2. 社会数据要是无法被封禁时,因此尚可被传输或者使用。

(5)针对社会数据具有争议性或者不再具有争议性的事实、错误数据的更正及因存储的不可允许性而删除或者封禁等情形,应当告知在数据传输的范畴内信息为了存储而向其继续传输的有关机关,当此不要求不成比例的支出及与相关人值得保护的利益不冲突时。

(6)不得违反第71条第1款第3句。

第84a条 利害关系人的必要权利

(1)本章规定的利害关系人的权利不得通过法律行为予以排除或者限制。

(2)利害关系人的数据被自动化存储或者在非自动化数据库中存储且数个机构均有存储授权的,当利害关系人未能确定哪一机构存储这些数据时,其可以向其中任何一个机构求助。这些机构负有将利害关系人的主张传达至存储数据的机构的义务。利害关系人应当被告知传输及该机构情况。

第85条 罚款规定

(1)故意或者过失实施下列行为,构成秩序违反:

1. 违反第78条第1款第1句规定处理或者使用社会数据,且该行为并未依据第2款第5项予以处罚的,

1a. 违反第80条第2款第2句,不正确地、不完整地或者不按法定方式进行委托的,

1b. 违反第80条第2款第4句,未在数据处理之前对遵守受托者所采取的相关技术和组织措施有确信的,

2. 违反第80条第4款及第67d条第4款第2句,将社会数据作另外的处理、使用或超期存储的,

3. 违反本法第81条第4款第1句及《联邦数据保护法》第4f条第1款第1句或者第2句或者《联邦数据保护法》第4f条第1款第3句和第6句,未指定或者未及时指定数据保护专员的。

(2)故意或者过失实施下列行为,构成秩序违反:

1. 未经授权收集、处理不对公众开放的社会数据的,

2. 未经授权为检索借助自动化程序准备好不对公众开放的社会数据的,

3. 未经授权,检索不对公众开放的社会数据或者自行或者为其他人通过自动化处理或者非自动化数据获得此类数据的,

4. 对不向公众开放的社会数据,通过错误的描述骗取其传输的,

5. 违反第67c条第5款第1句或者第78条第1款第1句,将社会数据用作其他目的,并由此向第三人提供的;

6. 违反第83a条第1句,不进行、不正确、不完整或者不及时告知的。

(3)对第1款情形中的秩序违反,可处5万欧元以下罚款,对第2款情形中的秩序违反,可科以30万欧元以下罚款的处罚。罚款应当超过行为人通过秩序违反行

为所获取的经济利益。第1句所规定的罚款额度仍不足于此时,罚款可以超过此额度。

第85a条　刑罚规定

(1)为酬金或者企图使得自身或者其他人不当得利或者损害他人而实施第85条第2款所规定的故意行为,处2年以下自由刑或者处罚金。

(2)犯罪行为依申请方能予以追究。利害关系人、职权机关、联邦数据保护专员或者有权限的州数据保护专员都是申请权利人。

第三章 给付主体之间的合作及其与第三人的关系

第一节 给付主体之间的合同及给付主体与第三人的合同

第一小节 一般规定

第86条 合作

给付主体、其协会及本法典所称的公法联合会在其履行本法典规定的职责时,负有彼此密切合作的义务。

第二小节 给付主体之间的合作

第87条 合作的加速

(1)某一给付主体向另一给付主体请求结算相应补付及其不能确定将予结算的请求权额度的,受请求的给付主体有能力提供补付,补付应当至迟在收到结算请求2个月之内履行。只要依参与的给付主体的观点补付超过请求给付主体的请求权额度,则该补付应当非迟延地付清。

(2)向另一给付主体传递金钱给付请求权的,且该请求权的传递既被该给付主体知悉,又被负有义务的给付主体知悉的,则负有义务的给付主体应当在最早具有支付可能之时起两个星期内,向权利人支付,只要其在最早具有支付可能之时并未知悉在另一给付主体处成立多少请求权额度。支付相对于另一给付主体具有义务免除效力。第1款第2句相应地予以适用。

第88条 委托

(1)经由另一给付主体或者其协会(受托人)的同意,给付主体(委托人)可以通过它们履行自己的法定职责,只要此因下列情形与目的相符的:

1. 由于委托人和受托人职责上的事实性关联的,
2. 为任务的实施的,以及
3. 涉及利害关系人易于理解的利益的,

第1句在教育促进、战争受害者照顾、儿童金、生活费用预支、生计困难保险的法律、住房金法及青少年救助和社会救助法中不予适用。

(2)委托可以针对具体个案及同类型案件予以作出。委托人必须保留整个职责领域的核心部分。

(3)协会只有在基于法律或者基于法律原因具备权限时,方能作出行政行为。协会可以作出行政行为的,其权限应当以针对其官方公告而规定方式向协会及其成员进行告知。

(4)委托人对同类型案件的委托应当以针对其官方公告而规定的方式进行告知。

第89条 委托的执行

(1)受托人为执行委托事务而作出的行政行为应当以委托人名义进行。

(2)委托人不能通过委托免除其对利害关系人的责任。

(3)受托人应当向委托人作必要的信息通报、依申请对委托的执行事项予以答复以及在委托执行完毕后作相应的报告。

(4)委托人有权在任何时候对委托的执行进行监督。

(5)委托人有权使受托人受其观点的拘束。

第90条 委托中的申请和异议

当事人也可以向受托人提出相应的申请。当事人针对受托人的决定提出异议且受托人对此并未进行补救的,对受托人有管辖权的复议机关发布复议信息。

第91条 支出的偿付

(1)受托人为委托人提供社会给付的,委托人负有偿付的义务。实物给付和服务给付以金钱形式偿付。如果社会给付为非法提供,且委托方对此具有过错的,则没有偿付义务。

(2)在委托的执行中产生的费用,应当予以偿付。第1款第3句相应地予以适用。

(3)对于为执行委托所必要的支出,委托人依申请应当预先支付受托人的适当费用。

(4)不一样的约定,特别是关于总核算偿付的约定,是被允许的。

其他约定,尤其关于总核算偿付的,准予进行。

第92条 委托的解除

委托人和受托人都可以解除委托。只有在委托人能够为了任务的完成以其他方式及时采取预防措施以及受托人能够在委托取消时在合适的时间内作出调整时,解除方能进行。当存在重要理由时,解除立即产生效力。第88条第4款相应地予以适用。

第93条 法定委托

给付主体基于法定委托为另一给付主体执行事务的,第89条第3款和第5款及第91条第1款和第3款相应地予以适用。

第94条 工作小组

(1)为履行1981年7月1日委托其承担的职责,北莱茵—威斯特法伦州法定医疗保险和法定养老金保险主体的抗癌工作小组、莱茵戒毒康复工作小组、威斯特法伦戒毒康复工作小组、黑森州戒毒康复工作小组及黑森州居家透析工作小组均有权作出行政行为。

(1a)在法定的转让的职责范围内,特别通过紧密合作以实现彼此之间的告知、商议、协调和支持,社会保险机关、社会保险机关的协会和包括《社会法典第一册》第19a条第2款所称的其他给付主体的联邦劳动局可以设立工作小组。监管机关应当在工作小组设立和其参加之前被及时地和全面地告知,以使其有足够的时间进行审查。监管机关可以放弃该告知。

(2)依据本法典可以设立工作小组的,需处于包括对工作小组、给付主体及其协会有规范意义的法律和其他规定的遵守的国家监督之下;《社会法典第四册》的第85条、第88条、第90条和第90a条相应地予以适用;法定医疗保险的核心组织或者联邦劳动局是工作小组成员的,有权限的联邦部经与其他成员的监管机关协商后进行监督。如果欠缺《社会法典第四册》第90条意义上的管辖权,则由有权对社会保险进行管辖的最高行政机关或者由工作小组所在地的州政府法规规定的行政机关进行监督;州政府可以通过法规将此授权转交至最高的州行政机关。

(3)如为必需,相应地适用《社会法典第四册》第67条的工作小组制定预算计划。

(4)第88条第1款第1句和第2款相应地予以适用。

第95条 规划和研究时的合作

(1)第86条所称的机构应:

1. 在行动上互相协调对其他计划的任务的决策和实施具有意义的计划,或

2. 在职责范围内,制定有关社会服务和实施特别是其提供和使用的寻求其职权范围内在社会机构和实施方面,尤其是其提供与使用方面的共同区域和跨区域规划。

各自的区域团体及共用、免费的设施和组织应当参加需求调查。

(2)第86条所称的机构应当彼此商定有关相同对象的研究计划。

第96条 医学调查和心理能力调查

(1)给付主体安排医生采取调查措施或心理健康调查措施以确定社会给付的前提是否满足的,调查应当以其结果能适用于另一社会给付前提的检验的类型和方式进行。调查措施的范围取决于安排调查的给付主体需履行的职责。调查结果应用于确定是否存在另一社会给付成立要件。

(2)如果已有可用的调查结果,给付主体应当通过约定确保停止检查。为了处理个案以及鉴于大量案件的可能性,给付主体应当约定,鉴别社会给付成立要件时根据统一的和可比较的基础、标准和程序进行调查,调查结果需进行保存。给付主体可另外约定调查措施的范围取决于所参加之给付主体的职责;只要调查措施因此扩大范围,利害关系人的同意就是必要条件。

(3)不得针对医学上被调查的给付接收人的数据成立多个给付主体的中心数据库。

第三小节 给付主体和第三人之间的合作

第97条 通过第三人履行职责

(1)当给付主体、给付主体的协会或者工作小组可以通过第三人执行任务时,须确保第三人为恰当的、维护参加人权利和利益的责任提供保障。只要社会保险领域的职责应当由给付主体、协会或工作小组直接或间接参与的第三人履行,给付主体、给付主体所属的协会或者工作小组应当同时使得第三人承担依申请向委托人提供所有的文件材料的义务,以及对提供所有为行使基于委托人的监管机关合义务的审查的针对委托人的监督权有必要的事实的信息的义务。监管机关由给付主体、给付主体所属的协会或者工作小组及时、全面地告知,以使其在职权转让或者变更之前有足够的时间进行审查。监管机关可以放弃被告知权。第3句和第4句不适用于联邦劳动局。

(2)第89条第2款至第3款、第91条第1款至第3款及第92条相应地予以适用。

第98条 雇主的信息义务

（1）只要在包括失业保险在内的社会保险的具体案件中，为提供社会保险所必需，雇主依申请应当向给付主体或者有管辖权的移民局提供营业类型和期限、营业地点以及劳动薪酬等信息。鉴于资费的缴纳，雇主依要求应当提供为收缴资费所必要的所有事实情况的信息。雇主依要求应当提交产生所有从业信息的商业账目、清单或者其他材料，以供第1句所称的机构在经营期间根据其选择在该机构处或者其自己的经营场所查阅。因特殊原因而使得在雇主的经营场所进行审查更显合理的，依据第3句的选择权丧失。第4句不适用于公共机关雇主情形。第2句至第5句也适用于《社会法典第四册》第28p条第6款意义上的机构。

（1a）养老金保险机构依据《社会法典第四册》第28p条具有审查权限的，其相对于移民局，由于总体社会保险资费的缴纳，并不存在者第1款第3句至第6句规定的义务；相对于移民局，第1款第2句规定的义务只有在个案中方存在。

（2）因社会给付的提供而请求信息的，适用《社会法典第一册》第65条第1款。对问题的回答将给雇主自身或者与其亲近的人（《民事诉讼法》第383条第1款第1项至第3项）带来会被追究的犯罪行为或违法行为的危险的，雇主可以拒绝提供答复；第1款第6句所称的机构与雇主地位相同。

（3）根据第1款第2句和第3句及第2款，像雇主一样为法律规定的被保险人缴纳资费的人和雇主地位相同。

（4）在联邦参议会的同意下，联邦劳动和社会部可以通过规章对第1款所称协助的详细内容予以规定。

（5）任何人故意地或者轻率地：

1. 违反第1款第1句，或者
2. 违反第1款第2句或者第3句，往往也与第1款第6句或者第3款相联系。

不提供答复、不正确提供答复、不完整或者不及时提供答复，或者不提供文件资料、不正确提供文件资料、不完整或者不及时提供文件资料，构成秩序违反。对秩序违反，最高可处5000欧元的罚款。第1句和第2句不适用于像雇主一样为法律规定之被保险人缴纳资费的给付机构。

第99条 家属、抚养义务人或者其他人的答复义务

根据包括失业保险在内的社会保险法或者社会赔偿法：

1. 给付接收人家属或者其他人的收入或者财产在社会给付或者偿付时应予考虑的，或者

2. 社会给付或者其偿付依赖于给付接收人对抚养义务人所享有的抚养请求权额度的,

对这些人适用《社会法典第一册》第60条第1款第1项和第3项及第65条第1款。在发生抚养义务人、家属、前配偶或者继承人对给付主体支出予以偿付的情形中,此对第1句所称的适用范围也有效。对问题的回答将可能对依据第1句或者第2句的答复义务人或者与其亲近的人(《民事诉讼法》第383条第1款第1项至第3项)招致因犯罪行为或违反秩序行为会被追究的危险的,可以拒绝提供答复。

第100条 医生或者其他康复行业职员的答复义务

(1)医生或者其他康复行业职员在具体案件中依要求负有向给付主体提供答复的义务,只要此为履行给付主体本法典规定之职责所必需的,以及:

1. 为法律所允许的,或者

2. 在具体案件中为利害关系人所同意的。

同意要求书面形式,但因特别情形其他形式更合理者除外。对于医院及福利机构或者康复机构,第1句和第2句相应地予以适用。

(2)对问题的回答将可能对医生、其他康复行业职员或者与其亲近的人(《民事诉讼法》第383条第1款第1项至第3项)招致因犯罪行为或违反秩序行为会被追究的危险的其可以拒绝提供答复。

第101条 给付主体的答复义务

给付主体依主治医生申请告知对于治疗可能具有意义的调查结果,但在通知中须征得利害关系人的同意。第100条第1款第2句相应地予以适用。

第101a条 申报机关的通知

(1)养老金保险机关的数据中心应当向德意志邮政股份公司转达所有的死亡和住址变更信息。

(2)德意志邮政股份公司对由养老金保险机关的数据中心向其递送的通知:

1. 只可以为以下目的而使用,即中止给付主体、第69条第2款所称的机构和在德国境内的外国给付主体正在进行的金钱给付或者促使其中止,以及更正给付主体和第69条第2款所称的机构正在进行的金钱给付接收人的地址或者促使此更正,并且因此

2. 只可以为以下目的而继续传达,促使意外伤害保险机构、农业、森林和园艺社会保险机构和第69条第2款所称的补充护理保险机构更新被保险人库或者成员库。

（3）通知的使用和传送应当：

1. 对一般性的养老金保险，依据《社会法典第七册》第119条第1款第1句，在德意志邮政股份公司的法定委托范围内进行；

2. 对其他情形，在德意志邮政股份公司和给付主体或者第69条第2款所称的机构所签订的公法或者私法合同范围内进行。

第二节　给付主体相互之间的偿付请求权

第102条　临时提供给付的给付主体的请求权

（1）给付主体基于法律规定提供临时性社会给付的，对该给付负有义务的给付主体对此应当予以偿付。

（2）偿付请求权的范围取决于对先予给付的给付主体适用的法律规定。

第103条　给付主体的事后免除给付义务请求权

（1）给付主体提供社会给付，且针对此的请求权事后全部或者部分不成立的，对相应给付具有权限的给付主体负有偿付义务，但其在另一给付主体知道该给付之前已经自己予以给付者除外。

（2）偿付请求的范围取决于对有权限的给付主体适用的法律规定。

（3）仅从社会救助机构、战争受害者照顾机构和青少年救助机构知悉给付义务的要件已具备时，才对上述机构适用第1款和第2款。

第104条　负次要义务的给付主体的请求权

（1）后顺位的负有义务给付主体在不符合第103条第1款的成立要件情形下提供社会给付的，被权利人享有或享有过请求权的前顺位给付主体负有偿付义务，如果给付主体在其知悉其余给付主体的履行之前尚未自己履行给付时。给付主体在另一给付主体及时履行给付义务时，其自身尚未对给付负有义务的，该给付主体后顺位负有义务。负后顺位义务的给付主体在负先顺位义务的给付主体作出给付时也必须履行其给付义务的，偿付请求权不存在。社会救助机构、战争受害者照顾机构和青少年救助机构可以主张支出偿付或者提出成本分摊的，适用第1句；第3句在此种情形下不适用。

（2）后顺位负有义务的给付主体为家属提供社会给付的，且鉴于该家属，其他人向或者曾向先顺位负义务的给付主体请求社会给付或者特指的部分给付的，也适用第1款。

(3)偿付请求的范围取决于对负先顺位义务的给付主体适用的法律规定。

(4)数个给付主体均负有先顺位义务的,已提供社会给付的给付主体只能向依据第107条第2款豁免给付的给付主体请求偿付。

第105条 无管辖权给付主体的请求权

(1)无管辖权的给付主体在不存在第102条第1款的成立要件情形下提供社会给付的,有管辖权的或者曾经有管辖权的给付主体负有偿付义务,但其在知悉另一给付主体的给付之前自己已给付的除外。第104条第2款相应地予以适用。

(2)偿付请求的范围取决于对具有管辖权的给付主体适用的法律规定。

(3)只有自社会救助机构、战争受害者照顾机构和青少年救助机构知悉给付义务的要件成立始,才适用第1款和第2款。

第106条 多个偿付权利人时的顺位

(1)给付主体负有义务向多个给付主体予以偿付的,请求权按照下列顺位予以满足:

1.(废除)

2.依据第102条的临时提供给付的给付主体的请求权,

3.依据第103条事后免除给付义务的给付主体的请求权,

4.依据第104条后顺位负有义务的给付主体的请求权,

5.依据第105条无管辖权的给付主体的请求权。

(2)同时发生同一顺位的给付主体的请求权的,这些请求权以合比例方式予以满足。多个给付主体依据第104条主张请求权的,首先满足在后顺位的给付主体中的比例依据第104条享有偿付请求权的给付主体。

(3)偿付义务人根据对其有效的法律规定已经个别提供偿付的,不再予以整体偿付。

第107条 成立

(1)存在偿付请求权的,权利人针对负有提供给付义务的给付主体的请求被视为成立。

(2)权利人针对数个给付主体均享有请求权的,已提供给付的主体确认该请求权的,请求权视为成立。此确认应当针对权利人无迟延进行,并且应当告知其他的给付主体。

第108条 以金钱和利息的偿付

(1)实物给付和劳务给付以金钱偿付。

(2)社会救助机构、战争受害者照顾机构和青少年救助机构的偿付请求权向其他给付主体提出,在下列期间内依申请以4%计算利息:

1. 偿付存续期间,

2. 从完整的、包含整个偿付期间的及在有管辖权的偿付义务人处的偿付请求提起的月份结束起,到支付前的月份结束。

利息最早在给付权利人向有管辖权的给付主体提出完整的给付申请之后的6个月后开始计算,在欠缺申请情形下,最早在给付决定公告之月结束后开始计算。《社会法典第一册》第44条第3款予以适用;《社会法典第一册》第16条不予适用。

第109条 行政费用和垫付款项

行政费用不得偿付。垫付款项在具体案件中超过200欧元的,依请求偿付。在联邦参议院的同意下,联邦政府可以通过规章提高第2句所称的款项以符合依照《社会法典第四册》第18条的月基数的年度增长,对此可有10欧元上下的调整。

第110条 总核算

给付主体应当总体支付偿付请求,只要此合目的。在具体案件中,偿付请求的总额估计少于50欧元,不发生任何偿付。给付主体可以与第2句不同,约定更高的款项。在联邦参议会的同意下,联邦政府可以通过法规命令提高第2句所称的款项以符合依照《社会法典第四册》第18条的月基数发生的年度增长,对此可以做10欧元上下的调整。

第111条 排除期限

偿付权利人至迟在给付应予提供的最后1天起12个月内未主张偿付的,此偿付请求权被排除。该期限最早自享有偿付权利的给付主体知悉负有偿付义务的给付主体关于其义务的决定时开始计算。

第112条 返还偿付

偿付非法实施的,支付的偿付款项应予返还。

第113条 时效

(1)偿付请求权自享有偿付权利的给付主体从负有偿付义务的给付主体处知悉其给付义务之年起四年内有效。偿付返还请求权自偿付非法实施之年起四年内有效。

(2)对于时效的终止、中止、重新开始及时效的效力,《德国民法典》的有关规定相应地予以适用。

第114条　法律途径

对于偿付请求权,具有和社会给付请求权相同的法律途径。在第102条的情形中,请求权针对的是先期提供给付的给付主体,在第103条至第105条的情形中,请求权针对的是负有偿付义务的给付主体。

第三节　给付主体针对第三人的偿付请求权和赔偿请求权

第115条　针对雇主的请求权

(1)雇主未能满足雇员的劳动薪酬请求及因此给付主体提供社会给付的,雇员针对雇主的请求权转移给给付主体,其额度为已经提供了的社会给付。

(2)此转移并不因请求权不得转让、质押或者抵押而被排除。

(3)雇员的实物请求权在第1款情形中以金钱请求权代替;额度依据《社会法典第四册》第17条第1款第1句通过实物评估价值来确定。

第116条　针对损害赔偿义务人的请求权

(1)因损害事件而提供社会给付的,基于其他法律规定的损害赔偿请求权转移至保险机构或者社会救助机构;此社会给付有益于消除同类型的损害及具有与损害者将予给付的损害赔偿相同的期限。下列情形亦属于此类社会给付:

1. 由社会给付予以支付的费用,

2. 在医疗金请求权期限内,虽有《社会法典第五册》第224条第1款的规定而支付的医疗保险费用。

(2)损害赔偿请求权通过法律予以确定额度的,该请求权转移至保险机构或者社会救助机构,但其为补偿受害者或者其遗属的损失所必需的除外。

(3)损害赔偿请求权通过混合过错或者受害人需要承担部分责任予以确定的,与损害者赔偿义务比例相符合的请求权份额从依据第1款无限责任时移转的请求权转移到保险机构或者社会救助机构。也适用于赔偿请求权通过法律根据额度来确定的情形。根据《社会法典第十二册》的规定,受害者或者其遗属亟须救助的,请求权不发生转移。

(4)损害赔偿请求权的实施发生遭受实际上的妨害的,受害者及其遗属的请求权实施优先于依据第1款被转移的请求权。

（5）保险机构或者社会救助机构基于损害事件的原因为受害者或者其遗属提供不超过在此事件发生之前的社会给付的，第3款第1句和第2句情形中的损害赔偿请求权只能在有过错的损害赔偿并非为完全弥补受害者或者其遗属所受的损害所必需时方能发生转移。

（6）在非故意损害时，损害事件发生时和受害人或其遗属生活于家庭共同体中的家庭成员不得进行依据第1款的转移。❶损害者在损害事件发生后与受害者或者遗属缔结婚姻关系且生活在家庭共同体中的，依据第1款的赔偿请求权不能予以主张。

（7）受害者或者其遗属基于对保险机构或者社会救助机构具有免除效力的被转移的请求权，从损害赔偿义务人处已经取得给付的，应当向保险机构或者社会救助机构偿付已经提供的给付。给付对保险机构或者社会救助机构无免除效力的，损害赔偿义务人和受害人或者其遗属为保险机构或者社会救助机构的共同债务人。

（8）保险机构或者社会救助机构不能证明更高给付的，在第2款和第3款的条件下，对于每一并非通过住院而以药品和绷带方式医治和照顾的损害案件，根据《社会法典第四册》第18条义务人应当赔偿每月收入的5%。

（9）允许约定赔偿请求的总额。

（10）联邦劳动局和依据《社会法典第二册》的求职者基本保险机构被视为本条意义上的保险机构。

第117条　多个给付主体的损害赔偿权

在具体案件中，多个给付主体提供社会给付及第116条第2款和第3款情形中发生转移的损害赔偿请求权得以确定的，这些给付主体是共同债权人。他们负有按照由其提供社会给付的比例进行相互补偿的义务。但是社会给付仅由一个给付主体提供的，在内部关系中赔偿请求权归属于该给付主体。给付主体可以约定不同的补偿比例。

第118条　法院的拘束

法院需对依据第116条已作转移的请求权作出判决的，负有给付义务的给付主体的范围受不可撤销的判决的拘束。

---

❶ 第116条第6款第1句：根据判决形式标准与《德国基本法》相一致。

第119条 保险费用请求权的转移

(1)只要被保险人的损害赔偿请求权包括养老金保险费用赔偿,且受害人在损害事件产生时已证明缴费时间或者已被保险的,那么该损害赔偿请求权就转移到保险机构。前句不适用于以下情形:

1. 雇主持续支付劳动报酬或者提供负有其他费用义务的给付的,

2. 费用赔偿请求权根据第116条已经转移的。

对于养老金保险费用的赔偿请求权适用第116条第3款第1句和第2句,只要该费用分摊赔偿的劳动报酬或者劳动收入和领取社会给付时有缴付义务收入之间的差额。

(2)接受根据第116条取得部分养老金保险费用赔偿请求权转移的保险机构通过统一的申报表,向养老金保险机构传递由其确认的案件事实。社会保险机构的核心组织确定申报表内容的详细信息及告知程序。

(3)已缴纳的费用或者部分费用在养老保险中视作强制费用。通过费用赔偿请求权的转移,被保险人不能处于较其不提起损害赔偿请求权时更不利的境地。

(4)在具体案件中允许约定与养老金费用赔偿请求权资本价值相符合的价款的结算。在第1款第1句第1项的情形下,对于受害人的共同义务人适用《社会法典第一册》第60条、第61条、第65条第1款和第3款及第65a条。

第四章　过渡性条款和结束条款

第120条　过渡性条款

（1）第116条至第119条只适用于1983年6月30日之后的损害事件；对于之前的损害事件适用至1983年6月30日仍有效的法律。损害事件发生在1983年6月30日之后的，自2001年1月1日开始生效的文本中的第116条第1款第2句和第119条第1款、第3款和第4款也适用根据对此时间之前就已存在的但仍未最终裁决的案件。

（2）自2001年1月1日开始生效的文本中的第111条第2句和第113条第1款第1句适用于2000年6月1日前仍未最终裁决的偿付案件。

（3）偿付依自2001年1月1日开始生效的文本的第111条第2句已经合法进行的，在2001年1月1日前已经作出最终裁决的案件中不发生偿付的返还。

（4）2001年5月23日前已经开始的社会数据的收集、处理或者使用，应当在与本法相关规定一致的时刻起三年之内送交。

（5）在适用自2002年1月1日开始生效的文本的第50条第4款第2句、第52条和第113条第2款时，也适用《民法典实施法》第229章第6条第1款至第4款。

（6）从2005年3月30日开始生效的文本的第66条第1款第3句至第5句、第2款和第3款第2句，只适用于2005年3月30日之后的强制执行官员和执行实施官员的委任。

附件(关于第78a条)

社会数据被自动化处理或者使用的,机关内部或者企业内部的组织应当被构建得满足数据保护的特别要求。对此应当采取以下特别的措施,以适合所保护之社会数据的种类或者社会数据的范围:

1. 禁止无权限人接近用于社会数据的编辑或者使用的数据处理设备(对进入的控制),

2. 禁止无权限人使用数据处理系统(对接触的控制),

3. 确保有权使用数据处理系统的权利人仅获取在其获取权限内的数据,以及确保社会数据在处理、使用时和存储之后不被无权限地浏览、复制、更改或者删除(对获取的控制),

4. 确保社会数据在电子传送时或者通过数据存储介质传输或者存储期间不被无权限地浏览、复制、更改或者删除,以及确保可以审查和确定社会数据经由数据传送设施计划传输至的机构(对传送的控制),

5. 确保可以事后审查和确认数据处理系统中的社会数据是否及由谁输入、变更或者删除(对输入的控制),

6. 确保受委托收集、处理或者使用的社会数据只按照委托人的指示予以收集、处理或者使用(委托控制),

7. 确保社会数据免遭意外损坏或者丢失(可支配性控制),

8. 确保基于不同用途收集到的社会数据可以分离地处理。

第2句第2项至第4项规定的措施尤其指运用与技术适应的加密程序。

德国照护保险法——《社会法典第十一册》

分册目录

第一章　总则 ··· 511

第二章　有权获得待遇的人员范围 ·································· 520

第三章　保险义务人的范围 ··· 526

第四章　照护保险的待遇 ··· 533

  第一节　待遇概览 ··· 533

  第二节　共同规定 ··· 534

  第三节　待遇 ··· 538

  第四节　对照护人的给付 ······································· 547

  第五节　对有明显的日常看护需求的被保险人的
      待遇及照顾服务结构的进一步完善 ··················· 551

  第六节　促进新居住形式的积极方案 ····························· 557

第五章　组织 ··· 558

  第一节　照护保险承担者 ······································· 558

  第二节　职责与成员资格 ······································· 560

  第三节　通知 ··· 561

  第四节　协会任务的履行 ······································· 563

第六章　财政 ··· 565

  第一节　保费 ··· 565

  第二节　保费的补贴 ··· 571

  第三节　资金的使用和管理 ····································· 572

  第四节　平衡基金、财政平衡 ··································· 573

第七章　照护保险基金会与服务提供者之间的关系 ················· 575

  第一节　一般原则 ··· 575

  第二节　照护机构之间的关系 ··································· 575

  第三节　与其他服务提供者的关系 ······························· 581

第四节　经济性检查 ……………………………………………………… 582
第八章　照护的报酬 ………………………………………………………… 584
　　第一节　一般规定 ………………………………………………………… 584
　　第二节　住院照护服务的报酬 …………………………………………… 587
　　第三节　门诊照护服务的报酬 …………………………………………… 592
　　第四节　费用补偿、州照护委员会和照护院评价 ……………………… 593
　　第五节　整合照顾保障和照护支持点 …………………………………… 595
第九章　数据保护和统计 …………………………………………………… 599
　　第一节　信息基础 ………………………………………………………… 599
　　第二节　服务数据的转交 ………………………………………………… 603
　　第三节　数据删除、答复义务 …………………………………………… 604
　　第四节　统计 ……………………………………………………………… 605
第十章　私立照护保险 ……………………………………………………… 607
第十一章　质量保障,为保护照护需求人的其他规定 …………………… 609
第十二章　罚金规定 ………………………………………………………… 622
第十三章　私立照护预防措施的补贴支持 ………………………………… 625
第十四章　照护预防基金的约束 …………………………………………… 629

导　　读

1994年5月26日,德国颁布了《照护保险法》。社会照护保险作为德国五大社会保险的最后一个险种就此建立。这部法律随后被命名为"社会照护保险法",整体编入《德国社会法典》,作为该法典的第十一册。社会照护保险制度在德国颇具争议,尤其受到了来自经济界的质疑,他们认为过重的缴费负担将损害德国的国际竞争力。在经历了长期的社会讨论之后,立法者于2008年5月28日颁布了《护理保险结构改革法》。这部法律规定了缴费率的动态调整、改善重疾患者的给付待遇等内容,随后也被纳入了《社会法典第十一册》。由这两部法律组成的《社会法典第十一册》构成了德国社会照护保险制度的主体内容。

该法包含十四章,规定了社会照护保险制度的基本特征和立法的基本原则;自愿参保人范围、照护等级和等级确定程序;强制参保人范围;等等。

该法于1994年5月26日颁布(《联邦法律公报》第1014页),最新修订于2014年12月23日(《联邦法律公报》第2462页)。

第一章 总则

第1条 社会照护保险

（1）为了对照护需求的风险进行社会防范，而建立作为社会保险新独立分支的社会照护保险。

（2）根据法律，所有法定医疗保险的参保人都被包括在社会照护保险的保护之中。在私立医疗保险公司参加医疗保险的参保人必须缔结私立照护保险。

（3）社会照护保险的承担者是照护保险基金会；其任务由医疗保险基金会（《社会法典第五册》第4条）执行。

（4）照护保险的任务是，给予由于照护需求的严重程度而请求获得互助支持的照护需求人以帮助。

（4a）在照护保险中，应该考虑男性和女性的照护需求性别差异性，同时应尽可能地将具有文化敏感性的照护考虑进来。

（5）照护保险待遇的分阶段引入：从1995年4月1日起引入家庭照护待遇，从1996年7月1日起引入住院照护待遇。

（6）照护保险的支出由照护保险成员及雇主的缴费共同承担。应缴金额根据照护保险成员的应缴费收入额来确定。对于家庭保险成员及登记的生活伴侣，不增加其缴费金额。

第2条 自主决定

（1）虽然照护需求人有获得帮助的需求，但是照护保险的服务应该帮助照护需求人尽可能地进行独立和自主的、符合人的尊严的生活。照护保险的帮助和服务应该让照护需求人重新获得或者维持其身体、精神和心灵的力量。

（2）照护需求人可以在照护保险不同承担者的机构和服务中进行选择。在待遇权利的框架内，应该满足照护需求人对所需服务进行安排的意愿——只要这些意愿是合适的。照护需求人希望获得性别平等的照护的意愿应尽可能得到考虑。

（3）照护需要考虑到照护需求人的宗教需求。根据照护需求人的意愿，他们应该在其精神信仰能够被照顾到的机构中获得住院服务。

（4）照护需求人应被告知第2款、第3款中所示权利。

第3条 家庭照护优先

照护保险应该通过其给付优先支持家庭照护,以及鼓励亲属和邻居的照护热情,由此使照护需求人尽可能长地处在家庭环境中。部分住院照护及短期照护的待遇优先于完全住院照护的待遇。

第4条 待遇的种类及范围

(1)照护保险的待遇包括为基础照护、家务及费用补偿的需求提供人力、物力及金钱支持,只要其是本法所规定的。待遇的种类和范围根据照护需求的程度来决定,也可以根据照护需求人提出的获得家庭照护、部分住院照护还是完全住院照护的要求来决定。

(2)在家庭照护和部分住院照护的情况下,照护保险的待遇对家庭、邻里或者其他志愿的照护进行补充。在部分或者完全住院照护的情况下,照护需求人免于支付那些根据照护需求的种类和程度对其照顾来说是必需的费用,而需自己支付住宿和伙食的费用。

(3)照护保险基金会、照护机构及照护需求人应该致力于让照护服务有效且经济地提供,并且只在必要的范围行使获得照护的权利。

第5条 预防及医学康复优先

(1)照护保险基金会致力于在负责的相关服务承担者处提前提供所有适宜的预防、疾病治疗和医学康复服务,以此来避免照护需求的产生。

(2)即使在照护需求出现后,服务承担者也需在照护权利的范围内全面地提供医疗康复的服务及补充的服务,其还要致力于克服、减少照护需求及防止照护需求进一步加大。

第6条 自我责任

(1)被保险人应当通过健康的生活方式,事先参与预防措施并积极参与疾病治疗和医学康复的服务,以期免于出现照护需求。

(2)在产生照护需求之后,照护需求人应当参与医学康复服务及积极的护理,以此来避免、以减少照护需求并防止照护需求进一步加大。

第7条 解释,咨询

(1)照护保险基金会应当通过对健康的、预防照护需求的生活方式的解释和咨询来支持被保险人的自我责任,并致力于让被保险人参与有利于健康的行动。

(2)在与照护保险需求相关的问题中,尤其是在关于照护保险基金会给付及其他承担者的给付和帮助的问题中,照护保险基金会应当以被保险人、其亲属及生活伴侣容易理解的方式向他们传授、提供咨询并解释他们有权利要求:

1. 提供医疗保险的医学服务或者其他由照护保险基金所委托的鉴定人的鉴定结果,以及

2. 根据第18a条第1款提供特殊的康复意见。

在被保险人同意的情况下,治疗医生、医院、康复和预防机构及社会给付承担者应当立即通知照护保险基金会,何时出现照护需求及何时照护需求得到确认。为了咨询而必要的与个人相关的数据,只有在征得被保险人同意的情况下才能收集、处理和使用。

(3)为了便于照护需求人行使第2条第2款的选择权,以及促进既有服务之间的竞争和透明度,相关的照护保险基金会在收到照护保险需求者根据本法要求获得待遇的申请后,应该立即向照护保险需求者提供一个关于有资质的照护机构的服务和价格的比较名单;在这些有资质的照护机构的业务覆盖领域中,应当保证存在照护服务(服务及价格比较名单)。同时,应当告知照护需求人最近的照护点(第92c条)和照护咨询(第7a条),还应告知照护需求人照护点的咨询和帮助及照护建议都是免费的。照护保险基金会的州协会应该向照护保险基金会提供服务和价格的比较名单,并保持该名单实时更新;这一名单至少应当包括对各个照护机构有效的、根据第八章确定的报酬协议及根据第92c条关于居住地附近服务的确认,照护保险基金会根据第92b条为了将这些确认写入其参与的合同中而对这些名单进行补充。同时,应当向照护需求人提供建议,哪些照护服务对其个人情况来说是可以考虑的。此外,应通知照护需求人质量检查结果的公布。尤其是对于有资质的、低门槛的照顾和帮助服务,应当以同样的方式告知具有显著的一般照顾需求的被保险人和照护需求人,并向他们提供咨询服务。

(4)为了完成根据本法的咨询任务,照护保险基金会可以以行政手段资助其他承担者的咨询服务及参与其分工的组织;但应当确保咨询建议的中立性和独立性。

第7a条 照护咨询

(1)根据本法获得待遇的人,从2009年1月1日起,在选择联邦法或者州法规定的社会待遇,以及为有照护、帮助或者照顾需求的人提供帮助性服务时,有权得到照护咨询人的个人咨询和帮助(照护咨询)。照护咨询的任务尤其是,

1. 在考虑医疗保险的医疗机构所确定的鉴定结论的情况下,系统地掌握和分析帮助需求,

2. 制定个人的待遇计划,在其中包括个案中所需要的社会待遇及促进健康的、预防的、治疗性的、康复性的或者其他医学性、照护性的和社会性质的帮助,

3. 致力于采取那些对实施待遇计划来说必要的措施,包括获得各个待遇承担者对这些措施的同意,

4. 监督待遇计划的实施,在必要的情况下,重新制定待遇计划以适应变化的需求情况,以及

5. 在极端复杂案例形态下,评估和论证帮助进程。

待遇计划包括根据第2句第3项在个案中所必需的措施的特别推荐意见、现有的地方的待遇可能性及为了检查和修改而推荐的措施。在制订和实施待遇计划时,应当尽量取得与寻求帮助人和所有参与照护、帮助、照顾的人的协调一致性。只要根据其他的联邦或者州的法律规定,待遇是必要的,那么为了协调一致的目标,相关的待遇提供者应尽早地被包括进来。应当确保与其他协调机构的紧密合作,尤其是与根据《社会法典第九册》第23条的共同给付机构的紧密合作。这些机构所承担的照护咨询任务,照护保险基金会可以全部或者部分委托给第三人;《社会法典第十册》第80条不受影响。即使根据本法提出了照护待遇的请求,且帮助和照顾的需求是明显存在的,照护咨询的权利也存在。在2009年1月1日之前,当且仅当照护保险基金会建立相应的组织时,才能提供照护咨询。需要确保根据第92c条确定的照护支持点能够提供在本规定意义上的照护咨询,并确保咨询的独立性。

(2)根据意愿,照护咨询可以在包括第三人,尤其是亲属及生活伴侣参与的情况下,在家庭环境或者在咨询权利人所生活的机构中进行。根据本法或者根据《社会法典第五册》,被保险人也可以向照护咨询人提出待遇申请。申请应当立即提交给相关的照护保险基金会或者医疗保险基金会;照护保险基金会或者医疗保险基金会应该同时将给付通知转交给申请人和照护咨询人。

(3)照护咨询人的数量应该按以下条件计算,即根据第1款为了寻求帮助人的利益,照护咨询人的数量应能够及时且全面地完成任务。照护保险基金会通过符合照护咨询人要求的人员,尤其是通过照护专业力量、社会保险专业人员或者具有必要的附加资格社工来支持个人咨询和照顾。照护保险基金会最高联合会应在2008年8月31日之前给出照护咨询人的必要数量和资格条件的建议。

(4)为了确保照护支持点任务的经济履行,州的照护保险基金会应当按照数量和地方职责相互协调一致的原则来准备照护咨询人员,并在2008年10月31日之前对此达成统一和共同的协议。照护保险基金会可以将这一任务委托给照护保险基

金会的州协会。如果直至第1句中所规定的时间点该协议还未成立或只有部分成立,那么照护保险基金会的州协会应该在1个月内作出决定;第81条第2款第2句相应生效。为了让照护咨询人员的任务得到履行,照护保险基金会及法定医疗保险基金会可以使用《社会法典第十册》第88条至第92条所规定的委托可能性措施。通过照护咨询人员的活动而产生的费用由照护保险基金会承担;这一费用的一半可算入第46条第3款第1句所规定的行政管理整体费用中。

(5)为了进行照护咨询,开设私立照护义务保险的私立保险公司可以为了其被保险人而使用照护保险基金会的照护咨询人员。其前提条件是,私立保险公司与照护保险基金会达成了合同协议,约定了使用的方式、内容和范围及基于该使用而产生的费用的补偿。如果没有达成与照护保险基金会的有效协议,开设私立照护义务保险的私立保险公司之间可以达成相互提供照护咨询人员的协议。

(6)照护咨询人员及其他履行第1款所规定的任务的机构,尤其是

1. 根据州法在地方老年护理范围内为居住地附近的照管所确定的、根据《社会法典第十二册》为了照护帮助所确定的机构,

2. 私立医疗保险公司及私立照护保险公司,

3. 第77条规定的照护机构和个人,

4. 自助组织的成员,志愿的或者其他参与公民社会服务的个人和组织,以及

5. 劳动中介及为寻找工作的人提供基本保障的机构。

为了照护咨询的目的,只有在如下的条件下才能收集社会资料,即:这样做对履行本法所规定的任务是必要的;或者其是《社会法典》的规定、保险合同或者《保险监督法》的条款所要求的或者所允许的。

(7)在2011年6月31日前,照护保险基金会最高联合会应该向联邦卫生部提交科学性的经验报告。为此,其可以使用第8条第3款的中的方法。

第7b条　咨询凭据

(1)在收到申请人根据本法第一次提出的要求提供待遇的申请后,照护保险基金会可以

1. 给出联系人并提供一个具体的咨询日期,这一咨询日期最迟不晚于收到申请后的两周,或者

2. 向申请人签发一个列明咨询机构的凭据,这一凭据应可以在收到申请后的两周内在所列明的咨询机构处兑现,费用由照护保险基金会承担。第7a条第4款第5句的规定在此适用。

咨询根据第7条和第7a条来进行。根据被保险人的意愿,咨询应该在家庭环境中进行,在超过第1句所规定的期限后,咨询也可以进行;照护保险基金会应该向被保险人解释这些可能性。

(2)照护保险基金会应当确保咨询机构遵守第7条和第7a条所规定的对咨询的要求。为此,照护保险金会可以单独或者与其他照护保险基金一起,与独立和中立的咨询机构签订合同协议,尤其是涉及以下方面的规定,

1. 对咨询服务和咨询人员的要求,

2. 因为错误的咨询给照护保险基金会带来的损害赔偿责任,以及

3. 价格。

(3)根据第1款第1句第2项,咨询机构只有在如下的条件下才能收集、处理和使用人身相关的数据,即其对第7条和第7a条的咨询目的来说是必要的并且征得了被保险人或者其法定代理人的同意。此外,在咨询开始时还应当告知被保险人或者其法定代理人,被保险人或其代理人可以在任何时候撤回同意。

(4)第1款至第3款的规定也同样适用于开设私立照护义务保险的私立保险公司。

第8条 共同责任

(1)居民的照护服务的提供是全社会的任务。

(2)为了保证提供一个有服务能力的、按地区进行划分的、离居住地近的及流动与固定照护相互协调的居民照护服务,州、乡镇、照护机构及照护保险基金会应在医疗机构的参与下紧密合作。它们致力于扩大和继续发展必要的照护服务组织;尤其是通过部分住院照护和短期照护来补充家庭和住院的照护服务,以及提供对照护进行补充的服务和医学康复服务。此外,还应通过职业的或者志愿的照护力量及通过亲属、邻居和自助组织等形式以支持和促进民众的人道主义照护和关怀,并由此致力于形成新的互助文化及人与人之间的情感互助。

(3)为了进一步发展照护保险,尤其是为照护需求人发展出新的保证质量的待遇形式,照护保险基金会最高联合会可以从照护保险平衡基金的资金中,每日历年投入500万欧元用于研究、科学鉴定、实施示范方案及组织专业会议等措施。但是,应当优先地和示范性地在一个地区,对与人身相关的预算的各种可能性及照护需求人的新的居住计划进行试验。在商议或者实施示范性方案时,在个案中可以偏离第七章及第36条的规定,为了发展特别宽泛的照护条款时,可以偏离第84条第2款第2句的规定。通过将领取照护金的照护需求人包括进示范性方案中而产生的

比照护金更高的服务费用,应当被包括进第1句所规定的促进金额的总量中。如果第1句中所规定的资金该在财政年内没有被使用完,那么其可以转入下一年。示范性方案最长不超过5年。照护保险基金会最高联合会确定这一示范性措施的目标、持续时间、内容及其实施;但是,也需要考虑到各个州的地方性示范计划。这些措施应该与联邦卫生部协调一致。如果涉及各州的财政利益,那么各州应当参与示范性计划。有关从平衡基金中支出促进资金的程序的进一步规定,由照护保险基金会最高联合会与联邦保险局通过协商进行规定。示范性方案应有科学性的检测和评估。第45条第4款第6句的规定在此适用。

第9条 各州的任务

各州对维持提供有服务能力的、数量足够的、经济的照护服务组织负有责任。有关计划和促进照护机构的进一步的规章制度由州法加以规定;州法也可以规定是否及在什么范围内,在州法内规定的、以照护需求人经济的服务能力为导向的对下述两种情况的财政支持:

1. 承担由照护机构向照护需求人收取的,为了保持机构运行而必要的投资费用,或者

2. 承担照护机构为了保持机构运行而必要的投资费用视作是对照护机构的支持。通过引入照护保险而使得社会救助的承担者所节约的费用,应作为对照护机构的投资成本的财政支持被使用。

第10条 联邦政府的照护报告

从2011年起,联邦政府以每四年一次的频率,向联邦立法机关报告德意志联邦共和国内照护保险的发展情况及照护给付的状况。

第11条 照护机构的权利和义务

(1)照护机构按照与普遍承认的医学照护知识的水平相一致的标准照护、服务以及照管那些要求其提供服务的有照护需求的人。其服务的内容和组织应当确保在尊重人的条件之下的人性的、主动积极的照护。

(2)在实施本法时,应该维护照护机构承担者的多样性并尊重其自主性、自我定位及独立性。应当考虑到,教会及其他自由的福利照护承担者在护理、照管、安慰有疾病的、衰弱的及需要照护人时的任务,以及在陪伴他们死亡时的任务。自由公益的及私立的承担者优先于公立的承担者。

(3)《居住与照顾合同法》的规定不受影响。

◎德国社会法典(选译)

第12条 照护保险基金会的任务

(1)照护保险基金会对确保其被保险人的照护待遇负责。此外,它与所有其他照护服务、健康服务及社会服务的参与者紧密合作,并尤其通过第92c条所规定的照护支持点来对地方的和乡镇的照护组织进行网络化管理,由此使得有照护和照顾需求者的居住地附近的照护服务的改善成为可能。为了执行法律为其规定的任务,照护保险基金会应该建立地方及地区的工作组织。《社会法典第十册》第94条第2款至第4款在此适用。

(2)照护保险基金会与流动的及固定的健康和社会服务的承担者进行友好合作,以此来对那些为照护需求者提供的救助服务进行协调。尤其是通过第7a条规定的照护咨询,照护保险基金会要确保在个案当中,基础护理、治疗护理、医生治疗、特殊化的止痛服务、预防服务、医学康复服务及参与家务的服务之间实现紧密无障碍衔接。除此之外,照护保险基金会还应运用第92b条所规定的整合服务的手段,为了确保照护需求人的家庭医生、专科医生及牙医的服务而致力于让固定的照护机构与职业医生进行合作或者让其应用《社会法典第五册》第119b条的规定。

第13条 照护保险待遇与其他社会待遇的关系

(1)在如下原因的照护需求中,补偿待遇优先于照护保险的待遇:

1. 根据《联邦抚恤法》及其他相应规定适用《联邦抚恤法》的法律而产生的照护需求,

2. 由法定事故(工伤)保险而产生的照护需求,以及

3. 基于依法管理的事故赔偿或者事故救助的公共基金而产生的照护需求。

(2)《社会法典第五册》第37条所规定的家庭疾病护理待遇不受影响。

(3)照护保险的待遇:

1. 优先于《社会法典第十二册》的照护救助待遇,

2. 优先于《负担平衡法》《修复赔偿法》及《难民救助法》的照护救助待遇,

3. 根据《联邦抚恤法》及其他相应规定适用《联邦抚恤法》的法律而产生的照护救助待遇。

当照护保险的待遇没有被提供,或者当与照护相比,这些法律根据原因或者额度规定了更多的待遇的时候,应该按照这些法律来提供照护待遇。《社会法典第十二册》《联邦抚恤法》及《社会法典第八册》为残障人士所规定的融入帮助不受影响,与照护保险相比,其非具有从属性;应当提供包括照护待遇在内的、本法第71条第4款所规定的在机构中必要帮助。

（3a）第45条所规定的待遇在第3款第1句所规定的照护救助待遇中不予考虑。

（4）如果照护待遇与融合待遇或者根据《社会法典十二册》的其他的照护待遇相重合，那么照护保险基金会应该与其他的社会救助的承担者进行协商，在与照护需求人的关系中，只由一个机构提供照待遇，而其他的机构补偿应由其承担的待遇的支出。

（5）作为收入的社会保险的待遇在社会待遇及根据《难民申请待遇法》的待遇中不予以考虑，后二者的待遇的提供取决于其他收入。第1句也适用于基于私立照护保险的合同待遇；这一合同待遇在种类和范围上与社会照护保险的待遇具有同等价值。那些将私立照护保险的进一步或者补充的待遇从收入调查中排除出去的法律规定，不受影响。

（6）如果第37条所规定的照护金或者类似的现金提供被转交给了照护人（第19条），那么这类资金提供在调查确认照护人的生活费请求权或者生活费义务时不予考虑。这不适用于

1.《德国民法典》第1361条第3款、第1579条、第1603条第2款及第1611条第1款中的情形，

2. 照护人的生活费请求权，当能够期待照护人通过其自己的收入来负担起其全部或者部分的生活费用，且照护需求人与生活费提供义务人并非直系亲属时。

◎德国社会法典(选译)

第二章　有权获得待遇的人员范围

第14条　照护需求的概念

(1)本法意义上的有照护需求的人是指,其由于身体、精神或者认知的疾病或者障碍,对于在日常生活中惯常和规律性重复发生的事务,长期的(可预期至少6个月)并在显著或者较高的程度上需要帮助的人。

(2)第1款意义上的疾病或者障碍是指:

1. 支撑或者运动系统的丧失、瘫痪,或者其他功能障碍,

2. 内部器官的或者感觉器官的功能障碍,

3. 中枢神经系统的紊乱,如传导、记忆或者方向障碍及内生的精神病、神经症或者精神障碍。

(3)第1款意义上的帮助存在于支持、部分承担或者全部承担日常生活中的事务中,也存在于以达成独立承担这些日常事务为目标的照看或者引导中。

(4)第1款意义上的在日常生活中惯常和规律性重复发生的事务是指:

1. 在身体护理领域中的洗涤、淋浴、洗澡、牙齿护理、梳头、刮胡子及大小便,

2. 在食物营养领域中的制作合口或者营养的食物,

3. 在活动领域中的独立起床和睡觉、穿衣和换衣、行走、站立、上台阶、离开和回到住处,

4. 在家务服务领域中的购物、做饭、清扫住处、洗碗、更换和清洗衣物或者烘干衣物。

第15条　照护需求的等级

(1)为了提供本法所规定的待遇,照护需求人(第14条)需要对照下述照护等级进行归类:

1. 第一照护需求等级(显著的照护需求)的照护需求人是指,其在身体护理、营养食物制作、活动领域,为了完成至少来自同一领域或者多个领域的两种日常事务,每天至少需要一次帮助且在1周当中额外地需要多次家务服务的帮助。

2. 第二照护需求等级(严重的照护需求)的照护需求人是指,其在身体护理、营养食物制作、活动领域,每天在不同的时间至少需要三次帮助且在1周当中额外地需求多次家庭服务的帮助。

3. 第三照护需求等级(最严重的照护需求)的照护需求人是指,其在身体护理、制作营养食物、活动领域,24个小时服务,包括在夜间都需要帮助且在1周当中额外地需求多次家庭服务的帮助。

为了提供第43a条所规定的待遇,只需确认第一照护需求等级的条件得到满足即可。

(2)在儿童的情况中,与其他健康的、同类的儿童相比较的额外帮助需求对于归类有决定性作用。

(3)家庭成员或者其他未经专业护理训练的照护人员,为基础护理的必要服务及家务服务所付出的时间耗费,每周必须平均每天

1. 在第一照护等级中至少达到90分钟;其中必须至少有45分钟是为基础护理支出的,

2. 在第二照护等级中至少达到3个小时;其中至少有2个小时是为基础护理支出的,

3. 在第三照护等级中至少达到5个小时;其中至少有4个小时是为基础护理支出的。

在确定时间耗费时,应当考虑那些为了必要的、与日常事务相关的、特殊疾病的照护措施的时间耗费;当要求提供的服务的帮助需求是按照《社会法典第五册》的规定进行时,此项规则亦适用。与日常事务相关的特殊疾病的照护措施是指治疗护理的措施,在这些措施里,治疗照护的帮助需求是第14条第4款所规定的日常事务的不可分割的一部分,或者治疗照护的帮助需求与上述日常事务处于时间和事实的直接必要联系中。

第16条　行政法规授权

联邦卫生部被授权与联邦家庭、老人、妇女、青年部及联邦劳动和社会部共同在取得联邦参议院同意的情况下,制定行政法规,用于进一步界定第14条所规定的照护的需求的特征、第15条所规定的照护等级及适用于第36条第4款、第43条第3款所规定的疑难案件的规则。

第17条　照护保险基金会方针

(1)照护保险基金会最高联合会以促进统一的法律适用为目标,在医疗保险基金会最高联合会的医疗机构的参与下,制定方针来进一步界定第14条所规定的照护需求的特征、第15条所规定的照护等级及照护需求程序的确定。照护保险基金会最高联合会应当让下述团体参与:联邦法定保险医生协会,联邦护理业及残疾人

协会、联邦自由慈善照护工作共同体、联邦跨地区社会救助工作共同体、联邦层面的地方联盟、私立养老和护理院的联邦社团及私立门诊服务社团。照护保险基金会最高联合会在医疗保险基金会联盟负责机构的参与下，制定关于适用第36条第4款、第43条第3款中疑难案件的方针。

（2）根据第1款的所制定的方针，只有在联邦卫生部批准后才生效。在方针被提交给联邦卫生部后，如果后者在1个月内没有提出异议，则该方针视为通过。联邦卫生部的异议须在其确定的期限内提出。

第18条　确定照护需求的程序

（1）照护保险基金会委托医疗保险的医学机构或者其他独立的鉴定人，对照护需求的前提条件是否被满足，以及照护需求的等级评定进行检验。在这一检查框架内，医学机构或者由照护保险基金会所委托的鉴定机构通过对申请者的检查，确认第14条第4款意义上的日常事务的限制，查证帮助需求的方式、范围及可能持续的时间，以及是否存在根据第45a条规定的日常生活能力被显著限制这一情形。除此之外，还需要进行确定，是否及在什么样的范围内所采取的排除、减少或者预防照护需求恶化的措施，包括医学的康复服务，是合适的、必要的和合理的；在此范围内，被保险人具有要求相关负责的服务提供者提供医学康复服务的权利。

（2）医学机构或者被照护保险基金会委托的鉴定人需要在被保险人的居住领域内对其进行检查。如果被保险人对此不同意，那么照护保险基金会可以拒绝其所申请的服务。《社会法典第一册》第65条和第66条不受影响。如果医学检查的结果基于清楚的案件情况已经确定，在照护需求人居住领域内对其的检查可以免于检查。检查应该在适当的时间间隔内重复进行。

（3）照护保险基金会应当将要求确定照护需求的申请毫不迟延地转交给医疗保险的医学机构或者由照护保险基金会所委托的鉴定人。在申请到达相关负责的照护保险基金会后，最迟5周内需要书面告知申请人决定。如果申请人处在医院或者其他住院的康复机构中，并且

1. 有迹象表明，即为了确保门诊或者住院继续治疗和照管，需要在该机构的鉴定，或者

2. 根据《照护时间法》，要求照护时间的请求已经向照护人的雇主宣布，或者

3. 与照护人的雇主约定了《家庭照护时间法》第2条第1款规定的家庭照护时间，那么该鉴定必须在此处毫不迟延地，最迟在申请达到相关负责的照护保险基金会1周内进行；这一期限可以通过地区性的协议缩短。当申请人处在济贫所或者其

在门诊进行止痛治疗时,该被缩短的鉴定期限也有效。如果申请人处在家庭环境中且无须进行止痛治疗,并且根据《照护时间法》要求照护时间的请求已经向照护人的雇主宣布,或者与照护人的雇主约定了《家庭照护时间法》第2条第1款规定的家庭照护时间,那么医疗保险的医学机构或者由照护保险基金会所委托的鉴定人必须最迟在申请到达相关负责的照护保险基金两周内进行鉴定,医疗保险的医学机构或者由照护保险基金会所委托的鉴定人应当毫无迟延地通知申请人,该医学机构或者该被委托的鉴定人会向照护保险基金会转达何种推荐意见。针对第3句至第5句的情况,推荐意见必须只包含以下确认,即第14条及第15条意义上的照护需求是否存在。照护保险基金会的决定应该在医学机构或者照护保险基金会所委托的鉴定人的推荐意见到达后,以书面形式毫无迟延地通知申请人。申请人有权要求在获得通知时附带鉴定书。在鉴定书中应当写入,申请人是否拟行使这项权利。申请人也可以在之后的时间中要求获得鉴定书。

(3a)照护保险基金会有义务向申请人至少提供三个独立的鉴定人,以供其选择,

1. 只要根据第1款独立鉴定人被委以检查的任务,或者
2. 当从提出申请开始的4周内没有进行鉴定。

应当向被保险人说明鉴定人的资质和独立性。如果申请人决定选择某一鉴定人,那么需要考虑他的这一选择意愿。申请人需要在从知道鉴定人的名字起的1周内,告诉照护保险基金会他的决定,否则照护保险基金会可以从其提供给申请人的名单中选择一位鉴定人。鉴定人在执行其任务时只服从于自己的良心。当照护保险基金会对迟延不负有责任时,第1句和第2句的规定不适用。

(3b)如果照护保险金会在申请到达后的5周内,没有对申请进行书面通知或者没有坚持第3款中所规定的被缩短的鉴定期限,那么照护保险金会在逾期之后,必须每周向申请人支付70欧元。当照护保险基金会对迟延不负有责任,或者当申请人处在住院照护中并已经被认定至少有显著的照护需求(至少是第一照护需求等级),则此规定不适用。此处规定的内容对那些提供私立照护——义务保险的私人保险公司也适用。照护保险的承担者及私立的照护保险公司应在每年3月31日之前,公开在上一年中坚持第3款的期限的统计数据。

(4)只要被保险人同意,医学机构或者由照护保险基金会所委托的鉴定人应该将被保险人的治疗医生,尤其是家庭医生包含进鉴定中,并搜集医生答复意见书、关于对照护需求进行鉴定来说重要的过往疾病的资料,以及关于照护需求的种类、

范围和持续时间的资料。在取得被保险人同意的情况下,也应该询问那些照护被保险人的家庭成员、其他人员或者机构。

（5）照护保险基金会和医疗保险基金会及服务提供者有义务向医学机构或者受照护保险基金会委托的鉴定人提供对鉴定来说必要的材料,并作出必要的答复。《社会法典第五册》第276条第1款第2句和第3句相应适用。

（6）医疗保险的医学机构或者由照护保险基金会所委托的鉴定人应当毫无迟延地向照护保险基金会提供其确定照护需求的检查结果。在其阐述的立场中,医学机构或者由照护保险基金会所委托的鉴定人也需要通报这一检查结果,即可能的情况下何种预防和医学的康复措施是适合的、必要的和合理的,并推荐照护服务的种类和范围及个人的照护计划。所确定的医学康复应当由医学机构或者照护保险基金会所委托的鉴定人记录在特殊的康复推荐意见中。如果照护需求人申请照护金,那么这一鉴定意见也应包含家庭照护是否以适当的方式被确保的内容。

（7）医学机构的任务由医生在与照护专业力量及其他专业力量的紧密合作下进行。通常情况下,儿童照护需要的检查由经特别训练的鉴定人进行,鉴定人应具有儿童疾病护理资格或者儿科医生的资质。对那些不属于医学机构的照护专业力量或者其他适当的专业力量,医学机构有权向其提供对其参与来说必要的个人资料。第1句至第3句的规定对其他的独立鉴定人同样适用。

第18a条　康复推荐意见的转达及报告义务

（1）不晚于发出关于照护需求决定的通知之时,照护保险基金会应当向申请人转达医学机构或者由照护保险基金会所委托的鉴定人的特别推荐意见,并全面地、有依据地表明立场,即在推荐意见的基础上将进行何种程度的医学康复措施。此外,照护保险基金会还要通知申请人,只要申请人对该程序表示同意,则通过将关于康复需求的通知转交给相关负责的康复承担者,根据《社会法典第九册》的规定要求提供医学康复服务的程序将被启动。

（2）照护保险基金会应报告2013—2015年运营年度中每年转化执行医疗保险的医学机构或者由照护保险基金会委托的鉴定人作出的关于医学康复的推荐意见的经验。为此,由其要报告如下事项：

1. 在确定照护需求的鉴定框架内,医疗保险的医学机构或者由照护保险基金会委托的鉴定人的关于医学康复的推荐意见的数量,

2. 根据第31条第3款及《社会法典第九册》第14条向相关负责的康复承担者提出的申请数量,

3. 相关负责的康复承担者批准提供服务的决定的数量和拒绝提供服务的决定的数量,并包括拒绝的理由及提出复议的数量,以及实施医学康复措施的数量。

照护保险基金会应当在每年3月31日之前,向照护保险基金会联邦最高联合会报告上一年的情况。照护保险基金会最高联合会连同联邦卫生部对报告的程序和内容作出进一步规定。

(3)照护保险基金会最高联合会整理相关数据,并将上一年整理后的、检查过其可信度的数据在每年7月之前转交给联邦卫生部。照护保险基金会最高联合会还需将州直属保险承担者处理后的数据转交给负责社会保险的州最高行政机构,或者应这些特定机构的要求而转交。照护保险基金会最高联合会在上述报告数据及其他情报的基础上,于每年在9月1日前公布有关上年度情况的报告。

第18b条　在鉴定程序中的服务指引

(1)照护保险基金会最高联合会以在鉴定程序中加强对被保险人的服务指引为目的,在2013年3月31日之前颁布对所有的医学机构都具有约束力的指令。医疗保险基金会联盟负责机构的医疗机构,以及联邦层级实现照护需求人和残疾人利益及自助的重要组织也需参与进来。

(2)指令尤其应规定

1. 所有在医学机构负责下参与鉴定程序人员的一般行为准则,

2. 医学机构向被保险人提供特殊和一般的关于鉴定程序,尤其是流程、法律基础及申诉可能的信息的义务,

3. 对被保险人进行的符合规则的询问,

4. 处理那些涉及医学机构工作人员的行为或者涉及鉴定程序的申诉的统一程序。

(3)指令在获得联邦卫生部批准后始生效力。在指令被提交给联邦卫生部之后,后者在1个月内没有提出异议,那么指令视同生效。联邦卫生部的异议需要在由其确定的期限内提出。

第19条　照护人的概念

本法意义上的照护人是指,非营利性的、在第14条意义上的照护需求人的家庭环境中对其进行照护的人员。只有当照护人每周照护一个或者多个照护需求人在14小时(含)以上时,照护人才能根据第44条获得社会保障待遇。

◎德国社会法典(选译)

第三章 保险义务人的范围

第20条 法定医疗保险成员在社会照护保险中的保险义务

(1)有义务进行法定医疗保险的成员在社会照护保险中负有保险义务。包括:

1. 获取劳动报酬的工人、职员及进行职业培训的劳动者;在根据《社会法典第三册》领取短期工人工资的时间里,保险义务不受影响,

2. 根据《社会法典第三册》领取失业金的人员,即使之后导致其获得失业金的决定被溯及地取消或者失业金被要求返还或者赔偿;从禁止期(第三册第159条)第2个月起到第12周止,或者从出于休假补偿的休息时间(第三册第157条第2款)的第2个月起,失业金视为已经领取,

2a. 根据《社会法典第二册》领取第二失业金,且在法定医疗保险中没有以家庭保险的形式得到保险的人员,除非这一失业金的提供只是以贷款的方式被给予或者只是领取了第二册第24条第3款第1句所规定的待遇,

3. 根据《社会法典第二册》第2条通过农民医疗保险而负有保险义务的农民、与其一起劳动的家庭成员及有终老财产的农民,

4. 《艺术家保险法》进一步规定的自主艺术家和新闻工作者,

5. 在青少年救助机构、职业培训工厂及类似的为残疾人开设的机构中有工作能力的人员,

6. 参与劳动生活、职业培训或者工作试用等服务的参加者,除非这些服务是根据《联邦战争受害者照料法》的规定而提供的,

7. 在获承认的残疾人工厂或在《社会法典第九册》第143条意义上的盲人工厂中工作的残疾人,或者为这些机构在家从事手工劳动的残疾人,

8. 在慈善机构、养老院或者同等机构中以一定的经常性提供劳动服务的残疾人,其劳动服务满足相同工种具有完全工作能力者服务量的1/5;为这些机构的承担者提供的服务也属于此,

9. 在国家或者国家承认的高校注册的学生,只要其根据《社会法典第五册》第5条第1款第9项的规定负有医疗保险的义务,

10. 由于职业培训而无报酬地进行劳动工作,或者由于就读于专科学校或者职业学校或者从事学习或考试规章所规定的职业实践活动而没有劳动报酬的人员

（实习生）；处在根据《联邦教育促进法》可获资助的培训期中的第二教育途径的学徒,等同于实习生,

11. 满足根据法定退休保险而要求退休金的前提条件且已经提出申请退休金的人员,只要其根据《社会法典第五册》第5条第1款第11项、第11a项、第12项而负有医疗保险义务,

12. 这类人员,其由于迄今未享有在疾病情况下要求获得保障的权利,根据《社会法典第五册》第5条第1款第13项或者根据《社会法典第二册》第2条第1句第7项关于农民医疗保险而负有医疗保险义务。

(2)领取提前退休金的人员,如果其在领取提前退休金前直接负有保险义务,并且该退休金至少达到《提前退休金法》第3条第2款意义上的税前收入的65%,也视为第1款第1项意义上获得劳动报酬的工人和职员。第1句对在外国拥有住所或者在下述国家拥有经常居住地的人员不适用,即对在这个国家拥有住所或者经常居住地的劳动者并不存在国际的或者双边的疾病医疗实物待遇的协议。

(2a)不属于教会协作组织或者类似的宗教团体合规章的成员,为了该教会协作组织或者类似的宗教团体的事务而在学校之外接受教育培训者,视为第1款第2句第1项中的为了职业教育而劳动的人员。

(3)法定医疗保险的自愿投保者在社会照护保险中负有保险义务。

(4)至少10年不在社会照护保险中或者至少10年不在法定医疗保险中负有保险的义务的人员,如果其从事从外表来看负有保险义务的职业活动或者从事具有次要经济意义的自营活动,则可进行可反驳的推断,即其未从事根据第1款第1项的规定成立保险义务的职业活动或者根据第1款第3项或者第4项负有保险义务的自营活动。这尤其适用于家庭成员或者生活伴侣的职业活动。

第21条 其他人员在社会照护保险中的保险义务

在国内拥有住所或者经常居住地的以下人员,如果其在应对疾病风险的范围内既没有法定医疗保险,也没有在私立医疗保险公司投保,则其在社会照护保险中也负有保险义务,

1. 根据《联邦抚恤法》或者其他规定《联邦抚恤法》相应适用的法律而享有康复治疗或者医疗治疗权利的人员,

2. 领取战争损害抚恤金或者根据《负担平衡法》《修复损害法》获得类似待遇,或者根据《难民救助法》获得持续帮助的人员,

3. 根据《联邦抚恤法》或者其他规定《联邦抚恤法》相应适用的法律,在战争受

害人照顾的框架内获得生活补充帮助的人员,

4. 根据《社会法典第八册》而获得长期生活费用待遇和疾病帮助服务的人员,

5. 根据《联邦赔偿法》而有权获得疾病照顾的人员,

6. 受征召而进入有期限士兵待遇关系的人员。

第22条 保险义务的免除

(1)根据第20条第3款在社会照护保险中负有保险义务的人员,可以根据申请免除保险义务,如果其能证明,为了应对照护需求其已经在私立保险公司投保,或者对其自身及其原本根据第25条具有保险义务的家属或者生活伴侣来说,已能够获得在种类和范围上与第四章规定相同的待遇。参加了医疗保险的保险义务免除者,有义务维持其医疗保险。在有照护需求时获得帮助待遇的人员,有义务缔结第1句意义上的相应的按份额保险。

(2)申请只能够在保险义务开始后的3个月内递交给照护保险基金会。如果自保险义务开始的时间点至递交时止,履行保险待遇的要求从未被提起,则保险义务的免除从保险义务开始时生效,否则则从递交申请的下一个日历月的开始发生效力。保险义务的免除不可撤回。

第23条 私立医疗保险公司参保人的保险义务

(1)为了应对疾病风险而在私立医疗保险公司参保并有权享有一般的医院待遇的人员或者在满足《保险合同法》第193条第3款保险义务的保险合同范围内参保的人员,在《保险合同法》第193条第2款的前提条件下,为防止照护风险有义务与该私立保险公司订立并维持保险合同。保险合同必须在上述人员或者其根据本法第25条在社会照护保险中成立家庭保险的家属、生活伴侣的保险义务出现的时间点起,规定合同待遇内容,该类待遇在种类和范围上须等同于第四章中的待遇。在此应用额度相当的费用补偿来替代实物待遇。

(2)与其他的私立保险公司也可以签订第1款所规定的合同。此项选择权须在6个月内行使。期限从个人保险义务出现时起算。解除合同的权利不受期限到期的影响;但在根据第1款的保险义务继续存在的情况下,仅当参保人能够证明其在新的保险人处不间断参保的情况下,解除合同才有效。

(3)根据《联邦公务员法》有关规定或者原则,在出现照护需求的情况下有权要求获得帮助的人员,只要其根据第20条第3款没有保险义务,则有义务缔结相应份额的、与津贴相适的第1款意义上的保险。与津贴相适的保险应当如此安排,即其合同待遇与根据《联邦津贴条例》第46条第2款、第3款所规定的计算原则的津贴待遇能够共同保障第1款第2句所规定的保险保护。

（4）第1款至第3款相应地适用于

1. 有权获得治疗救济、在社会照护保险中不负有保险义务的人，

2. 邮政公务员医疗保险基金会的成员，

3. 联邦铁路公务员健康保险的成员。

（5）第1款、第3款及第4款不适用于这类人员，即其在不可预见的期限内处于住院照护中，并根据《联邦抚恤法》第35条第6款、《社会法典第七册》第44条、《公务员照顾法》第34条或者根据那些规定了《联邦抚恤法》相应适用的法律已经获得了照护待遇的人员，只要其没有根据第25条在社会照护保险中成立家庭保险的家庭成员或者生活伴侣。

（6）私立医疗保险公司或者其他从事照护保险的保险公司有义务，

1. 为确定照护需求及划分照护等级，建立与社会照护保险相同的标准，

2. 将成员及其根据第25条参加家庭保险的家属或者生活伴侣在社会照护保险中所经过的保险时间算入等待时间。

第24条 代表的保险义务

联邦议会、欧洲议会及州议会的成员（代表）在已经根据第20条第3款或者第23条第1款负有保险义务的情况下，仍然有义务向各自的议会主席证明，其为了应对照护需求的风险已经参加了保险。此规定也适用于根据联邦代表法和各州的代表法受领保障待遇的人员。

第25条 家庭成员参保

（1）家庭成员参保对象为投保成员的配偶、生活伴侣、子女及参保家庭险的成员子女的子女，当这些家庭成员符合以下情况时：

1. 在国内具有住所或者经常居住地，

2. 根据第20条第1款第1项至第8项、第11项或者根据第20条第3款负有保险义务，

3. 未根据第22条免除保险义务且未根据第23条已经在私立照护保险中参加义务保险，

4. 主要职业不是自主经营活动，

5. 其收入总额没有每月经常性地超过根据《社会法典第四册》第18条规定的月收入额的1/7；在退休的情况下，待遇金额应在排除属于孩子教育时间对应的补偿点数部分的情况下来加以考虑；对于《社会法典第四册》第8条第1款第1项、第8a

条所规定的微薄收入者所允许的收入总额不超过450欧元。

《社会法典第二册》关于农民医疗保险的第7条第1款第3句和第2款,以及《社会法典第五册》第10条第1款第2句至第4句相应适用。

(2)孩子应参加保险:

1. 直至年满18周岁,

2. 若其没有职业则直至年满23周岁,

3. 若其处在学校或者职业教育中,或者执行《青年志愿服务法》或者《联邦志愿服务法》意义上的志愿社会年或者志愿生态年的,则直至年满25周岁;如果学校或者职业教育由于子女法定服务义务的履行而中断或者延期,则家庭保险在孩子超过25岁之后,在服务义务相应的期限内继续存在;从2011年7月1日起,此规定也适用于参加根据《士兵法》第58b条自愿兵役、根据《联邦志愿服务法》《青年志愿服务法》的志愿服务或者类似的被承认的志愿服务而中断的情况,或者由于作为《发展帮助法》第1款第1条意义上的发展助手的活动且最高不超过12个月的中断情况。

4. 若子女由于身体上、精神上或者心灵上的障碍(第九册第2条第1款)而没有能力养活自己,则没有年龄限制;其前提条件是,障碍(第九册第2条第1款)在该子女根据第1项、第2项或者第3项的规定参加保险的时间段中出现。

《社会法典第五册》第10条第4款、第5款相应适用。

(3)当被保险成员的与该子女有亲属关系的配偶或者生活伴侣根据第22条免除了保险义务,或者根据第23条在私立照护保险中负有保险义务,且其收入总额每月经常性地超过《社会法典第五册》中规定的年劳动收入界限的1/12,并经常性地高出被保险成员的总收入额时,则该子女不能参保;在退休的情况下需考虑待遇数额。

(4)对于那些履行基于《士兵法》第四章中法定义务的兵役、民役、服务提供或者训练的人员,第2款第1项、第2项和第3项的保险在服务的期限内继续存续。此规定也适用于处于根据《作战和康复法》第6条特殊种类的兵役关系中的人员。

第26条 接续保险

(1)被排除出第20条、第21条所规定的保险义务的人员,或者在被排除前的过去5年中至少24个月或者直接在排除前的12个月参加过保险的人员,可以申请在社会照护保险中继续参加保险,只要对其并未产生第23条第1款所规定的保险义务。该规定对于那些其第25条的规定的家庭保险终止,或者其家庭保险只是因为出现了第25条第3款所规定的条件而不存在的人员，也同样适用。第1句的情况中，申请需在保险成员资格结束后的3个月内向相关的照护保险基金会提出，在第2句的情况中，需在家庭保险结束后或者子女出生后向照护保险基金会提出。

（2）因为住所或者经常居住地转移到国外而被排除保险义务的人，可以根据申请继续参加保险。申请应被排除保险义务后的1个月内向其之前的照护保险基金会提出。接续保险也涵盖与保险成员一起将其住所或者经常居住地转移至国外的、第25条所规定的家庭成员或者生活伴侣。对于留在国内的家庭成员或者生活伴侣，其根据25条的家庭保险在保险成员将其住所或者经常居住地转移至国外的当日结束。

第26a条　加入权

（1）在国内拥有住所，却因为在1995年1月1日引入照护保险时，虽然拥有国内住所却并不满足社会照护保险或者私立照护保险的保险义务或者共同保险义务要件，而未参加照护保险的人员，有权向第48条第2款规定的任一可选择的社会保险基金会提出自愿成员资格申请，或者与私立保险公司订立照护保险合同。根据《社会法典第十二册》领取长期生活费用补助或者无力自行支付费用的人员不在此列。加入意愿须在2002年6月20日之前，向所选择的照护保险基金会或者私立保险公司书面提出；保险的加入效力溯及地自2001年4月1日开始。本法第33条第2款所规定的先保险条件视为已经满足。本法第110条第1款的规定适用于私立保险合同。

（2）在国内拥有住所，从1995年1月1日到本法生效之间的某个时间点起未参加照护保险，且不满足本册所规定的保险义务要件的人员，有权向第48条第2款规定的任一可选择的社会保险基金会提出自愿成员资格申请，或者与私立保险公司订立照护保险合同。第1款第2句中规定的人员，仅由于在1995年1月1日之后非基于强制原因而终止私立医疗或者照护保险而致无护理保险的人员，或者由于未行使法定医疗保险或者社会照护保险中的接续保险而致无护理保险的人员，不在此列。加入意愿须在2002年6月20日之前向所选择的照护保险基金会或者私立保险公司书面提出；保险的加入效力溯及地自2002年1月1日开始。第110条第3款适用于私立保险合同。

（3）从2002年7月1日起，只有下列未参加照护保险的人员才有加入社会或者私立照护保险的权利，即作为移民或者从外国回归者，在国内具有住所且不满足本册所规定的保险义务的要件、未满65周岁的人员，或者在国内拥有住所而没有保险义务且根据第1款第2句的排除原因已经消失的人员。加入申请须在获得国内住址或者第1款第2句所规定的排除原因消失之后的3个月内,向根据第48条第2款所选择的照护保险基金会或者私立保险公司书面提出,加入从申请提交后的下1个月的1号起生效。第110条第3款适用于私立的保险合同。第1句所规定的加入权在下述情况中并不成立,即当非基于强制性原因而未行使第1款和第2款所规定的加入权时,或者出现第2款第2句所列举的排除原因。

第27条 私立照护保险合同的解除

根据第20条或者第21条负有保险义务且为预防照护需求已在私立医疗保险公司参加保险的人员,可以从出现保险义务开始解除保险合同。如果出现了第25条所规定的家庭保险情形时,解除权也适用于家庭成员或者生活伴侣。《社会法典第五册》第5条第9款相应适用。

第四章 照护保险的待遇

第一节 待遇概览

第28条 待遇种类、原则

(1)照护保险提供如下待遇:

1. 照护的实物待遇(第36条),

2. 对自己获取照护帮助的照护金(第37条),

3. 金钱提供与实物提供的结合(第38条),

4. 在照护人员障碍情况下的家庭照护(第39条),

5. 照护帮助手段和提高居所环境的措施(第40条),

6. 日间照护与夜间照护(第41条),

7. 短时照护(第42条),

8. 全住院照护(第43条),

9. 残疾人的在全住院机构中的帮助照护(第43a条),

10. 照护人员的社会保障待遇(第44条),

11. 照护时间的额外待遇及短时劳动障碍的额外待遇(第44a条),

12. 为家属提供的照护课程及志愿照护人员(第45条),

13. 额外看护待遇(第45b条),

14. 根据第九册第17条第2款至第4款的个人预算待遇,

15. 门诊照顾居住团体中的照护需求者的额外待遇(第38a条)。

(1a)被保险人有权要求照护保险基金会或者其保险公司提供照护咨询(第7a条)。

(1b)在第45a条第2款第2句所规定的时间点前,有照护需求的人在第45e条第1款条件下有权要求获得经济资助来建立门诊照顾的居住团体。在基于照护需求概念及相应鉴定程序而规定待遇履行的新法律生效之前,其日常生活能力显著受限的被保险人有权要求更好的照护待遇(第123条)。

(2)根据公务员法律的规定或原则有权在疾病和照护情况下要求津贴或者治疗救助的人员,其获得照护待遇减半;在实物待遇的情况下,这一减半按照实物的价值计算。

（3）照护保险基金会及服务提供者须确保，第1款所规定的待遇应该根据医学和照护知识一般承认的水平来提供。

（4）照护也需以鼓励照护需求人维持现在所具有的能力为目标，在可能的情况下，鼓励其重新获得已经丧失的能力。为了防止照护需求人陷入孤独危机，在提供待遇时也应当考虑到照护需求人的交流需求。

第二节　共同规定

第29条　经济性要求

（1）待遇必须有效和经济；其不能超过必要的程度。照护需求人不能主张不满足这上述条件的待遇，照护保险基金会不能批准不满足上述条件的待遇，而服务提供者不能让不满足上述条件的服务给社会照护保险造成不利后果。

（2）照护服务只能向与照护保险基金会或者与为照护保险基金会工作的团体签订合同的服务提供者主张。

第30条　动态化行政法规授权

（1）联邦政府应每三年，最近应于2017年，检查照护保险待遇修改的必要性和额度。过去3个日历年中累积的价格变化是修改必要性的指导性标准；此外还需确保服务价格的提高不能超过相同时间段内工资毛收入的增长。在检查时可以将整个经济的框架条件一起加以考虑。联邦政府向联邦的立法机构提供关于检查结果及造成这一结果的主要原因的报告。

（2）联邦政府被授权在获得报告之后，在考虑到联邦立法机关可能立场的情况下，并经联邦参议院同意后，在下一年的1月1日之前通过行政法规，修改照护保险待遇的额度及第37条第3款所确定的报酬。行政法规最早应该在获得报告的2个月之后制定，以便给联邦立法机关以阐述立场的机会。

第31条　康复优于照护

（1）在个案当中，照护保险基金会应检查，哪些为了医学恢复的服务及补充的服务这对于消除、减轻照护需求及防止照护需求继续恶化来说是合适和合理的。如果根据本册提供服务，那么在复查时，需要一并对有助于医学恢复的更合适、更合理服务的问题进行检查。

（2）照护保险基金会在引导和实施照护服务及在咨询、答复和解释时，应当与康复的承担者紧密合作,以此来避免、消除和减轻照护需求,防止照护需求恶化。

(3)当照护保险基金会通过医疗保险医学机构(第18条第6款)鉴定人的确认或者以其他的方式发现,在个案中出现了医学恢复的服务,那么其必须立即通知被保险人,同时在征得被保险人同意的情况下立即通知其治疗医生,并在获得被保险人同意的情况下通知相应的恢复治疗承担者。同时,照护保险基金会也需提醒被保险人其自身的责任及合作义务。在被保险人同意的情况下,给恢复治疗承担者的通知视为对《社会法典第九册》第14条规定的程序提出申请。相关负责的恢复治疗承担者的服务决定应当立即通知照护保险基金会。照护保险基金会应在适当的时间段内检查相应的措施是否被实施;必要时,照护保险基金会需要根据第32条第1款提供临时医学恢复待遇。

(4)(废除)

第32条 临时医学恢复待遇

(1)为了避免即将产生的照护需求威胁,消除和减轻既存的照护需求或者防止照护需求继续恶化而必须立即提供待遇,否则将危及待遇的立即执行时,照护保险基金会应当提供临时医学恢复待遇。

(2)照护保险基金会应当首先通知相关的服务提供者,并向其指出服务提供的紧急需求;如果服务提供者不能及时、最迟在提出申请后4周内不能提供服务,则照护保险基金应暂时自行提供待遇。

第33条 待遇的前提条件

(1)被保险人根据申请获得照护保险的待遇。待遇从提出申请时起开始提供,但不得早于申请人请求权的条件得到满足的时刻。如果申请是在照护需求出现的1个月之后提出,那么待遇从提出申请当月的月初开始提供。照护等级划分、疑难情况承认及待遇批准可以设定期限并随期限的结束而结束。当且仅当帮助需求根据医疗保险基金会的医学机构的评估预期将减轻时,可以设定期限。期限可以重复,并且不排除期限时间内在照护等级划分、疑难情况承认及待遇批准中出现变动,只要其是由《社会法典》的条文所规定的或者允许的。期限时间总共不能超过3年。为了确保待遇提供的无缝衔接,照护保险基金会需要在期限到期之前及时进行检查,并通知照护需求人及对照护需求人进行照顾的照护机构,待遇提供是否继续被批准,以及照护需求人被划入何种照护等级。

(2)要求提供待遇的权利存在于:

1. 1996年1月1日至1996年12月31日之间,当被保险人在申请提出前至

少1年,

2. 1997年1月1日至1997年12月31日之间,当被保险人至少在申请提出前2年,

3. 1998年1月1日至1998年12月31日之间,当被保险人至少在申请提出前3年,

4. 1999年1月1日至1999年12月31日之间,当被保险人至少在申请提出前4年,

5. 2000年1月1日至2008年6月30日之间,当被保险人至少在申请提出前5年,

6. 从2008年7月1日起,当被保险人在申请提出前的过去10年中至少有2年,

作为照护保险的成员而参加保险或者以第25条的家庭保险的形式参加保险。在确定第1款所要求的前保险时间时,根据第26条第2款的接续保险时间应该一同考虑。如果其父母一方满足第1款规定的前保险时间,那么其子女也视为满足前保险时间。

(3)对于由于出现社会照护保险的保险义务而从私立照护保险中退出的人员,其在私立保险中所连续经过的保险时间应算入第2款中的前保险时间。

(4)(废除)

第33a条　待遇的排除

当个人放弃本册规定的有效待遇,且其目的在于滥用根据第20条第1款第2句第12项规定的保险中的待遇或者基于该保险在第25条规定的保险中的待遇,则其没有获得待遇的权利。进一步的实施由照护保险基金会在其规章中规定。

第34条　待遇请求权的中止

(1)待遇请求权中止:

1. 当被保险人长居国外。日历年中临时居住国外不超过6周,第37条所规定的照护金或者第38条规定的份额照护金继续发放。对于照护实物待遇来说,只有当提供照护实物待遇的照护力量在照护需求人于国外停留期间对其进行陪同的情况下,才适用。

2. 当被保险人直接根据《联邦抚恤法》及规定《联邦抚恤法》适用的法律,根据法定事故(工伤)保险,或者根据基于法律规定的事故救助或事故补偿而从公共基金中获得基于照护需求的赔偿待遇时。当从国外或者从国家间的、国际的机构中获得类似赔偿待遇时,此规定也适用。

（1a）有照护需求的被保险人居住于欧盟成员国、欧洲经济体协议缔约国或者瑞士时，根据第37条的照护金请求权或者根据第38条的份额照护金请求权不中止。

（2）此外只要第39条没有例外规定，若在家庭医疗护理请求权（《社会法典第五册》第37条）框架内存在基础照护和家务帮助，以及在第71条第4款意义上的机构中住院的时间段内，家庭照护的待遇请求权中止。在完全住院的医院治疗的前4周，在有权获得基础照护或者家务帮助的家庭医疗护理的前4周，以及被吸纳进入根据《社会法典第五册》第107条第2款规定的照顾或康复机构中的前4周，根据第37条的照护金及根据第38条的份额照护金需继续发放；由专门的照护力量确保其照护的，或者《社会法典第十二册》第66条第4款第2句对其适用的照护需求者，根据第37条的照护金及根据第38条的份额照护金在前4周之后也需继续发放。

（3）根据第44条及第44a条的社会保险待遇，在家庭医疗护理的时间内，在被保险人临时停留国外或者照护人带薪度假期间每日历年最长至6周内，以及在进行完全住院的医院治疗或住院的医学康复待遇的前4周内，均不中止。

第35条　待遇请求权的终止

如果本册没有其他规定，待遇请求权随保险成员资格的消灭而消灭。《社会法典第五册》第19条第1a款相应适用。

第35a条　根据《社会法典第九册》第17条第2款至第4款参加跨承担者的个人预算

照护需求人可以申请获得根据第36条、第37条、第38条、第40条第2款及第41条规定的待遇，这一待遇也作为根据《社会法典第九册》第17条第2款至第4款、《预算条例》及第九册第159条的跨承担者的预算的一部分；在第38条联合待遇的情况下，只有作为现金待遇份额的照护金和事先确定的照护金是有预算能力的，根据第36条、第38条及第41条的实物待遇只能以兑换凭据的形式提供，其授权本册所允许的照护机构主张权利。根据《社会法典第九册》第17条第4款被委托的服务承担者必须确保，待遇的审批及照护需求人对服务的使用符合本册的规定。不同于第1句所规定的待遇请求权与本册的其他规定一样不受影响。

第三节　待遇

第一小节　家庭照护的待遇

第36条　照护实物待遇

(1)在家庭照护中,照护需求人有权获得作为实物待遇(家庭照护帮助)的基础照护和家务支持。当照护需求人不是在自己的房屋中被照护时,家庭照护的待遇也是允许的;而当照护需求人是在住院的照护机构或者在第71条第4款意义上的机构中被照护时,家庭照护待遇不被允许。家庭照护帮助由合适的护理力量来进行,其要么由照护保险基金会来雇用,要么由与照护保险基金会订立照顾保障合同的门诊性照护机构来雇用。通过与照护保险基金会根据第77条第1款签订合同的个人,家庭照护帮助也可以作为实物待遇来提供。多个照护需求人可以共同要求提供作为实物待遇的照护、照管待遇及家务帮助。作为实物待遇的照管待遇以个案中基础照护和家务帮助的确保为前提条件。当照管待遇在根据《社会法典第十二册》的残疾人融合帮助的框架内,通过根据《社会法典第八册》的相关的融合帮助的承担者或者根据《联邦抚恤法》得到资助时,行使上述根据第5款作为实物待遇的照管待遇权利的支出不由照护保险基金会承担。

(2)基础照护和家务帮助包括对在第14条中所规定的日常事务的帮助待遇;日常事务相关的特殊医疗照护措施,只要其是根据《社会法典第五册》第37条在家庭医疗框架内提供的,则不在此列。

(3)每个日历月内,家庭照护帮助的权利包括:

1. 对照护第一照护等级的照护需求者来说,照护投入的总额不超过

　　a)从2008年7月1日起420欧元,

　　b)从2010年1月1日起440欧元,

　　c)从2012年1月1日起450欧元,

　　d)从2015年1月1日起468欧元,

2. 对照护第二照护等级的照护需求者来说,照护投入的总额不超过

　　a)从2008年7月1日起980欧元,

　　b)从2010年1月1日起1040欧元,

　　c)从2012年1月1日起1100欧元,

　　d)从2015年1月1日起1144欧元,

3. 对照护第三照护等级的照护需求者来说,照护投入的总额不超过

a）从2008年7月1日起1470欧元，

b）从2010年1月1日起1510欧元，

c）从2012年1月1日起1550欧元，

d）从2015年1月1日起1612欧元。

（4）当出现非常高的、超过第三照护等级通常程度的照护费用时，如在癌症的最后阶段在夜间也必须经常性多次提供帮助时，照护保险基金会在情况特殊的个案中为了避免第三等级照护需求者的困难，可以进一步提供每月总额不超过1995欧元的照护投入。第1句例外规定的适用对象的数目，不能超过在家庭照护中属于第三照护等级的被保险的照护需求人总数的3%。照护保险基金会联盟的负责机构监督这一最高上限并须采取必要的适当措施维护这一最高上限。

第37条　自主购买照护帮助的照护金

（1）照护需求人可以申请照护金来替代家庭照护帮助。这一权利以此为条件，即照护需求人通过照护金并在与此相适应的范围内，以适当的方式自我确保必要的基础照护和家务帮助。每日历月对应的照护金为

1. 对于第一照护等级的照护需求人

a）从2008年7月1日起215欧元，

b）从2010年1月1日起225欧元，

c）从2012年1月1日起235欧元，

d）从2015年1月1日起244欧元，

2. 对于第二照护等级的照护需求人

a）从2008年7月1日起420欧元，

b）从2010年1月1日起430欧元，

c）从2012年1月1日起440欧元，

d）从2015年1月1日起458欧元，

3. 对于第三照护等级的照护需求人

a）从2008年7月1日起675欧元，

b）从2010年1月1日起685欧元，

c）从2012年1月1日起700欧元，

d）从2015年1月1日起728欧元。

（2）如果第1款规定的请求权非对应完整日历月，则照护金额度应相应减少；此时，完整日历月按30天计算。在根据第42条的短时照护期间内及在根据第39条的

妨碍照护期间内,迄今已经支付的照护金的将继续减半提供,每日历年最长不超过4周。照护金应提供至照护需求人死亡当(日历)月结束时止。若照护金在照护需求人死亡当月之后的时间仍被支付,则第六册第118条第3款、第4款相应适用。

(3)根据第1款领取照护金的照护需求人

1. 在第一照护等级和第二照护等级的情况下,每半年一次,

2. 在第三照护等级的情况下,每季度一次。

有权在自己的家庭环境中获得照护咨询服务,这一咨询服务通过被允许的照护机构,由照护保险基金会的各州联盟根据第7款承认的、具有可证明的照护专业能力的咨询点,或者只要其不能由被允许的照护机构或者由照护保险基金会的各州联盟承认的、具有可证明的照护专业能力的咨询点来提供,而通过由照护保险基金会所委托的、但非受其雇用的照护专业力量来获得。咨询待遇于确保家庭照护的质量,以及对进行家庭照护的人员提供经常性的帮助和实践上的照护专业支持。咨询的费用由相关负责的照护保险基金会或者在私立被保险人的情况下由私立保险公司承担,在有权获得帮助的情况下分份额地由确定的帮助机构承担。该项费用在第一照护等级和第二照护等级内不应超过22欧元,在第三照护等级的情况下不超过32欧元。对根据第45a条规定的一般照看照管有显著需求的照护需求人,有权在第1句所列举的期限内要求两次咨询待遇。对根据第45a条规定的一般照看照管有显著需求但是还不满足第一照护等级条件的人员,可以每半年提起一次咨询请求;咨询的费用适用第4句对第一照护等级和第二照护等级咨询费用的规定。在这些情形下,咨询也可以通过由照护保险基金会各州联盟所认可的咨询点来进行,此认可无须进行照护专业能力证明。

(4)照护机构、获承认的咨询点及被委托的照护专业力量需要向照护保险基金会或者私立保险公司确认咨询投入,并将在向照护需求人提供咨询的过程中所获得的关于改善照护情况可能性的知识信息告知照护需求人,并在获得其同意后告知照护保险基金会或私立保险公司,在有权获得帮助的情况下,还应该告知相关的帮助确认机构。照护保险基金会最高联合会及私立保险公司应该为上述告知制定统一的表格。被委托的照护机构及获承认的咨询点需要考虑到,在家庭领域的咨询访问中应该使用那些对医疗、残疾及由此产生的照护需求人的照护需求有专门知识并有特别的提供咨询能力的照护力量。此外,在计划咨询访问时,应该最大程度地考虑到,对照护需求人的咨询访问应该尽可能地由同一照护力量来实行。

(5)照护保险基金会联盟的负责机构、注册私立医疗保险协会与联邦层面的门

诊照护机构承担者联合会,共同在医疗保险基金会联盟负责机构的医疗机构的参与下制定第3款中规定的咨询访问的质量保障推荐意见。此推荐意见也相应地适用于获承认的咨询点。

(6)如果照护需求人不要求获得第3款所规定的咨询,那么照护保险基金会或者私立保险公司应该适当地减少照护金,并在再次发生的情况下不再发放照护金。

(7)照护保险基金会州联盟对执行第3款、第4款所规定的咨询待遇的中立、独立的咨询点进行认证。咨询点具有必要的专业照护能力的证明及保证提供的咨询质量的方案,需要与认证申请一同提供。照护保险基金会州联盟进一步规定关于咨询点认证的事宜。对于第3款第6句中规定的咨询的实施,照护保险基金会州联盟可以在无须证明照护专业能力的情况下认可合适的咨询点。

(8)照护咨询人(第7a条)可以实施上文规定的咨询投入并出具凭证。

第38条 金钱待遇及实物待遇的联合(联合待遇)

如果照护需求人只是部分地要求获得其根据第36条第3款和第4款享有的实物待遇,那么其还应获得第37条意义上的部分照护金。该照护金依照护需求人已获得的实物待遇的比例而减少。照护需求人关于金钱和实物待遇比例关系的决定具有6个月的约束力。在第42条规定的短时照护及第39条的妨碍照护期间,在短时或者障碍照护开始前支付的部分照护金继续减半提供,每日历年最长不超过4周。在给残疾人提供帮助的完全住院的机构(第43条)中的照护需求人,其在处于家庭照护的时间天数内有权获得不减少的照护金。

第38a条 对在门诊管理的居住团体中的照护需求人的额外待遇

(1)照护需求人有权获得总计每月205欧元的包干费用,当

1. 其在一个门诊地照顾居住团体中与至少2位、最多11位其他人员,在共同的住所中以共同组织提供照护为目的生活,并且在这些人员中,至少两人有第14条、第15条意义上的照护需求或者被确认为第45a条所规定的日常生活能力受到明显限制,

2. 其受领第36条、第37条、第38条、第45a条或者第123条中的待遇,

3. 居住小组的成员可以受委托,完成普通的组织管理、照顾和促进共同体生活的工作,或者承担家务的帮助,并且

4. 不存在如下照护保障形式,在其中居住小组的提供者或者第三人向照护需求人提供或担保与根据第75条第1款制定的各框架合同中,为完全住院照护而约定的服务范围相适应的待遇;在照护需求人搬入居住团体之前,门诊照顾居住团体的提供者需要以合适的方式提请照护需求人注意,待遇的范围不仅由其自身或者

居住团体中的第三人提供,而且也可以通过积极地将其自身资源和其社会环境包含进来而确保待遇的提供。

(2)为了确认请求权的条件,照护保险基金会有权向申请人收集以下数据,对其进行处理和使用,并要求其提供如下的材料:

1. 一份无形式要求的申请人的确认信,证明第1款第1项的前提条件已经得到了满足,

2. 居住团体的地址及建立日期,

3. 包含住房大致情况的租房合同以及根据第120条的照护合同,

4. 第1款第3项中的人员的名、姓、通信地址、电话号码及签名,以及

5. 第1款第3项中的人员的任务约定。

第39条 在照护人员有服务障碍,服务困难情况下的家庭照护

(1)如果照护人员由于休假、疾病或者其他原因不能参加照护,那么照护保险基金会承担每日历年最长6周的、已经证实的必要的替代护理费用;第34条第2款第1项不适用。上述规定以照护人员在第一次障碍之前,已经对照护需求人在其家庭环境中进行了最少6个月的照护为前提。如果替代照护通过与照护需求人不具有在第二等级以内的亲属关系或者姻亲关系并且非居住在其家庭共同体中的照护人员来确保,则每日历年中照护保险基金会的费用从2008年7月1日起总计不应超过1470欧元,从2010年1月1日起不超过1510欧元,从2012年1月1日起不超过1550欧元,从2015年1月1日起不超过1612欧元。

(2)在通过与照护需求人有第二等级以内的亲属关系,或者与其有姻亲关系,或者与其在家庭共同体中居住的人员进行替代照护的情况下,照护保险基金会的费用通常情况下不能超过第37条第1款第3句规定的、最长6周的照护金额度,除非替代照护是经营性地进行的;此时适用第1款第3句中的待遇金额。如果对应照护金额度的替代照护服务是通过与照护需求人有第二等级以内的亲属关系、姻亲关系,或者在家庭共同体中居住的照护人员来提供的,那么在提供证明的情况下,照护保险基金会可以承担照护人员产生的与替代照护相关的费用。照护保险基金会根据第1句、第2句的费用总共不能超过第1款第3句中所规定的额度。

(3)在第1款的替代照护中,单个日历年内,待遇金额可以从未被主张的第42条第2款第2句的短时照护的相应资金里提取不超过806欧元,总额最高不超过2418欧元。为照护妨碍而主张的增加金额计入第42条第2款第2句短时照护的待遇金额中。

第 40 条　照护器具和改善居住环境的措施

（1）照护需求人有权要求提供这样的照护器具，即其有助于减轻照护任务或减轻照护需求人痛苦，或者使得照护需求人更加独立的生活得以可能，只要这些器具没有因为疾病或者残疾而应由医疗保险或者其他相关负责的待遇承担者来提供。照护保险基金会在照护专业力量或者医疗机构的参与下，检查要求提供所申请的照护器具的必要性。如果被保险人决定使用超过必要性程度的照护器具的装备，那么其必须自行承担多余的费用及其后续费用。《社会法典第五册》第 33 条第 6 款和第 7 款相应适用。

（2）照护保险基金会用于特定的照护器具的费用开销每月不能超过 40 欧元。这一待遇可以以费用补偿的方式提供。

（3）在所有适当情况下，照护保险基金会应优先以租借的方式提供技术性的照护器具。照护保险基金会可以确定，其批准取决于照护需求人自己是否适应照护器具或者是否让自己或照护人接受关于如何使用照护器具的培训。这一权利也包括对照护器具必要的修改、修复、替换及对照护器具使用的培训。已满 18 岁的被保险人，需要向提供照护器具的地方另外支付除第 2 款规定的照护器具之外的、其他照护器具费用的 10%，但每件照护器具最高不超过 25 欧元。为了避免出现特殊困难情形，照护保险基金会可以适用《社会法典第五册》第 62 条第 1 款第 1 句和第 2 句及第 2 款、第 3 款来完全或者部分免除被保险人的费用。根据第五册第 62 条达到其负担界限或者考虑到本款第 4 句的费用而达到其负担界限的被保险人，本册费用中超过其负担界限的数额可以被免除。被保险人非基于合理原因而拒绝以租借方式提供的照护器具，则其需要自行承担照护器具的全部费用。

（4）照护保险基金会可以为那些为改善照护需求人个人的居住环境而采取的措施提供额外的经济补助，如为家务中的技术帮助提供经济补助，如果借此能够在个案中使家庭照护得以进行或者明显减轻，或者使照护需求人尽可能重回独立自主的生活。每项措施的补助金额不能超过 4000 欧元。如果多个照护需求人住在共同的住所中，那么对用于改善共同居住环境的措施的补助不能超过人均 4000 欧元的额度。第 3 句中规定的每项措施的总额不应超过 16000 欧元，该金额在超过四位权利人的情况下分份额地划分到权利人的保险承担者。

（5）对于那些既能服务于《社会法典第五册》第 23 条、第 33 条中的目的，也能服务于第 1 款中所规定的目的的器具或者照护器具，收到待遇申请的服务承担者需检查，该请求权系针对医疗保险基金会还是针对照护保险基金会成立，并作出是否批准器具和照护器具的决定。为了保证适应于第1款第1句的法定医疗保险和社会照护保险的待遇义务的限制,器具和照护器具的提供需要在各自的医疗保险基金会和在其中建立的照护保险基金会之间,以一定的比例总体分配。医疗保险基金会最高联合会必须在2012年4月30日之前,以方针的形式首次对第1句中的器具和照护器具、对进行分配的比例关系予以规定,并将总体的规定细化。此外,医疗保险基金会最高联合会需要考虑到目前为止医疗保险基金会和照护保险基金会的支出情况,并确保在进行分配时保障《社会法典第五册》规则和本册对器具提供的设定目的以及被保险人的利益。方针需要联邦卫生部的批准,并在批准后的下1个月的第1日起生效;批准可以附加义务。方针对于医疗保险基金会和照护保险基金会具有约束力。对于第3句中所规定的器具和照护器具,额外费用以《社会法典第五册》第33条、第61条、第62条为标准;对于待遇请求权的审查适用第5册第275条第3款。本款的规定不适用于处在完全住院照护中的或者第28条第2款所规定的照护需求人要求获得器具或者照护器具的请求权。

第二小节 部分住院照护和短时照护

第41条 日间照护与夜间照护

(1)当家庭照护不能在足够的范围内得到确保,或者其是为了补充或者加强家庭照护而必要的时候,照护需求人有权在日间或者夜间照护的机构中的获得部分住院的照护。部分住院照护也包括将照护需求人从住所运送到日间或者夜间照护的机构及将其送回住所的必要支持。

(2)照护保险基金会承担第2句所规定的待遇额度范围内的、由照护所引起的部分住院照护的费用、社会照管的费用及在照护机构中医学治疗照护的必要费用。每日历月中,部分住院照护的权利包括

1. 对第一照护等级的照护需求者的价值总额为

a)从2008年7月1日起不超过420欧元,

b)从2010年1月1日起不超过440欧元,

c)从2012年1月1日起不超过450欧元,

d)从2015年1月1日起不超过468欧元,

2. 对第二照护等级的照护需求人的价值总额为

a)从2008年7月1日起不超过980欧元,

b)从2010年1月1日起不超过1040欧元,

c)从2012年1月1日起不超过1100欧元,

d) 从 2015 年 1 月 1 日起不超过 1141 欧元,

3. 对于第三照护等级的照护需求人的价值总额为

a) 从 2008 年 7 月 1 日起不超过 1470 欧元,

b) 从 2010 年 1 月 1 日起不超过 1510 欧元,

c) 从 2012 年 1 月 1 日起不超过 1550 欧元,

d) 从 2015 年 1 月 1 日起不超过 1612 欧元。

(3) 照护需求人可以在第 38 条所规定的门诊照护实物待遇、照护金或者联合待遇之外，额外地享有部分住院的日间或者夜间照护，而无须抵扣这些权利。

(4)（废除）

(5)（废除）

(6)（废除）

(7)（废除）

第 42 条 短时照护

(1) 如果家庭照护在部分时间上不能、还不能或者无法在必要的范围内得到提供，且部分住院照护无法满足需求，则成立要求在完全住院的机构进行照护的权利。这适用于：

1. 照护需求人衔接到住院治疗之前的过渡时间，

2. 其他的危机情况，在其中临时的家庭照护或者部分住院照护不可能或者不足够时。

(2) 每日历年中，短时照护的权利不超过 4 周。照护保险基金会承担由照护所引起的部分住院照护的费用、社会照管的费用及在照护机构中医学治疗照护的必要费用，这一费用从 2008 年 7 月 1 日起每日历年不应超过 1470 欧元，从 2010 年 1 月 1 日起不超过 1510 欧元，从 2012 年 1 月 1 日起 1550 欧元，从 2015 年 1 月 1 日期不超过 1612 欧元。第 2 句所规定的待遇限额，每日历年可以从未提请履行的第 39 条第 1 款第 3 句照护妨碍的资金中提出最多 1612 欧元，总额最高增至 3224 欧元。此情形下作为第 1 句的例外，每日历年短时照护的权利最长不超过 8 周。为短时照护所享受的增加金额计入第 39 条第 1 款第 3 句中照护妨碍的待遇额度中。

(3) 作为第 1 款和第 2 款的例外，当由照护保险基金会所允许的短时照护适格机构提供照护系不可能或者不合理时，在家照护的照护需求人在理由充分的个案中，享有要求在为残疾人设置的帮助机构或者其他适格机构中进行短时照护的权利。第 34 条第 2 款第 1 句不适用。如果在给这一机构的报酬中包含了住宿、伙食及投资的费用,而没有特别指出时,上述费用的60%可被补贴。在理由充分的个案中,照护保险基金会可以根据住宿、伙食及投资的费用例外的总体预支部分费用。

(4)作为第1款和第2款的例外,当采取医学照护或者恢复措施期间,照护人对照护需求人的照护并伴随住宿是必要的时,在提供住院的医学照护或者康复服务机构中也成立要求提供短时照护的权利。

第三小节　完全住院照护

第43条　待遇的内容

(1)当家庭照护或者部分住院照护不可能或者由于个案的特殊性不被考虑时,照护需求人有权要求在完全住院的机构中获得照护。

(2)对于在完全住院机构的照护需求人,照护保险基金会承担第2句所规定的待遇额度范围内的由照护所引起的费用、社会照管的费用及医学治疗待遇的费用。每日历月中,这一权利的额度为

1. 对于第一照护等级的照护需求人1064欧元,

2. 对于第二照护等级的照护需求人1330欧元,

3. 对于第三照护等级的照护需求人

a)从2008年7月1日起1470欧元,

b)从2010年1月1日起1510欧元,

c)从2012年1月1日起1550欧元,

d)从2015年1月1日起1612欧元,

4. 对于根据第3款被承认为重症情况的照护需求人,

a)从2008年7月1日起1750欧元,

b)从2010年1月1日起1825欧元,

c)从2012年1月1日起1918欧元,

d)从2015年1月1日起1995欧元。

由照护保险基金会承担的、包括第30条规定的动态变化的额度,不能超过由照护投入、住宿和伙食费用及特殊计算的根据第82条第2款和第3款的投资费用所构成的总额的70%。

(3)在特别的例外情况中,为了避免照护需求人的困难,当极高额度和强度的、超过第三照护等级通常程度的照护花费是必要的时候,如在植物人、严重痴呆或者癌症晚期的情况中,照护保险基金会可以以第2款第2句第4项中所规定的额度总体承担由照护引起的费用、社会照管费用及医学治疗照护待遇的费用。第1句中的

例外规定的适用不能超过所有获得住院照护待遇的参加保险的第三等级照护需求人数的5%。照护保险基金会联盟的负责机构监督对这一上限的遵守情况,并在必要时为了遵守这一上限而采取适当措施。

(4)如果照护需求人选择完全住院照护,即使该住院照护被照护保险金会确认为非必要的,对于该照护引起的费用,照护需求人仍可以获得以第36条第3款为各照护等级规定的总额为额度的补助。

(5)如果照护需求人临时离开照护机构且满足第87a条第1款第5句和第6句的前提条件,那么完全住院的照护的待遇继续提供。

第四小节 提供残疾人帮助的完全住院机构中的照护

第43a条 待遇的内容

对于在以帮助残疾人融入劳动生活、融入共同体生活、职业培训或者教育为机构主要目的(第71条第4款)的,提供残疾人帮助的完全住院机构中的照护需求人,为了补偿第43条第2款所规定的费用,照护保险基金会承担《社会法典第十二册》第75条第3款所约定的照护院费用的10%。在个案中,照护保险基金会在每日历月的开销不得超过266欧元。如果有照护需求的残疾人在家中被照护和照管,而基于这些家庭照护和照管时间申请部分照护金,那么抵达照护机构或者离开照护机构的日期按照家庭照护的整天计算。

第四节 对照护人的给付

第44条 对照护人的社会保障给付

(1)当照护人通常情况下每周工作不超过30个小时时,为了改善第19条意义上的照护人的社会保障,照护保险基金会、履行私人照护义务保险的私立保险公司及其他《社会法典第六册》第170条第1款第6项所规定的机构向法定养老保险的相关承担者缴纳保费。详细规定参考《社会法典第六册》第3条、第137条、第166条及第170条。医疗保险基金会的医学机构应在个案中确认,是否及在何种时间范围内通过照护人的家庭照护是必要的,并在照护需求人的照护不超过14小时的情况中,询问照护人是否愿意对其他的照护需求人进行照护。照护需求人或者照护人需要证明或者根据要求令人相信,照护服务在这一时间范围内事实上也能够提供。当要求提供照护实物待遇时(第36条)上述规定尤其适用。在照护活动中,照护人根据《社会法典第七册》第2条、第4条、第105条、第106条、第129条和第185条的标准被纳入法定事故(工伤)保险的保护中。在照护活动之后想要回归职业生活的照护人可以根据《社会法典第三册》的标准,在满足其所规定的条件的情况下,在有关职业继续教育培训中获得资助。

(2)对于基于在行业性照顾机构中的义务成员资格而在其照护工作中也免除法定养老保险义务的照护人,或者其本来在法定养老保险中负有保险义务并已经提出免除保险义务的申请而可能免除保险义务的照护人,根据第1款第1句和第2句需要缴纳的保费可以根据申请支付给行业性照顾机构。

(3)照护保险基金会和私立照护保险公司应将需参加养老保险和事故(工伤)保险的照护人的信息,报告给相关养老保险和事故(工伤)保险的承担者。应报告的照护人信息包括:

1.(已知的)保险号码,

2.姓、名,

3.生日,

4.国籍,

5.通信地址,

6.照护活动的起止时间信息,

7.照护需求人的照护等级,

8.在考虑到《社会法典第六册》第166条规定的照护活动范围的情况下,负有保险费义务的主要收入。

照护保险基金会最高联合会及注册私立医疗保险协会可以与德国养老保险协会、事故(工伤)保险的承担者共同对告知程序作进一步规定。

(4)第3款第2句第1项至第6项及第8项的告知内容需要书面通知照护人,第3款第2句第7项的告知内容需要书面通知照护需求人。

(5)在如下情况中,即由非职业性的照护人对有权获得津贴待遇或者免费医疗待遇的照护需求人进行照护,并且对于照护人来说,根据《社会法典第六册》第170条第1款第6项c)的参加法定养老保险的保费已经被部分承担,则从2005年6月1日起在对照护需求人照护保险待遇的申请程序中,照护保险基金会及私立保险公司需要向确定津贴的机构或者其负责人就继续转达第2句中所规定内容的提示进行询问。在确定保费义务时,需要向确定津贴的机构或者其负责人告知第3款第2句第1项至第6项及第8项的内容,以及保费义务的开始时间。第4款规定相应地适用于第2句。

（6）在如下情况中，即照护人养老保险义务中每周最低14个小时的照护时间要求只能通过对多位照护需求人的照护才能达到时，照护保险基金会联盟的负责机构、注册私立医疗保险基金会及德国养老保险协会需要协商确定，参与增加的照护时间的照护保险基金会和保险公司之间的程序和告知义务。照护保险基金会和保险公司可以将第2款第2句第1项至第3项、第6项的数据，只要是为了更准确地确认照护人是必要的，以及在第4项和第5项中所规定的数据和关于照护人照护活动时间范围的说明告诉其他参与增加照护时间的照护保险基金会和保险公司，以便其检查照护人养老保险义务的前提条件，并处理和使用这些向其提供的数据。

第44a条　照护时间及短时劳动障碍中的额外给付

（1）根据《照护时间法》第3条完全免除了劳动给付，或者其工作通过劳动时间减少而降低到《社会法典第四册》第8条第1款第1项意义上的微薄工作的员工，根据申请有权获得医疗和照护保险的补贴。只要在个案中并不存在免费的家庭保险及与此相关的照护义务保险，补贴也向法定医疗保险的自愿保险、《社会法典第五册》第1款第13项所规定的义务保险、《农民医疗保险第二法典》第2条第1款第7项的义务保险、私立医疗保险公司的保险、邮政员工或者联邦铁路员工的医疗照顾保险提供。补贴额总计不超过下述保费的最低数额，即由法定医疗保险自愿投保人在法定医疗保险（《社会法典第五册》第240条第4款第1句）和社会照护保险（第57条第4款）所缴纳的保费，并且不能超过费用的实际额度；此外从2009年1月1日起，在计算法定医疗保险的最低保费时需要以一般的费用率为基础。在2008年7月1日到2008年12月31日之间，法定医疗保险的成员以各自医疗保险的一般费用率（《社会法典第五册》第241条）为基础，农民医疗保险的成员以医疗保险基金会的平均费用率为基础，并且各自以0.9%为额度的补充费用率为基础（《社会法典第五册》第241a条）。对于并非法定医疗保险成员的人员，在2008年7月1日到2008年12月31日之间，以《社会法典第五册》第245条第1款的保险基金会的平均一般费用率为基础，并且以0.9%为额度的补充费用率为基础（第5册第241a条）。对于会对补贴的提供造成影响的情境的变化，员工必须毫不迟疑地告知照护保险基金会或者照护需求人在其处投保的私立保险公司。

（2）在行使《照护时间法》意义上的照护时间的权利期间，照护人根据《社会法典第三册》规定的就业促进权利享受保险待遇。

（3）对于根据《照护时间法》第2条的短时劳动障碍，《照护时间法》第7条第1款意义上的员工如果在该时间段内无权从雇主处继续获得劳动报酬，或者根据《社会法典第五册》第45条或者第七册第45条第4款在子女生病或者遭遇事故时其不能主张患病或受伤津贴,则其有权获得最多10个工作日所丧失的劳动报酬(照护支持金)的补偿。当多个员工主张《照护时间法》第2款第1句对照护需求人近亲属规定的权利时,其对照护支持金的主张总共不超过10个工作日。在及时提出的申请、出示根据《照护时间法》第2条第2款第2句所规定的医生证明的情况下,照护支持金由照护需求人的照护保险基金会或者保险公司提供给其近亲属。《社会法典第五册》第45条第2款第3句至第5句相应适用于照护支持金的额度。

(4)领取第3款照护金的员工,在给付的时间内,可根据申请从第3款所描述的组织处获得医疗保险的补贴。补贴被用于私立医疗保险公司保险、邮政员工医疗保险基金会保险或者联邦铁路员工医疗照顾保险。补贴金额比照法定医疗保险义务保险情况中,根据《社会法典第五册》第249c条需要缴纳的待遇承担者的份额,并不能超过保费的事实额度。根据第3句计算时,需以《社会法典第五册》第241条的一般费用率及第五册第242a条第2款的平均额外费用律为基础。对于领取第3款规定的照护支持金,并且基于其在职业年金照顾机构中的义务成员资格而免除法定养老保险保险义务的员工,依申请由《社会法典第六册》第170条第1款第2项e)规定的机构将费用支付给相关的职业年金照顾机构,其额度比照根据第六册第3条第1句第3项的保险义务应向法定养老保险缴纳的保费。

(5)照护需求人的近亲属的照护保险基金会或者私立照护保险公司在批准同意提供给付时,向第3款的给付领取人签发关于所提供的照护支持金的领取时间段及额度的证明。给付领取人应将该证明立即交给雇主。在《社会法典第六册》第170条第1款第2项e)第cc)小点的情况中,照护保险基金会或者私立保险公司需要证明给付的总额度。

(6)《农民医疗保险第二法典》第2款第1项和第2项中的农业企业主,如果其因为有照护需求的近亲属的急性照护需求的发生,而必须组织符合需求的照护或者确保这段时间的照护帮助,致无法参与企业运作的,那么作为对照护支持金的代替可以根据《农民医疗保险第二法典》第9条向其提供不超过10个工作日的运作支持。提供运作支持给付的费用应该由给有照护需求人近亲属的照护保险向农业照护保险基金会偿还;社会照护保险内部没有补偿。参加私立保险的农业企业主,如果其因为需要为有照护需求的近亲属在紧急出现的照护情境中组织符合需要的照护,或者在该时间段内确保照护的提供,而不能参与企业运作的,可以从照护需求人的照护保险基金会或者按照集体协定的补偿率从照护需求人的私立保险公司获得不超过10个工作日的运行费用补偿;在此运行费用补偿不以实际支出,而以每日200欧元为基础计算总额。

(7)在根据第3款领取给付的人员在对有照护需求的近亲属进行照护的情况中,该有照护需求的近亲属有权获得津贴给付或者治疗给付的提供,同时保费被部分地承担的,照护保险基金会和私立保险公司在照护需求人申请获得照护支持金的程序当中,向确定补贴额度的机构或者其负责人,关于领取具有保费义务的照护支持金所需要的特定信息的提示进行询问。在确定保费义务时,应该向所列明的确定补贴的机构或者负责人告知如下的关于给付领取人的信息:

1.(已知的)保险号码,

2.姓、名,

3.生日,

4.国籍,

5.通信地址,

6.照护支持金领取的开始时间,

7.照护支持金以之为基础的应付劳动报酬的额度。

第45条　亲属的照护课程及志愿照护人

(1)照护保险基金会应该免费向亲属及其他对志愿照护活动感兴趣的人员提供培训课程,以此来促进和加强照护领域的社会志愿活动,减轻和改善照护和照管,同时减轻由照护引起的身体和心灵的负担。这一培训课程应该为照护的独立实施提供知识技能。培训也可以在照护需求人的家庭环境中进行。

(2)照护保险基金会可以独立进行这一培训,也可以与其他的照护基金会共同进行这一培训,也可以将培训的实施委托给其他合适的机构。

(3)照护保险基金会的州联盟可以与进行照护课程的机构承担者一起,决定关于照护课程的统一实施及课程的内容的框架协议。

第五节　对有明显的日常看护需求的被保险人的待遇及照顾服务结构的进一步完善

第45a条　权利人的范围

(1)如果没有其他规定,本节中待遇涉及的是家庭照护中的照护需求人,其在基础照护和家务帮助(第14条、第15条)的需求之外,还具有对一般照看和照顾的

明显需求。这些人员是具有由痴呆引起的能力紊乱、精神障碍或者心理疾病的

1. 第一、二、三照护等级中的照护需求人,以及

2. 在基础照护和家务帮助领域存在照护帮助需求,而这一帮助需求又达不到第一照护等级程度的人员。

医疗保险的医学机构或者受照护保险基金会委托的鉴定人应在第18条所规定的鉴定范围内,确认上述疾病或者障碍的结果对日常生活行为的影响,即其将长期导致日常生活能力的显著限制。

(2)对日常生活能力是否长期显著受限进行评估时,下面的损害和能力障碍具有决定性作用:

1. 不受控制地离开居住区域(走失倾向),

2. 错误认识危险情境或者引起危险情境,

3. 对危险对象或者具有潜在危险性物质的不适当处置,

4. 误认情况下的行为或者语言上的攻击行为,

5. 在特定情境下的不当行为,

6. 不能感知自己身体或者心灵上的感受或者需求,

7. 在对抑郁或者恐惧采取措施进行治疗时,不能进行必要的合作,

8. 高级大脑功能障碍(记忆损伤、判断力降低),这一障碍导致在应对社会日常生活事务时出现问题,

9. 日夜节律的紊乱,

10. 不能独立计划和组织日常事务,

11. 错误认识日常生活情境及在日常生活情境中的不当反应,

12. 明显不稳定的情感行为或者无法控制的情感行为,

13. 由抑郁症引发的长时间的消沉、沮丧、无助或者绝望。

当医学机构的鉴定人或者由照护保险基金会委托的鉴定人确认照护需求人在两个方面,其中至少1个来自第1项到第9项,存在长期和经常的损伤或者能力障碍时,可认定为日常生活能力受到显著限制。照护保险基金会最高联合会与注册私立医疗保险共同,在联邦层面的地方联盟、联邦层面为实现照护需求人和残疾人的利益和自助的主要组织及医疗保险基金会联盟负责机构的医学机构的参与下,作为第17条方针的补充,对鉴定的统一性和对一般照看和照管的长期显著需求的确认作进一步的规定。

第45b条 额外的看护待遇,行政法规授权

(1)满足第45a条前提条件的被保险人有权根据显著的一般照护需求的程度而要求提供额外的看护待遇。为此所补偿的费用最高为每月104欧元(基础额度)或者每月208欧元(提高的额度)。第2句规定的权利额度由照护保险基金会在个案中根据医疗保险的医学机构的推荐加以确定,并通知被保险人。照护保险基金会最高联合会在医疗保险基金会联盟负责机构、注册私立医疗保险协会、联邦层面的地方联盟及联邦层面为了实现照护需求人和残疾人的利益和自助的主要组织的参与下,制定评估基于第45a条第2款第1项到第13项中所列举领域的损伤和能力障碍所致帮助需求的统一标准,后者为医疗保险的医疗机构为衡量具体看护的费用额度制定推荐意见的标准;第17条第2款相应适用。上述费用的使用必须符合确保看护待遇质量这一目的。其给付于补偿保险人在要求提供下列服务时所产生的费用

1. 日间或者夜间照护,

2. 短时照护,

3. 被允许的照护给付,只要其涉及一般指导监督的特殊提供或者家务照顾的提供,而不涉及基础护理的给付,

4. 州法所承认的、第45c条所促进的或者可促进的、低门槛的看护服务提供。

当第39条的障碍照护为了享有第6句所规定的看护待遇,也应提供费用补偿。

(1a)不满足第45a条所规定条件的照护需求人同样有权要求提供第1款中的额外看护待遇。为此所补偿的费用每月不超过104欧元。

(2)根据申请,权利人从相关负责的照护保险基金会或者私立照护保险公司处获得额外的经济补偿,并在有权获得补贴的情况下,在出示相应的基于行使第1款中所规定的待遇权利而产生个人负担的证据的情况下,按份额地从确定补贴的机构获得额外的经济补偿。第1款和第1a款的待遇可以在各日历年内被要求履行;如果待遇在单个日历年中没有用尽,则剩余部分可以转入下一年。如果基于2008年6月30日前有效的法律规定的额外照顾待遇的费用没有用尽,那么未使用的当年费用可以被转入2008年的下半年及2009年。

(3)只要在对应日历月中没有为根据第36条和第123条的相应给付费用接受门诊照护实物待遇,那么基于第1款或第1a款享有请求权的被保险人,在考虑其门诊照护实物待遇请求权的情况下,在第1款和第1a款所列费用之外,有权要求提供低门槛的看护待遇。根据第1句用于低门槛的看护待遇的费用,每日历月不能超过

按各照护等级规定的门诊照护实物待遇最高费用的40%。在个案中基础照护和家务照顾帮助应被保证。照护需求人由于行使第1句规定的低门槛的看护待遇请求权而产生的费用应获得补偿;第2款第1句相应适用。门诊照护实物待遇的补偿优先计算。在第38条规定的联合待遇的范围内,费用补偿视为权利人行使属于第36条第3款、第4款及第123条中的实物待遇的权利。如果权利人领取第1句中的待遇,则第37条第3款至第5款、第7款和第8款相应适用;第37条第6款适用对应如下规则,即减少或者收回比照第4句的费用补偿进行。第13条第3a款在行使第1句中的待遇权利时不适用。联邦卫生部应最迟在本法生效之后4年内,评估根据第1句至第8句的低门槛的看护服务供给部分适用在第36条和第123条中为领取门诊实物待遇而规定的费用的可能性。

(4)州政府被授权,通过行政法规就低门槛看护服务供给的认可,以及对提供的常规质量保障作进一步规定。既满足第45c条第3款,又满足第45c条第3a款前提条件的低门槛提供,可以在各自认可的条件下,获得看护服务者提供的共同认可。

第45c条 照顾待遇结构的进一步完善、行政法规授权

(1)为了进一步完善照顾待遇结构和照顾服务的理念,尤其是为了患有痴呆症的有照护需求的人员,照护保险基金会最高联合会通过分期资助的方式,从平衡基金中以每日历年2500万欧元的数额资助低门槛的照护服务提供的设立和扩大,并资助尤其是为了患有痴呆症的照护需求人的新照顾服务理念和照顾待遇结构实验的示范性计划。为至少第一照护等级以上的照护需求人,以及为无照护等级但基于明显受限的日常生活能力满足第45a条前提条件的被保险人,提供的看护待遇同样也可以从第1句所列举的资金中得到资助。执行私立照护义务保险的私立保险公司以第1句中所规定的促进金额的10%参与这一资助。

(2)来自社会和私立照护保险的资金补贴补充对低门槛的看护待遇提供的资助,并通过各州及各地方组织,补充对第一需求等级以上的照护需求人,以及无照护等级但基于明显受限的日常生活能力满足第45a条的条件下,进一步完善被保险人的照顾服务结构。补贴的额度与州或各地方组织为单个促进措施所提供的补贴额度一致,由此每日历年达到总计5000万欧元的促进金额。如果就业促进资金在某个项目中得到了使用,那么该资金与各州或者各地区所提供的补贴同等对待。

(3)第1款第1句意义上的低门槛照顾保障是指,帮助人在照护专业知识指导下,为第一照护等级以上的照护需求人或者为没有照护等级但基于明显受限的日

常生活能力而满足第45a条条件的被保险人,在团体或者在家庭环境中承担照护,以减轻进行照护的近亲属或具有类似亲近关系的照护人的负担,并通过提供咨询对其进行支持。对低门槛的照顾保障的资助以项目资助的形式进行,尤其用于为志愿照护人提供费用补偿,以及补偿与协调和组织帮助相联系的、与通过专业力量来对照护人进行专业指导和培训相联系的必要的人力、物力耗费。申请资助时应该附有保证照顾保障质量的方案。这一方案中须有对帮助人适当的培训和深造及对志愿照护人在其工作中持续的专业陪伴和支持的保证。原则上可以获得资助的低门槛照护提供尤其包括痴呆病人的照护小组、按小时在家庭领域中减轻进行照护的家属的负担的女照护人团体、以小组进行的日间照护或者通过所认证的帮助人进行的个别照护、为第一需求等级以上的照护需求人及为无照护等级但基于明显受限的日常生活能力而满足第45a条前提条件的被保险人提供照护服务的机构,以及减轻家庭负担的机构。

(3a)第1款第2句意义上的低门槛看护待遇提供是指,为第一需求等级以上的照护需求人及无照护等级但基于明显受限的日常生活能力而满足第45a条前提条件的被保险人提供的待遇,其旨在通过家庭支持,尤其是在家务帮助方面、在满足一般的或由于照护引起的日常生活要求方面,或者在自治组织中的个别帮助服务需求方面的支持来满足权利人的需求,或者帮助减轻亲属或类似关系亲近者在作为照护人时的负担。低门槛的看护待遇包括服务提供的履行、对亲属或类似关系亲近者在作为照护人时处理照护日常生活的支持服务、增强或者稳定现存资源和能力的日常陪伴、组织上的协助及其他适当措施。第3款第2句至第4句相应适用。原则上可以获得资助的低门槛看护照护提供尤其指与家务相近的服务提供、日常陪伴及照护陪伴。

(4)在第1款第1句的示范性资助框架内,尤其应当示范性地尝试将单个地区内患有痴呆症而有照护需求的人员,以及无照护等级但满足第45a条前提条件的被保险人所必要的帮助手段有效联合的可能性。此时也可将住院的待遇提供考虑进来。示范性计划最长不超过5年。在约定和执行示范性计划时,可以在个案中偏离第七章的规定。对于示范性计划应该附带有科学性的支持和评价。如果在示范性计划的框架内需要与个人相关的数据,那么这些数据只有在征得照护需求人或者无照护等级但满足第45a条前提条件的被保险人同意的情况下,才能收集、处理和使用。

(5)为了保证公正地将照护保险的资助资源分配给各州,社会和私立照护保险的资助资源应该按照科尼斯施坦分配方案(der Königsteine Schlüssel)进行分配。各州在某财政年内未使用的资助资金,可以转入下一年。

(6)照护保险基金会最高联合会与注册私立医疗保险协会在听取联邦层面残疾人和有照护需求人协会意见的基础上,共同制定关于资助的前提条件、目标、期限、内容及执行的推荐意见,制定关于低门槛的看护待遇需要提供的资助手段的分配程序,以及制定关于示范性方案的推荐意见。此外,在推荐意见中也需确定,在个案中应对在新的看护服务提供及照顾服务理念的框架中,就业促进资金和可行方式是否可以使用进行检查。推荐意见需要联邦卫生部及各州的支持。各州政府被授权,通过行政法规对推荐意见的转化实施作进一步规定。

(7)分配给私立保险公司的资助份额,可以以有利于照护保险平衡基金为目的(第65条)由注册私立医疗保险协会直接转给联邦保险局。关于由平衡基金资助的促进资源的支付程序及私立保险公司资助份额的支付和抵扣的进一步规定,由联邦保险局、照护保险基金会最高联合会及注册私立医疗保险协会协商确定。

第45d条 对志愿结构及自我帮助的促进

(1)在第45c条的相应适用中,其规定的、照护保险基金会联邦最高联合会为了促进尤其是对痴呆症病人的照顾服务结构和照顾理念的继续发展而可使用的平衡基金的资金,也可以用于促进、建设和扩大志愿者的群体及其他乐于参加公民志愿服务的人员群体,其致力于对照护需求人、有明显一般照顾需求的人员及亲属提供支持、一般看护其负担。

(2)对每个被保险人,每日历年会有0.1欧元被用于促进自我帮助小组、组织及联系点的建立和扩大,上述机构以为照护需求人、有明显一般照顾需求的人员及其亲属提供支持为目标。在此,第45c条的规定及其程序相应适用。自我帮助组织是自愿、中立、独立及非以营利为目的的人员的联合,其或者由于自身原因或者作为亲属而追求这一目标,即通过个人的、相互的支持,在志愿者或者其他乐于参加公民志愿服务的人员的帮助下,改善照护需求人或者其他具有明显一般照护需求的人及其亲属的生活状况。互助组织是自我帮助小组在社团中的联合。自我帮助联系点是在地方或本地工作的配备专职人员的专业咨询机构,其目标是改善照护需求人或者其他具有明显一般照护需求的人及其亲属的生活状况。如果基于同一目的已根据《社会法典第五册》第20c条已进行了资助,则根据本条的自我帮助资质被排除。

(3)第45c条第6款第4句相应适用。

第六节　促进新居住形式的积极方案

第45e条　建立门诊照护居住群体的启动资金

（1）为了促进门诊照护的居住群体的建立，有权获得第38a条服务并参与共同建立的照护需求人，在将共同的住所进行符合老年或者障碍者的改建时，在第40条第4款之外，还额外一次性地获得不超过2500欧元的费用。每个居住团体的总费用不超过10000欧元，在超过4个权利人的情况下，这一总的费用按份额被分担给权利人的保险承担者。申请应该在出现权利前提条件之后的1年之内提出。在此，改建措施也可以在建立和搬入之前进行。第1句至第4句也适用于私立照护义务保险的被保险人。

（2）在门诊照护居住群体的建立被证明之后，照护保险基金会应支付资助资金。这一权利随着该月份的结束而结束，即在该月联邦保险局通知照护保险基金会及注册私立医疗保险协会，3000万欧元的总额结合资助已经达到。关于前提条件的具体细节及资助的程序，由照护保险基金会最高联合会与注册私立保险协会共同规定。

第45f条　新的居住形式的进一步完善

（1）额外提供1000万欧元将进一步完善和促进新的居住形式的科学性支持。在此尤其包含那些使住院机构的替代得以可能的方案，这样的方案在完全住院照护之外提供以居民为导向的个人帮助。

（2）出于上述原因，尤其是按照第8条第3款已经作为示范性资助对象的机构不包含在第1款第1句当中。对于资助适用第8条第3款。

◎德国社会法典(选译)

第五章 组织

第一节 照护保险承担者

第46条 照护保险基金会

(1)照护保险的承担者是照护保险基金会。在任何医疗保险基金会(《社会法典第五册》第4条第2款)中都应建立照护保险基金会。德国矿工—铁路—海洋养老保险作为医疗保险的承担者为被保险人执行照护保险。

(2)照护保险基金会是具有法律能力的、自主管理的公法人。照护保险基金会的机构是其所在的医疗保险基金会的机构(由后者建立)。为照护保险基金会工作的雇员的雇主(主管人)是其所在的医疗保险基金会。医疗保险基金会和照护保险基金会可以在共同的保费通知中,为自行支付医疗保险和照护保险的成员确定医疗保险和照护保险的费用额度。提醒成员注意,关于照护保险费用的通知以照护保险基金会的名义作出。在执行本册规定时,需要同时适用《社会法典第十册》第一章的规定。

(3)行政管理费用,包括基于本册规定而对医疗保险基金会产生的人力支出的费用,由照护保险基金会以待遇支出和保费收入的中间值的3.5%的额度加以补偿;在此,给单个医疗保险基金会的补偿费用,应减去各照护保险基金会基于第7a条第4款第5句的照护咨询的花费的一半及根据第18条第3b款的费用支出。在计算补偿时,保费收入需要扣除被确定用于提供第135条规定的社会照护保险养老基金的收入部分。根据第1句需要补偿的所有医疗保险基金会的行政费用总额,应根据实际产生的支出(保费领取/待遇提供)分配给各个医疗保险基金会。照护保险基金会最高联合会对分配作出进一步规定。此外,照护保险基金会承担医疗保险基金会的医疗待遇的现收现付开支的50%。当雇主根据《社会法典第五册》第147条第2款承担企业医疗保险基金会的人力费用支持时,由照护保险基金会向企业医疗保险基金会补偿人力的行政管理费用,并转交给雇主。社会照护保险的行政管理费用支出情况应在本法生效1年之后进行检查。

(4)联邦卫生部被授权,在联邦参议院的支持下通过行政法规进一步规定关于行政管理费用补偿事项,并当根据第3款第6句需检查行政费用支出时,重新确定行政管理费用的额度。

（5）《社会法典第五册》第143条至第172条关于医疗保险基金会成立、解散及终止的规定，也相应适用于在医疗保险基金会建立的照护保险基金会。

（6）对医疗保险基金会负责进行监督的机构执行对照护保险基金会的监督。联邦保险局及各州负责社会保险的最高行政机构至少每5年一次对其所监督的照护保险基金会及其工作单位的管理、财务和运行进行检查。联邦卫生部可以将对联邦直属的照护保险基金会及其工作机构的检查、各州对社会保险负责的最高行政机关可以将对州直属的照护保险基金会及其工作单位的检查委托给公法上的、独立进行监督工作的监督机构。检查工作需要覆盖整个管理运营；其包括管理运营的合法性和经济性。照护保险基金会根据要求必须提供所有为检查所必要的材料和信息回复。《社会法典第五册》第274条第2款和第3款相应适用。

第47条　章程

（1）章程必须包括关于下列内容的规定：

1. 照护保险基金会的名字和住所，
2. 照护保险基金会的区域及成员范围，
3. 机构的权利和义务，
4. 代表大会作出决议的类型，
5. 在机构成员履行照护保险任务时机构成员的报酬安排，
6. 运营和财务的年度检查及年终决算的验收，
7. 申诉机构的组成和住所，
8. 公告的类型。

（2）章程可以包含这一规定，即根据该规定照护保险基金会可以居间促成其被保险人和私立医疗保险企业之间的私立照护补充保险。

（3）章程的制定及修改需要获得相应机关的批准，该机关为负责批准在其处建立照护保险基金会的医疗保险基金会章程的机关。

第47a条　纠正医疗卫生体制中错误行为的机构

（1）《社会法典第五册》第197条相应适用；《社会法典第五册》第197a条第3款的规定应与其他措施，以及根据州法所确定、负责《社会法典第十二册》第七章意义上照护帮助的社会救助的承担者进行配合。根据《社会法典第五册》第197a条第1款的组织机构是纠正照护保险基金会、其州协会及照护保险基金会最高联合会在医疗卫生体制中错误行为的机构。

(2)第1款第2句中的机构可以相互之间提供其为了完成第1款中的任务而自行收集、被转交或者向其提交的与人身相关的数据,只要对于接收人来说,这些数据在确定和纠正医疗卫生体制中的错误行为时是必要的。第1款第2句所确定的机构只有在以下条件下,才能将与人身相关的数据转交给根据州法所确定的、负责《社会法典第十二册》第七章意义上照护帮助的社会救助的承担者,即这一转交在与第十二册第七章的规定相关的情况下对确定和纠正错误行为是必要的,且个案中对此已存在明确依据。接收人在处理和使用数据时,受该数据被转交时的目的约束。同样,根据州法所确定的、负责《社会法典第十二册》第七章意义上照护帮助的社会救助承担者,可以将其为了完成任务而自行收集、被转交或者向其提交的与人身相关的数据转交给第1款第2句中所规定的机构,只要对于接收人来说,这在确定和纠正医疗卫生体制中的错误行为时是必要的。第1款第2句中所规定的机构在处理和使用这些数据时,受数据被转交时的目的约束。第1款第2句中所规定的机构及根据州法所确定的、负责第十二册第七章意义上照护帮助的社会救助的承担者需要确保,这些与人身相关的数据只有相关授权人员才能接触到或者被转交。

第二节 职责与成员资格

第48条 对医疗保险基金会被保险人的职责及对其他被保险人的职责

(1)在医疗保险基金会处所建立的各照护保险基金会对照护保险的实施负责,其中存在义务成员资格和自愿成员资格。成员的照护保险基金会对第25条规定的家庭保险人负责。

(2)第21条第1项至第5项规定的被保险人由在医疗保险基金会处所建立的照护保险基金会负责,此处的医疗保险基金会系在疾病情况下被委托待遇提供的对象。如果在疾病情况下没有医疗保险基金会被委托以待遇提供,那么被保险人可以根据第3款的要求选择照护保险基金会。

(3)根据第21条第6项被保险人可以在如下的照护保险基金会中选择成员资格,

1. 照护保险基金会是在该医疗保险基金会处建立的,即假如被保险人在法定医疗保险中负有保险义务的话,其属于该医疗保险基金会,

2. 照护保险基金会是在被保险人的住所或者通常居住地的一般地方医疗保险基金会处建立的,

3. 照护保险基金会在医疗互助基金会处建立,而被保险人属于该医疗互助基金会可以接纳的成员范围。

从1996年1月1日起,第21条第6项规定的被保险人可以在下述照护保险基金会选择成员资格,即该照护保险基金会是在如下医疗保险基金会处建立的,即假如被保险人在法定医疗保险中负有保险义务,则其根据《社会法典第五册》第173条第2款可以选择该医疗保险基金会。

第49条　成员资格

（1）照护保险基金会的成员资格从出现第20条或者第21条所规定的前提条件之日开始。其随成员的死亡或者只要其没有行使第26条规定的接续保险的权利,于第20条或者第21条规定的条件消失之日终止。对于第20条第1款第2句第12项规定的被保险人,相应适用《社会法典第五册》第186条第11款和第190条第13款的规定。

（2）关于成员资格的存续相应适用《社会法典第五册》第189条、第192条及《农民医疗保险第二法典》第25条的规定。

（3）第26条、第26a条规定的自愿保险人的成员资格：

1. 随着成员的死亡而终止,或者

2. 若章程对时间点未作更早规定,则从成员宣布退出当月起算,随第二个日历月结束而终止。

第三节　通知

第50条　社会照护保险成员的通知和答复义务

（1）所有根据第20条负有保险义务的成员应立即自行通知对其负责的照护保险基金会。当第三人根据《社会法典第四册》第28a条至第28c条、第五册第199条至第205条或者根据《农民医疗保险第二法典》第27条至第29条,已经向法定医疗保险基金会递交了通知时,以上规则不适用;向法定医疗保险提交的通知包括了向社会照护保险的通知。对法定医疗保险的自愿参保人来说,加入法定医疗保险的声明视为是向社会照护保险的通知。

（2）对于根据第21条负有保险义务的成员,由以下机构向相关负责的照护保险基金会作出通知：

1. 对《联邦抚恤法》或者规定《联邦抚恤法》相应适用的法律所规定的待遇接收人,由抚恤服务局负责,

2. 对根据《负担平衡法》或者《损害赔偿法》的战争损害抚恤金或者类似待遇的待遇接收人,或者根据《难民帮助法》获得持续补助金的待遇接收人,由相应的协调局负责,

3. 对根据《联邦抚恤法》或者根据规定《联邦抚恤法》相应适用的法律持续获得生活费补充帮助的人员,由战争受害人救济承担者负责,

4. 对根据《社会法典第八册》生活补助的持续获得者,由青少年救助待遇承担者负责,

5. 对根据《联邦赔偿法》有权享有医疗提供的人员,由其待遇承担者负责,

6. 对有期限的士兵,由其雇主负责。

(3)参保人或者被算作参保人的人员,如果其根据《社会法典第四册》第280条没有答复义务,那么其

1. 根据要求对于确定保险义务和费用义务,以及对于执行被委托给照护保险基金会的任务来说是必要的事实,必须毫不迟延地向照护保险基金会作出答复,

2. 必须毫不迟延地告知那些对确定保险义务和费用义务来说重要的并且非应通过第三人报告的事实情况的变化。

参保人或者被算作参保人的人员根据要求,必须毫无迟延地将有关事实及变动状况的材料交至照护保险基金会的办公地点。

(4)如果由于违反了第3款所规定的义务而使得照护保险基金会产生额外的支出,则照护保险基金会可以从义务人处要求赔偿。

(5)医疗保险基金会向照护保险基金会提交对其履行任务来说必要的、与人身相关的数据。

(6)照护保险基金会向养老保险基金会承担者的通知,相应适用《社会法典第五册》第201条的规定。

第51条 私立照护保险成员的通知

(1)私立保险公司需要将下列人员毫无迟延地通知联邦保险局,即该人员在私立保险公司参加了医疗保险,且其虽然被要求缔结私立照护保险合同,但是在《照护保险法》生效后6个月内或者在重新订立医疗保险合同情况下,在合同订立后的3个月内仍然没有缔结私立照护保险合同。保险公司也需要将迟延缴纳了6个月保险费的被保险人告知联邦保险局。联邦保险局可以与注册私立医疗保险协会共同对通知程序作出进一步约定。

(2)既未参加私立医疗保险又非法定医疗保险成员,并有权获得免费医疗的人

员,雇主需要通知联邦保险局。邮政员工医疗保险基金会以及联邦铁路员工医疗给付机构需要在本法生效时,将在其参加保险的成员及共同保险的家庭成员通知联邦保险局。

(3)在下列情况中也存在通知义务,即既存的私立保险被解除了且不能证明与其他的保险公司订立的新的合同的情况。

第四节 协会任务的履行

第52条 州层面的任务

(1)地方医疗保险的州协会、企业医疗保险基金会协会的州协会、手工业同业协会医疗保险基金会协会的州协会,德国矿工—铁路—海员养老保险,根据《农民医疗保险第二法典》第36条作为州协会而活动的农业医疗保险及医疗互助基金会执行照护保险基金会州层面的协会任务。第五册第211a条及第212条第5款第4句相应适用。

(2)第1款中的州层面的协会任务相应适用《社会法典第五册》第211条的规定。州层面的协会尤其需要支持照护保险基金会最高联合会完成其任务。

(3)《社会法典第五册》第208条第1款相应适用于对州层面的协会在第1款规定的任务领域中的监督。

(4)本册中由州层面的照护保险协会履行的任务,由第1款中所列举的机构来进行。

第53条 联邦层面的任务

医疗保险基金会最高联合会履行照护保险基金会最高联合会的任务。《社会法典第五册》第217b条、第217d条及第217f条相应适用。

第53a条 医学机构的合作

照护保险基金会最高联合会在社会照护保险的领域制定

1. 关于照护保险基金与医学机构相互合作的方针,
2. 为执行和确保统一的评估鉴定的方针,
3. 关于需要由医学机构提供的报告和统计数据的方针,
4. 为了确保鉴定评估和咨询质量,以及关于质量检查程序和确保质量检查的质量的方针,
5. 关于继续教育和深造原则的方针。

上述方针需要获得联邦卫生部批准。其对医学机构具有约束力。

第53b条　在确定照护需求的程序中
照护保险基金会对其他独立鉴定人的委托

（1）照护保险基金会最高联合会应在2013年3月31日之前以统一法律适用为目的，制定关于照护保险基金会在确定照护需求的程序中与其他独立鉴定人的共同合作方针。该方针对照护保险基金会有约束力。

（2）该方针尤其应规定如下内容：

1. 对鉴定人资格和独立性的要求，

2. 相关程序，以此确保由照护保险基金会所委托的独立鉴定人在确定照护需求及在将照护需求人归入照护等级时，建立与医疗保险基金会的医学机构相同的标准，

3. 在鉴定评估程序中确保以待遇履行为导向，以及

4. 将由照护保险基金会委托的鉴定人的鉴定纳入医学机构的质量保障程序中。

（3）上述方针需要获得联邦卫生部批准。

第六章 财政

第一节 保费

第54条 原则

（1）照护保险的资金通过保费及其他收入筹集。

（2）保费根据百分比（保费率）从负有缴纳保费义务的成员的、不超过保费计算界限（第55条）的收入中筹集。只要本法没有另行规定，保险成员应为每个日历日缴纳保费。在计算保费时，每周按照7天计算，每月按照30天计算，每年按照360天计算。

（3）《社会法典第五册》第十二章的规定相应适用。

第55条 保费率、保费计算界限

（1）保费率在联邦范围内统一为保险成员负有缴费义务的收入的2.35%；保费率依法律确定。适用第28条第2款规定的人员，其保费率是第1句中保费率的一半。

（2）负有缴费义务的收入，每日历日的对应金额不超过《社会法典第五册》第6条和第7条确定的年劳动报酬界限的1/360（保费计算界限）。

（3）第1款第1句和第2句规定的保费率，从保险成员年满23周岁当月的下一月开始被提高，提高的保费附加额度是0.25个保费率点（对无子女人员的保费附加额）。第1句不适用于《社会法典第一册》第56条第1款第1句第3项及第3款第2项和第3项意义上的父母。父母的资格需要以合适的形式向保费收缴机构，由保费自行支付者向照护保险基金会证明，只要这些机构还没有基于其他原因知道该项资格。照护保险基金会最高联合会给出关于哪些证明是合适的推荐意见。如果证明是孩子出生后3个月内提供的，那么这一证明视为从孩子出生当月开始提供，否则证明从其提交月的下一月开始有效。对2005年1月1日之前出生的孩子的证明，如果其是在2005年6月30日之前提交的，则从2005年1月1日开始生效。第1句不适用于在1940年1月1日之前出生的保险成员，不适用于服兵役和民役的人员，也不适用于领取第二失业金的人员。

（3a）下列人员不属于第3款第2句中的父母：

1. 养父母,当收养生效时孩子已经达到第 25 条第 2 款所规定的年龄界限,

2. 继父母,当孩子的父亲或者母亲与该无血缘关系的母亲或者父亲结婚时,孩子已经达到了第 25 条第 2 款所规定的年龄界限,或者孩子在达到这一年龄界限之前并没有与该保险成员共同生活。

(4)法定养老保险的养老金从 2005 年 1 月到 3 月的保费附加费,对于 1939 年 12 月 31 日之后出生的养老保险金领取人通过以下方式付清,即在 2005 年 4 月保费附加费以 2005 年 4 月负有缴费义务的退休金的 1%的额度缴纳。对于领取养老金的人员,如果其时间上在 2005 年 1 月到 4 月没有保费义务或者附加费义务,则 2005 年 4 月的保费附加费相对于这一时间段而减少。

(5)对于属于农业医疗保险成员的农业企业主及共同劳动的家属,其保费不同于第 1 款到第 3 款的规定,而是以医疗保险保费附加费的形式提高,这里的医疗保险保费是根据《农民医疗保险第二法典》的规定从农业和林业的劳动收入中应该支付的保费。附加费的额度根据第 1 款第 1 句保费率与增加平均附加费用率后,《社会法典第五册》第 241 条规定的一般保费率的比例关系得出。如果第 3 款的无子女人员保费附加费的前提条件得到满足,则第 2 句中附加费应根据第 3 款第 1 句无子女人员的保费附加费与第 1 款第 1 句的保费率之间的比例提高。

第 56 条　保费的免除

(1)家庭成员及生活伴侣在第 25 条的家庭保险期间内免除保费。

(2)从提出养老金申请到养老金开始,包括《农民养老保险法》中的养老金,如下人员免除保费:

1. 已经领取养老金的退休人员的遗留配偶,在申请遗属养老金时,

2. 已经领取养老金的退休人员的年满 18 周岁的孤儿;这也适用于其已经死亡的父母一方已经根据《农民养老保险法》领取退休金的孤儿,

3. 已经领取《农民养老保险法》中退休金的人员的遗留配偶,且婚姻是在死亡一方年满 65 周岁之前缔结的,

4. 土地交还养老金领取人的遗留配偶。

当上述养老金申请人能够获得自己的养老金、劳动报酬、劳动收入及帮助金时,第 1 句不适用。

(3)领取母亲津贴、父母津贴或者照顾金的保险成员免除保费。保费的免除只涵盖第 1 句所涉及的待遇。

(4)根据申请以下保险成员免除保费,即其在不可预见的时间内处于住院照护

之中,并且根据《联邦抚恤法》第35条第6款、《社会法典第七册》第44条、《公务员照顾法》第34条或者其他规定了《联邦抚恤法》相应适用的法律已经获得了待遇给付,同时其没有根据第25条成立保险的家庭成员。

(5)在领取照护支持金期间,保险成员免除保费。保费的免除只涵盖第1句所涉及的待遇。

第57条 负有保费义务的收入

(1)对在法定医疗保险中参加义务保险的照护保险基金会成员的保费计算,适用《社会法典第五册》第226条至第232a条、第232条至第238条、第244条及第四册第23a条并第23b条第2款至第4款的规定。领取第二失业金的人员,不同于第五册第232a条第1款第1句第2点的规定,以月领取额的0.3620倍的1/30为基础。

(2)对于领取病假津贴的人员,其负有保费义务的收入是病假津贴计算以之为基础的劳动报酬的80%。这也适用于与农村企业主共同工作的、负有养老保险义务的家庭成员的病假津贴的领取。对于没有退休保险义务的共同工作的家庭成员,保费计算以待遇的支付数额为基础。对于《社会法典第五册》第44a条规定的享受病假津贴的人员,其保费按照作为劳动收入或者劳动报酬的病假津贴为基数进行计算;如果病假津贴是根据第五册第47b条支付的,则仍适用第1句至第3句的规定。对于《移植法》第8条、第8a条规定进行的器官或者组织捐献相关联的劳动收入损失,而从私立医疗保险公司、联邦补助金承担者、其他联邦层面患病相关费用的公法承担者、联邦领域免费医疗的承担者、军队医疗的承担者或者在有州法规定的情况下从州层面的患病相关费用的公法承担者处获得待遇的人员,其保费按照作为劳动收入或者劳动报酬的病假津贴为基数进行计算。对根据《社会法典第五册》第45条第1款领取病假津贴的人员,负有保费义务的收入是在失业期间丧失的长期劳动报酬或者待遇以之为基础的劳动收入的80%。

(3)对于第20条第1款第2句第3项中所规定的终老财产人员的保费计算,适用《农民医疗保险第二法典》第45条的规定。

(4)对于法定医疗保险的自愿投保人及没有在法定医疗保险中投保的社会照护保险投保人,其保费计算相应适用《社会法典第五册》第240条的规定。此外,对于在法定医疗保险中投保的养老金申请人员及自愿投保的退休人员,其保费计算相应适用《社会法典第五册》第238a条及第239条的规定。不同于第1句的规定,对于第20条第1款第10项规定的在法定医疗保险中自愿投保的成员,其保费计算相应适用第五册第236条的规定;对于自愿参加法定医疗保险的、符合章程规定的宗教团体的成员、牧师的女助手及类似人员,其负有保费义务的收入是对其提供的实物支付、直接生活所需的住所、伙食、衣物及此类被支付的报酬的价值。对从于康复承担者那里获得工伤津贴、战争受害人疾病津贴或者过渡金的法定医疗保险的自愿投保人,其保费计算相应适用《社会法典第五册》第235条第2款的规定;对于在农业医疗保险中的自愿投保人,其保费计算适用《农民医疗保险第二法典》第46条的规定。

(5)对于根据第26条第2款接续保险的被保险人的保费计算,对于每日历日,以《社会法典第四册》第18条每月领取额的1/180计算。

第58条　负有保险义务的雇员的保费承担

(1)根据第20条第1款第2句第1项和第12项负有保险义务的雇员,其在法定医疗保险中负有保险义务的,其雇主承担根据劳动报酬加以计算的保费的一半。如果需要为雇员的短时劳动报酬支付保费,那么雇主则单独承担全部保费。第55条第3款规定的无子女人员保费附加费由雇员承担。

(2)为了平衡与雇主保费相联系的经济负担,各州应取消总是落在工作日中的州范围的法定节假日。

(3)工作地点位于下述州中的第1款中所规定的雇员,即该州在1993年12月31日存在的、总是落在工作日中的州范围的法定节假日的数目没有被减少1天,则该雇员单独承担1%的保费。在第55条第1款第2句的情况中,保费以0.5%的额度独自承担。此外,每个月的劳动报酬处在《社会法典第四册》第20条第2款的弹性区域内的负有保险义务的职业,适用第5款第2句的规定,其他情况则适用第1款的规定。当各州在2017年一次性将宗教改革纪念日上升为法定节日时,雇员的保费不提高。

(4)节假日的取消对整个日历年生效。如果涉及当年在取消规定生效日之前的节日,则取消从下一个日历年开始生效。

(5)《社会法典第五册》第249条第2款相应适用。第五册第249条第4款在下述条件下适用,即用照护保险的保费率替代医疗保险基金会的保费率,以及对于第3款第1句所称的雇员在计算雇主的保费份额时,适用0.7%的保费率。

第59条　其他保险成员的保费承担

(1)对于第20条第1款第2句第2项至第12项规定的、在法定医疗保险中负有保险义务的社会照护保险的被保险人,其保费承担相应适用《社会法典第五册》第250条第1款、第3款和第251条及《农民医疗保险第二法典》第48条的规定;源于法定养老保险保险金的保费由保险成员独自承担。对于领取《农民养老保险法》规定的养老金的、第20条第1款第2句第3项规定的被保险人,以及对于领取生产任务养老金或补偿金的、《促进农村职业活动调整法》第14条第4款规定的被保险人,基于该待遇产生的保费由待遇获取人独自承担。

(2)如果保费与疾病津贴相关且后者不在由联邦劳动局支付的额度内,那么对于领取病假津贴的人员,其保费由该津贴领取人本人和医疗保险基金会各自承担一半;当以病假津贴为基数计算的月劳动报酬不超过450欧元时,保费也由医疗保险基金会承担。与根据移植法第8条、第8a条进行的与器官和组织捐赠相关的、根据《社会法典第五册》第44a条领取疾病津贴或者工作收入损失待遇的人员的保费,由提供这一待遇的机构承担;如果这一待遇是由多个机构提供,则保费相应地按照份额分担。

(3)根据第21条第1项至第5项参加保险的待遇接受人的保费,由各自的待遇提供者承担。在战争受害者救济框架内的基于待遇领取的保费,视为战争受害者救济的支出。

(4)在法定医疗保险中自愿投保的社会照护保险的成员,该成员资格根据第49条第2款第1句得以维持的社会照护保险成员、根据第26条、第26a条自愿投保的社会照护保险成员及根据第21条第6项参加保险的有期限的士兵,应单独承担保费。不同于第1句的规定:

1. 基于领取工伤津贴、战争受害人疾病津贴或者过渡金而须支付的保费,由相关的康复治疗承担者,

2. 符合章程规定的宗教团体的成员、牧师的女助手及类似人员的保费,包括根据第26条接续保险的保费,由相关共同体独自承担。

(5)第55条第3款规定的无子女人员保费附加费由保险成员承担。

第60条 保费的支付

(1)如果法律没有例外规定,保费由须承担保费的人员自行支付。《社会法典第五册》第252条第1款第2句、第253条至第256a条及《农民医疗保险第二法典》第50条、第50a条相应适用。从根据《农民养老保险法》的养老金以及从根据《促进农村职业活动调整法》的长期金钱待遇中产生的须缴纳的保费,由老年保险基金会支付;《社会法典第四册》第28g条第1句相应适用。

(2)医疗保险基金会为领取病假津贴的人员缴纳保费;对保费的扣除适用《社会法典第四册》第28g条第1句的规定。有义务为第21条第1项至第5项中所规定

的保险成员承担保费的义务人可以委托第三人支付保费,并且可以与照护保险基金会一起进一步约定关于保费的支付和扣除的事宜。

(3)保费应由医疗保险基金会缴纳;在《社会法典第五册》第252条第2款第1句规定的情况中,保费须支付给健康基金,后者需将其毫无迟延地转交给平衡基金。医疗保险基金会应该毫不迟延地将根据第1句收到的保费转交给照护保险基金会。在《社会法典第五册》第252条第2款第1句规定的情况中作为健康基金管理人的联邦保险局有权、在其他情况中照护保险基金会有权对保费是否正常支付进行检查;《社会法典第五册》第251条第5款第3句至第7句相应适用。《社会法典第四册》第24条第1款适用。《社会法典第五册》第252条第3款的规定在照护保险的保费等同于医疗保险的保费时适用。

(4)德国养老保险联盟应当将所有产生于一般养老保险养老金待遇的照护保险保费,在应支付该养老金当月的下一月的第五个工作日转交给照护保险平衡基金(第65条)。如果养老金待遇是在应支付养老金当月(《社会法典第六册》第272a条)的上1个月的银行最后一个工作日支付的,那么德国养老保险联盟应在当前月的第5个工作日将该照护保险的保费转交给照护保险的平衡基金。

(5)根据第55条第3款的保费附加费由应当支付保费的人支付。如果照护保险保费是由第三人支付的,那么此第三人有权向该保险成员要求应该由该保险成员承担的保费附加费。这一权利可以由第三人通过扣除应向该保险成员提供的金钱待遇的方式来主张。

(6)如果因为第三人无须向保险成员提供长期的金钱待遇而使得第5款中的扣除不可能,那么保险成员应该自行向照护保险基金会缴纳基于保费附加费产生的费用。

(7)领取失业金、生活补贴、短时劳动金、教育金、过渡金的人员需要增加保费附加费,以及在联邦就业局负有保费支付义务的情况下,领取根据《社会法典第三册》的职业教育津贴的人员的保险附加费,由联邦就业局每年以2000万欧元的总额度转给照护保险的平衡基金(第66条)。联邦就业局可以在联邦劳动和社会事务部的支持下,在其所承担的保费方面向《社会法典第三册》中规定的对应待遇领取人员进行追索。联邦就业局可以与联邦保险局一起进一步约定关于总体支付的事宜。

第二节 保费的补贴

第61条 对法定医疗保险自愿投保人及私立保险被保险人的保费补贴

(1)在法定医疗保险中自愿投保的雇员,在第58条的条件下可以从其雇主处获得保费补贴,这一补贴的额度以第58条规定的雇主份额为限。如果在同一时间段存在多个雇用关系,那么参与的雇主根据劳动报酬额度的比例承担支付保费补贴的义务。对于领取《社会法典第三册》所规定的短时劳动金的雇员,在第1句的补贴之外,还需向其支付雇主根据第58条第1款第2句所规定的雇员保险义务本应承担的保费的一半。

(2)为了履行其根据第22条和第23条的保险义务而在私立医疗保险基金会投保的雇员,其本人及其本可以基于雇员的保险义务根据第25条的社会照护保险中投保的家属或者生活伴侣,有权要求在种类和范围上与本册的待遇相当的合同待遇的,在满足第58条的前提条件下,可以从其雇主处获得保费补贴。补贴的额度以在负有社会照护保险义务情况下,本应作为保费份额支付的雇主份额为限,且最高不超过雇员为其私立保险所支付的金额的一半。对于根据《社会法典第三册》领取短时劳动金的雇员,在这一条件下适用第1款第3句的规定,即其最高获得其事实上必须支付的金额。如果在同一时间段内同时存在多个雇用关系,那么参与的雇主根据各自劳动报酬额度的比例,按份额承担支付保费补贴的义务。

(3)对于领取提前退休金且作为雇员在提前退休待遇直接开始之前有权获得根据第1款或者第2款的保费补贴的人员、根据《权利和候补资格转移法》第9条第1款第1项和第2项受领待遇给付的人员及根据1991年11月30日联邦国防部领域内关于社会可承担的人员缩减的集体协定第7条受领过渡照顾待遇的人员,其面对提前退休金的义务支付人在提前退休待遇履行时间内所享有的权利保持不变。补贴的额度为,提前退休金领取人作为有保险义务的雇员,在没有第55条第3款规定的保险附加费的情况下需要支付的保费的一半,但是最高不超过其在没有保险附加费的情况下根据第55条第3款所规的需要支付的金额的一半。第1款第2句相应适用。

(4)在第20条第1款第2句第6项、第7项或者第8项中所规定的、根据第23条对其存在私立照护保险保险义务的人员,可以从相关负责的待遇承担者获得对其私立照护保险保费的补贴。所支付的补贴金额等于待遇承担者在社会照护保险义务保险情形下本应支付的额度,但最高不超过向私立保险公司支付的金额。

(5)为私立照护保险所支出的,第2款、第3款和第4款规定的补贴只有在如下情况下才被支付,即当该保险公司:

1. 根据生命保险的种类从事照护保险,

2. 有义务将从自我缔结的保险业务中产生的利润的绝大部分以有利于被保险人的方式使用,

3. 只与医疗保险,而不与其他保险部门共同从事照护保险,或者当保险公司在其他欧盟国成员国具有住所,权利人获得补贴的这部分保险金只被用于医疗和照护保险。

(6)医疗保险公司需要向被保险人交付一项证明,即监管机构已经对此证实,保险公司在第5款所规定的条件下从事作为保险合同的基础的保险。保险人需要每三年一次将这一证明提交给保费补贴的支付义务人。

(7)根据公务员法律的规定或者原则,在疾病或者照护情况下有权获得津贴或者免费医疗,并且在私立保险公司投保的人员,以及根据第55条第1款第2句保费率减半对其适用的人员,对于为出于照护目的的花费而提供津贴或者免费医疗的雇主或者老板,没有要求提供保费补贴的权利。关于代表(议员)、前代表(议员)及其遗属的保费补贴,援用各自的代表法的规定。

第三节 资金的使用和管理

第62条 照护保险基金会的资金

照护保险基金会的资金包括运行资金和储备资金。

第63条 运行资金

(1)运行资金只能用于:

1. 通过法律或者章程规定的任务及管理费用,

2. 补充储备资金及支持平衡基金。

(2)运行资金在财政年度平均水平上,每月不能超过根据照护保险基金会的预算计划、为第1款第1项中所称支出项目制定的月基本金额。在确定当前的运行资金时,需要考虑到照护保险基金会不涉及储备资金的要求和义务。经常性资金不作考虑。

(3)运行资金需要在必要的范围充分准备,此外需以对第1款中所规定的目的来说可行的方式安排。

第64条 储备资金

（1）照护保险基金会为了确保其履行能力，必须建立储备资金。

（2）储备资金的金额对应根据预算计划平均每月所支出金额的50%（应然储备资金）。

（3）当在一个财政年内，收支不能通过运行资金相抵时，照护保险基金会需要将来自储备资金的资金输送给运行资金。

（4）如果储备资金超过了应然储备资金，那么超过的金额需要在第63条第2款所规定的额度内输送给运行资金。此外，剩余的超出部分需要在每月第15日之前转给第65条所规定的平衡基金。

（5）储备资金应该独立于其他资金作出这样的安排，即其对于第1款所规定的目的来说是可用的。储备资金由照护保险基金会管理。

第四节 平衡基金、财政平衡

第65条 平衡基金

（1）联邦保险局管理作为特殊财产（平衡基金）的下列所收取的资金：

1. 来自养老金支付的保费，
2. 由照护保险基金会从运行资金和储备资金（第64条第4款）中转入的盈余，
3. 被保险人的由健康基金转入的资金。

（2）在当年度中产生的资本收益应被充入特殊财产。

（3）平衡基金的资金应该做如此安排，即对第67条、第69条所规定的目的来说是可用的。

第66条 财政平衡

（1）照护保险基金会的履行支出及管理费用，由全体照护保险基金会根据各自保费收入的比例共同承担。为了这一目的，在所有照护保险基金会之间需要进行财政平衡。联邦保险局执行在照护保险基金会之间的财政平衡。联邦保险局需要与照护保险基金会最高联合会一起进一步约定关于执行财政平衡的事宜。这一约定对照护保险基金会有约束力。

（2）联邦保险局可以与德国养老保险联盟一起制定关于执行支付往来的进一步的规定。

◎德国社会法典(选译)

第67条 月度平衡

(1)各个照护保险基金会应在每月10号之前确定

1. 上个月底之前所计入的支出,

2. 上个月底之前所计入的收入(实然保费),

3. 运行资金和应然储备资金,

4. 当前月第1日现存的运行资金(实然运行资金)的状态及储备资金的额度。

(2)在当前月的第1日,如果包括运行资金和应然储备资金的支出高于包括当前运行资金状态和储备资金的收入,那么照护保险基金会应在月底之前从平衡基金中领取差额。如果在当前月第1日既存的运行资金状态和储备资金的收入高于包括运行资金和应然储备资金的支出,那么照护保险基金会应将差额转给平衡基金。

(3)照护保险基金会应将必要的计算基础通知联邦保险局。

第68条 年度平衡

(1)在日历年结束之后,需要在照护保险基金会之间进行年度平衡。在提交所有照护保险基金会的运行和账目及在提交作为矿工照护保险承担者的德国矿工—铁路—海员退休保险的过去一个日历年年度账目之后,这些结果根据第67条结清。

(2)如果在年度平衡结束之后在计算基础里发现了事实的或计算的错误,那么联邦保险局在确定下一个年度平衡时需要根据当时有效的规定考虑这些错误。

(3)联邦卫生部可以通过行政法规,在取得联邦参议院的同意后进一步作出关于以下方面的规定:

1. 对第66条至第68条所规定的款项的内容、时间的限制和确定,

2. 款项的按期支付及迟延情况下的利息收取,

3. 实行财政平衡时的程序及在此需由照护保险基金会告知的内容。

第七章 照护保险基金会与服务提供者之间的关系

第一节 一般原则

第69条 保证照护任务

照护保险基金会在其给付义务的范围内,需要向被保险人保证符合需求的、稳定的、与一般承认的医学和照护知识的状态相适应的照护服务(保证照护任务)。为此,照护保险基金会应与照护机构的承担者(第71条)及其他的服务提供者订立照顾保障合同并约定报酬。在此,需要注意照护机构的承担者在其目的设定和任务履行中的多样性、独立性、自主性及自我定位。

第70条 保费率的稳定性

(1)照护保险基金会需在与服务提供者订立的关于服务的种类、范围和报酬的合同中确保,照护保险基金会的给付支出不能超过保费的收入(保费率稳定性原则)。

(2)若违反保费率稳定性原则,关于报酬额度的约定无效。

第二节 照护机构之间的关系

第71条 照护机构

(1)本册意义上的门诊照护机构(照护专门机构)是独立经营的机构,其在受培训的照护专业力量的独立责任之下,在照护需求人的住所对其进行照护并提供家务帮助。

(2)本册意义上的住院照护机构(照护院)是独立经营的机构,在其中照护需求人:

1. 在受培训的照护专业力量的独立责任之下接受照护,
2. 能够在全天(完全住院)或者日间或夜间(部分住院)被安置并被照护。

(3)对于在第1款和第2款意义上的负责的照护专业力量的承认,除了培训结业外,

1. 健康和医疗照护人,

2. 健康和儿童疾病照护人,或者,

3. 老人照护人。

在过去8年之内,还需要有所学的培训专业中的2年职业实践经验。在主要照护和照管残疾人的门诊照护机构中,根据州法为残疾人的医疗卫生教育的照护人及治疗指导人,其在过去8年中作为受培训的照护专业力量也需要2年的职业实践经验。第1句或者第2句所指8年的时间范围,从第1款或者第2款意义上负责的专业照护力量被雇用的前1日算起。此外,对负责的照护专业力量的承认还以此为条件,即成功进行了不少于460个小时的高级职能的继续教育措施。

（4）以提供医学预防、医学康复、融入劳动生活、融入共同体生活、学校培训、患病人或者残疾人的教育的服务为主要目的的住院机构及医院,不是第2款意义上的照护机构。

第72条 通过照顾保障合同对照护的许可

（1）照护保险基金会只能通过与之订立照顾保障合同的照护机构来提供门诊照护和住院照护(有资质的照护机构)。在照顾保障合同中,需要确定照护机构在合同期限内应向被保险人提供的一般照护服务(第84条第4款)的种类、内容和范围(照顾保障任务)。

（2）照顾保障合同在照护机构的承担者或者同类承担者的有代表权的协会与照护保险基金会的州协会之间,并在州的跨地区的社会救助承担者同意的情况下缔结,只要根据州法地区承担者不对照护结构负责;对于同一照护机构承担者的、组织上相互联系的多个或者所有独立经营的机构(第71条第1款和第2款),可以缔结统一的照顾保障合同(整体照顾保障合同)。该合同对照护机构及国内所有照护保险基金会直接有效。

（3）照顾保障合同只能与下述照护机构签订,即

1. 其满足第71条的要求,

2. 能够保证具有服务能力的和经济性的照护照顾,并能够向其雇员支付在照护机构中符合当地习惯的劳动报酬,只要这些雇员没有被有关基于《跨境派遣及经常在国内工作的劳动者的强制性劳动条件法》(《劳工—派遣法》)的最低工资的法规包括在内。

3. 其负有义务根据第133条约定的条件在机构内部引入和发展质量管理,

4. 其有义务适用第113a条的所有专业标准;

只要照护机构满足上述前提条件,其就有权利要求订立照顾保障合同。在必

须在多个合适的照护机构中进行选择的情况下,照顾保障合同应该优先与自由公益的和私立承担者缔结。在与门诊照护专业机构的照顾保障合同中,需要确定提供服务的覆盖区域。

(4)通过缔结照顾保障合同,照护机构在合同期限内被允许为被保险人提供照护照顾。被允许的照护机构在其照顾保障任务的范围内,对被保险人的照护照顾保障负有义务;在门诊照护专业机构的情况下,根据照护需求人的要求而提供第37条第3款的照护投入也属于其义务的范围。照护保险基金会有义务根据第八章的标准为照护机构的服务提供报酬。

(5)(废除)

第73条 照顾保障合同的缔结

(1)照顾保障合同应以书面形式缔结。

(2)在照护保险基金会州协会拒绝签订照顾保障合同的情况下,可以在社会法院进行诉讼。无须进行前置程序;起诉不具有推迟的效果。

(3)对于在1995年1月1日之前基于与社会待遇承担者的协议已经提供门诊照护、部分住院照护或者短时照护的照护机构,照顾保障合同视为已经缔结。当照护机构没有满足第72条第3款第1句的要求,并且相关负责的照护保险基金会州协会在取得相关负责的社会救助的承担者(第72条第2款第1句)同意的情况下,在1995年6月30日之前向机构承担者就此提出书面主张时,第1句不适用。当照护机构明显没有满足第72条第3款第1句的要求时,第1句也不适用。照护机构需最迟于1995年3月31日之前,通过向照护保险基金会州协会提交与社会待遇承担者的协议及为检查和判断服务能力和经济性的适当材料,以证明满足根据第1句和第2句的既存状态保护条件。照顾保障合同在其通过新的照顾保障合同被取代或者根据第74条被解除之前都保持有效。

(4)对于完全住院的照护机构,第3款在这一条件下适用,即对于根据第3句提交材料的关键时间点为1995年9月30日,第2句的规定时间是1996年6月30日。

第74条 照顾保障合同的解除

(1)照顾保障合同可以由任何合同当事人在1年的期限内完全或者部分解除,当合同由照护保险基金会州协会解除时,需满足这一条件,即被允许的照护机构系非临时性的不能满足或者不再满足第73条第3款第1句的某个条件;当照护机构多次严重违背其义务而不能为照护需求者提供尽可能独立和自主的生活,不能为照护需求者重新获得、维持身体、精神和心灵的力量及不能满足照护需求者的帮助形态的适当愿望时,此点也是适用。在照护保险基金会州协会解除合同之前,需要取得相关的社会救助承担者的同意(第72条第2款第1句)。照护保险基金会州协会在取得社会救助承担者的同意的情况下,为避免照顾保障合同的解除,可以与照护机构的承担者作出以下特别约定,

1. 负责的照护专业力量及其他的服务履行力量继续完成很快就能完成的适当的继续教育和培训措施,

2. 在合同解除原因排除之前,其他照护需求人的照护、供给和照护完全或者部分临时取消。

(2)当照护机构相对于照护需求人或者其费用承担者来说,存在严重违反其法定义务或者合同义务情形而使得继续坚持合同不再合理时,照护保险基金会州协会也可以无须遵守解除期限而解除照顾保障合同。当义务的违反给照护需求人造成损害或者照护机构不能向费用承担者结清其所提供的服务时,上文规定尤其适用。当根据照护院相关法规吊销照护院承担者的许可或者照护院的运营被禁止时,上文也同样适用。第1款第2句相适用。

(3)解除需要以书面形式进行。对解除提出的诉讼适用第73条第2款的规定。

第75条 关于照护照顾保障的框架合同、联邦推荐意见和约定

(1)照护保险基金会的州协会在医疗保险医学机构及州内注册私立医疗保险协会的参与下,与州内门诊照护机构或者住院照护机构承担者的联合会共同订立统一的框架合同,该框架合同的目标是确保被保险人的有效和经济的照护照顾保障。对于属于公法上教会或者宗教团体的照护机构或者属于其他公益承担者的照护机构,框架合同也可以由教会、宗教团体或者由照护机构所属的福利团体签订。在关于门诊照护的框架合同中,社会救助地方承担者的工作团体,在关于住院照护的框架合同中,社会救助的跨地区承担者及社会救助的地方承担者的工作团体需作为合同当事人参与合同的订立。框架合同对照护保险基金会及国内被允许的照护机构具有直接约束力。

(2)合同应尤其规定:

1. 照护服务的内容及在住院照护的情况下一般照护服务、住宿和伙食服务及额外服务之间的界限,

2. 照护的一般条件,包括费用承担、报酬的结算及对此必要的证明和报告,

3. 照护机构经济的和与服务相关的、以照顾保障任务为导向的人员物资配备的标准和原则,

4. 对照护的必要性和期限的检查,

5. 照护需求人在临时离开照护院时(入住医院或者度假)照护款项的减少,

6. 医学机构或者其他由照护保险基金会委托的监督者进驻照护机构,

7. 经济性检查的程序原则和检查原则,

8. 对照护机构地方或者地区的覆盖范围进行确定的原则,目的在于非远距离尽可能地提供贴近地方和贴近公民的照护服务,

9. 自助团体、志愿照护人员及其他有志于公民志愿活动的人员和组织,在家庭照护及门诊或住院照护机构中参与对照护需求人的照护的可能性。

照护院住户根据《社会法典第五册》第33条要求提供照护帮助手段的权利,既不能通过第1句第3项对物资配备的规定被取消也不能被限制。

(3)根据第2款第3项合同的部分或者约定:

1. 州范围的确认人力需求的程序或者计算照护时间的程序,或者

2. 州范围内的人力标准值。

在此,需要注意具有精神障碍、心理疾病、由此造成的功能紊乱或者神经系统的其他疾病的照护需求人的特殊照护和照管需求。在约定第1句第1项的程序时需要考虑考在德国经过测试和验证的国际经验。第1句第2项所规定的人力标准值可以约定为幅度范围,在部分或者完全住院照护情况下至少

1. 包括根据照护等级进行划分(人力基数)的,照护院居民数目与照护—照管力量数目(转换为全职照护力量)之间的比例,以及

2. 在照护、社会照管及医学治疗照护领域,附加受培训的专业力量在照护和照管人力中的比例。

在所有情况中,照护院的人力规定不受影响。

(4)如果在一方合同当事人书面要求进行合同谈判后的6个月内,第1款规定中的合同完全地或者部分地未成立,则根据一方当事人的申请,合同内容通过第76条所规定的仲裁机构确定。第1句也适用于修改及取代既存框架合同的(新)合同。

(5)第1款规定的合同可以由任何当事人在1年的期限内完全或者部分解除。第1句相应适用于由仲裁机构根据第4条所作出的规定。这些规定在不解除合同的情况下,在任何时候都可以由第1款规定的新合同取代。

(6)照护保险基金会最高联合会及联邦层面照护机构承担者协会应当在医疗保险基金会最高联合会的医学机构、注册私立医疗保险协会及独立专家的参与下,与地方主要协会的联邦联合会、社会救助跨地区承担者的联邦工作团体共同制定

关于第1句中合同内容的推荐意见。对此上述机构应与照护职业协会、残疾人协会及照护需求人协会紧密合作。

（7）照护保险基金会联盟的负责机构，社会救助跨地区承担者的联邦工作团体、地区主要协会的联邦联合会及联邦层面照护机构承担者协会为门诊和住院照护机构约定共同和统一的、以实现照护工作的有序进行为目的的原则。第1句中的约定在根据第83条第1款第1句第3项而制定的行政法规被废止后直接生效，并由照护保险基金会州协会立即通知在州内活动的被许可的照护机构。这一约定对所有照护保险基金会及其协会、被许可的照护机构具有直接约束力。

第76条 仲裁机构

（1）照护保险基金会州协会及州内照护机构承担者协会共同建立各州的仲裁机构。该仲裁机构就本册赋予其的事务进行仲裁。

（2）仲裁机构由数目相同的照护保险基金会及照护机构的代表组成，还应包括1位中立的主席和2位中立的成员；主席和中立成员可以委任代理人。注册私立保险协会的代表、跨地区的或者，如果州法有规定，州内地区的社会救助承担者也属于仲裁机构，其数目按照照护保险基金会的代表的数目计算。照护保险基金会的代表及代表的代理人由照护保险基金会州协会委任，照护机构的代表及其代理人由州内照护机构和照护院的承担者协会委任；在委任照护机构代表时需要注意承担者的多样性。主席及其他中立成员由参与组织共同委任。如果不能达成一致，则人员由抽签决定。如果参与的组织没有委任代表或者在第4句的程序中没有提名主席或者其他中立成员的候选人，则根据参与组织的申请由相关负责的州行政机关委任代表和提名候选人。

（3）仲裁机构的成员以名誉职位形式履行职责。他们不受任何指示的约束。每个成员拥有一票。决定以成员多数同意的形式作出。如果不能产生多数意见，则由主席一票决定。

（4）相关负责的州行政机关对仲裁机构进行法律监督。

（5）州政府被授权通过行政法规进一步规定名额、委任、任期、履职、现金垫款的补偿、仲裁机构成员时间支出的补偿、运作、程序、费用的收取、费用的数额及费用的分担等事项。

（6）作为第85条第5款的例外，照护费协议（第85条第2款）的当事人可以共同委任独立仲裁人员。独立仲裁人员在其被委任后，最迟不晚于28个日历日确定照护费及其生效时间。只有当照护费的确定违反公共秩序时，才能申请法院撤销。

仲裁程序的费用由合同当事人同等承担。第85条第6款相应适用。

第三节 与其他服务提供者的关系

第77条 通过个人的家庭照护

（1）为了确保家庭照护、照管及家务待遇，照护保险基金会应该与单个的、适合的照护力量签订合同，以此帮助照护需求人尽量进行独立和自主的生活，或者满足照护需求人对帮助进行安排的特殊愿望；与照护需求人的第三等级以内的亲属或者姻亲亲属的合同以及与同照护需求人在家庭中共同生活的人员的合同是允许的。在合同中需要规定所约定的服务的内容、范围、质量、质量保障、报酬及对质量和经济性的监督；第112条相应适用。对于基础照护的服务、家务帮助及第36条第1款所规定的照管服务应约定报酬。此外，在合同中还需规定，照护需求人与向其提供家庭照护及家务帮助服务的照护力量不能成立雇用关系。在违反上述规定的情况下订立的合同应被解除。当

1. 该雇用关系在1996年5月1日之前已经存在，并且

2. 在1996年5月1日之前提供的照护服务，由相关的照护保险基金会基于其与照护力量缔结的合同而支付了报酬时，第4句和第5句不适用。在照护需求人与照护力量之间缔结的照护合同至少需要规定服务的种类、内容和范围，还包括为此与费用承担者所约定的报酬。第120条第1款第2句相应适用。

（2）照护保险基金会在必要时，为确保家庭照护可以雇用单独的照护力量，在服务的经济性和质量方面，根据本册适用于被许可的照护专业机构的要求也适用于该被雇用的单独照护力量。

第78条 关于照护帮助设备的合同

（1）照护保险基金会最高联合会与服务提供者或者服务提供者协会签订关于向被保险人提供照护帮助设备的合同，只要该照护帮助设备并非基于《社会法典第五册》关于帮助设备的规定被支付报酬。作为第1句规定的例外，照护保险基金会可以就向被保险人提供照护帮助设备签订合同，以便更强地将经济性要求考虑进来。《社会法典第五册》第36条、第126条和第127条相应适用。

（2）照护保险基金会最高联合会应制定一个系统化的照护帮助设备目录，作为《社会法典第五册》第139条规定的帮助设备目录的附件。在其中需要列明由照护保险的给付义务所包含的照护帮助设备，只要其还未被包含在帮助设备目录中。以租借方式提供给被保险人的照护帮助设备需要特别证明。此外，《社会法典第五

册》第139条在这一条件下适用,即照护职业及残疾人联合会在制定和续写照护帮助设备目录前,同样地参加听证。

(3)照护保险基金会的州协会相互之间,或者与适当的照护机构共同对根据第2款第4条适当的照护帮助设备的租借及其采购、存放、维护和监督作进一步约定。照护保险基金会或者其协会应以适当的形式,告知照护需求人和被允许的照护机构租借的可能性。

(4)联邦卫生部被授权以行政法规的形式,与联邦劳动和社会事务部,联邦家庭、老人、妇女和青少年部共同,经联邦参议院许可,就第2款的照护帮助手段目录和第3款的固定费用进行规定;第40条第5款不受影响。

第四节 经济性检查

第79条 经济性检查

(1)照护保险基金会州协会可以通过由其委托的专家来检查门诊、部分住院和完全住院照护服务的经济性和有效性;在委托专家之前,需要听取照护机构承担者的意见。只有当存在事实依据表明,照护机构完全或者部分地没有满足或者不再满足第72条第3款第1句所规定的要求时,检查才是允许的。在听证之前,相关依据需要及时通知照护机构。与人身相关的资料需要匿名。

(2)照护机构承担者有义务,根据要求向专家提交对其履行任务来说必要的材料并进行答复。

(3)检查结果,独立于由此产生的第74条规定的照顾保障合同解除的结果,需要在下一可能的报酬协定中以对将来产生效力的方式加以考虑。

第80条 (废除)

第80a条 (废除)

第81条 程序规定

(1)照护保险基金会的州协会(第52条)共同履行第七章和第八章赋予其的任务。如果完全或者部分不能达成一致,则由第52条第1款第1句所规定的机构以如下方式采多数决,即由地方医疗保险基金会的3名代表、医疗互助基金会的2名代表和其他机构各1名代表作出该决定。

(2)在由照护保险基金会州协会与社会救助地方承担者工作团体,或者与社会救助跨地区承担者共同作出决定时,工作团体或者跨地区承担者以2名代表参与第

1款第2句的决定作出。如果在连续2个决定的作出中都不能与社会救助承担者的代表达成一致,则任何根据第1句的参与者都有权要求第76条的仲裁机构的主席和其他中立成员作出决定。上述人员应就争议点作出的决定对参与者有约束力,这一决定排除诉讼救济。根据第2句程序的费用和主席的酬劳由参与方按份额承担。

(3)根据第七章,照护保险基金会最高联合会在与社会救助承担者的代表共同作出决定时,照护保险基金会最高联合会在相应适用第2款第1句并第1款第2句的规定时有9票,社会救助承担者代表有2票。第2款第2句至第4句依下述条件相应适用,即在不能达成一致的情况下,由参与方协商选择仲裁机构主席作出决定。

第八章 照护的报酬

第一节 一般规定

第82条 照护机构的资金提供

(1)被许可的照护院和照护专业机构根据本章的规定获得

1. 一般照护服务时与服务相适应的报酬(照护报酬),以及

2. 在住院照护情况下,照护人员住宿和伙食的适当报酬。

照护报酬由照护需求人或者其费用承担者承担。在住院照护的情况下照护报酬也包括社会照管,以及在不存在根据《社会法典第五册》第37条的医疗照护权利时的医学治疗照护。住院照护的住宿和伙食由照护需求人自行承担。

(2)在照护报酬和住宿、伙食的报酬中,不能将如下的支出考虑进来

1. 涉及资本费用支出的措施,这些资本支出确定用于生产、购买、重新置办、补充、保存和维护对照护机构的运行来说必要的建筑,以及其他的具有折旧能力的资本物资;属于第1款第1句第1项的照护报酬的确定用于消费的物资(消费物资)除外,

2. 为土地的获得和开发的支出,

3. 为土地、建筑的租金,租赁、建造利息金,使用或者共同使用的支出或者为其他资本物资支出,

4. 为照护机构的开始运作及企业内部的调整的支出,

5. 为照护机构的关闭及转向其他任务的支出。

(3)如果第2款第1项规定的企业必要的投资支出或者第2款第3项规定的为建筑的租金,租赁、建造利息金,使用或者共同使用的支出或者其他资本物资支出不能够完全通过第9条规定的公共资助来满足,那么照护机构能够特别地向照护需求人收取这部分支出。如果第1句中的支出由各州通过贷款或者其他可偿还的补贴来资助,则上文同样适用。特殊收取的费用需要得到相关的州行政机关的同意;与此相关的进一步规定,尤其是关于方式、额度、期限、特殊支出向照护需求人的分配,包括对保存和维护支出的总体考虑,以及此为基础的分配比例,由州法加以规定。总体支出必须与保存和维护支出的实际额度保持适当比例。

（4）没有根据州法得到资助的照护机构，可以无须相关的州行政机关的同意而向照护需求人收取特殊的运行必需的投资支出。这一特殊费用的收取需通知州的相关行政机构。

（5）为照护机构长期支出提供的公共补贴（运行费用补贴）需要从照护报酬中扣除。

第82a条　培训报酬

（1）本规定意义上的培训报酬包括基于法律规定、集体合同、相应的一般报酬规定或者基于合同约定，而需向根据联邦法律在老人照护或者根据州法在老人照护帮助中接受培训的人员，在其实践或者理论培训期间支付的费用，以及根据《老人照护法》第17条第1a款需要补偿的继续教育费用。

（2）如果根据本法被许可的照护机构根据联邦法律在老人照护中，或者根据州法在老人照护帮助中有权或者有义务参加培训，基于与机构或者其承担者的相应培训合同而以在该机构中进行培训为目参与工作的人员的培训报酬，在培训关系的存续期间需在一般照护服务的报酬（第84条第1款，第89条）中加以考虑。如果该机构还照管非本册意义上的具有照护需求的人员，那么在第1句的照护报酬中只能考虑培训报酬中总额的这一部分，即在将总的培训报酬进行平均分配时落到本册意义上的照护需求人身上的那部分。如果培训报酬需要在被许可的照护院的照护费中加以考虑，那么落在本册意义上照护需求人身上的那部分应该平均分配给所有有照护需求的照护院的居住人员。第1句不适用，如果

1. 培训报酬或者相应的报酬已经根据其他的规定被筹集，或者
2. 培训报酬通过州法的现收现付程序依第3款得到资助。

培训报酬在关于一般照护服务的报酬约定中需要特别证明；第84条至第86条、第89条相应适用。

（3）如果培训报酬全部或者部分通过州的现收现付程序得到资助，那么在一般照护服务的报酬中应收额只在如下范围内加以考虑，即应收额基于以下计算原则确定：

1. 培训报酬的费用根据统一的原则平均分配给所有被许可的门诊、部分住院、完全住院照护机构及州内的养老院。在计算和分配应收额时需要确保，分配标准不能单方面对被许可的照护机构不利。此外，第2款第2句和第3句相应适用。
2. 应收额的总额度不能超过在资助适当提供的培训名额时预计的资金需求。
3. 培训场所的维持、维修或者维护的支出（第9条、第82条第2款至第4款），长

期运行支出(人力和物力支出)及根据州法对现收现付程序负责的机构的行政管理费用不予考虑。

(4)第3款应收额的额度及其计算因子,需要由根据州法对此负责的机构在照护费的谈判开始前及时通知照护保险基金会的州协会。其只需通知一个州协会即可;该州协会应当将这一通知毫无迟延地转达给其他的州协会及社会救助的相关承担者。在第1句的参与者之间就符合规定的计算,以及在应收额中应由被许可的照护机构支付部分的额度存在争议时,由第76条的仲裁机构裁决,该决定排除诉讼救济。裁决对第1句的参与者及第八章规定的报酬协议的当事人具有约束力;第85条第5款第1句、第2句第1个半句及第6款相应适用。

第82b条 对志愿者的支持

(1)只要是根据本法被许可的照护机构,因为特别是自助组织的成员及志愿或者其他有志于参与公民志愿活动的人员或者组织的

1. 准备性和伴随性的培训,

2. 使用的计划和组织,

3. 适当花费的补偿,

以及为照护保险照管的待遇接收人产生了无法另行抵补的支出,则上述支出应在住院照护机构情况下在照护费(第84条第1款)中,在门诊照护机构情况下在报酬(第89条)中加以考虑。上述支出可以在关于一般照护服务的报酬约定中特殊地证明。

(2)住院照护机构可以作为补充参与,在一般照护服务中为志愿性的支持帮助提供支出补偿。第1句相应适用。

第83条 管理照护报酬的行政法规

(1)联邦政府被授权,在联邦参议院的同意下制定关于以下方面的行政法规:

1. 照护机构照护报酬,包括根据本章的照护报酬的协议的程序规定,

2. 照护服务的内容及在住院照护的情况下一般照护服务(第84条第4款)、住宿和伙食服务(第87条)及额外服务(第88条)之间的界限,

3. 照护机构的账目和会计规则,包括成本和服务账目;对于除根据本册的服务外,还提供《社会法典第一册》意义上的其他社会待遇的被许可的照护机构(混合机构),行政法规的运用领域可以扩张到整个机构中,

4. 照护机构的经济的和与服务相关的、与照顾保障任务(第72条第1款)为导向的人员安排的标准和原则,

5. 根据第2项的服务支出与根据第82条第2款的投资支出及其他支出的进一步区分。

第90条不受影响。

(2)在行政法规制定之后,已经由行政法规包含的管理领域,不再允许由根据第75条的框架合同及仲裁机构规则来作出规定。

第二节 住院照护服务的报酬

第84条 计算原则

(1)照护费是照护院居住人员或者其费用承担者为照护院的部分或者完全住院照护服务,为社会照管,以及在没有根据《社会法典第五册》第37条的医疗照护请求权的情况下,为医学治疗照护的报酬。在照护费中不能考虑不属于社会照护保险财政职责的支出。

(2)照护费必须与服务相适应。根据照护需求人基于其照护需求的种类和程度而确定的服务支出,照护费需分根据三个照护类别分配;对于被认定为是严重情形的照护需求人,第三照护类别的照护费的附加费,最高可以约定为根据第43条第2款第2句第3项至第4项得出的日历日的费用差额。在将照护需求人划分到各个照护类别时,需要以第15条的照护等级为基础,只要不存在根据医学机构和照护院的照护领导人员的共同判断,划分到其他的照护类别是必要或者足够的。照护费必须使得照护院在经济地经营运作时,能够为其支出提供资金并使其完成照顾保障任务。支付劳资合同约定的报酬及支付根据教会劳动法规规定的相应报酬时,不能以不经济为由予以拒绝。照护院保留盈余部分;并自行承担亏损。需尊重保费率稳定性原则。在计算照护机构照护费时,可以适当参考那些在种类、规模上及第5款所规定的服务和质量特征上本质相同的照护机构的照护费。

(3)照护费需要根据统一的原则为照护院的所有居住人员进行计算;禁止进行根据费用承担者的区分。

(4)所有为照顾照护人而根据其照护需求的种类和程度提供的必要的照护机构的照护服务(一般照护服务)应由照护费偿付。如果没有另外规定,对于一般照护服务只能计算根据第85条或者第86条第5款所确定的照护费,而无须考虑谁负有照护费的支付义务。

(5)在照护费的协定中,需要确定照护机构的主要服务和质量特征。尤其包括

1. 对可能进行照顾的人员范围的划分,以及照护机构在最近的照护费期限内

可期待的服务的种类、内容和范围,

2. 照护机构为可能进行照顾的人员范围个别提前进行的人员安排,根据职业组进行划分,以及

3. 照护机构配备的可消耗物资(第82条第2款第1项)的种类和范围。

(6)照护机构的承担者有义务通过所约定的人员安排来确保对照护需求人任何时间的照顾保障。在人员缺乏或者人员不足时,照护机构的承担者需要通过适当措施来确保,照护需求人的照顾不受损害。根据一方当事人的要求,照护机构的承担者需要在人力均衡中证明,事实上已经提供了所约定的人员配备,且这些人员配备被符合规定地使用。进一步关于人员配备均衡的事宜应在根据第75条第1款和第2款的合同中加以规定。

(7)在根据雇员劳资合同的报酬约定或者在根据教会劳动法规规定的相应报酬的基础上约定照护费时,照护机构的承担者有义务随时遵守对雇员的适当支付。根据合同一方当事人的要求,照护机构的承担者需要对此进行证明。与人身相关的数据需要匿名。关于进行证明的事宜应在根据第75条第1款和第2款的合同中进一步规定。

第85条 照护费的程序

(1)照护费的方式、额度和期限由照护院的承担者和服务承担者根据第2款进行约定。

(2)照护费协议的当事人(合同当事人)是各个被许可的照护院的承担者,以及

1. 照护保险基金会或者其他社会保险的承担者,

2. 对照护院居住人员负责的相关社会救助承担者,

3. 第1项和第2项所规定的承担者的工作团体,

只要在照护费谈判开始前的1年里,该费用承担者或者工作团体被分配超过5%的照护院的计费日。照护费协议应与各个被许可的照护院单独缔结;第86条第2款不受影响。州照护院协会、照护保险基金会州协会及州注册私立保险四会可以参与照护费程序。

(3)照护费协议需提前、在照护院每个经济周期开始之前为将来的时间段(照护期间)确定。照护院需要将其能够主张报酬的服务的种类、内容、范围及费用通过照护证明或者其他合适的证明材料在照护费谈判之前及时出示;此外,照护院还需要附带出示根据照护院法律规定的、居住人员利益代表的书面立场说明。只要在个案中对判断照护院的经济性和服务能力是必要的,照护院应根据合同一方当

事人的要求出示额外的材料并进行答复。对此还包括对照护费来说重要的符合法律规定的会计原则的年度报告说明,包含成本的照护院人力和物力配置说明及实际职位分配和分组说明。与人身相关的数据需要匿名。

(4)照护费协议通过照护院承担者与根据第2款第1句参与照护费谈判的多数费用承担者达成一致而生效。照护费协议需要书面缔结。如果合同当事人在照护费谈判中是通过第三人代表的,那么该合同当事人需要在谈判开始之前向其他合同当事人出示书面的谈判和缔结合同的全权授权。

(5)如果在合同当事人已被书面要求参加照护费谈判之后的6周内,照护费协议仍未达成,那么第76条的仲裁机构应根据一方合同当事人的申请立即确定照护费。如果根据第2款第1句第2项的相关社会救助的承担者在合同缔结后的2周内反对该照护费协议,则第1句也适用;社会救助承担者可以提前要求,只能由主席和另外两个中立成员或者只能由主席一人以整个仲裁机构的名义进行决定。针对该项仲裁决定可以在社会法院提起诉讼。不发生前置程序;起诉不具有推迟效果。

(6)照护费协议及根据第5款第1句或者第2句的仲裁裁决,应在适当考虑到照护院居住人员的利益后所确定的时间点生效;照护费协议对照护院、在照护院中被照顾的照护需求人及其费用承担者具有直接约束力。禁止照护费的溯及生效。在照护费期间结束后,所约定或者所确定的照护费在新的照护费生效之前一直有效。

(7)在照护费协议或者照护费确定以之为基础的事实出现了不可预见的本质性变化的情况下,照护费可以根据一方当事人的要求为当前的照护费期间重新谈判;第3款至第6款相应适用。

第86条 照护费委员会

(1)照护保险基金会州协会、注册私立保险协会、社会救助跨地区承担者或者社会救助根据州法的承担者及州内照护院承担者联合会构成地区或者州内的照护费委员会,照护费委员会可以代表第85条第2款的合同当事人,在获得相关照护院承担者同意的情况下约定照护费。第85条第3款至第7款相应适用。

(2)对于处在同一个独立城镇或者同一个县区内的照护院,照护委员会在获得相关照护院承担者同意的情况下,为同样的服务约定统一的照护费。参与的照护院有权在第1句所约定的照护费的范围内提供服务。

(3)照护费委员会或者第85条第2款的合同当事人也可以签订框架协议,这一框架协议应尤其对上述机构或当事人的权利、义务,照护费谈判的准备、开始和程序,需由照护院出示的服务证明及其他谈判材料的种类、范围和时间点作进一步规定。如果已经为照护院确定了第75条规定的有约束力的规则,则第1句不适用。

第87条 住宿和伙食

作为照护费当事人的服务承担者(第85条第2款)与照护院承担者单独约定由照护需求人承担的住宿和伙食的费用。这一费用必须与服务处于合适比例。第84条第3款和第4款及第85条和第86条相应适用。第88条不受影响。

第87a条 照护院报酬的计算和支付

(1)照护费、住宿和伙食的费用及特殊计算的投资费用(照护院总报酬)从照护院接收照护需求人之日起按其在照护院停留的每一日计算(计费日)。照护院居住人员或者其费用承担者的支付义务结束于照护院居住人员离开照护院之日,或者其死亡之日。照护需求人转至其他照护院的,只有接收的照护院才能将搬迁之日计入照护院总报酬。照护院和照护院居住人员或者其费用承担者之间达成的不符合第1句至第3句的协议无效。暂时离开照护院的,且在一个日历年不超过42天的,照护场所为照护需求人保留。作为此规定的例外,在医院停留和在康复机构中停留的,保留期限依停留时间进行延长。在第75条的框架合同中应规定,只要超过了第5句和第6句规定的离开期限3个日历日,则需要至少减少25%的照护报酬、住宿和伙食费用及第92b条的附加费用。

(2)如果有证据表明,有照护需求的照护院居住人员由于其状态的发展而需要被划分到更高的照护等级,则该照护需求人员有义务在照护院承担者的书面要求下,向其照护保险基金会申请归入更高的照护等级。该书面要求需要说明理由,并应转交给照护保险基金会,在照护需求人是社会救助接受人的情况下,也应转交给相关的社会救助承担者。如果照护院居住人员拒绝提出这一申请,则照护院的承担者可以对其或者对其费用承担者从提出该要求的第2个月的第1日起,暂时收取比当前高一级的照护类别的照护费。如果更高一级照护等级的前提条件没有得到医学机构确认且照护保险基金会由此拒绝了更高的照护等级,那么照护院应将多收的金额立即退还给照护需求人;退还的金额从第3句规定的时间点开始计算并须支付不少于5%的利息。

(3)根据第41条至第43条属于有照护需求的照护院居住人员的服务费用,由其照护保险基金会附免除效果地直接支付给照护院。照护保险基金会的给付决定对应付服务费用的额度起决定作用,而无须考虑该决定是否具有存续力。在进行住院照护(第43条)时,照护保险基金会需要在每月15日之前支付由其承担的服务费用。

(4)当照护需求人通过进行强化或者康复措施降到更低的照护等级,或者从明显的照护需求降到不明显的照护需求,则提供第43条意义上的服务的照护机构可从照护保险基金会额外领取一笔1597欧元的款项。该笔款项根据第30条的规定进行调整。当照护需求人在6个月内上升到更高的照护等级或者从不明显的照护需求上升到明显的照护需求时,照护机构应退还由该笔照护保险基金会支付的款项。

第87b条 在住院照护机构中额外照顾和强化的报酬附加费

(1)作为第84条第2款第2句和第4款第1句的例外,并在相应适用第45a条、第85条并第87a条的规定的条件下,对有照护需求的照护院居住人员的额外照顾和强化,以及对在基础照护和家务帮助领域中有帮助需求、没有达到第一照护等级的被保险人的额外照顾和强化,住院照护机构有权(向享有权利的人员)要求订立关于与服务相适应的照护报酬的附加费的协议。照护附加费协议以此为前提条件,即

1. 权利人在基于照护需求的种类和程度而必要的照管之外,额外地被提供照顾和强化服务,

2. 住院照护机构为权利人的额外照顾和强化服务,使用在完全住院照护机构中从事具有社会保险义务的工作的额外的照护人员,而上述人员既没有在计算照护费时被考虑也没有在第88条的额外待遇中被考虑,

3. 报酬附加费基于以下基础约定,即通常情况下对任一权利人来说,其为额外的全时工作力量所产生的人力开支的1/20,应获资金支持,并且

4. 合同当事人应一致同意,如果没有向权利人提供额外的照护和强化,则所约定的报酬附加费不能被收取。

此外,协议只能与下述住院照护机构达成,其应向权利人及其亲属在谈判和缔结照护院合同的范围内作可核实的明确提示,存在根据第1句收取报酬附加费的额外照护服务提供。第7条第3款规定的服务和价格比较列表应作相应补充。

(2)报酬附加费由照护保险基金会承担,并由私立保险公司在所约定的保险保护的范围内报销;第28条第2款相应适用。通过报酬附加费应偿付为第1款意义上的权利人的所有照护和强化的额外服务。权利人和社会救助承担者不能由于报酬附加费而全部或部分地加重负担。通过由照护保险基金会向照护机构支付报酬附加费,权利人有权向照护机构要求提供额外的照顾和强化服务。

(3)照护保险基金会最高联合会需要在第45c条第3款的基础上,为额外使用

的照护力量制定关于资格认定和其在住院照护机构中任务的制度；对此，照护保险基金会最高联合会需要听取住院照护承担者联邦协会的意见并且尊重被普遍认可的医疗照护知识现状。照护保险基金会最高联合会制定的方针只有在获得联邦卫生部的批准之后，才对所有照护保险基金会、其协会及住院照护机构生效；第17条第2款相应适用。

第88条 额外服务

（1）除第85条规定的照护费和第87条规定的报酬外，照护院被允许与照护需求人共同约定在照顾保障合同所约定的必要服务之外（第72条第1款第2句）的特别证明的附加费，该附加费是为

1. 在住宿和伙食上特别的、更加舒适的服务，以及，

2. 额外的照护照管服务

所约定（额外服务）。必要服务的内容及其与额外服务的区分应在第75条的框架合同中进行约定。

（2）额外服务的提供和计费只有在以下条件下才允许，即

1. 通过额外服务照护院必要的住院和部分住院服务（第84条第4款和第87款）不受损害，

2. 照护院和照护需求人已经提前以书面形式，对所提供的额外服务的种类、范围、期限、时间顺序、附加费的额度及支付条件等方面进行约定，

3. 在服务开始之前，关于服务提供及服务的条件已经书面通知了照护保险基金会州协会及州内社会救助的跨地区承担者。

第三节 门诊照护服务的报酬

第89条 报酬规定的原则

（1）门诊照护服务及家务帮助的报酬，如果不适用第90条的规定，则应由照护专门机构与第2款规定的服务提供者为所有的照护需求人按照统一的原则进行约定。该类报酬必须与服务相适应。报酬必须使得照护专门机构在经济地运营时，能够为其支出提供资金支持并完成照顾保障任务。支付劳资合同约定的报酬及支付根据教会劳动法规规定的相应报酬时，不能以不经济为由加以拒绝。禁止根据费用承担者对报酬作差异性区分。

（2）报酬协议的合同当事人是照护专门机构的承担者，以及

1. 照护保险基金会或者其他社会保险承担者，

2. 对由照护专业机构提供服务的照护需求人负责的社会救助承担者，

3. 第1项和第2项所规定的承担者的工作团体，

只要上述各费用承担者或者工作团体在报酬谈判开始的前1年，负责超过5%的由照护专门机构照顾的照护需求人。报酬协议需要与各照护专门机构单独订立，只要没有作出例外规定，报酬协议对根据第72条第3款第3句所约定的覆盖领域有效。

（3）报酬可以根据照护服务的种类和范围、根据对此必要的时间支出或者在不考虑时间支出时根据投入的照护服务内容、根据服务整体或者在例外情况下根据单个服务进行计算；其他的服务，如家务帮助、机关流程或者车费也可以总体地被计算报酬。对于上述报酬应注意，多个照护需求人的服务请求可以被共同要求和行使；从共同的服务请求权中产生的时间和费用节余利益属于照护需求人。此外对第36条第1款的照顾服务的报酬也应进行约定。第84条第4款第2句和第7款，第85条第3款至第7款及第86条相应适用。

第90条 门诊照护服务的费用规定

（1）联邦卫生部被授权，与联邦家庭、老人、妇女和青少年部及联邦劳动和社会事务部一起，在联邦参议院的同意下，制定关于门诊照护服务报酬和照护需求人的家务帮助报酬的费用规定，只要以上照顾服务被照护保险的给付义务所包括即可。报酬必须与服务相适应，必须与第89条的计算原则相适应并在额度方面考虑地区差异。第82条第2款相应适用。该法规也应对照护保险基金会和照护专门机构之间的报酬清算作进一步规定。

（2）费用规定不适用于门诊照护服务的报酬和通过家属或者其他与照护需求人住在同一家庭共同体中的人员来提供的家务帮助的报酬。费用规定一旦适用，受此规定约束的照护机构和照护人员无权在上述费用计算之外，向照护需求人或其费用承担者提出进一步的权利。

第四节 费用补偿、州照护委员会和照护院评价

第91条 费用补偿

（1）放弃与第85条和第89条照护报酬相关的合同规定，或者没有达成此类规定的被允许的照护机构，可以直接与照护需求人约定其门诊服务或者住院服务的价格。

（2）对由第1款所规定的照护机构向照护需求人收取的、由照护引起的支出，照

护需求人可以获得补偿。补偿不能超过照护保险基金会为单个照护需求人、根据第四章第3节所规定的照护需求的种类和程度所提供的款项的80%。通过社会救助承担者的进一步的费用补偿不被允许。

（3）第1款和第2款也相应适用于根据本册要求在私立照护保险公司投保的照护需求人。

（4）照护保险基金会及照护机构应及时向照护需求人和其亲属提示第2款和第3款的法律后果。

第92条 州照护委员会

为了对照护保险的问题提供咨询，各州或者州内地区需要组建州照护委员会。为了实施照护保险，委员会可以制定推荐意见。州政府被授权通过行政法规进一步规定州照护委员会的事宜；其尤其可以在考虑州内所有参与照护者利益的情况下，委任属于州照护委员会的机构。

第92a条 照护院评价

（1）联邦政府被授权，在取得联邦参议院同意的情况下，通过行政法规规制照护院评价，其目标尤其在于，

1. 在进行经济性和质量检查时，对照护保险基金会州协会进行支持（第79条、第十一章），

2. 在计算报酬时，对第85条第2款的合同当事人进行支持，以及，

3. 在制定服务和价格比较列表时，对照护保险基金会进行支持。

照护院应按各州相关性、逐机构的，尤其是根据其服务和分配结构、照护费和报酬及其需特殊计算的投资费用进行相互比较。

（2）在第1款的行政法规中尤其应规定：

1. 应通过一个或者多个由照护保险基金会最高联合会或者照护保险基金会州协会共同委托的机构，来组织和执行照护院评测，

2. 照护院评测的费用由照护保险基金会的管理资金提供，

3. 评测必要数据的收集及相应处理。

（3）在为评测作资料调查时，应优先依靠照顾保障合同，以及照护费和报酬协议中现有的有关

1. 照顾保障结构，包括人力物力安排，

2. 服务、照护费和其他照护院的报酬的资料数据以及额外服务协议中的相关资料。只要对照护评测的目的是必要的，照护院应根据要求向被委托进行照护评

测的机构提供,尤其是关于其特别计费的投资费用(第82条第3款和第4款),额外的资料并进行答复。

(4)根据第1款的行政法规需要确保,只有以下的机构才能使用评测数据:

1. 相关负责的州行政机关,

2. 州内照护院承担者联合会,

3. 照护保险基金会州协会,

4. 照护保险基金会的医学机构,

5. 州内注册私立医疗保险协会,以及

6. 根据州法规定的社会救助相关承担者。

第1句所规定的参与者有权将评测资料转交给其联邦层面的协会或者联合会;照护保险基金会州协会有义务,让其委托来执行经济性和质量检查的专家使用对检查目的来说必要的评测资料。

(5)在颁布第1款所规定的行政法规前,需要听取照护保险基金会最高联合会、注册私立医疗保险协会、社会救助跨地区承担者的联邦工作团体、地方主要协会的联邦联合会及照护院承担者联邦层面协会的意见。在听证的范围内,上述机构也可以提交对第1款规定的行政法规或者对该行政法规个别条款的意见建议。

(6)照护保险基金会最高联合会或者照护保险基金会的州协会有权每年公布照护院名录,附带通过照护评测确认的服务、分配和报酬的资料。

(7)与人身相关的数据,在转交资料或者作出答复前应进行匿名处理。

(8)联邦政府被授权,在获得联邦参议院的同意下,通过行政法规就在对州相关的被许可的照护专门机构的评测(照护专门机构评测)中相应适用前述条款进行规制。

第五节　整合照顾保障和照护支持点

第92b条　整合照顾保障

(1)照护保险基金会可以与被许可的照护专门机构及其他合同当事方根据《社会法典第五册》第140b条第1款签订整合照顾保障的合同,或者在当事方的同意下加入上述合同。

(2)在第1款规定的合同中,需要进一步规范整合照顾保障所提供服务的种类、内容、范围及其报酬。只要其与整合照顾保障的意义和性质相适应,能够提高照护机构照顾的质量、有效性、经济性,或者出于其他原因对于整合照顾保障的执行是必要的,则该合同可以脱离第75条、第85条及第89条另行制定规则。在照护报酬中,不能考虑不属于社会照护保险资助职责内的支出。如果通过整合照顾保障照护机构产生了更多的照护给付支出,则参与者可以约定与服务相适应的照护报酬附加费(第85条和第89条)。《社会法典第五册》第140条第3款相应适用于照护被保险人对其照护保险基金会的待遇请求权。

(3)《社会法典第五册》第140a条第2款和第3款相应适用于照护被保险人对其照护保险基金会的信息权及其参与整合照顾保障的形式。

第92c条 照护支持点

(1)为了向被保险人提供近居住地的咨询、服务和照顾,只要相关负责的州最高行政机关就此作出决定,照护保险基金会和医疗保险基金会应建立照护支持点。照护支持点的建立必须在州最高机关决定作出后的6个月内进行。如果对此必要的合同在州最高机关决定后3个月内仍未达成,则照护保险基金会州协会应在此后1个月内确定合同内容;对此,照护保险基金会州协会亦应考虑医疗互助基金会和医疗保险基金会州协会的利益。关于在作出决定的多数派比例,第81条第1款第2句的规定相应适用。对监管机关建立照护支持点的措施的异议和撤销之诉不具有推迟效果。

(2)照护支持点的任务是

1. 就《社会法典》规定的权利和义务,以及就关于联邦法和州法规定的社会待遇或其他救助提供进行选择和行使权利提供全面、独立的答复和咨询,

2. 协调对所有近居住地的服务和照顾来说可以考虑的促进健康的、预防性的、治疗性的、康复性的及其他医疗的、照护的和社会的帮助和支持的可能性,包括在行使待遇履行请求权时的协助,

3. 对相关的照护性和社会性的服务照顾提供进行网络化连接。

应利用现存既有的网络化的咨询结构。照护保险基金会应在任何时候都致力于让

1. 根据州法确定的、负责地方养老帮助领域内的近居住地照顾的机构及负责根据《社会法典第十二册》提供照护帮助的机构,

2. 州内被许可的和开展业务的照护机构,

3. 在州内开展业务的私立医疗保险公司和私立照护保险公司。

参与到照护支持点项目中。医疗保险基金会应参与到该项目中。照护支持点的承担者包括已参与的费用和待遇承担者。上述承担者

1. 应当将照护专业力量投入照护支持点的工作中,

2. 应根据可行性将自助组织的成员、志愿的和其他有志于参加公民服务活动的人员和组织纳入照护支持点的工作中,

3. 应当使感兴趣的教会以及其他宗教和社会的承担者和组织有机会参与到照护支持点项目中,

4. 为完成其任务可以使用第三方机构,

5. 在提供和培训适格的照护和照顾人员方面,应该与《社会法典第三册》的就业促进承担者和《社会法典第二册》求职人员基础保险的承担者进行紧密合作。

(3)参与照护支持点项目的费用承担者和服务提供者可以为照护支持点的覆盖领域缔结近居住地的整合照顾保障合同;在照护保险基金会和医疗保险基金会共同和统一行动的条件下,第92b条在此相应适用。

(4)如果其建立不会导致对照护机构之间的竞争的禁止性损害,则照护支持点可被建立在州内被许可开展业务的照护机构中。对照护支持点运行而必要的支出,由照护支持点承担者在考虑所使用人员的可计算开支的情况下,在合同约定的基础上按份额承担。为照护支持点运行而必要的支出的分配以此为条件进行约定,即由单个照护保险基金会承担的份额,不能高于该基金会在其处得以建立的医疗保险基金所应承担的份额。如果履行私立照护义务保险的私立保险公司不参与照护支持点的资金提供,那么它应与照护支持点的承担者缔结关于私立照护保险被保险人使用照护支持点的权利种类、内容和范围的协议,以及针对由此产生的费用的报酬协议;该句亦相应适用于经营私立医疗保险的私立保险公司。

(5)2011年6月30日以前,每个在照护保险基金会、医疗保险基金会及根据州法确定的机构的承担者共同体中建立的照护支持点可以应各自的需求,在可使用的资金范围内获得不超过45000欧元的补贴资助;这一需求也包括照护支持点的启动费用。如果自助组织的成员、志愿的及其他有志于公民服务活动的人员和组织持续地被包括进照护支持点的活动中,则该资助可依需求相应提高,增额最多不超过5000欧元。相应需求、申请补贴的额度、支付计划及支付接收人,应由第1句中所规定的照护支持点承担者在其资助申请的范围内通知照护保险基金会最高联合会。联邦保险局在收到长期护理基金会最高联合会关于满足支付条件的检验通知后,将资助资金支付给支付接收人。申请人应最迟在前次支付后1年内,向照护保险基金会最高联合会提交关于资助资金合目的使用的证明。

(6)联邦保险局从照护保险平衡基金中提取的支持资金不应超过6000万欧元,

对各州最高不超过根据科尼斯施坦分配方案分配所得的额度。单个支持资金的支付按照申请到达长期护理基金会最高联合会的时间点进行。联邦保险局与照护保险基金会最高联合会通过协议,对支持资金的支付程序和使用作进一步规定。

(7)在照护支持点工作的人员及其他履行第1款所规定的任务的机构,尤其是

1. 根据州法在地方老龄帮助范围内为近居住地的照顾,以及根据《社会法典第十二册》为提供照护帮助而规定的机构,

2. 私立医疗保险公司和私立照护保险公司,

3. 根据第77条的照护机构和个人,

4. 自助组织的成员、志愿的或者其他有志于参加公民服务活动的个人和组织,以及,

5. 劳动中介机构和求职人员基础保险的承担者

只有在以下条件下才能收集、处理和使用社会数据,即当这对完成本册的任务是必要的或者是通过《社会法典》法条、《保险合同法》或者《保险监管法》的规则所规定或者允许的。

(8)照护保险基金会州协会可以与医疗保险基金会州协会、医疗互助基金会、根据州法所规定的老龄帮助机构和《社会法典第十二册》规定的提供照护帮助的机构共同约定关于照护支持点工作和资金支持的框架合同。在此,须将由相关负责的州最高行政机关确定的关于建立照护支持点的决定及第9条的推荐意见考虑进来。框架合同须在照护支持点的工作和资金提供范围内,在法定医疗和照护保险基金会共同的承担者中、在根据州法确定的老龄帮助机构中和根据《社会法典第十二册》提供照护帮助的机构中得到遵守。

(9)照护保险基金会最高联合会、医疗保险基金会最高联合会、社会救助跨地区承担者的联邦工作团体及地方主要协会的联邦联合会可以共同和统一地,对法定医疗和照护保险基金会承担者共同体及根据州法确定的养老和社会救助机构中的照护支持点的工作和资金提供,约定推荐意见。

第九章 数据保护和统计

第一节 信息基础

第一小节 数据使用的原则

第93条 需适用的规定

为了在照护保险中收集、处理和使用与人身相关的数据时对其进行保护,适用《社会法典第一册》第35条、《社会法典第十册》第67条至第85条及本册的规定。

第94条 照护保险基金会中与人身相关的数据

(1)只有当与人身相关的数据为如下事务是必要的时,照护保险基金会才能为照护保险的目对其进行收集、处理和使用:

1. 确定保险关系(第20条至第26条)及成员资格(第49条),

2. 确定保费义务、保费、保费的承担和支付(第54条至第61条),

3. 检查给付义务和向被保险人提供待遇(第4条和第28条),以及补偿和替代请求权的实行,

4. 医学机构的参与(第18条和第40条),

5. 与服务提供者的费用结清和费用补偿(第84条至第91条和第105条),

6. 服务提供经济性和质量的监督(第79条、第112条、第113条、第114条、第114a条、第115条和第117条),

6a. 照护费协议的缔结和执行(第85条和第86条),报酬协议(第89条)及关于整合照顾保障合同(第92b条),

7. 对预防参与服务及照护服务和帮助的咨询(第7条),

8. 照护性帮助的协调(第12条)、照护咨询(第7a条),咨询券的发放(第7b条),以及照护支持点任务的执行(第92c条),

9. 与其他待遇承担者的账目结清,

10. 统计目的(第109条),

11. 在被保险人行使损害赔偿请求权时对其进行支持(第115条第3款第7句)。

(2)只有在《社会法典》法条规定或者允许的条件下,根据第1款所收集和储存

的与人身相关的数据才能为其他目的被处理和使用。在寻求照护法院救济的过程中,基于《家庭事务和自诉事务程序法》第282条第1款中所规定的目的,照护保险基金会应将根据第18条为确定照护需求而撰写的鉴定意见,包括医疗保险医疗机构的鉴定结果,转交给照护法院。

(3)作出人事决定或者参与人事决定的基金会内部人员不能获知为照护保险基金会的任务而使用的雇员的保险和服务数据,包括其共同保险的亲属的数据,有权接触以上数据的人员也不能向其透露上述数据。

第95条 照护保险基金会协会的与人身相关的数据

(1)照护保险基金会协会只被允许为照护保险的目的收集、处理和使用与人身相关的数据,只要这对如下的方面是必要的:

1. 服务提供经济性和质量保障的监督(第79条、第112条、第113条、第114条、第114a条、第115条和第117条),

2. 缔结和执行照顾保障合同(第72条至第74条)、照护费协议(第86条和第86条)、报酬协议(第89条)及整合照顾保障合同(第92b条),

3. 履行第52条和第53条赋予其的任务,

4. 在行使损害赔偿请求权时对被保险人的支持(第115条第3款第7句)。

(2)第92条第2款和第3款相应适用。

第96条 与人身相关数据的共同处理和使用

(1)照护保险基金会和医疗保险基金会可以共同处理和使用为完成各机构法定任务所必要的与人身相关的数据。在此,照护保险基金会与其建立地的医疗保险基金会(第46条)的关系不适用《社会法典第十册》第76条。

(2)《社会法典第五册》第286条相应适用于照护保险基金会。

(3)第1款和第2款相应适用于照护保险基金会—医疗保险基金会协会。

第97条 医学机构的与人身相关的数据

(1)医学机构只能为照护保险的目的收集、处理和使用与人身相关的数据,仅当这对第18条、第40条、第112条、第113条、第114条、第114a条、第115条和第117条所规定的检查、咨询和出具鉴定意见是必要的;只有在《社会法典》法条规定或者允许的时候,这些数据才能够为其他的目的处理和使用。

(2)对于为完成《社会法典第五册》或者《社会法典第十一册》所规定的任务而收集的数据,在缺少上述现有数据其根据《社会法典》其他册的任务就不能正常完成的情况下,医学机构也可以处理和使用。

(3)与人身相关的数据在5年后须删除。第96条第2款、第98条、第107条第1款第2句、第3句及第2款相应适用于医学机构。医学机构需要将用于识别被保险人的社会数据与被保险人的医学社会数据分开储存。通过技术和组织的措施需要确保,这些社会数据只能由那些为了完成其任务而需要该数据的人获得。数据汇总的钥匙由医学机构委托的负责数据保护的人员保管,钥匙不能交给其他人员。数据汇总需要进行记录。

(4)被保险人查看册宗的权利相应适用《社会法典第十册》第25条的规定。

第97条 通过专家和检测机构的质量保障

(1)由照护保险基金会协会所委任的其他专家(第114条第1款第1句)及第114条第4款第2句意义上的专家和检测机构有权为了质量保障和质量检查的目的收集、处理和使用第112条、第113条、第114条、第114a条、第115条和第117条所规定的数据;上述人员和机构被允许将数据转交给照护保险基金会、协会及转交给第112条、第114条、第114a条、第115条和第117条所规定的机构,只要其对这些机构完成质量保障和质量监督的法定任务来说是必要的。数据需要作保密处理。

(2)第107条相应适用。

第97b条 根据照护院法律规定而负责的监督机构和社会救助承担者的与人身相关的数据

根据照护院法律规定而负责的监督机构和相关负责的社会救助承担者有权为了照护保险的目的处理和使用根据第112条、第113条、第114条、第114a条、第115条和第117条所收集的与人身相关的数据,只要该数据对其完成法定任务是必要的;第107条相应适用。

第97c条 通过注册私立医疗保险协会检测机构的质量保障

注册私立医疗保险协会检测机构在履行本册意义上的质量保障和质量检测领域中的任务时,该检测机构被视为是《社会法典第一册》第35条第1款第1句意义上的机构。第97条和第97a条相应适用。

第97d条 通过独立鉴定人的鉴定

(1)由照护保险基金会根据第18条第1款第1句所委托的独立鉴定人有权收集、处理和使用与人身相关的数据,只要这对于根据第18条的鉴定目的来说是必要的。数据需要保密处理。通过技术和组织的措施应确保,数据只能由为完成照护保险基金会根据第18条第1款第1句向其委托的任务而需要这些数据的人接触到。

（2）独立鉴定人可以将为确定照护需求等级的检查结果及根据第18条的康复推荐意见转交给对其委托任务的照护保险基金会，只要这对完成照护保险基金会的法律任务来说是必要的；《社会法典第一册》第35条相应适用。在此需要确保，确定照护需求等级的检查结果及根据第18条的康复推荐意见只能由为完成其任务而需要这些数据的人接触到。

（3）与人身相关的数据应在5年后删除。第107条第1款第2句相应适用。

第98条　研究计划

（1）照护保险基金会在监督机构的同意下，可以在时间和空间上有限地自行使用与服务提供者和个案相关的数据，为了实施研究计划可以超过第107条所规定的期限保存以上数据。

（2）与人身相关的数据需匿名。

第二小节　照护保险基金会的信息基础

第99条　被保险人名单

照护保险基金会需要制作被保险人名单。在此名单中需要登记所有为确定保险权利或义务、家庭保险权利、计算和收取保费及确定待遇请求权而必要的资料。

第100条　家庭保险的证明义务

照护保险基金会可以收集，或者在家庭成员的同意下收集就证明家庭保险（第25条）而言必要的亲属的数据。

第101条　照护被保险人号码

照护保险基金会为每位被保险人建立一个被保险人号码，该号码可以与医疗保险号码完全或者部分相同。在给第25条规定的被保险人分配号码时，应确保该号码能够在作为保险成员的亲属之间产生联系。

第102条　关于待遇前提条件的说明

照护保险基金会应将审查今后待遇提供的前提条件的履行说明予以记录。其中，尤其包括关于确定待遇请求权的前提条件及关于确定补贴待遇的说明。

第103条　待遇承担者和服务提供者的标识

（1）照护保险基金会、社会保险的其他承担者、照护保险基金会的合同伙伴及其成员在彼此信件往来中，以及基于费用清偿的目的，应使用联邦范围内统一的标识。

(2)《社会法典第五册》第293条第2款和第3款相应适用。

第二节　服务数据的转交

第104条　服务提供者的义务

(1)服务提供者有权也有义务：

1. 在检查照护帮助手段必要性的情况下(第40条第1款)，

2. 在进行程序检查时，只要在个案中需要判断服务的经济性和质量(第79条、第112条、第113条、第114条、第114a条、第115条和第117条)，

2a. 在缔结和执行照顾保障合同(第72条至第74条)、保费协议(第85条和第86条)、报酬协议(第89条)及整合照顾保障合同(第92b条)的情况下，

3. 在清偿照护服务费用时(第105条)。

将对履行照护保险基金会及其协会的任务而言必要的说明陈述进行记录，并转交给照护保险基金会、协会或者被委托处理数据的机构。

(2)只要其对于第1款第2项和第2a款中所规定的目的来说是必要的，服务提供者也有权将与人身相关的数据转交给医学机构和第112条、第113条、第114条、第114a条和第117条中所规定的机构。

(3)承担者联合会被许可处理和使用与人身相关的数据，只要根据本册，这对其参与质量检查或者质量保障的措施来说是必要的。

第105条　照护服务费用的结算

(1)参与照护服务的费用承担者有义务，

1. 在结算材料中将由其提供服务的种类、数量、价格，包括服务提供的天数和时间予以记录，

2. 在结算材料中给出其标识(第103条)及照护需求人的被保险人号码，

3. 在进行关于帮助设备提供的结算时，使用第78条帮助设备清单中的名称。

从1996年1月1日起应制作可机读的结算材料。

(2)关于结算材料的形式和内容，以及数据持有者之间数据交换细节的事宜，由照护保险基金会最高联合会与服务提供者协会共同作出进一步规定。《社会法典第五册》第302条第2款第2句和第3句相应适用。

第106条　例外协议

当由此不会危及正常结算或是照护保险基金会法定任务时，照护保险基金会

州协会(第52条)可以与服务提供者或者其协会约定,

1. 缩小需转交的结算单据的范围,

2. 在结算服务费用时,全部或者部分忽略个别项说明。

第106a条 通知义务

在被保险人的同意下,从事第37条第3款所称照护工作的被许可的照护机构、被承认的咨询点及被委托的照护专业力量有权也有义务,将对完成照护保险基金会和私立保险公司的任务而言必要的、关于照护情况的质量说明及关于改善的必要性的说明转交给照护保险基金会和私立保险公司。根据第37条第4款第2句的表格,应在联邦数据保护和信息自由专员及联邦卫生部的参与下制定。

第三节 数据删除、答复义务

第107条 数据删除

(1)删除为照护保险基金会及其协会的任务而存储的、与人身相关的数据时,结合以下要求适用《社会法典第十册》第84条的规定,即

1. 第102条所规定的数据最迟于10年之后删除,

2. 其他来自照护服务费用结算(第105条)、经济性检查(第79条)、质量保障的检查(第112条、第113条、第114条、第114a条、第115条、第117条)、合同缔结或者执行(第72条至第74条、第85条、第86条或第89条)的数据最迟于2年之后删除。

以上期间从服务被提供或者被结算的经营年度的结束算起。照护保险基金会在确保数据不再被自然人接触到的情况下,可以为了照护保险的目的更长时间地保存给付数据。

(2)在更换照护保险基金会的情况下,前个照护保险基金会有义务,根据要求将第99条和第102条规定的、对接续保险必要的数据告知新的照护保险基金会。

第108条 对被保险人的答复

根据被保险人的申请,照护保险基金会应该告知被保险人上一年度所受领的待遇及其费用。不得将对被保险人的告知事项通知服务提供者。照护保险基金会可以在其章程中进一步规定告知的程序。

第四节 统计

第109条 照护统计

(1)联邦政府被授权,为本册的目的,在联邦参议院的同意下通过行政法规,命令将关于门诊、住院照护机构及关于家庭照护年度的数据收集制作成联邦统计材料。联邦统计可以包括下面的事实:

1. 照护机构及承担者的种类,

2. 待遇承担者和私立保险公司的种类,

3. 门诊和住院照护机构中工作人员的性别、年龄、雇用关系、工作领域、工作位置、基于培训的职业毕业、继续教育或者转行培训,对于接受培训或者转行学习的人员,还包括培训种类、培训年份、照护活动的开始和结束,

4. 照护机构的物力安排和组织单位、在照护机构设立的培训场所,

5. 被照顾的照护需求者、具有明显日常生活能力障碍人员的性别、年龄、居住地、照护需求的种类、原因、程度和时间,保险关系的种类,

6. 所受领照护服务的种类、时间、次数及费用承担者的种类,

7. 照护机构的费用类型,收入的种类、额度及费用承担者。

照护机构的承担者、照护保险的承担者及私立保险公司对各州的统计局有答复的义务;行政法规可以规定答复义务的例外情况。

(2)联邦政府被授权,为了本册的目的,在联邦参议院的支持下通过行政法规,命令将关于照护需求人情况、志愿参与照护人员的数据制作成联邦统计材料。该联邦统计可包含如下事实:

1. 照护需求的原因,

2. 照护需求人的照护和照管需求,

3. 通过照护专业力量、亲属和志愿帮助者的照护和照管服务,

4. 预防和参与的服务,

5. 维持和改善照护质量的措施,

6. 照护帮助手段和技术帮助的需求,

7. 改善居住环境的措施。

医学机构对各州的统计局具有答复义务;第1款第3句第2个半句相应适用。

(3)第1款第3句和第2款第3句所规定的答复义务人,应将各项统计所包含的事实同时告知对照护机构计划和资金提供负责的州机关。州的额外的、将未被第1

款和第2款所包含的有关照护体制的事实制作成州统计数据的权利,不受影响。

(4)为联邦统计的目的,有关照护需求人、进行照护相关工作的人员、亲属及志愿帮助者的数据,只能以匿名的形式转交州统计局。

(5)根据第1款和第2款的统计,在门诊照护和短时照护的领域内,应首次于1996年为1995年提供,在住院照护领域内,应首次于1998年为1997年提供。

第十章 私立照护保险

第110条 私立照护保险的规定

(1)为确保根据第23条负有义务与私立医疗保险公司订立照护保险合同的人员的利益得到足够的维护,同时确保合同得以长期履行并使其他费率的被保险人的利益不被忽视,在本法的效力范围内,有资格从事照护保险的私立医疗保险公司有义务,

1. 根据申请与所有第22条,第23条第1款、第3款和第4款所规定的有保险义务的人员订立保险合同,该合同在第23条第1款和第3款所确定的范围内规定保险保护(缔约强制);以上也适用于根据第23条第2款选择的保险公司,

2. 保险义务人在第23条第1款和第3款所规定的范围内订立的合同,须规定

a)不排除保险人的先前疾病,

b)不排除已经有照护需求的人员,

c)相比社会照护保险(第33条第2款)无更长等待期,

d)无以被保险人性别和健康状况为依据的保费等级区别,

e)无超过社会照护保险最高保费的保费,对于根据第23条第3款缔结部分费率协议的人员,无超过社会照护保险最高保费50%的保费,

f)有关投保人的免保费子女的共同保险条件,等同于第25条的规定,

g)如果配偶或者生活伴侣的总收入未超过第25条第1款第1句第5项所规定的收入界限,对于配偶或者生活伴侣的保费,从能够证明其享受保费折扣的事实时间点起,不超过社会照护保险最高保费的150%。

(2)第1款中所规定的条件也适用于与以下人员订立的保险合同,即其在本法生效时是私立保险医疗保险公司的成员并有权获得一般的医院服务,或者根据《照护保险法》第41条规定在本法生效之后6个月内免除了社会照护保险义务。第1款第1项和第2项a)至f)所规定的条件,也适用于《保险监督法》第12条规定的基本费率险投保的人员签订的合同。对于在《保险监督法》第12条基础费率险中投保的人员且其医疗保费的保费根据《保险监督法》第12条第1c款第4句或第6句减少的人员,保费不能超过第1款第2项e)中保费的50%;第1款第2项g)的对配偶和生活伴侣的保费限制不适用于该类被保险人。对于根据第3句减少的保费的筹集相应适

用《保险监管法》第12条第1c款第5句或者第6句的规定;第6句应在如下条件下适用,即支付费用的相关承担者在社会照护保险中为第二失业金的领取人支付费用。如果仅通过支付第2句的照护保险的保费产生了《社会法典第二册》或《社会法典第十二册》意义上的帮助需求,则相应适用第3句和第4句的规定;帮助需求需要由《社会法典第二册》或《社会法典第十二册》的相关承担者在被保险人的申请下进行检查和证明。

(3)对于与以下人员订立的保险合同,即其在本法生效之后才成为私立医疗保险公司的成员并具有一般的医院服务权利,或者其满足《保险合同法》第193条第3款的保险义务,只要该合同是在履行第22条第1款和第23条第1款、第3款和第4款的预防义务中订立的,并规定了第23条第1款和第3款所确定的范围内的合同服务,那么该类合同适用以下条件:

1. 缔约强制,
2. 不排除被保险人的先前疾病,
3. 不得有根据性别的保费等级区分,
4. 相比社会照护保险无更长等待期,
5. 对在私立照护保险或者私立医疗保险中拥有至少5年的先前保险时间的保险人,保费不得超过社会照护保险的最高保费额度;第1款第2项e)相应适用,
6. 投保人的免保费子女的共同保险条件,等同于第25条的规定。

(4)只要强制缔约存在,则排除保险公司的撤销和解约权。

(5)保险公司应保证被保险人的阅册权。保险公司在通知照护需求检查结果时,其应告知权利人阅册的权利。《社会法典第十册》第25条相应适用。

第111条 风险平衡

(1)为持续确保第110条所确定的私立照护保险的规则及为筹集第45c条所规定的支持资金,从事本册意义上私立照护保险业务的保险公司必须参与保险风险平衡,并为此建立和维持属于保险公司的平衡系统。平衡系统必须保证不同负担间持续和有效的平衡;其不能阻碍私立照护保险的新提供者进入市场,并须使照护保险的新提供者能够以相同的条件参与平衡系统。在该平衡系统中,除去基于共同计算基础的费用,保费统一地为所有从事私立照护保险的公司确定。

(2)平衡地建立、设置、变更及执行服从于联邦金融待遇监管局的监管。

第十一章 质量保障，
为保护照护需求人的其他规定

第112条 质量责任

（1）无损于照护保险基金会的保证任务（第69条），照护机构承担者对其服务的质量，包括服务质量的保证和进一步完善负责。对照护机构服务履行能力及其服务质量的判断标准，是依第113条对其有约束力的协议所规定的要求，以及约定的服务和质量特征（第84条第5款）。

（2）被许可的照护机构有义务根据第113条规定的协议中的要求采取质量保障措施并进行质量控制，有义务使用第113a条的专家标准并使其在进行第114条的质量检查时共同参与。在住院照护的情况下，除一般的照护服务外，质量保障还延伸到医学治疗照护、社会照管、住宿和伙食服务（第87条）及额外服务（第88条）。

（3）医疗保险基金会医学机构及注册私立医疗保险协会的检查机构在质量保证中为照护机构提供咨询，咨询的目的在于及时预防质量缺陷、加强照护机构及其承担者确保和继续提高照护质量的自我责任。

第113条 确保和继续提高照护质量的标准和原则

（1）照护保险基金会最高联合会、社会救助跨地区承担者的联邦工作团体、地方主要协会的联邦联合会及联邦层面照护机构承担者联合会在2009年3月31日之前，在照护保险基金会最高联合会的医学机构、注册私立医疗保险协会、联邦层面照护职业协会、实现照护需求人和残疾人自我救助和利益的主要组织及独立专家的参与下，共同和统一地为门诊照护和住院照护中的质量和质量保障，以及为完善旨在实现照护质量的持续保障和发展的机构内部质量管理约定标准和原则。协议需要在联邦公报上公开，并从公开之月的下个月第1日起开始生效。协议对所有照护保险基金会及其协会，以及对被许可的照护机构有直接约束力。在1句的协议中尤其应规定

1. 进行符合实践需求的、支持照护程序及促进照护质量的照护资料汇册工作的要求，该工作不能超过对照护机构来说合理和经济的程度，

2. 在信赖度、独立性和资质方面对第114条第4款规定的专家和检查机构的要求，

3. 对第114条第4款规定的鉴定和检查程序的方法可靠性的要求，这些鉴定和检查程序须符合照护保险基金会最高联合会作出的各项有关检查照护机构服务提供及其质量的有效方针，以及

4. 对有指标支持的、有关住院领域结果质量的比较性衡量和阐述的程序要求，该程序以结构化数据收集为基础，在内部质量管理的范围内使得质量报告和外部质量控制得以可能。

（2）根据第1款的协议可以由任何当事人在1年的期限内完全或者部分解除。协议期间或者解除期限期满后，原协议在新协议缔结之前继续有效。

（3）如果根据第1款的协议在一方当事人书面要求进行谈判后，经6个月仍完全或者部分未达成，则任一当事人或者联邦卫生部均可以向第113b条的仲裁机构提出仲裁申请。仲裁机构以其成员多数决在3个月内确定协议的内容。

第113a条 为保证和进一步提高照护质量的专家标准

（1）第113条所规定的合同当事人应该确保以经济性为基础、以专业性为导向，发展和更新用于保证和继续提高照护质量的专家标准。专家标准用于在其主题领域中普遍承认的医学和照护知识标准的具体化。医疗保险基金会最高联合会的医学机构、注册私立医疗保险协会、联邦层面照护职业协会、实现照护需求人和残疾人利益和自我救助的主要组织及独立专家应当参与进来。其可以建议专家标准的发展主题。专家标准的发展、更新任务及其引入通过合同当事人的决议进行。如果该决议无法达成，任何当事人及联邦卫生部在联邦家庭、老人、妇女和青少年部同意的情况下，可以向第113b条规定的仲裁机构提请仲裁。仲裁机构裁决认为专家标准根据第2款的程序规定成立的，该裁决取代合同当事人的引入决议。

（2）合同当事人应确保发展和更新专家标准的程序在方式和照护专业性方面的质量，并确保程序的透明性。发展专家标准的要求应在程序规则中进行规定。在程序规则中应确保基于公认的方法论基础的流程，尤其是在科学基础和独立性，发展、专业支持、实践测试、示范性转化实施专家标准的步骤顺序，以及程序的透明性方面。程序规则需要经过联邦卫生部和联邦家庭、老人、妇女和青少年部的批准。如果在2008年9月30日前，仍未达成有效的关于程序规定的协议，则该协议由联邦卫生部和联邦家庭、老人、妇女和青少年部确定。

（3）专家标准需要在联邦公报中公开。专家标准对所有的照护保险基金会及其协会、被许可的照护机构直接有效。合同当事人应支持将专家标准引入实践当中。

(4)发展和更新专家标准的费用是行政管理费用,由照护保险基金会最高联合会承担。从事私立照护义务保险的私立保险公司,以20%的份额分担第1句中的费用。由私立保险公司承担的资金部分,可以由注册私立医疗保险协会直接支付给照护保险基金会最高联合会。

第113b条 质量保障仲裁机构

(1)第113条所规定的合同当事人应在2008年9月30日之前共同建立质量保障仲裁机构。该仲裁机构负责依据本法被指派的案件的仲裁。不服该仲裁机构的裁决,可以向社会法院提起诉讼。不设前置程序;对仲裁机构决定的诉讼不具有推迟效果。

(2)仲裁机构由来自照护保险基金会最高联合会及联邦层面照护机构承担者联合会的数目相同的代表、1位中立主席和2名中立成员组成。中立成员及其代理人由合同当事人共同委派。如果不能达成有效协议,则中立成员及其代理人在2008年10月31日之前通过联邦社会法院的主席委任。社会救助跨地区承担者工作团体的1名代表及地方主要协会的1名代表也属于仲裁机构;以上2名代表计入照护保险基金会最高联合会的代表数目中。注册私立医疗保险协会的代表也可以作为仲裁机构中的代表,该代表也被计入照护保险基金会最高联合会的代表数目中。照护职业协会的代表可以作为仲裁机构中的代表,其计入照护机构承担者联合会的代表数目中。如果参与的组织在2008年9月30日之前还没有委任仲裁机构成员,则仲裁机构由3位经社会法院主席委任的中立成员组成。

(3)第113条所规定的合同当事人在运行规则中进一步约定关于数目、委任、任期、履职、垫付款补偿及对仲裁机构成员时间支出的补偿、仲裁机构的运行、程序费用的收取和额度及费用分担等事宜。如果运行规则至2008年9月30日仍未达成,那么其内容由联邦卫生部确定。仲裁机构的仲裁决定需根据其成员多数决在3个月内作出;此外,第76条第3款的规定相应适用。

(4)联邦卫生部对仲裁机构进行法律监督。联邦卫生部可以完全或者部分地、长期或者暂时地将法律监督的任务委托给联邦保险局。

第114条 质量检查

(1)为了进行质量检查,照护保险基金会州协会应授予医疗保险的医学机构、注册私立医疗保险协会的检查机构当年应完成任务10%范围内的检查任务,或者授予由其委托的专家检查任务。检查任务包括对检查种类、检查对象、检查范围的说明。检查可以以常规检查、临时检查和复查的形式进行。照护机构应该使得检查的正常进行得以可能。从2014年1月1日起,完全住院照护机构有义务在常规检查之后立即通知照护保险基金会州协会,医生、专业医生、牙医的照顾服务及药品的供给服务是如何在机构中进行管理的。照护机构尤其应该指出

1. 合作合同的缔结及内容,或者照护机构与融入医疗网络的整合,

2. 与药店缔结的协议。

关于医生、专业医生和牙医照顾服务及药品供给服务的主要变化,应在4周以内通知照护保险基金会州协会。

(2)照护保险基金会州协会应在2010年12月31日之前,至少在被许可的照护机构中安排一次检查,从2011年起,应以不超过1年的时间间隔安排经常性检查,该项检查由医疗保险医学机构、注册私立医疗保险协会的检查机构或者通过由其委托的专家进行(常规检查)。需检查的事项包括本册规定的质量要求,以及在本册基础上订立的合同约定的要求是否得到满足。常规检查尤其包括照护状况的主要方面,以及照护和照管措施的有效性(结果质量)。常规检查也可以延伸到服务提供的流程、执行和评价(程序质量),以及服务提供的框架条件(结构质量)中去。常规检查涉及一般照护服务的质量、医学治疗照护的质量、社会照管包括第87b条意义上的额外照管和康复的质量、住宿和伙食的质量(第87条)、额外服务的质量(第88条)及根据《社会法典第五册》第37条所提供的家庭医疗照护服务的质量。常规检查也可以扩展到所规定的服务之间的结算。需要检查的内容也包括,对照护需求者的照顾是否符合《感染保护法》第23条第1款医院卫生和感染预防委员会的推荐意见。

(3)照护保险基金会州协会在与按照照护院法律规定负责的监督机构(第117条)合作的框架下,在常规检查前尤其应该询问,根据本册及根据在本册基础上缔结的合同协议规定的质量要求,是否在根据照护院法律规定而负责的监督机构的检查中,或者在根据州法进行的检查程序中得到了考虑。为此,照护保险基金会州协会也可以在州层面与根据照护院法律规定而负责的监督机构,以及与对进一步的检查程序负责的监督机构订立协议。为避免重复检查,在以下情况中,照护保险基金会州协会应以适当的方式缩小常规检查的范围,

1. 上次检查距现在不超过9个月,

2. 检查结果根据照护专业标准等同于常规检查的结果,并且

3. 由照护机构公布的服务提供及其质量,尤其是在效果质量和生活质量方面,按照第115条第1a款已得到保障。

照护机构可以要求放弃缩小检查义务。

(4)向照护保险基金会州协会提交了在由照护机构或者照护机构的承担者推动的检查中的、关于程序质量和结构质量的检查结果的,则其应当以适当的方式缩小常规检查的范围。其前提条件是,所提交的检查结果是按照由照护保险基金会州协会认可的照护质量衡量和评价程序,由独立专家或者检查机构,依照合同当事人按第113条第1款第4句第2项所确定的要求执行得出,距离检查的完成不超过1年,并且该结果根据第115条第1a款进行公开。由医疗保险基金会的医学机构或者注册私立医疗保险基金会协会的检查机构执行的结果质量检查应始终坚持实行。

(5)在临时检查中,检查任务通常超过当时的检查动机;其应包括以结果质量检查为重心的全面检查。如果在临时检查、常规检查或者重复检查中存在有事实性证据的、对照护需求人的非专业性照护,且该检查并未予以覆盖,则受影响的照护需求人在遵守数据保护法律规定的条件下,应该被纳入检查中来。该检查整体作为临时检查来进行。照护保险基金会州协会可以结合之前进行的常规或者临时检查的情况,进行重复检查,费用由照护机构承担,该重复检查的目的在于复查已发现的质量缺陷是否通过第115条第2款所规定的措施得到排除。当涉及照护质量的主要方面时,如果没有照护机构的及时检查就会面临不合理的损害,则根据照护机构的申请并且在其承担费用的条件下,由照护保险基金会州协会进行重复检查。第1句和第5句意义上的费用只包括额外的、在进行重复检查时事实上产生的支出,不含非重复检查时也会产生的行政管理费用或者维持费用。不能设置概括或者平均的价值额度。

第114a条 质量检查的执行

(1)医疗保险的医学机构、注册私立医疗保险协会的检查机构以及由照护保险基金会州协会委任的专家在第114条所规定的任务范围内,有权也有义务在现场和处所检查被许可的照护机构是否满足本册规定的服务和质量要求。对住院照护机构的检查原则上无须提前通知。对门诊照护机构的质量检查应提前一天通知。医疗保险的医学机构、注册私立医疗保险协会的检查机构及由照护保险基金会州协会委任的专家在质量检查的范围内,就质量保障的问题向照护机构提供咨询。第112条第3款相应适用。

(2)无论在部分住院照护还是在完全住院照护的情况下,医疗保险的医学机构、注册私立医疗保险协会的检查机构及由照护保险基金会州协会委任的专家均有权为质量保障的目的,随时进入照护院所使用的土地和房间对其进行检查和察看,联系照护需求人、其亲属及有代表权的人员和照顾者,并询问职员及照护院居住人员的利益代表人。只有在其他时间的检查和察看不能达到质量检查的目的时,才允许夜间的检查和察看。对于照护院居住人员享有居住权的房间,只有在为防止即将发生的对公共安全和公共秩序的危害必要的情况下,才能不经该居住人员同意进入其房间;居住不受损害的基本权利(《基本法》第13条第1款)在此受到限制。在门诊照护的情况下,医疗保险的医学机构、注册私立医疗保险协会的检查机构及由照护保险基金会州协会委任的专家在照护需求人的同意之下,也可以在其居住的房间进行检查。只要由此不会导致检查的延误,医疗保险的医学机构、注册私立医疗保险协会的检查机构应该让根据照护院的法律规定负责的监督机构参与检查。

(3)检查也包括对照护需求人健康和照护状态的检查。为此,不仅照护需求人,而且照护机构的工作人员、照顾人、亲属及照护院法律规定的照护院居住人员利益代表组织的成员都能被询问。在判断照护质量时,应适当考虑照护档案记录,对照护需求人的检查,以及对照护机构工作人员、照护需求人、其亲属和利益代表人的询问。参与检查和询问是自愿的;拒绝不应产生任何不利结果。以撰写照护报告为目的,对照护档案记录的审阅、对照护需求人的检查、对第2句规定的人员的询问及由此产生的对照护人人身相关的数据的收集、处理和使用,需得到被涉及的照护需求人的同意。

(3a)根据第2款或者第3款的同意必须在证明文件或者其他长期性复制文件中以文字形式或适当方式交存,必须列明申明人,并通过复制签名或者其他方式使申明的签署可辨认(文本形式)。如果照护需求人无同意能力,则同意可以向对此有权利的人征集。

(4)根据要求,与此相关的照护保险基金会或者其协会的代表、相关负责的社会救助承担者的代表及注册私立医疗保险协会的代表应该参与第1款至第3款规定的检查。照护机构承担者可以请求该机构的归属协会(承担者协议)参与第1款至第3款所规定的检查。如果第1句和第2句规定的参与可能会延误检查的执行,则此项参与被排除。独立于第1款至第3款所规定的自我检查权限,医疗保险的医学机构、注册私立医疗保险协会的检查机构及由州照护保险基金会协会委托的专家均有权参与对被许可的照护机构的检查,只要该检查是由照护院法律规定且负责的监督机构根据照护院法律规定的要求进行的。在这种情况下,上述机构应该将其参与照护机构检查的权利限制在本册规定的质量保障领域内。

（5）如果注册私立医疗保险协会的检查机构没有达到第114条第1款第1句中所规定的、与联邦领域相关的检查率，那么从事私立照护义务保险的私立保险公司分担部分、最高至10%的门诊照护机构和住院照护机构的质量检查费用。通过注册私立医疗保险协会和照护保险基金会最高联合会的听证评价方式，联邦保险局在每年年底确定检查率的遵守情况、未达到或者超过的额度及检查的平均费用额度，同时每年通知二者所进行的检查的数目，并在低于检查率指标的情况下通知私立医疗保险其承担的资金份额。资金份额通过平均费用乘以注册私立医疗保险的检查机构进行检查的数目与第114条第1款第1句所称检查率之间的差值计算得出。私立保险公司承担的资金部分，应当每年由注册私立医疗保险协会直接转给联邦保险局，以用作照护保险平衡基金（第65条）。若注册私立医疗保险协会在被要求支付后的4周内证明，未达到检查率不应该由其或者其检查机构负责，则注册私立医疗保险协会无须理会联邦保险局的支付要求。

（5a）照护保险基金会最高联合会应在2011年10月31日之前，与注册私立医疗保险协会共同就注册私立医疗保险协会检查机构在执行质量检查时的合作作进一步约定，尤其是关于对检查率的要求、选择被检查的照护机构的程序、质量保障的措施及通过注册私立医疗保险协会统一公开质量检查结果的要求。

（6）医疗保险的医学机构及注册私立医疗保险协会的检查机构应在2011年6月30日之前，向医疗保险基金会联盟负责机构的医学机构报告适用本册咨询和检查规则的经验，质量检查的结果，以及其对照护质量和质量保障现状和发展的认识，2011年6月30日之后，每3年进行一次报告。在医疗保险基金会最高联合会的医学机构的参与下，医疗保险的医学机构及注册私立医疗保险协会的检查机构应确保所获得数据的可比较性。医疗保险基金会最高联合会的医学机构将医疗保险医学机构的报告、注册私立医疗保险协会的检查机构的报告及其自身对于照护质量和质量保障发展的认识和经验整合成为一份报告，并于半年内将之提交照护保险基金会最高联合会，联邦卫生部，联邦家庭、老人、妇女和青少年部，联邦劳动和社会事务部，以及其他相关的州的部门。

（7）照护保险基金会最高联合会在医疗保险基金会最高联合会的医学机构、注册私立医疗保险协会的检查机构的参与下，制定关于对根据114条由照护机构提供的服务及其质量的进行检查的方针。照护保险基金会最高联合会应让以下机构参与进来：自由福利照护的联邦工作团体、私立养老和照护院联邦协会、私立门诊机构协会、照护职业联邦协会、法定医疗保险医生联邦联合会、注册私立医疗保险协会、社会救助跨地区承担者联邦工作团体、联邦层面的地方主要协会，以及实现照护需求人、残疾人利益和自我帮助的主要组织。在向上述机构和组织提交相关必要信息的情况下，应该在适当的期限内为其提供阐述立场的机会；所阐述的立场应被包含在决定中。方针应该经常性地根据医学和照护专业的进步作出修改。该方针需要联邦卫生部批准。后者的异议需要在由其确定的期限内提出。质量检查方针对医疗保险的医学机构和注册私立医疗保险协会的检查机构有约束力。

第115条 质量检查的结果

（1）医疗保险的医学机构、注册私立医疗保险协会的检查机构及由照护保险基金会州协会所委托的专家应将每项质量检查的结果，以及由此获得的数据和信息通知照护保险基金会州协会和相关负责的社会救助承担者，并在其职责范围内通知根据照护院法律规定而负责的监督机构，在家庭照护的情况下通知相关负责的照护保险基金会，以便其履行法定任务，以及通知相关的照护机构。以上规定同样也适用于根据第114条第4款，通过独立的专家或者检查机构进行的质量检查的结果，亦适用于部分替代通过医疗保险基金会的医疗机构执行的常规检查的质量检查的结果。照护保险基金会州协会有权，经要求也有义务在照护机构承担者同意的情况下，将根据第1句或者第2句所获得的数据和信息转交给其承担者联合会，只要对信息的知悉对于听证，或对于照护机构基于第2句的通知发表意见而言是必要的。数据的检查人和接收人对第三人有义务保持沉默；前句不适用于第1a款规定的为公开质量检查的结果而必要的数据和信息。

（1a）照护保险基金会州协会应确保，照护机构提供的服务及其质量，尤其是在结果和生活质量方面，以可理解、条理清楚且可比较的方式，通过因特网和其他合适形式向照护需求人及其亲属免费公开。对此，需要以医疗保险的医学机构和注册私立医疗保险协会的检查机构的质量检查结果，以及根据第114条第3款和第4款的同等检查结果为基础；前者可以通过在其他检查程序中获得的，体现照护机构服务提供及其质量的，尤其是在结果质量和生活质量方面的信息得到补充。在第114条第5款所规定的临时检查的情况下，所有被纳入检查中的照护需求人的检查结果构成对质量评价和展示的基础。与人身相关的和可以联系到人身的数据需要进行匿名处理。重复检查的结果应予以及时考虑。在展示质量时，需要指出检查的种类是作为临时检查、常规检查还是重复检查。各照护机构应将医疗保险医学机构或者注册私立医疗保险协会的检查机构进行的最近一次检查的时间、根据评价系统对检查结果的分类、检查结果的汇总悬挂在机构中的显眼位置。公开的标准包括评价体系,应由照护保险基金会最高联合会、联邦层面照护机构承担者协会、社会救助跨地区承担者联邦工作团体及地方主要协会的联邦联合会于2008年9月30日之前,在医疗保险基金会最高联合会的医学机构的参与下约定。实现照护需求人和残疾人利益和互助的主要组织、联邦层面独立的消费者组织、注册私立医疗保险协会及联邦层面照护职业协会应及早参与。在向上述机构提供必要信息的情况下,应该在适当的期限内给予其机会来阐述立场;其立场应被包括进决定中。关于公开标准包括评价体系的约定需要随医学和照护专业领域的进步而作出修改。如果在协议一方书面提出谈判要求后,经6个月仍未达成有效协议,则任何协议当事人都有权向第113b条规定的仲裁机构提出仲裁申请。当照护保险基金会最高联合会、联邦层面照护机构承担者联合会内多数承担者在与所有当事方磋商后,一致同意向仲裁机构提出仲裁时,该期限不适用。仲裁机构应该在3个月内作出仲裁决定。既存的协议在新协议达成之前继续有效。

(1b)自2014年1月1日起,照护保险基金会州协会应确保根据114条第1款的关于医生、专业医生和牙医照顾服务规则,以及关于在完全住院机构中药品供给服务规则的信息,以可理解的、清楚的和可比较的方式,通过因特网和其他合适的形式免费向照护需求人及其亲属提供。照护机构有义务将第1句所规定的信息悬挂在机构内的显眼位置。

(2)如果在进行本册规定的质量检查时发现了质量缺陷,照护保险基金会州协会在相关社会救助承担者的参与下,在听取照护机构承担者和参与的承担者联合会关于采取何种措施的意见之后,向照护机构的承担者发出相应通知,并在其中限定适当期限以排除所确定的质量缺陷。如果第1句所确定的质量缺陷未被按时排除,则照护保险基金会州协会可以共同根据第74条第1款解除照顾保障合同,在严重的情况下根据第74条第2款解除合同。第73条第2款相应适用。

(3)如果照护机构完全没有或者部分没有遵守其法定或者合同义务,尤其是源自照顾保障合同的提供相应质量服务的义务(第72条),则根据第八章所约定的照护报酬应在其违反义务的时间内相应减少。关于减少金额的额度,应在第85条第2款规定的合同当事人之间寻求一致。如不能达成一致,则根据一方当事人的申请由第76条规定的仲裁机构裁决,仲裁机构由1位主席和另外2位中立成员组成。对第3句的决定不服的,可以向社会法院提起诉讼;诉讼不设前置程序且具有推迟效果。所约定的或者所确定的减少金额,由照护机构在其自行承担的份额内返还受影响的照护需求人,并进一步返还照护保险基金会;如果照护报酬作为从属的实物服务由其他待遇承担者承担,则减少的金额需支付给该待遇承担者。减少的金额不能够通过第八章规定的报酬或收入再次被资助。根据其他法律规定的受影响的照护需求人的损害赔偿请求权不受影响;《社会法典第五册》第66条相应适用。

(4)在住院照护机构中发现严重的、短期内无法排除的缺陷时,照护保险基金会有义务将被涉及的照护院居住人员根据其申请转移到其他合适的照护机构中,后者需有及时承担照护、照管和照顾的能力。在有社会救助接受者的情况下,社会救助的相关承担者应参与。

(5)如果医疗保险的医学机构或者注册私立医疗保险协会的检查机构在门诊照护中发现严重缺陷,则负责的照护保险基金会可以基于医疗保险的医学机构或者注册私立医疗保险协会的检查机构的推荐意见,暂时禁止该照护机构继续对照护需求人进行照顾;第73条第2款相应适用。在此情况下,照护保险基金会应为照护需求人提供其他合适的照护专门机构,后者需有及时承担照护工作的能力;此时应尽可能地尊重照护需求人根据第2条第2款的选择权。第4款第2句相应适用。

(6)在第4款和第5款的情况中,只要照护机构的承担者比照适用《德国民法典》第276条的规定,在此情况下需对该缺陷负责,则其应承担受影响的照护需求人及其费用承担者基于转移至另外的门诊照护或者住院照护机构所产生费用。第3款第7句不受影响。

第116条 费用规定

(1)第79条规定的有效性和经济性检查的费用应在最近的、根据第八章约定的报酬协议中作为支出来考虑;检查费用可以被分配给多个报酬时间段。

(2)如果仲裁机构裁决减少报酬,则第115条第3款第3句规定的仲裁费用由照护机构的承担者承担;否则由作为费用承担者的合同当事人共同承担。如果仲裁机构裁定的减少金额少于费用承担者请求的数额,则相关参与者需按份额支付该程序费用。

(3)联邦政府被授权,在联邦参议院的同意下,通过行政法规规定进行经济性检查的费用。在行政法规中也可以确定最低和最高的费用额度;在此需要考虑进行经济性检查的人员(第79条)的正当利益及有义务支付费用的照护机构的正当利益。

第117条 与根据照护院法律规定而负责的监督机构的合作

(1)照护保险基金会州协会、注册医疗保险协会的检查机构与根据照护院法律规定而负责的监督机构,应在有关照护机构的许可和检查方面紧密合作,尤其通过如下的措施,确定依据本法及其他相关法律规定的任务能够有效协调

1. 经常性的信息互换和咨询,

2. 为对照护机构进行共同的或者分工的检查而约定时间,

3. 在个案中对必要的措施达成一致。

在此需要确保尽可能地避免双重检查。为完成该项任务,照护保险基金会州协会及注册私立医疗保险协会的医学机构和检查机构有义务参与照护院法律规定的工作团体,并参与相应的协议。

(2)照护保险基金会州协会及注册私立医疗保险协会的医学机构和检查机构,可以与根据照护院法律规定而负责的监督机构或者州最高行政机关约定示范性计划,该示范性计划的目标是,为根据本册或者照护院的法律规定进行的质量检查制定相互协调一致的工作方式。在此,为了示范性计划的目的及其期限,联邦范围内的协议可以偏离第114a条和第115条第1a款第6句的方针规定。照护保险基金会及其协会根据本册对内容测定,照护、照顾和照管检查所负的责任,不应通过其与根据照护院法律规定而负责的监督机构或者与州最高行政机关的合作而被缩小或扩大。

(3)为了实现紧密合作,照护保险基金会州协会及注册私立医疗保险协会的医学机构和检查机构有权并应要求有义务,通知照护院法律规定负责的监督机构根据本册规定可获知的、关于照护机构的数据信息,尤其是关于照护场所及被照管人员的数目和类型(配置),关于照护机构的人力物力安排,以及关于照护机构服务和报酬的数据。与人身相关的数据在转交过程中应进行匿名处理。

(4)照护机构检查所得的认识结论应由医疗保险医学机构、注册私立医疗保险协会的检查机构或者根据本册规定进行质量检查的被委托的专家和机构毫不迟延地通知根据照护院法律规定而负责的监督机构,只要以上结论对于准备和执行照护院法律所规定的监督法律措施来说是必要的。第115条第1款第1句和第2句不受此影响。

(5)通过与根据照护院法律规定而负责的监督机构的合作而产生的费用,由照护保险基金会及其协会、医疗保险的医学机构及注册私立医疗保险协会的检查机构各自承担。承担根据照护院法律规定而负责的监督机构,或者其他参与前述监督机构的机构或组织的费用不被允许。

(6)由于根据照护院法律规定而负责的监督机构的命令而增加或减少的费用,

只要其基于第82条第1款意义上的原因是应支付报酬的,则应在最近的照护费协议中加以考虑。合同当事人或者根据第85条第2款的参与人对该命令的异议或者诉讼,不具有推迟效力。

第118条 利益代表人的参与、行政法规授权

(1)在制定或者修改

1. 第17条第1款、第18b条并第45a条第2款第3句、第45b条第1款第4句以及第114a条第17款规定的、照护保险基金会最高联合会的方针,以及

2. 第113条第1款、第113a条第1款及第115条第1a款规定的自治合作伙伴协议时,联邦层面的实现照护需求人和残疾人利益和互助的主要组织应根据第2款所示行政法规的要求参与咨询建议。共同建议权也包括出席决议的权利。如果该组织的书面请求未被采用,则应请求应向其书面告知未得到考虑的原因。

(2)联邦卫生部被授权,在联邦参议院的同意下,通过行政法规确定以下方面的细节:

1. 联邦层面实现照护需求人和残疾人利益和互助的主要组织的承认条件,尤其是对其组织形式及其财政公开的要求,以及

2. 参与的程序。

第119条 在《居住和照顾合同法》适用范围之外的照护院的合同

对于不适用《居住和照顾合同法》的被许可的住院照护机构承担者与有照护需求的居民之间的合同,适用《居住和照顾合同法》关于该类合同的相应规定。

第120条 家庭照护的照护合同

(1)在家庭照护中,最迟不晚于照护投入的开始,被许可的照护专门机构对照护需求人承担以下义务,即根据照护需求人照护需求的种类和程度,通过与其请求相适应的待遇,对其进行照护,并在家务上提供帮助(照护合同)。在照护需求人的状况发生本质性改变时,照护专门机构应毫不迟延地将此情况通知相关负责的照护保险基金会。

(2)照护专门机构在相关负责的照护保险基金会的要求下,应毫不迟延地当面出具照护合同文本。照护需求人可随时解除照护合同而无须遵守期限。

(3)在照护合同中,应该至少对服务的种类、内容及范围,包括为此与第89条规定的费用承担者约定的、对各项服务或者服务组合提供的报酬作特别规定。在合同签署前或发生任何实质性变化时,照护专门机构应依惯例以书面形式告知照护需求人可能的费用。

（4）照护专门机构对照护和家务服务的报酬请求权应直接向相关负责的照护保险基金会提出。如果根据第1句由照护需求人获得的服务超过了照护保险基金会以通知确定的、由照护保险基金会支付的给付权限的最高限额，则照护专门机构可以基于额外受领的服务，向照护需求人收取不超过根据第89条所约定的额度的报酬。

◎德国社会法典(选译)

第十二章　罚金规定

第121条　罚金规定

(1)基于故意或者过失而为以下行为是违规的：

1. 不遵守缔结或者维持根据第23条第1款第1句和第2句或者第23条第4款的私立照护保险合同的义务,或者不遵守根据第22条第1款第2句的维持私立照护保险合同的义务,

2. 违反第50条第1款第1句、第51条第1款第1句和第2句,第51条第3款,或者违反《照护保险法》第43条第1款第1句或者第2句的规定,没有、没有正确地、没有完整地或者没有及时地作出通知,

3. 违反第50条第3款第1句的规定,没有、没有正确地、没有完整地或者没有及时地作出答复,或者违反第50条第3款第1句第2项的规定,没有、没有正确地、没有完整地或者没有及时地对变化进行通知,

4. 违反第50条第3款第2句的规定,没有、没有完整地或者没有及时地提交必要的材料,

5. 违反《照护保险法》第42条第1款第3句的规定,没有或者没有及时地调整其私立保险合同的给付范围,

6. 迟延缴纳私立保险6个月的保险金,

7. 违反第128条第1款第4句的规定,没有、没有正确地、没有完整地或者没有及时地转交其规定的数据。

(2)上述违规行为可被处以不超过2500欧元的罚金。

(3)对于由私立保险公司实施的第1款第2项至第7项的违规行为,联邦保险局是《违规行为法》第36条第1款第2项意义上的行政管理机构。

第122条　过渡规定

(1)第45b条中,除第2款第3句以外的条文自2002年4月1日开始适用;第2款第3句从2003年1月1日起适用。

(2)照护保险基金会最高联合会应该在以下机构的参与下,根据2008年7月1日生效的版本中第45b条第1款第4句的规定制定方针:医疗保险基金会最高联合会的医疗机构、注册私立医疗保险协会、联邦层面的地方主要协会以及联邦层面实

现照护需求人和残疾人利益和互助的主要组织,该方针应在2008年3月31日之前提交给联邦卫生部请求批准。第17条第2款相应适用。

(3)对于在2014年12月31日根据直至2014年12月31日前有效的版本中第38a条的规定,享有居住团体附加费请求权的人员,当事实关系未发生变化时,该待遇应继续提供。

第123条 过渡规定:对日常生活能力显著受限人员的照护服务的改善

(1)由于日常生活能力显著受限而满足第45a条的前提条件的被保险人,除了第45b条规定的待遇外,在基于新的照护需求概念和相应的鉴别程序而规定待遇提供的法律生效之前,有权获得按照以下各款要求的照护待遇。

(2)无照护等级的被保险人在每个日历月有权获得

1. 根据第37条的照护金,额度为123欧元,或者

2. 根据第36条的照护实物待遇,额度不超过231欧元,或者

3. 第1项和第2项的联合待遇(第38条),

其也享有根据第38a条、第39条、第40条、第41条、第42条和第45e条的权利。无照护等级的被保险人要求部分住院照护的权利包括每日历月总价值不超过231欧元的待遇。

(3)对于第一照护等级的照护需求人,根据第37条的照护金提高72欧元,直至316欧元,根据第36条和第41条的照护实物待遇提高154欧元,直至689欧元。

(4)对于第二照护等级的照护需求人根据第37条的照护金提高87欧元,直至545欧元,根据第36条和第41条的照护实物待遇提高154欧元,直至1298欧元。

第124条 过渡规定:家庭照顾

(1)第一至第三照护等级的照护需求人及由于日常生活能力显著限制而满足第45a条规定的前提条件的被保险人,在基于新的照护需求概念及相应的鉴定程序规定待遇提供的法律生效以前,根据第36条和第123条有权获得家庭照顾。

(2)除基础照护和家务帮助外,家庭照顾的待遇还应作为护理照管措施被提供。其包括在其家庭环境中对照护需求人或者其家属的支持或者其他帮助,尤其包括如下方面:

1. 支持家庭环境中以交往和维护社会联系为目的的活动,

2. 支持对家庭日常生活的安排,尤其是对发展和维护日程结构(分配)的帮助、对从事与需求相适应的职业的帮助及对坚持与需求相适应的昼夜节律的帮助。

家庭照顾也可以由多个照护需求人或者日常生活能力显著限制的被保险人以

共同家庭照顾的形式,在参与人或者包括其家人的家庭环境中作为实物待遇来获得。

(3)家庭照顾请求权的前提条件是,在个案中基础照护和家务帮助得到了保证。

(4)第七章、第八章和第十一章相应适用。

第125条　通过照顾专门机构对家庭照顾待遇进行试验的示范性计划

(1)照护保险基金会最高联合会可以在2013年和2014年约定,从照护保险的平衡基金中提取不超过500万欧元的资金,用于通过照顾专门机构对第124条规定的家庭照顾待遇进行试验的示范性计划。特别为患有老年痴呆的照护需求人提供持续家庭照顾和家务帮助的机构,可以作为照顾专门机构成为协议当事人。

(2)示范性计划的目的是,对照顾专门机构投入的照护服务的效果进行广泛研究,包括所提供服务的质量、经济性和内容,以及照护需求人的接受性,示范性计划的时限不超过3年。应为示范性计划提供科学性的检测和评估。在示范性计划的范围内所需要的与人身相关的数据,可以在照护需求人同意的情况下进行收集、处理和使用。照护保险基金会最高联合会确定示范性计划的目的、期限、内容和实施。该示范性计划需与联邦卫生部商定。

(3)本册关于照顾专门机构的规定也相应适用于示范性计划的参与机构。代替负责的照护专业力量,这些参与机构也可以使用有相应资质的、专业合适的、可信任的、在其所学的职业领域内过去8年中有2年专业实践经验的人力作为负责的专业力量;第71条第3款第4句相应适用。对参与的照顾专门机构的照管许可,在示范性项目结束后的2年内继续有效。

第十三章 私立照护预防措施的补贴支持

第126条 补贴权利人

根据第三章在社会照护保险或者私立照护保险中投保的人员（补贴权利人），在出示以其名字成立的私立照护额外保险，并且满足第127条第2款规定的前提条件下，有权获得照护预防补贴。未满18岁的人员，在缔结私立照护额外保险前将要或者已经获得第123条规定的待遇，以及作为照护需求人将要或者已经获得第四章规定的待遇或私立照护义务保险提供的类似待遇的人员，不属此列。

第127条 照护预防补贴；支持的前提条件

（1）如果有权享受补贴的人员在单个保费年度中，每个月至少向以其名字成立的、根据第2款可获得支持的私立照护额外保险支付10欧元，则其享有请求每月5欧元的补贴的权利。根据第1句的最低保费不应以该补贴为考虑因素；补贴每月只有为保险合同才被提供给各补贴权利人。最低保费及补贴适用于可以获得资助的资费标准协议。

（2）当保险公司满足以下情形时，私立照护额外保险根据本章具有资助资格：

1. 根据《保险监督法》第12条第1款第1项和第2项，对依人寿保险种类的核算进行了规定，

2. 给予所有在第126条中被提及的人员保险请求权，

3. 放弃通常的，解除权以及放弃了风险审查、风险附加费和待遇排除的协议，

4. 在出现第14条意义上的照护需求时，规定了根据合同为各个第15条所列举的照护等级提供现金待遇的请求权，在此对于在第15条第1款第1句第3项所列举的第三照护等级，待遇金额不少于600欧元，在出现第45a条意义上的日常生活能力显著受限制的情况下，亦应规定要求提供现金待遇的权利；在合同缔结时，根据资费标准规定的现金待遇应分别不超过本册规定的待遇额度，但在一般通货膨胀率限度内的动态变化是允许的；具有被资助资格的资费标准协议不能规定其他待遇，

5. 在确定保险案件及照护需求等级时，遵循根据第18条确定照护需求等级程序结果以及根据第45a条确定出现日常生活能力明显受限情形的程序结果；对于私立照护义务保险的被保险人应以相应私立保险公司的确认为基础，

6.将等待期限制为最高不超过5年,

7.赋予有《社会法典第二册》或者《社会法典第十二册》意义上的帮助需求的,或者单独通过支付保费而有帮助需求的投保人如下权利,即至少在3年的期限内,中止合同而无须维持保险保护,或者在帮助需求出现后3个月内解除合同且效力溯及帮助需求出现之时;当帮助需求继续存在时,在中止的情况下,该期限从中止状态结束时开始,

8.限制投入使用的行政管理和缔结费用的额度;相关事宜由第130条规定的行政法规进一步规定。

注册私立医疗保险协会被授权对此制定行业统一的合同模板,该模板应由保险公司用作具有资助资格的照护额外保险的一般保险条款的一部分。根据第2句的授权还包括,为提供具有资助资格的私立照护额外保险的保险公司建立过度亏损平衡;第111条第1款第1句和第2句、第2款相应适用。第1句和第3句所规定的对注册私立医疗保险协会的专业监督由联邦卫生部执行。

(3)在一个日历年中已根据第127条第1款支付了私立照护额外保险的保费(保费年度),则要求提供补贴的权利随该日历年的结束而产生。

第128条 程序;保险公司的责任

(1)第127条规定的补贴根据申请提供。补贴权利人通过缔结具有资助资格的私立照护额外保险,全权授权保险公司为每个保费年度申请补贴。如果补贴权利人没有《社会法典第六册》第147条规定的补贴号码或者保险号码,则其同时授权保险公司在中心机构为其申请一个补贴号码。保险公司有义务支付补贴,并根据官方规定的数据条款远程传输相关数据,在提出申请的同时,在保费年度下一日历年的1月1日至3月31日之间向中心机构提供如下材料:

1.申请日期,

2.具有资助资格的私立照护额外保险承担的保费额度,

3.合同日期,

4.《社会法典第六册》第147条规定的保险号码,补贴权利人的补贴号码或者分配补贴号码的申请,

5.其他为补贴支付而必要的说明,

6.申请人是第126条意义上的补贴权利人的证明,以及

7.保险合同满足第127条第2款前提条件的证明。

补贴权利人有义务毫不迟延地通知保险公司导致补贴权利丧失的事实变化。

如果对于保险公司已经申请补贴的保费年度不存在补贴权利,则保险公司应撤销申请数据记录。

（2）补贴的支付由德国养老保险协会的中心机构执行；进一步的事宜,尤其是行政管理费用补偿的额度,应通过联邦卫生部和德国养老保险协会的行政协议规定。在满足前提条件的情况下,补贴应支付给存在私立照护额外保险合同并基于合同申请补贴的保险公司。如果为一个补贴权利人的多份私立照护额外保险合同均申请了补贴,则每月只向其申请最先到达中心的那份合同提供补贴。如果相关负责的养老保险承担者没有分配保险号码,则中心机构为履行其被赋予的任务应分配补贴号码。在根据第1款第3句提出申请的情况下,中心机构将补贴号码通知给保险公司；后者将号码继续转交给申请人。中心机构在向其提交的信息的基础上确定是否存在补贴的权利并以补贴权利人为受益人而向保险公司支付补贴。在第9句的条件下,无须进行特别的补贴通知。保险公司应将获得的补贴毫不迟延地计入受益合同中。补贴的确定只能通过补贴权利人的特殊申请实现。申请需要书面地、在通过保险公司递交第3款规定的信息之后的1年内,由申请人提交给保险公司。后者应将该申请转交给中心机构以供其作出决定。保险公司应为该申请附带立场说明和为作出确定而必要的材料。中心机构也应将确定的结果通知保险公司。如果中心机构事后认识到,补贴权利不存在或者已经丧失,则其须要求返还不法计入或者支付的补贴,并将此通过数据记录通知给保险公司。

（3）如果中心机构发现不存在或者之前不存在补贴的权利,则其应将该结果通知保险公司。保险公司应在相应的数据记录到达之后的1个月内,将此事通知给被保险人。

（4）在将补贴支付给补贴接收人的情况下,保险公司需要对满足第127条第2款规定的条件负责。

（5）由中心机构发起的照护预防补贴的支付和所产生的行政管理费用由联邦卫生部承担。相应技术和组织基础设施的建设费用也属于行政管理费用。全部行政管理费用在每个保费年度结束后进行补偿；在此,联邦人力和物力成本率需相应适用。从2014年起按月支付分期款项。如果联邦保险局行使对中心机构的监督任务,那么作为《社会法典第四册》第94条第2款第2句的例外,其服从于联邦卫生部的管理。

第129条 具有资助能力的照护额外保险的等待期

如果在合同中约定了关于第127条第2款所规定的具有资助能力的私立照护

额外保险的等待期,则有别于《保险合同法》第197条第1款的规定,该期间不得超过5年。

第130条 行政法规授权

联邦卫生部被授权,在联邦财政部、联邦劳动和社会事务部的同意下,无须联邦议会批准即可通过行政法规对以下事宜作出进一步的规定:

1. 第128条第2款规定的中心机构及其任务,

2. 调查、确定、支付、偿还和要求归还补贴的程序,

3. 保险公司与第128条第1款和第2款所规定的中心机构之间的数据交换,

4. 在具有资助能力的照护额外保险中用作行政管理和缔约费用的额度限制。

第十四章　照护预防基金的约束

第131条　照护预防基金

在社会照护保险中应建立名为"社会照护保险预防基金"的特别基金。

第132条　预防基金的目的

特别基金用于保持社会照护保险保费的长期稳定发展。根据第136条的要求，其只能用于对社会照护保险的待遇支出进行资助。

第133条　法律形式

特别基金不具有法律能力。基金会可以以自身的名义从事法律性事务、起诉和被起诉。预防基金的一般司法管辖权所在地为美茵河畔法兰克福。

第134条　资金的管理和投资

（1）特别基金的资金管理和投资由德意志联邦银行承担。根据《德意志联邦银行法》第20条第2款，对于特别基金及其资金的管理不向联邦银行补贴费用。

（2）流入特别基金的资金，包括其收益，需要在适用《联邦养恤金基金投资方针》的条件下以市场通常的条件进行投资。在此，特别基金被投入股票或者股票基金的部分应从2035年起以10年为最长期限逐步减少。联邦卫生部应参加《联邦养恤金资金投资方针》第4a条所规定的投资委员会。

第135条　资金的注入

（1）联邦保险局按月在每月20日前，从平衡基金中向特别基金注入资金，该资金的额度为前一年社会照护保险的义务保费收入的0.1%的1/12。

（2）根据第1款进行的资金注入，首次在2015年2月20日之前进行，并随2033年12月支付的结束而结束。

第136条　特别基金的使用

从2035年起，若不将资金注入平衡基金就须提高保险费率，且该费率的提高不是建立在超过待遇一般动态化的待遇改善的基础之上时，特别基金可以用于确保社会照护保险保险费率的稳定性。应联邦保险局的要求每年可注入平衡基金的资金上限，为特别基金至2034年12月31日既存资金状态的实际价值的1/20。如果某一年中没有要求注入特别基金，则该年度规定的资金可以在下一年中一起被要求，只要此时不向平衡基金相应注入资金就须提高保险费率,且该费率提高非以超过待遇一般动态化的待遇改善为基础。

第137条 财产区分

特别资金的财产需要区别于社会照护保险的其他财产及其权利与债务。

第138条 年度审计

德意志银行每年向联邦卫生部提交一份关于特别基金的资金管理报告。在其中需要证明特别基金的状态,包括债权债务以及收入和支出。

第139条 解散

在所有资金被支付完毕后,特别基金解散。

医院费用结算条例

分册目录

第一章　总则 …………………………………………………………637
第二章　医院费用的结算 ……………………………………………638
第三章　费用类型与结算 ……………………………………………642
第四章　协议流程 ……………………………………………………646
第五章　其他规定 ……………………………………………………650

导　　读

2017年开始,德国在法定医疗保险医疗费用支付领域全面引入了DRG(按病组一揽子付费)制度,并全面修订了《医院筹资法》和《医院报酬法》以适应这一改革。但是与此同时,医院和独立医疗部门中仍然存在不按照DRG支付的医保项目,为了规范这些项目的医保付费制度,德国修订了《医院费用结算条例》。

从这部新修订的《医院费用结算条例》来看,德国非DRG付费的医保制度有两大特色。第一是各医疗机构的总额预算制度。在每个预算年度,医保基金会都会与协议医疗机构约定总额,而后依据实际情况加以调整,因此历史数据的真实性和可持续性非常重要。这种制度安排表明,非DRG付费制度没有实施全面的竞争机制,各医疗机构还是按照历史形成的规模和服务特色提供医疗服务,调整预算的程序比较复杂。第二是医保机构与医疗机构的集体协商制度。集体协商是德国社会医疗保险领域最具特色的制度,基本特征是排除行政机关的介入,以社会组织自治管理的方式约定权利和义务,并建立社会化的争议解决机制。

《医院费用结算条例》1994年9月26日颁布(《联邦法律公报(第一卷)》第2750页),1995年1月1日起正式实施,2017年7月17日最后一次修订(《联邦法律公报(第一卷)》第2581页)。

第一章　总　则

第1条　适用范围

(1)本条例适用医院和独立医疗部门中发生的不按照DRG支付方式结算的以下项目的费用：

全日制住院及相当于全日制住院，

非全日制住院，

外科医生主导的精神病和心理治疗、儿童和青少年精神病和心理治疗，

生理治疗和心理治疗。

本条例所指的医院还包括独立医疗部门的联合体、外科医生主导的精神病和心理治疗、儿童和青少年精神病和心理治疗的部门联合体，以及躯体性疾病医院中的生理治疗和心理治疗科室(生理治疗)。

(2)该条例不适用

《医院筹资法》第3条第1项句第1项至第4项规定的医院，

《医院筹资法》第5条第1款第2项、第4项、第7项不支持的医院，

(3)住院治疗前后的费用统一按照《社会法典第五册》第115a条支付。

第2条　医院服务

(1)本条例第1条第1款规定的医院服务项目尤其包括医生的治疗(包括未指定的医生实施的治疗)、医院的护理、药品、使用医院或者医生通过医院认为的必要的治疗器械和辅助器械、食宿和家政服务；包括普通服务项目和选择服务项目。医院服务不包括协调配置医师提供的服务。

(2)医院需要在个案中综合考虑自身的承受能力、疾病的种类和严重程度为病人提供合目的性的、充分的、必要的常规性医疗服务。包括以下类别：

《社会法典第五册》规定的住院期间实施的早期诊断措施；

医院发起的第三方服务；

《社会法典第五册》第11条第3款规定的出于医学的原因为病人安排陪伴人员和护理人员；

《社会法典第五册》第39条第1a款规定的排泄管理透析不属于医院服务。

(3)非长期在医院工作的员工提供的常规性医院服务要达到与医院长期雇用的医生相同的要求。医院是责任方。

第二章 医院费用的结算

第3条 约定总费率

（1）2013—2019年，医院按照预算中性的原则执行《医院筹资法》第17d条规定的费用支付制度。医院可以自行选择2013年、2014年、2015年、2016年或者2017年开始引入该制度。医院自行决定与社会保险基金会进行谈判，最早于前一年的12月31日之前提出，并书面通知《医院筹资法》第18条第2款第1项或第2项规定的合作伙伴。2018年1月1日起，该费用支付制度对所有医院产生约束力。2013—2019年，医院可以依据本法第11条第4款规定的证明，获得第7条第1句第1项和第2项规定的报酬，以便于确定和声明具体的基准报酬值及医疗服务结构的变化。

（2）从医院自行确定引入费用支付制度的时间起至2019年，各医院需要按照2012年12月31日颁布的《联邦结算条例》第6条第1款的要求约定总额费率；2017年1月1日起，本法第9条第1款第5项规定的变动值会大幅提高总费率。每次谈判的基准值都是前一年约定的总额费率，尤其包括以下项目：

——降低

a）协议期内转移到其他医护领域的共摊费用

b）其中包括的外国人的医护费用，以及按照《寻求庇护者福利法》规定的健康保障费用，只要本条第8款规定此两笔费用应当分开核算。

——调整其中包含的补偿金及基于前几年的津贴而产生的补偿金，

——将以下费用分开或者重新分开核算；

a）第7条第1句第3项规定的附加费用和折扣费用，

b）首次纳入《社会法典第五册》第63条框架内的示范项目费用或者协议中约定的《社会法典第五册》第140a条规定的综合医护费用，或者首次纳入医院预算框架内的费用。

约定的总费率应当合理地划分为：

——第7条第1句第1项和第2项列出的费用收入（收入预算），包括第7条第1句第3项规定的没有分开核算附加费用和折扣费用；收入预算还包括有效的预算估值，

——根据第7条第1句第4项收取的费用（总收入）。

第4句第1项规定的总费率和收入预算要根据前几年的情况作调整和更正；更正时还要对之前的预算（基准更正）作相应的调整。

（3）2020年之后，医院应当按照以下要求签订总费率协议。要考虑到儿童和青少年的特殊医护需求。2020年总费率协议的基础是第2款规定的约定总额费率。之后每年的谈判基础都是上一年度约定的总额费率。谈判尤其要考量以下因素：

——医院服务种类和服务量的变化，根据第9条第1款第1项、第2项，这些数据执行联邦层面上统一的标准，

——各医院服务种类和服务量的变化，包括地区性的和结构性的变化，

——费用的增长和住院时间的缩短，不正确的入院检查和转院、转诊，如转移到门诊，

——第4条规定的基于服务的绩效比较结果，

——《社会法典第五册》第136a条第2款规定的必须为联邦共同委员会执行任务配备的必要的诊疗工具和人员，

——依据第6条作出的调整协议。

只要满足了第4句第5项的要求，或者在第6句规定的变动协议框架内认定为必要，总额可以超过第9条第1款第5项规定的前一年的总额变动值。当变动的服务类型和服务量基于医院规划或者州投资计划增加时，或者由于医疗服务结构或病例数的变化时，在出现了第4句第1项、第2项的情形时，才允许超出。如果协议双方考虑到患者的病重程序、可能的转诊、医疗服务的地区性或者结构性特征以及第4条规定的绩效比较的结果之后约定，减少或者增加总额预算，那么自2020年起，必须就规模、期限及其他情形制订一个调整协议。只有医院经营者明确解释超出的理由时，才可以约定明显超过第4条规定的绩效比较结果的费用。如果基于第18条第2款规定的证据认为不存在可商议的空间，协议双方必须就应减少的总额达成共识。如果医院证明超出总额实施暂时的，而非持续的状态时，则不必降低第8句规定的总费率。如果降低总费率之后出现短缺，则下一个协议期的总费率中要增加多出的费用。约定的总费率要公正地划分为：

——收入预算，

——收益，

第9句第1项规定的总费率和收入预算要根据以前年度的情况予以补偿和更正；更正时要进行相应的补偿。

（4）在依据《医院报酬法》第9条第1款第7项约定增加预算额时，第2款或第3

款规定的协议双方约定的总额要按照《医院报酬法》第9条第1款第7项约定的提高额度的40%进行更正,以此在下一个可能的预算期内支付更正了的额度。要考虑第5款第2句后半句和第3款第12句的要求。不做第3款第5句规定的限制。

(5)在结算第7条第1款第1句规定的费用时,要查明各医院的基准费率值。为此,要在第2款第5句或第3款第12句规定的收入预算中扣除额外费用,然后将所得金额除以约定的有效估值比例之和。每一年适用的基准费率值要依据估值比例来确定。

(6)如果由不受《医院筹资法》调整的医院提起申请,第2款第1句或第3款第1句规定的总预算额中必须考虑新投资措施的成本,前提是此类医院的基准费率比同一州内其他医院的平均基准费率估值要低。需要满足《医院筹资法》第17条第5款第3句及《联邦结算条例》2012年12月31日版本中的第8条的要求。第1句和第2句也适用于根据《医院筹资法》第8条第1款第2句部分调整的医院。

(7)如果第7条第1款第1项、第2项、第4项规定的医院日历年的收入总额与第2款第5句或第3款第12句规定的变动的总额有出入,需要降低或者提高收入预算来调整:

——2013年、2014年、2015年、2016年的收入减少至95%,2017年起减少至50%时,

——由诊断和治疗过程的编码变动导致的收入增加全部需要调整,

——2013年、2014年、2015年、2016年其他额外收入调整为65%,2017年起其他额外收入达到第2款第5句或第3款第12句规定的总费用的5%时,调整为85%及90%。

如果医疗服务能够更好地与成本相吻合,协议双方可以事先约定不同的调整标准。在以估值比率计价的费用领域,第1句第3项规定的其他额外收入可以通过综合考虑以下因素来确定:

——查明建立在第5款第3句基础上的医院基准费用值时计算的与占用的天数,

——中间值,

——第5款第3句规定的医院基准费用值,

只要医院或者其他协议方能够证明,第1句第3项规定的额外收入由第3句规定的简化的调查程序查明,系基于医疗服务的变动而产生,且被估算过高或者过低,那么其他额外收入也要作相应的调整。第1句第2项规定的额外收入要通过将

总额外收入均摊到估值比例测算出的费用的方式来确定,并从第3句和第4句规定的额外收入中扣除掉。为了确定增加的收入或者减少的收入,医院管理者需要提交审计师确认的、包含有第7条第1句第1项、第2项、第4项规定的医院额外收入的年度财务报表。

(8)医院可以要求将为来德国短期逗留的外国人提供的医疗服务及依据《寻求庇护者福利法》提供的医疗服务费用不纳入总额预算中。2015年,医院依据《寻求庇护者福利法》提供的其他医疗服务费用可以在之后的协议期内进行额外的补偿。

(9)协议双方受总额预算约束。应协议方的要求,如果关于总额预算的协议所依据的前提情形发生重大变化,则必须再次商定当前日历年的总预算额。双方可以事先约定,在某些情况下,总预算额只能部分重新商定。与之前总预算额的差额应在新商定的总金额中结清;适用第15条第2款第3句。

第三章 费用类型与结算

第4条 与服务相关的绩效比较

（1）为了保障本条例第11条规定的协议双方签订一个公平的、反映每个医院具体情况的基准费用值和其他费用情况的协议，协议双方应当提交一个联邦层面上的服务绩效比较报告。报告中尤其应当包含以下内容：上一次预算协议依据的医疗服务；第6条第2款规定的医疗服务的地区性和结构性特征；约定的费用以及第18条第2款规定的每项服务的人员配置情况的证明。

在第2句规定的数据及第9条第1款第9项规定的协议内容的基础上，与服务相关的绩效比较尤其要证明：约定的费用范围及这些费用因服务或服务组而异的统计区域和分散范围；第6条第2款规定的服务的地区性和结构性特征；人员配置的规模。

服务相关的绩效比较原则上在联邦和州的范围内进行，并且要特别考虑儿童和青少年心理诊疗服务的专业领域。

（2）各医院依据第1款第2句将数据移交至医院费用结算系统研究所（das Institut für das Entgeltsystem im Krankenhaus）。该研究所负责调查第1款第3句规定的服务绩效比较的情况并将结果提供给第11条规定的协议双方和《医院筹资法》第18条第1款第2句规定的参与方使用。相关数据要及时移交，保证第11条第5款规定的预先声明可以使用之。

第5条 附加费用与减免费用协议

（1）依据第9条第1款第3项约定的全联邦统一的第17d条第2款第4句规定的增加与减少预算额对第11条规定的协议双方具有约束力。协议一方可以申请审查医院是否满足增加与减少预算额的前提条件。如果满足了全联邦统一的增加与减少预算额的条件，且必须将其转换为医院特定的参考值，以便向患者或费用承担者开具账单，则缔约双方根据全国性协议约定具体医院的账单金额或百分比。

（2）约定担保补充协议时要遵守《医院筹资法》第17d条第2款第5句。

（3）按照《社会法典第五册》第136b条第1款第1句第5项和第9款规定的共同联邦委员会的要求约定，出于医疗服务质量增加或者减少预算额需要适用《医院费用法》第5条第3a款和第9条第1a款第4项的规定。

(4)基于共同联邦委员会的指令,约定临时增加预算额以涵盖附加费用时适用《医院费用法》第5条第3c款的规定。

第6条 其他费用协议

(1)只要协议双方依据第9条或者依据《医院筹资法》第17a条第6款第1句第3项规定的条例确定将某些服务费用排除在联邦层面上评估的费用之外,且这些服务费用依据《医院筹资法》第17d条没有由联邦层面上评估的费用结算时,协议双方可以依据第11条约定按照天数、病案数和期限时长计算的费用标准。

(2)当地区性或者结构性的医疗服务特征无法公平地体现在由第7条第1句第1项至第3项和第5项规定的费用之中时,协议双方可以依据第11条约定按照天数、病案数和期限时长计算的费用标准;医院需要解释单独考虑这些费用的理由及费用标准的确定方法。双方就这些费用的地区性和结构性特征达成一致之后,法定医疗保险基金会需要将费用的类型和额度向医院费用结算系统研究所汇报;汇报材料还包括计算表格和医院对医疗服务特征的解释。

(3)应当恰当地计算第1款和第2款规定的费用。医院必须考虑采纳第9条第2款第4项规定的建议,并且向第11条规定的协议伙伴提交相关的评估方案。协议双方只能够在极其例外的情形下约定额外补偿费用。

(4)如果根据《医院筹资法》第17d条在联邦层面上评估的新型诊断和治疗手段的费用没有能够得到合理支付,并且没有排除在《社会法典第五册》第137c条规定的情形中,则第11条规定的协议双方应当于2020日历年首次约定在第3条第3款规定的总预算额之外临时支付。个案的处理程序适用《医院费用法》第6条第2款第2句至第9句。

(5)如果协议双方约定了第1款、第2款或第3款第3句规定的额外补偿费用,则这些费用构成了第3款第2句或第3款规定的总额费用框架内的收益。

第7条 医院普通服务费用

一般的医院服务向患者或者其他支付者收取以下形式的费用:

——联邦层面上约定的费用目录中以评估方案评估的费用(第9条),

——联邦层面上约定的费用目录中的额外费用(第9条),

——培训补贴(《医院筹资法》第17a条第6款)和其他的补贴及扣除(《医院筹资法》第17d条第2款第4句和第5句及第8条第4款的质量保障补贴),

——联邦层面上约定的费用中未包含的部分(第6条第1款或者第3款第3句),具有地区性的或者结构性的服务费用(第6条第2款),

——没有纳入第9条规定的费用目录中的新型诊断和治疗方法的费用(第6条第4款)。

所有为患者提供的必要的医院诊疗服务都要收取上述费用。此外还应当收取以下附加费用：

——《医院筹资法》第17b条第5款规定的DRG附加费用，

——《社会法典第五册》第91条第3款第1句及第139c条规定的卫生质量和卫生经济研究所和共同联邦委员会确定的系统性附加费用，

——《社会法典第五册》第291a条第7a款第1句和第2句规定的远程信息处理附加费。

第8条 费用计算

(1)为所有患者提供的一般性医疗服务都要按照统一的标准收费。《医院筹资法》第17条第5款不受影响。对临床试验患者的诊疗费用按照第7条计算；这也适用于临床药品；费用只能在医疗服务合同的框架内计算；这不适用于急诊病人的费用；医院的医疗服务协议包括：

——根据医院计划的规定,结合《医院筹资法》第6条第1款和第8条第1款第3句,以及根据《社会法典第五册》第109条第1款第4句规定的补充协议

——大学附属医院依据州法律规定的认可,根据《医院融资法》第6条第1款和补充规定制订的医院计划,以及根据《社会法典第五册》第109条第1款第4句达成的协议

——其他类型的医院依据《社会法典第五册》第108条第3项的医疗服务协议

(2)全住院或半住院服务的每日费用自患者入院当天开始计算,全部住院天数都计算在内(计算天数);转诊当天并非接收转诊之日时,只计算为半住院治疗。第一句的前半句相应地适用于医院内部的转诊;如果同一病人在一天之内在同一医院多次转诊,则按照最后接受科室的天数费计算。额外以天数计算的费用适用《医院报酬法》第8条第2款第3句第1项、第2项、第4项。只要涉及按病组收费,则适用《医院报酬法》第8条第2款第3句、第5款和第6款。协议双方可以根据《医院筹资法》第17b条第2款第1句约定细则或者偏理性内容。协调配置医师的服务另行计费。

(3)如果医院不履行质量保证义务,则第7条第1句第1项、第2项规定的费用按照《社会法典第五册》第137条第1款、第2款规定的比例扣减。

(4)医院可以向非医保病人收取合理的押金。从住院的第8天起,医院可以要

求适当地分期付款,金额根据到目前为止所提供的服务与预期要支付的费用来计算。《社会法典第五册》第112条至第114条具有约束力的法规规定,或第11条第1款规定的协议中约定了及时结算医院的服务费用,则不适用第1句、第2句。

(5)医院必须书面通知自费病人或其家属预计产生的大额费用,除非他们全额投保。此外,所有的病人都可以无条件要求获悉预计产生的费用。如果尚无法知悉自费病人的最终费用,也应当及时通知。如果在患者的住院治疗期间产生了新的费用,提高了预期费用,必须及时通知。

◎德国社会法典(选译)

第四章 协议流程

第9条 联邦层面上的协议

(1)法定医疗保险基金会(Der Spitzenverband Bund der Krankenkassen)、联邦最高联合会和商业保险联合会(Der Verband der privaten Krankenversicherung)与德国医院协会(Deutsche Krankenhausgesellschaft)共同制定的以下文件适用于第11条规定的协议双方：

《医院筹资法》第17d条第1款规定的目录，尤其包括评估方案评价的天数费，以及超过和未达到诊疗时间产生的合理的费用补贴和扣除；

《医院筹资法》第17d条第2款规定的目录外补充费用及报酬；

费用补贴和扣除的文件；适用《医院报酬法》第9条第1a款第1项、第2项、第4项、第5项；

依据第6条约定的，带有地区性和结构性特征的或者新型诊疗方法的具体服务费用和计算方法建议；

《医院报酬法》第10条第6款第2句或第3句规定的至每年的10月31日确定的变动值，只要《社会法典第五册》第71条第3款规定的变动率没有下调，则确定此变动值时需要考虑其他方式导致的成本增加；在《医院报酬法》第10条第6款第3句的情形下，《社会法典第五册》第71条第3款规定的变动率需要在差值的基础上提高40%；

根据第11条第4款第1句的规定，数据记录的统一结构和数据传输的程序，以及协议双方在联邦层面上约定的费用提交和预算调查的后续程序，这里需要考虑第4条规定的与服务相关的绩效比较的目标；

首次于2017年3月31日，自2018年起至每年的2月28日，根据《医院筹资法》第17d条，将医院服务清单列入《社会法典第五册》第301条第2款规定的程序密钥中，以构建《社会法典第五册》第301条第2款规定的费用体系，如果尚未显示出为此目的所必需的密钥，应当指定要删除的密钥；德国医学文献与信息研究所(das Deutsche Institut für Medizinische Dokumentation und Information)应当依据《社会法典第五册》第301条第2款规定，将必要的变动转换为下一个期间的程序密钥；

到2017年3月31日，根据第18条第2款第2句和第3句设计的证明，尤其是数据记录的统一结构和数据传输程序；

到2019年1月1日，在医院费用制度研究所（Das Instituts für das Entgeltsystem im Krankenhaus）提出的框架的基础上，根据第4条的规定进行的医院服务项目相关的绩效比较，尤其是设计、组织、实施、筹资和应用的信息；向医院费用制度研究所传输第4条第1款第2句规定的数据的程序，以实现调查第4条第1款第3句规定的服务绩效比较的目的，以及向第11条规定的协议双方和《医院筹资法》第18条第1款第2句规定的参与方提供服务绩效比较结果的程序。

（2）如果第1款第1项、第2项涉及的协议及第3项规定的扣费协议没有全部或者部分达成，则适用《医院筹资法》第17d条第6款。在其他情形下，由协议一方提起申请，由《医院筹资法》第18a条第6款规定的仲裁委员会裁决；涉及第1款第5项的裁决必须在每年11月15日之前作出。

第10条 （废除）

第11条 与单个医院的协议

（1）根据第3条至第6条的规定，并考虑到医院的医疗服务协议的要求（第8条第1款第3句、第4句），《医院筹资法》第18条第2款的协议双方在协议中约定总费用、预算收入、估价比率、医院具体的基础值、盈余，以及其他费用、盈余与亏损的扣除与补贴。协议在未来的一段时间内产生效力（协议期）。协议中还必须包括向医院支付费用的条款；为保证及时支付，还应当包括案例的月分期支付和迟延支付之后的滞纳金条款。协议在双方充分磋商之后达成一致成立；协议应当采用书面形式并且以第4款第1句规定的机读载体记录。

（2）如果医院全年营业，则协议期为一年（日历年）。双方也可以约定若干年的协议。

（3）协议一方书面提出要求之后，双方应当立即开展磋商谈判。根据《医院筹资法》第18条第4款的规定，谈判要在6周内及时完成，新预算额和新费用约定在下一个协议期内生效。

（4）医院经营者向《医院筹资法》第18条第1款第2句规定的参与方与州行政机关提交以下文件，以准备与其他协议方的谈判：

——自各医院费用制度的建立之年起到2019年，第9条第1款第6项规定的协议文件的最新版本及2012年12月31日生效版本附件中规定的服务与计算办法，例外情况见该附件的V1、V4、L4和K4部分，

——自2020年起，第9条第1款第6项每一年的版本中的协议文本。文本以机

读载体的方式呈现。只要是医疗服务协议框架中对评价医院个案服务质量有必要且导致未来可期待的费用明显升高的，医院可以与《医院筹资法》第18条第2款第1项、第2项规定的其他协议方共同要求呈递相关文件并获知相关信息。

（5）协议双方有义务对履行医疗服务协议有实质影响的问题、医院的地区性和结构性特征相关的服务项目，以及第5条规定的补贴和扣除预先及时沟通，以保证谈判顺利进行。

第12条 临时协议

如果协议双方在费用总额、收入预算、医院特定的费用基准值或其他费用的数额上无法达成一致，并诉至第13条规定的仲裁机构，则双方可以就无争议的费用额度达成临时协议。此协议基础上的费用在最终费用协议生效前对双方具有约束力。医院由临时费用产生的盈余或亏损在下一个协议期内通过扣除和补贴来平衡。

第13条 仲裁机关

（1）如果第11条规定的协议部分或者全部不能达成一致，则可以由第11条规定的协议一方提起《医院筹资法》第18a条第1款规定的仲裁委员会来裁决。裁决结果对协议双方有约束力。

（2）仲裁委员会在6个星期内对无法达成一致的协议作出裁决。

（3）（废除）

第14条 批准

（1）就医院具体的基准值、预算收入额、收入总额，以及其他费用和医院申报的扣除和补贴事项达成一致或者由第13条的仲裁委员会裁定的事项报州行政机关批准。州行政机关批准的事项应当符合协议及法律、法规的规定。

（2）协议双方和仲裁委员会应当向州行政机关呈递相关文件并告知对合法性审查必要的信息。州行政机关应当适用对协议双方有约束力的法律规定。只要有助于消除对州行政机关的法律障碍，批准可以附辅助条款。

（3）如果批准否定了仲裁裁决，则仲裁委员会有义务考虑州行政机关的意见重新作出裁决。

（4）（废除）

第15条 有效期

（1）由评估方案评估的费用和其他费用以该日历年约定的费率在新的协议周

期内生效。如果协议在此日期之后获批准,且协议或裁决没有规定其他的生效日期,则所有费用在批准之后下一月的第一天起支付。在此之前执行原费率;2013年、2014年、2015年、2016年、2017年或2018年适用《医院筹资法》第17d条规定的费用制度。但是如果先前协议或规定中确定了对其中包含的补偿金额进行调整,则按照协议或者规定执行。

(2)由于执行原费率产生了盈余或者亏损,则应当在剩余的协议期之内通过扣除和补贴来调整。如果调整的数额在剩余的协议期内与盈余或者亏损不符,则应当在下一个协议期内调整;协议双方需要达成一个简单的解决程序。如果此调整产生的费用和第3条第9款的费用额总共超过了正常值的30%,则超出的额度应当在随后的预算中抵消。如果延迟批准协议是医院的责任,则不会对减少盈余进行补偿。

第五章　其他规定

第16条　可单独结算的医疗服务与其他服务

计算协调配置医师的服务依据《医院报酬法》第18条。约定和计算选择性医院服务及相当于住院的医疗服务按照《医院报酬法》第17条至第19条。

第17条　州层面上的医保基金会的职能

本条例指派给州法定医保基金会的任务由《社会法典第五册》第212条第5款规定的授权代表执行，矿工医疗保险任务由德国煤矿—铁路—海员养老保险基金会（die Deutsche Rentenversicherung Knappschaft-Bahn-See）执行，农民的医疗保险任务由农民、林业和园艺业从业人员社会保险基金会（die Sozialversicherung für Landwirtschaft, Forsten und Gartenbau）执行。

第18条　过渡期规定

（1）在第3条第1款第2句规定的2013年、2014年、2015年、2016年、2017年，没有引入《医院筹资法》第17d条规定费用制度的医院必须在这些年份适用2012年12月31日生效的《联邦医院费用结算条例》的这些规定：

——从2013年1月1日起适用的版本中，《联邦医院费用结算条例》第9条第1款第5项规定的变化率代替了2013年以来第6条第1款第3句规定的变化率，作为应对总预算额增加的措施，

——至2012年12月31日废止第6条第2款，

——2012年最后一次适用第15条第1款第1句，

——如果2015年适用《难民福利法》产生的额外服务费用在下一个协议期内导致了补贴，则第3条第4款第1句规定的健康服务费用可以之后支付，

——2017年起生效的第3条第4款的各个版本相应地适用。

（2）2013—2019年，根据2012年生效的第6条第4款签订协议的医院应当向第11条规定的其他协议方提供审计师确认的年度财务报表中有关全职职位的实际年度平均数和资金合目的的使用情况；不合目的资金使用必须退回。2016年、2017年、2018年、2019年，医院应当向医院费用制度研究所和第11条规定的其他协议方证明，在多大程度上满足了《精神病医护人员条例》（Psychiatrie-Personalverordnung）中有关人员职位数量的要求。从2020年开始，医院必须向医院费用制度研究所和

第11条规定的其他协议方证明,依据《社会法典第五册》第136a条第2款规定的共同联邦委员会,提供了治疗所需的医护人员。对于根据第2句和第3句的证明,医院必须向审计师提交有关年度财务报表,以确认资金的适当使用情况。第2句和第3句的证明中必须特别显示商定的全职职位、实际年度平均全职职位、每个专业组的细分,以及人员要求的执行程度。医院在每年的3月31日将第2句和第3句规定的上一年度的证明文件提交给第11条规定的其他协议方和医院费用制度研究所,以继续实施《医院筹资法》第17d条规定的费用制度及查明第4条规定的服务比较结果;2016年的情况到2017年8月1日提交。

(3)只要第2款第2句规定的证明文件证明了2016年实际的年平均职位不满足《精神病医护人员条例》规定的职位数,则2017—2019年第3条第2款规定的总费用中要增加医护人员职位的费用。不适用第9条第1款第5句规定的总额费用提高的变动限制。2017—2019年,只要医院能够证明,总额费用中约定的人员费用全部用于人员聘用,则无须退回和降低总费用。如果违反了第3句,不合目的地使用了人员费用,则适用第3款第8句。第1句至第4句相应地适用于第1款规定的医院。

医院经济保障及医疗费用规制法(医院筹资法)
全住院和半住院医疗服务报酬法(医院报酬法)

医院经济保障及医疗费用规制法(医院筹资法)◎
全住院和半住院医疗服务报酬法(医院报酬法)◎

分册目录

医院经济保障及医疗费用规制法(医院筹资法) ·················659
 第一章 一般规定 ·················659
 第二章 投资资助原则 ·················663
 第三章 关于医疗费用的规定 ·················666
 第四章 （废除） ·················683
 第五章 其他规定 ·················684
全住院和半住院医疗服务报酬法(医院报酬法) ·················686
 第一章 一般规定 ·················686
 第二章 医疗服务报酬 ·················688
 第三章 费用种类及计算 ·················698
 第四章 协商程序 ·················702
 第五章 另行计费的医疗及其他服务 ·················711
 第六章 其他规定 ·················714
附录1 根据《医院报酬法(KHEntgG)》第11条第4款建立费用和预算调查 ·················718

医院经济保障及医疗费用规制法(医院筹资法)◎
全住院和半住院医疗服务报酬法(医院报酬法)◎

导　　读

　　《医院筹资法》(全称为《医院经济保障及医疗费用规制法》)和《医院报酬法》(全称为《全住院和半住院医疗服务报酬法》)是与《社会法典第五册》密切相关的两部单行立法,主要规定了政府如何为各类医院制定投资和发展规划,以及医院的各类服务报酬如何从法定医疗保险基金中结算。

　　《医院筹资法》旨在保障医疗机构的经济能力,满足公民对有能力且独立经营的医院的需求,并将医疗费用控制在社会所能接受的范围之内。

　　该法于1991年4月10日颁布(《联邦法律公报》Ⅰ第886页),最后修改日期为2017年7月17日(《联邦法律公报》Ⅰ,第2581页)。

　　《医院报酬法》旨在规范DRG类医院的全住院和半住院医疗服务以及《医院筹资法》规定的计费偿付,从内容上来看,该法包含了很多技术性法则,可以视为《医院筹资法》中医疗费用部分的实施法。

　　《医院报酬法》于2002年4月23日颁布(《联邦法律公报》Ⅰ第1412页、第1422页),最后修改日期为2014年7月17日(《联邦法律公报》Ⅰ第2615页)。

　　整体来看,《医院筹资法》和《医院报酬法》系德国医院规划和投资以及医疗费用结算领域的两部技术性立法,主要目的是规范政府在基本医疗卫生领域的投资行为,以及法定医疗保险中关于确定医疗费用的集体协商程序。这两部法律自颁布以来,历经了多次修订,最近的修订内容主要集中在与DRG相关的领域。

医院经济保障及医疗费用规制法(医院筹资法)

第一章　一般规定

第1条　基本原则

(1)本法旨在经济上对医院进行保护,以满足公民对有能力且独立经营的医院的需求,并在将医疗费用控制在社会所能接受的范围内提供服务。

(2)施行本法时应考虑医院的多样性,尤其应重视对各州法律规定的公共福利性医院和私营医院经济上的保护。本法各项措施可不受限于医院规划及经济管理上的各项要求,以确保医院的独立自主性不会因此受到损害。

第2条　概念及含义

本法中如下概念的含义:

1. 医院

诊断、治疗或减轻疾病、痛苦或身体伤害的机构,或者接生机构。医院可以接收病人住院并提供照料。

1a. 在必要情况下与医院相结合的教育机构

国家认可的、由或主要由医院为下列工种提供教育的机构:

a)职业治疗师,

b)营养师,

c)接生员,接生护理员,

d)物理治疗师,理疗师,

e)护理师,

f)婴幼儿护理师,

g)护理师助理,

h)医疗技术实验室助理,

i)医疗技术放射学助理,

j)语言矫正师,

k)斜视治疗眼科医师,

1)功能诊断师医疗技术助理。

2. 投资费用

a)建造(新建、改造、扩建)医院的费用及购置医院资产的费用,以消耗为目的的资产(消耗品)除外,

b)重新购置医院所有权下的设备资产(固定资产)的费用。

投资费用不包括土地的费用、购买土地的费用、扩张土地的费用及土地融资费用,也不包括《社会法典第五册》第291a条第7款第4句规定的通信设施费用。

3. 为实现本法的目的而与投资费用具有同等意义的费用

a)使用第2项规定的固定资产而产生的酬金,

b)贷款利息、清偿贷款的费用及管理费用,以这些贷款用于为第2项及a项规定的费用融资为限,

c)涉及医院总体建设的、第2项及a项和b项规定的费用,

d)第2项中资产的资本费用(折旧及利息),

e)属于第2项及a~d项规定的类型的费用,只要这些费用用于在必要情况下与医院相结合的教育机构中,并且未根据其他规定筹集。

4. 医疗费用

住院者或住院费承担者为住院服务或部分住院服务承担的酬金。

5. 与医疗费用相当的费用

本法未排除的医院实施医疗服务的费用。

第2a条 医院所在地的概念

(1)2017年6月30日之前,在州、联邦医疗基金会合同医师联合会、商业健康险联合会的授意下,医疗保险基金会最高联合会与德国医院协会联合确定了全联邦统一的医院和诊所所在地的标准。该标准为医院和诊所在面积、组织、医疗、经济和法律等方面确定了统一的评价标准。该标准主要服务于对医疗质量的评价及对医院规划和数据统计方案的评价。依据《医院报酬法》第11条和《联邦护理费用条例》第11条签署的协议仍然使用。这个概念对联邦医疗基金会合同医师联合会、商业健康险联合会、医疗保险基金会最高联合会、德国医院协会的会员都具有法律约束力。本款第1句言及的州的授意方式系各州健康部长会议委派的两名代表参与了本标准的制定。

(2)第1款第1句所指的统一标准如果全部或者部分地未能如期确定,则不需要任何一方申请,由仲裁机构直接根据第18a条第6句在6个星期之内确定。

医院经济保障及医疗费用规制法(医院筹资法)◎
全住院和半住院医疗服务报酬法(医院报酬法)◎

第3条 适用范围

本法的适用范围不包括：

1.（废除）

2. 执行刑罚或保安措施的医院，

3. 警察医院，

4. 养老保险医院、工伤保险医院及其联合组织(以法定工伤保险承担医疗费用为限)；呼吸器官疾病专门诊所与医院共同承担一般国民保障时，不适用本规定。

第28条 法律另有规定的，依照其规定。

第4条

为医院提供经济保障的方式为：

1. 由公共财政承担其投资费用，以及

2. 医疗费用中与医疗服务相适应的收益(依照本法也可能包含投资费用)、住院前后的治疗费用和门诊费用。

第5条 不受资助的机构

(1)依照本法，不受资助的机构为：

1. 根据各州的高校资助法律获得资助的医院；本规定也适用于根据《行医资格条例》[2002年6月27日，《联邦法律公报》Ⅰ，第2405页；最近一次通过2005年6月21日法律(《联邦法律公报》Ⅰ，第1818页)修改]为医生提供教育的机构，但是仅针对各州高校资助法律规定可以得到资助的措施，

2. 不满足《税收条例》第67条规定的前提条件的医院，

3. 医院内部的如下机构：

a)不满足第2条第1项规定的前提条件的机构，特别是为接受护理的病人提供的机构，

b)为基于刑法规定接受保安措施的人员提供的机构，

4. 肺结核医院，但是与医院共同承担一般国民健康保障的呼吸器官疾病专门诊所除外，

5. 未根据各州法律与医院共同承担一般国民保障，并且其费用承担者不是第3条第1句第4项规定的社会福利基金的医院，

6. 护理医院，

7.《社会法典第五册》第107条第2款规定的护理或康复机构，以本法第3条第1款未排除的机构为限，

8. 与医院相结合的、未直接服务于住院治疗的机构,特别是对于医院的运作非不可或缺的住宿或居留场所,

9. 基于联邦法律规定被保留或资助的机构;本规定不适用于以《传染病防治法》(2000年7月20日,《联邦法律公报》Ⅰ,第1045页)第30条为基础而被保留的机构,

10. 基于平民保护需要而设置的机构,

11. 承担法定工伤保险的医院及其联合组织。

(2)各州的法律可以规定,本法提供的资助也可以适用于第1款第2项至第8项的医院和机构。

第6条 医院规划及投资项目

(1)为实现本法第1条规定的目的,各州制定医院规划和投资项目;在此应考虑后续成本,特别是对医疗费用产生的影响。

(2)如果一个医院也承担了其他国家国民的重要医疗服务,则在此范围内,应由参加国共同制定医院规划。

(3)各州根据《社会法典第十一册》在医疗需求的基础上制定医院规划。特别要追求的目的是:减轻医院的护理负担,并将其主要部分紧密转化为经济自主的门诊或住院机构。

(4)详细内容由各州的法律规定。

第6a条 (废除)

第7条 参与方

(1)在本法的施行中,各州的官员与各州中参与医疗服务的人员应紧密合作;应听取相关医院的意见。在制订医院规划和投资项目时,应致力于获得直接参与方的一致同意。

(2)详细内容由各州的法律规定。

医院经济保障及医疗费用规制法(医院筹资法)◎
全住院和半住院医疗服务报酬法(医院报酬法)◎

第二章 投资资助原则

第8条 资助的前提条件

(1)如果一个医院被纳入州的医院计划,并且根据第9条第1款第1项被纳入投资计划之中,则该医院有权根据本法的规定请求资助。各州的主管机关和医院可以约定,第9条第1款规定的投资计划仅提供部分资助,剩余部分由医院承担。在此过程中,医院应当努力与各州医疗保险联合会、社会健康保险机构及第18条第2款规定的合同当事人达成一致。就被纳入或不被纳入医院规划的情况可作出通知。对通知不服的,可以向行政法院提起诉讼。

(2)当事人不享有确定纳入医院规划和投资项目的请求权。如果必须在多个医院之间作出选择,则由各州的主管机关作出决定,决定时应考虑公共利益、医院多样性,并应尽职权衡哪一个医院能够最好地服务于各州医院规划的目的。

(3)本章的规定也相应地适用于第2条第1a项规定的教育机构。

第9条 资助要件

(1)各州根据医院的申请资助其投资费用,特别是由下列原因产生的投资费用:

1. 医院的建设,包括首次购置医院经营所必需的资产,
2. 重新购置平均使用年限在3年以上的资产。

(2)此外,各州根据医院的申请,为下列事项提供资助:

1. 资产的使用,以各州主管机关批准为限,
2. 启动费用,内部经营变化的转型费用及购买、开发、租赁和租佃土地的费用,条件是如果没有资助,医院的经营或继续经营就会受到威胁,
3. 在医院被纳入医院规划之前就被纳入可资助的投资费用中的贷款负担,
4. 资产损耗的补偿,条件是该资产是医院以自有财产购买的并且在根据本法实施资助之时即存在,
5. 为了使医院的停止经营更容易,
6. 为了转化医院或医院的部门的功能,特别是转化为护理机构或独立的、在组织上和经济上都与医院相分离的护理部门。

(3)各州通过年一揽子计算的费用资金资助重新购买短期资产及实施小型建

筑措施的费用,医院在此目的范围内可以自由使用资助的资金;第10条不受影响。一揽子计算的资金不应仅仅根据医院的床位数计算,而应当定期根据费用的发展情况变化。

(3a)各州根据第3款提供的当年及随后两年的一揽子计算的资金不因医院实际床位数量的减少而减少,条件是减少床位的行为基于医院与各州医疗保险联合会及社会健康保险机构根据《社会法典第五册》第109条第1款第4句或第5句作出的约定,并且不超过规划床位数的1/5。第6条第3款不受影响。

(4)本法意义上的重新购置也包括补充资产,条件是补充资产的行为没有超出根据医疗和技术上的发展通常调整现有资产的范围。

(5)资助金额应根据本法及各州的法律计算,该金额应能够覆盖可资助的且根据企业经营原则而有必要的投资费用。

第10条　投资融资改革的发展任务

(1)被纳入各州医院规划的并且根据第17b条获得酬金的医院应当自2012年1月1日起将其获得业绩导向的投资固定资助作为投资资助。被纳入各州医院规划的、第17d条第1款第1句规定的精神病学或心因性疾病医学机构应当自2014年1月1日起将获得业绩导向的投资固定资助作为投资资助。为此,2009年12月31日之前应在各州的层面制定投资金额的原则和标准。应当考虑高校校医院的投资融资。进一步程序细节的规定由联邦和各州制定。各州仍有权在独立选择业绩导向的固定投资资助及个别资助(包括短期资产固定投资资助)两种形式中作出选择。

(2)第17条第2款第1句规定的联邦层面的合同当事人在2009年12月31日前约定投资评估比例的基本结构及确定投资评估比例的程序,特别是在选择医院时的评估程序。在投资评估比例中,住院和部分住院服务的投资需求应统一计算;差值应具有实用性。第1句的合同当事人委托他们的医院费用支付研究所在2010年12月31日之前为DRG报酬系统开发和计算投资评估比例,在2012年12月31日前为第17d条第1款第1句的机构开发和计算联邦范围内统一的投资评估比例。第17d条第5款相应适用于完成该工作所需的资金。必要的资金应通过DRG系统附加费来提供;该附加费应相应提高。第17b条第7款和第7a款相应适用于联邦卫生部。第17b条第2款第8句相应适用于公开结果的行为。

第11条　各州法律对资助的规定

关于资助的详细规定由各州制定。在此过程中也可以规定,医院应当承担教育医生和健康领域其他专业人员的特别职责;如果因此产生了额外的物资和人员费用,则这些费用也应当获得资助。

第12条至第15条　（废除）

◎德国社会法典(选译)

第三章　关于医疗费用的规定

第16条　规定医疗费用的行政法规

联邦政府被授权就下列事项制定行政法规,行政法规须获得联邦参议院的批准:

1. 医院的医疗费用,

2. 医院的一般住院和部分住院服务与住院前后的治疗措施(《社会法典第五册》第115a条)、门诊服务(包括根据《社会法典第五册》第115b条提供的服务)、可选择服务及与协作医师服务之间的协作,

3. 因其服务享有特别酬金的医师对医院享有补偿费用请求权(支出补偿和收益平衡以及与此具有可比较性的支出),条件是该补偿费可以降低医疗费用,

4. 住院前后医疗措施(《社会法典第五册》第115a条)的费用、门诊服务费用(包括根据《社会法典第五册》第115b条规定的服务的费用)、医院可选择服务的费用以及计算医疗费用时应考虑的其他费用,

5. 第17条第4款规定的与医疗费用相当的费用之间的进一步区分,

6. 第18条规定的程序,

7. 医院的会计记账义务,

8. 商业医疗保险联合会针对不合理的、对非由医生提供的服务索取高酬金的诉权。

行政法规可以将联邦政府获得的授权授予各州政府;在此过程中可以规定各州政府还可以进一步授予给各州的最高主管机关。

第17条　确定医疗费用的原则

(1)所有就医者的医疗费用及《社会法典第五册》第115a条规定的住院前后的治疗措施费用都应当统一计算。医疗费用应事先测算。在计算医疗费用时应根据本法和《医院报酬法》确定的标准适用费率稳定原则(《社会法典第五册》第71条第1款)。盈余归医院;亏损由医院承担。位于医院附近的、在组织结构上与医院相关联的机构不能请求高于本法、《医院报酬法》和《联邦医疗费条例》规定的费用。《医院报酬法》第17条第1款、第2款、第4款相应适用于非由医生提供的可选择服务。

(1a)对于以一揽子计算的医疗费支付的全住院或半住院医疗服务,在DRG医

院领域内适用第17b条的规定,在精神病学或心因性疾病医学机构领域内适用第17d条的规定。

(2)如果约定了每日医疗费的数目,则该医疗费在医学上须与提供的服务具有一致性,并且在医院的经营中能够使医院完成诊疗服务委托。

(2a)(废除)

(3)在医疗费中不考虑

1. 不用于住院或部分住院治疗的医疗服务费用,

2. 超出正常医院经营范围的科学研究和教育活动。

3. (废除)

(4)依据本法受到全部资助的医院和第5条第1款第1项前半句规定的医院超出第3款规定的以下费用均不予考虑:

1. 投资费用,但是重新购置平均使用年限3年以内的资产的费用除外,

2. 土地费用、购买土地的费用、开发土地的费用以及土地融资费用,

3. 启动费用和转型费用,

4. 第5条第1款第8项至第10项规定的设备的费用,

5. 由其他公共资金支持的费用,

如果仅对医院的一部分提供全部资助,则本条仅适用于该部分。

(4a)(废除)

(4b)维护费用应被涵盖在医疗费用之内。当建筑单元、经营技术设备和内部装置或者外部设施被完全更换或更换了主要部分时,资产的维护费用也属于维护费用。第2句规定费用的资助金额为一般医疗服务费用的1.1%。如果州法律规定,医院规划内的某家医院获得的是个别资助,则该各州境内的所有医院都可以享有第2句规定的费用资助。

(5)依据本法不受公共财政资助的或者仅部分受公共财政资助的医院,或者仅有一部分医疗措施由公共财政资助而其他费用自行承担的医院,均不能向社会福利基金或其他公法上的费用承担者请求过高的医疗费用,过高医疗费用是指高于依据本法获得资助的可比较的医院提供服务时请求的医疗费用。如果一个医院仅仅是因为没有提出资助申请而没有获得资助,则其请求的医疗费用也不能高于第1句所称的医疗费用。如果在部分资助的情况下,投资费用不受公共财政的资助,但是又没有可比较的医院,则投资费用可以被计算进医疗费用之中,条件是各州医疗保险基金会联合会和医疗互助组织认可了相关投资。第18条第2款规定的合同当

事人约定第1句和第2句中具有标尺作用的医疗费用金额。如果医疗服务的酬金是第1a款规定的一揽子计算的医疗费,则该一揽子计算的医疗费就是第1句意义上的可比较医院提供的服务。

第17a条 教育费用资助

(1)第2条第1a项规定的教育机构的费用、教育报酬及医院因为提供教育而增加的支出(特别是根据2003年7月16日《医疗法》提供实习而增加的费用)将根据以下条款以附加费形式获得资助,条件是这些费用根据本法属于与医疗费用相当的费用,并且没有根据其他条款获得筹资(教育费用);教育费用中各州资助的部分通过扣款实现。在根据第3句和第4句计算资助金额时,仅资助教育报酬造成的额外支出,第1句的规定不适用。在计算教育报酬时,接受护理或儿童护理教育的人员的津贴与在该领域工作的受过完整教育的人员的津贴比例为7∶1;自2005年1月1日起,该比例为9.5∶1。在根据第2句的规定计算报酬时,接受医护助理教育的人员与在该领域工作的受过完整教育的人员津贴之间的比例为6∶1。

(2)为了保障合理的资助:

1. 第17b条第1款的合同当事人在联邦层面缔结框架协议,特别是关于资助的构成要件、因将本法适用于护理工种而产生的费用和其他法律发生变动时的费用,以及关于根据第3款的规定商讨教育预算时的计算系统的协议;

2. 第18条第1款第2句规定的参与人在各州层面缔结补充协议,特别是关于联邦法律与各州教育规定之间的关系以及关于教育费用中各州资助部分的扣款的约定,以及在不存在第1项所指协议时关于可能的协议内容的约定。

在根据第3款制定教育预算协议时,应考虑第1句规定的协议。如果不能根据第1句达成协议,则根据一方当事人申请,在第1句第1项的情形下,由第18a条第6款规定的仲裁机构作出裁决,在第1句第2项的情形下,由第18a条第1款规定的仲裁机构作出裁决。

(3)在提供教育的医院中,第18条第2款规定的合同当事人为一段将来的时间区间(协议区间)约定单个医院的教育预算,通过教育预算来资助教育费用;《医院报酬法》第11条第2款相应适用。合同当事人在协议中约定预计提供的接受教育的种类和数量。预算应当根据经营规模和经营形式涵盖教育机构在协议区间之内可能发生的费用变化,因将本法适用于护理工种而产生的额外费用及其他法律发生变动时的额外费用也应被考虑到。2010年之后,在约定教育预算时也应考虑第4b款规定的参考值。如果没有约定参考值或者法律没有规定参考值,则合同当事人根据第18条第2款在教育预算的框架下约定相应的资助金额。各医院的资助金额应与参考值相近,在第6句的情形下,各州境内医院之间的资助金额应相近。在此过程中,应考虑各医院教育费用中各州资助部分之间的差异。在有必要的情况下,合同当事人缔结框架协议,通过框架协议在财政上支持医院中教育机构的扩建、关闭或合并,并且在经济上促成教育机构的建立;在此过程中,应征求各州主管机关的同意。地区教育不得受到威胁。如果在一个地区需要教育机构,如该地区与其他教育机构之间的距离和交通时间均不具有期待可能性,则可以长期支付较高的资助金额;在考察是否满足前提条件时,相应适用第17b条第1款第6句和第7句,并结合《医院报酬法》第5条第2款关于财政保障附加费的规定。如果在协议期间终结时,支付的金额超出了第5款第5句规定的补偿基金和第6条第5句规定的保留偏差,或者第9款第1句的附加费的金额超出了约定的教育预算,则超出或不足的部分应在下一个可能的协议区间内通过教育预算补足。如果补偿金额在协议时尚未确定,则应将部分金额作为预支的补偿金。

(4)2005年的教育预算由提供教育的医院在2004年教育支出的基础上制定。此外,2005年可能发生的变化,特别是接受教育者和教育合同的数量及种类的变化及费用的发展,应当被考虑在内。到目前为止,包含在医院预算中的教育费用自2005年1月1日起应被分离出医院预算(《医院报酬法》第4条第2款第1项g项);在此过程中,应根据第1句的规定以2004年费用的金额作为基础。如果根据第1句计算的费用产生了错误,则应在2006年的预算约定中将其作为2005年决算的修正并通过相应的补偿支付2005年缺少的附加费费用。

(4a)医院应当在协议谈判之前及时向其他合同当事人提供相应证明和理由,特别是关于预计提供的受教育人数和教育费用,以及根据第4款应支付的、从医院预算中分离出来的教育预算的金额及根据第6款约定的补助,并且应当向其他合同当事人提供协议谈判的框架下的其他信息。

(4b)第17b条第2款第1句规定的合同当事人每年就第2条第1a项规定的单个工种计算每个学习位置的平均费用和其他的教育费用,并且根据预见的费用变化为以后的自然年相应规定参考值,作为第3款第6句规定的医院之间资助金额的互相统一的目标值;该金额可以在地区之间有所差异。为了实现第1句规定的任务,合同当事人特别应使用《医院报酬法》第21条第2款第1项c项的数据,并从参加单独计算的医院和教育机构中进行选择,以便每年逐步发展出收集有用数据的程序和计算的程序,并且约定参考值。如果没有根据第1句达成协议,则联邦卫生部可以根据第17b条第7款通过行政法规规定该程序或参考值。第17b条第1款第8句相应适用于结果的公布。

（5）为了避免提供教育的医院在竞争中与未提供教育的医院相比处于不利地位，第18条第1款第2句中提及的参与人在各州的层面约定如下内容：

1. 2006年首次约定一个补偿基金，补偿基金的金额为医院在各州登记的金额（第3句、第4句），

2. 每一笔完全或部分住院案例所获得的教育补助，由补偿基金提供，

3. 补偿基金内部的必要程序规定及应进行会计记账的附加费，特别是关于医院未支付金额的利息，利息率应当高于《德国民法典》第247条第1款所规定利率8%。

补偿基金由各州医院协会设立和管理；该协会应就钱款的使用状况制作会计账目。为了决定补偿基金的总金额，提供教育的医院应登记根据第3款或第4款为前一年所约定的教育预算的金额，教育的类型和数量及其他需要资助的、用于教育报酬的额外支出；如果在协议期间学习位置或培训者的数量出现了可预见的重大变化，则应在登记时可以登记相应变化过的金额。如果医院没有登记，则应估算相应金额。各州医院协会每月从补偿基金中向提供教育的医院支付依据第3句登记的或依据第4句估算的金额。

（6）所有未提供教育的医院可以要求其患者或社会保险基金会支付第5款第1句第2项规定的教育附加费。对于提供教育的医院来说，如果在补偿基金处登记的及由补偿基金支付的金额与按照第3款或第4款约定的教育预算之间存在差异，则在账单中应收取的附加费会被改变。第18条第2款规定的合同当事人约定因金额差异而产生的教育附加费的变化及相应由单个医院收取的教育附加费。所有的医院都应将其收取的教育附加费以第5款第1句第2项规定的金额支付给补偿基金；在此过程中，它们应遵守第5款第1句第3项的程序规定。单个医院根据第3款收取的教育附加费与应上交的附加费之间的金额差由提供教育的医院享有。

（7）教育预算仅应服务于教育的目的。医院应在根据第3款制定预算的过程中提交关于上年度从补偿基金获得的收入、收取的教育附加费、与约定的教育预算之间的金额差距及资金投入教育目的的信息，这些信息由年终财务报告审计师制作。

（8）如果没有根据第3款和第4款达成协议，或者没有根据第5款达成关于补偿基金金额、教育附加费和程序规定的协议，则由第18a条第1款规定的仲裁机构根据一方当事人的申请在6周内作出裁决。合同当事人中的一方应向各州主管机关

申请审批约定或确定仲裁裁决。对裁决不服的,可以向行政法院提起诉讼。没有前置程序。起诉行为不能停止审批的效力。

(9)如果没有建立第5款规定的补偿基金,则第3款或第4款的教育预算将通过医院按每一件全部或部分住院案例向病人或社会保险基金会收取的教育附加费获得资助。如果在一个自然年的开始尚未约定该附加费,则继续收取根据第1款为上一年约定的附加费或根据第6款第2句和第3句适用于上一年的附加费;相应适用《医院报酬法》第15条第1款和第2款第1句。为了避免因教育附加费造成竞争秩序的混乱,各州政府有权通过行政法规规定提供教育和不提供教育的医院之间的经济补偿及为没有成立补偿基金的年份预先作出相应的附加费收费规定。如果各州内在2004年12月31日之前已经根据第10款的规定存在适用于2004年的相应的行政法规,则该各州有权继续为2005年颁布该行政法规。

（10）受教育者的住宿费不属于与医疗费用相当的费用,但是第18条第2款规定的合同当事人可以作出不同约定。如果他们作出了约定,则提供教育的医院根据第6款第3句收取的附加费应相应提高。提高的金额由医院享有。

(11)受《联邦医疗费条例》约束的提供教育的医院应受《医院报酬法》第21条规定的约束,并应提供第2款第1项a～c项的信息。

第17b条 在DRG医院中引入一揽子计算的酬金系统

(1)对于一般医疗服务的报酬应采用整体的、业绩导向的并且一揽子计算的报酬系统。该报酬系统应包含多样性和同一性;其差值应具有实用性。通过第1句规定的酬金,一般的住院或部分住院医疗服务应当在诊疗个案中获得报酬。如果因为各医院的资助条件不同,一般医疗服务不能被纳入第1句规定的酬金中,则应约定第17a条第6款规定的教育附加费及联邦境内统一的关于附加费或预支费,特别是对于急救处理、《医院报酬法》第2条第2款第2句第4项规定的医疗中心和重点的特别任务及对于根据《医院报酬法》第2条第2款第2句第3项和《联邦医疗费条例》第2条第2款第2句第3项接收陪同人员的费用;中心和重点的附加费计算及约定在地区之间可能有差异,在计算和约定时,特别的服务应被考虑、评估并且向合同当事人事先告知。对于医院根据《社会法典第五册》第137条参与到质量保证措施中的行为及整个医院或机构的重要组成部分参与机构之间错误登记系统的行为,均应约定附加费,条件是这些行为符合联邦统一委员会根据《社会法典第五册》第137条第1d款第3句作出的确认文件;该附加费也可以算入个案一揽子计算的费用。如果国民享有医疗保障所必需的服务因为较低的保障需求而不能从第1句规定的酬金中获得全部费用的资助,为了保障这些医疗服务所需的必要经费,应约定联邦境内统一的推荐衡量标准,通过该标准确定必要经费的构成要件及在何种范围内原则上应支付附加费用。各州政府被授权通过行政法规就第6句规定的前提条件制定补充或变更的规定,特别是为了保障必要健康服务内容有充足的经费;在此过程中,应注意考虑其他医院的利益;各州政府可以通过行政法规进一步授予各州的最高行政官员。如果各州没有制定规定,根据第6句提出的推荐则具有约束力。第18条第2款的合同当事人审查个案中是否存在保障附加费的前提条件并且约定应收取附加费的金额。案例群及其评估比例应在联邦境内统一。评估比例应定义为相关服务的相对权重;对于服务费因经济上的原因极大增加或可能极大增加的情况,评估比例可以有目的地被降低或者按照个案服务费的金额被分为不同等级。合同当事人可以根据第2款第1句的规定约定医疗服务、综合服务或药品的附加酬金,只要这种约定对于补充一揽子计算的酬金是有必要的,并且被严格限制在例外情况中,特别是对于血友病患者提供凝血因子治疗或为肾功能衰竭患者提供透析,并且透析治疗不是肾功能衰竭医疗服务的主要部分。合同当事人还约定酬金的金额;该金额可以在地区之间有所差异。第18条第2款规定的合同当事人可以根据《医院报酬法》的标准对未被包含在酬金类别中的服务约定酬金。如果特别机构的医疗服务因医学上的原因,由于重症病人增加或者因为医疗保障体系的原因尚未通过酬金类别获得合理的报酬,则这种服务可以在一定期限内从报酬系统中移除。如果合同当事人因特别的检查或治疗程序产生了极高的、不能被覆盖的费用,并且这些费用无法通过一揽子计算的报酬系统得到合理的资助(异常费用),则应在发展适当的酬金形式中深入考察相应案例。在2009年6月30日之前应当审查为了对医生培训产生的额外支出提供合理资助而对特定服务或服务领域提供附加费和预付款是否有必要;在计算必要的附加费和预付款时,应尽量使其与培训的质量参数互相依赖。

(1a)如果由于各医院资助标准不统一,一般医院服务费用没有或者还没有能够计算在第1款第1句规定的报酬之中,则需要在全联邦范围内约定统一的补贴和扣除协议,主要包括以下内容:

1. 急诊,

2.《医院筹资法》第2条第2款第2句第4项规定的特殊任务,

3. 联邦共同委员会根据《社会法典第五册》第136b条第1款第1句第5项和第9款确定的在非常规性评价标准下被评为优和差的服务项目,

4. 医院参与的《社会法典第五册》第135条至第136b条规定的质量评估措施及医院所有部门或者核心部门参与的跨部门纠错系统,且符合联邦共同委员会依据《社会法典第五册》第136a条第3款第3句作出的规定,

5. 联邦共同委员会指令中要求的对额外费用的定期资助,

6. 为了确保某项给付实施必要的准备给付,

7.《医院报酬法》第2条第2款第2句第3项及《联邦护理调理》第2条第2款第2句第3项规定的陪同人员费用,

8. 第17a条第6款规定的教育补贴。

(2)联邦医疗保险基金会最高联合会和商业医疗保险公司联合会共同根据第1款、第1a款、第3款的规定与德国医院协会约定的报酬系统,该系统应以DRG基础上的国际通用报酬系统为导向,其每年的继续发展和变化,特别是为与医学发展、费用发展、缩短滞留时间、向其他健康保障领域和从其他健康保障领域转移的服务及收费规定的变化相适应的变化,只要《医院报酬法》并未对其作出特别规定,就以DRG基础上的国际报酬系统为导向。在此过程中,每年的继续发展和变化在保障服务质量的前提下以健康保障的经济结构和程序为导向。应考虑《社会法典第五册》第137c条规定的审查结果。第2款第1句规定的合同当事人的会议如果涉及酬金和基础性服务区分的医学问题,则联邦医师协会科研以顾问身份参加会议;本规定相应适用于护理工种行业机构的代表。相关的专业协会、受到利益影响的制药工业联合会和医药产品工业联合会均有机会表达各自观点。在联邦医疗保险基金会联合会和商业医疗保险公司联合会决议时,联邦医疗保险基金会联合会有二票,商业医疗保险公司联合会有一票。联邦卫生部可以参加合同当事人的会议并获得其专业文件。合同当事人应以适当方式公开收费和计算的结果;医院作为计算基础的具体数据是保密的。

(3)第2款第1句的合同当事人在2000年6月30日之前约定报酬系统的基本结构及在联邦层面获得评估比例(评估程序)的基本结构,特别是作为基础的案例类型及在联邦层面维护该系统的基本程序。在2001年12月31日前,合同当事人约定评估比例及第1款第4句规定的附加费或预付款。评估比例可以以合理选择的医院的个案费用为基础计算,也可以按照国际上通用的评估比例,或者在国际通用比例的基础上进一步发展。根据第4款和第6款的规定,新的报酬系统代替依据第17条第2a款计算的报酬。根据第18条第3款第3句的规定,当事人为2005年的第一次计算约定基础值。在医院费用结算研究所的建议基础上,第2款规定的双方当事

人最迟于2016年12月31日之前达成本款第3句规定的一个可执行的计算方法框架及对后期发展的预测。这个框架中还应当包括当事人为促成其实施采取的措施；当事人可以要求参与制定计算框架的医院提供翔实的数据，并全面检验数据的可靠性

(4)（废除）

(5)第2款第1句规定的合同当事人为了其依据第1款和第3款及第10条第2款和第17d条承担的职责筹集资金，约定如下内容：

1. 为每一医疗案例提供的附加费，该附加费为报酬支付系统的发展、引进和持续地维护提供资金（DRG系统附加费）。附加费特别服务于发展DRG分类系统和编码规则、确定评估比例、确定附加费和预付款的金额、确定第17a条第4b款规定的医院或教育机构之间在一揽子计算付款时参考值及作出委托，即使合同当事人通过自己的医院费用支付研究所保障了这种委托，或者联邦卫生部根据第7款代替合同当事人作出了决定，

2. 确保通过系统附加费筹集的资金全部用于实现本款规定的任务措施，

3. 关于将医院收入转移给合同当事人的详细规定，

4. 如果没有达成约定，则由一方当事人提出申请，由第18a条第6款规定的仲裁机构裁决。

双方约定向参加计算的医院或教育机构支付一揽子计算金额，支付的金额应包括额外产生的费用的绝大部分；该金额应作为每个医院一揽子计算的基本金额来支付，并且应在考虑数据数量和质量的基础上作为资金补充。第2款第1句规定的合同在会计账簿质量的基础上，或者在应当收集的数据的必要性的基础上预先确定各家医院是否参与其中；医院不享有参与请求权。第2款第6句相应适用于该约定。不得将资金用于合同当事人的一般经营支出或者用于提供与报酬系统相关联的协会传统工作。自治管理当事人应当不迟延地根据第1句以资金清偿联邦卫生部为依照第7句的规定制定行政法规而为发展、投入使用并持续维护报酬系统而支付费用；联邦部门为决定负责。医院对每个住院或部分住院病例向自行支付费用的患者或其费用承担者收取DRG系统附加费，附加费在日医疗费用或一揽子计算的医疗费用之外收取；附加费应交给合同当事人或由其指定的人员或机构。附加费不适用《医院报酬法》第10条第4款或《联邦医疗费条例》第10条第3款规定的医疗费用上限的限制；附加费不属于《医院报酬法》或《联邦护理费用条例》规定的总金额或收益补偿的范围。

(6)(废除)

(7)联邦卫生部被授权通过行政法规规定下列事项,该行政法规无需联邦参议院的同意:

1. 制定关于报酬系统的规定,条件是第2款规定的合同当事人全部或部分未达成协议,并且当事人中的一方陈述了协议的失败;合同当事人应就争议点阐述其观点和其他相关方的观点,并提出解决建议,

2. 在有必要的情况下,可以在没有一方当事人陈述协议失败的情况下,在预先规定的工作步骤的期限届满之后作出决定,以便将报酬系统投入使用并且保障该系统每年按期继续发展,

3. 根据第1款第14句和第15句,对尚未在DRG报酬系统中获得合理报酬的医疗服务或特别机构作出规定;在这些领域,可以制定应适用的报酬类型及确定酬金金额的方法和应提交的谈判文件的规定,

4. 在第1项和第2项所列前提之下规定第17a条第4b款的教育费用资助参考值。

如果第1句规定的行政法规与第3款规定的合同当事人之间的约定不同,则联邦部门无须遵守该约定。自治管理的医院费用支付研究所有义务根据联邦部门的命令直接并且不迟延地为第1句规定的规则的起草做准备工作。联邦部门可以向独立专家寻求咨询。医院费用支付研究所在第2款规定的当事人之间形成协议时,也有义务根据联邦部门的指令提供信息,特别是关于报酬系统的发展状况、酬金及其变化,以及问题的领域和可能的代替方法信息。

(7a)联邦卫生部被授权通过行政法规规定医院在制定预算的程序中需提交的文件。该行政法规须得到联邦参议院的同意。

(8)第2款规定的合同当事人在新报酬系统施行的过程中研究其效果,特别是对于健康保障结构的改变及对于健康保障质量的效果;在此过程中,也应研究报酬系统对其他保障领域的效果及服务转移的类型和范围。合同当事人作出研究委托并委托医院费用支付研究所着重分析《医院报酬法》第21条规定的数据。该伴随性研究的费用由DRG系统附加费根据第5款规定提供。当事人应与联邦卫生部共同约定辅助性研究。

(9)(废除)

(10)除了第1款第11句规定的对异常费用进行的深入研究之外,第2款的合同当事人在2013年12月31日之前委托医院费用支付研究所确定识别异常费用的标

准及在此基础上进行的系统研究,研究内容是医院在何种范围内受到异常费用的压力。医院费用支付研究所开发一套在参与DRG计算的医院中进行案例审查的操作标准。为了正确地评价异常费用,医院费用支付研究所除了应从参与计算的医院中收集计算数据之外,还应收集详细的、关于个案的费用和服务数据。医院费用支付研究所每年在《极端费用报告》框架下公布审查结果,第一次公布结果应在2014年12月31日之前。在该报告中也应说明异常费用案例的原因及医院之间承受的负担的差异。在该报告的基础上,应在酬金系统内发展出适当的规定,目的是实现异常费用的正当报酬,这些规定应由第2款规定的合同当事人约定。

第17c条　审查医疗费账目,争端解决委员会

(1)医院通过适当的措施实现以下目的:

1. 不需要住院治疗的患者不会被接收进医院,在日医疗费结算时,不再需要住院治疗的患者不会继续留在医院(错误住院),

2. 不因经济原因提前接收病人或驱赶病人,

3. 根据第17b条获得报酬的医疗案例的结账活动正常进行。

医疗保险机构可以通过医疗服务委员会(《社会法典第五册》第275条第1款)审查医院是否遵守第1句规定的义务。

(2)联邦医疗保险基金会最高联合会和德国医院协会确定《社会法典第五册》第275条第1c款规定的审查程序的具体内容;医院和医保基金会签订的医疗服务协议可以作出不同于《社会法典第五册》第275条第1c款第2句的约定。该协议应着重规定的内容有:向医疗保险基金会提交付款基础文件的时间点、在医疗保险基金户和医院对于账单的合法性存在争议时预先委托医疗服务委员会开展审查的程序、委托医疗服务委员会的时间点、审查时间及退款支付;除此之外,《社会法典第五册》第275条、第283条的内容仍然适用。如果在2014年3月31日之前完全或部分未达成协议,则根据一方合同当事人的申请,由第18a条第6款规定的仲裁机构就尚未决定的事项作出裁决。协议或仲裁机构作出的裁决直接约束医疗保险基金会、医疗服务委员会及定点医院。

(3)联邦医疗保险基金会最高联合会和德国医院协会在联邦层面建立一个争端解决委员会;医院费用支付研究所和德国医疗文件和医疗信息机构是该委员会无投票权的成员。争端解决委员会的任务是作出关于具有原则性意义的边码问题和账目问题的有约束力的解释。各州医疗保险基金会联合会、医疗互助基金会和各州医院协会也可以向争端解决委员会提起争端解决申请。第1句规定的合同当

事人可以享有其他的诉权。在裁决时,应考虑医院费用支付研究所和德国医疗文件和医疗信息机构的意见。争端解决委员会的裁决须公开,并且直接约束医疗保险、医疗服务委员会及相关医院。应相应适用第4款第4句后段及第18a条第6款第2句至第4句、第7句和第8句。如果就设立争端解决委员会所必需的决定在2013年12月31日全部或部分未作出,则根据一方合同当事人的申请,由第18a条第6款规定的仲裁机构就尚未决定的事项作出裁决。如果就争端解决委员会中非当事人的成员未达成协议,则这些成员由联邦卫生部任命。

(4)按照《社会法典第五册》第275条第1c款的规定进行审查的结果可以由各方申请再次审查。独立仲裁员由各方共同委派。各方可以就单个或者全部争议指定仲裁员。对仲裁裁决不服的,可以向社会法院提起诉讼。社会法院一般不对仲裁裁决进行法律审查,除非其破坏了公共秩序。各方按照相同的比例负担仲裁的相关费用。

(4a)(废除)

(4b)如果当事人对第2款第3句、第3款第7句、第4a款第5句规定的仲裁裁决不服,或者对第3款规定的联邦层面的争端解决委员会的决定不服,或者对第4款规定的争端解决委员会的决定不服,可以向社会法院提起诉讼。无需前置程序;起诉行为不影响裁决或决定的效力。如果在根据《社会法典第五册》第275条第1c款完成账目审核之后,当事人就仍有争议的报酬提起诉讼,并且争议请求权在2000欧元以内,则应在起诉之前根据第4条申请争端解决程序。

(5)医院应在向自行付款的患者寄送账单时随单寄送对病历一揽子结算账单和附加酬金而言必要的诊断、程序文件和其他信息。如果商业医疗保险公司的被保险人选择在医院和商业医疗保险公司之间直接结算,并且该被保险人书面表达了同意,那么《社会法典第五册》第301条规定的数据应通过电子数据传送的方式交给商业医疗保险公司。被保险人书面表达同意的意思表示随时可以撤销。

第17d条 在精神病学或心因性疾病医学机构内引入一揽子计算的酬金系统

(1)对于专门医院和独立的、非心理学疾病医院中由专业医生领导的精神病和精神治疗部门、青少年精神病和精神病治疗部门(精神病学机构)及心因性疾病医学和精神治疗部门(心因性疾病机构)提供的一般医疗服务,其报酬应采用整体的、业绩导向的并且一揽子计算的报酬系统计算,该报酬系统的基础是每日酬金金额。在引入酬金系统时应审查该特定服务领域是否可以引入其他结账单位。同样应审查的是，医院中《社会法典第五册》第118条规定精神病门诊机构提供的门诊医疗服务的数量应在何种范围内被纳入考虑范围内。报酬系统应体现特定的、医学上可区分的患者群体之间治疗措施成本的差异；差值应具备现实性。评估比例应定义为相关服务的相对权重。酬金的定义和评估比例应在联邦境内统一。

（2）第1款规定的酬金是一般住院或部分住院医疗服务的报酬。如果有必要，第3款规定的合同当事人可以约定作为酬金补充的额外酬金及其金额，但是额外酬金在例外情况中需严格限制。第18条第2款规定的合同当事人可以就未在联邦层面被评估的医疗服务作出约定。第17b条第1款第4句和第5句关于第17a条第6款规定的教育附加、附加费和预付款的规定以及第17b条第1款第15句和第16句关于特别机构的规定和关于异常检查和治疗程序导致的极高费用赤字的规定相应适用。第17b条第1款第6句至第9句和《医院报酬法》第5条第2款相应适用于保障对国民健康具有必要性的储备资金的资金来源。在第4句的框架下，还应当审查参与地区健康保障义务的附加费和预付款约定。

（3）第17b条第2款第1句规定的合同当事人根据第1款、第2款和第4款的规定协议制定酬金体系、原则上每年对酬金体系作出的继续发展和改变，特别是当法律没有作出规定的时候，根据医学发展、健康保障结构的变化和费用发展，以及收费规定的变化对酬金体系作出的改变。应当发展出统一的酬金体系；在此过程中，不应局限于第9款规定的数据、《精神病医务人员条例》规定的机构的数据和《精神病医务人员条例》规定的治疗范围的数据。合同当事人可以将开发酬金系统的工作委托给医院费用研究所。相应适用第17b条第2款第2句至第8句的规定。此外，当涉及精神治疗和心因性疾病的专业问题时，联邦精神治疗师委员会应有机会以顾问身份参与会议。

（4）联邦层面的合同当事人应当约定报酬系统的基本结构和在联邦层面确定评估比例的程序，特别是在合理选择医院后进行计算的程序。根据第3句至第6句的规定，新的报酬支付系统根据第17条第2款取代到目前为止结账的酬金。根据医院的要求，新的报酬支付系统于2017年1月1日起适用。医院应将其要求通过书面或者电子方式通知第18条第2款第1项或第2项的其他合同当事人。2018年1月1日起，新的报酬支付系统将对所有医院生效。到2019年，新的报酬系统将独立于医院预算运行。自2020年起，医院各自的酬金基础值和机构收益预算将根据《联邦医疗费条例》的详细规定逐渐与各合同当事人根据第18条第2款确定的酬金基础值和由酬金基础值计算的收益总量相统一。联邦层面的合同当事人在2018年6月

30日之前共同向联邦卫生部提交一份报告,报告的内容是新酬金系统的效果、首次施行的经验及《社会法典第五册》第64b条规定的试点计划的数量和经验。报告应包含精神病学和心身医学专业协会的意见。联邦卫生部将该报告提交德国议会。

(5)第17b条第5款相应适用于为合同当事人在联邦层面承担的任务提供资金的行为。必要的资金通过DRG系统附加费筹集;应相应提高DRG系统附加费。

(6)联邦卫生部被授权通过行政法规规定下列事项,该行政法规无须联邦参议院的同意:

1. 颁布关于报酬系统的规定,条件是第3款规定的合同当事人完全或部分未达成协议,并且当事人中的一方陈述了未达成协议的原因;合同当事人应就争议点阐述其观点和其他相关方的观点,并提出解决建议,

2. 在必要的情况下,可以在一方当事人陈述协议失败的情况下、在预先规定的工作步骤的期限届满之后作出决定,以便将报酬系统投入使用并且保障该系统每年按计划继续发展,

3. 如果第2款第3句规定的服务或第2款第4句规定的特别机构在新的报酬支付系统中还没有获得合理的报酬,对这些服务或机构作出规定;在这些领域,可以制定应适用的报酬类型、确定酬金金额的方法和应提交的谈判文件的规定。

如果第1句规定的行政法规与第3款规定的合同当事人之间的约定不同,则联邦部门无须遵守该约定。联邦部门可以寻求独立专家的咨询。自主管理的当事人的医院费用支付研究所有义务根据联邦部门的命令直接并且不迟延地为第1句规定的规则的起草做准备工作。医院费用支付研究所在第3款规定的当事人之间形成协议时也有义务根据联邦部门的指令提供信息,特别是关于报酬系统的发展状况、酬金及其变化,以及问题的领域和可能的代替方法的信息。

(7)联邦卫生部被授权通过行政法规规定医院在制定预算的程序中需提交的文件。该行政法规须得到联邦参议院的同意。

(8)联邦层面的合同当事人在新报酬系统施行的过程中研究其效果,特别是对于健康保障结构的改变及对于健康保障的质量的效果;在此过程中,也应研究报酬支付系统对其他保障领域的效果及服务转移的类型和范围。第17b条第8款第2句至第4句相应适用。应在2017年首次公布研究结果。

(9)《医院报酬法》第21条适用于第1款第1句规定的机构,该条第1款第1项a目及第2项a目至h目规定的数据应被提供。此外,适用《精神病学人员条例》的机构应根据《精神病学人员条例》附件1和附件2为每个住院或部分住院治疗病例提

供每日患者分级数据;在诊疗开始时的分级文件和在每次转换诊疗领域时的分级文件即为已足。

第18条 医疗费确定程序

(1)根据本法规定,单个医院的医疗费将在医院和第2款规定的服务提供机构之间协商。各州医院协会、各州医疗保险基金会联合会、医疗互助组织和商业医疗保险联合会各州委员会可以参与到医疗费确定程序中。医疗费协议需得到各州医疗保险基金会联合会和商业医疗保险联合会各州委员会的同意。如果第3句规定的参加者中的多数未在合同缔结后两周内提出反对意见,就视为同意。

(2)医疗费协议的当事人(合同当事人)是医院和

1. 单个医疗服务提供机构或

2. 医疗服务提供机构联合体,条件是其成员在医疗费协商开始的前一年一共承担了有5%以上的医院住院或结算天数。

(3)协议不具有溯及力。医院应根据《医院报酬法》的规定和第16条第1款第6项规定的行政法规提交对于预算和医疗费协议具有必要性的、关于医疗服务和未被一揽子计算的医疗费包含在内的费用的文件。第1款第2句提及的参加者约定第17b条和第17d条规定的、通过评估比例评估出的酬金金额,该金额根据第2款的规定对合同当事人生效。

(4)如果在一方合同当事人书面要求开始医疗费协商后6周之内未就医疗费或第3款第3句规定的酬金金额的缔结协议,则第18a条第1款规定的仲裁机构根据一方当事人的申请立即确定医疗费的金额。为了确定第17条第5款规定的具有可比较性的医院,也可以就这一事项单独提请仲裁机构作出裁决。

(5)如果约定或仲裁裁决确定的医疗费符合本法规定及其他法律的规定,则该医疗费须由各州主管机关审批;审批应立即下发。如果对审批不服,可以向行政法院提起诉讼。没有前置程序,起诉不影响审批的效力。

第18a条 仲裁机构

(1)各州医院协会和各州医疗保险基金会联合会为各州或一州之内的某个地区成立一个仲裁机构。如果一个州中成立了多个仲裁机构,则由第1句的参与人决定具有管辖权的仲裁机构,该仲裁机构的裁决在整个州内有效。

(2)仲裁机构由一个首席仲裁员、医院和医疗保险基金会派出的相同数量的代表共同组成。仲裁机构中还有一个由商业医疗保险联合会各州委员会指定的代表,该代表算在医疗保险基金会的代表中。医院的代表及其代理人由各州医院协会指定,医疗保险机构的代表及其代理人由各州医疗保险联合会指定。首席仲裁员及其代理人由参加方共同指定;如果没有达成一致意见,则首席仲裁员将由各州主管机关指定。

(3)仲裁机构的成员以名誉机构的方式组成仲裁机构。在行使其职权时,仲裁机构不受政府命令的约束。每个成员享有平等的投票权。裁决以多数方式作出;如果无法投出多数票,则以首席仲裁员所在投票方的意见执行。

(4)各州政府被授权通过行政法规对如下事项作出具体规定:

1. 仲裁机构成员的数量、任命、任期及工作方式及应向仲裁机构提供的现金开支以及应补偿的时间损失,

2. 仲裁机构的业务经营,

3. 仲裁机构的费用分摊,

4. 程序和程序收费,

各州政府可以通过行政法规将该授权进一步授予联邦行政长官。

(5)各州行政主管机关对仲裁机构实施法律监督。

(6)联邦医疗保险基金会最高联合会和德国医院协会建立一个仲裁机构;该仲裁机构裁决本法和《联邦医疗费条例》规定的事项。该仲裁机构由联邦医疗保险基金会最高联合会和德国医院联合会派出相同数量的代表及一名非当事方的首席仲裁员和另外两名非当事方的成员组成。仲裁机构中还有一个由商业医疗保险联合会各州委员会指定的代表,该代表算在医疗保险基金会的代表中。非当事方的成员由参加的机构共同指定。如果就非当事方成员的人选未达成一致,则由联邦社会法院主席指定。当事方已经否决过的人选不得被任命。第3款相应适用。联邦医疗保险基金会最高联合会和德国医院协会就仲裁机构成员的数量、任命、任期及工作方式,应向仲裁机构提供的现金开支,应向仲裁机构成员补偿的时间损失,仲裁机构的业务经营、程序、仲裁收费的金额和收取方式,以及费用的分摊达成进一步的协议。如果第8句的协议在1997年8月31日前没有达成,则由联邦卫生部通过行政法规决定其内容。联邦卫生部对仲裁机构实施法律监督。如果对仲裁机构的裁决不服,可以提起行政诉讼。无须前置程序;起诉不影响仲裁裁决的效力。

第18b条　（废除）

第19条　（废除）

第20条　不适用医疗费规定的情形

除第17条第5款外,第三章的规定不适用于根据第5条第1款第2项、第4项或

第7项不受资助的医院。在第17条第5款适用于根据第5条第1款第2项、第4项或第7项不受资助的医院时，具有可比较性的公共医院的医疗费代替了具有可比较性的受到本法资助的医院的医疗费。

医院经济保障及医疗费用规制法(医院筹资法)◎
全住院和半住院医疗服务报酬法(医院报酬法)◎

第四章 （废除）

第21条至第26条 （废除）

第五章　其他规定

第27条　管辖规定

对于社会健康保险机构来说,本法规定应由各州医疗保险联合会承担的职责由《社会法典第五册》第212条第5款规定的被授权人承担;对于矿工医疗保险机构来说,该职责由德国矿山—铁路—海员退休保险机构承担;对于农业医疗保险来说,该职责由农业、林业和园艺业社会保险机构承担。

第28条　提供信息的义务及统计数据

(1)根据《社会法典第五册》第108条有权实施医疗服务的医院和社会福利基金有义务根据联邦卫生部和各州主管机关的要求向其提供它们在根据本法计算和发展医疗费时所需要的信息。提供信息的义务特别包括提供关于人员和物资装备的信息、医院费用的信息、医院根据患者的请求权提供的住院或门诊服务及病人及其症状的数据。此外,各州主管机关还可以要求医院提供主管机关在承担本法规定的医院规划和医院资助活动中的职责时所需要的情况的信息。

(2)联邦政府被授权通过行政法规每年收集医院的信息作为联邦统计数据,此处的医院包括第3条和第5条提到的医院和机构。该行政法规需得到联邦参议院的同意。在统计信息的基础上,联邦统计数据可以包括如下内容:

1. 医院的类型和运营者,
2. 医院内部工作人员的性别、劳动关系、工作领域、职位、教育和培训情况,
3. 医院的规模和组织结构,
4. 依照费用类型划分的费用情况,
5. 住院和门诊医疗服务,
6. 患者的年龄、性别、住址、诊疗大类,
7. 医院的教育机构。

医院对各州的统计机关负有提供信息的义务;行政法规可以规定提供信息义务的例外情况。根据《社会法典第五册》第108条规定,有权实施医疗服务的医院同时向主管医院规划和资助的各州机关提供统计数据设计的信息。同样的规定也适用于根据《社会法典第五册》第111条有权实施护理或康复治疗的机构。

(3)上述规定不影响各州收集额外的、未被第2款涉及的、关于卫生领域的信

息,该信息作为各州统计数据。

(4)联邦统计局每年使用《医院报酬法》第21条第3款第1句第4项规定的DRG数据库数据,通过评估制作联邦统计数据,联邦统计数据包含如下内容:

1. 机构的特征,

2. 根据接诊原因及情形、后续治疗、住院和出院及1周岁以下患者入院时的体重、诊断和附加诊断、吸氧的时长(小时)住院前后的治疗、手术及治疗程序类型以及协作手术医生、麻醉师或接生员提供的诊疗服务等标准分类的患者情况,

3. 专科部门,

4. 根据总酬金金额、DRG案例一揽子计算酬金金额、附加酬金、附加费和预付款,以及其他酬金等标准分类的病例结账情况,

5. DRG病历的数量、评估比例的总量,以及根据《医院报酬法》第5条第4款提供补偿金额,

6. 根据第2条第1a项的类别分类的培训师和接受培训的人员的数量,以及根据培训年度和工作类型分类的接受培训的人员的数量。

第29条 （废除）

第30条 联邦资金提供的贷款

在一个医院被接受为可获得投资费用资助的医院之前由联邦资金提供的贷款所产生的负担可以根据医院的申请被免除,条件是该医院在1985年1月1日之前未以其他方式使自己免于这项负担,并且该医院被纳入医院规划之中。第1句的规定相应适用于第2款第1a项规定的教育机构。

第31条 柏林条款(废除)

第32条 （已实施）

◎德国社会法典(选译)

全住院和半住院医疗服务报酬法(医院报酬法)

第一章 一般规定

第1条 适用范围

(1)DRG类医院的全住院和半住院医疗服务依据本法和《医院筹资法》(*Krankenhausfinanzierungsgesetz*)计费偿付。

(2)本法亦适用于联邦国防军医院用于救治一般病患,以及法定事故保险承担医院在提供非由法定事故保险承担费用的医疗服务时的费用支付。除此之外本法不适用于:

1.《医院筹资法》第3条第1句所指的医院,

2. 根据《医院筹资法》第5条第1款第2项、第4项不受资助的医院,

3. 医院和独立经营、区域医疗主持的精神病学和心理治疗、儿童和青少年精神病学和心理治疗及心身医学和心理治疗等专业领域的部门,只要在《医院筹资法》或者《联邦护理费率条例》(*Bundespflegesatzverordnung*)中未作另行规定。

4.(废除)

(3)住院前和住院后治疗的使用者统一根据《社会法典第五册》(法定医疗保险)第115a条偿付。进行门诊手术或者其他替代住院的手术的费用,对于参加法定医疗保险的病患依据《社会法典第五册》(法定医疗保险)第115b条予以偿付,对于其余病患根据对其适用的法规、协议或者收费标准予以偿付。

第2条 医疗服务

(1) 第1条第1款所称医疗服务尤指医生,亦包括非固定受薪医生、护理人员的诊疗,在院期间所必需的药物、治疗及医疗辅助器具的供应,以及食宿照护;其涵盖一般综合性医疗服务和选择性服务。但本法第18条所规定的协作医生及注册助产士、分娩护理人员的诊疗护理不属于本款所指医疗服务。

(2)一般综合性医疗服务是指医院在考虑本院的诊疗能力的前提下,根据个别患者疾病的类型和严重程度,基于对其的医学救治和充分照管目的而必需的医疗服务。在此前提下,它也包括:

1. 在住院期间进行的《社会法典第五册》所意指的疾病早期诊断活动,

2. 由医院安排的第三方服务,

3. 基于医疗原因而必须采取的治疗陪同或者根据《社会法典第五册》第11条第3款所规定的雇用护理人员,

4. 基于住院患者救治的重心和主因的特定任务,特别是以肿瘤学和老年病学为中心及其相应的重要任务,

5. 依《社会法典第五册》第39条第1款第3句所指的早期康复治疗,

6. 依《社会法典第五册》第39条第1款第4句、第5句所指脱离管理,透析服务且因此相应的治疗手段还将继续的,医院不具有透析装置并且与其治疗原因无关的,不属于第2句第2项的医疗服务类型。

(3)医院必须保证,在由非固定受薪医生提供一般综合性医疗服务时,对其履行工作情况的要求,应与正式医生所适用的工作标准相一致。

第二章　医疗服务报酬

第3条　概述

全住院和半住院时的一般综合性医疗服务将根据下述内容计费偿付：

1. 由符合第11条第1款要求的合同方依据第4条规定共同商定的收益预算，
2. 由符合第11条第1款要求的合同方依据第6条第3款规定共同商定的医院单独约定计酬的收益总额，
3. 根据第6条第2款规定的新诊断和治疗方法的费用，
4. 血友病治疗的附加费用，
5. 根据第7条第1款的补贴和扣除。

第4条　收益预算协议

（1）由协议双方按照第11条第1款商定的收益预算，在全住院和半住院情形下包括依第7条第1款第1句第1项规定的按病种计费和依第7条第1款第1句第2项规定的附加费用。其不包括根据第6条第1款至第2a款规定由医院单独约定的费用、治疗血友病的附加费用、根据第7条第1款规定的费用补贴和扣除及根据《社会法典第五册》(法定医疗保险)第140c条规定的参与整合保障服务的报酬。

（2）收益预算按服务计算，即将预计会提供的、第1条第1款规定的医疗服务的种类和数量按照相应的收费标准相乘得出。按病种付费的收费标准将根据给定的收费目录、有效估值比率的结算规则及第10条规定的州基准值评估得出。对于跨年住院治疗病人（跨年患者）按病种付费的，其费用收入应全部归入该患者出院当年的总额中。

（2a）对于相比于当年（日历年）约定在收益预算中被附加考虑的医疗服务，应自2013年起偏离第2款第1～2句的规定适用25%的计酬折扣（额外服务扣除）。2012年的扣除数额可由协议双方约定。第1句或第2句所称附加考虑的医疗服务扣除不适用于材料成本比重超过2/3的附加费用约定、器官移植及基于医院规划或者州投资计划的附加额度。此外，针对具体服务的费用扣除，协议双方可以约定免除执行，以避免出现不可预测的困难；他们还可以基于特别的质量约定进一步决定具体服务项目或者服务类型的额外服务扣除例外。报酬扣除通过对医院所有依照州基准值计酬的医疗服务的统一扣除执行。具体实施细节由协议双方约定。额外服务折扣应在账目中单独指明。第1句或第2句所涉扣除在确定州基准值时不应被减少考虑。根据第1句得出的2013年的额外服务扣除同样适用于2014和2015年;同样2014年、2015年和2016年确定的额外服务扣除亦适用于3年期约定。在额外服务扣除效力期满后,基于第1句或第2句的服务将在下一年度收益预算中约定未扣减的州基准值。额外服务扣除不适用于协议双方根据《医院筹资法》第17b条第1款第5句规定的联邦一级降低或分级估值比例所约定的医疗服务类型。

(2b)一揽子方式提供的服务不依据第2款第2句结算,而是比照下一年度的协议额外被计入收益预算中。2017年首次应用第10条第1款规定的固定成本减免折扣。较高的扣除及较长的扣除期需要协议双方按照更高的固定成本,以及已经按照经济上更高数量的病例增长数量约定减免额外服务,后者不应当是按照第9条第1c款提高或者降低评价的服务。

1. 不适用于:
a)器官移植、多发伤、严重烧伤、早产儿治疗,
b)物料成本超过2/3的医疗服务,
c)额外批准的无法计费的医疗项目,
d)医院根据第2条第2款第4句委托的中心,
e)根据第9条第1c款提高或者降低评价的给付。

2. 适用于第9条第1款第6项不可量化服务目录中列出的项目。

如果转院服务不会提高转进医院有效评估比例,即不超过第1句或第2句规定的扣除数的一半,则不适用于第1句或第2句;此种情况下的转院根据第18条第1款第2句,由转进医院负责提供相关证明信息。费用扣除按照所在州统一的基础标准执行。在确定扣除评估依据时,医院根据第1句和第2句适用的扣除应考虑在有关扣除期间一揽子评估方式下减少的份额。根据第2a款第8句,2015年或2016年额外在增益预算中计入的服务如果在2017年或2018年还需要提高,则需要在查明固定成本扣除后显著增加的数额,并且按照第5句根据统一的扣除数计算。计算固定成本扣除数时应当应用协议双方根据第9条第1款第6项在联邦层面上约定的数额。2017年和2018年,应当按照最高不超过依据第2句约定的较高扣除数的50%执行。

(3)根据第1款、第2款约定的收益预算和根据第6条第3款约定的收益数额在测定总金额的增益—短缺收入平衡时将被综合考虑。如果医院在日历年根据第7条第1款第1句第1项、第2项,第6条第1款第1句和第2a款规定的费用报酬所得

营收数额与本款第1句所组成的总额不符,则增益—短缺收入按照下述方式进行结算。短缺收入自2007年起补偿至20%,药品和医疗产品的附加费用的短缺收入不予补偿。来自药品附加费用及重伤病种,特别是多发性创伤或严重烧伤患者的增益收入至25%,其他增益收入按65%结算轧平。对于材料成本比例相当高的收付费病种类别,以及费用昂贵且医疗服务量难以预测,特别是器官移植或与长时间呼吸机相关的病种类别,协议双方应该预先商定有别于第3句、第4句内容的结算补偿方式。来自血液治疗附加费用的或者基于第8条第4款扣除规定的增益—短缺收入不予补偿。为确定增益—短缺收入,医院管理方应提供经过法定审计师认证的关于第7条第1句第1项和第2项下的收益声明。根据上述规定得出的补偿金额应在第5条第4款规定的补贴和扣除范围内结算。补偿金额在预算协商时未确定的,一部分金额应作为补偿结算的部分款项被予以考虑。

（4）基于医院的要求,对以在德意志联邦共和国进行医院治疗为目的而入境的外国病患提供的医疗服务,不在收益预算范围内计酬。

（5）按第11条规定协议双方受到收益预算的约束。基于一方要求,在收益预算协定的基础性前提发生实质变化时,该预算可以在当年重新约定。协议双方可以预先约定,在某些情况下,收益预算只需部分重新协商。与之前收益预算的差额应在第5条第4款规定的补贴和扣除范围内结清。

（6）只要合同当事人在联邦层面根据第9条规定对医院不参与急救护理事项,原则上根据《医院筹资法》第17b条第1款第4句对扣除达成协议,却未确定扣除数额的;或者对于根据《医院筹资法》第17b条第7款规定的依行政法规的补贴和扣除尚未设定的,那么每宗全住院性质病例（费用）都应被扣除50欧元。

（7）如果在DRG偿付系统应用中至今被排除的特殊项目根据第6条第1款在协商期间被纳入收益预算,那么这些服务根据第6条第3款最后约定的收益数额中所占份额和在收益预算中新商定的计酬份额之间的差额,应在三年内逐步减除。如果根据第6条第3款迄今约定的计酬份额较高,那么第2款中的收益预算应在第一年提高当年差额的2/3,在第二年提高当年差额的1/3。如果约定的计酬份额较低,那么根据第2款的收益预算应予以相应减少。按病种付费应根据州基准值估值并依与之相应的数额记入账目。由此得出的约定收益预算的赤字或盈余应通过对DRG按病种付费的结算金额、附加费用（第7条第1款第1句第1项、第2项）及根据第6条第1款第1句和第2a款的其他费用的补贴和扣除予以资助,并且在账目上单独列示。补贴的数额将根据赤字或者盈余数额与第3条第1款规定的总金额数的比例得出的、并经协议双方同意的百分比计算得出。对以往年度和对推迟开始的第15条项下的期间的补偿将通过第5条第4款的补贴结清。

（8）对于在2016—2018年，由于新聘或者增加现有的、在以床位为主的科室里从事直接病人护理的持有《疾病护理法》（Krankenpflegegesetz）第1条第1款规定的专业执照的受训护理人员的非全职岗位而额外产生的费用，将获得至90%的财政支持。为此合同双方可以就上述年份逐年约定可至按照第3款第1句规定的总金额的0.15%的额外金额。若上述金额在某个日历年内未达成合意，则可以在下个年度约定额度最高至0.3%的额外金额。若对于某个日历年份已就该金额进行约定，只要有额外的新聘或者增加非全职岗位的合意达成，则该金额数应累计增加为了下个年度新约定的金额。上述财政支持所需的前提条件为，该医院证明，基于与劳动代表的书面协议，与在2015年1月1日相应折算的全部劳动力状况相比，在以床位为主的科室里从事直接病人护理的额外护理人员被新聘或者被增加，并且按照协议从事工作。医院根据第2句至第5句应得的总金额将通过对DRG按病种付费的结算金额和附加费用（第7条第1款第1句第1项和第2项）及对根据第6条第1款第1项和第2项的其他费用的追加费（的形式）予以资助，并且在账目中单独列明。追加费的额度应根据一项百分比计算，后者基于一方面为新聘或者增加现有的非全职岗位而约定的金额总数与另一方面根据第3款第1句的总金额之间的比例确定，并取得协议双方的合意。若协议无法达成，则基于缔约一方的申请由仲裁委员会根据第13条的规定作出决定。若由额外资金资助的新聘或者增加现有的、在以床位为主的科室里从事直接病人护理的非全职岗位（的计划）未能实施，则其所占的资金比例应予以偿还；为进行相应的审核，医院一方应向合同相对方提交年度审计师的确认书，一次性列出关于2015年1月1日时在护理领域所有的和在根据第1句获得资金支持的护理部门内的人员配备情况，关于基于上述支持在各自受资助年度内所额外雇用的、按全职和非全职区分的护理人员，关于在各自受资助年度内的12月31日所确定的、在护理领域所有的和在根据第1句获得资金支持的护理部门内的年度平均人员配备情况以及关于资金的合目的使用情况。医疗保险基金会最高联合会应在每年的6月30日前，向联邦卫生部报告全部劳动力的数目及基于上一年度的资助而额外就职的、增加的非全职岗位的范围。医疗保险基金会有义务在一项由医疗保险基金会最高联合会确定的程序中，向其转交为第10句规定的报告事项所必要的、有关新聘或增加现有的护理人员非全职岗位的缔约双方协议的信息。在2019—2021年，按照第9句规定后半句的确认书仅由医院、按照第10句规定的报告仅由医疗保险基金会最高联合会、按照第11句规定的信息仅由医疗保险基金会过渡性地提交或转交。

（9）只要第2句未作其他规定，则在2013—2019年，在遵照医院卫生和感染预防委员会在关于预防医院感染的人员和组织条件的建议中提及的质量和需求的要求时，为完成《传染病防治法》（*Infektionsschutzgesetz*）的要求而必要的人员配备将获得如下资金支持：

1. 在新聘、新设岗位的内部分派或者增加现有非全职岗位时，对于

a）卫生学专业人员，为额外产生的人事费用的90%，

b）已完成关于卫生和环境医学或者微生物学、病毒学和感染流行病学专科医生的继续教育的医院卫生员，为额外产生的人事费用的75%，

c）具备医院卫生结构化课程进修和具备在合理的抗生素治疗咨询领域、按照德国传染病协会进修培训的进修（经历）的医院卫生员，为额外产生的人事费用的50%，

d）卫生授权医生，为额外产生的人事费用的10%。

2. 在进行针对下述职位的进修和继续教育时：

a）对于卫生和环境医学的专科医生，在最长5年的期限内发放每年30000欧元额度的一次性补助金，

b）为在医院中临床微生物咨询的资质和投入使用，对于微生物学、病毒学和感染流行病学专科医生，在最长5年的期限内发放每年15000欧元额度的一次性补助金，

c）对于医院卫生结构化课程进修的医院卫生员，在最长2年的期限内发放每年5000欧元额度的一次性补助金，

d）对于在合理的抗生素治疗咨询领域，按照德国传染病协会进修培训（方式）进修的医生和医院卫生员，发放额度为5000欧元的一次性补助金，

e）对于卫生授权医生，发放额度为5000欧元的一次性补助金，以及

f）对于卫生学专业人员，发放额度为10000欧元的一次性补助金。

3. 在合同约定的，由已完成关于卫生和环境医学或者微生物学、病毒学和感染流行病学专科医生的继续教育的医院卫生员提供对外咨询服务的情况下，每个咨询日一次性额度400欧元。

若根据第2项第a）至c）项的进修和继续教育最迟在2019年开始，则其在2019年后将获得支持，按照第3项的咨询服务将直至并包括2023年在内获得支持。有

别于第1句的规定:

1. 不论其规定的前提条件如何,下述情形在2016—2019年将获得额外财政支持:

a)在上述年度内开始的作为内科和感染学专科医生的继续培训教育以及对于专科医生的额外传染病学继续培训,发放额度为30000欧元的一次性补助金,

b)在合同约定的由内科和传染学专科或者已完成额外传染病学培训的专科医生提供对外咨询服务的情况下,每个咨询日一次性额度400欧元。

2. 根据第1句第1项d)项的人事措施以及根据第1句第2项e)项的进修和继续教育只被支持至2016年。

在第1句范围内的费用也会被支持,如果其是基于自2013年8月1日起为完成《传染病防治法》在2011年8月4日后实行的要求而必需的新聘、增加、咨询或者进修和继续教育而产生的。对于第1句至第3句规定的措施,合同双方应每年以第3款第1句规定的总金额的百分比的形式约定额外金额。医院根据第4句应得的总金额将通过对DRG按病种付费的结算金额和附加费用(第7条第1款第1句第1项和第2项)及对根据第6条第1款第1项和第2项的其他费用的追加费(的形式)予以资助,该项追加费用应在账目中单独列明。第8款第4句和第7句至第11句以及第5条第4款第5句比照适用,在此关于职位安置和资金合目的适用的证明应按照具体职业类型进行提供。

第5条 关于补贴和扣除的协议和决算

(1)合同缔约方受根据第9条第1款第1句第3项约定的关于《医院筹资法》第17b条第1款第4句、第5句规定的联邦范围统一的补贴和扣除的规定的约束。基于合同当事人的申请,应该对医院是否满足前述补贴扣除的前提条件予以审查。如果联邦统一的补贴和扣除为了以下事实被确定,即其基于估算医院自身对患者或者费用承担者的相关参考基数,比如病例数量或者收益数目等目的是必须被换算的,则协议双方应按照联邦统一协议约定据此得出的医院各自的结算金额或者结算百分比。

(2)对于一类医疗服务的提供,其由于在按病种计费体系较低的照管需求而无法获得经济上的盈亏平衡,但同时为保证民众在医院照护保障又是必需的,则根据本法第11条协议双方应按照符合《医院筹资法》第17b条第1款第6至8句规定的标准约定保障补贴。此时他们需要核查,此服务在其他相适的、亦提供此类型服务的医院是否可以无补贴履行。如果对此双方未能达成合议,则由对州主管医院规划

的部门裁决。协议双方根据第11条约定补贴数额。

（3）倘若对于第2条第2款第2句第4项所列的重心和主因，不存在有关《医院筹资法》第17b条第1款第4句所示补贴规定的联邦性法规或者关于《医院筹资法》第17b条第7款所示的联邦卫生部相应规定，则协议双方应依据本法第11条，基于上述法律的基本内容约定补贴与扣除。

（3a）协议双方应按照第11条，考虑到医院质量极出色或者不足的服务或者服务领域所具备的特殊性，在根据《社会法典第五册》第136b条第1款第1句第5项和第9款规定的评估标准和测评结果和根据第9条第1a款第4项的协议的基础上，约定质量补贴与扣除。该质量补贴或者扣除应参照住院接收涉及的各个服务或者服务领域的情况，自达成协议后下个月的第一天开始适用。若协议双方在某一月份中根据第1句确定，继续收取质量补贴或者扣除的前提条件不再存在，则为住院接收的补贴或扣除适用至该月的最末一天。只要缔约双方按照第1句的规定确定了质量不足的情形，则该约定也应包含质量缺陷应在自协议之日起1年内排除的内容；在该期间内不会提起质量扣除。若质量缺陷未能在1年内被纠正，则只要协议双方确定收取的前提条件继续存在，确定的质量扣除将被收取；此时为期12个日历月的质量扣除应以双倍额度收取。应注意第8条第4款第2句第2项规定的对于收取质量扣除的最高3年的时间限制。

（3b）对于临床科室，在达成第9条第1a款第3项规定的条件的情况下，应为单个全住院和半住院情形约定附加（补贴）费；在此适用第1款第3句的规定。

（3c）直至考虑计算一次性按病种计费和额外费用为止，协议双方应在考虑第9款第1a句第1项的要求的情况下按照第11条，为资助为了《社会法典第五册》第92条第1款第2句第13项结合第136条第1款第1句第2项规定的质量保证，通过联邦共同委员会指令中对结构或程序质量的最低要求而产生的额外支出，而对暂时性附加（补贴）费进行约定。对于没有满足联邦共同委员会额外要求的医院，只要联邦联合委员会没有作出相应的时间和内容上的限制，则有关附加费的协议是允许的。如果额外支出是医院自2015年11月5日起，基于为达成在2014年1月1日生效的、联邦共同委员会作出的早产和足月婴儿质量保证指令中额外要求的措施而产生，且这些措施是在2014年1月1日之后实施的，则对于该额外支出也应约定附加（补贴）费。对第1句和第3句中所述额外支出的资金支持应由《医院筹资法》第17b条第1款第10句规定的特别机构通过对医院具体的费用的考量予以落实。第9条第1b款第1句结合第6条第3款第4句规定的对收益数目增加的限制在此范围内不适用。在按照《社会法典第五册》第137i条第6款的框架协议对附加费进行约定时,第1句、第4句和第5句的规定应比照适用。

(4)依据第4条第3款和第15条第3款规定的收益平衡(补偿)和第4条第5款所示差额将通过对DRG按病种付费的结算金额、附加费用(第7条第1款第1句第1项、第2项)及根据第6条第1款第1句和第2a款的其他费用的共同补贴和扣除形式结清,并以"收益平衡(补偿)的补贴与扣除"名义在账目上特别表明。补贴与扣除的金额应根据被结算的金额与第3条第1款规定的总金额数的比例确定并经协议双方同意的百分比来计算。如果该合意系在该日历年内达成,则应基于在该年剩余部分应收取的费用约定相应的百分比。如果发放了第1句中所规定的补贴,全住院和半住院报酬增加超过15%,则超出金额在接下来的合同期间需借助第1句中所规定的补贴或者扣除逐个抵消结算至这一(百分比)限制;对于2009年应另行采用30%为上限。只有为在防止其他方式下产生的对医院的经济威胁而必须时,协议双方才能作为极少数例外情况根据第11条约定更高的补贴额。如果该日历年内实际算得的补贴或者扣除金额总和与根据第2句中应被结算的金额不一致,则增益—短缺收益应通过与未来可能年度内的总金额以及补贴、扣除额的清算抵消予以全额轧平;此时应结合第3句所定的(百分比)限制清算。

(5) 如果一项根据第4句的计算补贴或者扣除由于医院的关闭无法或者无法在必要的范围内被结算清账,则归属于法定医疗保险的仍有待补偿的部分应在其被保险人过去一年有在该医院进行全住院或半住院治疗的那些医疗保险基金会的账目上记明,或者向其相应偿还。归属于单个医疗保险基金会的金额部分应与其在上一年度费用总和中所占份额相一致。对此协议双方根据第11条规定可以另行约定。

(6)(废除)

第6条 关于其他费用的协定

(1)对于那些尚不能够通过DRG按病例付费和附加费用的方式正确计酬的服务,以及对在《医院筹资法》第17b条第1款第15句中规定的特殊机构,只要这些服务和特殊机构根据缔约方依本法第9条规定作出的决定或者根据《医院筹资法》第17b条第7款第1句第3项的相关法规而被排除在DRG按病例付费和附加费用之外的,则第11条项下的协议双方应约定按件或按日费用,或者在极有限的例外情况下约定附加费用。费用应当依实际情况恰当地进行计算;应重视第9条第1款第1句第4项提出的建议。

（2）对于那些新的诊断和治疗方法，其尚不能够通过DRG按病例付费和附加费用的方式正确计酬，同时其没有依《社会法典第五册》第137c条被排除于经济资助之外，第11条项下的协议双方可以按期、按件或者其他方式约定在第4条第2款收益预算及第3款收益总额之外的附加费用。费用应当依实际情况恰当地进行计算；应重视第9条第1款第1句第4项提出的建议。在订立有关单独报酬之前，医院应最迟于10月31日从第9条项下的缔约方处取得有关该新方法是否可以按照已约定的按病例付费和附加费用的方式进行适当结算的信息。第11条项下的合同方应在其协议中考虑上述信息。如果根据第3句按时执行的问询直至订立医院预算协议时仍未得信息，此时协议可在缺少上述信息的情况下被订立；但若该预算协议系在1月1日前订立，则以上不适用。费用应该不依赖于收益预算根据第4条的规定尽早约定。一旦就费用达成协议，则该协议涉及的法定医疗保险基金会应将费用的类型和数额报告第9条项下的缔约方；此时其亦应送交作为协议基础的核算资料和由医院呈送的对计算方法的详细说明。第9条项下的缔约方可以依《社会法典第五册》第137c条对诊断和治疗方法安排评估，《社会法典第五册》第137c条第1款第1句的规定不受影响。对于第13条规定的仲裁程序可以依照《社会法典第五册》第137c条征求联邦共同委员会的意见。

（2a）在极有限的例外情况下，对于那些虽被纳入第7条第1句第1项、第2项规定的费用目录下付费病种和附加费用中、但无法据其进行合理计酬的服务，根据第11条的协议双方可以在第3款规定的收益总额的范围内为其约定附加费用，如果

1. 这些服务因其专业性于德意志联邦共和国境内只有极少数有跨界服务领域的医院提供，

2. 由于其治疗的复杂性，治疗费用将超过DRG计酬并附加费用金额至少50%的，以及

3. 该医院参加了《社会法典第五册》第137条规定的行动措施。

在就费用达成协议后，参与该协议的法定医疗保险基金会应将费用的类型和数额报告第9条项下的缔约方。此时其亦应送交作为协议基础的核算资料和由医院呈送的针对第1句所示前提的详细理由说明。

（3）如果医院各自对第1款第1句和第2款所示服务和特殊机构的报酬进行约定，则亦应建立与其相应的收入总额。后者不包含第2款所示费用和针对血友病治疗的附加费用。按照第1款第2句执行的上述费用和收入总额相关的核算资料应被提交。对于那些提供的服务很大程度上将按照医院单独约定的费用报酬结算的

特殊机构,涉及第6条规定的总数额协定、第17条第4款规定的应提交文件以及2012年12月31日有效的《联邦护理费率条例》文本中附件1、2内容的法规亦相应适用。其中对于收入总额增长,根据第9条第1款第1句第5a项或者第2句的改变值代替变化率作为相关比率标准适用;只有涉及机构范围的文件在第11条项下的其他缔约方未为放弃的情况下才应被提交。《联邦护理费率条例》第18条第1款第2句在2013年相应适用。如果实际产生收入与约定的收益总额不符,则增益或短缺收益应按照第4条第3款的规定确定并补偿、抵消。

(4)(废除)

第三章 费用种类及计算

第7条 一般性医院服务费用

（1）一般性医院服务将按照以下费用类型向病人或者其费用承担者结算：

1. 联邦层面约定的收费目录（第9条）中的按病种费用，

2. 联邦层面约定的收费目录（第9条）中的附加费用，

3. 根据第6条第2a款确定的单独附加费用，

4. 培训补贴和其他补贴及扣除（《医院筹资法》第17b条第1a款），

5. 尚未被列入联邦层面约定的按病种付费和附加费用中特殊机构和服务（第6条第1款），

6. 尚未被列入第9条第1款第1句第1项、第2项规定的收费目录中的新诊断和治疗方法的费用（第6条第2款），

7. 根据第8条第10款确定的照护补贴。

所有为照护病人所必需的一般性医院服务都将依照上述费用类型计酬。此外依《医院筹资法》第17b条第5款确定的DRG系统补贴、根据《社会法典第五册》第91条第3款第1句和第139c条确定的对联邦共同委员会和卫生事业质量与经济研究所的系统补贴，以及根据《社会法典第五册》第291a条第7a款第1～2句所确定的信息通信补贴也将被结算。

（2）第1款第1句中所列费用的数额将按照如下规定确定：

1. 第1款第1句第1项规定的按病种收费；通过基于联邦统一的收费目录得出的、包含住院时限与转院调整规定的估值比率（有效估值比率）与州基准值相乘；

2. 第1款第1句第2项规定的附加费用；费用目录应引用联邦统一的费用水平；

3. 第1款第1句第3项、第5项、第6项规定的按病种付费、附加费用和按日费用，上述费用应依据第6条规定的医院单独约定的数额结算，

4. 第1款第1句第4项规定的补贴与扣除应由医院单独约定。

根据第9条第1款第1句第3想在联邦层面约定的结算规则应被采用。

第8条 费用计算

（1）一般性医院服务的费用将为医院的所有使用者统一计算；《医院筹资法》第17条第5款的规定不受影响。对于在临床试验中接受治疗的患者，一般性医院服务

的费用根据本法第7条计算；该条对于医药产品的临床试验同样适用。上述费用只能在照护委托的范围内进行计算；但不适用于救治急诊病人的情形。医院的照护委托基于以下情况产生：

1. 对于规划医院，基于规划规定结合根据第6条第1款及《医院筹资法》第8条第1款第3句作出的实施决定，以及根据《社会法典第五册》第109条第1款第4句作出的补充约定，

2. 对于高校（附属）医院，基于根据州法律法规作出的认可，基于《医院筹资法》第6条第1款规定的医院规划及根据《社会法典第五册》第109条第1款第4句作出的补充约定，

3. 对于其他类型医院，基于根据《社会法典第五册》第108条第3项签订的照护合同。

（2）对被确定在第9条第1款第1句第1项规定的病种收费目录中的病案的治疗，将按照病种付费结算。协作医生的病人应单独按病种付费结算。除此之外被允许按病种付费结算的包括：

1. 根据第9条第1款第1句第2项或者第6条第1至2a款规定的目录中的附加费用，特别是对于血友病凝血因子相关治疗，以及在肾功能衰竭治疗非主要医疗服务时的透析治疗，

2. 根据第5条的补贴与扣除，依第4条第8款规定的2009年的补贴，以及根据《医院筹资法》第17a条第6款确定的培训补贴，

3. 当住院期间与住院前、后的治疗天数的总和超过按病种计费的住院时限的，根据《社会法典第五册》第115a条所确定的住院后治疗；住院前治疗不再按病种计费外单独结算；上述情形同样适用于对私人病人采取的、作为一般性医院服务的相应治疗。

4. 根据《社会法典第五册》第139c条、第91条第2款第6句，以及根据第291a条第7a款第1句、第2句确定的补贴。

（3）截至2014年12月31日，对《统一合同》第3条所指区域内的医院，应按除出院当天以外住院期间的总天数（占用天数）计算《健康结构法》第14条第3款的规定的投资补贴。在半住院情形下对出院日也应计算补贴。

（4）如果医院不遵守质量保障义务，则按病种计酬和附加费用根据《社会法典第五册》第137条第1款或第2款，或者第137i条第5款的规定扣除。以下情形中，不支付服务报酬：

1. 医院未达到《社会法典第五册》第136b条第1款第1句第2项要求的最低质量标准,且不存在《社会法典第五册》第136b条第1款第1句第2项或第5款的例外情形或者不满足《社会法典第五册》第136b条第4款规定的质量期待时,

2. 在最长接下来的三年中扣除第5条第3a款规定的质量款,且质量仍不达标。

(5)如果可按病种计酬的病人因为与其接受的治疗相关的并发症状,在住院时限上限之内又被再次接收,则医院应对该情况进行个案资料总结并对按病种计酬系统进行重新归类。相关详细或者偏差规定由缔约方根据《医院筹资法》第17b条第2款第1句规定或者依《医院筹资法》第17b条第7款确定的法规规定进行调整。

(6)如果一项通过按病种分类计酬的服务系在无需病人转院的情况下由多家医院共同提供,则对按病种计酬的计算应通过该病人住院所在的医院进行。

(7)在医疗保险未能被证实覆盖的领域,医院可以要求合理的预先支付。医院可以从住院的第8天起收取合理的部分费用,其费用额度应根据目前已经提供的服务结合预期应付的总费用额度确定。如果在根据《社会法典第五册》第112条至第114条确定的对医院有约束力的法规或者根据第11条第1款的协定中有涉及其他关于及时缴纳一般性医院服务费用的规则,则第1句、第2句的规定不适用。

(8)除非病人参加了住院治疗全额保险,否则对于自费病人或其法定代表人,医院应将预测的相关费用尽快以书面形式进行告知。除此之外病人还可以要求向其非强制性告知预计将进行结算的按病种计费及其数额以及预计需支付的补充费用信息。如果关于接收自费病人的费用尚未被最终确定,亦应相应告知。此外,在病人住院治疗期间新的费用生效时,应就应付费用增加事项作出通知。预期费用增加应被标明。

(9)医院应用可以理解和领会的形式为自费病人制定账单。其中按病种付费和附加费用应明示当次采用的费用目录中的编号和完整文本,重要的诊断和程序代码,以及与按病种付费相关的有效估值比率和州基准值。除此之外对于诊断和程序代码还应给出相应的文字版本。其他诸如补贴和扣除等费用应以简短并可以理解的文本形式说明。依第7条第1款第3句确定的补贴应在账单上汇总并以"系统补贴"名义表明。德国医院协会在与私立医疗保险协会商榷后就账单的制定提出建议。《社会法典第五册》第301条规定的程序不受影响。

(10)为促进护理服务,对于在医院接受全住院治疗的病人,应自2017年1月1日起为其住院接收结算护理补贴,并在账目中单独列明。护理补贴的额度应据此取得,即通过将医院的年度资助总金额除以针对收益预算和收益总额的协议期间

约定或者确定的全住院病例数得出。对医院的年度资助总金额应由缔约双方根据第11条的规定确定,其中医院对于护理人员的人事费用份额应根据所有综合医院护理人员的人事费用计算得出,并且该单个医院的份额应与每年联邦范围内可支配的5亿欧元资助总金额相关联;自2019年起,该资助总金额应从5亿欧元的基础上增加按照第4条第8款的护理岗位支持项目在2018年合目的使用的财政资金的数额。所有综合医院护理人员的人事费用基础为各个由联邦统计局在第12专业序列第6.1节中表明的与医院存在或不成立直接雇用关系的护理全职职位数,乘以在第12序列第6.3节中表明的、需为下一年度约定护理补贴的所在年份的前数第2个年份里单个护理人员在联邦内的平均费用;单个医院护理人员的人事费用基础为在同一年份由该医院提交至州统计部门并已列入统计数据的、与该医院存在或不成立直接雇用关系的护理全职职位数,乘以在第12序列第6.3节中表明的在各自州内单个护理人员的费用。在第10条第5款第6句规定的情形下,按照第2句计算的护理补贴应在考虑到医院平均病案严重程度的基础上予以提高。第5条第4款第5句、第11条第4款第3句和第4句和第15条第2款的规定比照适用。

第四章 协商程序

第9条 联邦层面的协定

(1)医疗保险基金会联邦最高联合会及私立医疗保险协会共同与德国医院协会(联邦一级缔约方)约定对第11条项下协议双方有效的规定,特别是

1. 包含估值比率、转院与住院时限调整规定及与此相关需额外支付的费用或者执行的扣除(有效的估值比率)的按病种计费目录,

2. 包含报酬水平的《医院筹资法》第17b条第1款第12句规定的补充额外费用目录,

3. 适用于第1项、第2项的费用和补贴、扣除相关规定的结算规则,

4. 对于根据第6条规定可约定单独费用的新诊断和治疗方法,其费用核算和支付的建议,

5. 根据第11条第4款第1句确定的费用标准提高的增幅率和计算程序,

6. 2016年7月31日之前首次制作不能量化计费的医院服务目录,以及执行这些扣除费用的办法,尤其是如何确定转院的规则和转院情况下扣除的费用,

7. 根据第10条第5款第4句制定的协议中提高的费率及首次部分提高费率的时间。

(1a)在第1款第3项的基础上,联邦层级的缔约双方应就以下内容进行约定

1. 与为基于联邦联合委员的指令及为基于《社会法典第五册》第137i条第6款规定的框架协议的额外支出提供资助的附期限附加费相关的、特别是对其持续时间的规定;

2. 在2016年3月31日之前,有关为具体化第2条第2款第2句第4项规定的特定任务的详细内容;上述内容可能特别由以下方面得出

a)跨地区和跨医院的任务履行,

b)医院,特别是罕见疾病中心特定人员设施配备的必要性,或者

c)由于特殊的技术和人员要求而将医疗供应记住在个别地点的必要性;在此其应确保,其不涉及已经通过根据第1款第1项和第2项、根据本法其他条款或者根据《社会法典第五册》的规定的费用获得偿付的任务;《医院筹资法》第17b条第1款第10句的规定不受影响;

3. 在2016年12月31日之前,关于为临床科室落实质量保证的要求;其特别应根据住院死亡病例的数量,就需剖验的死亡病例的选择确定为满足质量保证的剖验率和标准,确定剖验的平均费用的额度及为计算附件(补助)费制定依据;作为确定剖验平均费用的额度的基础应委托医院薪酬制度研究机构进行计算和定期调整;对于资金资助比照适用《医院筹资法》第17b条第5款的规定;

4. 在2018年6月30日前,关于在联邦共同委员会根据《社会法典第五册》第136b条第1款第1句第5项和第9款作出的规定的基础上,对于医院服务或者服务领域质量极出色或者不足的质量补贴与扣除费的额度及其具体设置;

5. 在2018年6月30日前,关于对于参与或不参与紧急救护的补贴与扣除费的额度及其具体设置,对此应预先规定在确定补贴与扣除费额度时,医院薪酬制度研究机构应提供支持,补贴与扣除费须参照由联邦共同委员会根据《社会法典第五册》第136c条第4款的规定进一步制定的参与紧急救护最低条件等级体系处理;

6. 在2018年10月31日前,关于根据第4条第8款的护理岗位支持项目在2018年合目的使用的财政资金的预期金额,以及在估计误差情形下对上述金额的修正。

(1b)联邦一级的缔约方应在每年10月31日以前,约定效力作用于州层级缔约方的、为限制根据第10条第4款的基准值的发展而按照第10条第6款第2句或者第3句的措施要求确定的改变值,此外,只要不会由此而低于根据《社会法典第五册》第71条第3款规定的变动率,则已经以其他途径被资助的费用增长应被考虑;在第10条第6款第3句的情形中,根据《社会法典第五册》第71条第3款的变动率应在考虑到保证必要的医疗服务提供和人力与物资成本增加的情况下,提高最多上述差值的1/3。联邦层级的缔约方可以向州一级的缔约方就约定基准值和应被考虑、特别是根据第10条第3款第1句第3项的充分使用经济能力储备金的事实情况给出建议,并指出,那些无法在进一步发展评估关系时被实现而因此应在按照第10条第3款第1句第1项和第2句的规定约定基准值时予以执行的事实情况,应以何种额度被考虑或者被补偿。

(1c)为执行《医院筹资法》第17b条第1款第5句后半句的规定,联邦层级的缔约方应在2016年5月31日前提供对于经济上证实病案数量增加在增加程度上的依据的服务,规定在为下一个日历年度计算薪酬制度时会被考虑的、作为目标的服务评级降低或者服务评估分级。

(2)如果关于第1条第1句第1项至3项的内容无法全部或部分达成协议,则适用《医院筹资法》第17b条第7款的规定;在其他情况下则应基于一方当事人的请求根据《医院筹资法》第18a条第6款经由仲裁裁决；关于第1款第1句第5a项的裁决应该当年11月15日前作出。如果第1a款第5项的协议无法达成，则联邦卫生部移交给仲裁机关。如果第1c款的协议不能按期达成，则仲裁机构不按照第1句裁决，而应当在6周内依职权主动作出裁决。

第10条 州层面的协定

（1）在确定第9条第1款第1句第1项的按病种计费的金额时，《医院筹资法》第18条第1款第2句所称当事方（州一级缔约方）应每年约定对第11条项下协议双方有效的下一日历年度全州适用的基准利率（州基准值）。其以根据附录1第B2部分为当前日历年份州内医院约定的相关数值、特别是有效估值比例总和及按病种计费收益总额（B2序列号3）为出发点，并在此基础上预测后续年费的发展情况；在个别医院的数值暂未提供的情况下应对其估算；作为2009年协定基础的2008年度有效估值比率总额应结合当年度的州基准值进行评估。其应约定，在确定下一年度基准值时出现的预估偏差应被调整改正。在协定中缔约双方须确定，对于哪些事实情况和基于何种条件一项关于偏差校正的协商应于次年被提起。除对约定的金额数量进行调整（基本校正）外，在校正时还应执行相应的补偿。只有对基本校正量的考虑在缴费数额稳定性指标范围内，在无预估偏差的应被修改的上年度协议中也被允许时，第3句至第5句规定的校正才应被执行。

（2）（废除）

（3）在订立协定时应特别考虑：

1. 由第9条第1款第2句项下的缔约方给出的、基于每年的成本征收和重新计算产生的不能通过估值比率被转化执行的变动需要，

2. 预计综合成本的发展趋势，

3. 充分使用经济能力储备的可能性，只要其尚不能通过估值比率的进一步发展被涵盖，

4.（废除）

5.（废除）

6. 只要医院服务一直获得基准值资助或者基于第5条第2款第2句获得了州额外提供的补贴，则根据第7条第1款第1句第4项的其他补贴总额应下降；根据第4条第8款、第9款以及第5条第3款、第3a款、第3c款获得补贴不在此列，

7. 没有参与急诊治疗而增加了的扣除款及根据第5条第3c款获得的补贴，只要这些款项没有提高单个医院的支出或者没有通过其他补贴进行补偿。

如果依据变动了的疾病代码和程序增加了支出,则需要降低基准值来平衡。

(4)按照第3款确定的基准值的变更,不应超过通过应用第9条第1款第1句第5a项规定的改变值而得出的基准值变更。如果作为DRG偿付系统或者结算准则进一步发展的结果的基准值增加只是与技术原因相关,而不会导致医院服务总支出的增加,或者如果第1款中所示的对预估偏差的修正被执行的,则第1句的内容不适用。如果较低的有效估值比率总和基于第2句所列之外的其他事实原因被约定,在不会导致医院服务的整体开支增加的情况下,可以偏离第1句的规定约定更高的基准值。如果超过改变值的情况通过对在第3款第1句第7项的框架内的、根据第5条第3c款规定的附期限的附加(补贴)费的增加考虑被认定,则可以约定高于第1句规定的基准值。

(5)在为2016年约定基准值时,首次应按照超过根据第4款第1句的改变值之外的工资和收入的集体标准增加进行考虑;该增加也应作为基准增加作用于后续年份。在人事费用方面,改变值与通过对经集体合同约定的提高工资协议和一次性支付约定的平均影响的计算得出的集体协议费用比率之间的差值的50%应按照第5句所述办法进行考虑。确定按照第2句的集体费用比率时的标准应是一方面对于非医生人事领域,另一方面对于医生人事领域各自的、在其领域中对大部分雇用关系起决定性作用的集体合同的约定。按照9条的联邦层级缔约方应在上述两种比率的差值额度内约定增加比率。待商定的基准值应在考虑到州一级缔约方首次结算日期的基础上,增加上述增加比率(按比分配的增加比率)的1/3。只要协议年度的基准值已被约定或者确定,则经由对州基准值采用按比分配的增加比率而产生的额度差异应通过自第9条第1款第7项规定的时刻起实行的、同一财政年度内按照第8条第10款的附加费的增加予以考量(处理);此时待应用于该日历年剩余时间的额度差异应由在同一财政年度的考量而相应增加。在第6句的情形中,根据第5句的按比分配的增加比率应在约定下一年度基准值时予以考虑。

(6)联邦统计局应每年确定反映医院实际费用支出发展情况的定位值,并在当年9月30日前将其公布;联邦统计局为此目的收集的数据信息将由联邦卫生部通过,无须经由联邦参议院同意的法规予以确定。若定位值低于根据《社会法典第五册》第71条第3款的变动率,则改变值应与变动率相符。若定位值低于根据《社会法典第五册》第71条第3款的变动率,则联邦层级的缔约方应确认两项数值之间的差额,并根据第9条第1b款第1句和《联邦护理费率条例》第9条第1款第5项的规定约定改变值。自2018年开始应对作为改变值应用的定位值以及对超过改变值的集体协议费用增加的按比资助进行审查。

（7）只要在《统一合同》第3条所指区域内公务员集体协议规定的报酬水平低于联邦其他地区的有效水准的，该情况在商定基准值时就应被注意。倘若这是为补偿上文中报酬至联邦其他地区有效水准所必需的，则第4款中的变化率（限制）应允许被超过。

（8）为逐步调平各州不同的基准值，应将数值额度从+2.5%至−1.02%的统一基准值区间引入按照第9款规定的统一基准值中。在2016—2021年的每年1月1日，应通过6个相等的步骤将高于统一基准值区间的基准值向统一基准值区间的上限值方向调平。对于每次调平起决定作用的调平值应据此被确定，即当基准值偏高时，按照第1款至第7款、第11款和第12款商定的、未经调整的基准值应减去统一基准值区间的上限值，对于所得的中间结果应

1. 在2016年按照其16.67%的比例，
2. 在2017年按照其20%的比例，
3. 在2018年按照其25%的比例，
4. 在2019年按照其33.34%的比例，
5. 在2020年按照其50%的比例，
6. 在2021年按照其100%的比例

进行计算。对于2017年，在按照第3句确定调平值之前，应将第3句规定的上限值增加根据第12款的要求应由州基准值额外考量的数值。为确定基准值，应将为各个日历年度商定的基准值与根据第3句的相应调平值在注意正负符号的前提下相加。该计算结果应由州一级的缔约方作为结算按病种计费的基础的基准值进行约定。低于按照第1句的统一基准值区间的基准值将自2016年1月1日期各自向前者的下限值调平；根据第3款第1句第6项实行的对参与紧急救护的附加（补贴）费和对基于该州的补充或其他规定的保障附加（补贴）费的减少的考虑不受影响。当完成第3句或者第7句规定的调平后，在根据第1句的统一基准值区间范围之外的协商结果应每年与该幅度范围内的相应极限值进行充分调平；仅当其不会对充分达到相应极限值造成阻碍时，第1款第3句规定的偏差预估才能被实施。缔约双方应确定根据第9款第3句应报告的数据信息。

（9）联邦层一级的缔约方委托其DRG研究所按照下文所示要求，基于各州各自被有效结算的基准值计算统一基准值和统一基准值浮动地带。此时包含校正且未补偿的单个基准值应与在其协定中作为基础的有效估值比率总和一起被评估。参

与该基准值协定的州医院协会应在每年7月31日前,为计算向DRG研究所报告当年所约定或确定的、包含校正且未补偿的基准值,作为其协定基础的支出总额和有效估值比率总和。如果一州的上述数值无法在期限内商定或得出,则DRG研究所应按该州上一年的数值计算统一基准值。DRG研究所的计算结果在2013年应按照第5款第5句的比率提高,其结果还应在每年10月31日前作为联邦一级缔约方商定统一基准值和统一基准值浮动地带的基础;该计算结果应按照与下一年相关的变化率或第4款第1句的规定的改变值提高。如果上述协议无法达成,则由根据《医院筹资法》第18a条第6款的仲裁机构基于一方当事人委托作出裁定。

(10)关于基准值或第8款第5句、第6句规定的校准基准值的协定应在每年11月30日前被订立。当一方当事人提出书面请求后,州一级缔约方应无延迟地立即对此展开协商。协定通过当事人之间的合意达成;并应以书面形式订立。如果协议在此时间内无法达成,则由根据第13条的仲裁机构基于州一级一方当事人的委托无延迟地确定基准值。

(11)(废除)

(12)在自2020年1月1日期适用的基准值中,对用于对卫生学专业人员的新聘、新设岗位的内部安置或者增加现有非全职职位的资助金额应以由在州内的医院合计为2019年按照第4条第9款第1句第1项的规定结算的附加费的额度被计入;此外由州内的医院合计在2016年为支持卫生授权医生结算的附加费的资助资金应额外计入。在此范围内第4款的规定不适用。

(13)缔约双方应在每年9月30日前,首次应在2018年9月30日前约定一项由缔约双方按照第11条的规定适用于额外服务协议的、额度为此类额外服务估计的按病种计费固定费用的平均份额值的扣除费(固定费用降低扣除),在此应一次收取三年的扣除费。扣除费的额度应按下述方式达成一致,即与在为2015年进行州基准值的商谈时对于额外服务的固定费用的考量相比,在由缔约双方按照第11条适用扣除费时,不会产生超额支出;第4条第2b款第3句第1项规定的例外情况在此不受影响。对于2017年和2018年,扣除费的额度(比)被确定在35%。

第11条 单个医院的协定

(1)根据第3条至第6条的规定并考虑到医院的照护委托(第8条第1款第3句、第4句)应由《医院筹资法》第18条第2款(缔约方)项下的协议双方在协定中就第4条的收益预算、估值比率总和、根据第6条的其他费用、根据第6条第3款的收益总和、补贴和扣除及增益—短缺收益平衡等事项进行调整。该协定应为未来的一段时间(协议期限)订立。该协定应含有保证及时向医院支付费用的规定;因此特别是有关合理每月分期付款和逾期支付利息的规则应被采用。该协定基于参与协商的当事人之间的合议达成;其应以书面形式订立。

(2)协定的周期应以医院保持运作的整日历年为单位。包含多个日历年的合同期限可以被约定。

(3)当一方当事人提出书面请求后,协定缔约方应无延迟地立即对此展开协商。协商应在考虑《医院筹资法》第18条第4款规定的6周期限的情况下及时订立,以使得新的收益预算和新的费用在协商期间过后能够生效。

(4)医院管理方应将协商的筹备情况传达给《医院筹资法》第18条第1款第2句称为参加人的其他缔约方,以及本法附件1第E1至E3以及B1部分中的州主管部门。这些数据应通过机器可读的数据载体储存。如果数据是评估个案中医院在其照护委托范围内的服务履行而必需的,则医院应基于《医院筹资法》第18条第2款第1项、第2项下其他缔约方的联合要求提交补充文件并提供资讯。在第2句的要求方面预期的利益必须明显超过所产生的费用。

(5)各缔约方有义务提前沟通关于照护委托、医院服务结构及第5条中补贴和扣除的金额等关键问题,以使得协商能够顺利进行。

<h3 style="text-align:center">第12条 临时性协定</h3>

如果协议双方在数量上,特别是在有关收益预算或者附加费用的数量上无法达成一致,以及因为相关事项合意的无法实现而根据第13条规定被提交仲裁的,只要数量不存在争议,则当事人应订立一项协议。在权威性的费用标准最终生效之前,应根据该协议的决定收取费用。由于临时性费用的收取而造成的增益—短缺收益应通过对在本协议或者后续协议期间的费用的补贴或扣除予以补偿、抵消。

<h3 style="text-align:center">第13条 仲裁</h3>

(1)如果当事人就本法第10条或者第11条所示协议全部或者部分无法达成一致,则基于第10条、第11条中提及的一方当事人的请求,仲裁委员会应按照《医院筹资法》第18a条第1款的规定作出裁决。此时其受适用于合同当事人的有关法律规定约束。

(2)仲裁委员会应在6周内就当事人无法达成合意的事项作出裁决。

<h3 style="text-align:center">第14条 审批</h3>

(1)对约定的或者经依据第13条规定的仲裁裁定的、州内适用的第10条所指的基准值,对第4条规定的收益预算,对第6条规定的费用以及对各个医院确定的

补贴和扣除的审批,应由协议双方向主管的州一级机关提出申请。

（2）协议双方及仲裁机构应向主管的州一级机关出示和提供为验证合法性而必需的文件及信息。此外,适用于协议双方的与协议相关的法律条文应比照使用。审批可以与辅助条款结合,只要后者是为了排除妨碍无限制审批的法律障碍所必需的。

（3）如果关于一项仲裁裁决的审批被拒绝了,则该仲裁机构依请求有义务在重视审批机关法律意见的基础上重新作出裁决。

（4）关于州内适用的基准值的审批,合同当事人的行政法律救济只在州层面被给予。不进行先置程序;起诉不具中止效力。

第15条　期间

（1）当联邦层面合同各方没有作出区别约定时,自1月1日起被医院接收的病人,要缴纳按照第7条第1款第1句第1项和第2项规定为该日历年所约定的按病种计费和附加费用。按病种计费要结合该日历年的州基准值进行估算。如果该日历年的州基准值在此日期之后才被批准,该基准值自被批准之日起的下个月第1日开始使用。在此之前的按病例收取的费用按照当时有效的州基准值进行计算并且按照由其得出的费用进行结算。如果对于第7条第1款第1句第1项和第2项的按种计费和附加费用的收费目录过迟达成合意,或者根据《医院筹资法》第17b条第7款确定的行政法规预先规定的,以至于第一次结算晚于1月1日的,在新的收费目录生效以前,继续按现行有效的按病种计费和附加费用进行结算。

（2）由医院各自对日历年约定的费用将自新的约定时限开始时起收取。如果约定晚于该时间点被批准的,且约定或者仲裁决定没有确定将来的另外时间点时,该费用自批准之日起的下月首日开始收取。在此之前应继续按照当时有效的费用并按其数额进行收取;当存在以下情形时,当时有效的费用不适用:

1. 一项当时由医院自行约定的费用,由于按照新的费用目录该服务应由联邦统一估算的费用进行计酬,而自1月1日起不能继续被结算的,或者

2. 联邦层面的缔约各方在结算规定中确定,另一项作为辅助的费用应被结算的。

上述费用仍应与被包含在内的平衡金额进行清理结算,当且只要其在之前的协议或者决定中已经被确定。

(3)对于因按照以前的州基准值和第1款、第2款所示以前的费用标准继续收缴而产生的增益或短缺收益,原则上要在余下的约定时间内进行清算补偿。补偿的费用在第5条第4款确定的补贴及扣除框架内进行结算。

第五章　另行计费的医疗及其他服务

第16条　（废除）

第17条　选择服务

（1）当一项医疗服务不会损及医院的一般综合性服务，并且其相关单独结算方式已同医院达成合意的，则除了全住院和半住院服务费用外，此服务亦可以作为一般综合性医院服务之外的选择服务被单独计费。仅当第1句所列条件均已达到，且该服务系由《心理治疗师法案》第1条第3款所指称的医生、心理治疗师（心理医生）或者儿童、青少年心理咨询师所提供时，该项诊断和治疗服务才可作为一项选择服务被单独计费结算。选择服务的计费不允许与所提供的服务比例失当。德国医院协会和私立医疗保险协会对非医疗性选择服务的费用评估给出建议。如果有医院就一项非医疗性选择服务索要不合理的高额费用，则私立医疗保险协会可以要求其降低至适当的水平；关于费用降低的拒绝通过民事诉讼程序解决。

（2）选择服务应在其履行前通过书面形式进行约定；病人一方应在合同缔结前就选择服务的报酬及其内容获得详细的书面告知。选择服务的类型应由州主管部门结合第14条规定的许可申请进行通知。

（3）关于选择服务的协议应扩展到所有参与对该病人治疗的、被医院雇用或任命的医生，只要他们有权对其在全住院和半住院及住院前和住院后（《社会法典第五册》第115a条）范围内提供的服务单独计费结算，上述服务也包括由其安排的通过其他医生或院外医疗机构提供的服务；以上内容应在协议中提及。有权就选择性医疗服务单独计费的医院医生可以委托清算事务所对其选择性医疗服务的报酬费用进行结算，或者委托医院管理方结算。医生或受其委托的清算事务所有义务尽快向医院提供为确定第19条第2款所示应补偿费用而需要的完整文件资料，包括其所提供的所有服务的列表。该医生有义务同意医院就其账目报告进行审查。如果该项结算由院方完成，则医院应将扣除行政性支出和根据第19条第2款的应补偿费用后的报酬数额支付给对应医生。个人信息相关资料只有在获得当事人许可且可随时撤销的前提下，才能被送交至医院外的清算事务所。在选择性医疗服务的结算方面，不依据规则就可以确定的选择性医疗服务，其结算方法比照适用《医生收费规则》和《牙医收费规则》。

(4)关于可单独结算的住宿费用的协议不得从属于一项其他的选择服务协议而被制定。

(5)对于应遵守《联邦护理费率条例》规定的医院,其选择服务收费必须至少覆盖根据《联邦护理费率条例》在2012年12月31日的有效文本中第7条第2款第2句第4项、第5项和第7项的规定而应予以扣除的花费。

第18条 协作医生

(1)本法所称协作医生是指非签约受雇于医院的医生,其有权使用医院提供的服务、设备和物资对病人(协作病人)进行全住院和半住院治疗,但不会为此从医院获得报酬。协作医生的服务是:

1. 其个人服务,

2. 对协作病人的医疗急救服务,

3. 由协作医生安排的、医院下级医生在治疗协作病人时在同一专业领域提供的、如同协作医生行事的服务,

4. 由其安排的、院外医生或医生领导的机构提供的服务。

(2)对协作病人应根据《医院筹资法》第17条第1a款约定单独的一揽子护理费,对根据《医院筹资法》第17d条所规定的计酬体系(相关内容)应最早于2017年约定。如果就第1句所规定的对协作病人的单独费用没有或者尚未达成一致的,则应该根据本法第6条或者《联邦护理费率条例》第6条的规定约定单独附加费用。

(3)有协作病房的医院,其根据《社会法典第五册》第121条第5款通过与协作医生签订酬金合同来对其服务提供报酬的,对由有酬金合同的协作医生治疗的协作病人,主要部门依估值比率所估算的费用按80%结算。在这类医院中协作医生的报酬应包含根据第6条或者《联邦护理费率条例》第6条所规定的附加费用。

第19条 医生的支出补偿

(1)只要协作医生为按照第18条履行其服务而向院方医生提出请求,则其有义务向医院补偿为此产生的费用;但上述规定不适用于第18条第3款所述情形。以上支出补偿可以一次性支付。如果合同条款与本款第1句内容相违背,则应对其进行修正。

(2)只要院方医生可以将根据第17条第3款的选择医疗服务单独结算,则当第2句没有其他规定时,其有义务对医院可归因于此项选择服务的、根据《联邦护理费率条例》2012年12月31日有效文本第7条第2款第2句第4项的规定非为适格护理费的费用进行补偿。若医生可将根据第17条第3款的选择服务进行单独结算的许

可系根据一项医院管理方于1993年1月1日前签订的合同或者一项1993年1月1日前基于公务员制度规则被批准的次要活动,则该医生有义务有别于第1句的规定,对医院可归因于此项选择服务的、根据《联邦护理费率条例》2012年12月31日有效文本第7条第2款第2句第5项的规定非为适格护理费的费用进行补偿。

（3）只要医生为履行其他的、可自行结算的全住院或半住院医疗服务而占用院方的人员、设备或者医药物资,则其有义务补偿院方可归因于上述服务而支出的费用。第1款第2句、第3句应比照适用。

（4）如果该医院既未根据《医院筹资法》又未根据州内相关高校建设法规获得经济资助的,则第1款至第3款所示的支出补偿亦应包括可归因于上述服务的投资成本。

（5）关于医生使用医院设备、人员或者物资的费用支付的,只要其设定了一项超出支出补偿的使用费用,以及医生的其他费用的公务员法律或者合同规定,应不受第1款至第4款规定影响。

第六章　其他规定

第20条　州层面医疗保险基金会的权限

在本法中被分配给医疗保险基金会州协会的任务,由根据《社会法典第五册》第212条第5款规定的全权委托代表——医疗互助基金会履行,在其他领域,该任务由德国矿工—铁路—海员养老保险医疗保险基金会履行矿工医疗保险,由农业、林业和园艺社会保险履行农业医疗保险。

第21条　数据的转交与使用

(1)医院应在每年3月31日以前,通过可机读的数据载体将第2款规定的、上一日历年的数据资料转交给由根据《医院筹资法》第17b条第2款第1句的合同一方指定的、联邦层级的安置单位(DRG数据点)。对于2002年上半年所有被允许出院的全住院和半住院病例,其有关第2款第1句第1项第a至c点及第2款第a至f点的数据资料,应最迟不晚于2002年8月1日完成首次转交。

(2)应被转交的数据资料包括:

1. 每项具有以下数据结构的数据记录的转交

a)医院的机构标识、医院的类型及其资助承担类型,以及配备的床位数量,

b)根据《医院筹资法》第17b条第1款第4句和第9句关于补贴和扣除的协定标征,包括是否参与进行全住院急救护理的说明,

c)培训名额数目,理论和实践课程的支出,实践培训支出,培训机构开支应以根据《医院筹资法》第2条第1a项规定的职务名称为划分标准,并按照行政支出、管理费用、约定的总成本,以及教师与学员的数量逐项进行归类;按照职务名称划分的学员数目还应额外按照各个培训年度进行划分,

d)关于上一日历年度约定并已结算的DRG病例总数,约定并已结算的估值比率以及平衡金额(第5条第4款)的总额,

e)根据《社会法典第五册》第137i条合并以及分开统计的核算成全日制工作的护理人员的工作量;

2. 各医院关于以下(诊疗)服务资料的数据记录

a)根据《社会法典第五册》第290条第1款第2句规定的医疗保险号码的不可变更部分,或者在无前述医保号码的情形下,医院关于治疗情况的内部标识,

b)医院的机构标识,在根据地点区别性确定的照护委托情形下,还包括对出院地的附加标识,

c)医疗保险基金会的机构标识,

d)病人的出生日期、性别及其住址的邮政编码,对于不满1周岁的婴儿还应额外提供出生月份,

e)入院接收日期,接收原因及理由,接收的专业科室部门,转移接受进一步治疗的专业科室部门,出院或转院(部门)日期,出院或转院(部门)理由,对于不满1周岁的婴儿,还应额外提供以克(g)为单位的入院体重记录,

f)根据《社会法典第五册》第301条第2款第1句和第2句规定的各对应有效密码版本编制的主要和辅助诊断、手术及其他程序的日期及其类别的记录,包括在人工呼吸情形下以小时为单位的人工呼吸时间,其按照《医院筹资法》第17b条第5款第1句的相应编码规则在各自版本中的说明,以及以上措施是否由协作外科医生、协作麻醉师或者协作助产士提供的说明,

g)在单个治疗中被结算的费用的全部类型,

h)在单个治疗中被结算的费用的金额。

(3)DRG数据点检查数据资料的可信度,并在7月1日前

1. 为进一步发展《医院筹资法》第17b条规定的DRG偿付系统,以及为发展和进一步发展《医院筹资法》第17d条规定的薪酬体系和《医院筹资法》第10条第2款规定的投资估值比率,将第2款第1项和第2项第b~h项的数据资料转交至《医院筹资法》第17b条第2款第1句规定的合同当事方,

2. 为关于第10条第1款规定的基本利率的协定,将第2款第1项第c~d项和第2项第g、h项中与联邦州相关的数据资料转交给联邦州层面的合同当事方,

3. 为医院规划的目标,以及在存在《社会法典第五册》第90a条规定的州联合委员会的前提下,为有关跨部门照护问题的推荐建议,将第2款第1项第a~c项和第2项第b项、d项至g项中与联邦州相关的数据资料转交给州主管行政机关;以跨部门照护问题的推荐建议为目的而使用数据资料,特别是涉及医院商业秘密保护方面,联邦州应在各自数据保护专员的参与下通过法规加以调整,

4. 基于官方医院数据统计的目的,将第2款第1项第a项、c项和d项和第2项第b项、第d项至第h项的数据资料转交给联邦统计局,后者可将与各联邦州相关的数据转交至各州统计局。

在完成可信度检查之后,处理与人身相关的数据则不再被允许。DRG数据点

应在每年7月1日前按照联邦和州范围的结果划分的汇总数据公布。对于根据第1款第2句进行的首次数据转交,应偏离第1句和第3句的规定,在2002年10月1日前将相关数据转交和公布;根据第1句第2项的事项应在2004年7月1日前完成首次转交。根据要求应毫不迟延地向联邦卫生部提供对其关注领域和对根据第6句作出的推荐评估的评估建议;卫生部还应将以上评估建议转交至对主管医院规划的州行政机关。各州可以向联邦卫生部推荐补充评估建议。只有在相关数据不涉及具体患者的情况下,DRG数据点才能根据本款规定转交或公布数据资料。根据第1句第3项和第4项的数据接收人只能为建立医院相关服务领域的数据或者在根据地点进行区别性照护委托的情形下,才能适用邮政编码的数据;此时只允许将以下数据相互关联:邮政编码,病人数量及与DRG按病种付费、主要诊断或程序相结合的科室部门划分。根据要求应向联邦卡特尔局提供基于第2款第1项第a项、d项和第2项第b项、第d项至第h项的数据、按照《限制竞争法》规定作出的关于并购控制的评估,评估的费用由DRG数据点向联邦卡特尔局结算。禁止偏离本款以及《医院筹资法》第17b条第8款的规定处理和适用数据资料。

(3a)根据《社会法典第五册》第137a条第1款、被委托实施跨机构质量保证措施的联邦层级机构为实施第5卷第137a条第2款第1项、第2项和第3项规定的质量保证措施,可以要求取得从第2款第2项第a～f项中选择的服务数据,只要上述数据资料依其种类和范围是必要的。联邦层级机构还可以基于州层级跨机构质量保证的目的索要相应数据资料,并将其提供给州一级的各负责机构。只要第1句规定的对联邦层级机构的必要性已被阐明可信,则DRG数据点应将相关数据转交。第3款第9句相应适用。

(4)《医院筹资法》第17b条第2款第1句规定的缔约双方在与联邦数据保护专员和联邦信息技术安全局磋商后,对数据转交的细节作进一步约定。第2款第1项第e项的具体内容以及该内容在2018年上半年的数据转交工作,由双方在DRG研究所制定的框架内至2018年7月31日前约定。

(5)对于完全或者部分未及时履行其根据第1款规定的数据转交义务的医院,《医院筹资法》第17b条第2款第1句规定的缔约方应从该法第17条第1款规定的照护费总额中,约定在此情形下的扣除。DRG数据点应将违反情况逐次通知《医院筹资法》第18条第2款规定的缔约各方。后者在2013—2021年约定各医院基本薪酬值时,应对前述扣除予以考虑。

（6）若根据第4款和第5款的协议全部或部分未达成一致,则基于合同当事方的申请,由《医院筹资法》第18a条第6款规定的仲裁机构裁决。第4款规定的磋商行为应相应进行。

◎德国社会法典(选译)

附录1　根据《医院报酬法(KHEntgG)》第11条第4款建立费用和预算调查

(引用:BGBl.I 2002,1433-1437;相关个别修改参见脚注)

E　根据《医院筹资法》第17条的费用
E1　按病种付费报表
E2　附加费用报表
E3　根据《医院报酬法》第6条与医院个别协商的费用报表

B　预算确定
B1　2003年度和2004年度《医院报酬法》第3条规定的总金额与基准值
E1　医院的按病种付费报表*)1)2)
……(内容:非描述性表格)

---

*)模板;可以计算机打印
1)如下所示,报表应按照脚注2的要求为下述期间分别单列制作并提交:
——为上一个日历年度,该日历年度内DRG目录的实际数据
(目的:尤其为确定最终收益补偿),
——为当前日历年度,该日历年度内DRG目录的实际数据
(目的:阐明实际数据及确定临时性收益补偿),
——为当前日历年度,协议约定期间DRG目录的实际数据
(目的:预算以及服务增加削减协议基础),
——为协议约定期间,医院在该约定期间根据DRG目录的需求
(目的:预算协议基础)。
协作部门的服务应以独立报表提交。对于当前日历年度尚未获取的实际数据,允许进行推算。

2)在制作上一个日历年度和当前日历年度的实际数据时,应完成所有栏目的填写。有关协议约定期间的要求方面,被标记的第5~6栏、第8~10栏、第12~14栏和第16栏无须填写;对于以上项目只需估算各自总额。对于当前日历年度尚未获取的实际数据,允许进行推算。

3)在任一日历年度内的接收和出院(数),不含各年年初的跨年患者。

4)对跨年患者的估值比率,应按各对应上年有效的DRG目录出示,即是说对于协议约定期间内的跨年患者的报表,应采用当前年度DRG目录的估值比率。

医院:		页数:
		日期:

E2　医院附加费用报表*)1)

附加费用—序号	附加费用数量	附加费用—目录金额	总收益
1	2	3	4
年病例:2)			
与年病例相关的附加费用总额			
与跨年患者相关的附加费用总额			
全部附加费用总和			

*)模板:可以计算及打印

1)如下所示,报表应为下述期间分别单列制作并提交:

——为当前日历年,根据上一年度附加费用目录的实际数据

(目的:尤其为确定最终收益补偿),

——为当前日历年,根据该年度附加费用目录预估的实际数据

(目的:阐明实际数据以及确定临时性收益补偿),

——为协议约定期间,医院在该期间根据附加费用目录的需求

(目的:阐明预算协定)。

2)不含个年年初的跨年患者。

E3 根据《医院报酬法》第6条与医院个别协商的费用报表*)1)2)

E3.1 与病例相关的费用报表3)
……(内容:非描绘性表格)

_____

*)模板;可以计算机打印

1)如下所示,报表应按照脚注2的要求为下述期间分别单列制作并提交:

——为当前日历年,根据该年约定的费用的实际数据

(目的:尤其为确定最终收益补偿),

——为当前日历年,根据该年约定的费用预估的实际数据

(目的:阐明实际数据以及确定临时性收益补偿),

——为协议约定期间,医院根据所要求的费用在该约定期间的需求

(目的:阐明预算协定)。

协作部门的服务应以独立报表提交。

2)在制作上一个日历年度和当前日历年度的实际数据时,应基本完成所有栏目的填写。有关协议约定期间的要求方面,被标记的第9~10栏、第12~14栏、第16~18栏和第20栏无须填写;对于以上项目只需估算各自总额。

3)根据《医院筹资法》第6条第1款或第6条第2款的费用协定应逐个制表和提交。

E3.2 附加费用报表4)

根据《医院筹资法》第6条的附加费用	数量	费用金额	收益总额（Sp.2x3）
1	2	3	4
总额:			

4)根据《医院筹资法》第6条第1款、第2款或者第2a款的费用协定应逐个制表和提交。

E3.3 与日程相关的费用报表

根据《医院筹资法》第6条第1款的费用	病例数	日期数	费用金额	收益总额（Sp.3x4）
1	2	3	4	5
总额：				

医院：　　　　　　　　　　　　　　　　　　　页数：
　　　　　　　　　　　　　　　　　　　　　　日期：

B1 《医院报酬法》第4条规定的收益预算

连续序号	计算步骤	当前年份的约定	协议约定期间
	1	2	3
1	制定收益预算		
2	有效评价比例的总数[1] ×第10条第8款第7句规定的州基准值		
3	=小计总额		
4	+第7条第1款第1句第2项规定的补充报酬		
5	收益预算[2]		

1)对日历年所有病例的有效评估比例总额包括年初的逾期费用。

2)包括超过住院期间收益临界值上限的收益预算、超过最低住院期间的扣除和转院扣除。

农民保险法第二部

分册目录

第一章　农民医疗保险基金会的任务及被保险人范围 ……………………729
第二章　保险履行 ……………………………………………………735
第三章　医疗保险基金会与服务提供者之间的关系 ………………………738
第四章　农民医疗保险的主体与参保人资格 ………………………………739
第五章　农民医疗保险基金会协会任务的履行 ……………………………745
第六章　融资 …………………………………………………………746
第七章　医疗服务、保险与服务信息、数据保护及信息透明 ………………753
第八章　刑事与罚款规定、其他规范的运用 ………………………………754
第九章　暂行规定与终止规定 ………………………………………………755

导　　读

　　1972年，德国颁布了《农民医疗保险法》，农民群体开始与雇员一样被要求加入社会医疗保险体系中。1988年，《农民保险法第二部》颁布，目前的农民医疗保险制度主要依据这部法律施行。

　　该法共分九章，第一章规定了农民保险基金会的任务、强制参保人和自愿参保人的范围，免除参保义务的期间。值得一提的是，农民医疗保险通过将家庭作为基本单位贯彻了社会医疗保险的互助共济原则。第二章规定了待遇给付。第三章明确了基金会与提供服务的机构的法律关系，准用雇员医疗保险的规定。第四章规定了农民保险基金会的法律地位、制定自治章程的权利和章程的内容，参保人的资格、申报义务以及与农民法定养老保险待遇领取之间的关系。第五章规定了保险基金会联合会组织的任务和管辖权限。第六章规定了农民医疗保险的筹资办法、保险费率以及计算方法、参保人提供收入信息的义务。第七章和第八章规定的是医保基金会信息公开事项，以及参保人故意虚报信息骗保的刑事责任。第九章规定了过渡时期的衔接办法。

　　整体来看，德国农民医疗保险沿用了雇员法定医疗保险制度的基本框架，除了参保人自负保费、基金会在确定保费方面享有较大的权力之外，并无太多的特殊之处。

　　该法作为1988年12月20日《联邦法律公报》第1部分第2477页公布的《医疗卫生结构改革法》(Gesetz zur Strukturreform im Gesundheitswesen)第8d条由联邦议会经联邦参议院同意而通过决议，依据前法第79条第1款于1989年1月1日起生效。该法第55条则依据1988年12月20日颁布的《医疗卫生结构改革法》第79条第3款于1990年1月1日起生效。

第一章　农民医疗保险基金会的任务及被保险人范围

第1条　农民医疗保险的任务

作为一个团结共同体,农业医疗保险基金会的任务是维持与恢复被保险人的健康或改善其健康状况。也包括促进被保险人的自我能力和自我责任。其依据本法下列规定提供如下服务:疾病预防、劳动健康促进及规避与职业相关的风险、提高自助能力、健康风险鉴别和疾病(或病中)的及早发现。《社会法典第五册》第1条至第2b条,第4条第4款第1句相应地适用。

第2条　义务被保险人

(1)在农民医疗保险中有保险义务的是:

1. 农林业包括葡萄种植、园艺、池塘养殖、养鱼等产业,农林业企业系以土地经营为基础且达到最小规模的经营者,经营者性质不在考虑之列;《农村老年人(生活)保障法》第1条第5款规定的人群,

2. 以农业经营为业的人员,无须其企业达到第1项意义上的最小规模,当

a)其农业企业规模不超过《农村老年人(生活)保障法》第1条第5款规定的最低规模的一半,且不属于第4项规定的保险范围,

b)他们在农业企业的收入之外获得的劳动报酬、劳动收入和(他们的)《社会法典第五册》第5条第3款规定的提前退休金在本年度不超过根据《社会法典第四册》第18条规定的年度基数的一半,

3. 与农业经营者共事的家庭成员,当其已满15周岁或者作为接受培训者在农业企业中工作,

4. 依据《农村老年人(生活)保障法》满足领取养老金条件并且已经提出领取养老金申请的人员,

5. 已满65周岁,并在满65周岁之前的15年中作为第1项或者第2项中的农业经营者或者作为第3项中与农业经营者共事的家庭成员至少已经投保60个月的人员,以及这些人员的遗属和登记的生活伴侣(仅限同性伴侣关系中),

6. 满足《社会法典第五册》第5条第1款第2项或者第2a项规定的参保义务条件的人员,

7. 满足《社会法典第五册》册第5条第1款第13项规定的参保义务条件的人员。

（2）不考虑各自经营者性质、企业已达到最小规模的淡水渔业、养蜂业及牧羊犬养殖业的经营者视为第1款第1项所规定的农业经营者，最小规模的确定适用《农村老年人（生活）保障法》第1条第5款第2句至第4句的规定。以下的条文只要涉及农业企业，相应地适用第1句所称的企业。

（3）经营者是指自主开展其职业活动人。当合伙企业的有限责任合伙人或者某一法人的成员的主业是公司运营，并且基于此职业活动他们没有依法在法定养老保险中投保，即视为经营者。如果夫妻双方或者同性伴侣共同经营一家农业企业，则主要负责领导企业的配偶一方或者同性伴侣一方视为经营者。如果无法确定主要是哪一方负责领导企业，则由保险公司确定夫妻或同性伴侣中的哪一方作为经营者。

（4）共事的家庭成员是指第3款意义上的农业经营者的、主要以在农业企业中工作为业的配偶或者同性伴侣的三代以内的血亲、二代以内的姻亲和养子女（与经营者、其配偶或者其同性伴侣基于一种类似家庭的、长期的联盟而联系在一起的人员，经营者已经接纳他们为家庭成员）。如果夫妻双方或者同性伴侣双方都是共事的家庭成员，则主要在农业企业中工作的一方才负有投保义务；第3款第4句相应适用。农业经营者如果基于在配偶或者同性伴侣一方的农业企业中的工作满足了《社会法典第五册》第5条第1款第1项所提到的条件，其配偶或者同性伴侣也被视为共事的家庭成员。

（4a）依据第1款第1项至第6项，在农林业之外以个体经营为主业的人，无投保义务。在农林业之外，与其自我职业有关，日常至少雇用一位雇员的人员（非零工性低薪工作），假定为其在农林业之外以自我职业为主业。民事合伙人的雇员也视为合伙企业的雇员。

（5）对于第1款第3项所称的人员来说，保险的前提条件是，根据第1款第1项或者第2项他们不负有投保义务；对于第1款第4项所称人员，保险的前提是，他们不负有第1款第1项、第2项、第3项或者第6项所规定的投保义务；对于第1款第5项所称的人员，保险的前提是，他们不负有第1款第1项、第2项、第3项或者第4项规定的投保义务。

（6）作为共事的家庭成员与主业性的经营一样享有同等的领取《社会法典第五册》所称的提前退休金的权利，只要该家庭成员在领取提前退休金之前一直负有投保义务。作为第1款第3项所提到的农业经营者也被视为支付提前退休金的义务人。

(6a)根据第1款第1项至第6项规定负有投保义务的人、自愿参保人员或者根据《社会法典第五册》第7条或者第10条规定已投保的人,依据第1款第7项规定不负有投保义务。第1句相应地适用于《社会法典第十二册》第3章、第4章、第6章和第7章规定的社会保障接受者及《寻求政治避难者保障法》第2条规定的正在进行的社会保障接受者。第2句也适用于保障领取中断不足1个月的情况。只要不在其他保险计划中参保,《社会法典第五册》第19条第2款规定的支付(保障)请求权并非第1款第7项意义上的生病情况下的保险。

(7)负有投保义务并在私人保险公司投保的,可以将(法定)保险合同自保险义务出现时解除。这也适用于第7条规定的保险(义务)出现的情况。

(8)如果第2条、第6条或者第7条规定的保险在解除保险合同后不成立,或者第2条、第7条规定的保险在第6条规定的预先保险期届满前结束,只要先前的合同在解约前至少已经不间断存在了5年,则私人保险公司就负有重新缔结保险合同的义务。合同缔结无须对存续到解约时的相同资费条件进行风险审查;直至合同解约所获得的养老准备金将转到新缔结的合同上。如果按照第1句法定医疗保险是没有根据的,则新的保险合同在先前缔结的保险合同终止后的第2天生效。如果按照第1句法定医疗保险在预先保险期未届满时终止,新的保险合同在法定医疗保险终止的第2天生效。当保险依据第2条、第6条或者第7条未能成立,则第1句规定的义务在保险合同终止3个月后终止。当第2条或者第7条规定的保险在第6条规定的预先保险期完成之前结束时,第1句规定的义务最晚在私人保险合同结束12个月后终止。

(9)不属于欧盟成员国公民、欧洲经济区条约的缔约国公民或者瑞士公民的外国人负有第1款第7项的参保义务,只要他们依据《居留法》拥有落户许可或者长于12个月的居留许可,并且其对于居留证的颁发依据《居留法》第5条第1款第1项不存在提供生活担保义务。欧盟其他成员国的国民、欧洲经济区条约缔约国的国民以及瑞士公民不在第1款第7项规定的参保义务者之列,(他们)在德国居留的前提是存在欧盟《迁徙自由法》第4条的医疗保险保障。社会保障权利人依据《寻求避难申请人保障法》有权在疾病情形下得到保障,依据《寻求避难申请人服务法》第4条在疾病、怀孕及分娩时存在请求权基础。

◎德国社会法典(选译)

第3条 本法规定的保险义务与其他法规定的保险义务之间的关系

(1)依本法不负有参保义务的人包括：

1.依据其他法律规范负有参保义务的，

2.依据《社会法典第五册》第192条属于其他保险基金会参保人的。

(2)依本法负有优先参保义务的包括

1.《社会法典第五册》第5条第1款第1项规定的人员，当其已从事这项工作至多26周并且以必须参保独立执业者身份投保，

1a.《社会法典第五册》第5条第1款第1项所称人员，当其依据第2条第1款第3项负有保险义务，

2.《社会法典第五册》第5条第1款第11项、第12项、第189条及1977年6月27日颁布的《医疗保险成本控制法》(《联邦法律公报》第1069页)第2部分第1条提到的退休人员和提请退休人员，只要他们依据第2条第1款第1项、第2项或第3项负有保险义务，或者依据第2条第1款第4项负有保险义务，并且在提出要求获取第2条第1款第4项提到的农村医疗保险退休金的申请之前的最近5年中9/10的时间已经投保；如果在此期间曾在其他保险公司投保，只有当他们在提起第2条第1款第4项中的退休金前的10年内，依据第7条至少进行了一半时间的参保，才是农业医疗保险的义务参保人，

3.《社会法典第五册》第5条第1款第6项提到的因参与工作生活的保障而未能获得依据《联保保障法》结算的临时补助的人员当其依据第2条第1款第1项、第2项或第3项负有保险义务时，

4.《社会法典第五册》第5条第1款第7项、第8项提到的残障人士，当他们依据第2条第1款第1项、第2项或第3项负有保险义务时，

5.《社会法典第五册》第5条第1款第9项、第10项提到的大学生、实习生和无薪接受职业培训的人，当他们依据第2条第1款负有保险义务时，

6.《社会法典第五册》第5条第1款第2项或者第2a项提到的人员，当他们在失业申报时或者领取生活费之前属于或者曾经在农民保险基金会中投保的，

7.《社会法典第五册》第5条第1款第13项提到的人员，如果之前他们曾经在农民医疗保险基金会中投保的。

(3)豁免第2条第1款第4项、第5项规定的保险义务的人员包括：

1.依据《社会法典第五册》第8条第1款第1项由于年薪额度变动的，

2. 依据《社会法典第五册》第8条第1款第4项作为退休人员或者作为提出退休申请者的,

3. 根据1965年8月24日颁布的《关于修改〈母亲保护法〉和〈帝国保险条例〉的法律规定》(《联邦法律公报》第912页)第3部分第1条第4款规定或

4. 根据1967年12月21日颁布的《1967年财政修改法》(《联邦法律公报》第1259页)第3部分第3条规定免于保险义务的。

第3a条 不负有保险义务的人员

不负有保险义务的人员包括:

1. 满足《社会法典第五册》第6条第1款第1项、第2项或者第4项至第8项,或者第6条第3a款规定的前提条件的人员;符合《社会法典第五册》第6条第4款规定的人员,或者

2. 德意志联邦议会或者州议会的成员或者依据联邦或州的议员法领取养老金的人员。

第4条 保险义务的免除

(1)依据第2条负有参保义务的人员依申请可以免除保险义务:

1. 作为农业经营者通过工作使得其农业企业的经济价值(第40条第1款和第3款)超过60000德国马克的,或者

2. 通过申请第2条第1款第4项中所称的退休金之一,或者已经领取第2条第1款第4项中所称的退休金之一。

(2)申请必须在保险义务出现后3个月内向农业保险基金会提出。免除效力自保险义务开始时生效且不能撤销。如果已经依照本法履行支付保险金义务,则不能免除。豁免只有在能够证明存在其他类型的医疗保险请求权时才能有效。

(3)依据第1款第1项免于保险义务的人员,依申请可在医疗保险费用方面从农业保险基金会获得一种津贴,只要满足了第2条第1款第4项、第5项的前提条件,并且能够证明其已经在私人医疗保险公司处投保,其本人及其亲属如果依据第7条参保,可以要求提供与《社会法典第五册》所规定的保险保障相对应的保障类型。作为津贴其数额则应按《社会法典第四册》第18条所规定的每月基准数额的1/22来支付;这笔费用须以欧元取整支付。《社会法典第五册》第257条第2a款及第314条相应适用。但是,只要依据《社会法典第五册》第257条存在津贴请求权,这一请求权即丧失。

第5条 附期限的保险义务免除

依据第2条第2款才负有保险义务的淡水渔业、养蜂业及牧羊犬养殖业的经营者,只要他们自愿在其他保险公司就病假津贴请求权投保,依申请可免除第2条第1款第1项规定的保险义务。只要申请在1个月内提出,免除效力自义务开始时生效。如果申请提出时间晚(于1个月),则免除自申请提出次月第一天始生效。

第6条 自愿参保

(1)有权参保的人员包括

1. 依据本法从保险义务中剥离,并且在剥离之前的过去5年中至少已经参保24个月,或者在退出时间之前至少12个月不间断参保的人员;依据第23条的参保成员资格时间及因不正当领取二级失业救济金而获得保险的时间不予考虑,

2. 依据第7条保险失效的人员,或者只是因为存在《社会法典第五册》第10条第1款第4项或者第3款规定的前提条件因而保险不复存在的人员,其本人或者因个人投保而获得家庭保险的父母一方满足了第1项中规定的预先保险时间。第1句第1项的预先保险时间的计算是将依据《社会法典第三册》第339条计算的保险金的提取的360天视为12个月。

(2)自愿参保者在3个月之内通知医疗保险基金会:

1. 第1款第1项的情况下从参保成员资格结束时起算,

2. 第1款第2项的情况下从保险终止后或者针对参保人的扶养权利开始时起算。

第7条 家庭保险

(1)对于家庭保险,《社会法典第五册》第10条相应适用。家庭保险也同样适用于在农业企业中工作的农业经营者的或共事的家庭成员的配偶或者其同性伴侣,只要其依据第2条第3款或第4款不负有参保义务。在确定配偶或者同性伴侣的总收入时,配偶或同性伴侣从他们目前或者过去共同经营的农业企业获得的收入,或者作为共事的家庭成员一起工作获得的收入,不在考虑之列。作为企业的共同业主不被视为农业经营者的子女从农业企业中获得的收入,不在考虑之列。

(2)章程可以将家庭保险延伸适用于(如下)在参保者家中与其共同生活、完全或者主要由其扶养照顾,通常在(德国)国内居住并且其每月收入一般不超过《社会法典第四册》第18条所定基准数额的1/7的其他家庭成员;在养老保险金支付方面,不考虑因儿童抚育期间减少的保险金数额部分;依据《社会法典第四册》第8条第1款第1项、第8a条,对于从事非全职工作的人允许的总收入为450欧元;《社会法典第五册》第309条第6款相应适用。

第二章　保险履行

第8条　基本原则

（1）只要下文没有其他的规定，本法规定的保险服务适用《社会法典第五册》第3章的规定。

（2）病假补助金只有在第12条、第13条有规定时才予以保障。

（2a）如果参保成员欠缴额度相当于2个月保险费的费用且经催缴仍不支付的，其保险履行请求权被暂时中断；例外情况为：《社会法典第五册》第25条与第26条规定的疾病早期发现检查、急性病、痛治疗及怀孕、哺乳期的必要治疗的保险履行，当所有未结清的及在未结清期间产生的保险费付清后；当有效的分期支付的合意达成时，参保人从即刻起重获保险履行请求权，分期比率依合同确定。当被保险人在《社会法典第二册》或《社会法典第十二册》的意义上需要救助或将需要救助时，中断不发生或中断结束。

（2b）与依《器官移植法》第8条、第8a条进行的器官或组织捐献有关的或与依《输血法》第9条为造血干细胞或其他血液组成部分的分离、以向他人捐赠为目的而发生的献血有关的保险履行，适用《社会法典第五册》第27条第1a款，具体办法是在农业经营者提供捐献时，依据第9条提供营业补助金，而非依据《社会法典第五册》第44a条提供疾病补助金。支出的营业补助，农业医疗保险公司从医疗报销公司处报销，私人医疗保险公司按照劳资协议规定的标准补偿，联邦营业补助机构或者联邦层面的其他公法机构按照疾病情况下的计算标准，联邦范围内的免费医疗机构或者军医机构按器官、组织、造血干细胞或其他血液组成部分的接受者的供给报销。其他的报销义务主体须依据第1句按比例承担费用。

（3）选择性保险费率适用《社会法典第五册》第53条的规定，具体要求是第6款和第8款的第2句、第3句不予适用。

（4）（保险费）负担限度的确定以如下标准适用《社会法典第五册》第62条：仍将第7条的被保险人和第2条第1款第3项负有投保义务的不负有养老保险义务共事家庭成员视为参保成员。

第9条　营业补助

（1）依据第2条负有投保义务的农业经营者获得的不是疾病津贴或者育儿金，

而是以下各款规定的营业补助金。

（2）依据《社会法典第五册》第23条第2款、第4款，第24条，第40条第1款、第2款及第41条，营业补助金在农业经营者住院治疗期间、医疗保健或者身体复原保障期间提供，只要公司中没有持续工作的雇员和负有投保义务的共事的家庭成员。只要章程中没有规定更长的时间，营业补助金最长提供3个月。

（3）章程可以规定，如果疾病期间企业正常经营受到威胁，也可提供营业补助金。

（3a）章程可以规定，在怀孕期间及至分娩后8周内，多胎分娩或者早产至分娩后12周内，如果企业经营受到威胁，可提供营业补助服务以代替育儿金。针对早产或者其他的提前分娩的情形相应适用《母亲保护法》第6条第1款第2句的规定。

（4）章程有权规定营业补助金可延伸适用于

1. 参保的农业经营者的配偶或者生活伴侣，

2. 参保的共事家庭成员，

3. 长期雇用雇员或者负有参保义务的共事家庭成员的企业。

第10条 家政补助

（1）章程可以规定，参保人及其配偶、生活伴侣或参保的共事的家庭成员，只要后者长期从事农业经营者分派的工作，在生病、医疗保健或者身体复原（《社会法典第五册》第23条第2款、第4款，第24条，第40条第1款、第2款及第41条）、怀孕或者分娩期间家庭生计难以为继或者无法以其他方式加以保障的，农业经营者可获得家政补助。

（2）对于其他有自己家庭的农业医疗保险的参保人适用《社会法典第五册》第24条、第38条的规定。

第11条 营业补助与家政补助中的替代性（后备）工作人员

营业补助与家政补助须安排替代性临时工作人员。如果无法安排替代性工作人员，或者有理由不安排，应当适当报销因自我安排非本企业的工作人员而产生的费用。章程对此作进一步的规定。章程必须考虑农业经营运作和家政的特殊性。对于二级以内的血亲或者姻亲的费用不予报销。但是医疗保险基金会可以报销必要的车旅费和收入损失，当报销额度与通常安排替代性工作人员而产生的费用保持适当比例关系时。

第12条 病假补助金

依据《社会法典第五册》获得病假补助金的人员包括：

1. 依据第2条第1款第3项参保的负有交付养老保险金义务的共事的家庭成员，

2. 依据第2条第1款第6项参保的人员，只要其满足《社会法典第五册》第5条第1款第2项规定的参保义务条件，

3. 依据第3条第2款第1项参保的、在雇用关系存续期间丧失劳动能力的人员，以及

4. 自愿参保的、满足《社会法典第五册》第6条第1款第1项前提条件的雇员。第1款第3项、第4项规定的情况下病假补助金的计算以劳动收入为基础；保障病假津贴便不再提供第9条规定的服务。

第13条　针对不负有参保养老保险义务的共事家庭成员的病假补助金

（1）第2条第1款第3项规定的负有参保义务但不负有参保养老保险义务的共事的家庭成员获得依据《社会法典第五册》第223条第3款所定数额1/8额度的病假补助金；保险基金会章程可以将补助金数额提高至1/4额度。

（2）病假补助金可因同一种疾病最长提供78周，即便是在领取病假补助金期间出现其他疾病也如此。

（3）当被保险人作为雇员在生病情况下仍有法定的继续支付劳动报酬请求权时，当(只要)其在生病期间仍将获得劳动报酬时，要求支付病假补助金的请求权中止。此项不适用于一次性支付的劳动报酬(《社会法典第四册》第23a条)。

（4）《社会法典第五册》第44条第1款、第44a条第1句、第46条第1句、第47条第1款第6句、第7句、第48条第3款及第49条至第51条相应适用。

第14条　育儿金

（1）依据《社会法典第五册》第24i条有权获得育儿金的人员包括

1. 负有缴付养老保险金义务的、兼有(本法)保险义务的共事家庭成员，以及

2. 满足《社会法典第五册》第24i条第2款的前提条件的其他成员。

（2）在《社会法典第五册》第24i条第3款、第4款的前提下获得与病假补助金等额的育儿金的人员有：

1. 负有本法保险义务兼有缴付养老保险金义务的、并未满足《社会法典第五册》第24i条第2款规定的领取育儿金的前提条件的共事家庭成员，

2. 不负有养老保险义务的共事的家庭成员，

3. 《社会法典第五册》第2条第1款第6项结合第5条第1款第2项所规定的人员。

◎德国社会法典(选译)

第三章 医疗保险基金会与服务提供者之间的关系

第15条 合同法(缔约权)

农业医疗保险基金会与服务提供者之间的关系问题相应地适用《社会法典第五册》第4章的规定。

第16条 （废除）

第四章　农民医疗保险的主体与参保人资格

第17条　医疗保险人

农民医疗保险人是针对种农业、林业以及园艺业的社会保险人。在农民医疗保险事务本法规定的任务执行中,它被称为农业医疗保险基金会。《社会法典第五册》第6章第1部分第8个小标题的规定不适用于农业医疗保险基金会。

第18条　（废除）

第18a条　缩减行政和程序费用

(1)农业医疗保险基金会采取相关措施,以便农业医疗保险的管理及程序费用至迟至2016年不超过9100万欧元。针对种植业、林业及园艺业的社会保险机构应在2017年12月31日之前向联邦食品、农业及消费者保护部提交关于农业医疗保险管理及程序费用发展状况的报告。联邦食品、农业及消费者保护部将报告转交德国联邦议会和联邦参议院,并附上自己的立场。

(2)确定第1款第1句规定的管理及程序费用时,服务费用及养老备用金的供应不予考虑。

第19条　（废除）

第20条　特殊人群的保险

针对第2条第1款第6项、第7项的义务参保人,保险的执行必须相应适用《社会法典第五册》中关于保险、参保人资格、报名及保险费(第173条除外)的规定,适用标准是针对依据第2条第1款第6项的费用的确定,负有参保义务并领取失业金的参保人,保险费的计算标准适用高出法定医疗保险的平均附加数额的一般性缴费额度。

第21条　大学生与大学实习生的选择权

(1)可选择成为农业保险基金会参保人的人员有:

1. 在国立的及受国家认可的高校注册的大学生,

2. 按照(大学)学习或者考试条例规定进行业务培训的人员及进行无薪职业培训的从业者,如果其以前曾经是农业医疗保险基金会的成员,或者曾经依据第7条享受农业医疗保险基金会提供的保险服务。

（2）适用《社会法典第五册》关于《社会法典第五册》第5条第1款第9项、第10项所提到的人员的保险、参保人资格、报名及资金筹措的规定；《社会法典第五册》第254条第2句适用的条件是，医疗保险基金会的章程可以规定其他的支付方式。

第22条 参保人资格的开始

（1）参保人资格

1. 对于第2条第1款第1项所提到的义务参保人始于其作为农业经营者开始工作当天，

2. 对于第2条第1款第2项、第5项所提到的义务参保人始于其被纳入参保人名录当天，

3. 对于第2条第1款第3项所提到的义务参保人始于其作为共事的家庭成员开始工作当天，

4. 对于第2条第1款第4项所提到的义务参保人始于其依据《农民养老保险法》提请领取养老金当天，

5. 对于第2条第1款所提到的负有参保义务而依据第3条第1款仍是其他医疗保险基金会成员的人，始于其作为该医疗保险基金会义务参保的参保人资格终结之时，

6. 对于第2条第1款第7项所提到的义务参保人始于《社会法典第五册》第186条第11款相应适用的日期。

（2）参保人的参保人资格始于其加入医疗保险基金会当天。第6条第1款第1项、第2项中提到的有权参保人员的参保人资格始于其脱离原有保险义务当天，或者依据第7条原有保险义务终止当天。

（3）对于保险义务或者家庭保险终止并且没有出现其他的保险义务的人员，除非参保人从保险基金会得知有退出权的两周内宣布退保，可以在脱离保险义务后第2天或者家庭保险结束后第2天作为自愿参保人继续参保；退出声明只有在参保人证明存在其他的医疗保险请求权的情况下方始生效。当家庭保险的其他条件满足时，第1句不适用于保险义务终止的人员。

第23条 申请人的参保人资格

（1）依据《农民养老保险法》提出第2条第1款第4项规定的（其中一项）养老金申请的人员，未满足领取养老金的条件的，视为具有参保人资格。参保人资格始于依据《农民养老保险法》提出养老金申请的当天。该资格终止于申请人死亡、申请撤销当日或者对申请的拒绝不可撤销时。如果该人依据其他规定负有保险义务，

则第1句不予适用。

（2）（废除）

（3）第1款的参保人资格不适用于以下人员，即依据第2条第4a款、第3a条不负有保险义务的人员或者依据第4条、第5条及第59条第1款免除保险义务的人员；第3条第3款相应适用。

（4）如果对于参保人出现了本法第3条第2款第2项规定的享有优先地位的保险义务，则依据第1款的参保人资格优先于《社会法典第五册》第189条的参保人资格。

第24条　参保人资格的终止

（1）参保人资格终止于

1. 死亡，

2. 作为农业经营者开始工作当天，

3. 农业经营者的企业未达到第2条第1款第1项意义上的最小规模，但超出第2条第1款第2项a)项规定的最小规模的50%，或者其工资或收入超过了第2条第1款第2项b)项规定的额度的经营年度末，

4. 主业作为共事的家庭成员开始工作当天，

5. 作出放弃《农民养老保险法》规定的一项养老金请求权的决定已经不可撤销的当月，最早是在最后一次支付保险费的月份结束之后，

6. 依据《农民养老保险法》发放养老金的，如果过去一段时间无法撤销，则在不可撤销的时间结束后再发放，

7. 作为另外一家医疗保险基金会的参保人而获得参保人资格的时刻，

8. 针对第2条第1款第7项的义务参保人，在另外一项医疗保险计划中参保并可以获得医疗待遇的，或者住处或通常居所转移到别国的前一天；此规定不适用于依据《社会法典第十二册》第3章、第4章、第6章、第7章的规定而得到保险保障的参保人。

（2）自愿参保人资格的终止适用《社会法典第五册》第191条的规定。

第25条　参保人资格的延续

（1）第2条第1款第1项至第3项提到的义务参保人的参保人资格仍然保留，只要

1. 存在病假津贴或者育儿金请求权，有权要求一项保险保障或者依法领取教育津贴或父母金，或者要求父母育儿假期或者

2. 医疗辅助康复保障期间由康复机构支付伤害补助金、医疗扶助津贴或者过渡津贴。

（2）只要雇主已经同意解除工作关系，或者参保人放弃工资收入休假，义务参保人在怀孕期间仍然保留参保人资格，除非依据其他规定享有参保人资格。

（3）服兵役或者服替代性民役（社会役）则相应适用《社会法典第五册》第193条的规定。

第26条　章程与任务完成

（1）章程必须包含，特别是如下规定：

1. 关于保险的类型与范围，只要法律尚未作出规定，

2. 关于保险金的数额、期限及支付，

3. 关于年度经营记录和账目登记检查及年终决算的验收，

4. 关于申诉机构的组成及所在地。

《社会法典第五册》第194条第1a款和第2款及第196条相应适用。《社会法典第五册》第197a条适用的标准是，农业医疗保险基金会的负责人在代表大会上作报告，并将报告传送给联邦食品、农业及消费者保护部。

（2）关于经由第三人来完成相关任务相应适用《社会法典第五册》第197b条的规定。

第27条　农业经营者和前投保人的报告义务

（1）负有投保义务的农业经营者必须在两周内向农业医疗保险基金会报告其从事和停止农业经营事务，以及影响保险要求、保费金额及参保人资格的所有事实。

（2）农业经营者必须在两周内将负有投保义务的共事的家庭成员工作的接受、交付等情况向农业医疗保险基金会报备。《社会法典第四册》第28a条至第28c条相应适用。

（3）满足第2条第1款第5项规定条件的人员，必须向农业医疗保险基金会申报。

第28条　服兵役者与服民事替代役者的申报义务

在被征召服兵役或者服民事替代役的情况下，《社会法典第五册》第204条相应适用。

第29条　依据《农民养老保险法》领取养老金时或者领取法定养老保险的养老金时的申报义务

（1）申请第2条第1款第4项规定的养老金的人员，必须将申请连同申报一并提交给农业医疗保险基金会。

（2）对于已经提出法定养老保险养老金申请的人员，适用《社会法典第五册》第201条第1款第2句的规定，条件是当一项优先保险对其存在时，农业保险医疗保险基金会已收到他的申报。

（3）养老保险机构组织须向农业医疗保险基金会通报以下信息：

1. 法定养老保险保险金的开始时间、数额及养老金首次例行支付的月份，

2. 养老金申请撤回的日期，

3. 养老金申请被拒绝的，拒绝的决定无法撤销的时间，

4. 养老金的结束、断供、取消及其他不支付养老金行为，

5. 养老保险保险费缴纳的开始和结束时间。

法定养老保险的养老金（退休金）指的是《社会法典第五册》第228条规定的保险保障。农业医疗保险基金会应当无迟延地将法定养老保险金领取人在该农业医疗保险基金会处有保险义务的情况通知养老保险机构；这也同样适用于保险义务依本法终止的情况。相关程序适用《社会法典第五册》第201条第6款。

（4）《社会法典第五册》第5条第1款第11项、第12项和第189条规定的人员已依本法投保的，农业医疗保险基金会应当及时通知其他的医疗保险基金会或者主管的养老保险机构。这也同样适用于保险义务依本法终止的情况。

（5）本法第2条第1款或者第23条第1款提到的人员依据其他法律规定已经投保的，其他医疗保险基金会必须无迟延地向农业医疗保险基金会通报相关情况；这也同样适用于保险义务依据其他法律规定终止的情况。

第30条　关于参加工作保险服务、领取提前退休金、养老金、教育津贴以及父母育儿津贴的申报义务

加入参加工作保险保障及领取提前退休金、养老金、教育津贴和父母育儿津贴的申报义务适用《社会法典第五册》第200条第1款第2项、第3项、第202条及第203条的规定。

第31条　特定义务投保人的登记义务

依据《农民养老保险法》领取养老金、法定养老保险领取养老金或者与养老金相当的收入（抚恤金）的义务投保人，必须向其所投保的农业医疗保险基金会登记

1. 养老金开始的时间及数额，
2. 抚恤金的开始时间、数额、变更及支付机构，
3. 工作收入开始的时间、数额及变更。

第32条 提供信息的义务

针对参保人及与负有投保义务的家庭成员一起工作的农业经营者，相应适用《社会法典第五册》第206条的规定。

第33条 检查义务

农业医疗保险基金会至少每4年对保险及与保险费收取相关的重要事实情况进行一次检查。

第五章　农民医疗保险基金会协会任务的履行

第34条　农民医疗保险基金会协会的任务

（1）农民医疗保险基金会要履行在农民医疗保险基金会协会的任务。不得违反《社会法典第五册》第207f条的规定。《社会法典第五册》第171f条和第172条不适用于农民医疗保险基金会。

（2）农民医疗保险基金会协会任务尤其包括

1. 经与最高协会联邦医疗保险基金会协商一致，以判定一般性和农业性医疗保险基金会的管辖权限，

2. 判定养老保险及失业保险中农村共事家庭成员的保险义务，以及

3. 判定农业共事家庭成员的主要职业。

第35条　（废除）

第36条　州医疗保险基金会协会任务的履行

依据《社会法典第五册》的规定，农民医疗保险基金会承担州医疗保险基金会协会的任务。

第六章 融资

第37条 原则

(1)农民医疗保险的资金通过保费、联邦补贴、联邦参与费用分担及其他的收入来筹集。

(2)第2条第1款第4项、第5项所提及人员的保险费用由联邦支付,只要这些费用不由下列(资金来源)支付:

1. 第44条、第45条规定的保险费,

2. 第2条第1款第4项、第5项所提及人员依据《社会法典第五册》第249b条的规定所支付的保险费,

3. 保险费中依据第38条第4项包含的团结税。

(3)第4条第3款和第59条第3款规定的补贴由联邦来承担。

(4)关于联邦参与承担保险费用相应适用《社会法典第五册》第221条的规定。

第38条 保险费的确定

(1)第2条第1款第1项、第2项和第3项提到的义务参保人及第6条提到的义务参保人的保险金必须根据以下方法确定,即保险金与其他的收入总和能够覆盖财政年度的预算计划所规定的人群及其依据第7条投保的家庭成员支出、第4款规定的团结互助税及补足准备金。为了确定保险费必须在规定的收入基础上加入预算年度开始时存在的经营资金剩余的数额及在规定的支出基础上加入必要的经营资金库存的补足的数额。

(2)如果在预算年度内包括储备金在内的医疗保险基金会的经营资金不能抵补支出,应当提高保险费。为了维持或者恢复医疗保险基金会的运作能力,如果需要紧急增加收入,必须由基金会董事会作出最高到符合章程的新规则的额度来提高保险费数额的决定;该决定需要监督机构的批准。董事会无法作出决议的,由监督机构作出关于保险费应提高的必要数额的指示。

(3)如果医疗基金会的收入高于支出,并且经营资金和准备金都已达到(额度),必须通过修改章程减少保险费。

(4)第1款第1句提到的义务参保人和有权投保的人员参与分担第2条第1款第4项、第5项所规定人员的保险费用支出(团结互助税)。2013年的团结互助税共

计7900万欧元。第2句（团结互助税）的数额从2008年起按照一定的比例关系变动，即依第一句过去一预算年度保险费（不含团结互助税）收入与当前财政年度的保险费收入的变动大小关系。联邦食品、农业和消费者保护部在每年度8月31日之前公布变动比率及由此得出的下一年度的团结互助税的数额。

第39条 负投保义务的农业经营者保险费的计算

（1）只要不存在其他规定，负投保义务的农业经营者保险费的计算以下列内容为基础

1. 从事农业、林业获得的收入，

2.《社会法典第五册》第228条规定的养老金的净数额，

3.《社会法典第五册》第229条规定的救济金的净数额，

4. 从事农业、林业以外的工作获得的劳动收入，只要是除法定养老保险的养老金或者抚恤金以外的收入。

（2）只有当第1款第1句的第3项、第4项提到的收入类型的净数额总共超过了《社会法典第四册》第18条规定的每月基准数额的1/20时，才缴纳保险费。这种保险费的数额确定适用增加了平均附加费的法定医疗保险的一般保险费额度。与第2句的规定不同，基于《社会法典第五册》第229条第1款第1句第4项规定的抚恤金缴纳的保险费的数额适用增加了平均附加费的法定医疗保险的一般保险费额度的1/2。

（3）以第1款第2项提到的养老金为基础的保险费的确定适用增加了平均附加费的法定医疗保险的一般保险费额度。与前句的规定不同，以国外养老金为基础的保险费依据《社会法典第五册》第228条适用增加了平均附加费的法定医疗保险的一般保险费额度的1/2。

（4）农民医疗保险基金会基于负有投保义务的劳动关系向第3条第2款第1项所称的农业经营者收取保险费，履行保险义务应当依据《社会法典第五册》第249条第1款或者第2款，由雇主来承担。

第40条 基于农业、林业收入的保险费计算

（1）第39条第1款第1句第1项保险费按照等级确定。章程依据经济价值、劳动需求或者其他合适的标准为负有保险义务的农业经营者确定保险费等级。只要依据欧洲共同体的文件或者法律规定通过轮耕或非轮耕的闲置方式停止使用，适用闲置前一天的各自的价值标准。章程必须规定20个保险费等级。高等级的保险费额度应当高于低等级的保险费；不允许出现统一的基本保险费、全部或者多个保

险等级实行统一保险费额度的情况。对于第2条第1款第1项规定的参保人,最高等级的保险费数额必须至少是最低等级保险费数额的6倍,并且不能少于第2款规定的比较保险费数额的90%。只要新适用的比较保险费数额的变动每月少于10欧元,最高等级的保险费数额就不必作出调整。第2条第1款第1项规定的参保人禁止列入最低的保险费等级之中。

(2)比较保险费比照《社会法典第五册》第223条第3款规定数额的30倍与增加了平均附加费的法定医疗保险的一般保险费额度来计算。标准是每年7月1日的各个数值;比较保险费额度适用于下一个年度。联邦食品、农业和消费者保护部每年8月31日之前公布下一年度的比较保险费数额。

(3)关于经济价值的查明适用《农民养老保险法》第1条第6款第1句至第4句的规定。如果无法查明公司整体或者部分的经济价值,则以其所在乡镇的土地使用面积及与使用方式相适的平均公顷值为标准。

(4)劳动需求依据企业必需的劳力平均数量同时兼顾土地使用类型来计算,依据劳动时日长短和土地使用面积来确定。劳动需求的查明方法由章程具体确定。

(5)适用其他适当的标准由章程对相关程序作出规定。

(6)尽管农业医疗保险基金会要求确定经济价值或者劳动力需求等必要数据,但负有交付保险费义务的参保人没有确定、确定不完整或确定不及时的,在保险费正式依法申报前,依据农民医疗保险基金会现有的标准评估或者确定保险费的缴纳数额。

(7)基于第39条第1款第1句第3项、第4项的收入类型缴纳的保险费与第1款中提到的保险费总和不能超过最高等级的保险费数额。计算保险费时需要按照如下顺序参考第39条第1款第1句提到的收入类型:农林业收入、救济金及农林业以外工作收入。与其他的收入类型相区分,法定养老保险的养老金数额可以达到《社会法典第五册》第223条第3款规定的保险费计算限度。《社会法典第五册》第231条相应适用。

(8)农业医疗保险基金会应当书面告知农业经营者应缴纳的保险费数额。保险费通知决定必须以有利于经营者的方式向过去(回溯性)撤销,当

1. 嗣后公司的性质发生改变,

2. 经营年度中出现的公司变更事后才知悉,

3. 保险费的确定是基于经营者的错误信息或者由于经营者未提供信息而基于估算确定。

第41条　保险费义务人的信息提供义务

如果农业医疗保险基金会要求用以确定农林业以外工作收入的必要数据,而负有交付保险费的参保人没有确定、确定不完整或确定不及时的,在保险费正式依法申报前,医疗保险基金会有权依据评估的农林业外的工作收入确定保险费的缴纳数额。

第42条　负有投保义务的共事的家庭成员的保险费计算

(1)在农业企业工作的负有投保义务的共事的家庭成员的保险费由章程确定。在农业经营者的企业中工作的家庭成员缴纳的保险费额度计为农业经营者所缴纳保险费数额的50%~75%,前提是农业经营者依据本法投保且其基于农林业收入必须自己缴纳或者应当缴纳保险费。如果共事的家庭成员未满18周岁或者以接受培训者身份工作的,则按照本条第1句规定的百分比折半缴纳保险费。

(2)如果共事的家庭成员同时拥有其他工作,农业医疗保险基金会按照法定医疗保险的一般保险费率收取分摊在这份工作关系上的保险费。

(3)对于依据第25条第2项保留参保人资格的孕妇适用章程的规定。

(4)第39条、第41条相应适用。基于第39条第1款第3项、第4项规定的收入类型收取的保险费与经营者保险费数额之和不能超过最高等级保险费的数额。第40条第7款第2句至第4句适用。

(5)只要负有参保义务的共事的家庭成员在领取病假津贴、母亲津贴、育儿金或者父母津贴的,不得收取保险费。虽然免除保险费,但损害赔偿请求权不因数额豁免而排除或者减少。

第43条　特殊人群的保险费计算

(1)服兵役或者替代民事役的人员的保险费计算以《社会法典第五册》第244条的规定为准。

(2)领取提前退休金的人员的保险费计算相应适用第42条第1款第2句的规定。

(3)对于从法定保险中转移过来的义务投保人及至今仍未投保的人员,其保险费的计算相应适用第46条的规定。

第44条　申请人的保险费的计算

(1)依据第23条投保的人员的保险费通过章程来确定。这也适用于停发养老金的人员,时间直至取消或减少养老金的决定已经不可撤销的月末。第46条相应适用。

（2）在保留参保人资格期间免除保险费的人员依据第23条第1款包括：

1. 依据《农民养老保险法》领取养老保险的已故人员的配偶或者同居伴侣，当婚姻关系在死者满65周岁以前缔结，

2. 土地让渡养老金的领取者的遗属或者同居伴侣，

3. 依据《农民养老保险法》领取养老金的孤儿在父母去世时未满18周岁，

4. 如果依据第2条第1款第4项没有保险义务，但是依据本法第7条或者依据《社会法典第五册》第10条可以投保的人员。如果申请者有劳动收入或者领取救济金，则本项第1句不适用。第39条第2项适用。

第45条　终老财产受益人的保险费计算

（1）依据第2条第1款第4项或者第5项负有投保义务的人员的保险费计算以按照下列顺序规定的内容为计算基础：

1.《社会法典第五册》第228条规定的养老金数额，

2.《社会法典第五册》第229条规定的抚恤金数额，

3. 除农林业收入以外的工作收入。

（2）只要当照顾金和工作收入的总额超过了《社会法典第四册》第18条规定的每月基准数额的1/20，并且这两种收入加上法定养老保险的养老金总和不超过《社会法典第五册》第223条第3项规定的保险费计算界限，就应当基于抚恤金和劳动收入收取保险费。对这两种收入类型收取保险费的数额依据第39条第2款第2句和第3句来确定；针对养老金适用第39条第3款。针对农林业以外的工作收入适用第41条的规定。

第46条　自愿参保人的保险费计算

（1）自愿参保人的保险费计算通过章程来规定；《社会法典第五册》第240条适用的标准为，章程的规定替代农民医疗保险基金会联邦最高协会的规定。农林业以外的工作收入适用第41条的规定。领取病假津贴、母亲津贴、父母金或者（婴儿）照管津贴情况下的保险费免除适用《社会法典第五册》第224条的规定。

（2）章程也可以规定保险费的等级。

第47条　保险费的承担

（1）在第48条规定的条件下，义务参保人、自愿参保人及第23条第1款规定的申请人独自承担保险费。

（2）第2条第1款第7项规定的义务参保人独自承担保险费，基于劳动收入和法

定保险的养老金所需缴纳的保险费除外。

第48条　第三人承担保险费

（1）依据第42条第1款由农业经营者承担负有投保义务的共事的家庭成员的保险费。如果同时有多位农业经营者为同一位共事的家庭成员承担保险费用，则保险费总额不能超过第42条第1款规定的农业经营者之一所应承担的最高额。农业医疗保险基金会划分保费份额。

（2）负责的保险费承担机构支付第40条第1款、第42条第1款和第46条规定的领取过渡津贴、伤残补助及生病照顾津贴期间所应缴纳的保险费。

（3）针对依据法定养老保险领取养老金的义务参保人，养老保险的承担机构按照法定保险的一般保险数额承担以养老金为基础计算的保险费的1/2。外国养老金保险费根据《社会法典第五册》第228条第1款第2句由养老金领取人独自承担。

（4）在第43条第1款规定的情况下，联邦承担服兵役或者服民事替代役人员的保险费。

（5）依据第39条第4款雇主承担保险费。

（6）非全时工作的雇主应缴纳的保险费相应适用《社会法典第五册》第249b条的规定。

（7）医疗保险基金会有权监督保险费的支付。在第4款规定的情况下联邦保险局有权监督保险费的支付。

第49条　保险金的支付

只要法律没有其他规定，由承担保险费的人负责支付保险金。

第50条　基于养老金和供养费而支付的保险金

（1）义务参保人基于其养老金而依据《社会法典第五册》第228条第1款第1句必须缴纳的保险费，由养老保险机构在支付养老金时提前扣除，然后支付给农业医疗保险基金会。《社会法典第五册》第255条第1款第2句、第2款和第3款的第1句、第2句在此适用。

（2）义务参保人基于其供养金而必须支付的保险费，由发放供养金的机构提前扣除，然后支付给农业医疗保险基金会。《社会法典第五册》第256条第1款第2句至第5句及第2款至第4款适用。

第50a条　保险费债务和迟延附加费的减免

针对第2条第1款第7项提到的义务参保人相应适用《社会法典第五册》第256a

条的规定。

第51条 资金的使用和管理

(1)只要后续没有其他的规定,资金的使用和管理相应适用《社会法典第五册》第259条至第263条的规定。章程可以将经营资金的平均数额提高为每月支出数额的两倍。

(1a)医疗保险基金会可以将储备资金用作经营资金,以避免在预算年度内提高保险费用。

(2)准备金额度的确定可以在章程中确定一个百分比,它至少是每月平均分摊支出数额(准备金定额)的50%,最高是准备金定额的两倍。在计算准备金定额时须将第2条第1款第4项和第5项的所提到人员的服务开销排除在外。

(3)(废除)

第51a条 通过费用报销来承担非义务参保人的疾病治疗

关于通过费用报销来承担非义务参保人的疾病治疗相应适用《社会法典第五册》第264条第2款至第7款的规定。

第52条 (废除)

第53条 条例授权

经联邦参议院同意,联邦食品、农业和消费者保护部可与联邦卫生部、联邦财政部协商一致通过行政法规、规章对下列事项作进一步的规定:

1. 第2条第1款第4项、第5项规定投保者的服务费用证明、第4条第3款和第49条第3款的补贴证据及联邦补贴的支付,

2. 依据第44条和第45条的保险费支付。

第54条 (废除)

第55条 事务管理、账目管理及经营管理的核算审查

农业医疗基金会事务管理、账目管理及经营管理的核算审查相应适用《社会法典第五册》第274条的规定。

第七章　医疗服务、保险与服务信息、数据保护及信息透明

第56条　医疗服务、保险与服务信息、数据保护及信息透明

关于医疗服务、保险与服务信息、数据保护及信息透明相应适用《社会法典第五册》第275条至第305a条的规定。农业医疗保险基金会必须每年在其参保人杂志上以醒目的形式和适当的详细度来报告资金的使用并同时分别报告管理费用支出情况。

第八章　刑事与罚款规定、其他规范的运用

第57条　刑事与处罚规则，行政与刑事程序的协作

（1）获取《社会法典第五册》第291a条第4款第1句规定的数据的，最高处1年有期徒刑或者处罚金。

（2）行为人为获取金钱，或者为谋求个人或他人利益或损害他人利益的，最高可处3年有期徒刑或处罚金。

（3）犯罪行为依申请才追究。有权提出申请的主体包括利害关系人、联邦受托人及主管的监督机构。

（4）违反《社会法典第五册》第291a条第8款第1句请求此处规定的许可的行为，或者与电子健康卡持有者约定许可的，皆为违法行为。

（5）违法行为包括故意或者过失地

1. a）违反第27条第1款或者第2款的第1句、第2句连同《社会法典第四册》第28a条第1款至第3款，或者违反第31条第3项，

b）作为供养金发放机构的负责人违反第30条连同《社会法典第五册》第202条第1句规定，不做、不准确或者不完整申报的，或者不及时报销的，

2. 依据《社会法典第四册》第27条第2款第2句连同第28c条第1句、第3句、第5句、第7句和第8句违反法规的规定，只要法规参照使用罚金规范的构成要件的，或者

3. 违反第32条连同《社会法典第五册》第206条第1款

a）没有提供或告知某项情况或者某项变化，或者提供不准确、不完整或者不及时的

b）没有提交必要材料，或者提交不完整、不及时的。

（6）针对第4款规定的违法行为最高可处以5万欧元的罚款，其他情形下最高可处2500欧元的罚款。

（7）关于违法行为的追究和处罚的合作适用《社会法典第五册》第306条的规定。

第58条　（废除）

第九章　暂行规定与终止规定

第59条

（1）依据生效至1988年12月31日的《农民医疗保险法》第4条和第94条第1款规定的保险义务免除不能撤销。农业医疗保险基金会依被免除义务人的申请，撤销对第2条第1款第3项存在的参保义务的免除，当其没有豁免而依据第2条第1款第1项或者第2项仍然负有保险义务；申请于满足了保险义务条件之后的3个月之内提出。

（2）（废除）

（3）被免除了第2条第1款第4项、第5项规定的保险义务的人员，经申请从农业医疗保险基金会获得医疗保险费补助金，当他们证明，他们在私人保险公司按照《社会法典第五册》的规定缴纳的保险费投保。补助金按照《社会法典第四册》第18条规定的月标准数额的1/22的额度支付。补助金向上取整以欧元支付。该项补助金取消，只要存在依据《社会法典第五册》第257条的津贴请求权。

第60条

（1）第2条第1款第1项至第3项所称的被保险人，如在1982年12月由于领取法定养老保险的养老金而依据1982年12月31日生效的《农民医疗保险法》第95条对养老保险机构享有医疗保险费补助金的请求权，在领取养老金期间获得数额为1982年12月当月支付的补助金的保险费减免。

（2）第1款中所产生的保险费减免由第2条第1款第4项、第5项规定的义务保险人依据法定养老保险的养老金而缴纳的保险费来平衡。

（3）当满足了第3条第2款第6项、第7项相对于2012年12月31日已经存在的农业医疗保险基金会的前提条件时，本法规定的保险义务仍然享有优先地位。

第61条

（1）过去依法规定属于农村保险公司的职员及其遗属的养老保险义务转交农业医疗保险基金会负责的情况参照自1972年10月1日起适用的供养法的规定。如果依据该法养老金接受方领取的养老金普遍提高或者降低的，第1句中所提到人员领取的养老金数额在同一时间也相应地提高或者降低。这也同样适用于供养结构作出有利于养老金领取人的改变的情况。

(2)由农业医疗保险基金会依据《农民医疗保险法》1988年12月31日之前的版本的第106条第2款及本条第1款提供的供养保障,必须在运用地方医疗基金会报销部分的保险服务的情况下,依据截至1972年9月30日由州医疗保险的联邦实施供养协调所依原则进行供养保障的平衡。

(3)农村保险基金会的参保人转投的地方医疗基金会须向农业医疗保险基金会依据截至1988年12月31日有效的《农民医疗保险法》第106条第2款及本条第1款报销全部供养保障费用,且与农村保险基金会参保人转为地方医疗基金会成员的比例相适应。地方医疗基金会的联邦协会与农业医疗保险基金会通过书面协议共同确定需要报销的供养保险费的百分比。地方医疗基金会的联邦协会通过收取第1句所称的地方医疗基金会的分摊款项作为需要报销的供养保障费,将其转账给农业医疗保险基金会。

(4)依据执行关于规范基本法第131条规定的人员之间法律关系的法律第23项条例自1959年8月15日起(《联邦法律公报》第1部分第634页)由州医疗保险基金会负责的保险义务,从1972年10月1日起改由农业医疗保险基金会负责,由此农村医疗基金会实现了联合。依据本款第1句中提到的条例的第2条筹集的资金应当按与从农村医疗基金会参保人转为地方医疗基金会参保人的数量关系相应的比例由地方医疗基金会报销。第2款和第3款的第2句、第3句适用。

第62条

如果法规、规章和行政法规的一般规定是基于本法律所援引的规范性条文而颁布的,则这些法规、规章和行政法规的一般规定也适用于农民医疗保险。

第63条 过渡规定

(1)保险义务依据本法自1995年1月1日始取消的人员,可以(重新)加入保险。加入行为须至迟于1995年3月31日以书面形式告知医疗基金会;参保人资格自1995年1月1日开始生效。第1句和第2句也适用于满足《社会法典第五册》第6条第1款第1项前提条件的人员,标准为适用《社会法典第五册》第257条第1款的规定。

(2)在1994年12月31日依据第2条第1款第4项负有保险义务或者依据第23条第1款视为保险参保人的人员、依据第2条第4a款或者第3a条从1995年1月1日起无保险义务的人员,在依据《农民养老保障法》领取养老金期间,或者直至申请被撤回当天,或者直至对申请的拒绝不可撤销当天,都保留保险义务。依据第1句负有保险义务的,可以截至1995年3月31日申请免除保险义务。免除决定自1995年

4月1日生效并且不可撤销。

第64条　农业医疗保险的过渡期及保险费的平衡

（1）农业医疗保险基金会必须在2013年10月31日之前依据第40条和第46条对自2014年1月1日起生效的保险费等级作出规定。至2012年12月31日既有的农业医疗保险基金会所确定的保险费等级持续生效至2013年12月31日。

（2）2014—2017年（过渡期）期间，保险费的计算方法为依据第40条计算得出的保险费乘以调整比例。

（3）调整比例由以下的计算数值来确定：

1. 2013年12月所要支付的保险费初始数额；

2. 目标保险费是指同等经营条件下适用第1款第1句规定的计算原理得出的保险费数额；

3. 初始比例是初始保险费与目标保险费之间的百分比关系；

4. 每年的变更比例是目标保险费百分比与初始比例差值的1/5。

第一年的调整比例是初始比例与变更比例之和。接下来几年的调整比例分别是前一年的调整比例与当年的变更比例之和。调整比例的计算必须适用《社会法典第七册》第187条第1款的规定。过渡期间的调整比例必须以适当的方式告知参保人。

（4）如果在过渡期间经营状况与决定初始保险费的经营状况相比发生了改变，第3款规定的调整比例保持不变。

（5）为避免过渡期间超过预期的保险费增长，章程可以规定困难情况处理规则。

（6）可从特别基金中抽取资金，用以构成过渡期间第2款所规定的保险费的调整。

第65条　2014年与2015年的融资

另外，依据第37条第4款，联邦参与费用的承担，2014年农业医疗保险基金会获得3700万欧元，2015年获得2500万欧元。农业医疗保险基金会只能将联邦的资金用于维持保险费水平的稳定。